AF627855

Lilly Nielitz-Hart
Simon Hart

Peloponnes

»Es gibt kaum einen Fels oder Bach, zu dem es keine Schlacht und keinen Mythos gibt, kein Wunder, keinen Aberglauben, keine Geschichte …«

Patrick Leigh Fermor (1915–2011), britischer Schriftsteller, dessen Reisebericht über die Mani zu den Klassikern der Reiseliteratur zählt – er hatte eine besondere Verbundenheit mit Griechenland

Impressum

Lilly Nielitz-Hart, Simon Hart
Reise Know-How Peloponnes

erschienen im
Reise Know-How Verlag Peter Rump GmbH
Osnabrücker Str. 79
33649 Bielefeld
Deutschland
+49-521-946490
info@reise-know-how.de

1. Auflage 2024

ISBN 978-3-8317-3862-5

Gestaltung und Bearbeitung
Umschlag: Peter Rump, der Verlag (Layout);
Caroline Tiemann (Realisierung)
Inhalt: G. Pawlak, Wayan Rump, der Verlag (Layout);
Caroline Tiemann (Realisierung)
Fotonachweis: Lilly Nielitz-Hart (ln), Simon Hart (sh),
Adobe Stock (Autorennachweis jeweils am Bild)
Kartografie: Catherine Raisin
Lektorat: Caroline Tiemann

Printed in Germany

Druck und Bindung
Druck- und Verlagshaus
Zarbock GmbH & Co. KG,
Frankfurt am Main

Bibliografische Information der Deutschen Nationalbibliothek
Die Deutsche Nationalbibliothek verzeichnet diese Publikation in der Deutschen Nationalbibliografie; detaillierte bibliografische Daten sind im Internet über http://dnb.dnb.de abrufbar.

Bildlegende Umschlag und Vorspann
Titelfoto: Monemvasia (Adobe Stock © ttinu)
Vordere Umschlagklappe: Gythio (ln),
kleines Foto: Zeus-Tempel im antiken Nemea (ln)
S. 1: Felsinsel Fanari in der Bucht von Navarino (ln)
S. 2/3: Amphitheater des antiken Messene (ln)

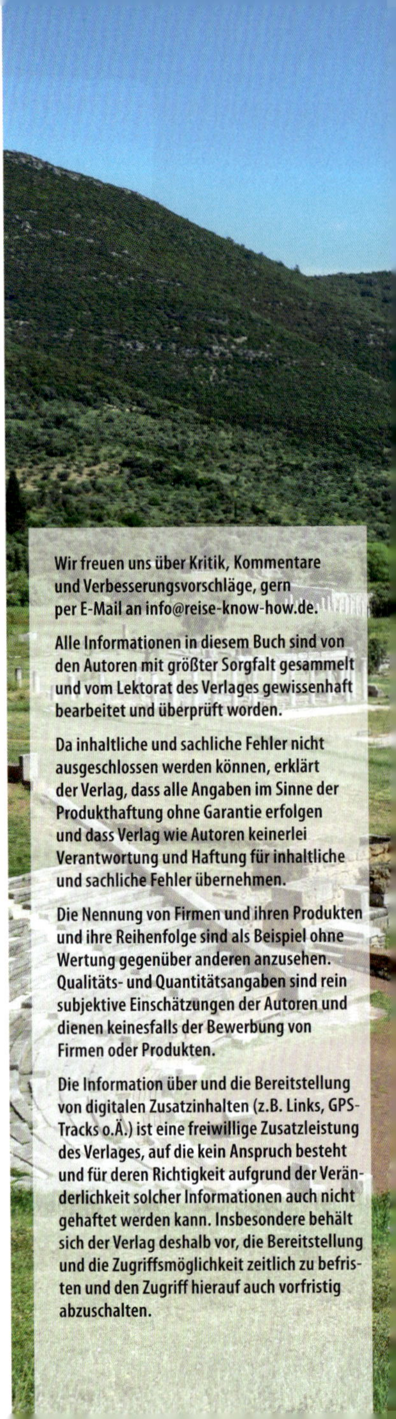

Wir freuen uns über Kritik, Kommentare und Verbesserungsvorschläge, gern per E-Mail an info@reise-know-how.de.

Lilly Nielitz-Hart, Simon Hart

PELOPONNES

Vorwort

Wie eine Hand mit Daumen und drei Fingern sieht die Halbinsel im Süden Griechenlands aus. Die Peloponnes ist landschaftlich, kulturell und klimatisch eine äußerst vielseitige Region, die ganzjährig bereisbar ist und unterschiedlichste Urlaubserlebnisse bereithält. Wer Lust am Entdecken hat, findet neben touristisch gut erschlossenen Gebieten ein Stück authentisches Griechenland.

Bekannt ist die Peloponnes für ihre eindrucksvollen Küstenlandschaften von Badestränden aus goldgelbem Sand bis zu malerischen Felsbuchten. Vielerorts locken Wassersportangebote wie Schnorcheln, Paddeln oder Surfen und Schiffsausflüge zu vorgelagerten Inseln. Im Hinterland weisen Gebirgsmassive ein wildes, teils unberührtes Naturparadies auf. Dort kann man Mountainbikefahren, Klettern und im Winter sogar Skifahren. Am besten entdeckt man die atemberaubende Natur jedoch beim Wandern. So verläuft der Europäische Fernwanderweg E4 quer über die Halbinsel. Neben zahlreichen Wandervorschlägen enthält dieser Reiseführer auch Hinweise auf Touranbieter für abenteuerlichere Aktivitäten wie Kayaking, Canyoning oder River Trekking.

Überall auf der Peloponnes betritt man historischen Boden: Hier war die Heimat der Mykener und Spartaner, hier wurden die Olympischen Spiele geboren. Weltberühmt sind die UNESCO-

018pe ln

Welterbestätten Mykene, Epidauros und Olympia. Als Autoren begeistern uns jedoch auch weniger bekannte archäologische Stätten wie das antike Messene oder der Athena-Tempel in Tegea. Aus der neueren Geschichte stammen die einzigartigen byzantinischen Festungsstädte Monemvasia und Mystras, das ebenfalls zum Welterbe gehört, und einsame Felsenklöster wie Moni Filisofou in der Lousios-Schlucht. Immer wieder tritt man ein in die Welt der Mythen und Legenden wie der vom Halbgott Herakles, der hier seine Heldentaten vollbrachte, oder den Gestalten aus Homers Erzählungen.

Größere Städte und kleine Hafenorte locken mit viel Flair und einem breiten gastronomischen Angebot. Nicht nur Nafplio, die erste Hauptstadt Griechenlands mit eindrucksvoller klassizistischer Architektur, lohnt eine Erkundung. Wie an der Riviera fühlt man sich im kleinen Gythio in Lakonien, während Kalamata als lebendige Metropole des Südens mit viel Kultur und modernem Großstadtleben aufwarten kann.

Schon in der Antike wurde die Peloponnes für ihre fruchtbare Landschaft geschätzt. Zu den kulinarischen Highlights gehören noch heute feines Olivenöl, Zitrusfrüchte oder Korinthen, aber auch für ihre Weine ist die Halbinsel bekannt. In den Ortsbeschreibungen wird auf Märkte und Weingüter hingewiesen, wo man diese Produkte probieren und kaufen kann.

Dieser Reiseführer stellt die schönsten Orte und Landschaften der Peloponnes vor und liefert eine Fülle praktischer Tipps und Empfehlungen für eine ausgedehnte Reise oder einen kürzeren Trip. So erfährt man, welche Strände und Unterkünfte ein besonders familienfreundliches Angebot haben und welche Einrichtungen nachhaltig geführt werden. Auf Attraktionen für Kinder wird stets hingewiesen, ob es um Entdeckungen in der Natur, Badeplätze oder besondere Sehenswürdigkeiten geht. Die Vorschläge für Routen und Ausflugstipps sollen helfen, die Reise entsprechend der persönlichen Vorlieben optimal zu gestalten. Wir wünschen eine spannende und erholsame Reise!

Lilly Nielitz-Hart, Simon Hart

< Einladung nach Finikounda

Inhalt

Vorwort 4
Kartenverzeichnis 9
Hinweise zur Benutzung 11
Steckbrief Peloponnes/Griechenland 11
Die Regionen im Überblick 12
Reiserouten und Touren 16
Peloponnes zu jeder Zeit 20
Fünf bedeutende antike Stätten 22
Fünf idyllische Hafenstädtchen 23
Fünf imposante Burgen 24
Fünf Strände mit Aussicht 25

1 Achaia mit Patras 26

Überblick 28
Patras 31
Rio 47
Rund um Kap Drepano 48
Egio 49
Korinthen aus Egio – Exportschlager und Superfood 51
Diakopto 52
Die versunkene Stadt Helike 52
Chelmos-Gebirge und Vouraikos-Schlucht 55
Kalavryta 57
Akrata 61
Erymanthos-Gebirge 63
Rund um Kato Achaia 64
Nationalpark Kotychi-Strofilia 65

2 Elis 68

Überblick 72
Kyllini 73
Kastro 75
Arkoudi und Glyfa 77
Antikes Elis 79
Amaliada 80
Pyrgos 81
Skafidia 82
Katakolo 84
Olympia 86
Zacharo und der Kaiafas-See 96
Andritsena 99

3 Messenien 102

Überblick 105
Kalamata 106
Erinnerungen an Maria Callas 112
Antikes Messene 118
Kyparissia 124
Meeresschildkröten in Gefahr – auf den Spuren der Caretta caretta 126
Antikes Peristeria 127
Marathopoli 128
Chora 130
Gialova und die Bucht von Navarino 132
Costa Navarino 134
Pylos 139
Methoni 144
Die tiefste Stelle des Mittelmeers – das Calypsotief 146
Finikounda 148
Koroni 152
Olivenanbau – Tradition und Chance 154
Petalidi 156

4 Lakonien und die Mani 158

Überblick 162
Kardamili 164
Stoupa 169
Sorbas, der Grieche aus Stoupa 172

Agios Nikolaos 173
Itylo 174
Limeni 175
Areopoli 177
Rundfahrt über die Innere Mani 180
Hartes Leben und raue Sitten der Inneren Mani *185*
Gythio 186
Die Entführung der Helena und der Trojanische Krieg *188*
Plitra 192
Vigklafia und Pounta 193
Insel Elafonisos 195
Neapoli Voion 198
Malea-Halbinsel 199
Gefira 201
Monemvasia 202
Geraki 206
Sparta 207
Spartathlon – in den Fußstapfen des ersten Marathonläufers *212*
Mystras 214

5 Arkadien 220

Überblick **224**
Tripoli 225
Levidi und das Mainalo-Gebirge 231
Vytina 233
Dimitsana 234
Mikis Theodorakis in Arkadien *236*
Stemnitsa und die Lousios-Schlucht 238
Karitena 242
Megalopoli 243
Tegea 244
Paralio Astros 246
Parnon-Gebirge 251
Tyros 252
Leonidi 252

6 Argolis mit Saronischen Inseln 256

Überblick **258**
Argos 262
Kiveri 269
Archäologische Stätte Lerna 269
Mykene 271
Heinrich Schliemann auf den Spuren von Homers Ilias *272*
Archäologische Stätte Tiryns 277
Antikes Midea und Dendra 279
Nafplio 280
Ioannis Kapodistrias – erstes Staatsoberhaupt nach der Unabhängigkeit *284*
Palea Epidavros 292
Asklepios-Heiligtum von Epidauros 294
Tolo 297
Drepano 301
Vivari 302
Kilada 303
Kranidi und Ermionida 306
Ermioni 307
Portocheli 310
Saronische Inseln Spetses, Hydra, Poros und Methana 312
Hydras Seeflotte *318*
Vulkanische Aktivitäten auf Methana *325*

7 Korinthia 328

Überblick **330**
Korinth 332
Antikes Korinth 334
Kanal von Korinth 340
Loutra Elenis 343
Loutraki 344
Nemea 347
Kyllini-Massiv 351
Sykia 352

8 Praktische Reisetipps A–Z 354

Anreise 356
Autofahren 361
Barrierefreies Reisen 363
Camping 363
Ein- und Ausreisebestimmungen 364
Einkaufen 365
Elektrizität 367
Essen und Trinken 367
Feiertage, Feste und Events 374
Geld 375
Gesundheit und Hygiene 376
Mit Haustier unterwegs 377
Information 377
Mit Kindern unterwegs 378
Klima und Reisezeit 379
Kommunikation unterwegs 380
LGBT+ 380
Notfälle 381
Öffnungszeiten 382
Post 383
Rauchen 383
Reisegepäck und Ausrüstung 383
Sicherheit 384
Sport und Aktivitäten 385
THEMA Wandern 387
Sprache 388
Unterkunft 389
Verhaltenstipps 391
Verkehrsmittel 392
Zeit 393

9 Land und Leute 394

Geografie 396
Flora und Fauna 399
Umwelt- und Naturschutz 400
Bevölkerung 403
Religion 404
Staat und Verwaltung 405
Wirtschaft 406
Kunst und Kultur 408
Archäologie 410
Von Göttern und Helden – schriftliche Überlieferungen und Legenden *412*
Geschichte 414
Spannende Entschlüsselung: Linearschrift B *416*

10 Anhang 434

Literatur- und Filmtipps 436
Kleine Sprachhilfe Griechisch 438
Register 444
Die Autoren 455
Schreiben Sie uns! 456

022pe ln

Wanderungen in diesem Buch

Wandern auf den Spuren von Achilles zu den Wasserfällen des Styx 60
Bergwanderung auf den Olenos 63
Wanderung zum Zeus-Heiligtum auf dem Berg Lycaion 98
Wanderung durch die Neda-Schlucht 101
Wanderung von Mavrommati zum Kloster Moni Voulcano 123
Wanderung zu den Burgruinen Paleokastro in der Navarino-Bucht 137
Wanderung zu den Wasserfällen von Polylimnio 157
Wanderungen im Taygetos-Gebirge:
Von Kardamili in die Viros-Schlucht 166
Klettertour durch die Rintomo-Schlucht 167
Küstenwanderung oder Radtour von Stoupa nach Trahila 170
Wanderung zum Kap Tenaro 183
Wanderung zur Höhlenkapelle Panagia Lagadiotissa 216
Auf dem Menalon Trail durch die Lousios-Schlucht 242
Besteigung des Megali Tourla im Parnon-Gebirge 251
Auf dem Heilungspfad nach Epidauros 296
Spaziergang um die Vivari-Lagune 302
Auf dem Patimas Trail um die Landzunge von Kilada 303
Vulkanbesteigung auf Methana 326

< Antike Stätte ersten Ranges: Olympia

> Kleine Pause am Hafen von Katakolo

Karten

Peloponnes, Blattschnitt Umschlag vorn
Peloponnes Umschlag hinten

Die Regionen im Überblick 12
Reiserouten und Touren 16–19

Übersichtskarten

Achaia mit Patras 28
Elis 70
Messenien 104
Lakonien und die Mani 160
Arkadien 222
Argolis mit Saronischen Inseln 258
Korinthia 330

Ortspläne

Argos 264
Kalamata 114
Nafplio 290
Patras 42
Sparta 210
Tripoli 228

017pe ln

020pe ln

Hinweise zur Benutzung

Nicht verpassen!

Die Highlights der Region erkennt man an der **gelben Markierung.**

UNSER TIPP: ...

... steht für spezielle Empfehlungen der Autoren: abseits der Hauptpfade, persönlicher Geschmack.

Der Schmetterling ...

... zeigt an, wo man besonders gut Natur erleben kann oder Angebote im Bereich des nachhaltigen Tourismus findet.

Kinder-Tipps

Das Symbol kennzeichnet Sehenswürdigkeiten und Aktivitäten, an denen auch kleine Urlauber ihre Freude haben.

Verweise auf die Stadtpläne

4 Die farbigen Nummern in den „Praktischen Tipps" der Ortsbeschreibungen verweisen auf den jeweiligen **Karteneintrag.**

Updates nach Redaktionsschluss

Auf der Produktseite dieses Reiseführers in unserem Internetshop finden Sie zusätzliche Informationen und **wichtige Änderungen.**

[<] Byzantinische Festungsstadt Monemvasia

GPS-Koordinaten

Die GPS-Koordinaten in diesem Buch sind als geografische Koordinaten (Breite und Länge, Lat./Lon.) in Dezimalgrad angegeben, also z.B. so: **GPS N 52.00017, E 8.49119.** Weitere Infos zum Thema unter www.reise-know-how.de/gps.

Preiskategorien Unterkunft

In diesem Buch werden die Unterkünfte in Preiskategorien unterteilt. Die Preise gelten für ein **Doppelzimmer mit Frühstück** in der Hauptsaison.

- **Untere Preisklasse** ① bis 70 €
- **Mittlere Preisklasse** ② 70–100 €
- **Obere Preisklasse** ③ 100–130 €
- **Luxusklasse** ④ über 130 €

Steckbrief Peloponnes/ Griechenland

- **Name Peloponnes:** Peloponnisos
- **Name Griechenland:** Ellada
- **Einwohner:** 538.000 (Peloponnes), 10,3 Mio. (Griechenland)
- **Fläche:** 21.550 qkm (Peloponnes), 132.000 qkm (Griechenland)
- **Bevölkerungsdichte:** 54 Einw./qkm (Peloponnes), 78 Einw./qkm (Griechenland)
- **Staatsform:** parlamentarische Republik
- **Hauptstadt:** Patras/Athen
- **Staatsflagge:** blau-weiß gestreift mit weißem Kreuz auf blauem Grund
- **Nationalfeiertage:** 25. März (1821, Anfang des griechischen Unabhängigkeitskampfs), 28. Oktober (1940, Ochi-Tag)
- **Sprache:** Griechisch
- **Religion:** überw. griechisch-orthodox
- **Zeit:** Osteuropäische Zeit (MEZ +1)
- **Währung:** Euro

Die Regionen im Überblick

1 Achaia mit Patras | 26

Achaia ist die gebirgige, wasserreiche Region im Norden der Peloponnes. Wer mit der Fähre von Italien aus anreist, landet in **Patras (S. 31),** der trubeligen und kulturreichen dritt-

größten Stadt Griechenlands. Nicht weit entfernt erheben sich Gebirgsketten wie das **Chelmos-Massiv (S. 55)** mit Möglichkeiten zum Wandern und sogar Skifahren. Vom beschaulichen Küstenörtchen **Diakopto (S. 52)** schnauft eine **Zahnradbahn (S. 53)** hinauf in die Bergwelt und eröffnet atemberaubende Panoramen. Endstation ist **Kalavryta (S. 57)** mit dem Kloster Agia Lavra, wo der griechische Unabhängigkeitskampf begann. Im Westen der Region lockt der **Nationalpark Kotychi-Strofilia (S. 65)** mit Dünen, Pinienwäldern und Lagunen. Hier findet sich einer der am schönsten gelegenen Strände der Peloponnes in **Kalogria (S. 66)** am Ionischen Meer.

2 Elis | 68

Grün und fruchtbar ist die Hügellandschaft der Elis. Ein Highlight sind die Strände am Ionischen Meer, die sich von **Kyllini (S. 73)** bis **Katakolo (S. 84)** wie auf einer Perlenkette aneinanderreihen. Die **Festung Chlemoutsi (S. 75)** thront über dem einstigen Machtgebiet der fränkischen Fürsten von Villehardouin. Eine der bekanntesten antiken Stätten Griechenlands lockt jedes Jahr Hunderttausende Besucher an: **Olympia (S. 86)** gehört zum UNESCO-Welterbe. Neben dem **Antiken Elis (S. 79)** sollte man einen Besuch des **Apollo-Tempels von Bassae (S. 100)** nicht verpassen, der ebenfalls zum Welterbe erklärt wurde. In der Nachbarschaft wartet eine Wanderung durch die verwunschene **Neda-Schlucht (S. 101)** mit einem spektakulären Wasserfall auf. Wer möchte, kann danach im Thermalbad am **Kaiafas-See (S. 96)** die Muskeln entspannen.

3 Messenien | 102

In Messenien gelangt man in südlichere Gefilde. Vielfach erinnert die hügelige, fruchtbare Landschaft an die Toskana. An der Küste warten viele schöne Strände wie der bekannte Voidokilia in der Ochsenbauchbucht. In der **Bucht von Navarino (S. 132)** wurde beim Hafenstädtchen **Pylos (S. 139)** 1827 die entscheidende Seeschlacht gegen die Osmanen geschlagen – Griechenland wurde zur eigenständigen Nation. Zwischen den venezianischen Festungen **Me-**

thoni (S. 145) und **Koroni (S. 152),** die sich beide auf felsigen Landzungen erheben, erstreckt sich das Bade- und Surferparadies **Finikounda (S. 148). Kalamata (S. 106)** am Messenischen Golf ist eine moderne und ansprechende Stadt mit viel Flair und einer lebendigen Altstadt. Im Osten überragt das Taygetos-Gebirge die Küste. Eine der spannendsten archäologischen Stätten der Peloponnes ist das **antike Messene (S. 118).**

4 Lakonien und die Mani | 158

Imposante Berge und Felsküste, aber auch tropische Inselparadiese bestimmen die Landschaft in Lakonien. Hinzu kommen Tropfsteinhöhlen und ein versteinerter Wald ganz im Süden der Region. Die Westseite wird fast gänzlich vom **Taygetos-Gebirge (S. 166)** eingenommen, das sich bis hinunter auf die Halbinsel Mani erstreckt. In der Äußeren Mani sind charmante Badeorte wie **Stoupa (S. 169)** ein Publikumsmagnet. Die Innere Mani, der einsame „Mittelfinger" der Peloponnes, wo sich verlassene Bergdörfer mit exklusiven Villen und Felsbuchten paaren, endet am südlichsten Punkt des griechischen Festlands, dem **Kap Tenaro (S. 183).** Die Östliche Mani zeigt sich im rivieraähnlichen Städtchen **Gythio (S. 186)** von ihrer schönsten Seite. Von dort erstrecken sich Sandstrände entlang des Lakonischen Golfs bis zur **Insel Elafonisos (S. 195),** ein Bade- und Surferparadies. Zu Recht ein Touristenmagnet ist das mittelalterliche Felsenstädtchen **Monemvasia (S. 202).** Zum UNESCO-Welterbe gehört die Ruinenstadt **Mystras (S. 214),** die sich an die Berghänge des Taygetos klammert. Im modernen **Sparta (S. 207)** bestimmt der griechische Alltag das Tempo.

5 Arkadien | 220

Die bewaldete Bergregion im Herzen der Peloponnes war ein Sehnsuchtsort von Literaten der Romantik. Hier lockt ein alpines Paradies: Der **Menalon Trail (S. 242)** führt bis auf 1849 m. Im Winter kann man rund um den Gipfel des Ostrakina sogar Skifahren. In der wasserreichen **Lousios-Schlucht (S. 238)** im Westen des arkadischen Hochlands reihen sich uralte Felsenklöster aneinander. Die Regionshauptstadt **Tripoli (S. 225)** hat schöne Ecken mit schattenspendenden Parks. Die nahegelegenen antiken Ruinen mit Museum in **Tegea (S. 244)** lohnen einen Abstecher. Im **Parnon-Gebirge (S. 251)** zieht der höchste Gipfel Megali Tourla (1934 m) Kletterer an und auch in **Leonidi (S. 252)** an der Küste versammeln sich Freeclimber an den Karstfelsen. Badeorte wie das Bilderbuchstädtchen **Paralio Astros (S. 246)** am Argolischen Golf warten darauf, entdeckt zu werden.

6 Argolis mit Saronischen Inseln | 256

Die Argolis hat viel zu bieten. Gleich dreimal gibt es antikes UNESCO-Welterbe: in **Mykene (S. 271), Epidauros (S. 294)** und **Tiryns (S. 277).** Dazu kommen viele andere Ausgrabungsstätten wie **Lerna (S. 269),** einer der am längsten besiedelten Orte auf der Peloponnes. Die Hauptstadt der Argolis, **Argos (S. 262),** bietet modernes Leben und die sehenswerte Festung Larissa. Das klassizistisch geprägte **Nafplio (S. 280),** die erste Hauptstadt des unabhängigen Griechenlands, erscheint architektonisch wie aus einem Guss und gilt als eine der schönsten Städte des gesamten Landes. Bis hinunter nach **Portocheli (S. 310)** reihen sich attraktive Badebuchten aneinander – in manchen schwimmt man über versunkenen Ruinen. Inseln wie **Spetses (S. 313)** und **Hydra (S. 315)**

021pe ln

laden zum Tagesausflug ein. Auf der Halbinsel **Methana (S. 323)** kann man einen Vulkankrater besteigen.

7 Korinthia |328

Fast jedem ist er ein Begriff, der **Kanal von Korinth (S. 340),** wo sich Schiffe zwischen meterhohen, schroffen Felsenwänden hindurchzwängen. Wer mutig genug ist, kann das Panorama beim Bungee-Jumping von der Brücke kopfüber erleben. Einen Blick aus der Vogelperspektive ermöglicht auch die **Festung Akrokorinth (S. 338).** Im Tal darunter liegen die Ruinen des **antiken Korinth (S. 334).** In der Weinregion **Nemea (S. 347)** wartet ein Stadion, das den Spielen in Olympia Konkurrenz machte. Daneben kann man edle Tropfen aus dem hiesigen Weinanbaugebiet verköstigen. Auch ein kleiner Landzipfel nördlich des Kanals von Korinth gehört noch zur Peloponnes. Hier finden sich schöne Badebuchten und der Thermalkurort **Loutraki (S. 344).**

Gythio am Lakonischen Golf

Reiserouten und Touren

Die Peloponnes ist mit 21.550 qkm nur etwas größer als Hessen, doch wegen der zerklüfteten Landschaft und des vorwiegen aus Bergstraßen bestehenden Straßennetzes benötigt man für Fahrten auf der Halbinsel vor allem eines: viel Zeit. Um bei einer Rundreise mit dem Auto oder Wohnmobil die wichtigsten Sehenswürdigkeiten zu besuchen, sollte man mindestens drei Wochen einkalkulieren. Wesentlich entspannter ist es jedoch, wenn man das Reisegebiet je nach den eigenen Vorlieben etwas eingrenzt. Wer nur eine oder zwei Wochen zur Verfügung hat, sollte sich auf eine oder zwei Regionen beschränken und eventuell von einem festen Standort aus Tagesausflüge unternehmen.

Abhängig vom Anreiseweg – ob via Athen, mit der Fähre bzw. auf dem Landweg über Patras oder auch per Flug nach Kalamata – sollte man seine Reiserouten und -ziele planen. Leider ist die Peloponnes mit öffentlichen Verkehrsmitteln bisher nicht wirklich gut zu bereisen. Es gibt es momentan nur eine einzige Langstrecken-Bahnlinie (von Athen bis Egio). So ist man auf Busse angewiesen, deren Routennetz nicht alle Orte abdeckt.

Die nachfolgend vorgeschlagenen Touren sollen eine Anregung für die Reiseplanung geben, abhängig vom jeweiligen Zeitbudget und den Interessensschwerpunkten.

Routenvorschläge

Tour 1: 8 Tage durch den Osten

Antike Stätten und südliches Flair kann man bei einer kurzen Tour als Abstecher von Athen erleben. Die Highlights der Regionen **Korinthia und Argolis** lassen sich gut in etwa einer Woche entdecken, inklusive des einen oder anderen Strandbesuchs und Stadtbummels.

Als Ausgangsort bietet sich der schön gelegene Thermalkurort Loutraki an. Die Route ist zum Teil mit öffentlichen Verkehrsmitteln zu befahren: Die Bahn verkehrt von Athen nach Korinth. Von dort fahren Busse ins Antike Korinth und bis hinunter nach Nafplio in die Argolis. Die meisten Stationen lassen sich als Tagesausflug bewältigen oder mit zwei bis drei Übernachtungen z.B. in Argos, Nafplio und Palea Epidavros.

1. Tag: Loutraki, Besichtigung Heraion Perachora und Badestopp an der Vouliagmeni-Lagune
2. Tag: Kanal von Korinth, antikes Korinth und Akrokorinth als Tagesausflug

3. Tag: UNESCO-Welterbe **Mykene** und **Tiryns** als Tagesausflug oder mit Übernachtung in Argos
4. Tag: Argos, Besichtigung Byzantinisches Museum, Fahrt nach Nafplio (Übernachtung)
5. Tag: Nafplio, Museums- und Festungsbesichtigung, Bootsausflug, Badestopp am Stadtstrand
6. Tag: Tagesausflug nach **Epidauros,** Übernachtung in **Palea Epidavros** am Meer
7. Tag: Tagesausflug Vulkaninsel **Methana,** dann Fahrt entlang der Küste des Saronischen Golfs, vorbei an Loutra Elenis, zurück nach Loutraki
8. Tag: Loutraki, Entspannung im Kurort und am Strand

Tour 2: 10 Tage durch den Nordwesten

Stadtleben, Natur, Historie und Strand – all das lässt sich bei einer Rundreise durch die Regionen **Achaia und Elis** verbinden. Wer mit der Fähre von Italien in Patras ankommt, hat vielfältige Möglichkeiten. Die Sehenswürdigkeiten im Norden sind als Tagesausflug zu erreichen. Ausgedehnten Strandurlaub kann man in den Badeorten am Ionischen Meer machen und damit die Besichtigung der antiken Stätten Olympia und Elis verbinden. Ein Abstecher ins Chelmos-Massiv mit Klosterbesuch oder Wanderung bietet sich von Diakopto oder Kalavryta an.

1. Tag: Patras, Stadtrundgang
2. Tag: Rio, Diakopto, Übernachtung in **Kalavryta**
3. Tag: Fahrt durch das Erymanthos- und Chelmos-Gebirge, Eichenwald Foloi, **Arkoudi/Glyfa**
4. Tag: Besichtigung **Antikes Elis**
5. Tag: Kyllini, Loutra Killinis und Festung von Kastro
6. Tag: Bootsausflug zur Insel Zakynthos von Kyllini
7. Tag: Katakolo, Besichtigung **Antikes Olympia**
8. Tag: Zacharo, Kaiafas-See und Therme
9. Tag: Kalogria, Nationalpark Kotychi-Strofilia, Strand
10. Tag: Patras

016pe ln

[>] Mit dem Wohnmobil auf Entdeckungstour: Felslandschaft am Kap Araxos bei Kalogria

Tour 3: Zwei- bis dreiwöchige Rundfahrt durch den Süden

Messenien und Lakonien umfassen die drei „Finger" der Peloponnes. Der Süden der Halbinsel steht für Badefreuden und Kultur. Wer die Anzahl der Übernachtungsorte eingrenzen möchte, kann sich z.B. für mehrere Tage in Kalamata, Gythio, Pylos oder Finikounda einquartieren, von wo aus man viele Ziele als Tagesausflug erreicht.

1. Tag: Kalamata
2. Tag: Kardamili, Strandbesuch Stoupa
3. Tag: Areopoli, Tropfsteinhöhle Pirgos Dirou, Limeni
4. Tag: Rundfahrt **Innere Mani**
5. Tag: Gythio
6. Tag: Monemvasia (Tagesausflug von Gythio oder Übernachtung)
7. Tag: Sparta und Ruinenstadt **Mystras,** Fahrt über den Langada-Pass nach **Kalamata** (Übernachtung)
8. Tag: Antikes Messene, Fahrt entlang des Golfs von Kyparissia
9. Tag: Pylos mit Festung, Bucht von Navarino, Strand von Voidokilia, Gialova
11. Tag: Methoni, Festung und Strand
12. Tag: Finikounda, Strand und Wassersport
13. Tag: Koroni, Festung und Stadtbesichtigung
14. Tag: Kalamata

Tour 4: Peloponnes komplett in drei bis vier Wochen

Für eine Rundreise über die gesamte Peloponnes sollte man sich ausreichend Zeit nehmen. Die hier vorgeschlagene Route ab Patras lässt sich gut variieren, man kann Schwerpunkte setzen und wird sicherlich einiges auslassen müssen. Sinnvollerweise sucht man sich jeweils für zwei bis drei Tage eine Basis, von der aus man Tagesausflüge unternimmt. Bei der Planung sollte man beachten, dass das gebirgige Hinterland schwieriger zu bereisen ist als die flacheren Küstengebiete, sodass die Fahrten dort meist länger dauern. Die fettgedruckten Orte sind Vorschläge für Übernachtungen.

- **Patras**
- **Kalogria,** Nationalpark Kotychi-Strofilia, Antikes Elis
- **Arkoudi/Glyfa,** Loutra Killinis und Festung Chlemoutsi
- **Katakolo,** Antikes Olympia
- **Zacharo,** Kaiafas-See, Wanderung durch die Neda-Schlucht
- **Kyparissia,** auf den Spuren der Meeresschildkröten
- **Gialova,** Strand von Voidokilia
- **Pylos,** Festung und Bucht von Navarino
- **Finikounda,** Festungen Methoni und Koroni
- **Kalamata,** antikes Messene
- **Kardamili,** Strandbesuch Stoupa
- **Areopoli,** Tropfsteinhöhle Pirgos Dirou, Limeni
- Innere Mani (Rundfahrt)
- **Gythio**
- **Monemvasia**
- **Sparta,** Ruinenstadt Mystras
- **Tripoli**
- **Dimitsana,** Lousios-Schlucht
- Antikes Tegea, **Paralio Astros,** Leonidi
- **Nafplio**
- **Tolo,** antikes Asine
- **Ermioni,** Insel Hydra (Tagesausflug)
- **Palea Epidavros,** Epidauros
- **Argos,** Mykene, Tiryns
- Antikes Korinth, Kanal von Korinth
- **Diakopto,** Fahrt mit der Zahnradbahn
- **Kalavryta,** Rio
- **Patras**

Nationalfeiertag
Am 25. März, dem Unabhängigkeitstag, feiern die Griechen den Beginn des Befreiungskampfs von der 400-jährigen Herrschaft der Osmanen mit großen Festen und Veranstaltungen.

Pfingstfeste
Anfang Juni finden vielerorts Volkfeste (Panigyri) zu Ehren der Heiligen Dreifaltigkeit statt.

Karneval
Der Maskaratas-Karneval in Patras, der größte seiner Art in Griechenland, beginnt bereits am 17. Januar und dauert bis zum Rosenmontag, an dem die siebenwöchige Fastenzeit vor Ostern beginnt.

Saisonbeginn
Spätestens im Mai ist Beginn der Badesaison auf der Peloponnes. Die meisten Strandhotels und Campingplätze öffnen bereits Ende April ihre Türen.

JAN | FEB | MÄR | APR | MAI | JUN

Skisaison
Von Dezember bis April sind die Pisten in den Skigebieten im Chelmos-Massiv und im Mainalo-Gebirge geöffnet und befahrbar.

Wandern im Frühling
Von April bis Juni steht die Natur in voller Blüte und es ist noch nicht zu warm – die beste Zeit zum Wandern.

Osterfest
Das orthodoxe Osterfest (zwischen 4. April und 8. Mai) wird im ganzen Land mit Gottesdiensten und Prozessionen begangen.

Brutzeit der Meeresschildkröten
Zwischen Juli und Oktober brüten die Caretta caretta an vielen Stränden am Ionischen Meer und in der Mani. Dann müssen Strandbesucher die Schutzmaßnahmen beachten.

Olivenernte
Im Oktober/November finden sich in den Olivenhainen Messeniens viele Menschen zusammen, um die Koroneiki-Oliven zu ernten, die zu feinstem Olivenöl verarbeitet werden.

Hauptreisezeit
Im Juli/August herrscht Hochbetrieb an der Küste und in den touristischen Orten des Binnenlandes. Während der griechischen Schulferien kann es voll werden an den Stränden. Musikfestivals, Märkte und Feste begeistern Urlauber und Ausflügler.

Festival der Schlacht von Navarino
Am 20. Oktober findet in der Bucht von Navarino eine Regatta in Erinnerung an die siegreiche Schlacht gegen die Osmanen statt.

Winterzauber
Vom großen Weihnachtsmarkt in Kalamata bis zum Winterzauber in arkadischen Bergdörfchen hat die Peloponnes auch im Winter viel zu bieten.

JUL | AUG | SEP | OKT | NOV | DEZ

Sommerfestivals
Von Juli bis September finden zahlreiche Kulturfestivals statt wie das International Festival in Patras, das Kalamata Dance Festival oder das Theater-Festival Athens Epidaurus.

Erntedankfeste
Im Oktober finden in vielen ländlichen Regionen Erntedankfeste rund um die lokalen Produkte statt wie das Kastanienfestival in Kastania, Mani.

Klettersaison
Anfang November ist die Saison für Freeclimber in Leonidi in vollem Gange. Dann findet auch das Climbing Festival statt.

Winzerfeste
Bei den Great Nemea Wine Days Anfang September werden die neuen Weine vorgestellt. Weingüter öffnen Schankwirtschaften und es gibt ein kulturelles Begleitprogramm.

LEGENDE
- Winter
- Frühjahr/Herbst
- Sommer

Fünf bedeutende antike Stätten

040pe ln

Olympia | 87

Dort, wo 776 v.Chr. die Olympischen Spiele zum ersten Mal dokumentiert sind, stand ein Heiligtum für den Göttervater Zeus. Millionen von Besuchern wandern heutzutage alljährlich durch die zum UNESCO-Welterbe erklärte Anlage, die bis heute fasziniert.

057pe ln

Messene | 118

Die riesige Anlage der antiken Stadt Messene ist Anwärterin für den Welterbe-Status. Von der Bronzezeit bis ins Mittelalter zog ihre terrassenartige Lage in der messenischen Ebene, mit weitem Blick auf die Hügel Messeniens, Arkadiens und Lakoniens, die Menschen an. Der Spaziergang zwischen den gut erhaltenen Ruinen der Säulenhallen, Tore und Mauern beflügelt die Fantasie.

084pe ln

Mystras | 214

Die fränkisch-byzantinische Ruinenstadt Mystras schmiegt sich malerisch an die 620 m hohen Ausläufer des Taygetos-Gebirges. Stundenlang kann man durch die steinigen Gassen des UNESCO-Welterbes wandern und sich vorstellen, wie das Leben hier vor 700 Jahren seinen Gang ging.

117pe ln

Mykene | 271

Kaum jemand kann sich dem Zauber der Festung entziehen: Schon beim Eintritt durch das Löwentor erwecken die in zyklopischer Bauweise errichteten Mauern Ehrfurcht. Mykene war die Heimat des mythischen Königs Agamemnon und wurde 300 m hoch im kargen Nfitsa-Massiv nur mit Muskelkraft errichtet. Auch Mykene genießt Welterbe-Status.

118pe ln

Epidauros | 294

Das Asklepios-Heiligtum in Epidauros, das ebenfalls zum UNESCO-Welterbe gehört, gibt Einblick in die Heilkunst der Antike. Das riesige, fast perfekt erhaltene Amphitheater ist für viele Besucher das größte Highlight, nicht zuletzt, weil hier vor historischer Kulisse jedes Jahr renommierte Sommerfestspiele stattfinden.

Fünf idyllische Hafenstädtchen

013pe ln

Diakopto | 52

Der Ort Diakopto liegt mit seinem kleinen Hafen und einigen Tavernen idyllisch am Golf von Korinth. Vom historischen Bahnhof fährt eine Zahnradbahn durch die Vouraikos-Schlucht hinauf ins Chelmos-Gebirge nach Kalavryta.

056pe ln

Pylos | 139

Das entspannte Städtchen an der geschichtsträchtigen Bucht von Navarino mit ihren zwei Festungen ist umgeben von großartiger Landschaft. Immer wieder ergeben sich schöne Aussichten. Meerblick hat man von der belebten Platia bis hinauf zur wehrhaften Burg Neokastro.

086pe ln

Gythio | 186

Die bunten, übereinandergeschachtelten Häuschen am palmenbewachsenen Ufer von Gythio am Lakonischen Golf erinnern an die französische oder italienische Riviera. Der frische Fisch von den Booten landet direkt in den Pfannen der Restaurants an der Promenade.

116pe ln

Nafplio | 280

Von drei Festungen bewacht, haben Franken, Venezianer und Osmanen der Stadt ihren Stempel aufgedrückt. Dennoch wirkt das klassizistische Juwel wie aus einem Guss. Nach dem Unabhängigkeitskampf wurde Nafplio ab 1829 die erste Hauptstadt der befreiten Nation.

119pe ln

Loutraki | 344

Tavernen und Cafés säumen den langen Kiesstrand am Golf von Korinth. Weiter nördlich warten die Kuranlagen der Thermalanlage – Loutraki ist ein Ganzjahresziel mit Urlaubsflair.

Fünf imposante Burgen

014pe ln

Rio | 47

Ästhetisch gelungen ist die Symbiose der osmanisch-venezianischen Festung von Rio vor dem Hintergrund der modernen Hängebrücke über den Golf von Patras. Hier im äußersten Norden der Peloponnes eröffnet sich ein atemberaubendes Panorama in alle Richtungen.

041pe ln

Kastro Chlemoutsi | 75

Von der fränkischen Festung Chlemoutsi, die 200 m über der Küste von Elis thront, hat man den besten Blick über die Pinienwälder der Halbinsel Kyllini und zur Insel Zakynthos, die nicht weit entfernt im Ionischen Meer liegt.

055pe ln

Neokastro Pylos | 139

Die eindrucksvolle Festung Neokastro thront auf einem Hügel über der Hafenstadt Pylos. Von den Osmanen Ende des 16. Jh. errichtet, musste Herrscher Ibrahim Pascha von hier aus mit ansehen, wie die 88 Schiffe starke osmanisch-ägyptische Flotte von Briten und Franzosen versenkt wurde. Heute sind zwei sehenswerte Museen in dem wehrhaften Gemäuer untergebracht.

063pe ln

Methoni | 145

Weit ragt der Rundturm der Festungsanlage von Methoni ins Meer hinaus. Von den Venezianern auf den Felsen einer Landzunge gebaut, bewachte die Burg zusammen mit ihrer „Schwester" Koroni die südliche Küste Messeniens.

085pe ln

Monemvasia | 202

Monemvasia ist eine byzantinische Festungsstadt auf einer Felseninsel an der Küste Lakoniens. Beim Bummel durch die engen Gassen erhascht man immer wieder einen Blick auf das glasklare Wasser der Ägais. Nicht von ungefähr ist die Stadt mit der darübergelegenen Zitadelle ein Touristenmagnet.

Fünf Strände mit Aussicht

Kalogria | 66

Als Teil des Nationalparks Kotychi-Strofilia ist der lange Sandstrand von Kalogria am Ionischen Meer besonders geschützt. Er lädt zum Wandern und Radfahren unter schattigen Schirm-Kiefern entlang der Lagunen mit Vogelkolonien ein.

015pe ln

Voidokilia | 135

Als Naturwunder wird die perfekte Rundung der Bucht von Voidokilia bestaunt. Die Form des griechischen Buchstabens Omega ist den Kräften von Wind und Wasser zu verdanken. Der Traumstrand wird eingerahmt von Felsen, die den besten Panoramablick erlauben: Erklimmt man einen benachbarten Hügel, kann man nicht nur die Aussicht genießen, sondern auch ein Tholos-Grab bewundern.

053pe ln

Anemomilos-Mavrovouni | 149

Vom feinkörnigen bis kiesigen Sand des Paralia Anemomilos-Mavrovouni blickt man über glasklares Wasser auf die vorgelagerten Inousses-Inseln. Als Paradies für Surfer gilt der benachbarte Lambes-Strand unweit des Ferienortes Finikounda in Messenien.

064pe ln

Valtaki | 191

Nördlich von Gythio erstreckt sich der lange, naturbelassene Sandstrand Valtaki (Glyfada) mit einer besonderen Attraktion: Ein rostiges, altes Schiffswrack bildet hier den faszinierenden Hintergrund für Badefreuden. Die Wasserqualität ist dennoch ausgezeichnet.

064pe ln

Simos, Insel Elafonisos | 196

Fein-weißer Sand und glasklares Wasser bietet der Traumstrand auf der Insel Elafonisos in Lakonien. Der Blick geht auf die Insel Kythira und – bei schönem Wetter – sogar bis Kreta. Surfer schätzen die guten Windbedingungen am Simos Beach.

Adobe Stock © romy mitterlechner

Akrata | 61
Chelmos-Gebirge | 55
Diakopto | 52
Egio | 49
Erymanthos-Gebirge | 63
Kalavryta | 57
Kap Drepano | 48
Kato Achaia | 64
Nationalpark Kotychi-Strofilia | 65
Patras | 31
Rio | 47
Vouraikos-Schlucht | 55

1

Achaia mit Patras

Die Region Achaia ist nicht nur landschaftlich besonders vielfältig. Wer Großstadttrubel und Kultur sucht, kann diese in Patras, der größten Stadt auf der Peloponnes, erleben. Im Hinterland locken einsame Bergwelten mit atemberaubenden Schluchten und Wasserfällen, an der Küste gibt es Badefreuden an ruhigen oder belebten Stränden. Burgen, archäologische Stätten, Bergklöster und Museen vervollkommnen das Bild.

[<] Der Küstenstreifen am Golf von Patras ist schmal, bietet aber eine spektakuläre Aussicht auf die Festlandküste

ÜBERBLICK

Der schmale Küstenstreifen im Norden der Halbinsel am Golf von Patras und am Golf von Korinth wird bestimmt durch Kiesstrände, hinter denen sich die mächtigen Gebirgszüge des Panachaiko (1926), Erymanthos (2224 m) und Chelmos (Aroania)

Achaia mit Patras

bis auf 2355 m hinaufziehen. Der Küstenabschnitt ist mit Ferienhäuschen und kleinen Hotels übersät. Viele Griechen verbringen hier ihre freien Tage. Überall gibt es Tavernen am Strand und Beachbars. Das Wasser an der Nordküste ist zwar etwas kühler als im Süden, aber dennoch zum Baden und für diverse Wassersportarten bestens geeignet. Die Kitesurfer bei Drepano schätzen den hiesigen Wind- und Wellengang.

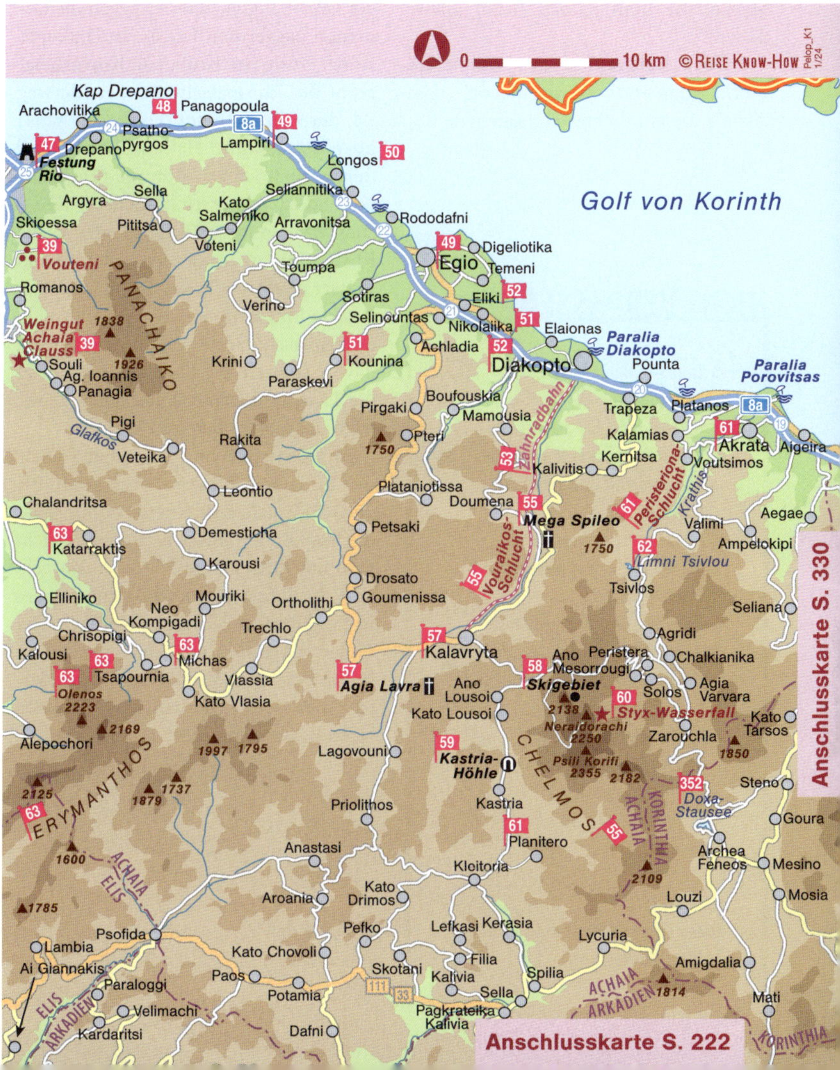

Die **Meerenge** zwischen Rio auf der Halbinsel Peloponnes und Andirrio auf dem griechischen Festland, die den Übergang vom Golf von Patras in den Golf von Korinth bildet, gehört zu einer erdbebengefährdeten Region. Auch im Südwesten Achaias kommt es fast ununterbrochen zu kleinen Beben geringer Stärke, die man jedoch kaum wahrnimmt.

In der **Bergregion im Hinterland** merkt man nur wenig davon, dass Achaia die am dichtesten besiedelte Region der Peloponnes ist. Der Chelmos-Vouraikos-Nationalpark ist ein Wanderparadies. Nach Kalavryta führt eine Zahnradbahn durch die Vouraikos-Schlucht hinauf in die Berge. Es gibt dort auch ein beliebtes Skigebiet. Ein vielbesuchtes Nationalheiligtum ist das Kloster Agia Lavra, in dem am 25. März 1821 der Unabhängigkeitskrieg gegen die Osmanen ausgerufen wurde. In Diakopto an der Küste des **Golfs von Korinth** beginnt der Europäische Fernwanderweg E4, der sich auf einer Nord-Süd-Achse über die gesamte Halbinsel zieht und durch die höchsten Gebirge führt. Die Gegend ist wasserreich, mehrere Flüsschen winden ihren Weg hinunter an die Küste. Tief in die Felsen hat sich das Wasser gefressen: In der Tropfsteinhöhle Kastria im Chelmos-Gebirge kann man unterirdische Seen besichtigen. Unweit davon stürzen die Styx-Wasserfälle in die Tiefe, in denen Achilles der Legende nach unverwundbar wurde.

Im Westen flacht das Land zur **Küste des Ionischen Meeres** langsam ab. Bei der Landspitze Kap Araxos hören sogar die Straßen auf, manche Bucht erreicht man nur noch zu Fuß. Südlich erstreckt sich der langgezogene Küstenwald des Nationalparks Kotychi-Strofilia. Der Pinienwald mit Feuchtgebieten reicht bis in die Nachbarregion Elis. Vorgelagert ist einer der landschaftlich schönsten Strände der Peloponnes in Kalogria.

NICHT VERPASSEN!

- Trubelige Hauptstadt mit viel Kultur: Hafenmetropole **Patras** | 31
- Panorama am Golf von Patras: **Festung und Hängebrücke von Rio** | 47
- Fahrt durch die **Vouraikos-Schlucht** mit der **Zahnradbahn Odontotos** | 53, 55
- Holocaust-Museum und Kloster Agia Lavra in **Kalavryta** | 57
- Unterirdische Seen und Stalagtiten in der **Kastria-Höhle** | 59
- Schirm-Kiefern, Lagunen und lange Sandstrände im **Nationalpark Kotychi-Strofilia** | 65

Diese Tipps erkennt man an der gelben Markierung.

▷ Vom Kastro Patras hat man einen weiten Blick über die Stadt und den Golf

Adobe Stock © Sergei Timofeev

Patras

Patras (Patra) ist die **größte Stadt der Peloponnes** und mit ca. 212.000 Einwohnern die drittgrößte Stadt Griechenlands. In der modernen und multikulturellen Hafenmetropole mit ihren **Fährverbindungen** zum italienischen Festland trifft man auf authentisch-griechischen Großstadtalltag: Kultur, Gastronomie und ein ausgeprägtes Nachtleben. Im Sommer kann man zahlreiche Festivals erleben. Man sieht viele junge Gesichter in der Stadt – etwa ein Viertel der Einwohner sind Studenten an einer der Fakultäten der **Universität Patras.**

Man sollte sich etwas Zeit nehmen, um in Ruhe durchs Zentrum oder ans Meeresufer zu schlendern. Das Herz von Patras schlägt nicht zuletzt in den Cafés und Bars rund um die zentrale Platia Georgiou, die bis tief in die Nacht belebt sind. Hier kann man sich niederlassen und einen Blick aufs Geschehen werfen.

Optisch besteht das Stadtbild aus vielen Gegensätzen: An den Ausfallstraßen ragen funktionale Apartmentblocks in die Höhe, im Zentrum wechseln sich schicke Einkaufsstraßen mit von Street-Art bedeckten Häuserwänden ab, dazwischen stehen (zumeist marode) historische Fassaden.

Das Flair der Stadt macht aber nicht zuletzt ihre unmittelbare Nähe zum Meer aus. Der Blick über den **Golf von Patras** auf die gegenüberliegende Festlandküste mit dem Paliovouna-Felsen vermittelt stets ein Gefühl von Weite. Landeinwärts erhebt sich im Osten hinter der Stadt das **Bergmassiv Panachaiko** bis auf 1926 m. Im Nordosten, Richtung Rio, gibt es kleine Kiesstrände mit Tavernen, an denen man sich abkühlen kann.

Orientierung

Die Innenstadt ist unterteilt in die höher gelegene, ruhigere **Oberstadt (Ano Poli)** mit historischen Sehenswürdigkeiten wie der **Burg (Kastro)** und dem römischen Odeon sowie die quirlige **Neustadt** mit Einkaufsstraßen und Gastronomie zu ihren Füßen. In der Neustadt fällt die Orientierung leicht: Das Zentrum wurde im 19. Jh. nach klassizistischen Prinzipien im **rechteckigen Raster** angelegt. Dies war nötig, da die mittelalterliche Bausubstanz in den verheerenden Gefechten des Kriegs gegen die Osmanen Anfang des 19. Jh. komplett zerstört worden war.

Von Nordwest nach Südost führt die zentrale **Hauptstraße Agiou Nikolaiou** von der Hafenpromenade bis zum **Treppenaufgang** zur Burg in der Oberstadt. Parallel dazu verlaufen weitere **Einkaufsstraßen** und die **Nachtlebenmeile** Gerokostopoulou, welche die Platia Georgiou kreuzt.

In Richtung Südwest-Nordost umschließen die **Einkaufsmeilen Maizonos und Korinthou** die Platia Georgiou. Parallel ziehen sich weitere Hauptstraßen wie die Riga Fereou und Agiou Andreou bis hinunter zur Uferstraße Othonos kai Amalias.

Die Platia Georgiou, angelegt im 19. Jh., ist der zentrale Platz der Stadt

Sehenswertes

Platia Georgiou

Der **zentrale Platz** in der Innenstadt wurde nach der Zerstörung von Patras während des Unabhängigkeitskriegs 1828 neu entworfen. Bis heute ist die Platia Vasileos Georgiou das Herzstück von Patras, hier finden große Kulturveranstaltungen wie der Karneval, aber auch politische Demonstrationen und andere Versammlungen statt. Rund um den weitläufigen Platz findet man schattenspendende **Arkadengänge mit Caféterrassen.**

Das nach klassizistischem Muster ausgelegte Straßenraster der Neustadt erstellte *Stamatis Voulgaris* (1774–1842). Er war ein Schulfreund von *Ioannis Kapodistrias,* dem ersten Präsidenten des neuen griechischen Staates, der ambitionierte Pläne für den Neuanfang Griechenlands hegte. *Voulgaris* plante, Oberstadt und Unterstadt getrennt anzulegen und sie durch Treppenaufgänge miteinander zu verbinden, was auch geschah. Der Plan wurde jedoch nicht vollständig umgesetzt. Rund um den zentralen Platz entstanden später etliche elegante **klassizistische Gebäude,** 1875 kamen zwei **Springbrunnen** hinzu.

Theater Apollon

Noch erhalten ist das Theater Apollon aus dem Jahr 1872, das vom Architekten *Ernst Ziller* entworfen wurde. Das heutige **Stadttheater,** das die Ostseite der Platia Georgiou dominiert, bietet Raum für 250 Zuschauer. In der hauseigenen Schauspielschule und bei zahlreichen Workshops werden Nachwuchstalente ausgebildet. Die Künstlerische Leitung hat der Musiker und Komponist *Loukas Thanos.*

■ **Theatro Apollon,** Platia Georgiou A31, Tickets Tel. +30 210 7234567, www.ticketservices.gr, www.dipethepatras.gr (griech.), Infos über das Gebäude unter explore.patras.gr/listing/patras-apollon-theater.

Aufstieg zur Oberstadt Ano Poli

Die **Agios-Nikolaos-Treppen** (Skales Agiou Nikolaou) führen vom Südende der Agiou Nikolaou auf den Burgberg – ganze 193 Stufen muss man erklimmen. Beim Verschnaufen sollte man sich öfter mal umdrehen und den Blick über den Golf von Patras genießen. Besonders abends ist der Ausblick über das Lichtermeer der Stadt faszinierend. Beim Aufstieg passiert man rechts das klassizistische **Palaio Nosokomeio,** das vom dänischen Architekten *C.E. Hansen* entworfen wurde und von 1872 bis 1973 als **städtisches Krankenhaus** diente. Im Sommer, während des Internationalen Festivals, finden hier Theateraufführungen und Konzerte statt.

Unser Tipp: Oberhalb der Agios-Nikolaos-Treppen befindet sich das **Café-Restaurant Chasomeri** (→ „Essen und Trinken" S. 42) mit tollem Ausblick über die Stadt bei Tag und Nacht.

■ **Palaio Nosokomeio (Altes Hospital),** Korillon 2, Tel. +30 2610 390910, explore.patras.gr/listing/old-municipal-patras-hospital.

Kastro Patras

Auf dem **Burgberg** angekommen, kann man den Blick über das weite Panorama schweifen lassen. Heute ist die **Festungsruine** einer der ruhigsten Orte der Stadt. Im Schatten des benachbarten **Pinienwäldchens Dasilio** kann man sich abkühlen. Beim Aufstieg dorthin entlang der Straße bieten sich immer wieder Ausblicke auf die darunterliegende Stadt, den Golf von Patras und die Festlandküste.

Die erste Festung entstand hier an einem Ausläufer des Panachaiko-Gebirges im 6. Jh. auf den Grundmauern einer antiken Akropolis. Sie wurde im 13. Jh. von den Franken erweitert, ebenso von den Venezianern im 14. Jh. Der Gewölbeeingang mit rechteckigem Turm stammt aus der Zeit der Osmanen, die die Stadt ab 1458 beherrschten. Zwischen 1687 und 1715 geriet Patras kurzzeitig unter venezianische Herrschaft, bis 1715 wieder die Osmanen einzogen. Nachdem der Erzbischof von Patras, *Germanos*, am 25. März 1821 im Kloster Agia Lavra bei Kalavryta die Flagge der Unabhängigkeitskämpfer gesegnet hatte, wurde auch Patras zu einem Zentrum des Unabhängigkeitskampfs gegen die osmanischen Herrscher. Patras selbst war jedoch einer der letzten Orte auf der Peloponnes, der befreit werden konnte. Die Rebellen belagerten die von den Osmanen besetzte Burg bis zum Jahr 1828, als fast schon die ganze Stadt in Schutt und Asche lag. 1941–44 besetzten die Deutschen die Burg.

Bisher wurden keine archäologischen Ausgrabungen vorgenommen, die bis in die untersten Schichten des Baus vorgedrungen sind.

■ **Kastro Patras,** Frouriou 56, Tel. +30 261 0623390, Mi–Mo 8.30–15.30 Uhr.

Hamam Patron

Unser Tipp: In der Oberstadt stößt man auf das älteste noch erhaltene türkische Dampfbad Griechenlands. Vom Kastro ist es nur ein kurzes Stück auf der Mpoukaouri nach Süden, bis man vor dem historischen Gebäude steht. Das Bad wurde um 1400 gebaut ist seitdem ununterbrochen in Betrieb. In einem Hamam wird durch heißes Wasser Dampf erzeugt, man sitzt daher anders als in einer herkömmlichen Sauna in feuchter Luft. Männer und Frauen benutzen das Bad in getrennten Bereichen zu unterschiedlichen Zeiten.

■ **Chamam Patron,** Mpoukaouri 29, Tel. +30 261 0274267, www.xamampatron.gr, Ende Sept. bis April Frauen Mo, Mi, Fr, 10–14.30 und 17–21, Di, Do, Sa 14.30–17 Uhr, Männer Di, Do, Sa 10–14.30 und 17–21, Mo, Mi, Fr 14.30–17 Uhr, Eintritt 8 €.

Römisches Odeon

Spaziert man von der Festung in Richtung Südwesten bergab durch die Gassen, stößt man auf die Odos Pantokratoros, die zum Römischen Odeon führt. Die Römer schätzten Patras für seine günstige Lage und errichteten hier die **Kolonie Augusta Achaia Patrensis.** Das **Theater** enstand Mitte des 2. Jh. und ist etwas älter als das Herodes-Attikus-Theater in Athen. Es wurde später durch Feuer und Erdbeben zerstört und erst 1889 bei Ausgrabungen wiederentdeckt.

In den 1950er-Jahren begann man mit der Restaurierung und verkleidete die Sitzreihen des Theaters mit Marmor. Heute finden dort im Sommer **Open-Air-Veranstaltungen** im Rahmen des Internationalen Festivals statt (→ S. 46). Im Außenbereich sind einige der Ausgrabungsfunde ausgestellt, darunter Sarkophage, Mosaiken und Statuen.

Wandert man von hier aus auf der Gerokostopoulou wieder hinunter in die Innenstadt, kann man noch einen Blick auf die Überreste des ehemaligen **römischen Amphitheaters** (Al. Ipsilantou 167) werfen.

■ **Romaiko Odeio Patron,** Odos Sotiriadou/Pantokratoros, Tel. +30 261 0223587, Di–So 8–16 Uhr, Eintritt frei. Zurzeit ist das Odeon geschlossen.

☑ Im Römischen Odeon aus dem 2. Jh. finden im Sommer Theateraufführungen statt

Archäologisches Museum

Folgt man der Odos Korinthou (alte Nationalstraße 8 Patras – Athen) knapp drei Kilometer nach Norden stadtauswärts, gelangt man zum Archäologischen Museum. Das 2008 von *Theofanis Bobotis* entworfene Gebäude mit dem markanten elliptischen Vorbau ist einer der modernsten Bauten in Patras. Das Museum zeigt Artefakte aus der Stadt selbst sowie aus dem südlichen und westlichen Achaia von 4000 v.Chr. bis 400 n.Chr.

Patras gilt als eine der am längsten dauerhaft besiedelten Städte der Peloponnes. Man fand daher eine große Vielfalt an Funden von mykenischer Keramik bis zu römischen Mosaiken. Das Museum ist in drei Abschnitte eingeteilt: Der Bereich „Privates Leben" zeigt Exponate aus der Prähistorie bis in die späte Römerzeit. „Öffentliches Leben" beherbergt Kartenmaterial, Teile römischer Bauten und Waffen sowie Götter-

Street-Art in Patras

Großstädtisches Flair verleiht der Stadt die Spraykunst, die sich an vielen Häuserwänden von Patras zeigt: Faszinierende, farbenfrohe, oft surrealistische und großflächige Kreationen prangen an verfallenen oder neueren, aber ansonsten etwas langweiligen, verblichenen Fassaden. Beim **Street Art Festival,** das im Oktober stattfindet, kann man an einem **Art Walk** teilnehmen und den Künstlern bei der Erschaffung der Kunstwerke zuschauen.

- www.facebook.com/ArtWalkPatrasFest
- www.artinprogress.eu/art-walk

statuen von 1500 v.Chr. bis 400 n.Chr. Im Bereich „Nekropole", erhält man Einblick in die unterschiedlichen Bestattungsriten durch die Jahrtausende wie z.B. die Konstruktion von Gräbern und die Ausstattung mit Grabbeigaben.

- **Archaiologiko Mouseio Patron,** New National Road Patras – Athens 38–40, Tel. +30 261 3616100, ampatron.gr/en, im Sommer tgl. 8–20 Uhr, Nov. bis Feb. Mi–So 8.30–15.30 Uhr, Eintritt 6 €, erm. 3 €.

Entlang der Hafenstraße

Die geschäftige Hafenstraße **Othonos kai Amalias** verläuft parallel zum Meeresufer. Im Süden führt die Verlängerung Akti Dimeon zum neuen, etwa vier Kilometer entfernten Hafen, dem **South Port,** wo die Fähren und Containerschiffe aus Italien anlegen.

Der alte **Stadthafen North Port** im Zentrum dient heute nur noch als Anleger für die Fähren zu den Ionischen Inseln und für Kreuzfahrtschiffe. Seit Langem gibt es Pläne, das in die Jahre gekommene Hafengebiet mithilfe moderner Architektur aufzuwerten und es in ein für Hafennutzer, Bewohner und Besucher zugängliches Freizeitgebiet umzuwandeln. Bisher fehlten jedoch die Mittel.

Vom Hafen in Richtung Norden entlang der Iridon Politechniou zieht sich eine baumbestandene **Promenade,** die sich auch gut zum Radfahren eignet. Man gelangt vom Zentrum aus auf verkehrsarmen Straßen hierher. Die Promenade endet in der **Bucht Paralia Agias** mit einem kleinen Kiesstrand und Blick auf die Hängebrücke von Rio.

Piazza Santa Rosa

Unser Tipp: Vom Stadthafen ein kleines Stück landeinwärts befindet sich auf dem Dach eines Parkhauses eine kleine Oase: Vor einem verfallenen, hoch aufragenden und mit Street-Art dekorierten Hafengebäude lockt die Piazza Santa Rosa genannte **Grünanlage mit Terrasse** und kleinem Sommerpool. Unter den Sonnendächern des Restaurants Santa Rosa (→ „Essen und Trinken" S. 42) lässt es sich gut aushalten. Das Restaurant ist nebenbei Sponsor des Patras Art Festival, das immer Anfang Juli stattfindet.

▷ Die lange Uferpromenade mit Blick auf den Leuchtturm

Um seine Internationalität zu beweisen, hat man auf der Piazza die Laternenpfähle mit Straßenschildern aus Londoner Stadtteilen dekoriert.

Ein Stück weiter in Richtung Zentrum trifft man auf weitere Erinnerungen an die Zeit, als die Handelsstadt eine lebendige britische Gemeinde hatte: Die anglikanische **Kirche St. Andrew** (Kapsali 16) wurde 1872–78 im neogotischen Stil erbaut. Das Land, auf dem sie steht, wurde damals der englischen Gemeinde zugesprochen. Heute finden hier Kulturveranstaltungen statt.

An der Mole

Hinter dem Bahnhof und Busbahnhof von Patras erstreckt sich eine lange Mole. Von ihrem Kopfende hat man einen tollen **Ausblick** auf den Golf von Patras und den Paliovouna-Felsen an der Festlandküste. Im Café C. Molos (→ „Essen und Trinken“ S. 41) sitzend, kann man ihn so richtig genießen.

Leuchtturm

Der Leuchtturm – **Faros** genannt – steht im südlichen Bereich des Stadthafens. Der heutige Leuchtturm stammt aus dem Jahr 1999 und ist ein Nachbau des alten aus dem Jahr 1858. Damals galt er als Wahrzeichen der Hafenstadt, die bis Ende des 19. Jh. einer der bedeutendsten Häfen in Griechenland für die Verschiffung von Obst, Wein und Leder war. Heute leuchtet kein Licht mehr im Turm, der Bau dient lediglich als Dekoration. Am Fuß gibt es ein Café.

Vom Leuchtturm Richtung Süden führt ein Uferweg zu begrünten Freizeitanlagen, teils mit Schatten spendenden Bäumen, bis zum **Patras South Park**

(Notio Parko Patras). Hier kann man spazierengehen, joggen oder Ballspielen, es gibt auch einen Kinderspielplatz.

Kathedrale Agios Andreas

Landweinwärts von der Uferpromenade steht die dem Apostel *Andreas* gewidmete St.-Andreas-Kathedrale mit einer 50 m hohen Kuppel und Platz für 5000 Personen. Das orthodoxe Gotteshaus im griechisch-byzantinischen Stil entstand aus einer Stiftung von König *Georg I.* im Jahr 1908, wurde aber erst 1974 geweiht.

In unmittelbarer Nähe steht die Vorgängerkirche aus dem Jahr 1843. Sie wurde dort erbaut, wo der heilige *Andreas* den Märtyrertod gestorben sein soll. Patras war eine wichtige Ausgangsstation für die christliche Missionierung Griechenlands. Der heilige *Andreas* soll die Frau des damaligen Statthalters zum Christentum bekehrt haben, wofür sich dieser rächte, indem er ihn an ein Kreuz mit Schrägbalken nagelte. Daraus leitete sich später das Andreaskreuz ab. Die **Andreas-Reliquien** gingen danach auf eine abenteuerliche Reise: von Konstantinopel über Amalfi und Köln bis Rom. Die – mutmaßliche – vordere Kopfhälfte des Heiligen gelangte 1964 nach Patras zurück und befindet sich nun in der Kathedrale.

Neben der wesentlich kleineren **Vorgängerkirche** im klassizistischen Stil befindet sich ein **Schrein** über einem Gewölbe mit einer heiligen Quelle, auch **Wasserorakel** (Neromanteio Dimitras) genannt. Hier soll schon in der Antike der Göttin Demeter gehuldigt worden sein – dem Wasser wurden heilende Kräfte zugeschrieben.

■ **Ieros Naos Agiou Andrea,** Agiou Andreou 201, Tel. +30 261 0330644, i-m-patron.gr (griech.), Mo–Fr 9–13 Uhr, Eintritt frei.

Adobe Stock © Stoyan Haytov

Sehenswertes in der Umgebung

Vrachnaiika

Der Ort Vrachnaiika, gut zehn Kilometer südwestlich von Patras, ist bekannt für seine **Fischrestaurants,** die sich an der Küste aneinanderreihen. Es ist ein beliebter Ausflugsort für Familien, die ausgiebig zusammen tafeln wollen. Die Tische stehen oft direkt am befestigten Ufer, sodass man immer etwas Seebrise spürt. Allerdings verläuft direkt daneben die Uferstraße Alexiou Despotopoulou. Der **Strand** ist nur wenige Meter breit, eignet sich aber zumindest für einen abkühlenden Sprung in die Fluten.

Weingut Achaia Clauss

Eines der bekanntesten Weingüter Griechenlands ist Achaia Clauss. Es liegt sieben Kilometer südöstlich des Zentrums in Petroto, gleich hinter der Ringautobahn A5. Gegründet 1859 von dem eingewanderten Bayern *Gustav Clauss* (1825–1908), hat es sich über die Jahrzehnte hinweg unter wechselnden Eigentümern immer wieder neu erfunden. Ende des 19. Jh. strömten die Reichen und Schönen hierher, um den aus den hiesigen Reben gepressten **Mavrodaphne** zu probieren. Übersetzt heißt der Name „Schwarzer Lorbeer" in Anlehnung an die dunkelroten Trauben. Der Legende nach soll *Clauss* jedoch durch eine schwarzäugige griechische Schönheit zu dem Namen inspiriert worden sein. Der süße, gespritete **Dessertwein** kam sogar bei royalen Gästen wie Kaiserin *Sissi* gut an. Er wurde schon damals auch nach Deutschland exportiert. Heute produziert man neben Mavrodaphne vor allem die weiße Sorte **Demestica.**

Das Weingut kann man besichtigen und den Wein verköstigen. Man sieht das ehemalige Büro von *Gustav Clauss* sowie den Weinkeller und lernt etwas über die Geschichte der Fassbinderei.

■ **Achaia Clauss,** Petroto, Patras 26500, Tel. +30 261 0580100, www.achaiaclauss.gr/?lang=de, Eintritt 18 € (Kinder unter 18 Jahre nur in Begleitung Erwachsener, Eintritt frei). Online-Buchung über die englische Version der Website.

☒ Die Kathedrale Agios Andreas ist eine bekannte Pilgerstätte

Mykenische Siedlung und Friedhof Vouteni

Östlich der Ringautobahn A5 bei **Skioessa** lohnt der **archäologische Park** Vouteni (Voundeni) allein schon wegen der Aussicht von der Anhöhe in 220 m Höhe und des **Landschaftsgartens** einen Besuch. Die Sehenswürdigkeit wird zu Unrecht kaum beworben, dabei kann sie mit vielen anderen archäologischen Stätten auf der Peloponnes durchaus mithalten.

Die Gegend um Patras war bereits in mykenischer Zeit besiedelt. In Vouteni fand man 1923 die Überreste einer **prähistorischen Siedlung.** Auf dem benachbarten Friedhof konnte man **78 Gräber** freilegen. Die dort gefundenen Gegenstände sind großenteils im Archäologischen Museum von Patras ausgestellt. Sie zeugen vom Wohlstand der

Siedler, die Kontakte bis nach Italien hatten. Die Siedlung bestand 1500–1050 v.Chr. Wie in Mykene baute man hier in Höhenlage mit guter Aussicht auf die Umgebung. Das Panachaiko-Bergmassiv im Hintergrund bot einen guten Rückzugsort im Falle eines Angriffs. Die Siedlung war auch während der römischen Zeit bis ins 4. Jh. weiterhin bewohnt.

Von besonderem archäologischen Interesse sind die Gräber, die rund, quadratisch oder rechteckig gebaut wurden und oft eine Kuppel hatten. Sie sind heute offengelegt, man kann hineingehen und sich umsehen.

- **Mykinako Parko Patron – Vouteni,** Liapeika, Bortzi, Patras 26504, Tel. +30 261 0459254, odysseus.culture.gr, Mo, Mi–So 8.30–15.30 Uhr (Sommer bis 16 Uhr), Eintritt 3 €.

Praktische Tipps

Nützliche Infos und Adressen

- **PLZ Patras Zentrum:** 26221

Informationen

- www.patrasinfo.com/en
- www.visitgreece.gr/mainland/peloponnese/patras
- explore.patras.gr/en

Reisebüros

Entlang der Hafenstraße Othonos kai Amalias und rund um den Bahnhof gibt es Reisebüros, bei denen man Fähren oder Hotels buchen oder Auskünfte erhalten kann. Stadtpläne oder Broschüren sind jedoch nicht verfügbar. Auch bei den beiden großen Häfen bekommt man in den Buchungsbüros der Fährlinien allgemeine Informationen.

5 **Patras Travel,** Othonos kai Amalias 25, www.patras-travel.gr/en, Mo–Fr 9–21, Sa/So/Fei 9–17 Uhr. Das Büro der Busgesellschaft **KTEL Achaia** nordöstlich des Bahnhofs ist eine gute Anlaufstelle für allgemeine Fragen oder Hotelbuchungen.

Medizinische Versorgung

- **Krankenhaus: Patras General University Hospital,** Rio 26504, Tel. +30 261 3603000, www.pgnp.gr (griech.), Bus Nr. 6 von Korinthou/Ermou. Im Notfall wird man in der Abteilung „Outpatients" behandelt. Das Krankenhaus liegt 10 km nördlich im Ort Rio.

Post

- **Hellenic Post Office,** Maizonos 32, Tel. +30 261 0620594, Mo–Fr 7.30–14.45 Uhr.

Polizei

- **Touristenpolizei,** Tel. +30 261 0695073.

Unterkunft

1 **Moxy Patra Marina**②, Iridon Politechniou 58, Tel. +30 261 4409400, www.marriott.com. Zur Gruppe der Marriott-Hotels gehört diese moderne Kette. Man blickt auf den Jachthafen und es ist sogar ein kleiner Swimmingpool vorhanden. Ausgefallener Dekor.

21 **193 Skales**①, Agiou Nikolaou 109, Tel. +30 2611812561, 193-art-hotel-patras.booked.net. Kleines Stadthotel mit sieben Zimmern, mitten im Trubel bei den Agios-Nikolaos-Treppen im Kneipenviertel.

13 **Maison Grecque**②, 25is Martiou 116, Tel. +30 261 0241212, mghotels.gr/en. Im historischen Stadthaus aus dem Jahr 1890 genießt man in dem zentral gelegenen Boutique-Hotel klassisch-eleganten Charme, teils mit Designermöbeln. Das Hotel hat auch eine kleine Bar.

11 **Days City Suites**②, Agiou Andreou 140, Tel. +30 261 6008464, days.gr. Sehr modernes Apart-

002pe ln

menthotel. Es gibt Junior Suites mit Balkon und sogar mit Meerblick. Man ist nahe an den Hauptstraßen am Hafen, daher wird es nie ganz ruhig.

Camping

In Patras Zentrum gibt es keinen Campingplatz, man muss einige Kilometer weiter nördlich oder südlich fahren.

2 **Wohnmobilstellplatz:** Patras Nord, Iridon Politechniou, 5 km nördlich des Zentrums. Die Parkplätze bei der **Bucht Paralia Agias** eignen sich für eine spartanische Übernachtung. Es gibt Freiluftduschen und Dixi-Klos. Alternativ kehrt man für den Toilettenbesuch in eine der Bodegas am Strand ein.

Die Einkaufsstraße Gerokostopoulou führt vom Zentrum bis zur Uferpromenade

Essen und Trinken

Als Großstadt hat Patras eine große Vielfalt an gastronomischen Einrichtungen zu bieten, von Fastfood bis zu schickeren Restaurants. In der Innenstadt überwiegen Cafébars, die den ganzen Tag und oft bis spät in die Nacht geöffnet haben. Es entstehen mehr und mehr neue Konzepte, die von der traditionellen Speisekarte abweichen.

UNSER TIPP: **Preiswert speisen** kann man in der vom Leuchturm stadteinwärts führenden Straße **Trion Navarchon,** die in der Mitte eine kleine Grünanlage hat. Hier gibt es günstige **Grillrestaurants und Tavernen,** die besonders bei Studenten beliebt sind.

6 **C. Molos,** Agiou Nikolaou, Tel. +30 261 0221329, tgl. 8–2 Uhr, auf Facebook. Das Café am Ende der Mole bietet besten Ausblick und eine kühlende Seebrise.

10 **Cuccuvaia,** Riga Fereou 140, Tel. +30 261 5500505, tgl. 7–3 Uhr. In dieser schicken Weinbar

gibt es feine Kleinigkeiten, z.B. eine ungewöhnliche Version von Fish & Chips mit dem würzigen Kartoffeldip Skordalia, aber auch leckere Salate.

7 **Due Piani Birra Bar,** Agiou Nikolaou 47, Tel. +30 261 0279222, Mo–Sa 7–2, So 8–2 Uhr. In dem italienischen Restaurant sitzt man entspannt in einem der beiden Stockwerke und genießt italienische oder griechische Tellergerichte. Man kann auch nur einen Cocktail trinken.

17 **La Veghera Puta Vieja,** Gerokostopoulou 55, Tel. +30 6906909640, auf Facebook, tgl. 10–15 Uhr. In der alternativen Cocktailbar werden vegane Gerichte serviert.

14 **Ouzeri Amalias,** Patreos 87, Tel. +30 6944318131, auf Facebook. Die kleine Taverne bietet ein modernes Konzept mit leckeren und einfallsreichen Gerichten.

20 **Rockeat,** Partheniou 1, Tel. +30 261 0221411, www.rockeat.gr, Mo–Fr 13.30–23.30, Sa 14–23.30, So 14–23 Uhr. Sättigende Burger mit ausgefallenen Zutaten, darunter der Rock 'n' Roll Burger. Es gibt auch vegetarische Alternativen. Der Slogan: „Real Food in a Fake World".

8 **Salumeria,** Pantanassis 27, Tel. +30 261 0225930, auf Instagram, tgl. 12–1 Uhr. Fleischliebhaber finden hier Grillplatten, es gibt aber auch vegetarische Gerichte wie Couscous mit Pilzen, dazu beste griechische Weine.

12 **Noodles Aya,** Vironos 1, Tel. +30 261 0362360, www.noodlesaya.gr/el, tgl. 12–1 Uhr. Freunde asiatischer Küche finden hier Sushi, Sashimi und mehr.

23 **Chasomeri,** Papadiamantopoulou 10, Tel. +30 261 0221202, Mo–Fr 7–2 Uhr, Sa/So 10.30–2 Uhr. Café-Restaurant oberhalb der Agios-Nikolaos-Treppen mit schönem Ausblick über die Stadt.

4 **Restaurant Santa Rosa,** Agiou Dionisiou 23–25, Tel. +30 261 0433742, www.santarosa.gr, tgl. 8–2 Uhr. Leckere Gerichte und Cocktails in angenehmer Atmosphäre. Während des Patras Art Festival finden Events statt.

Nachtleben

Das Herz des studentischen Nachtlebens und der Alternativkultur liegt zwischen den Straßen

Ifestou und **Gerokostopoulou** im Südwesten des Zentrums unterhalb des römischen Odeons. Hier sind am Abend die Terrassentische immer belegt. Vielerorts steht man auch einfach mit dem Getränk auf der Straße. Angenehm schattig sitzt man in den Cafés rund um die **Platia Olgas.** Eine frische Brise weht in den Restaurants und Cafébars am **Meeresufer.**

22 **193 Skales Sunset and Lounge,** Gravias 11, auf Instagram. Angesagte Cocktailbar des Hotels 193 Skales bei den Treppen in die Oberstadt. Von der oberen Terrasse hat man einen tollen Ausblick.

16 **Aquarella,** Gerokostopoulou/Ifestou, Tel. +30 261 0240967, auf Facebook, Mo–Do 10–4, Fr–So 8.30–4 Uhr. Studentenkneipe mit toller Aussicht auf die römischen Ruinen des Amphitheaters.

9 **Bardot Kitchen Bar,** Riga Fereou 143, Tel. +30 261 0004670, Mo–Fr 7–1.15, Sa 7.30–1.15, So 9–1.15 Uhr. Bar mit Retro-Schick. In opulentem Dekor gibt es hier leckere Snacks und fantasievolle Desserts, dazu ausgefallene Cocktails.

15 **Mod's Club,** Ifestou 46, Tel. +30 261 0622944, auf Facebook, Mo 23–7, Di–So 23–9 Uhr. Alteingesessener, beliebter Nachtclub. Die benachbarte Musikkneipe **Factory by Mods** gehört denselben Betreibern (tgl. 20.30–7 Uhr).

Hochprozentiges aus Patras

Unser Tipp: **Tentoura** (auch Tentura), ist ein **Digestif,** der in Patras hergestellt wird. Die Rezeptur geht auf das 15. Jh. zurück. Der dunkelbraune Likör wird mit Gewürzen wie Zimt, Nelken, Muskatnuss, Orangenblättern und Zitrusfrüchten aromatisiert. Im 19. Jh. nutzten Schnapsbrenner die wachsende Beliebtheit von exotischen Importwaren in Europa und siedelten sich in Patras an. Da der Ort ein Haupthafen für die Verschiffung von Obst und Wein war, hatte man guten Zugang zu den nötigen Grundstoffen.

Tentoura kann auf verschiedene Weise serviert werden: pur bei Zimmertemperatur oder in einem Glas mit gestoßenem Eis, Sahne und frischem Zimt. Ein Schuss Tentoura kann auch zur Verfeinerung von Kaffeespezialitäten dienen. Hergestellt wird er z.B. von den alteingesessenen Distillerien Chris, Loukatos und Pilavas in Patras.

Einkaufen

In der Innenstadt gibt es einige Kaufhäuser und viele kleinere **Läden,** von Bäckereien über Boutiquen und Souvenirläden bis zu Elektronikgeschäften. Auch Filialen bekannter Modeketten sind in Patras ansässig. Große **Supermärkte** findet man vor allem an den kilometerlangen Ausfallstraßen.

18 **Monastiriaki Trapeza,** Odos Ermou 90, monastiriakitrapeza.gr, Mo–Sa 9.30–14, Di–Fr auch 18–21.30 Uhr. Vom Bio-Wein über Quinoa und leckeren Bio-Honig bis zu Halva *(chalvas)* gibt es in diesem Naturkostladen viele Köstlichkeiten.

19 **Tentoura Kastro,** Agiou Nikolaou 95, www.castro-spirits.gr, Mo–Fr 9–15, Sa 9–15.30, Di, Do, Fr auch 18–21 Uhr. Nicht nur Tentoura-Likör (→ Kasten), sondern auch die angesagtesten Cocktail-Zutaten gibt es in dem Spirituosenladen.

Markt

3 **Karpasias,** Parko Stadiou, Di/Do 14–19 Uhr. Im Park vor dem Stadion Panachaikis kann man sich mit frischem Obst und Gemüse eindecken.

Feste und Veranstaltungen

Seit Patras im Jahr 2006 Europäische Kulturhauptstadt war, ist das kulturelle Leben in der Stadt aufgeblüht. Es gibt zahlreiche aktive Kulturschaffende, die sich darum bemühen, eine Vielfalt von Veranstaltungen anzubieten.

- Das größte Fest in Patras ist das **Karnevalsspektakel Maskaratas** (www.carnivalpatras.gr/en), die Stadt ist die Karnevalshochburg Griechenlands. Die bunt gestalteten Wagen mit ihren satirisch-politischen Motiven erinnern an den rheinländischen, die Masken und Sambatänzer eher an den venezianischen und brasilianischen Karneval. Schon

1870 gab es den ersten Umzug durch die Stadt. Heute zieht sich die Veranstaltung über mehrere Wochen hin. Die Eröffnungszeremonie ist jeweils am ersten Samstag nach dem 17. Januar, dem St. Antoniustag. Bereits dann gibt es an der Platia Georgiou Konzerte und Events für die ganze Familie. Zwei Wochen später findet samstags vor dem großen Umzug eine nächtliche Parade (Podarati) statt. Sonntags gibt es zunächst einen Kinderfestzug und dann den großen Umzug, angeführt von der Pappfigur „König Karneval". Mehrere Zehntausend Menschen laufen beim Umzug mit und Hunderttausende stehen als Zuschauer am Straßenrand. Gegen Abend muss „König Karneval" (Vasilias Karnavalos) dann abtreten, der Bürgermeister erklärt am Hafen das Ende des Spektakels. Die Karnevalsfigur wird auf dem Wasser in Brand gesteckt und versenkt. Der Rosenmontag, auch Grüner Montag *(kathera deftera)* markiert bereits den Beginn der 40-tägigen Fastenzeit.

Das Theater Apollon, 1870 von Ernst Ziller entworfen

UNSER TIPP: **Patras Street Food Festival,** Apotheosis Garden, Iridon Politechniou/Aigiptou, auf Facebook. Jedes Jahr Mitte Mai verwandelt sich die Anlage nahe der alten Bierbrauerei Mamos für ein langes Wochenende in einen zauberhaften Garten mit leckerem Street Food aus aller Herren Länder sowie Live-Musik und Veranstaltungen für Kinder.

■ Beim **Patras Art Festival – PAF** (www.patrasartfestival.com) Anfang Juli liegt der Schwerpunkt auf zeitgenössischem Tanz, es treten aber auch Bands auf und es gibt Workshops für alle Altersgruppen.

- Im Sommer gibt es das **Street Art Festival,** bei dem professionelle Sprayer Hauswände verschönern (www.artinprogress.eu/art-walk).
- Beim **International Festival of Patras** mit Musik von Klassik bis Jazz und Theater finden von Juli bis September Konzerte an ausgefallenen Orten statt, z.B. im Alten Hospital in der Oberstadt oder in der Festung in Rio (Oper). Kneipen und Restaurants machen ebenfalls Platz für Künstler und zeigen Filme oder Theateraufführungen. Der Großteil der Veranstaltungen während des Internationalen Festivals ist kostenfrei.

Verkehr

Auto/Wohnmobil

Von der **Ringautobahn A5 (E55)** abfahrend, gelangt man über die alte Nationalstraße 8 (N.E.O. Patron-Athinon) in die Innenstadt. Hier befindet man sich sofort mitten im typischen Alltagsleben einer griechischen Großstadt mit unübersichtlichem Verkehr. Die **Parkmöglichkeiten** in der Stadt sind äußerst begrenzt. Wer mit dem Auto kommt, sollte am besten etwas außerhalb parken (z.B. beim Archäologischen Museum) und zu Fuß entlang einer der Ausfallstraßen, wie der Odos Korinthou, Maizonos oder Agio Andreou, ins Zentrum gehen. Alternativ nimmt man den Bus oder ein Taxi.

Die Parkhäuser haben alle eine Höhenbegrenzung und sind nicht für Autos mit Dachbox geeignet. Für größere Fahrzeuge wie Wohnmobile bieten sich die Parkplätze größerer Supermärkte oder der Seitenstreifen an den Ausfallstraßen an.

- **Europarking,** Agiou Andreou 13–15, kleiner, gebührenpflichtiger Parkplatz nördlich des Zentrums.
- **Parking Faros,** Akti Dimeon 5, nahe dem Leuchtturm.

Bus, Bahn, S-Bahn

- **KTEL-Busbahnhof,** Zaimi 2/Othonos kai Amalias, Tel. +30 261 0623886, www.ktelachaias.gr/en. Von der Busstation fahren Fernbusse zu verschiedenen Städten Griechenlands und bedienen auch die Innenstadt.

005pe ln

■ Die **Bahnlinie Athen – Patras** wird noch ausgebaut. Züge enden momentan östlich von Patras in Egio bzw. Kiato. Dort muss man umsteigen in den KTEL-Bus.

■ Die **S-Bahn Proastiko** bedient zehn Stationen von Agios Vasileos im Nordosten bis Kato Achaia im Südwesten. Mit der S-Bahn kann man innerhalb der Innenstadt Strecken abkürzen, wenn man den Bus vermeiden will, z.B. um zum Strand Agias oder nach Rio im Nordosten zu gelangen. In Richtung Südwesten kann man die S-Bahn nach Vrachnaiika oder zum Küstengebiet rund um Kato Achaia nehmen. Betrieb ca. 6.30–23.30 Uhr, 24-Std.-Ticket 5 €, www.hellenictrain.gr/en/patras-suburban-railway.

Schiff

→ Praktische Reisetipps A–Z: Anreise

Rio

Nicht verpassen sollte man einen Besuch der alten **Festung Rio,** die mit ihren Wällen und Bastionen direkt neben der spektakulären Hängebrücke über den Golf von Patras ins Meer hineinragt. Die **Rio-Andirrio-Brücke,** auch Charilaos-Trikoupis-Brücke genannt, stellt die Verkehrsverbindung der Halbinsel Peloponnes zum nördlichen Festland her. Sie entstand 2004 aus Anlass der Olympischen Spiele in Athen, ist 2252 m lang und wird durch Schrägseile gehalten.

Die Festung wurde ursprünglich um 1499 unter Sultan *Bayezid II.* erbaut. Seitdem bewacht sie zusammen mit ihrem Gegenstück auf der Festlandseite in Andirrio die Meerenge zwischen dem Golf von Patras und dem Golf von Korinth. 1678 wurde die Verteidigungsanlage während des Moreakriegs von den Venezianern eingenommen, die sie neu aufbauten und weiter befestigten. Schon 1715 gewannen die Osmanen wieder die Oberhand und hielten die Burg bis 1828. Aus der osmanischen Zeit stammt der östliche Teil der Anlage mit dem **Eingangstor** und den **Befestigungsmauern** am Wasser sowie den massiven **Rundtürmen.** Der westliche und nördliche Teil inklusive der begehbaren Außenmauern stammt aus der venezianischen Zeit. Das Highlight des Besuchs ist die **Rundumsicht** von der Anlage: Nach Norden blickt man auf die gewaltige Hängebrücke, nach Osten auf den Golf von Korinth und nach Süden auf das Panachaiko-Gebirge.

Die Halbinsel Peloponnes erreichte man früher nur mit der Fähre. Auch heute noch gibt es einen regen **Fährbetrieb** zwischen den Ufern – die Fähren sind preiswerter als die mautpflichtige Brücke und daher bei einheimischen Pendlern beliebt. Westlich der Brücke verläuft die Küstenstraße Posidonos mit zahlreichen Tavernen, Fischrestaurants und kleinen **Kiesstränden.** In Rio geht es vor allem abends hoch her, es gibt Casinos und Bars, in denen eine betuchtere Klientel verkehrt.

☐ Die Festungsanlage in Rio bewacht die Meerenge zwischen dem Golf von Patras und dem Golf von Korinth

■ **Frourio Rio (Festung Rio),** März bis Sept. Mi–Mo 8.30–15 Uhr, im Winter Di–Fr 8.30–16 Uhr, Eintritt 3 €, erm. 1,50 €.

■ **Rio-Andirrio-Brücke,** Tel. +30 2634 039010-11, www.gefyra.gr/en, Mo–Sa 8–18 Uhr, Pkw bis 2 m Höhe mit oder ohne Anhänger (Klasse 2)

14,70 €, Pkw mit Wohnwagen höher als 2 m (Klasse 3) 22,60 €.

- **Fährservice Rio – Andirrio:** 7–23 Uhr, alle 20–30 Min., einfache Fahrt Pkw 3,50 €, Fußgänger kostenfrei, rio-antirrio.blogspot.com.

Unterkunft, Essen und Trinken

- **Porto Rio Hotel**, Patras 26500, Tel. +30 261 0992102, www.portoriohotel.gr. Große Anlage westlich der Brücke am Strand Paralia Riou. Neben Hotelzimmern gibt es auch kleine Bungalows zu mieten, dazu mehrere Restaurants, eine schattige Gartenanlage, Strandzugang mit Beachbar, Swimmingpool und viele Extras wie Kinderbetreuung.
- **Naut-oiko,** Posidonos 12, Tel. +30 261 0995992, auf Facebook, tgl. 13–17 und 20.30–0 Uhr. Von der Außenterrasse am Strand von Rio hat man den besten Ausblick auf den Golf von Patras. Es gibt mediterrane Gerichte, Fisch, Salate und Pasta. Besonders beliebt sind die ausgefallenen Desserts.

Rund um Kap Drepano

Entlang der Küste von Rio nach Korinth gibt es viele kleine **Buchten mit Kiesstränden.** In Ufernähe windet sich die alte Nationalstraße 8 entlang der kurvenreichen Küste, parallel dazu verläuft die Autobahn 8A. Es ist eine **Panoramastrecke,** mit dem Meer auf der einen und den bewaldeten Gebirgen auf der anderen Seite.

Die guten Wind- und Wellenverhältnisse nutzen Kitesurfer am **Kap Drepano,** einer bei Flut überspülten Landzunge, die weit ins Meer ragt. Ein kleiner **Leuchtturm** steht malerisch auf der Landseite. Weiter östlich bietet der Calma Waterpark Spiel und Spaß. In **Lam-**

piri gibt es einen größeren Strand und zahlreiche Tavernen.

Camping

Lampiri

(Unser Tipp:) **Camping Tsolis,** Palea EO Korinthou-Patron, Lampiri 25009, Tel. +30 26910 31469, campingtsolis.gr. Von der Schnellstraße 8A Ausfahrt „Selianitiko" auf die alte Nationalstraße 8, Richtung Lampiri im Nordwesten abbiegen. Der terrassenartig angelegte Campingplatz an der Klippe bietet schattige Stellplätze mit fantastischer Aussicht. Es gibt einen kleinen Kiesstrand mit Badesteg, eine Beachbar und saubere, moderne Sanitäranlagen.

Aktivitäten

Kitesurfen

■ **KiteBoardingSchool,** Kavos Drepano, Arachovitika 26504, Tel. +30 6973026923, kiteboardingschool.gr. Die Schule bietet Kurse für Urlauber an.

Wasserpark

Calma Waterpark, Drepano 26504, Tel. +30 26108 74470, www.calmawaterpark.gr, Juni 10.30–18.30 Uhr, Juli/Aug. 10.30–19.30 Uhr, Eintritt (ab 13 Jahren) 12 €, 5–12 Jahre 10 €, unter 4 Jahren frei. Besonders für Kinder bieten die Rutschen und Wasserspiele Abwechslung, es gibt aber auch ein Schwimmbecken mit Bahnen.

[<] Die Hängebrücke verbindet seit 2004 das Festland mit der Peloponnes

[>] Entlang der Küste finden sich viele Ferienhäuser

Egio

Egio (auch Aigio), das einstige Aegium in der Region Aigialeia, war einer der zwölf Staaten des Achäischen Bundes. Im 19. Jh. war es einer der wichtigsten Exporthäfen für die aus den hiesigen Trauben durch Trocknung entstandenen **Korinthen.** Heute werden neben den beliebten Weinbeeren hauptsächlich Zitrusfrüchte exportiert.

Die Stadt ist terrassenartig angelegt, aber es fehlt eine klare Linie – ein schweres **Erdbeben** im Jahr 1995 zerstörte viel von der historischen Substanz. Am besten erkundet man die verschiedenen Stadtebenen zu Fuß.

007pe ln

Sehenswertes

Beim Spaziergang entlang der **Hafenpromenade** kann man die Frachter in der Ferne beobachten (dort auch Parkmöglichkeit). Zu den Sehenswürdigkeiten im Zentrum gehört die **Faneromeri-Kirche,** die von *Ernst Ziller* entworfen wurde, ebenso wie das Archäologische Museum (s.u.). Ähnlich wie in Patras gibt es auch hier Treppen, die in höher gelegene Stadtteile führen, wie die Skalakia of Filopoimenos östlich des Museums. Über die Agiou Andreou mit Läden aller Art gelangt man in die Stadtmitte. Biegt man südlich in die Odos Ermou und dann in die Odos Zaimi ab, kommt man zur **Platia Agias Lavras** mit schattigen Caféterrassen rund um den Platz.

Archäologisches Museum

Das Archäologische Museum von Egio befindet sich in einem von *Ernst Ziller* entworfenen Gebäude aus dem Jahr 1890. Die hier ausgestellten Funde aus der Region reichen zurück bis in die Bronzezeit.

- **Archeologiko Mousio,** Agiou Andreou3, Tel. +30 2691 021517, Mi–Mo 8.30–15.30 Uhr, Eintritt 4 €, erm. 2 €.

Historische Platanen

Unser Tipp: Der Schatten auf der **Terrasse des Café Touristiko** (s.u.) am Hafen stammt von uralten Platanen, unter denen schon der **römische Gelehrte Pausanias** (110–180) im 2. Jh. gesessen haben soll. Er bereiste das antike Griechenland und schrieb seine Eindrücke nieder. Diese schmückte er mit nicht immer auf Fakten basierenden Erzählungen aus. Dennoch sind seine Schriften ein beachtliches Werk und dienen Historikern bis heute als Referenz für das antike Griechenland.

Panagia Trypiti

Einen guten Blick über die Bucht von Egio hat man von dem **in den Felsen gebauten Marienschrein** Panagia Trypiti, einem gut besuchten Pilgerzentrum oberhalb der Stadt. Das Heiligtum wurde für eine Marienikone gebaut, die man dort in einer Felshöhle gefunden hatte. Im Gewölbe der Kirche befindet sich eine Quelle, die wundersame Heilungen vollbringen soll.

Praktische Tipps

Nützliche Infos und Adressen

- **Tourism Organisation,** Efthimiou Gatou1, Egio 25100, Tel. +30 2691 060951, www.discoveraigialeia.gr.

Unterkunft, Essen und Trinken

- **Café Touristiko,** Zoodochou Pigis 100, tgl. 8–0.30 Uhr. Terrassencafé am Hafen mit historischen Platanen (s.o.).

Longos

- **Long Beach Resort**③, Longos 25100, Egio, Tel. +30 2691072196, longbeach.gr. Modernes Vier-

Korinthen aus Egio – Exportschlager und Superfood

Im Hinterland der Stadt Egio werden auf den Berghängen zahlreiche Traubenvarianten angebaut, so die weiße Lagorthi oder die schwarze Kalavritino. Aus dunkelroten Trauben der alten Sorte Vitis vinifera entstehen durch Trocknung die **Korinthen Vostitsa,** ein Exportschlager in der Region Aigialeia seit dem 19. Jh. Ursprünglich von der Insel Zakynthos stammend, erlebte der Anbau der Weintraube in Achaia einen Aufschwung, als die Briten das Produkt für sich entdeckten. Sie nutzten die Korinthen als Zugabe in Kuchen wie Eccles Cake, die im viktorianischen Großbritannien sehr beliebt waren. In der zweiten Hälfte des 19. Jh. brachte der Handel mit der sehr kleinen Traubensorte soviel Gewinn ein, dass man sie auch als „schwarzes Gold" bezeichnete.

Bis heute gilt Vostitsa als die hochwertigste griechische Korinthe und „Superfood". Sie

Adobe Stock © Stockphototrends

wird z.B. in Orten wie **Kounina** oder **Paraskevi** angebaut und getrocknet.

Bio Family Farm, Kounina 25100, Tel. +30 6982771731, www.biofamilyfarm.gr. Auf dem Biohof werden die Trauben für die beliebten Korinthen biologisch angebaut und verarbeitet. Man kann das gesunde Naschwerk direkt beim Erzeuger kaufen.

sterne-Hotel mit Buffet-Restaurant, Swimmingpool und Beachbar an einem kleinen Kiesstrand, 9 km nordwestlich von Egio.

Camping

Nikolaiika

Camper Stop En Plo, GPS N 38.22361, E 22.14694. Beim Strand von Nikolaiika, 8 km südöstlich von Egio, bietet eine Taverne Versorgung für Wohnmobile mit Wasser, Duschen und Strom, ganzjährig geöffnet.

☐ Trocknung von Weinbeeren

Diakopto

Diakopto liegt idyllisch an der Mündung des Flusses Vouraikos vor der Kulisse des Chelmos-Gebirges und ist ein guter Ausgangspunkt für Bergwanderungen. Im Ort lohnt ein Spaziergang hinunter zum **Hafen,** wo man in einer Taverne entspannen und die Aussicht genießen kann. Der Stadtstrand ist schmal und kiesig.

Die versunkene Stadt Helike

Der Golf von Patras, der in den Golf von Korinth übergeht, ist ein von **Erdbeben** stark betroffenes Gebiet. 373 v.Chr. löste ein sehr starkes Beben einen Tsunami in der Meerenge aus, bei der die Stadt Helike unterging. Die von **Mykenern** gegründete Stadt war eine Handelsmetropole und ein Pilgerzentrum mit einem bedeutenden Poseidon-Heiligtum. Der Tempel mit einer riesigen Statue des Meeresgottes war ein religiöses Zentrum nicht nur für die Achäer, sondern weit über die Region hinaus.

Helike galt lange als mythischer Ort. Man vermutete, die Stadt sei das Vorbild für die versunkene Stadt Atlantis, die *Plato* in seinem Drama „Timaeus" 360 v.Chr. beschrieben hatte. Mehrfach hat man im 19. und 20. Jh. den Meeresboden in einem Gebiet südöstlich von Egio untersucht, denn *Pausanias* hatte beschrieben, dass die Ruinen der versunkenen Stadt noch Jahre danach im Wasser zu sehen gewesen sein sollen. Weiterhin sollen während des Unglücks zehn spartanische Schiffe im Hafen gelegen haben. Man fand jedoch keinerlei Hinweise, Ruinen oder Schiffsreste auf dem Meeresboden.

Südlich des Flüsschens Selinunte nordöstlich von **Eliki** wurde man schließlich fündig. Unter der Leitung der Archäologin *Dora Katsonopoulou* entdeckte man 1988 **Reste der ehemaligen Hafenanlage.** Daraus schloss man, dass die versunkene Stadt viel weiter landeinwärts zu suchen sei, als ursprünglich angenommen. 1993 entdeckte man dort tatsächlich erste **Keramikfragmente.** Nach dem Erdbeben in Egio 1995 kamen Stücke aus hellenistischer Zeit (ca. 4. Jh. v.Chr.) zum Vorschein. Man fand eine fast intakte **Siedlung** mit ganzen Straßenzügen. 2001 entdeckte man in einem Olivenhain einen bemalten **Terrakotta-Kopf** aus dem 6. Jh. v.Chr., aber auch ältere Gegenstände aus der protogeometrischen Periode (ca. 1050–900 v.Chr.).

Inzwischen geht man davon aus, dass das schwere Erdbeben dazu führte, dass Helike durch eine Erdspalte in den Schlamm absackte und erst danach von einem Tsunami überrollt wurde. Die Ausgrabungen dauern bis heute an, jedes Jahr im Juli und August graben Archäologen und Studenten bei dem Dorf Eliki.

Informationen

- www.helikeproject.gr
- www.wmf.org/project/helike-archaeological-site

Adobe Stock © isandro 75

↑ Die Zahnradbahn in der Vouraikos-Schlucht

Zahnradbahn Odontotos

Der kleine Küstenort kam durch die Zahnradbahn zu Berühmtheit, die von hier aus durch die **Vouraikos-Schlucht** nach Kalavryta hinauffährt. Die Schmalspurbahn gehört zu den bekanntesten Touristenattraktionen der Peloponnes.

Heutzutage wird ein moderner Zug eingesetzt. Einige **historische Lokomotiven und Waggons** kann man am **Bahnhof** von Diakopto aber noch durch einen Zaun bestaunen.

Auf der 22 km langen Strecke steigt die Bahn bis auf 720 m hinauf, teils bei Steigungen von 17,5 %. Man fährt über Brücken und durch unbeleuchtete, in den Fels gehauene **Tunnel,** oft beunruhigend nah am Abgrund. Kinder haben Spaß an der Bahnfahrt.

Die Linie wurde bereits 1896 in Betrieb genommen und sollte ursprünglich

bis Tripoli weitergebaut werden. Wie aus so vielen ambitionierten Projekten in der Aufbruchszeit des 19. Jh. wurde auch hieraus nichts.

■ **Odontotos,** Tel. +30 26910 43206, www.odontotos.com. Fahrtzeit Diakopto bis Kalavryta ca. 1 Std., Abfahrt dreimal tgl. von Diakopto, letzte Fahrt 15.07 Uhr; Sa, So, Fei zweimal tgl., letzte Fahrt 16.48 Uhr. Letzte Abfahrt von Kalavryta 16.45 Uhr, Sa, So, Fei 18.41 Uhr. Einfache Fahrt 9,50 €, hin- und zurück 19,90 €. In der Hochsaison sollte man Tickets rechtzeitig vor der Reise buchen, denn die Sitzplätze sind begrenzt. Die Tickets gibt es am Schalter am Bahnhof von Diakopto.

Der ruhige Hafen von Diakopto

Nützliche Infos und Adressen

■ **Informationen:** www.discoveraigialeia.gr

Unterkunft, Essen und Trinken, Nachtleben

■ **Hotel Alkistis**, Filipopoulou, Diakopto 25003, Tel. +30 6944589863, www.alkistis-hotel.gr. Modernes Hotel mit Swimmingpool mitten in Diakopto zwischen Hafen und Bahnhof. Man kann auch Selbstversorger-Zimmer mit Küche buchen.

■ **Koursaros Beach Club,** Paralia Eagalis, Diakopto 25003, Tel. +30 6988102102, auf Facebook, Mo–Fr 10–20, Sa 10–5, So 10–1 Uhr. In der Strandbar legen DJs auf und es gibt Konzerte bekannter griechischer Sänger – die abendlichen Partys im Sommer sind immer gut besucht.

Chelmos-Gebirge und Vouraikos-Schlucht

Im südlichen Hinterland von Diakopto erstreckt sich der 647 qkm große **Chelmos-Vouraikos-Nationalpark,** der zahlreiche geologische Besonderheiten und Gesteinsarten aus vielen Erdzeitaltern sowie seltene Flora und Fauna aufweist. Deswegen wurde das Gebiet von der **UNESCO** als **Global Geopark** ausgewiesen. Der höchste Gipfel des Chelmos-Gebirges ist der Psili Korifi mit 2355 m. Während der letzten Eiszeit war das auch **Aroania** genannte Bergmassiv von einem Gletscher bedeckt, der nach seiner Schmelze die heutige Landschaft hinterließ.

Es gibt zahlreiche **Wanderrouten** durch das Gebiet, über Berge und durch tiefe Täler – eine davon führt durch die Vouraikos-Schlucht. Die Strecke ist Teil des **Europäischen Fernwanderwegs E4,** der von Diakopto bis Gythio die gesamte Peloponnes durchquert (→ S. 387).

Die Strecke durch die Schlucht des **Flusses Vouraikos** von Diakopto bis Kalavryta kann man nicht nur mit der **Zahnradbahn** (s.o.), sondern auch zu Fuß zurücklegen. Es bietet sich an, mit der Bahn nach oben zu fahren und hinunter zu wandern. Der Weg verläuft teils sehr nah an den Bahnschienen oder parallel dazu auf stillgelegten Gleisen – es gibt jedoch Ausweichstellen. Die Zahnradbahn hält unterwegs unter anderem in **Zachlorou,** wo man sich in einem Café erfrischen kann. Dort beginnt der Wanderpfad in Richtung Felsenkloster Mega Spileo. Man wandert etwa 2,9 km steil bergauf (200 Höhenmeter).

■ **Chelmos-Vouraikos-Geopark,** chelmosvouraikosgeopark.necca.gov.gr

Felsenkloster Mega Spileo

Das siebenstöckige Kloster wurde auf 940 m Höhe in eine Felsenhöhle am Westhang des Chelmos-Gebirges gebaut. Das heutige Gebäude zeigt eine Mischung aus unterschiedlichen Architekturstilen, denn es wurde nach einem Brand 1934 wieder aufgebaut. Im Zwei-

009pe In

⊡ Entlang der Gleise kann man in die Bergregion des Chelmos wandern

Adobe Stock © Luis

ten Weltkrieg brachten deutsche Wehrmachtssoldaten, die auch in Kalavryta wüteten (s.u.), 17 Bewohner des Klosters um. Eine Gedenktafel erinnert an das **Massaker.**

Den Ausschlag, das Kloster hier zu errichten, gab ursprünglich eine **Marienikone,** angeblich gefertigt vom Apostel *Lukas.* Sie soll schon im 4. Jh. von einer Hirtin hier gefunden worden sein. In der **Klosterkirche** kann man neben der Marienikone, die aus Wachs und Mastix besteht, noch Fresken aus dem Jahr 1653 und Wandmalereien aus dem 17. bis 19. Jh. sehen. In der benachbarten Felsenhöhle wird die Auffindung der Ikone mittels einer Installation dargestellt. Zudem gibt es dort eine **Quelle,** der Heilkräfte zugesprochen werden.

Wo im Winter Schnee liegt, wächst im Sommer Wein: Schon ab dem 15. Jh. bauten die Mönche des Klosters Mega Spileo auf den Hängen des Chelmos Reben an, die zu Wein für die Messen verarbeitet wurden. Heute wird das **Weingut** von den jungen Winzern *Giannis* und *Theodoros Anastasiou* geführt. Es werden Weine wie Mavrodaphne, Mavro Kalavritiono und Kagorthi produziert.

■ **Moni Megalou Spilaiou,** Epar. Od. Pountas-Kalavryton, Kalavryta 25001, Tel. +30 2692 023130, tgl. 8–13 und 14–17 Uhr. Das Kloster ist auch mit dem Auto zu erreichen. Es gibt ein Café und einen Souvenirshop.

■ **Mega Spileo Estate (Weingut),** megaspileo.gr/en, Mi–So 10–16 Uhr. Eine Besichtigung mit Verkostung kann man unter „Book your experience" auf der Website buchen.

Kloster Mega Spileo

Kalavryta

Das Bergdörfchen Kalavryta, Endstation der **Zahnradbahn Odontotos,** ist umgeben von grünen Hügeln und eine gute Ausgangsbasis für eine Erkundung des **Chelmos-Gebirges.** Im Sommer kommen Ausflügler, im Winter verwandelt sich die schneebedeckte Landschaft in ein beliebtes **Skigebiet.**

Der Urlaubsort und seine Umgebung sind gut bestückt mit Hotels und gastronomischen Einrichtungen. Für Griechen hat der Ort jedoch eine tiefere Bedeutung: In einem der wichtigsten Museen Achaias, dem Holocaust-Museum, wird an ein Massaker der Deutschen Wehrmacht erinnert. Im benachbarten Kloster Agia Lavra begann indessen der Freiheitskampf gegen die Osmanen, was es zu einem Nationalheilligtum der Griechen macht.

Holocaust-Museum

Am 13. Dezember 1943 begann die 117. Jägerdivision der **Deutschen Wehrmacht** den Rachefeldzug **„Operation Kalavryta"** gegen die Kämpfer der griechischen Widerstandsbewegung. Man marschierte sternförmig durch das Gebirge auf Kalavryta zu, mordete unterwegs in den Dörfern und richtete Zerstörung an. Insgesamt starben an diesem Tag fast **700 Menschen** aus 28 Gemeinden. In Kalavryta wurden die Männer ins Schulgebäude zusammengetrieben und an Ort und Stelle exekutiert. Nur wenige überlebten, weil sie von Leichen verdeckt waren. Von den Frauen und Kindern, die zuvor von den Männern getrennt worden waren, gelang etlichen die Flucht aus dem Gebäude.

Anfang der 1990er-Jahre entstand in dem **alten Schulgebäude** das Museum, das an die Gräueltaten erinnert. Es gibt eine Fotowand mit Porträts der Ermordeten und deren Namen sowie eindringliche Schilderungen der Erlebnisse Überlebender. Vom Museum führt ein kleiner Pfad hinauf zum **Mahnmal** für die Opfer des Massakers auf dem Kapi-Hügel. Jedes Jahr am 13. Dezember findet eine Gedenkveranstaltung statt.

■ **Museum des Holocaust Kalavryta (Dimotiko Mouseio Kalavrytinou Olokaftomatos),** A. Sigros 1–5, Tel. +30 26920 23646, www.dmko.gr/de, Di–So 9–16 Uhr, Eintritt 3 €, Studenten, Pers. über 65 Jahre und 12–18 Jahre 2 €.

Kloster Agia Lavra

Südwestlich von Kalavryta geht es fünf Kilometer hinauf in die Berge zum Kloster Agia Lavra. Hier rief Bischof *Germanos III.* (1771–1826) am 25. März 1821 zum **Aufstand** gegen die osmanischen Herrscher auf, was den Beginn des **Unabhängigkeitskriegs** markierte. Bischof *Germanos* gilt seitdem als einer der wichtigsten Nationalhelden Griechenlands. Der 25. März ist ein **nationaler Feiertag.** An diesem Tag kamen die Kämpfer vor der Klosterkapelle zusammen und feuerten sich gegenseitig zum Handeln an. Eine wichtige Rolle spielte dabei die Segnung der Revolutionsflagge durch den Metropoliten. Auch die Losung der Rebellen „Freiheit oder Tod" (Eleftheria I Thanatos) soll hier entstanden sein, als die Kämpfer den Eid auf die

Flagge schwörten. Die Ereignisse in Agia Lavra werden jedes Jahr von kostümierten Schauspielern nachgestellt.

Das **heutige Kloster** ist ein Nachbau, denn schon 1826 rächten sich die Osmanen an den Rebellen, indem sie das Gebäude zerstörten. Die Deutschen ließen 1943 kaum einen Stein auf dem anderen. Im Inneren sieht man neben der besagten Flagge die Roben von *Germanos*, historische **Gemälde, Ikonen** und ein mit Diamanten verziertes orthodoxes Evangelium – ein Geschenk der russischen Kaiserin *Katherina der Großen*.

Unweit des Klosters erinnert auf einem Hügel ein **Monument** an die Kämpfer des Unabhängigkeitskrieges 1821. Hier bietet sich ein Rundumblick über das Gebirge.

■ **Moni Agias Lavras,** Kalavryta 25001, Tel. +30 2692 022363, www.discoverkalavrita.gr/iera-moni-agias-lauras, im Winter 10–13 und 15–16 Uhr, im Sommer 10–13 und 16–17 Uhr.

In der Umgebung

Skigebiet Kalavryta

Das Skigebiet von Kalavryta liegt 14 km östlich des Ortes. Fast 150.000 Gäste, vornehmlich aus Griechenland, kommen hier jeden Winter zum Skilaufen. Es gibt **17 Pisten** mit unterschiedlichem Schwierigkeitsgrad. Man kann die komplette Ausrüstung ausleihen und Unterricht nehmen. Südlich der Pisten erkennt man im Hintergrund das Nationale Observatorium mit dem Aristarchos-Teleskop. Von hier wird regelmäßig in den Sternenhimmel geschaut und man arbeitet mit Organisationen wie der ESA zusammen. Besichtigungen sind nicht möglich. Im Sommer bieten sich die schneefreien Hügel zum **Wandern** an.

■ **Kalavrita Ski Resort,** Kalavryta 25001, Tel. +30 2692 024452, kalavritaski.gr (griech.), Dezember bis April, Liftanlagen tgl. 9–16 Uhr.

Adobe Stock © Lefteris Papaulakis

Kastria-Höhle

16 km südlich von Kalavryta liegt die **Tropfsteinhöhle** Kastria mit ihren **unterirdischen Seen.** Genaugenommen handelt sich um einen unterirdisch verlaufenden Fluss, der bei hohem Wasserstand im Winter über Felsen kaskadenartig nach unten stürzt. Im Sommer, wenn der Fluss nicht genug Wasser führt, bilden sich 13 Seen. Diese glasklaren Bergseen sind mindestens genauso faszinierend wie die Stalagtiten, die in etwa 30 m Höhe darüber von der Decke hängen.

Schon *Pausanias* soll im 2. Jh. die Höhle erwähnt haben. Sie taucht auch in der griechischen Mythologie auf. Heute vermutet man, dass sie schon in der Steinzeit und Bronzezeit bewohnt war. Man hat nicht nur menschliche Knochen gefunden, sondern auch die eines Flusspferds. Heute leben verschiedene Arten von Fledermäusen in der Höhle. Etwa 500 m der insgesamt 1,9 km langen Höhle sind **begehbar.** Als Besucher betritt man sie durch einen **Tunnel** und überquert die Seen auf **Brücken.**

■ **Spilaio ton Limnon,** Tel. +30 2692 031001, www.kastriacave.gr, tgl. 9–16.30 Uhr (in den Sommerferien und an Feiertagen länger).

Adobe Stock © Iraklis Milas

☐ In Kalavryta endet die Schmalspurstrecke – das Skigebiet des Chelmos ist bereits in Sicht

☐ Die Tropfsteinhöhle Kastria mit ihren Seen

Praktische Tipps

Nützliche Infos und Adressen

■ **PLZ Kalavryta:** 25001
■ **Informationen:** Tel. +30 2692 029291, discoverkalavrita.gr
■ **Taxi:** Tel. +30 2692 022127

Unterkunft

■ **Filoxenia Hotel & Spa**②-③, Ethnikis Antistaseos 10, Kalavryta 25001, Tel. +30 26920 22422, www.hotelfiloxenia.gr. Mit Sauna und Hamam besonders in der kälteren Jahreszeit beliebt.

Wandern auf den Spuren von Achilles zu den Wasserfällen des Styx

Eine der anspruchsvolleren Touren im **Chelmos-Gebirge** ist die Wanderung zu den Wasserfällen des Styx (Ydata Stygos), wofür man etwas Klettererfahrung und gute Bergschuhe braucht. Es gibt aber auch die Möglichkeit, nur bis zu einem Aussichtspunkt zu wandern und dann umzukehren, was auch für ungeübtere Kletterer machbar ist.

In der griechischen Mythologie bildete der Wasserfall des Styx den **Eingang zur Unterwelt,** d.h. zum Totenreich Hades. Diesen Eindruck verstärkte vielleicht die Tatsache, dass das Wasser hier zunächst in eine Spalte regnet und sich erst weiter unten zu einem Bach formt. Tatsächlich entspringt bei den Wasserfällen der Fluss Krathis. Bei seinem oberen Teil spricht man von Mavroneri („schwarze Wasser"), da der **Wasserfall** vom Gipfel des **Neraidorachi** (2250 m) senkrecht über eine schwarze Felswand etwa 200 m in die Tiefe stürzt. Am besten kann man das Schauspiel in den regenreichen Monaten beobachten.

Adobe Stock © siete vidas1

Dem Wasser wurden wundersame, aber auch zerstörerische Kräfte zugeschrieben. Achilles, der trojanische Kriegsheld, soll von seiner Mutter als Kind im Styx gebadet worden sein, wodurch er unverwundbar wurde. Einzig seine Ferse, an der ihn seine Mutter festhielt, blieb unbenetzt – die berühmte **Achillesferse** kostete ihn später das Leben. Trinken konnte man das Wasser nicht – es wurde als ätzend beschrieben. Alexander der Große soll damit vergiftet worden sein.

Die **Rundtour** (16,3 km) kann man in **Peristera** oder **Ano Mesorrougi** beginnen, das selbst einen ansprechenden kleinen Wasserfall besitzt. Der markierte Aufstieg zum Aussichtspunkt erfolgt auf Schotterwegen und teils durch Wald entlang des Bachbetts (Dauer ca. 2 Std.). Unterwegs eröffnet sich der Blick auf die Gipfelspitzen mit dem Neraidorachi. Wo der Weg sich teilt, nimmt man die Abzweigung nach links weiter hinauf zu einer Fichte und Blick auf den Styx. Danach kann man umkehren oder auf dem rechten Pfad 30 Min. weiterwandern bis zu einem Hang unterhalb des Wasserfalls. Dabei geht es durch Geröllfelder oder auf sehr schmalen Pfaden teils schräg entlang der Felswand – die spärlich angebrachten Handseile sind nicht durchgängig fest verankert.

- Man kann sich einem **Tourenanbieter** anschließen, z.B **Indiou,** www.indiou.com/en/helmos-zum-mystischen-wasserfall-des-styx/.

Routenbeschreibung und GPS-Daten

- **Komoot,** www.komoot.de/tour/103119483
- **All Trails,** www.alltrails.com/trail/greece/western-greece--3/styx-waterfall

Auch im Herbst liegt im Chelmos-Gebirge häufig schon Schnee

■ **Kalavrita Canyon Hotel & Spa④**, Ethnikis Antistaseos, Tel. +30 26920 22004, www.kalavritacanyon.gr. Modern-elegantes Hotel mit Wellness-Spa. Nov. bis April.

■ **Armakas Guest House②**, Vasileos Konstantinou 7, Tel. +30 6942534311, armakas.gr; booking.com. Kleines Hotel mit rustikalem Schick in einem Natursteinbau.

Essen und Trinken

■ **Taverna Varvitsiotis,** Paleon Patron Germanou 28, Tel. +30 26920 22049, So–Do 12.30–18, Fr/Sa 12.30–23.30 Uhr. Griechische Spezialitäten mit modernem Einschlag.

■ **Xylofournos Xynos-Apostolopoulos,** Omogenon Amerikis 5, tgl. 2–23 Uhr. Die Spezialität dieser Bäckerei-Konditorei sind süße und herzhafte Teigtaschen mit unterschiedlichen Füllungen für den kleinen Hunger, gebacken im Holzofen.

■ **Montana Cafe,** Kalavrita Square, Tel. +30 26920 22444, auf Facebook. Tagsüber ein Café mit leckeren Kuchen, abends kann man einen gepflegten Drink zu sich nehmen.

■ **To Spiti tis Marios,** Epar. Od. Diakoptou-Kalavriton, Kerpini Bus Stop, Tel. +30 26920 22264, auf Facebook, tgl. 12–24 Uhr. Etwa 4 km nordöstlich an der Landstraße Richtung Trapeza gelegen, lohnt der Besuch in diesem feinen Restaurant mit gehobenem Standard. Die Lage im Grünen ist romantisch.

Planitero

■ **Fish Farm Kalavryta,** Planitero 25007, Tel. +30 6944888784, www.fishfarm.gr, So–Fr 9–19, Sa 9–18 Uhr. Südlich der Kastria-Höhle führt die Straße weiter bis zum „Zoo" von Kalavryta mit Pferden und Haustieren. Sehenswerter ist jedoch die Forellenfarm, zu der vor dem Zoo eine Straße Richtung Planitero nach Osten abzweigt. Die Forellen aus den dortigen Seen gibt es frisch gefangen und gegrillt zum Mittagessen.

Akrata

Akrata ist ein kleiner **Badeort** am Golf von Korinth. Er liegt an der Mündung des **Flusses Krathis** und ist ein guter Ausgangspunkt für River Trekking und Wanderungen.

Im Ort gibt es eine sehenswerte kleine **Kunstgalerie,** die auf eine Stiftung der Künstlerin *Zoe Psarrou* zurückgeht, die ihre Werke zur Verfügung stellte. Daneben sind Arbeiten griechischer Künstler des Modernismus zu sehen, wie von *Giannis Tsarouchis* (1910–89), *Yannis Migadis* (1926–2017) und *Alekos Fassianos* (1935–2022). Es finden auch Wechselausstellungen und Workshops statt.

■ **Manos Hadzidakis-Nikos Gatsos,** FOA Gergios Lefentarios, Epar. Od. Akratas-Zarouchlas, Akrata 25006, Tel. +30 2691 068308, Eintritt frei.

Camping

■ **Akrata Beach Camping,** Paralia Porovitsas, Akrata 25006, Tel. +30 2696 031988, www.akrata-beach-camping.gr. Gut ausgestatteter, ganzjährig geöffneter Campingplatz an der Nordseite der Krathis-Mündung, auch für Wohnmobile geeignet. Es gibt sogar eine Ladesäule für Elektroautos. Man spricht Deutsch und Englisch.

In der Umgebung

Peristeriona-Schlucht

Der Fluss **Krathis** verläuft im Hinterland von Akrata in einer engen Schlucht mit 40–50 m hohen Felswänden rechts

und links. Bei geführten **River-Trekking-Touren** kann man die Schlucht durchwandern. An der engsten Stelle ist der Durchgang nur zwei Meter breit. Hier läuft man unterhalb eines **Wasserfalls** direkt durch den Fluss. Wasser- und trittfeste Schuhe sind dabei unerlässlich.

River Trekking

■ **Unlimited Adrenaline,** www.unlimited-adrenaline.gr/river-trekking-at-peristeriona-gorge-on-26-7/a/en/1740. Der Anbieter organisiert River-Trekking-Touren in der Persisteriona-Schlucht, Dauer 5 Std., 8,5 km, 15 €.

⌃ Tsivlou-See

Bergsee Limni Tsivlou

Die Bergstraße von Akrata nach Süden ins Chelmos-Gebirge führt an der Peristeriona-Schlucht und dem Ort Valimi vorbei bis zum Bergsee Limni Tsivlou auf etwa 700 m Höhe. Der See entstand 1913, als ein Erdrutsch den Lauf des Krathis blockierte. Dabei wurden die Orte Sylivena und Tsivlos überflutet. Der See ist mehr als 50 m tief und wird teils aus unterirdischen Zuflüssen gespeist. Er ist umgeben von Nadelbäumen und bietet Picknickplätze sowie zwei Tavernen in ca. zwei Kilometern Entfernung. Man kann den See umwandern und darin baden.

Kanutouren

■ **Trekking Lake Tsvilou,** Tel. +30 21 03310323, trekking.gr/en/activities/canoeing-lake-tsivlou, Kanutouren Mai bis Okt., 3 Std., 2 Pers. 92 € p.P.

Essen und Trinken

■ **Paradise,** Limni Tsivlou, Akrata 25003, Tel. 30 6975833582, tgl. 9–20.30 Uhr. Wer um den See wandert, findet auf der Westseite die idyllisch gelegene Taverne mit griechischen Spezialitäten.

Erymanthos-Gebirge

Sehr alpin muten die zackigen Gipfel des Gebirgsmassivs Erymanthos an. Der höchste Berg ist der **Olenos** mit 2223 m. Der Hauptkamm liegt südlich von Patras, die Ausläufer reichen bis in die Region Elis hinein.

Von Patras aus kann man auf serpentinenreichen Sträßchen eine schöne **Panoramarundfahrt** machen. Von der N33 Richtung Süden biegt man schon bald auf die Landstraße nach **Chalandritsa** ab. Von dem in einem fruchtbaren Hochtal gelegenen Ort fährt man weiter nach **Katarraktis.** In dem spektakulär an einem Klippenhang gelegenen Ort gibt es einen Wasserfall zu bestaunen. Weiter geht es in die Urlaubsorte **Michas** und **Tsapournia,** wo man eine längere Pause in einer der Tavernen einlegen kann. Nun fährt man entweder auf derselben Strecke wieder zurück oder über **Chrisopigi** und **Elliniko** wieder nach Chalandritsa.

Bergwanderung auf den Olenos

Wer eine Bergwanderung auf den Gipfel des Olenos machen möchte, kann in **Michas** dem ausgeschilderten Wanderweg folgen. Für den als schwierig eingestuften Weg Rundweg braucht man etwa 8½ Std. In Michas gibt es für Wanderer **Einkehr- und Übernachtungsmöglichkeiten.** Neben Vorerfahrung beim Bergwandern wird gute Ausrüstung, ausreichend Wasser und Verpflegung empfohlen. Es geht über **Tsapournia** stetig bergauf, steinige Wege führen bis zum kahlen Gipfel in 2223 m Höhe. Von oben hat man einen fantastischen Blick auf das Chelmos-Gebirge im Osten.

Routenbeschreibung und GPS-Daten

■ **All Trails,** www.alltrails.com/de, im Suchfeld „Michas-Olenos-Summit" eingeben.

⌃ Die Gipfel des Erymanthos erreichen über 2000 m Höhe

Rund um Kato Achaia

Fährt man von Patras Richtung Westen entlang der Küste, wird die Landschaft flacher. Rund um Kato Achaia erstrecken sich Obstplantagen und Gemüsefelder, **Lakkopetra** ist eine Hochburg für den Kartoffelanbau. Auch Schaf- und Ziegenherden gehören zum Erscheinungsbild. Kato Achaia ist der größte Ort an diesem Küstenabschnitt, mit guter Infrastruktur, darunter Supermärkte und Geschäfte des täglichen Bedarfs. Die Strände vor Kato Achaia sind schmal und kiesig und nicht immer gut gepflegt. Für einen längeren Badeurlaub empfehlen sich daher die weiter westlich liegenden Strände bei Kalogria am Ionischen Meer.

Camping

Alissos

Camping Golden Sunset, Alissos 25002, Tel. +30 26930 71276, www.goldensunset.gr. Nahe den Urlaubsorten an der Küste um Kato Achaia gelegen, ist dieser Platz an den Water Park Neropolis angegliedert und bietet viele Sportmöglichkeiten. Der Strand ist schmal und kiesig.

Lagunen und Salzwiesen prägen den Nationalpark Kotychi-Strofilia

Nationalpark Kotychi-Strofilia

Von der Küste des Golfs von Patras lohnt die Weiterfahrt ans **Ionische Meer** im Westen der Peloponnes. Auf der A64 gelangt man von Kato Achaia über Lakkopetra nach **Araxos,** einem kleinen Ort nahe der Nordwestspitze der Halbinsel. Zuvor passiert man den **Flughafen Araxos,** auf dem im Sommer Charterflüge aus ganz Europa ankommen.

Vom **Kap Araxos** nach Süden bis in die Region Elis erstreckt sich entlang der Nordwestküste über 22 km der Nationalpark Kotychi-Strofilia. Das riesige Naturschutzgebiet ist mit seinen **Feuchtgebieten, Pinienwäldern und Dünen** einzigartig auf der Peloponnes. 14200 Hektar nimmt der Park ein. Er ist das größte zusammenhängende Gebiet von **Schirm-Kiefern** in ganz Griechenland. Auch Aleppo-Kiefern und Eichen wachsen hier. Vorgelagert sind lange **Sandstrände,** dazwischen liegen **Lagunen.** Es lohnt sich, den Nationalpark zu Fuß oder mit dem Fahrrad zu erkunden.

Die schroffen Felsen rund um das **Kap Araxos** werden auch als „schwarze Berge" bezeichnet. Die davor liegende **Kalogera-Lagune** ist die salzhaltigste im ganzen Naturschutzgebiet. In der sie umgebenden Dünenlandschaft verstecken sich einsame Buchten. Die sich anschließende **Prokopou-Lagune** stellt für seltene Vogelarten wie das Eurasische Blässhuhn ein Brutgebiet dar. Malerisch steht dort eine Kapelle auf einsamer Flur. Ganz im Süden des Nationalparks, bereits in Elis, liegt die **Kotychi-Lagune,** die nur durch einen dünnen Streifen Sand vom offenen Meer getrennt ist. Hier befindet sich eine Fischfarm.

012pe ln

Informationen

Auf der **Website des Nationalparks** gibt es empfohlene Routen zum Download.

- strofylianationalpark.gr/na tional-park-of-kotychi-strofylia-wetlands
- strofylianationalpark.gr/visitor/activities-trails

Kalogria

Das kleine Örtchen Kalogria ist wenig mehr als eine Ansammlung von Hotels und Campingplätzen sowie Beachbars am langgezogenen Strand, wo der Fluss Larissos ins Ionische Meer mündet. An dem **kilometerlangen Sandstrand** kommt mediterranes Urlaubsgefühl auf. Bei entsprechenden Temperaturen lässt es sich mit einem Cocktail am Hotelpool gut aushalten.

Paralia Gianiskari

Nördlich des Strands von Kalogria führt ein Fußweg über die Dünen, zunächst vorbei am FKK-Strand Gymniston und dann weiter zum Paralia Gianiskari, einer **traumhaften, kleinen Bucht** mit türkisgrünem Wasser. Mit dem Auto ist der Strand schwer zu erreichen. Eine staubige, schmale Straße führt von Araxos nach Norden, vorbei an der Kalogera-Lagune und Akrotiri Araxou westlich zum Meer.

Festungsruinen Teichos Dymaion

Die Ruinen der **mykenischen Festung** Teichos Dymaion thronen oberhalb der **Prokopou-Lagune** malerisch auf den roten Kalksteinfelsen. Von Araxos Richtung Süden fahrend, biegt man noch vor dem Flughafen nach Westen ab. Glaubt man der Mythologie, wurde die Festung von Herkules gebaut, der das umliegende Land mit der Stadt Dyme (dem heutigen Lakkopetra) vor Feinden aus Elis schützen wollte. Tatsächlich entstand die Festung um 1300 v.Chr. Nach der bevorzugten Bauweise der Mykener ist sie aus großen Steinblöcken gefertigt, die mehrere Tonnen wogen. Die Zyklopenmauer ist 300 m lang und 10 m hoch. Sie zieht sich rund um die Hügelkuppe – schon allein deshalb ist sie ein beeindruckendes Bauwerk. Ein Rundgang lohnt auch wegen des tollen Ausblicks über das Umland.

- **Teichos Dymaion,** Araxos 25200, Mi–Mo 8.30–15.30 Uhr, Di geschl., Eintritt frei.

Praktische Tipps

Unterkunft, Essen und Trinken

Die Hotels haben öffentlich zugängliche Restaurants. Kleine Gerichte gibt es auch in den Strandbars.

- **Hotel Verde al Mare**②, Kalogria 27052, Tel. +30 2693 031111, www.verdealmare.gr. Modernes Boutique-Hotel mit Swimmingpool und großer Außenterrasse. Viele Zimmer haben Balkon oder eine eigene kleine Terrasse.
- **Amalia Hotel**②, Kalogria Araxou 27052, Tel. 030 2693 031762, amalia.traveleto.com. Die Ferienwohnungen unterschiedlicher Größe liegen in einem schön begrünten, ruhigen Gelände nahe dem Strand von Kalogria.
- **So Simple,** auf Facebook, So–Di 12–23, Sa 12–23.30 Uhr. Hinter dem Wohnmobilstellplatz befindet sich das zwangslose Imbiss-Restaurant, in dem abends manchmal Live-Musik geboten wird.

Camping

■ **Camper Stop Kalogria,** Tel. +30 2693 031545. Wohnmobilstellplatz mit der nötigen Ausstattung und vielen schattigen Plätzen, WLAN vorhanden.

Einkaufen

Zum Einkaufen bietet sich das an der Nationalstraße 9 gelegene Örtchen **Lapas** an.

Koukos Winery, Lapas 27052, Tel. +30 2691022198, koukos-winery.com/en, Mo–Sa 7–14 Uhr. Auf dem familienbetriebenen Bioweingut werden griechische Rebsorten wie Rhoditis, Fileri oder Agiorgitiko verarbeitet, aber auch internationale Sorten wie Cabernet oder Merlot. Gekeltert werden trockene Weißweine wie Kalogria White oder Lydia, der Roséwein Kalogria Rosé und der Rotwein Fotia. Man kann sich direkt mit einigen Flaschen eindecken und dabei die Biolandwirtschaft unterstützen.

Verkehr

Bus

■ **KTEL-Busse**, direkte Verbindung Patras – Kalogria tgl. alle zwei Std. 11–19 Uhr, Kalogria – Patras 12.30–20.30 Uhr. Abfahrt vom Busbahnhof in Patras, Halt in der Ortsmitte von Kalogria, Hin-und Rückfahrt 8 €.

Im Hotel Verde al Mare in Kalogria kann man auch speisen

Andritsena | 99
Amaliada | 80
Antikes Elis | 79
Arkoudi | 77
Glyfa | 77
Kaiafas-See | 96
Kastro | 75
Katakolo | 84
Kyllini | 73
Olympia | 86
Pyrgos | 81
Skafidia | 82
Zacharo | 96

024pe ln

2
Elis

» Bekannt ist die Region Elis für ihre schier endlosen Sandstrände. Das Ionische Meer ist blau und klar, der Sand goldgelb. Von Kyllini bis hinunter nach Zacharo reihen sich Strände wie an einer Perlenkette aneinander, die mit Hotels und Campingplätzen gut erschlossen sind. Die wohl bekannteste antike Stätte Griechenlands zieht jedes Jahr Hunderttausende an: Olympia. Das Hinterland lockt mit verwunschenen Wäldern und Wasserfällen wie in der Neda-Schlucht.

‹ Der Strand von Arkoudi am Ionischen Meer

Elis

Anschlusskarte S. 104/222

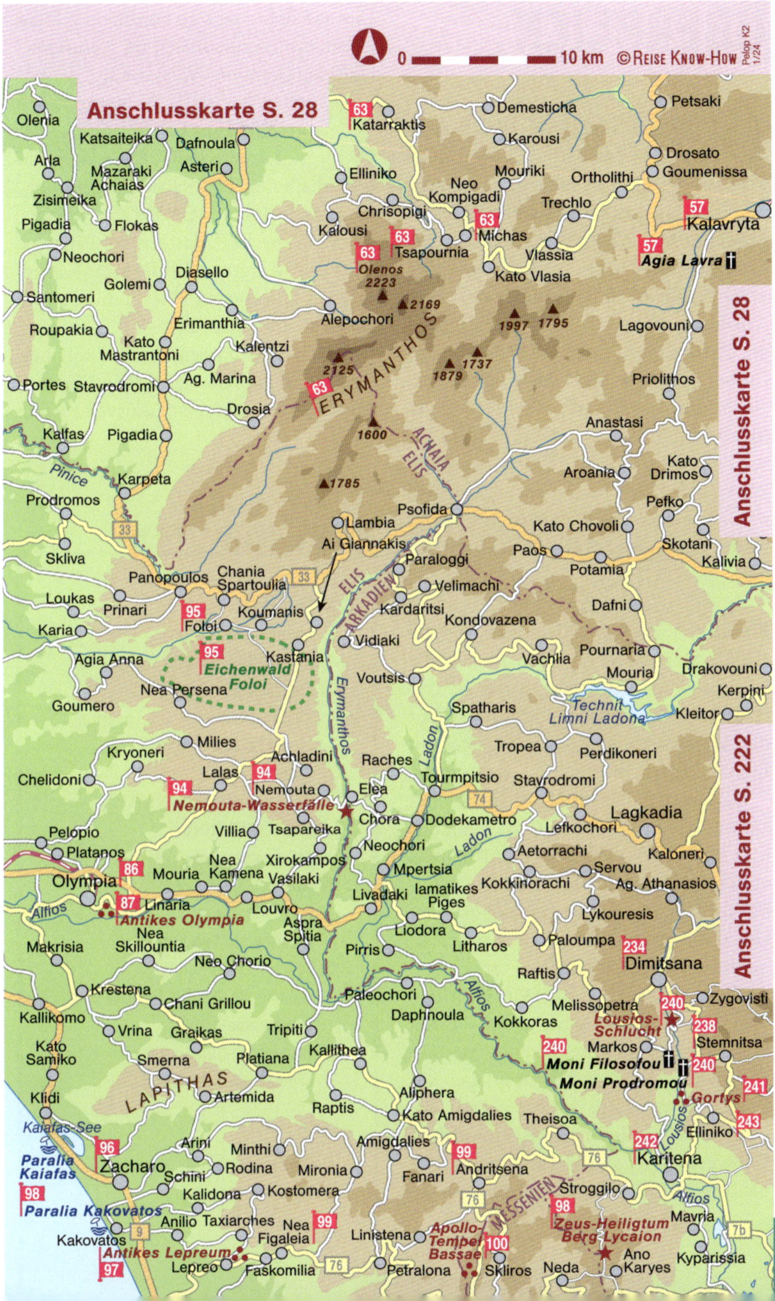
0 10 km ©Reise Know-How
Pelop K2 1/24
Anschlusskarte S. 28
Anschlusskarte S. 28
Anschlusskarte S. 222
Olenia
Katsaiteika
Dafnoula
Arla
Mazaraki Achaias
Asteri
Zisimeika
Pigadia
Flokas
Neochori
Diasello
Golemi
Santomeri
Erimanthia
Roupakia
Kato Mastrantoni
Kalentzi
Ag. Marina
Portes
Stavrodromi
Drosia
Kalfas
Pigadia
Pinice
Karpeta
Prodromos
Skliva
Panopoulos
Chania Spartoulia
Loukas
Prinari
Foloi
Koumanis
Karia
Kastania
Agia Anna
Eichenwald Foloi
Nea Persena
Goumero
Milies
Kryoneri
Achladini
Chelidoni
Lalas
Nemouta
Nemouta-Wasserfälle
Pelopio
Villia
Tsapareika
Platanos
Olympia
Mouria
Nea Kamena
Xirokampos
Vasilaki
Linaria
Louvro
Alfios
Antikes Olympia
Aspra Spitia
Makrisia
Nea Skillountia
Neo Chorio
Krestena
Chani Grillou
Kallikomo
Vrina
Graikas
Tripiti
Kato Samiko
Smerna
Platiana
Kallithea
Klidi
LAPITHAS
Artemida
Raptis
Kaiafas-See
Paralia Kaiafas
Zacharo
Arini
Schini
Minthi
Rodina
Mironia
Kalidona
Kostomera
Paralia Kakovatos
Anilio
Taxiarches
Nea Figaleia
Kakovatos
Antikes Lepreum
Lepreo
Faskomilia
Katarraktis
Demesticha
Karousi
Elliniko
Mouriki
Neo Kompigadi
Chrisopigi
Kalousi
Michas
Tsapournia
Olenos 2223
Alepochori
2169
2125
ERYMANTHOS
1600
1785
Lambia
Ai Giannakis
Psofida
ACHAIA
ELIS
ARKADIEN
Paraloggi
Velimachi
Kardaritsi
Vidiaki
Kondovazena
Voutsis
Erymanthos
Ladon
Raches
Elea
Chora
Tourmpitsio
Dodekametro
Neochori
Mpertsia
Livadaki
Iamatikes Piges
Liodora
Pirris
Paleochori
Daphnoula
Aliphera
Kato Amigdalies
Amigdalies
Fanari
Andritsena
Linistena
Apollo-Tempel Bassae
Petralona
Skliros
Kokkoras
Petsaki
Drosato
Goumenissa
Ortholithi
Trechlo
Kalavryta
Agia Lavra
Vlassia
Kato Vlasia
1997
1795
1737
1879
Lagovouni
Priolithos
Anastasi
Aroania
Kato Drimos
Pefko
Kato Chovoli
Skotani
Paos
Potamia
Kalivia
Dafni
Pournaria
Vachlia
Mouria
Drakovouni
Kerpini
Spatharis
Techniti Limni Ladona
Kleitor
Tropea
Perdikoneri
Stavrodromi
Lagkadia
Lefkochori
Aetorrachi
Kaloneri
Servou
Kokkinorachi
Ag. Athanasios
Lykouresis
Litharos
Paloumpa
Dimitsana
Raftis
Melissopetra
Zygovisti
Lousios-Schlucht
Stemnitsa
Markos
Moni Filosofou
Moni Prodromou
Gortys
Theisoa
Lousios
Elliniko
Karitena
Stroggilo
Alfios
MESSENIEN
Zeus-Heiligtum Berg Lycaion
Mavria
Ano Karyes
Neda
Kyparissia

ÜBERBLICK

Die Region Elis (auch Ilis) nimmt den Nordwesten der Halbinsel Peloponnes ein. Sie ist von einer grünen und fruchtbaren Hügellandschaft geprägt. Am Westzipfel, der weit ins Ionische Meer hineinragt, thront eine mächtige fränkische Festung auf einer Anhöhe: Vom Kastro Chlemoutsi blickt man in Richtung Nordosten auf Pinienwälder, so weit das Auge reicht. Nach Westen schweift der Blick übers Meer zu der nur 20 km entfernten Insel Zakynthos. Vom Hafen in Kyllini kann man einen Tagesausflug dorthin unternehmen. Von Kyllini bis Glyfa findet man nette, kleine Badeörtchen.

Bis nach Katakolo reihen sich weitere schöne **Strände** aneinander. Kleinstädte wie Amaliada und Pyrgos, die Hauptstadt von Elis, sorgen landeinwärts für die Versorgung der Urlaubsgäste mit Einkaufsmöglichkeiten und Restaurants.

Das **antike Olympia,** die wohl bekannteste antike Stätte Griechenlands und UNESCO-Welterbe, ist nicht weit entfernt. Für den Besuch, zusammen mit der Erkundung des dazugehörigen Ortes, sollte man sich ausreichend Zeit nehmen. Weniger bekannt, aber dennoch sehenswert, ist das **Antike Elis** – dort mussten die Athleten vor ihren Wettkämpfen im Olympischen Stadion vier Wochen lang ins Trainingslager.

Weiter im Inland gelangt man in die südlichen **Ausläufer des Erymanthos-Gebirges.** Der Eichenwald von Foloi ist die angebliche Heimat der Kentauren. Der aus dem Gebirge kommende Fluss Erymanthos ergießt sich im Naturspektakel der Nemouta-Wasserfälle.

Im Süden von Elis verstecken sich weitere **archäologische Highlights.** Der Tempel des Apollo in Bassae ist einer der besterhaltenen Tempelbauten Griechenlands und ebenfalls UNESCO-Welterbe. In der Nähe liegt das Antike Phigalia, einst ein Heiligtum für die Göttin Artemis mit Überresten eines Tempels und einem Brunnen aus dem 4. Jh. v.Chr.

Gleich zwei **Thermalbäder** mit heißen Schwefelquellen gibt es in Elis: Am Ausläufer der tektonisch aktiven Region

NICHT VERPASSEN!

- Beeindruckende Festung aus dem Mittelalter: **Burg Chlemoutsi** in Kastro | 75
- Römische Badeanlage im dichten Küstenwald: **Thermalbäder Loutra Kyllinis** | 77
- Ausgrabungsstätte mit weltberühmten Funden: **UNESCO-Welterbe Antikes Olympia** | 87
- Wandern auf den Spuren der Kentauren im **Eichenwald von Foloi** | 95
- Beeindruckende antike Säulenhalle: **Apollo-Tempel von Bassae** | 100
- Wanderung zum Wasserfall in der **Neda-Schlucht** | 101

Diese Tipps erkennt man an der gelben Markierung.

der Nordpeloponnes, in Loutra Kyllinis, badeten schon die Römer in warmen Quellen – heute ein durch und durch mystischer Ort. Vorgelagert ist ein traumhafter, kilometerlanger Sandstrand. Weiter südlich entlang der Küste gibt es am Kaiafas-See Hotels mit Wellness-Anwendungen und ein Schwimmbad, gespeist von den Quellen. Der See ist ein ruhiges Naturparadies mit Wasserschildkröten, das zum Spazierengehen oder Radfahren einlädt. Nur einen Katzensprung entfernt locken auch hier lange Sandstrände.

⌃ In Elis blickt man von vielen Orten, wie hier in Kastro, auf die Insel Zakynthos – eine Fähre verkehrt von Kyllini dorthin

Kyllini

Kyllini ist eine kleine Hafenstadt am westlichsten Zipfel der Peloponnes. In der landwirtschaftlich geprägten Ebene werden Wein, Oliven aber auch Zitrusfrüchte und Wassermelonen angebaut, die man in den hiesigen Läden findet. Die meisten Besucher des Ortes sind auf dem Weg zum **Fährhafen,** um zu den Ionischen Inseln **Zakynthos** oder **Kefalonia** überzusetzen. Insbesondere Zakynthos eignet sich für einen Tagesausflug, bei dem man wunderschöne Badebuchten erkunden oder im National Marine Park Interessantes über die Meeresschildkröte Caretta caretta erfahren kann.

Bereits in der Antike soll *Cyllene* der Haupthafen der Elis gewesen sein. Da Schiffe hier gut ankern konnten, entstand ein lebhafter Seehandel mit Italien. Im Jahr 1204 hatten *Guillaume I. de Champlitte* und *Geoffrey I. de Villehardouin* (1169–1229) das Fürstentum Achaia mit Hauptsitz im nahen Andravida und dem dazugehörigen Hafen in Glarentza gegründet. Über den Anlagen wachte landeinwärts die Festung Chlemoutsi (s.u.). Der Niedergang des hart umkämpften Küstenstreifens begann bereits im 15. Jh.

Im Westen der Stadt erinnern noch einige Ruinen an die einstige **Festung Glarentza.** Draußen im Meer wacht einsam ein **Leuchtturm** aus dem Jahr 1906 auf der kleinen Insel Kaikalidas – einst reichte eine Landzunge bis dorthin. Außer den Fährbüros bietet der Hafen wenig Infrastruktur. Einige Tavernen und Geschäfte finden sich stadteinwärts.

■ **Glarentza,** Paleokastrou, Kyllini 27068, tgl. 8–16 Uhr, Eintritt 4 €, im Winter 2 €, Kinder 2 €.

Buchtipps

■ **InselTrip Zakynthos** und **InselTrip Kefaloniá,** Reiseführer mit Insel-Faltplan und kostenloser Web-App, erschienen im Reise Know-How Verlag.

Verkehr

Bus

■ **KTEL Elis,** online.ktelileias.gr/en. Busse verkehren von Patras über Kato Achaia und Varda bis Kyllini.

Schiff

■ **Levante Ferries,** www.levanteferries.com. Überfahrten Ende Juli bis Ende Oktober. Nach Zakynthos 7x täglich, Fahrtzeit 1 Std., Erw. 12,50 €, Kinder (5–10 Jahre) 7 €, Pkw 69 € (hin und zurück), Wohnmobile 13,50 € pro Meter. Nach Kefalonia (Poros), 5x tgl., Fahrtzeit 1½ Std., Erw. 15,40 €, Kinder (7–10 Jahre) 7,70 €, Pkw 85 € (hin und zurück), Wohnmobile 15 € pro Meter.

■ **Hafen:** www.killiniport.gr

027pe In

Kastro

Das freundliche 900-Einwohner-Dorf Kastro liegt auf einer Anhöhe drei Kilometer von der Küste entfernt. Es gibt zahlreiche Tavernen und Pensionen im Ort und eine großartige Aussicht auf das Umland: Über dem Ort thront die wehrhafte Festung Chlemoutsi, eine der größten und besterhaltenen Burgen der Peloponnes. An der Küste gelangt man zum langgestreckten **Strand** von Kastro, der mit Campingplätzen und Hotels gut erschlossen ist.

Kastro Chlemoutsi

Die vom Franken *Geoffrey I. de Villehardouin* zwischen 1220 und 1223 als **Château Clermont** erbaute **Kreuzfahrerburg** besteht aus einer sechseckigen inneren Festung, in der der Fürstenpalast untergebracht war, und einem weitläufigen **Mauerring,** der vor Eindringlingen schützen sollte. Innen kann man noch die Anordnungen der ursprünglichen Räume und die **Privatkapelle** erkennen. In der Festung wurden die Münzen für das Fürstentum Achaia geprägt, die sich am Vorbild der im französischen Tours geprägten Münzen orientierten. Daher bürgerte sich später unter den Venezianern der Name *Castel Tornese* ein.

Der letzte Erbe *Guillaume II. Villehardouin* verstarb 1278, danach folgten wechselnde Eigentümer. Im Jahr 1460 wurde die Festung von den Osmanen erobert. Den letzten Ansturm erlebte sie während des Unabhängigkeitskampfes, als *Ibrahim Pascha* sie 1825 belagerte.

In der **Ausstellung** erfährt man etwas über die Kreuzfahrer im mittelalterlichen Morea, wie die Peloponnes damals genannt wurde, und sieht etliche Funde von Ausgrabungen auf dem Gelände. Jedes Jahr findet an zwei Wochenenden Ende Juli und Anfang August in der Festung ein **Mittelalterfestival** statt, bei dem das Leben der Kreuzritter wieder auflebt.

Bei einem Spaziergang um die Mauern hat man einen weiten Blick über die von Pinienwäldern geprägte Hügellandschaft. Hier können einem Landschildkröten über den Weg laufen.

- **Kastro Chlemoutsi,** Kastro 17050, Tel. +30 26230 95033, archaeologicalmuseums.gr/en, April bis Okt. tgl. 8.30–15.30 Uhr, Eintritt 4 €, erm. 2 €, im Winter Mi–Mo 8.30–15.30 Uhr, Eintritt 2 €.

☒ Die Festung Chlemoutsi wachte im Mittelalter über das Herrschaftsgebiet der Franken

Praktische Tipps

Nützliche Infos und Adressen

- **PLZ Kastro:** 27050
- **Informationen:** www.visitkastro.com

Unterkunft

- **Villa Vivi**②, Psilis Rachis Kastro, Kyllini 27050, Tel. +30 2623 095390. Kleine Anlage mit Apartments und Swimmingpool an der Straße zum Strand.

■ **Fournia Village②**, Kastro 27050, Tel. +30 2623 095095, www.fourniavillage.gr. Glamping und einfache Ferienwohnungen mit Swimmingpool auf einem terrassenartig angelegten Gelände mit Zugang zum Strand. Nur in der Hauptsaison geöffnet, Vorausbuchung notwendig.

Camping

■ **Camping Melissa,** Kastro 27050, Tel. +30 2623 095213, www.campingmelissa.gr/en, Einfacher Campingplatz mit Schattenplätzen, Taverne, Shop und Zugang zum Strand. Nur in der Hauptsaison.

Essen und Trinken

■ **Taverna Castello,** Epar. Od. Lechainon-Loutra Kyllinis, Tel. +30 2623 095360, So–Fr 18–24, Sa 12–24 Uhr. Im Ortszentrum gelegen. Das Ambiente ist bunt und das Dekor liebevoll ausgewählt, ebenso schön angerichtet sind die Gerichte aus Grillfleisch und -fisch, Gemüse und Salatbeilagen. Hin und wieder gibt es Live-Musik.

■ **Café-Bar Pizzeria Prigkipas,** Epar. Od. Lechainon-Loutra Kyllinis, Tel. +30 697758 5159, tgl. 9–0.50 Uhr. Ganztags kann man hier Kaffee trinken und Snacks wie Pizza, aber auch Süßes und Desserts zu sich nehmen.

■ **Aenaon,** Epar. Od. Lechainon-Loutra Kyllinis, Tel. +30 2623 095091, tgl. 9–1 Uhr. Etwas außerhalb des Ortes auf einer Anhöhe gelegenes, modernes Restaurant mit tollem Ausblick auf die Pinienwälder und die Küste.

Aktivitäten

Radfahren

■ **Peloponnes erfahren,** Robinson Kyllini Beach, Tel. +30 6972867071, www.peloponnes-erfahren.com. Der Fahrradverleih bietet interessante Touren unterschiedlichen Schwierigkeitsgrades mit Mountainbike oder Rennrad in der Region Kastro-Kyllini an.

Verkehr

Bus

■ **KTEL-Busse** fahren von Patras und Pyrgos nach Kastro, online.ktelileias.gr/en.

Taxi

■ **Olympic Transfers Taxi Service,** Tel. +30 6944679747, www.olympic-transfers.com. Das Unternehmen bietet auch längere Fahrten in die Umgebung an.

026pe ln

[>] In Kastro gibt es viele gemütliche Tavernen

Arkoudi und Glyfa

Arkoudi ist ein netter, kleiner Urlaubsort, der alles bietet, was man so braucht: Unterkünfte, Tavernen mit Meerblick und Shops, dazu eine von Felsen eingerahmte **Badebucht** mit feinem Sandstrand – alles in Laufnähe. Der Ort ist auch bei Surfern beliebt. Wer noch mehr Platz braucht, hat es nicht weit zum **Strand von Loutra Kyllinis,** der nur etwa zwei Kilometer nördlich von Arkoudi liegt. Ein Teil des Strandes wird vom Hotelkomplex Grecotel eingenommen, der nördliche Teil ist frei zugänglich. Hier kann man die Aussicht auf die vorgelagerte Insel Zakynthos genießen.

Das winzige und freundliche Örtchen Glyfa, vier Kilometer südöstlich von Arkoudi, versorgt Urlaubsgäste, die sich auf den Campingplätzen und in den Ferienhäusern an den Stränden der Umgebung einquartiert haben.

Antike Thermalbäder Loutra Kyllinis

Einen Ausflug nach Loutra Kyllinis kann man mit einem Besuch des dortigen **Strandes** verbinden, der sich vor einer Dünenlandschaft erstreckt. Mitten in dem sich anschließenden **Küstenwald** aus Pinien, Tamarisken und Eukalyptus befindet sich die verwunschene Anlage der antiken Thermalbäder von Loutra Kyllinis. Schon in der Antike waren die hiesigen **heißen Quellen** für ihre Heilkräfte bekannt. Der Schlamm soll insbesondere gut gegen Lungenleiden und Hautkrankheiten wirken. Die **Überreste der römischen Badeanlage** sind noch auf dem Gelände zu sehen – damals gab es hier auch Tempel für Asklepius und Aphrodite.

Vom **Kurhaus** aus dem 20. Jh. im Art-déco-Stil ist nur eine Ruine geblieben, die malerisch von Grün überwachsen ist. Die antike Anlage wurde Ende des 19. Jh. wiederentdeckt, damals wollte man die Quellen nutzbar machen und verlegte sogar eine Bahnstrecke hierher. Der Zweite Weltkrieg bereitete dem ein jähes Ende, erst in den 1950er-Jahren lebte der Kurbetrieb wieder auf. Nach langjährigem Verfall soll die Anlage nun restauriert werden.

■ **Loutra Kyllinis,** Epar. Od. Lechainon-Loutra Kyllinis, www.discover-peloponnese.com/places details/loutra-killinis.

029pe ln

⌃ Der Dünenstrand von Loutra Kyllinis

028pe ln

Praktische Tipps

Unterkunft, Essen und Trinken

Arkoudi

■ **Brati II Beach Hotel**①, Arkoudi 27050, Tel. +30 2623 096365, www.bratibeach.com. Funktionales, gepflegtes Zweisterne-Hotel mit Klimaanlage mitten im Ort. Wer Glück hat, ergattert ein Zimmer mit Balkon und Meerblick. Ein weiteres Haus derselben Betreiber befindet sich am Ortsrand etwas weiter außerhalb.

■ **Philoxenia Beach House**②-③, Arkoudi 27050, Tel. +30 6973203071, buchbar über Airbnb.gr. Das Ferienhäuschen vereint Schlafgelegenheiten, Küche und eine Außenterrasse auf kleinstem Raum.

■ **R.Q.D. Paradise,** Tel. +30 2623096167, auf Facebook, tgl. 10–24 Uhr. Taverne und Beachbar am Strand von Arkoudi – das Richtige für laue Sommernächte.

Ferienanlage Ionion Beach

Loutra Kyllinis

■ **Grecotel Riviera Olympia**④, Loutra Kyllinis 27050, Tel. +30 2623 064400, www.rivieraolympia.com. In der riesigen Anlage gibt es einen Wasserpark und es wird Wellness mit Hydrotherapie und Schlammbädern im modernen Stil angeboten.

Glyfa

Unser Tipp: **Ionion Beach Hotel Apartment & Spa**③, Glyfa 27050, Tel. +30 2623 096001, ionion-hotel.gr/de. Neben dem gleichnamigen Campingplatz befindet sich die moderne, gepflegte Ferienanlage derselben Betreiber, bestehend aus modernen Apartments mit unterschiedlichen Extras und eigenem Swimmingpool. Man verwendet orthopädische Matratzen aus natürlichen Materialien. Die Anlage ist behindertengerecht ausgestattet, was sie aufwertet.

■ **Bierwelt,** Platia Glyfas, Tel. +30 2623 096122. Die Taverne ist Anlaufpunkt für Gäste der Ferienanlagen am Strand von Glyfa. Der Name klingt zwar touristisch, aber das Speisen- und Getränkeangebot ist zu empfehlen: Burger, Koteletts, Grillfleisch, Souvlaki oder auch Fish & Chips gibt es hier.

Camping

Glyfa

■ **Camping Ionian Beach,** Glyfa 27050, Tel. +30 2623 096828, www.ionion-camping.gr/de. Besonders bei Wohnmobilisten beliebter, sehr gepflegter Fünfsterne-Platz mit Swimmingpool, Supermarkt und gutem Restaurant. Der Campingplatz ist dem Top Camping Club angeschlossen und hebt sich vom Standard her deutlich von anderen Anlagen auf der Peloponnes ab, u.a. durch behindertengerechte Ausstattung. In der Hochsaison muss man unbedingt im Voraus buchen.

■ **Camping Aginara Beach,** Paralia Glyfa 27050, Tel. +30 2623 096211, www.camping-aginara.gr/de. Beliebter Campingplatz mit großem Strand, Shop und Taverne, der auf internationale Gäste eingestellt ist. Man kann auch sehr farbenfrohe Bungalows mieten.

Einkaufen

Die etwas größeren Orte im Hinterland **Vartholomio** und **Gastouni** bieten Supermärkte, Bankautomaten, Post und Tankstellen.

■ **Markt:** In Vartholomio gibt es montags einen Wochenmarkt mit Obst, Gemüse und Artikeln des täglichen Bedarfs.

Antikes Elis

In der lieblichen und fruchtbaren Talebene des Flusses Pinios, etwa 30 km östlich von Arkoudi, befindet sich eine interessante **Ausgrabungsstätte,** ohne die es die Olympischen Spiele der Antike gar nicht gegeben hätte. Sie wurden nämlich von den Eleiern, den Bewohnern des Stadtstaates Elis, organisiert. Über 1000 Jahre lang wurden die Wettkämpfe hier in Elis geplant. Schon vier Wochen vor den Spielen trafen die Athleten aus allen Ecken Griechenlands und anderer Länder hier ein, akklimatisierten sich, wurden in die Regeln eingewiesen und trainierten gemeinsam in ihren jeweiligen Disziplinen, bevor sie dann in Olympia gegeneinander antraten. Die Schirmherrschaft über die Spiele ließ Elis aufblühen. Zuvor hatte bis 572 v.Chr. das benachbarte Pisa (heute Archea Pisa) diese Rolle.

Laut der griechischen Mythologie sollen bereits im 12. Jh. v.Chr. unter König *Oxylos* Wettrennen zu Ehren des Zeus hier ausgetragen worden sein. Ab dem 8. Jh. v.Chr. war Elis der vorherrschende Stadtstaat der Region. Unter König *Iphitos* wurden 776 v.Chr. die Wettkämpfe wieder aufgenommen. Er verfügte auch, dass während der Spiele Waffenstillstand zwischen den teilnehmenden Parteien herrschen sollte.

Ausgrabungsstätte

Von der N9 bei Gastouni führt die Straße Archeas Ilidos nach Osten, nach wenigen Kilometern erspäht man die Gra-

031pe ln

bungen auf der linken Seite. Zum oberhalb gelegenen Museum fährt man an den Ausgrabungen vorbei und biegt rechts ab. Am besten besucht man zuerst das Museum, um sich einen Überblick zu verschaffen. Dort gibt es auch ein Faltblatt mit Karte.

Das Gelände mit den Ausgrabungen ist frei zugänglich. Zu den Ruinen gehören viele Gebäude, die direkt mit den Wettkämpfen in Verbindung standen wie das große **Gymnasion** mit Sportlerunterkünften und Bädern. Die **Straßen** waren breit genug angelegt, dass dort mit Pferdegespannen trainiert werden konnte. Weiterhin sehenswert sind die Überreste der einstigen **Agora** (Marktplatz) und des **Amphitheaters,** dessen Bühne und grasbewachsene Ränge noch gut zu erkennen sind. Eine Errungenschaft aus der römischen Zeit: Es wurden **Entwässerungskanäle** angelegt, damit Regenwasser gut abfließen konnte.

Archäologisches Museum

In dem modernen Museum oberhalb der Ausgrabungen sind interessante Funde zu sehen, darunter „Eintrittstickets" für das Theater in Form von kleinen **Bronzemünzen** sowie Münzgeld mit eleischer Prägung. Ein **Diskus** mit dem eingravierten Namen des Sportlers „Philoneikos" versetzt Besucher in die Zeit der antiken Spiele zurück. Da die Gegend durchgängig von der Bronzezeit bis ins Mittelalter besiedelt war, gehören auch **Vasen** und andere Grabbeigaben aus mykenischer Zeit zu den Ausstellungsstücken.

■ **Archaiologiko Mouseio Ilidas,** Kalyvia Ilidos 27300, Tel. +30 2622 041501, elismuseum.com, tgl. 8.30–15.30 Uhr, Eintritt 4 €, erm. 2 €.

Amaliada

Das im Hinterland gelegene, moderne Amaliada hat ein ansprechenderes Stadtzentrum als viele benachbarte Orte und sogar eine Fußgängerzone. Hier findet man ein vielseitiges Angebot an Geschäften entlang der Hauptstraße Kalavriton/Filikis Eterias und Restaurants, die auch ausgefallenere Gerichte anbieten.

Sehenswert ist das **byzantinische Kloster Fragkavilla** (Monastiri Panagias Fragkavili) aus dem 11. Jh., zwei Kilometer südlich der Stadt an der gleichnamigen Straße gelegen.

⌃ Die moderne Anlage des Archäologischen Museums in Elis

〉 Das Amphitheater im antiken Elis wurde bis in die römische Zeit hinein genutzt

Nützliche Infos und Adressen

- **PLZ Amaliada:** 27200
- **Informationen:** www.iliatravel.com/municipality-of-elis

Unterkunft

Kourouta

- **Dexamenes Seaside Hotel**④, Kourouta Beach, Amaliada 27200, Tel. +30 6972521806, dexamenes.com, Mindestbuchung zwei Nächte. Hypermodernes Konzepthotel in einem alten Weingut direkt am Strand von Kourouta, 6 km südwestlich von Amaliada. Der industrielle, nüchterne Charme wird Designfans begeistern.

Essen und Trinken

- **Ta Magouliana,** Eleftheriou Venizelou 44, Tel. +30 02622 023408, tgl. 8–23 Uhr. Das Restaurant bietet frische, moderne Küche. Eine wechselnde Tageskarte überrascht mit ungewöhnlichen Geschmackskombinationen wie Schweinebraten an Senf- und Orangensoße oder auch vegetarischen Gerichten wie Nudeln mit Paprika und Aubergine.
- **Mangiare,** Filikis Eterias, Tel. +30 02622 025352, Do–Di 17–23.30 Uhr. Italienisches Restaurant mit guter Pizza und Nudelgerichten aus verschiedenen Regionen Italiens.

Pyrgos

Pyrgos ist die **Hauptstadt von Elis.** Rund um den Ort werden Oliven angebaut, die Produktion von **Olivenöl** ist eine der Haupteinnahmequellen. In der Innenstadt gibt es einige klassizistische Gebäude, z.B. rund um die zentrale **Platia Pirgou,** die von Tavernen gesäumt ist. Der große Platz öffnet sich nach Süden zur Kirche Agios Nikolaios und zum Denkmal des unbekannten Soldaten. Die Haupteinkaufsstraße ist die Odos Ermou. Von dort zweigt auch die Odos Karaiskaki ab, die zum **Archäologischen Museum** führt. Es ist in der alten klassi-

030pe In

zistischen Markthalle untergebracht, die 1890 von *Ernst Ziller* entworfen wurde und die hölzerne Markthalle ersetzte. Die vier ehemaligen Eingänge sind noch als Bögen an der Außenfassade sichtbar. Die ausgestellten Funde stammen aus der Zeit von 3000 v.Chr. bis ins 19. Jh. und veranschaulichen die Entwicklung der Region.

- **Archaiologiko Mouseio Pirgou,** Karaiskaki 10, Tel. +30 26210 20475, Mi–Mo 8.30–16 Uhr, im Winter bis 15.30 Uhr, Eintritt (April bis Okt.) 4 €, erm. 2 €, im Winter 2 €.

Praktische Tipps

Nützliche Infos und Adressen

- **PLZ Pyrgos:** 27100
- **Informationen:** cityofpyrgos.gr

Informationen zur Region Elis

- www.iliatravel.com (allgemeine Infos über Elis)
- ileiatourism.com/en (wichtige Sehenswürdigkeiten von Elis)

Einkaufen

- **Markt:** Donnerstags gibt es auf der Platia Pirgou einen guten Wochenmarkt mit frischem Gemüse, Eingemachtem und Waren des täglichen Bedarfs.

Feste und Veranstaltungen

- **Agios Charambolos Trade Fair,** Riga Ferraiou, 8–10. Februar. Beim Straßenfest werben Aussteller für lokale Produkte und es gibt Einiges zu probieren.
- Wie in Patras wird auch in Pyrgos alljährlich der **Karneval** gefeiert.

Verkehr

Bahn

- Die Bahn, die von Katakolo (s.u.) nach **Olympia** fährt, hält auch in Pyrgos.

Bus

- **KTEL Elis,** Busstation: Erythrou Stavrou 6, Tel. +30 26210 206001, online.ktelileias.gr/en/?view=search. Die Linie bedient Ortschaften auf der Strecke Athen – Akrata – Egio und dann landeinwärts.

Skafidia

Der Strand von Skafidia ist zweigeteilt, er erstreckt sich nördlich und südlich der Mündung des Flüsschens Lardanos. Die Nordseite wird von der Ferienanlage Aldemar Olympian Village eingenommen. An der Südseite gibt es eine kleine, **von Felsen eingerahmte Bucht,** die frei zugänglich ist. (Außerhalb der Saison kann der Strand vermüllt sein).

Direkt an der Flussmündung kann man die Überreste eines **römischen Badehauses** (Romaika Loutra Feias) von außen besichtigen. Man erkennt gut das Hypokaustum, ein System, mit dem durch heißes Wasser Dampf produziert wurde, der den Boden des Bades heizte.

Panagia Skafidiotissa

An der Straße landeinwärts passiert man auf einer Anhöhe das **Nonnenkloster** Panagia Skafidiotissa, das auf das 10. Jh. zurückgeht. Der älteste Teil ist ein festungsähnlicher Bau mit Rundtürmen, der im 17. Jh. von den Venezianern er-

032pe ln

weitert wurde. Im **Museum** des Klosters, in dem nur noch vier Nonnen und ein Abt leben, besichtigt man Gegenstände zur Geschichte: Die Gründung ging wie so oft auf eine Ikone der Jungfrau Maria zurück, die hier einst gefunden worden sein soll. In der Bibliothek finden sich handgeschriebene historische Werke.

■ **Panagia Skafidiotissa,** Tel. +30 2621 055088, im Sommer tgl. 8–13 und 17 Uhr bis Sonnenuntergang, im Winter 9–12 und ab 16 Uhr.

Unterkunft, Essen und Trinken

■ **Aldemar Olympian Village**②, Skafidia 27150, Tel. +30 2621 082000, www.aldemarolympianvillage.gr. Auf dem riesigen Gelände gibt es moderne Bungalows und Hotelzimmer. Kleine Einheiten teilen sich jeweils den Zugang zu einem Pool.

■ **Mare Dei Suites Hotel**④, Skafidia-Leventochori 27131, Tel. +30 2621 042340, www.maredei.gr. Ruhige Lage außerhalb des Ortes Skafidia an der ebenso reizvollen Bucht von Leventochori.

■ **Solymare Skafidia,** 27100, www.solymare.gr, tgl. 8–2 Uhr. In der Beachbar gleich oberhalb des kleinen Strandes von Skafidia, mit Parkplatz und Außenterrasse, kann man sich den ganzen Tag mit Speisen und Getränken versorgen.

☐ Die kleine Bucht von Skafidia ist auch bei Einheimischen beliebt

Katakolo

Der kleine Hafenort Katakolo ist auf Touristen ausgerichtet, denn hier halten große **Kreuzfahrtschiffe,** deren Passagiere das **Antike Olympia** besichtigen möchten. An der Promenade des von einer Landzunge geschützten Hafens reihen sich Tavernen und Eiscafés aneinander, landeinwärts findet man an der Hauptstraße Souvenirgeschäfte und eine Zweigstelle des in Olympia ansässigen Archimedes' Museum.

Der natürliche Hafen von Katakolo wurde lange nur von Fischerbooten genutzt, bis Anfang des 20. Jh. die neue **Bahnlinie** eine Verbindung nach Pyrgos bzw. Olympia herstellte. Danach kamen auch Besucher aus Athen, die über die Strecke Piräus – Korinth und Korinth – Patras – Pyrgos Anschluss hatten. Nachdem 2011 alle Bahnlinien stillgelegt worden waren, blieb als eine der wenigen die kurze Linie **von Katakolo nach Olympia** erhalten, nicht zuletzt wegen ihres touristischen Nutzens. Heute bringt die Bahn Besucher dreimal täglich zu den berühmten Ausgrabungen.

Museum antiker Technik

Der Ableger des Archimedes' Museum in Olympia ist nur geöffnet, wenn Kreuzfahrtschiffe im Hafen liegen. In der Ausstellung antiker griechischer Technik sieht man außergewöhnliche Erfindungen aus der Antike, die die Basis für moderne Technik bilden.

■ **Mouseio Archaias Ellinikis Technologias „Kosta Kotsana",** Epar. Od. Pirgou-Katakolon, Katakolo 27067, kotsanas.com, Eintritt 2 €.

Vulkanstrand Agios Andreas

Wer baden möchte, sollte sich statt an den Stadtstrand lieber an die kleine **Badebucht** Agios Andreas halten, die von Vulkanfelsen eingerahmt ist. Sie liegt knapp zwei Kilometer entfernt an der Westseite der Landzunge von Katakolo. Bei den Felsen aus porösem vulkanischen Gestein handelt es sich um Sedimente eines **Schlammvulkans,** durch den noch heute Gase und verflüssigtes Gestein aus einer Spalte in der Erdkruste

Tavernen und Cafés am Hafen von Katakolo

nach oben gedrückt werden. Manchmal ist im Hafen von Katakolo ein unangenehmer **Schwefelgeruch** wahrzunehmen, der auf diese seismische Aktivität zurückgeht. Über das Phänomen wird im Ort nicht viel gesprochen, da man den Tourismus nicht gefährden möchte. Tatsächlich ist der außergewöhnliche Vulkanstrand aber eine Attraktion.

Praktische Tipps

Nützliche Infos und Adressen

- **PLZ Katakolo:** 27067
- **Informationen:** www.katakolon.org
- Wenn Kreuzfahrtschiffe im Hafen sind, gibt es am Pier einen **Informationsstand.**

Unterkunft

- **Villa Chrysi**④, Agios Andreas Korakochoriou, Katakolo 27131, über Airbnb.com. Ferienhaus zu günstigen Konditionen für bis zu 6 Pers., schöne Terrasse und Blick auf die Bucht von Agios Andreas.

Essen und Trinken

- **Karousos,** Hafenpromenade, Tel. +30 2621 041209, tgl. 10–2 Uhr. Der beste Platz für eine ausgedehnte Mahlzeit mit viel frischem Grillfisch.
- **Coastline Roof Garden,** am Südende der Hauptstraße, Tel. +30 2621 023864, So–Fr 7–1.30, So 8–1.30 Uhr. Kleine Cafébar auf einer Terrasse im Innenhof, angegliedert an eine Boutique. Hier sitzt man gemütlich etwas abseits vom Trubel.
- **Eiscafé Azurro,** Hafenpromenade, Mo–Sa 9–1, So 9–0.30 Uhr. Leckere Eisbecher.
- **Liris Lounge Bar,** Agios Andreas Korakochoriou, Tel. +30 2621 041300, tgl. 9–1 Uhr. Beachbar mit Zugang zum kleinen Vulkanstrand. Liegen und Sonnenschirm muss man mieten.

Weingut

- **Mercouri Estate,** Korakochori 27100, Tel. +30 2621 041601. Seit Mitte des 19. Jh. familiengeführtes Weingut zwischen Katakolo und Skafidia, in dem auch Olivenöl produziert wird. Wer zur Weinprobe kommt, kann auch ein kleines Folklore-Museum besichtigen.

Feste und Veranstaltungen

- **Hafenfest,** letztes Juliwochenende, mit Musik und anderen Kulturveranstaltungen ab 19.30 Uhr.

Verkehr

Bahn

- Die **Bahn zum Antiken Olympia** fährt ab Katakolo um 8.40, 9.45 und 10.45 Uhr, zurück um 12.10, 13.08 und 14 Uhr. Die Fahrt dauert 40 Min. und kostet 10 € hin und zurück. Von der Station in Olympia sind es zu Fuß 15 Min. bis zur Ausgrabungsstätte. Man kann auch ein Taxi nehmen.

Bus

- **Katakolon Express:** Vom Pier verkehrt der Bus für Kreuzfahrtgäste mehrmals täglich nach Olympia, wenn Kreuzfahrtschiffe im Hafen sind. Man hat dann mehrere Stunden Aufenthalt. Auch Nicht-Kreuzfahrtgäste können mitfahren, wenn sie vorher online reservieren (www.katakolon-express.com).

Taxi

- Am Hafen bieten zahlreiche Taxifahrer einen **Shuttleservice nach Olympia** an. Den Preis für die Fahrt sollte man vorher festlegen. Es werden bis zu 120 € berechnet. Das Taxi wartet dann aber auch an der Ausgrabungsstätte.

034pe ln

Olympia

Wer zur Ausgrabungsstätte des Antiken Olympia will, muss sich von der N74 durch den **modernen Ort** Olympia navigieren. Wahlweise kann man auch die Bahn von Katakolo nehmen, die am **Bahnhof** von Olympia hält (s.o.). Der aufgeräumte, moderne Ort wuchs im 20. Jh. zwischen dem Bahnhof und der Ausgrabungsstätte heran. Über die Hauptstraße gelangt man zum offiziellen **Parkplatz** der Ausgrabungen, der meistens überfüllt ist. Alternativ parkt man weiter außerhalb und nimmt einen längeren Fußweg in Kauf. Wenn man mehrere Stunden zwischen den Ruinen entlanggewandert ist, kann man gut in einer der **Tavernen oder Cafébars** des Ortes einkehren oder in einem der zahlreichen Souvenirshops stöbern.

⌃ Vor dem Hera-Tempel in Olympia wird alle vier Jahre die olympische Fackel entzündet

› Von den 138 Säulen des Gasthauses Leonidaion blieben nur die Kapitelle

Archimedes' Museum

Einst aus der privaten Initiative von *Konstantino Kotsanas* entstanden, demonstriert das Archimedes' Museum 300 **technische Erfindungen** der griechischen Antike aus der Zeit von 2000 v.Chr. bis ins 4. Jh., welche die Basis moderner Technik bilden. Die Ausstellung reicht von *Platos* Wecker über astronomische Geräte und Ferngläser bis zum ersten Roboter der Geschichte, entwickelt in Alexandria. Ein ganzer Teil des Museums ist allein *Archimedes* gewidmet, ein anderer *Pythagoras, Plato, Aristoteles* und *Arychtas.*

■ **Archimedes' Museum,** Praxiteli Kondyli 9, Archea Olympia 27065, Tel. +30 6931831530, archimedesmuseum.gr/en, April bis Okt. tgl. 10–12 Uhr, Nov. bis März 10–15 Uhr, Eintritt frei, Spenden erbeten. Geführte Touren, 45 Min., 10 €.

Unterkunft

■ **Olympion Asty Hotel**③-④, Archea Olympia 27065, Tel. +30 2624 023665, www.olastyhotel.gr. Etwa einen Kilometer von der Ausgrabungsstelle entfernt befindet sich das Viersterne-Hotel mit Swimmingpool und weitem Blick ins Land.

Camping

■ **Camping Alfios,** Archea Olympia 27065, Tel. +30 2624 022951, www.pincamp.de/campingplaetze/camping-alphios, April bis Oktober. 800 m von der Ortsmitte gelegener Campingplatz im Grünen mit Swimmingpool.

Verkehr

Bahn

■ Von **Katakolo** und **Pyrgos** gibt es eine Zugverbindung (→ S. 85).

035pe In

Ausgrabungsstätte Antikes Olympia

Eine der bekanntesten Archäologischen Stätten Griechenlands ist das Antike Olympia, das zum UNESCO-Welterbe gehört. Es ist gleichzeitig eine der meistbesuchten antiken Stätten des Landes. Vom 8. bis 4. Jh. v.Chr. war Olympia ein wichtiges panhellenischen Heiligtum, an dem Spiele zu Ehren des Göttervaters Zeus durchgeführt wurden. Anfangs wurde nur eine einzige Wettkampfdisziplin ausgetragen, nämlich ein Stadionlauf, der innerhalb der Altis stattfand. Nach und nach kamen weitere Disziplinen wie Ringen, Faustkampf, Fünfkampf und Wagenrennen hinzu.

Den ersten schriftlichen Beleg für die Spiele, die damals vom Stadtstaat Elis organisiert wurden (→ S. 79), gibt es aus dem Jahr 776 v.Chr. Wahrscheinlich befand sich jedoch schon ab dem 11. Jh. v.Chr. ein Heiligtum hier, wo man dem Vater von Zeus, Kronos, huldigte. Das Grabungsgelände ist riesig und vereint Bauten aus zahlreichen Epochen der jahrtausendelangen Geschichte.

Wer zusätzlich die drei Museen besucht, erhält das nötige Hintergrundwissen über die antiken und neuzeitlichen Olympischen Spiele.

Vom **Nordeingang** der Anlage führt die Straße zunächst am Museum der Geschichte der antiken Olympischen Spiele und am Museum der Grabungsgeschichte vorbei. Zur Ausgrabungsstätte folgt man der Straße bis zu einer Brücke am **Eingang des Grabungsgeländes,** das rechter Hand liegt. Inmitten einer Parklandschaft aus Olivenhainen spaziert man an den **Ruinen** vorbei, die auch in deutscher Sprache beschildert sind. Das Archäologische Museum befindet sich nördlich der Ausgrabungen.

- **Archea Olympia,** Tel. +30 2624 022742, Ausgrabungsstätte und Museen April bis Aug. tgl. 8–20 Uhr, Sept. 8–19 Uhr, Okt. 8–18 Uhr. Sammelticket 12 €, erm. 6 € (über 65 Jahre, 6–25 Jahre), Kinder bis 5 Jahre frei. Die Tickets sind zeitgebunden, man erhält sie am Kiosk direkt beim Eingang. In der Hochsaison sollte man vorher ein Online-Ticket kaufen (www.hhticket.gr). Im Sammelticket ist der Eintritt für die Ausgrabungsstätte und alle drei Museen enthalten.

Informationen

- odysseus.culture.gr/h/3/eh30.jsp
- arxaiaolympia.gov.gr
- www.visitgreece.gr/experiences/culture/archaeological-sites-and-monuments

Museum der Geschichte der Olympischen Spiele der Antike

Das im Jahr 1886 fertiggestellte Gebäude war lange Zeit das maßgebliche Museum auf dem olympischen Gelände, in dem die Grabungsfunde gezeigt wurden. Seit 1975 wird hier stattdessen die lange Geschichte der Olympischen Spiele erzählt. Es werden Funde von 2000 v.Chr. bis ins 5. Jh. präsentiert, darunter diverse antike Sportgeräte und Urkunden mit den Namen der Sieger. Man erfährt, wie die Spiele damals von der Stadt Elis organisiert wurden und wie sich Athleten darauf vorbereiteten. Ein Fokus liegt auch auf anderen panhellenischen Spielen, die in Griechenland an verschiedenen Orten ausgetragen wurden, z.B. in Nemea.

Die Olympischen Spiele fanden alle vier Jahre statt und dauerten fünf Tage. Teilnehmen durften **nur freie Bürger Griechenlands,** keine Sklaven, Nicht-Griechen und auch keine Frauen. Allerdings konnten Rennstallbesitzerinnen ihre Pferde mit Wagen ins Rennen schicken, die dann von Männern gefahren wurden. Die Athleten kämpften nackt. Zuschauer und Teilnehmer der panhellenischen Spiele kamen aus griechischen Stadtstaaten von Kleinasien bis Sizilien. Für die Zeit der Spiele hielten auch verfeindete Herrscher eine Waffenruhe ein.

- ancientolympicsmuseum.com

Museum der Grabungsgeschichte

Historische Pläne und Fotos vermitteln einen Eindruck von den Grabungsaktivitäten, die zunächst durch französische und dann deutsche Archäologen angestoßen wurden. Bis heute leitet das **Deutsche Archäologische Institut** in Athen die noch andauernden Grabungen in Olympia. Die international beachteten Ergebnisse erweckten schließlich auch den Gedanken an eine Neuauflegung der Olympischen Spiele. Federführend war dabei *Baron de Coubertin* (1863–1937), der 1894 das Olympische Kommittee (IOC) gründete. 1896 fanden im Athener Stadion die ersten Olympischen Spiele der Neuzeit statt.

Archäologisches Museum Olympia

Nördlich des Ausgrabungsgeländes befindet sich eines der **bedeutendsten Museen Griechenlands** mit Funden fast ausschließlich des olympischen Geländes aus den verschiedenen Epochen. Der

036pe ln

Rundgang erfolgt in vorgeschriebener Laufrichtung chronologisch. Die elf Ausstellungsräume sind um die große Halle (Saal 5) angelegt.

Ein anschauliches **Modell der Anlage** verdeutlicht gleich zu Anfang des Rundgangs, wie das Gelände in der Antike aussah (Saal 1). Zudem gibt es Funde aus der Siedlungsgeschichte der Bronzezeit, bevor die Heiligtümer errichtet wurden.

Der Mittelraum (Saal 5) gilt dem **Zeus-Tempel.** Hier sieht man die marmornen Giebelskulpturen mit der Darstellung der **Legende um Pelops** und den Zeus-Sohn Apollo im Kampf mit dem sagenhaften Volk der Lapithen und den Kentauren, das vom westlichen Giebel des Zeus-Tempels stammt (→ Kasten S. 90). In einer anderen Gruppe sind die zwölf Taten des **Herakles** dargestellt (→ Exkurs S. 412).

Einen eigenen Raum hat die **Nike des Paionos** (Saal 6), die Siegesstatue, deren leeren Sockel man noch westlich vor dem Zeus-Tempel sehen kann. Der **Hermes des Praxiteles,** den Dionysos-Knaben haltend, befindet sich in Saal 8 – wohl eine der bekanntesten griechischen Skuplturen überhaupt. Er wurde beim Hera-Tempel gefunden.

Ebenfalls sehr interessant ist Saal 7, der den Funden aus der **Werkstatt des Phidias** gewidmet ist. Man sieht unter anderem die Werkzeuge, mit denen er die Zeus-Statue fertigte.

Die Ausgrabungen auf dem Gelände von Olympia dauern an

■ ancientolympiamuseum.com

Das Grabungsgelände

Heiliger Bezirk Altis

Das Zentrum der Anlage bildet der Heilige Bezirk der Altis, eine Kultstätte mit **Schreinen für verschiedene Götter.** Die Olympischen Spiele dienten in erster Linie deren Huldigung. Um die Ursprünge der Wettkämpfe ranken sich viele Mythen, sogar jene, dass die Götter einst selbst gegeneinander angetreten sein sollen. Am Fuß des 150 m hohen **Kronos-Hügels,** benannt nach dem Vater des Zeus, sollen schon ab dem 11. Jh. Riten stattgefunden haben. Das **Pelopeion** entstand als Schrein für den mythischen **König Pelops,** von dem die **Peloponnes** ihren Namen herleitet.

Die Legende von Pelops

Pelops, Sohn des griechischen Königs Tantalos, wurde von seinem Vater in Stücke geschnitten und den Göttern serviert. Die Göttin **Demeter** entdeckte die furchtbare Tat erst, nachdem sie seine Schulter verspeist hatte. Daraufhin setzten die Götter ihn wieder zusammen und hatten seitdem ein besonderes Auge auf ihn. Als sich Pelops in Hippodameia, die Tochter von König Oinomaos von Pisa, verliebte, hatten die Götter ein Händchen im Spiel, als deren Vater bei einem Wagenrennen umkam und Pelops danach seine Liebste ehelichen und das Königreich übernehmen konnte. An der Stelle des zweifelhaften Sieges über Oinomaos soll das spätere **Zeus-Heiligtum von Olympia** entstanden sein. Das Ereignis des **Wagenrennens** wurde in einer der **Giebelskulpturen des Zeus-Tempels** festgehalten (ausgestellt in Saal 5 des Archäologischen Museums Olympia).

Relativ sicher kann man davon ausgehen, dass Spiele zu Ehren des Göttervaters Zeus im Jahr 776 v.Chr. unter König *Iphitos von Elis* stattfanden, denn über die Siege wurde bei jedem Spiel akribisch Buch geführt. So besitzt man aus jenem Jahr eine Urkunde mit dem Namen des Gewinners: *Koroibos von Elis* gewann den Stadionlauf.

Die Teilnahme an den Spielen selbst wurde nicht mit einer Prämie belohnt, die Sieger erhielten lediglich einen Kranz aus Olivenzweigen. Dennoch wurden die Gewinner später oft zu prominenten Persönlichkeiten und von ihren Herkunftsorten mit Reichtümern und wichtigen Ämtern bedacht. Die Rennstallbesitzerinnen, deren Pferdewagen an den Wagenrennen teilnahmen, erhielten Siegeskränze – in diesen Wettkämpfen wurde nämlich nicht der Wagenlenker geehrt, sondern der Pferdehalter. An den eigentlichen Spielen durften Frauen nicht teilnehmen, dafür gab es als Ausgleich die Heraia-Spiele für Frauen.

Tempel der Hera

Die Gattin (und gleichzeitig Schwester) des Zeus wurde im dorischen Hera-Tempel verehrt. Er ist das älteste Gebäude der Altis und entstand um 600 v.Chr. Ursprünglich aus Holz gebaut, wurden die hölzernen Säulen nach und nach durch dorische Steinsäulen ersetzt. Im Heiligtum bewahrte man Statuen und Weihgaben auf, wie auch den Hermes von Praxiteles (→ S. 89).

Seit 1936 wird das **olympische Feuer** auf dem Altar der Hera durch einen Hohlspiegel entzündet und anschließend während eines Fackellaufs von Fackelträgern in das austragende Land der Veranstaltung gebracht. Nur ungern erinnert man sich heute daran, dass diese Tradition auf die Nationalsozialisten zurückgeht. Sie nutzten die Olympischen Sommerspiele 1936 in Deutschland für ihre Propagandazwecke und initiierten den Fackellauf, für den der Rüstungskonzern Krupp das Design der Fackeln gestaltete.

Obwohl im antiken Griechenland viele Göttinnen verehrt wurden, durften Frauen nicht an den olympischen Spielen teilnehmen. Laut Pausanias war insbesondere verheirateten Frauen der Zugang zur Wettkampfstätte gänzlich untersagt. Lediglich eine Demeter-Priesterin durfte anwesend sein.

Wie Pausanias berichtet, fanden jedoch in den nicht-olympischen Jahren die Heraia-Spiele statt, bei denen unverheiratete Frauen an einem Sprintlauf teilnehmen durften – mit Bekleidung. An den noch erhaltenen Säulen des Tempels sieht man vertikale Kerben, die als Halterung für Bildnisse der Siegerinnen gedient haben sollen. Die Gewinnerinnen erhielten einen Olivenkranz und ein Stück einer geschlachteten Kuh.

Nymphaeum

Nordöstlich des Tempels schließt sich am Hang des Kronos-Hügels das halbrunde Nymphaeum an, das von Herodes Atticus und seiner Frau, der Demeter-Priesterin Regilla, gestiftet wurde. Noch deutlich erkennbar ist ein von zwei Säulen eingerahmtes, breites **Becken.** Das Nymphaeum war nicht zuletzt eine **Brunnenanlage,** die die Wasserversorgung der Altis sicherte.

Daneben befanden sich zwölf tempelartige **Schatzhäuser,** in denen die Besucher der Wettkämpfe ihre Votivgaben aufstellen konnten. Am besten erhalten ist das Schatzhaus der Sikyonier von 470 v.Chr.

037pe ln

Tempel des Zeus

Neben dem Hera-Tempel gab es für Zeus zunächst nur eine Opferstätte, wo Opfergaben verbrannt wurden. Bis zu 100 Tiere mussten bei einer Veranstaltung ihr Leben lassen. Zwischen 472 und 456 v.Chr. entstand der dorische Zeus-Tempel durch Baumeister *Libon von Elis.* Das aus Muschelkalk gefertigte Gebäude war nicht nur für damalige Verhältnisse riesig: 13 Säulen an der 64 m langen Längsseite und sechs Säulen an der 27 m breiten Vorder- und Rückseite.

Nach dem Bau verlagerte man das Stadion an die heutige Stelle im Osten

Im einstigen Zeus-Tempel, der durch ein Erdbeben zerstört wurde, verehrte man eine monumentale Statue des Gottes

der Altis. Die Stadionlänge betrug 192,24 m. Gelaufen wurde immer in Richtung zum Zeus-Tempel, wo die Läufer von einer riesigen Zeus-Statue empfangen wurden, die zu den antiken Weltwundern zählte. Die ausladenden Treppenstufen sind noch zu sehen.

Der massive Umfang der dorischen Säulen, die den Tempel stützten, lässt noch ahnen, wie beeindruckend das Heiligtum gewesen sein muss. Die Teile liegen auf dem Gelände verstreut, da sie im 6. Jh. von einem Erdbeben zerschmettert wurden. Teilstücke der Tempelverzierungen wie Metopen aus dem Gebälkfries sind im Archäologischen Museum zu sehen.

Philippeion

Das Philippeion, gestiftet von *Philipp II. von Makedonien,* ist der einzige Rundbau auf dem Gelände. Sein Sohn *Alexander der Große* ließ es fertigstellen. Er fügte Statuen von seiner Familie hinzu – ein Akt der Selbstbeweihräucherung der aufstrebenden makedonischen Dynastie. Von den ursprünglich 18 ionischen Säulen wurden drei aus Originalteilen rekonstruiert, von den anderen stehen noch die Stümpfe.

Neros Villa

Nachdem die Römer die Oberhand über die Peloponnes gewannen, verloren die Olympischen Spiele an Bedeutung. **Kaiser Nero** bewies Respektlosigkeit gegenüber den griechischen Bräuchen, indem er sich eine Villa auf dem heiligen Gelände der Altis bauen ließ. Im Jahr 393 n.Chr. wurden die Spiele von Kaiser *Theodosius* verboten, da die heidnischen Götter der Antike im Christentum keinen Platz mehr hatten.

Nördlich der Villa führte die **Echohalle** zum Torgang ins Stadion. Ein Stein aus der Halle wurde dem Olympiadorf in München anlässlich der Olympiade 1972 vermacht.

Bouleuterion

Das Bouleuterion war das **Verwaltungsgebäude** der Spiele, es entstand vom 6. bis 4. Jh. v.Chr. Der Eleianische Senat traf dort in einer Art Auditorium zusammen. Dabei wurde z.B. entschieden, wer an den Wettkämpfen teilnehmen durfte, und es wurden Verstöße gegen die Spielregeln geahndet.

Stadion

Das Gebäude am Rand der Altis, das man heute betritt, ist eine Rekonstruktion der Wettkampfarena aus dem 4. Jh. v.Chr. An den Seiten befanden sich befestigte Graswälle, keine Sitzreihen aus Stein wie in einem Amphitheater – man konnte es sich also nicht allzu bequem machen. Immerhin passten auf diese Weise **45.000 Zuschauer** hinein. Auf einer Längsseite gab es eine steinerne Tribüne für den Kampfrichter und auf der anderen Seite einen Altar für die Demeter-Priesterin.

Leonidaion

Südlich der Altis befand sich das Leonidaion, der **Gasthof** für wichtige Wettkampfgäste. Mit 74 x 81 m ist es das größte Gebäude auf dem Gelände, von dem noch die Grundmauern stehen. Es wurde 330 v.Chr. von *Leonides von Naxos* gestiftet.

Werkstatt des Phidias

In seiner Werkstatt schuf der Bildhauer *Phidias* um 430 v.Chr. die **Zeus-Statue**

038pe ln

für den Tempel. Der Innenraum war groß genug, um die Statue dort zu bearbeiten. Man fand Hinweise auf Gerüste, die Zugang zur zwölf Meter hohen Statue ermöglichten. Wie die tonnenschwere Figur hinterher in den Tempel befördert wurde, ist unklar. Das Kultbild saß zudem auf einem Thron. Die Statue war mit Gold, Elfenbein und Edelsteinen verziert, der Römer *Pausanius* beschrieb sie wie folgt: „Der Gott, aus Gold und Elfenbein gebildet, sitzt auf einem Throne; auf seinem Haupt ruht ein Kranz, welcher Olivenzweige nachahmt ... In der linken Hand des Gottes ruht ein Szepter, mit allen Arten von Metall ausgelegt; der Vogel, welcher auf dem Szepter sitzt, ist der Adler. Von Gold sind auch die Sohlen des Gottes, desgleichen der Mantel; in dem Mantel sind Figuren und von Blumen, namentlich Lilien, eingelegt.“

Bereits lange vor dem Erdbeben, das den Tempel zerstörte, wurde die Zeus-Statue aufgrund ihrer wertvollen Baustoffe zerlegt bzw. verschleppt. Angeblich sollen sich ihre Bestandteile im 5. Jh. in Konstantinopel wiedergefunden haben. Zu dieser Zeit entstand über den Ruinen von Phidias’ Werkstatt eine **byzantinische Basilika,** von der man noch Säulen und Türverzierungen erkennen kann.

Das Philippeion, von Alexander dem Großen vollendet, ist der einzige Rundbau auf dem Gelände

Palaistra und Gymnasion

Im 3. Jh. entstand die Palaistra, ein Trainingsraum für Faust- und Ringkämpfer. Nördlich davon stand das Gymnasion, ein seitlich von Säulenhallen begrenzter, großer Platz. Viele Säulen stehen hier noch heute in Reih und Glied und vermitteln einen Eindruck von der Größe der Hallen. Im Gymnasion gab es eine **Laufstrecke** und Bereiche, wo die Fünfkämpfer **Weitsprung, Speerwurf, Diskuswerfen, Ringkampf** und **Sprint** üben konnten. Auch bei den Übungen waren die Athleten unbekleidet.

Pyrtaneion

Auf dem Weg zurück zum Ausgang passiert man das Pyrtaneion, den Speisesaal der Sieger. Ab dem 6. Jh. v.Chr. wurden sie in diesem Haus am letzten Tag der Spiele zu einem Festbankett eingeladen.

Adobe Stock © CoinUp

Umgebung von Olympia

Im Osten von Elis, an der Grenze zu Arkadien, kann man ein **einzigartiges Naturparadies** aus Wald und Wasser entdecken. Die Landschaft mit exotischer Vegetation galt in der Mythologie als **Heimat der Elfen und Kentauren.** Der Eichenwald von Foloi und die Nemouta-Wasserfälle lassen sich gut von Olympia aus besuchen. Beide Ziele erreicht man über den Ort **Lalas,** ca. 15 km nordöstlich von Olympia. Vor Ort muss man sich beide Ziele **erwandern,** vor allem das naturbelassene Gelände der Wasserfälle ist ein Abenteuer.

Nemouta-Wasserfälle

Auf seinem Weg aus dem Gebirge hinunter ins Tal bildet der **Erymanthos** zahlreiche Nebenflüsse, die sich in die Wasserfälle von Nemouta (Katarraktis Nemoutas) ergießen. Schon die Fahrt dorthin ist abenteuerlich und nur für Pkw geeignet. Kurz hinter Lalas fährt man bei der Kirche Agia Maria auf der Straße Epar. Od. Neochori-Lala nach Osten. Bei Tsapareika geht es dann nördlich weiter nach **Nemouta.** Ab dort fährt man über extreme **Serpentinen** auf einer nicht befestigten Straße zum **Einstiegspunkt der Wanderung** („Nemouta Waterfalls Entry Point"). Daran fährt man vorbei, bis man bei Elea eine Brücke überquert, an der man parken und

[<] Im märchenhaften Eichenwald von Foloi hausten die mythischen Kentauren

[>] Aus dem Fluss Erymanthos werden die Nemouta-Wasserfälle gespeist

dann zum Eingang zurücklaufen kann. In der Schlucht gibt es keine ausgewiesenen Wege, man läuft einfach neben oder im Flussbett. So gelangt man zu drei Wasserfällen, der erste ist nach wenigen Hundert Metern erreicht.

Informationen

Nikos Siakkoulis und *Panagiotis Papailiou,* die vor Ort leben, haben es sich zur Aufgabe gemacht, die Wasserfälle zu katalogisieren und bekannt zu machen. Informationen über das Gebiet der Nemouta-Wasserfälle (Katarraktis Nemoutas):

- nick.siakkoulis, Instagram
- www.wikiloc.com/hiking-trails (im Suchfeld der Webseite „Waterfalls of Nemouta West Greece“ eingeben).

Essen und Trinken

- **Café-Restaurant O Epidavros,** Nemouta 27066, tgl. 7–1.30 Uhr. Gemütliche Dorftaverne mit Grillspezialitäten in Nemouta.

Eichenwald von Foloi

Nördlich von Nemouta eröffnet sich rund um die Dörfer Foloi und Koumanis ein märchenhafter Eichenwald. Der über 40 qkm große Wald liegt auf einem Hochplateau etwa 600 m über dem Meeresspiegel und ist ein **Wanderparadies.** Foloi hat seinen Namen vom mythischen Kentauren Folos. Dieser soll ein Freund des Herakles gewesen sein, der in den Wald geschickt wurde, um bei einer seiner zwölf Heldentaten den erymanthischen Eber zu besiegen.

Bei der Kirche Agia Maria von **Lalas** bleibt man auf der Straße Epar. Od. Platanou-Lambias in Richtung Norden. Nach ca. zwölf Kilometern zweigt die Epar. Od. Koumanis-Kontovazainon in Richtung Westen nach **Koumanis** ab. An dieser Abzweigung liegt auf der rechten Seite ein sehenswertes **Umweltmuseum,**

das über den Eichenwald informiert – leider nur in griechischer Sprache. Aus der Fotodokumentation und einem Video kann man jedoch einige Informationen entnehmen.

- **Mouseio Folois,** Epar. Od. Platanou-Lambias, Kastania/Foloi, Tel. +30 2624 022549, www.visit-olympia.gr/en/listing/environmental-museum-foloi-oak-forest-information-center. Unregelmäßige Öffnungszeiten.

Wandern

- Beim Umweltmuseum beginnt der markierte **Wanderweg M3** durch den Eichenwald.
- **Wanderrouten:** www.alltrails.com/trail/greece/west-greece/foloi-gorge-of-the-centaurs-koumani-foloi-forest-loop
- **Geführte Touren:** www.manawa.com/en-GB/activity/greece/olympia. Die hier angebotene Wanderung dauert 4–5 Std. Sie führt durch den Eichenwald und märchenhafte Schluchten, in denen sich Pflanzen und Moose an die Felswände klammern. Dazu lernt man etwas über die Mythen, die mit dem Wald verbunden sind. Geignet auch für Kinder ab ca. 7 Jahren.

Essen und Trinken

- **Taverna Kentauroi Folois,** Foloi 27066, tgl. 12–24 Uhr. Taverne mit traditioneller griechischer Küche im Ort Foloi, die sich zum Einkehren nach der Wanderung eignet.

Kaiafas-See

Zacharo und der Kaiafas-See

In der Antike war die Region rund um Zacharo als Triphylien bekannt. Heute lockt die kleine Gemeinde am Golf von Kyparissia mit ausgedehnten Sandstränden, so weit das Auge reicht. Vom **Paralia Kaiafas** nördlich des Ortes bis zum **Paralia Giannitsochori** ganz im Süden der Region Elis erstrecken sich teils fast unberührt wirkende Strände, zu denen kleine Straßen durch die Dünen führen. Die Küstenorte, wie **Kakovatos** und **Tholo,** liegen etwas landeinwärts an der N55. Nur vereinzelt findet man Tavernen, Strandbars oder Campingplätze und kann sich sein Lieblingsplätzchen zum Baden aussuchen. Unmittelbar hinter der Küste erstreckt sich nördlich von Zacharo der langgezogene Kaiafas-See mit einem Thermalbad.

Kaiafas-See

Vor dem Hintergrund der Lapithas-Berge wirkt der stille Kaiafas-See (Limni Kaiafa) recht malerisch. Er ist von **dichter Vegetation** umgeben, Pinien und Laubbäume werfen ihren Schatten auf schilfbedeckte Ufer. Hier leben Wasserschildkröten, Wasserschlangen und Amphibien und es überwintern viele Zugvögel. An der Ostseite entspringen aus zwei Grotten an den schroffen Wänden des Felsmassivs **heiße Quellen,** die gegen Hautkrankheiten und Arthritis helfen sollen. Schon in der Antike wusste man die Heilkräfte zu schätzen. Es gibt einige Hotels und ein **Schwimmbad,** wo man im bis zu 35 Grad warmen Thermalwasser baden kann. Auch die **Grotten** selbst wurden nach Sicherheitsbedenken wieder für Besucher freigegeben.

An die einstigen Glanzzeiten erinnert das **verfallene Kurzentrum,** das an der Südseite auf einer kleinen Landzunge in den See hineinragt. Die Bahnlinie von Pyrgos nach Kalamata brachte vor ihrer Stilllegung Kurgäste hierher. Seit Jahren hofft man auf eine Sanierung der Anlagen – die Anwohner würden das touristische Potenzial gern nutzen. Bisher gibt es jedoch keine konkreten Daten.

Um den See herum kann man radfahren oder wandern, vorausgesetzt, es ist gerade kein Schäfer mit seinen Schaf- und Ziegenherden unterwegs, der die Straße blockiert. Zudem gibt es hier eine **Wasserskischule.** Wer Meerwasser bevorzugt, findet eineinhalb Kilometer meerwärts hinter den Dünen den wunderbaren **Paralia Kaiafas.**

■ **Kaiafas Thermal Springs,** Limni Kaiafa, Zacharo 27054, Tel. +30 26930 31939, www.visit-olympia.gr/en/listing/kaiafas-lake-thermal-springs. Die Thermen im Hydrotherapie-Center sind von Juni bis Oktober tgl. 9–17 Uhr für Badegäste geöffnet.

■ **Hatzis Waterski Paradise,** Limni Kaiafa, www.hatziski.gr, Tel. +30 6945958834. Wasserski, Wakeboarding oder Wakesurfing bietet die Wasserskischule an der Südseite des Kaiafas-Sees auf einer Landzunge. Die Betreiber, zwei Brüder, sind beide europäische Meister.

In der Umgebung

Antikes Lepreum

Wer von Tholo an der N55 Richtung Nea Figaleia in die Berge fährt, gelangt nach etwa acht Kilometern nach **Lepreo.** Oberhalb des Ortes befinden sich die Ruinen des antiken Lepreum mit **Mauerresten** der damals bedeutenden Stadt. Auf dem Gelände finden sich die Reste eines **Demeter-Tempels,** südlich kann man die antike Akropolis verorten. Im Zentrum von Lepreo findet man einige Cafés und Tavernen, in denen man rasten kann.

■ **Lepreou,** www.visit-olympia.gr/en/listing/archaeological-site-lepreo, Eintritt frei.

039pe ln

Praktische Tipps

Unterkunft, Essen und Trinken

- **Ostria Hotel**②, Zacharo-Kakovatos 27054, Tel. +30 26250 31964. Dreisterne-Hotel mit Strandzugang am Paralia Kakovatos in einem modernen, zweckmäßigen Bau mit Klimanlage.
- **Beach Bar Tropicana,** Zacharo-Kakovatos 27054, Tel. +30 2625 036245, tgl. 9–24 Uhr. Die Strandbar liegt an einem nicht so überlaufenen Abschnitt des Paralia Kakovatos mit guten Parkmög-

Wanderung zum Zeus-Heiligtum auf dem Berg Lycaion

Ein Zeus-Heiligtum gab es auf dem Berg Lycaion in der antiken Region Parrhasia (heute in Arkadien gelegen). Der **„Trail of Zeus"** von Ano Karyes rund um den Berg Lycaion ist 8,4 km lang inkl. Abstecher zu den antiken Stätten. Es müssen 959 Höhenmeter überwunden werden. Der Weg ist anspruchsvoll, verläuft aber auf gut wanderbaren Wegen und ist gut ausgeschildert. Der Einstieg liegt am Nordende von **Ano Karyes,** wo man parken kann. Möglichkeiten zur Einkehr findet man hinterher auf der Rückfahrt in **Neda,** wo es zwei Tavernen gibt.

Die **Anfahrt** erfolgt von **Andritsena** aus: Von der N76 an der Gabelung Richtung Skliros zweigt man südlich ab und fährt dann östlich nach Neda. Von dort führt die Straße Epar. Od. Nedas-Megalopoleos südöstlich nach Lykaio. Nördlich des Ortes gelangt man zur Abzweigung nach Ano Karyes in Richtung Norden.

Am Nordende von Ano Karyes führt der Wanderweg direkt in die karg bewachsenen Hügel. Dann geht es etwa 1,7 km steil bergan nach Norden bis zur **Stätte der antiken Spiele.** Schon zu prähistorischer Zeit sollen hier Wettspiele zu Ehren der Götter Zeus und Pan stattgefunden haben.

Danach wendet sich der Rundweg nach Westen. Nach wenigen Hundert Metern auf einem nur leicht ansteigenden Stück erreicht man die Kreuzung zu einem weiteren Wanderweg, der nach Nordwesten abzweigt: „Trails of Apollo Epikurios".

Gegenüber führt ein Weg etwa einen Kilometer bergan zur Ausgrabungsstätte des **Brandaltars für den Gott Zeus.** Hier oben, in 1278 m Höhe, hat man den höchsten Punkt des Wanderwegs erreicht und kann den Rundumblick auf die Berglandschaft genießen. Man sieht Mauerreste und Erdaufschüttungen, die Hinweise auf einen Brandaltar geben. Die Arkadier sollen dem hier verehrten Göttervater sogar Menschenopfer dargebracht haben. Sterbliche, die von dem Fleisch aßen, sollen sich angeblich in einen Werwolf verwandelt haben.

Zurück geht es wieder auf demselben Weg, bis man wieder auf den Rundweg trifft. Dieser führt nun in Richtung Süden, wobei man sich bereits beim Abstieg befindet. Nach 2,6 km erreicht man die Abzweigung zum Wanderweg **„Trail of Pan",** der nach Westen bis zum Ort Neda führt. Wer möchte, kann die ca. 4 km bis Neda wandern und dort in einer der Tavernen einkehren. Folgt man jedoch weiter dem „Trail of Zeus" in Richtung Osten, gelangt man nach 2,7 km leichter bis mittelschwerer Wanderung zurück nach Ano Karyes.

Die Ausgrabungen an der archäologischen Stätte werden von der University of Arizona finanziert. Eine US-amerikanische Interessengemeinschaft möchte das Gebiet in einen Nationalen Kulturerbe-Park verwandeln und hat zu diesem Zweck mehrere gut beschilderte Wanderwege angelegt.

Informationen

- www.lykaionexcavation.org
- www.parrhasianheritagepark.org

lichkeiten und viel Schatten. Die Spezialität: frittierte Meeresfrüchte, von denen man einen riesigen Teller zum Knabbern bekommt.

Kaiafas

■ **Kaiafas Lake Hotel**①, Kaiafas 27054, kaiafaslakehotel.gr, Tel. +30 26250 32954, April bis Okt. Das Dreisterne-Hotel befindet sich auf der Nordseite des Sees, etwa 2,5 km vom Ort Zacharo entfernt. Es gibt einen kleinen Pool und ein Restaurant.

Camping

Giannitsochori

■ **Camping Apollo Village,** Giannitsochori, Tel. +30 2625 061200, www.apollovillagecamping.gr/en. Die gut ausgestattete Anlage am Strand von Giannitsochori, 10 km südlich von Zacharo, bietet viele schattige Plätze für Zelte, Wohnwagen und Wohnmobile.

Einkaufen

Nea Figaleia

■ **Avgerinos Family,** Nea Figaleia 27061, Tel. +30 6978071408, www.avgerinosfamily.gr/contact. Auf der seit 1880 familiengeführten Olivenfarm wird natives Olivenöl hergestellt und verkauft. Nea Figaleia erreicht man nach einigen Kilometern, wenn man von Lepreo der Straße weiter nach Osten folgt.

Markt

UNSER TIPP: Dienstags gibt es einen Wochenmarkt in Zacharo. Hier kann man unter anderem besonders feines **Olivenöl** aus der Region kaufen.

Andritsena

Im abgelegenen Südosten der Region Elis liegt das pittoreske **Bergdorf** Andritsena (Andritsaina). Die serpentinenreiche N76 führt von Süden hierher. Die Idylle täuscht jedoch: Die meisten Häuser und Betriebe sind verlassen, denn für die junge Bevölkerung gibt es wegen der andauernden Wirtschaftskrisen keine Zukunftsperspektive, sie ziehen weg. Dennoch – hier findet man ein ruhiges Quartier in einsamer Bergwelt, das sich gut für Ausflüge zu den südlich gelegenen antiken Stätten eignet.

Im Herrenhaus aus dem Jahr 1847 ist ein **Heimatmuseum** untergebracht, das den Lebensalltag im Bergdorf vom 18. bis frühen 20. Jh. veranschaulicht. Neben Mobiliar gibt es auch alte Trachten zu sehen.

■ **Laografiko Mouseio,** andritsainamuseum.gr, an der Hauptstraße im Ortszentrum, Mi, Fr, Sa, So 11–14 Uhr, Eintritt frei, Spenden gern gesehen.

Adobe Stock © CoinUp

▷ Im beschaulichen Andritsena

Unterkunft, Essen und Trinken

- **Theoxenia Hotel**①-②, Andritsena 27061, Tel. +30 2626 022219, www.theoxeniahotel.eu. Funktionales Dreisterne-Hotel am Ortsrand.
- **Cooking Recipes,** Epikouriou Apollona 58, Tel. 30 2626 022004, auf Facebook, tgl. 12–23 Uhr. Restaurant mit Bergdorfflair, es gibt Spezialitäten vom Grill und traditionelle Gerichte.

Einkaufen

Markt

- Samstags gibt es einen bei Einheimischen wie Touristen beliebten **Wochenmarkt** in Andritsena, auf dem regionale Produkte verkauft werden.

In der Umgebung

Von Andritsena gelangt man südlich über die N76 zu einer Reihe von **antiken Heiligtümern.** Sie lagen damals an einer gut besuchten Handelsstraße, die vom arkadischen Gebirge bis zur eleischen Küste verlief.

Adobe Stock © CoinUp

Apollo-Tempel von Bassae

Folgt man der N76 von Andritsena südlich Richtung Küste, kommt man zu einer besonders eindrucksvollen Stätte. Der **Tempel des Apollo Epikourios** von Bassae, auf 1300 m Höhe gelegen, gehört zum **UNESCO-Welterbe,** da die **Säulenhalle** noch sehr gut erhalten ist. Heutzutage sieht der Besucher von Weitem jedoch nur das Zelt, das den Tempel vor Wettereinflüssen schützt. Erst im Innenraum eröffnet sich ein Blick auf die ungewöhnliche Konstruktion mit sechs Säulen an der Front- und Rückseite und 15 Säulen an den Längsseiten. Darunter befinden sich die ältesten bisher gefundenen korinthischen **Kapitelle.** Daneben wurden auch ionische und dorische Kapitelle gefunden. Der Tempel soll von den Bewohnern Phigalias Anfang des 5. Jh. v.Chr. errichtet worden sein, da sie während des Peloponnesischen Krieges von der Pest verschont wurden und der Gott sie vor kriegerischen Auseinandersetzungen mit den Nachbarn aus Sparta beschützte.

Nahebei befand sich ein Heiligtum für die Göttin Artemis, dessen Ruinen man unweit des Tempels sehen kann. Die Tempelfriese wurden von britischen Archäologen im 19. Jh. nach England verschleppt und sind heute im British Museum in London ausgestellt. Etliche Fragmente gingen jedoch bei der Verschleppung verloren oder wurden entwendet.

< Welterbe unterm Zeltdach:
Der Tempel des Apollo Epikourios ist besonders gut erhalten und muss geschützt werden

■ **Naos Epikouriou Apollonos ton Vasson,** Figaleia 27071 (14 km südlich von Andritsena an der N76), Tel. +30 2626 022275, whc.unesco.org/en/list/392/, April bis Okt. 8–20 Uhr, im Winter nur bei gutem Wetter, Eintritt 6 €, erm. 3 €.

Camping

■ **Wohnmobilstellpl. Bassae:** GPS N 37.42961, E 21.90089, max. fünf Wohnmobile.

Antikes Phigalia

Rund um den Weiler Figaleia liegen die Überreste des antiken Phigalia verstreut. Hier gab es ein **Artemis-Heiligtum,** den Altar des Tempels kann man noch deutlich erkennen. Die Ruinen liegen weit verstreut und verdeutlichen die Ausmaße der Anlage. Die Stadt war von einer 4,5 km langen und bis zu drei Meter dicken **Mauer** umgeben, die sich entlang der steilen Hügel um den Ort schlängelte. Obwohl von Vegetation überwachsen, kann man Teile davon noch gut erkennen. Von besonderem Interesse ist das alte **Quellhaus** unter einer Platane aus dem 4.–3. Jh. v.Chr., in dem noch heute Wasser sprudelt.

■ **Archaia Figaleias,** www.iliatravel.com/listings/ancient-figalia-archaeological-site/. Die Ruinen sind Mo–Fr 8.30–15 Uhr frei zugänglich.

Wanderung durch die Neda-Schlucht

Der einzige weibliche Fluss der Peloponnes erhielt seinen Namen von der Nymphe Neda, die Zeus gesäugt haben soll. Die Neda ergießt sich über eine atemberaubende **Felsenlandschaft,** die man erwandern kann. Die mehrstündige, anspruchsvolle Tour führt direkt durch das Flussbett, was sich besonders im wasserärmeren Sommer empfiehlt. Während der Wanderung passiert man mehrere **Wasserfälle.** Vor dem größten, der sich über 25 m vor der Stomio-Höhle ergießt, kann man in einem **Felsenbecken** baden – ein ganz besonderes Erlebnis.

Es gibt zwei Parkplätze, einen erreicht man westlich des Ortskerns von **Figaleia,** von wo aus man dem **Wanderweg M1** folgt. Bis zum Stomio-Wasserfall geht man etwa eine Stunde. Einen weiteren Parkplatz gibt es südlich des Flusses bei **Platania,** zu erreichen über eine enge Schotterstraße.

Geführte Touren

■ **River Trekking Neda,** www.unlimited-adrenaline.gr/river-trekking-neda/a/en/2103. Die Wanderung beginnt im Ort Platania und führt entlang des Flussbetts, teils auf unwegsamem, unbefestigtem Gelände und über Felsen. An einigen Stellen muss man durchs Wasser waten oder sogar kurz schwimmen. Dafür erlebt man eine wahrhaft verzaubernde Naturkulisse.

■ **Canyoning Neda Waterfalls,** exploremessinia.com/outdoor-activities/river/canyoning-neda-waterfalls. Beim Nordparkplatz trifft man den Guide und erhält eine Einführung ins Canyoning. Er bringt auch die Ausstattung wie Schutzhelme und Neoprenanzüge mit. Etwas Erfahrung mit Abseiling und Wildwasserschwimmen ist von Vorteil, jedoch nicht zwingend erforderlich.

Wanderrouten

■ www.allaboutpeloponnisos.com/en/type/activities/neda

Antikes Messene | 118
Antikes Peristeria | 127
Chora | 130
Finikounda | 148
Gialova | 132
Kalamata | 106
Koroni | 152
Kyparissia | 124
Marathopoli | 128
Methoni | 144
Navarino-Bucht | 132
Petalidi | 156
Pylos | 139

043pe ln

3 Messenien

» Den Südwesten der Peloponnes prägt südliches Flair, eine Landschaft, die an die Toskana erinnert: Von der flachen Küste steigt das Hinterland sanft hügelig an. Olivenhaine, Zypressen, Feigen- und Orangenbäume zeugen von einer fruchtbaren Region. Burgen und Buchten bestimmen die Küsten, während sich landeinwärts kleine Dörfer mit terracottafarbenen Dächern an die Ausläufer des Taygetos-Gebirges schmiegen.

Vom Neokastro in Pylos blickt man hinüber zur Insel Sfaktiria

Anschlusskarte S. 70
Paralia Kakovatos
Kakovatos
Anilio
Taxiarches
Antikes Lepreum
Lepreo
Neochori
Faskomilia
Kato Taxiarches
Tholo
Giannitsochori
Paralia Giannitsochori
Elea
Paralia Elea
Agiannakis
Paralia Agiannakis
Vlassada
Vounaki
Kalo Nero
Memi
Kyparissia
Terpsithea
Agrilos
Merolithi
Stomio
Filiatra
Limenari
Ag. Kiriaki
Paralia Lagkouvardos
Marathopoli
Proti
Vourlia
Vromoneri
Paralia Romanos
Paralia Voidokilia
Paleokastro
Paralia Divari
Sfaktiria
Neokastro
Pylos
IONISCHES MEER
Methoni
Paralia Kritika
Paralia Lambes
Paralia Ammos
Sapientza
Inousses-Inseln
Agia Marina
Schiza
Kap Akritas
Paralia Mavrovouni
Paralia Kantouni
Paralia Marathi
Paralia Tsapi
Paralia Kalamaki
Paralia Memi
Koroni
Vasilitsi
Livadakia
Asine
Charokopio
Akritochori
Paralia Loutsa
Paralia Agia Triada
Paralia Peroulia
Falanthi
Finikounda
Kaplani
Chomatero
Nea Koroni
Agios Andreas
Logga
Episkopi
Chrani
Chelonaria
Kalamaki
Messenischer Golf
Achladochori
Archaia Koroni
Petalidi
Tzanes
Kalochori
Paralia Velikas
Analipsi
Milonas
Kalamata
Messini
Flughafen Kalamata
Mikromani
Ano Amfia
Aris
Ethea
Antheia
Ariochori
Pidima
Arfara
Agios Floros
Christofileika
Tsoukaleika
Katsaros
Meropi
Ichalia
Andania
Paradeisia
Derveni
Diavolitsi
Karnasi
Dasochori
Tripotamo
Apiditsa
Isaris
Lykosoura
Lykaio
Kato Karyes
Ano Karyes
Thoknia
Kyparissia
Mavria
Zeus-Heiligtum Berg Lycaion
Neda
Kakaletri
Marina
Messenien
Arkadien
Apollo-Tempel Bassae
Petralona
Perivolia
Figaleia
Dragogi
Neda Schlucht
Antikes Phigalia
Elis
Messenien
Pteri
Platania
Kouvelas
Stasimo
Sirrizo
Diasella
Chalkias
Panorama
Avlonas
Sidirokastro
Kefalovrysi
Rizochori
Psari
Kato Melpeia
Ag. Georgios
Glykorrizi
Kakkavas
Kopanaki
Dorio
Rahes
Antikes Peristeria
Miro
Polichni
Zevgolatio
Vrises
Mili
Mouriatada
Aetos
Polithea
Neochori
Meligalas
Stathmos
Ithomi 798
Antikes Messene
Moni Voulcano
Rema
Mavrozoumena
Mavrommati
Arsinoi
Valira
Plati
Magganiako
Lampena
Chania
Androusa
Trikorfo
Triodos
Vasilada
Amfithea
Pilalistra
Sterna
Manesis
Diodia
Milioti
Strefi
Drosia
Daras
Avramio
Nichoria
Rizomilos
Kazarma
Charavgi
Paniperi
Polylimnio-Wasserfälle
Soulinari
Chandrinos
Stenosia-Wasserfall
Armenii
Spilia
Faraklada
Perdikoneri
Kountri
Plati
Mirena
Christianoupoli
Daras
Sellas
Anydro
Raptopoulo
Kloni
Likoudesi
Paleokastro
Petralona
Makrena
Kefalovriso
Ano Voutena
Kato Voutena
Draina
Mesinia
Platanovrisi
Palaio Loutro
Valta
Mouzaki
Floka
Chochlasti
Pyrgos
Gargaliani
Touloupa Chani
Agii Apostoli
Vlasis
Chora
Pigadia
Palast des Nestor
Mirsinochori
Vlachopoulo
Tragana
Platanos
Chatzis
Rikia
Korifasi
Kremmidia
Iklaina
Koukounara
Petrochori
Gialova-Lagune
Gialova
Bucht von Navarino
Platanovrisi
Kokkino
Mathia
Kinigos
Arapolakka
Paleonero
Kallithea
Kato Ampelokipi
Agnantio
Mesochori
Pidasos
Chomatada
Militsa
Varakes
Perivolakia
Exochiko
Evangelismos
Kamaria
Kokkinia
Anemomilos
E55
E65

ÜBERBLICK

Messenien, zwischen dem Ionischen Meer und dem Messenischen Golf gelegen, umfasst die westliche Halbinsel im Süden der Peloponnes, den „linken Finger". Im Norden bildet der Fluss Neda die Grenze zur Region Elis. Im Osten ist das Taygetos-Gebirge die natürliche Grenze zu Lakonien.

NICHT VERPASSEN!

- Modernes, lebendiges Städtchen mit Urlaubsflair: **Kalamata** | 106
- Weitblick in Landschaft und Geschichte: **Antikes Messene** | 118
- Luxus auf Mykenisch im **Palast des Nestor** bei Chora | 131
- Einer der schönsten Strände der Peloponnes: **Paralia Voidokilia** bei der Gialova-Lagune | 135
- Hoch über der geschichtsträchtigen Bucht von Navarino: **Festung Neokastro** in Pylos | 139
- Venezianische Festung in eindrucksvoller Lage: die **Burg von Methoni** | 145
- Bade- und Surfparadies: **Finikounda** | 148

Diese Tipps erkennt man an der gelben Markierung.

Die ansprechende Hauptstadt Messeniens ist **Kalamata.** Sie eignet sich bestens als Ausgangsbasis zur Erkundung der vielfältigen Region und gilt als Tor zur Äußeren Mani (siehe dazu Kapitel 4). Zu den faszinierendsten archäologischen Stätten der Peloponnes gehört das **antike Messene,** Namensgeber der Region. Den Besuch sollte man sich nicht entgehen lassen, es liegt nur wenige Kilometer landeinwärts von Kalamata. Der **Palast des Nestor bei Chora** ist von den Urlaubsorten der Westküste aus gut zu erreichen. Er vermittelt ein Bild davon, dass schon die Menschen der Antike die Naturschönheiten der **Bucht von Navarino** zu schätzen wussten. Hier bei **Pylos** wurde die entscheidende Seeschlacht 1827 gegen die Osmanen geschlagen – danach wurde Griechenland zur eigenständigen Nation. Das Hafenstädtchen kann mit zwei Burganlagen aufwarten. Die vorgelagerte Insel Sfaktiria und der nahegelegene **Strand von Voidokilia** sind weitere Highlights rund um die Bucht von Navarino am Ionischen Meer.

Im äußersten Süden Messeniens steigen die Temperaturen spürbar an. Burgen und Buchten bestimmen auch hier die Küste. Zwischen den venezianischen **Festungen Methoni** und **Koroni** erstreckt sich das **Bade- und Surferparadies Finikounda.**

[>] Hinter dem Jachthafen von Kalamata erheben sich die Ausläufer des Taygetos-Gebirges

Kalamata

Kalamata ist mit 70.000 Einwohnern die zweitgrößte Stadt auf der Peloponnes und die **Hauptstadt von Messenien.** Die lebendige und freundliche Stadt ist gut zu Fuß oder mit dem Fahrrad zu erkunden. Sie bietet Shoppingmöglichkeiten, Parkanlagen und ein durch und durch zeitgenössisches griechisches Lebensgefühl. Die Küste am Golf von Messenien mit Blick auf die gebirgige Landschaft der Halbinsel Mani ist gut erschlossen – am Ufer lockt ein stattlicher Jachthafen sowie eine langgestreckte Uferpromenade mit einem beliebtem Stadtstrand.

Kalamata ist an die Autobahn A7 von Athen über Patras angeschlossen und besitzt einen **Flughafen,** auf dem im Sommer internationale Charterflüge starten und landen. Von hier aus gelangt man schnell zu den Stränden am Ionischen Meer und zur Äußeren Mani. Die gute Anbindung macht die Stadt für einheimische wie ausländische Reisende gleichermaßen attraktiv.

Die historische Bausubstanz Kalamatas wurde im Jahr 1986 durch ein verheerendes **Erdbeben** – mit einer Stärke von 6,2 auf der Richterskala – weitgehend zerstört. Fast 1500 Gebäude, insbesondere in der Altstadt, fielen in sich zusammen. Mehrere Wochen lang mussten die Einwohner in Zelten oder sogar auf Schiffen im Hafen campieren. Den Lebensgeist der Kalamater konnte dies jedoch nicht unterdrücken – man machte einfach weiter und baute wieder auf.

Kalamata blickt auf eine lange Historie zurück: Schon der Dichter Homer erwähnte das damalige Firai in seinen Erzählungen. Ab 1205 wurde es Teil des Fürstentums Achaia unter *Geoffrey I. de Villehardouin* (→ S. 422). Im 17. Jh. gelang es den Venezianern, sich zusammen mit den rebellischen Manioten gegen die osmanischen Herrscher zu stellen. Sie blieben von 1685 bis 1715 tonangebend in der Stadt. Von den mittelalterlichen Bauten blieben bis heute die byzantinische Festung auf dem ehemaligen Akropolishügel sowie die Apostelkirche Agios Apostolis erhalten.

Orientierung

Die Orientierung ist denkbar einfach, denn die Stadt wurde rasterartig angelegt. Mitten hindurch führt vom Hafen im Süden bis fast zur Burg im Norden die **Hauptstraße Odos Aristomenou.** Sie beginnt beim **Municipal Railway Park** mit dem Eisenbahnmuseum. Weiter nördlich taucht man ein in das moderne Großstadtleben mit Geschäften für jeden Geschmack von schicken Boutiquen bis zu Kaufhäusern. Ausladende Caféterrassen säumen den langgestreckten Platz **Kentriki Platia.** Bei der Platia Vasileos Georgiou erinnert, wie an vielen Orten auf der Peloponnes, ein Denkmal an die Unabhängigkeitskrieger.

Ganz im Norden verengt sich die Aristomenou im Kern der **Altstadt** zu einer **Fußgängerzone.** Man passiert das klassizistische **Rathaus** (Dimarcheio) auf der linken Seite und überquert die breitere Querstraße Stadiou. Weiter nördlich findet man in der Germanou ausgefallenene und alternative Läden. Biegt man bei der Amfias rechts ab, gelangt man zur byzantinischen **Apostelkirche** und zum Archäologischen Museum am Platz Agioi Apostolos mit al-

042pe In

ternativen Boutiquen, Restaurants und Kneipen. Über die Straße Ipapantis gelangt man in östlicher Richtung zur modernen **Kathedrale Ypapanti** und nördlich davon auf die Vileardouinou, die zum **Kastro** hinaufführt.

Sehenswertes

Municipal Railway Park

Einst fuhr die Bahn von Kalamata über Tripoli und Korinth bis Athen. Das traurige Ende dieser Bahnstrecke kam 2011 mit der Stilllegung während der Wirtschaftskrise. Heute erkennt man, dass das eine der größten Fehlentscheidungen des Jahrhunderts war, und ist bestrebt, Strecken wiederzubeleben.

In Kalamata hat man aus der Not eine Tugend gemacht und den **alten Bahnhof** in ein **Freiluftmuseum** umgewandelt: Die alten Gleise sind eingebettet in eine Parkanlage. Darauf stehen mehrere **historische Lokomotiven und Waggons** sowie ein Hebekran aus dem Jahr 1890 zur Besichtigung. Im alten Bahnhofsgebäude gibt es ein Café-Bistro. In einem der Waggons (Teatro Wagoni) finden im Sommer samstags und sonntags **Theatervorstellungen** statt (auch Kindertheater).

■ **Sidirodromiko Parko Kalamatas,** Praxitelous 2, tgl. 9–1 Uhr, frei zugänglich in der Parkanlage, solange diese geöffnet ist, Eintritt frei.

Kombiticket Messenien

UNSER TIPP: Für 15 € kann man ein Kombiticket erwerben, das sich wirklich lohnt: Es ermöglicht den Eintritt in mehrere wichtige **Museen und Stätten der Region.** Eingeschlossen sind das Archäologische Museum Kalamata, das Museum Mourtzinos in Kardamyli, der Nestorpalast sowie das Archäologische Museum in Chora und die Festung Methoni.

Pinakothek

Die **Städtische Bibliothek** fungiert zugleich als Pinakothek und zeigt seit 1962 **zeitgenössische griechische Kunst.** Im vierten Stock des Gebäudes kann man über 500 Werke griechischer Künstler vom frühen 20. Jh. bis heute ansehen, darunter Gemälde, Zeichnungen, Installationen und Skulpturen.

■ **Laiki Vivliothiki,** Aristomenou 33, Tel. +30 2721 022607, www.laikivivliothiki.gr (griechisch), Mo, Di, Mi 8–14 und 18–20, Do/Fr 8–14 Uhr, Eintritt frei.

Trachtenmuseum Victoria Karelias

Das **Museum der Trachten und Volkskunst** gilt als eines der umfassendsten Archive für griechische traditionelle Kleidung und Schmuck. Es entstand aus einer privaten Sammlung der Gründerin *Victoria Karelias* und wird inzwischen vom Lyceum Club Griechischer Frauen in Kalamata verwaltet.

Die erste griechische Volkskundlerin *Aggeliki Chatzimichali* (1895–1965) hatte Anfang des 20. Jh. ganz Griechenland bereist und in 100 Büchern griechische Volkskunst eingeordnet und dokumentiert. Schon 1921 organisierte sie damit

044pe ln

eine erste Ausstellung. Das Museum von *Victoria Karelias* baut auf der Typologie von *Chatzimichali* auf und ist chronologisch angelegt. Die Sammlerin *Karelias* verbrachte ihrerseits fast 50 Jahre damit, Trachten, Schmuck, Zeichnungen und andere Objekte zusammenzutragen.

■ **Syllogi Ellinikon Endymasion „Viktoria Karelia“,** Stadiou 64, Tel. +30 2721 086923, www.vgkareliascollection.com/en, Di, Do, Fr, So 9–14, Mi, Sa 9–14 und 17.30–20.30 Uhr, Eintritt 5 €, erm. 3 €.

Am stillgelegten Bahnhof von Kalamata kann man alte Loks und Waggons bestaunen

Archäologisches Museum

Das Archäologische Museum von Kalamata ist in den historischen Markthallen untergebracht. Es sind Funde aus der Stadt, dem antiken Messene, dem antiken Triphylien (→ Lepreum, S. 97) und Pylos ausgestellt. Die Geschichte der vier Verwaltungsbezirke Messeniens wird umfassend dargestellt.

■ **Archaiologiko Mouseio Messinias,** 3 Benaki/Agiodu Ionannou, Tel. +30 2721 083485, auf Facebook, April bis Okt. Mi–Mo 8–10, Di 12.30–20 Uhr, Eintritt 4 €, erm. 2 €, im Winter Mi–Mo 8.30–15.30 Uhr, Di geschl., Eintritt 2 €. Das Museum ist behindertengerecht mit einer Rampe und WC ausgestattet.

045pe ln

Apostelkirche

Die kleine byzantinische Kirche der Heiligen Apostel stammt aus dem 12./13. Jh. und ist eines der wenigen noch erhaltenen Bauwerke in Kalamata aus dieser Zeit. Vorangetrieben von Rebellen aus der Mani, wurde Kalamata während des Unabhängigkeitskrieges unter General *Theodoros Kolokotronis* und *Petrobey Mavromichalis* am 23. März 1821 befreit. Um dies zu verkünden, begaben sich die Freiheitskämpfer in die Apostelkirche. Das Ereignis wird jedes Jahr mit einer Parade gewürdigt.

■ **Ieros Naos ton Agion Apostolon,** Agioi Apostolos, tgl. 6–20 Uhr.

Kastro

Die Burg entstand im Mittelalter auf den Resten einer antiken Akropolis. Zur Zeit der Ankunft des fränkischen Kreuzritters *Geoffrey I. de Villehardouin* war die alte Festung längst verfallen, er ließ sie gründlich restaurieren. Um 1410 wurde die Burg Teil des byzantinischen Despotats von Morea. Nach der Eroberung durch die Osmanen fiel die Anlage zunächst 1464–1540 und dann wieder 1685–1715 in venezianische Hände. Da-

⌃ In der geschichtsträchtigen Apostelkirche in der Altstadt wurde die Befreiung Kalamatas von den Osmanen verkündet

nach verfiel das Gebäude. Heute lohnt sich der Aufstieg vor allem wegen des **Ausblicks** über Kalamata. Im Sommer finden vor den neu angelegten Rängen eines **Amphitheaters** Freiluftveranstaltungen statt.

Über die Straßen Villeardouinou und Ipapantis gelangt man, vorbei an der Kathedrale Ypapanti aus dem Jahr 1839, wieder hinunter in die Altstadt.

- **Kastro Kalamatas,** Tel. +30 2721 022534, tgl. 8–20 Uhr.

Hafen und Stadtstrand

Entlang des **Jachthafens** gibt es einige Tavernen – noch besser wird das Angebot jedoch östlich des Hafens, wo die **Odos Navarinou** beginnt. Sie zieht sich kilometerlang am Strand entlang, mit gut ausgebauter **Promenade** und sogar einem **Radweg.** Hier kann man flanieren und baden oder sich gemütlich niederlassen. In der Nachbarschaft findet man zahlreiche Hotels und den städtischen Campingplatz.

Musikschule Maria Callas

Einen Abstecher wert ist die Musikschule von Kalamata nahe der Uferpromenade. Dorthin gelangt man, wenn man von der Hafenstraße Navarinou in die nach Norden führende Georgiou Karelia abbiegt. Eine kleine **Ausstellung** erinnert an eine der bekanntesten **Operndivas** des 20. Jh.: Maria Callas (1923–77). Man erfährt etwas über einzelne Aspekte ihres Lebens und sieht auch persönliche Briefe.

- **Music School „Maria Callas",** Georgiou Karelia, Tel. +30 6955933407, mariacallas.gr/exhibition, geöffnet während der Öffnungszeiten der Schule, Eintritt frei.

Praktische Tipps

Nützliche Infos und Adressen

- **PLZ Kalamata:** 24100
- **Touristenpolizei:** Tel. +30 2721 044680-1
- **Post: Hellenic Post,** Vasilissis Olgas 6, Tel. +30 2721 022810, Mo–Fr 7.30–14.45 Uhr.

Informationen

- **Touristinformation,** Odos Aristomenou 28, Mo–Fr 8–21 Uhr, Tel. +030 2721 360754, www.kalamata.gr/en. Hier gibt es mehrsprachige Mitarbeiter, die auch Broschüren und Karten bereithalten.
- Auf der Website der Stadt Kalamata gibt es eine Broschüre mit zahlreichen stadtnahen **Wanderrouten** im Taygetos Gebirge zum Download: www.kalamata.gr/en/visitors/hiking-routes.

Krankenhaus

- **Kalamata General Hospital,** Antikalamos, Tel. +30 27210-46000, www.nosokomeiokalamatas.gr (griech.). Das Krankenhaus liegt weit außerhalb, zu erreichen über die A7 Richtung Norden (nahe Flughafen).

Unterkunft

15 **Rex Hotel**①-②, Aristomenous 26, Tel. +30 2721 022334, rexhotel.gr. Das alte Traditionshotel aus dem Jahr 1899 in klassizistischem Gebäude bietet heute den modernen Komfort eines Viersterne-Hotels. Mitten in der Altstadt gelegen, ist man hier in Fußnähe zu Geschäften und Kneipen.

7 **Pharae Palace Hotel**②, Navarinou / Riga Feraiou, Tel. +30 2721 096000, www.pharae.gr. Klei-

Erinnerungen an Maria Callas

Maria Anna Cecilia Sofia Kalogeropoulos wurde 1923 in New York geboren, wohin ihre Familie emigriert war, als ihre Mutter *Litsa* (1894–1982) bereits mit ihr schwanger war. Ihr Vater *George Kalogeropoulos* (ca. 1881–1972) kam aus dem Dorf Neochori, 45 km von Kalamata entfernt in den Bergen. Er „amerikanisierte" den Nachnamen später in *Kalos* bzw. *Callas.*

Von der Mutter wurde das künstlerische Talent *Marias* gefördert, wobei sie das Kind jedoch auch stark unter Druck setzte. Dies führte letztlich zum Zerwürfnis mit dem Vater – *Litsa* kehrte mit *Maria* und deren Schwester 1937 allein nach Griechenland zurück. In Athen begann *Callas* ihre **Ausbildung zur Opernsängerin** und ihre Karriere nahm ihren Lauf. Nach dem Zweiten Weltkrieg zog *Callas* 1945 wiederum nach Amerika – es folgte eine **internationale, glanzvolle Karriere.** Zwar verstarb sie in Paris, ihre Asche wurde jedoch vor der Insel Skorpios im Ionischen Meer verstreut. Es war die Privatinsel von *Aristoteles Onassis,* mit dem *Callas* eine tiefe Liebe verband.

Die letzten tragischen Jahre des Opernstars wurden vom chilenischen Regisseur *Pablo Larraín* mit der Schauspielern *Angelina Jolie* in der Hauptrolle verfilmt. Für den **Film „Maria"** (2024/25) wurden einige Szenen auch an Orten auf der Peloponnes gedreht, so in Pyrgos oder Katakolo.

Das Erbe der Familie Callas in Neochori

UNSER TIPP: Wer noch weiter den Spuren von *Maria Callas* folgen möchte, kann das ehemalige **Wohnhaus** ihrer Eltern in Neochori bei Meligalas besuchen. Die Fahrt lässt sich gut mit dem Besuch des antiken Messene verbinden, denn Neochori liegt auf dem Weg dorthin. Schon die Fahrt durch die toskanaähnliche Landschaft ist reizvoll. Zu dem Haus, von dem im Wesentlichen nur noch die Grundmauern stehen, weist in der Ortsmitte ein Schild. *Callas* soll das inzwischen verfallene Haus zwischen 1937 und 1945 persönlich besucht haben.

In Neochori wie auch in Meligalas erinnert man sich gern an das Erbe des griechischen Stars. So haben die Bewohner **Hauswände mit ihrem Porträt** geschmückt. In der Taverne Thodoris Koutsoukos (Tel. +30 6945807230) an der Hauptstraße in Neochori kann man eine Rast einlegen.

046pe ln

Wandgemälde in Neochori

ner Luxus am Jachthafen, 72 moderne Zimmer, teils mit schönem Blick auf die Bucht. Das Restaurant hat einen Terrassenbalkon. Auto- und Motorrad-Verleih vorhanden.

10 Ovilio Kalamata④, Gianni Apostolaki 34, Tel. +30 6946234115, www.oviliokalamata.com. Sehr moderne Anlage mit Ferienwohnungen und Dachterrasse in Fußnähe zum Strand. Mindestbuchung zwei Nächte.

11 Grecotel Filoxenia Kalamata②-③, Odos Navarinou, Tel. +30 2721 023166, www.filoxenia-kalamata.com. Ganz am Ostende der Bucht verbirgt sich die Filiale der Viersterne-Kette. Neben einem Swimmingpool bietet das Hotel auch Zugang zum eigenen Strand. Kinder wohnen umsonst im Zimmer ihrer Eltern. Das Restaurant serviert Frühstück und Dinner. Spa mit Sauna und Massageangebot vorhanden.

16 Erika's Oasis②, G. Anaplioti 10, erikas.trip combined.com. Das kleine Apartment liegt im historischen Zentrum, es hat Klimaanlage und WLAN. Mindestdauer drei Nächte.

18 1878 House①-②, Sfaktirias 18, Tel. +30 6946034300, www.1878house.gr. Kleine, moderne Ferienapartments (25 m2) am westlichen Rand der Altstadt in einem klassizistischen Stadthaus. Klimaanlage und WLAN.

Camping

12 Camping Fare Kalamata, Navarinou 266, Tel. +30 6979188290, www.camping-fare.com. Einfacher, preiswerter Campingplatz mit Zugang zum Strand. Viel schattenspendende Vegetation, kleiner Kiosk und Getränkeautomat. Ideal für diejenigen, die Stadt- und Badeurlaub kombinieren möchten.

Essen und Trinken

5 To Limeni, Posidonos, Tel. +30 2721 095670, tolimeni.gr/en, tgl. 13–1 Uhr. Elegantes Fischrestaurant am Jachthafen. Hier kommen die Meeresfrüchte direkt aus dem Meer auf den Tisch.

14 Luna Lounge, Aristomenous 23, Tel. +30 2721 777777, www.lunalounge.gr/www.conexus.gr, Mo–Fr 7.30–3, Sa 8–3, So 9–3 Uhr. Ganztägige Bistro-Bar mit 1930er-Kaffeehaus-Atmosphäre. Serviert werden Burger und andere Snacks sowie Weine aus ganz Griechenland. Sonntags gibt es Brunch.

19 Chouliara, Nedontos 61, Tel. +30 2721 027390, tgl. 10–22 Uhr. Sättigende und preiswerte griechische Küche mit Gerichten wie Pasticcio, Moussaka und Grillfleisch, dazu Grillgemüse und weiße Bohnen.

27 Foino, Ipapantis 35, Tel. +30 6940886536, tgl. 19.30–24 Uhr. Gepflegte Restaurant-Bar mit moderner griechischer Küche und guter Weinauswahl.

13 Platea, Pl. Agiou Georgiou, Tel. +30 2721 022525, www.platea.gr, tgl. 7–3 Uhr. Hier bekommt man ganztags Streetfood wie Burger, Omelettes oder andere Snacks. Abends verwandelt sich das elegant-moderne Etablissement in eine Cafébar mit leckeren Cocktails.

4 Skipper's Cafe, Kalamata Marina, Tel. +30 2721 088167, skippers-kalamata.business.site, tgl. 8.30–1.30 Uhr. Schön gelegen direkt am Jachthafen. Es gibt kleine Gerichte, wie Salate oder Sandwiches, dazu Getränke aller Art.

9 Tricky Bar, Navarinou 161, Tel. +30 2721 086411, auf Facebook, tgl. 9–2 Uhr. Die bunte Beachbar direkt auf dem Kiesstrand am Ufer verströmt karibisches Flair. Neben Cocktails gibt es Snacks wie Fladenbrot mit Meze oder Sandwiches.

Nachtleben

Rund um die Apostelkirche in der Altstadt spielt sich in kleinen Straßen wie Amfias, Ifestou, Ithomis und Ipapanthis in Kneipen, Cocktailbars und beliebten Restaurants das städtische Nachtleben ab. Vielfach nimmt man den Drink in die Hand und steht

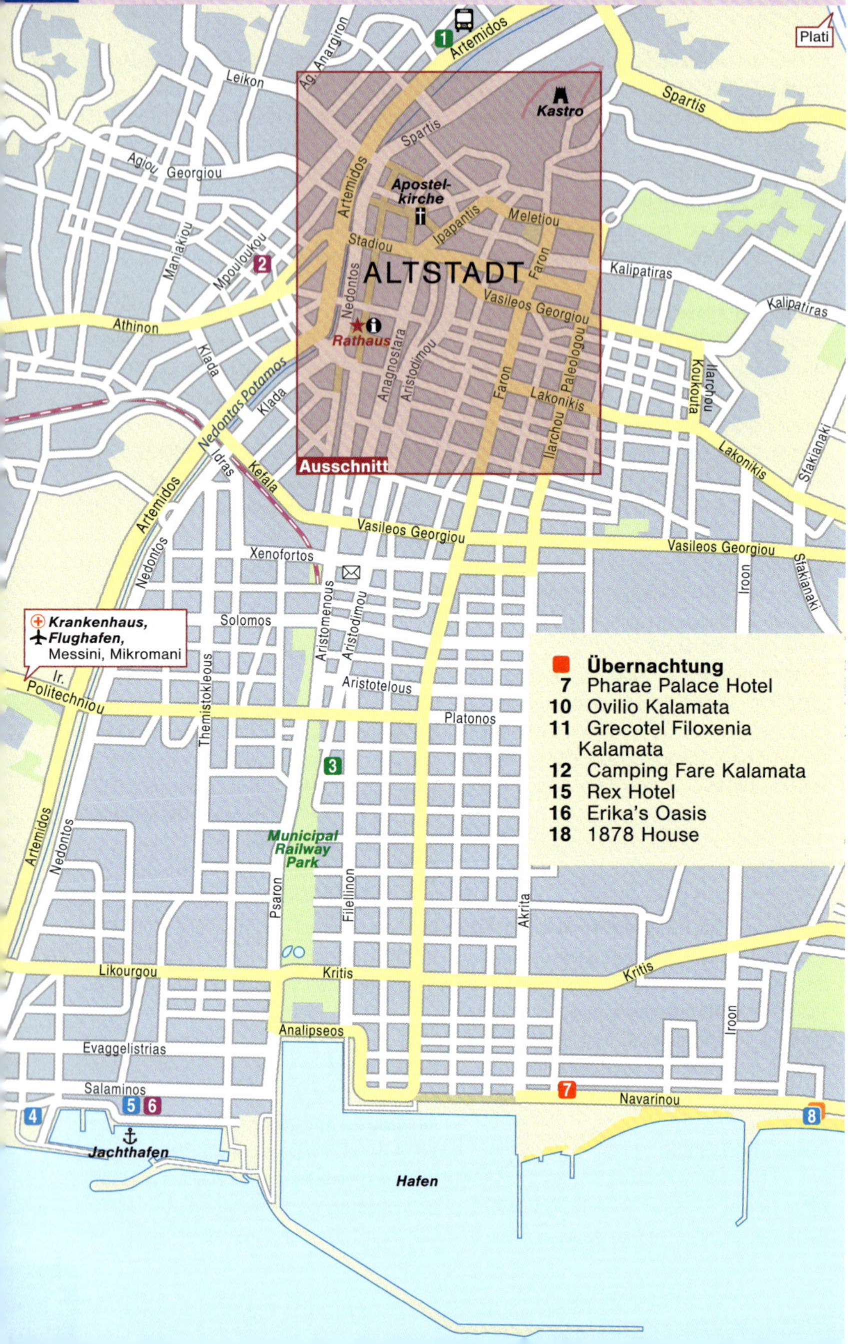
0 200 m
Plati
Artemidos
Ag. Anargiron
Leikon
Spartis
Kastro
Apostel-
kirche
Agiou Georgiou
Ipapantis
Meletiou
Stadiou
ALTSTADT
Faron
Kalipatiras
Maniakiou
Mpouloukou
Nedontos
Vasileos Georgiou
Athinon
Rathaus
Anagnostara
Aristodimou
Paleologou
Klada
Nedontas Potamos
Koukouta
Ilarchou
Lakonikis
Ausschnitt
Idras
Kefala
Sfakianaki
Xenofortos
Iroon
Solomos
Aristomenous
Krankenhaus,
Flughafen,
Messini, Mikromani
Ir. Politechniou
Themistokleous
Aristotelous
Platonos
Übernachtung
7 Pharae Palace Hotel
10 Ovilio Kalamata
11 Grecotel Filoxenia Kalamata
12 Camping Fare Kalamata
15 Rex Hotel
16 Erika's Oasis
18 1878 House
Municipal Railway Park
Psaron
Filellinon
Akrita
Likourgou
Kritis
Analipseos
Evaggelistrias
Salaminos
Navarinou
Jachthafen
Hafen

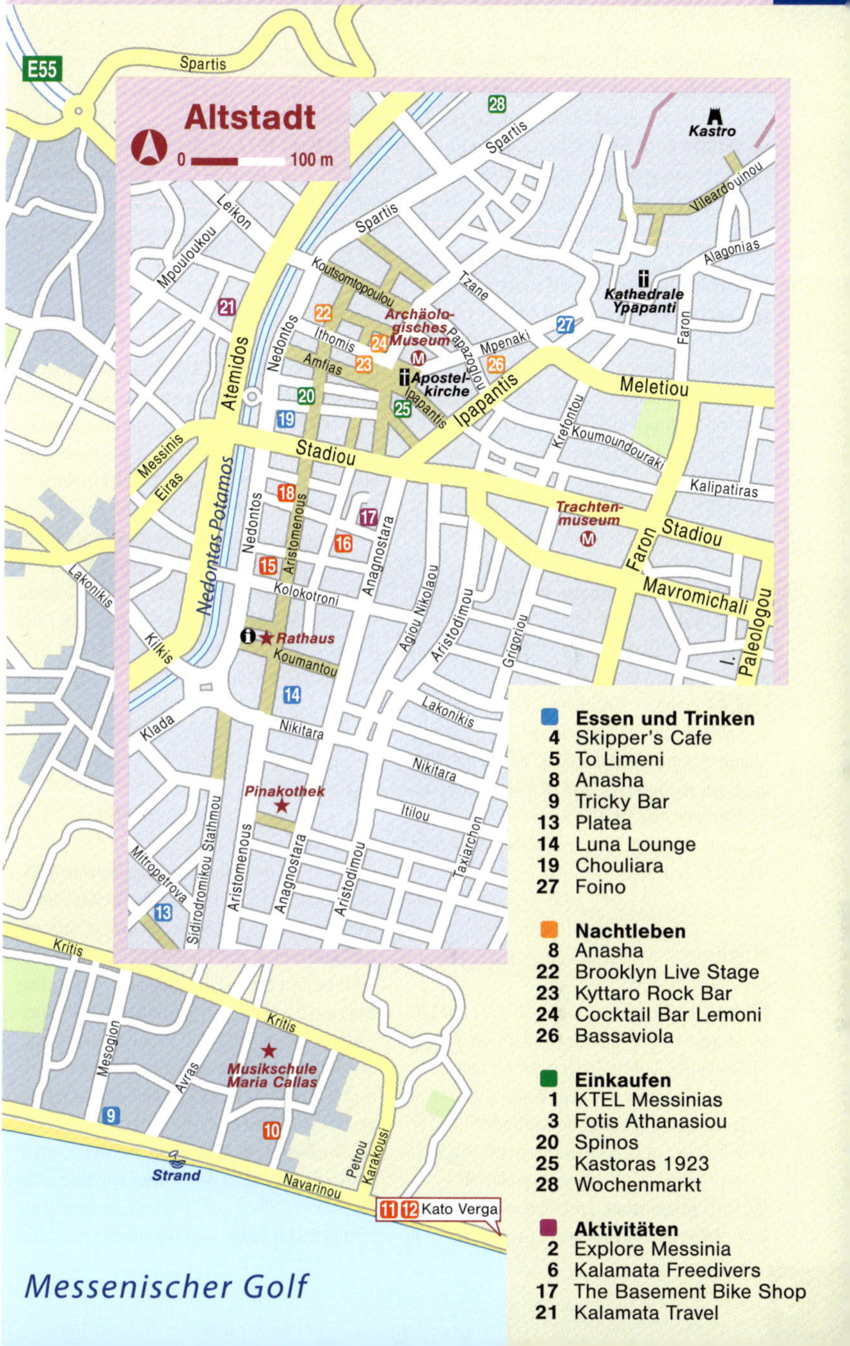

Essen und Trinken
- 4 Skipper's Cafe
- 5 To Limeni
- 8 Anasha
- 9 Tricky Bar
- 13 Platea
- 14 Luna Lounge
- 19 Chouliara
- 27 Foino

Nachtleben
- 8 Anasha
- 22 Brooklyn Live Stage
- 23 Kyttaro Rock Bar
- 24 Cocktail Bar Lemoni
- 26 Bassaviola

Einkaufen
- 1 KTEL Messinias
- 3 Fotis Athanasiou
- 20 Spinos
- 25 Kastoras 1923
- 28 Wochenmarkt

Aktivitäten
- 2 Explore Messinia
- 6 Kalamata Freedivers
- 17 The Basement Bike Shop
- 21 Kalamata Travel

einfach draußen. Für laue Nächte eignen sich noch besser die Bars entlang der **Strandpromenade** im Süden der Stadt, hier geht es jedoch lauter zu.

23 **Kyttaro Rock Bar,** Amfias 12, Tel. +30 2721 110382, www.kyttarorockbar.gr, Mo 8–3.30, Di–Do 7–3.30, Fr/Sa 7–4, So 7–3 Uhr. Bei den Live-Musik-Events kann man ausgefallene Cocktails schlürfen, daneben gibt es die wohl größte Whisky-Bar Kalamatas mit feinsten Single Malts aus Schottland.

24 **Cocktail Bar Lemoni,** Ithomis 1, Tel. +30 6907637754, tgl. 7–4 Uhr. Die kleine Eckbar hat vornehmlich Stehtische vor dem Haus und eine Straßentheke draußen. Schnell füllt sich daher der Platz vor der Kneipe mit Menschen.

22 **Brooklyn Live Stage,** Ithomis 5, Tel. +30 6907251555, brooklyn-livestage.business.site, Do–Mo 22–3 Uhr. Kleiner Musikclub mit wechselndem Programm – Live-Musik, DJ oder Theater, immer mit Tuchfühlung.

26 **Bassaviola,** Papazoglou 29, Tel. +30 2721 601020, auf Facebook. Blues-, Rock- und griechische Folkmusik-Konzerte auf der kleinen Bühne des traditionellen Lokals.

8 8 **Anasha,** Navarinou 20, Tel. +30 6945696613, auf Facebook, tgl. 9–2 Uhr. Elegante Lounge-Bar mit Meerblick direkt am Strand. Auch das Essen von Sushi bis Salat ist modern angerichtet. Hier kann man Ereignisse wie den August-Vollmond mit DJs feiern. Auch in den anderen Nächten legt ein Club-DJ auf.

Einkaufen

20 **Spinos,** Germanou 5, Tel. +30 2721 021520, www.spinos.coffee, Mo–Sa 7–14, Di, Do, Fr auch 17.30–21 Uhr. Kaffeerösterei in der Altstadt, in der man Kaffeebohnen aus aller Welt kaufen kann. Außerdem werden Nüsse, Trockenfrüchte und Löffelsüßigkeiten aus Früchten angeboten. Natürlich kann man den Kaffee auch gleich probieren.

3 **Fotis Athanasiou,** Aristodimou 141. Leckeres Brot, Muffins und traditonelles Gebäck gibt es in dieser Bäckerei. Eine Spezialität sind die gefüllten warmen Pasteten, z.B. mit Spinat und Käse oder Schinken aus dem Holzofen.

25 **Kastoras 1923,** Amfias, Mo, Mi, Sa 8–15, Di, Do, Fr 8–21.20 Uhr. In diesem Hutladen findet man garantiert den richtigen Sonnenhut für heiße Tage. Taschen und Schmuck gibt es gleich dazu.

Markt

28 **Wochenmarkt,** Spartis 31, kalamatagastronomy.gr. Jeden Mittwoch und Samstag 8–16 Uhr findet am nördlichen Stadtrand ein großer, teilweise überdachter Wochenmarkt statt, auf dem man regionale Produkte wie die berühmten Kalamata-Oliven, feines Olivenöl, Streetfood und frische Produkte aus der Region sowie Bioprodukte bekommt. Die Region Messenien ist auch für Obst und Gemüse wie Feigen und Auberginen bekannt. Zu den süßen Spezialitäten die hier angeboten werden gehören z.B. *pasteli* (Sesamgebäck), *diples* (frittierte Teilchen aus Blätterteig mit unterschiedlicher Füllung) und *lalagia,* schlangenförmige, frittierte Teigteilchen, die man mit pikanter oder süßer Beilage essen kann.

Aktivitäten

Radfahren

Bisher auf der Peloponnes eine Seltenheit: Kalamata hat ein 14 km langes Netz aus **Radwegen** (Podilatodromos). Großteils handelt es sich um zwei Achsen quer durch die Stadt. Eine Nord-Süd-Achse beginnt bei der Platia Othonos in der Altstadt und führt u.a. durch den Park mit dem Eisenbahnmuseum Richtung Hafen bis zur Odos Navarinou. Hier kann man am Strand entlang kilometerweit nach Osten fahren. Die Wege sind sicher angelegt und auch für ältere Kinder geeignet.

17 **The Basement Bike Shop,** Poliviou 9, www.basement-store.gr/en/rent-a-bike, Mo, Mi, Sa 10–14, Di, Do, Fr 10–14 und 17–21.30 Uhr. Verleih unterschiedlicher Räder, auch Mountainbikes. Zudem

Messenien

werden geführte Touren angeboten, z.B. mit dem Mountainbike ins gebirgige Hinterland.

Bustouren

21 **Kalamata Travel,** 87 Artemidos, Tel. +30 2721 020700, www.kalamatatravel.gr. In Zusammenarbeit mit dem Busunternehmen KTEL bietet Kalamata Travel Bustouren zu touristischen Sehenswürdigkeiten an, z.B. Ausflüge in die Mani.

Kayaking, Schnorcheln, SUP

2 **Explore Messinia,** G. Mpouloukou 26, Tel. +30 6948583138, exploremessinia.com. Der Touranbieter mit Sitz in Kalamata bietet verschiedene Outdoor-Aktivitäten in der Region an, z.B. SUP, Schnorcheln oder Kayaking in Kalamata.

Tauchen

6 **Kalamata Freedivers,** Poseidonos 20, Marina Kalamata, kalamatafreedivers.com. Der Sport, bei dem man ohne Sauerstoffflasche taucht, erhält mehr und mehr Aufmerksamkeit. Die ruhige Bucht von Kalamata mit Wassertemperaturen von bis 28 Grad im Sommer eignet sich ideal für einen Ausflug in die Flora und Fauna unter Wasser. Zur Einstimmung wird Yoga angeboten.

Feste und Veranstaltungen

- Auch in der Region Messenien wird **Karneval** gefeiert, mit großem Umzug am Rosenmontag z.B. im (neuen) Ort **Messini** nahe dem Flughafen.
- Am Ostermontag findet in **Plati,** ca. 16 km nordwestlich von Kalamata, ein traditionelles **Pferderennen** statt.

UNSER TIPP: **Kalamata Dance Festival,** in der dritten Juliwoche findet das International Tanzfestival statt, das eine lange Tradition hat. Zeitgenössischer Tanz ist aus der Kulturszene Griechenlands nicht mehr wegzudenken und immer mehr Orte organisieren Sommerfestivals. Infos: kalamatadancefestival.gr/en.

- Im Sommer gibt es in den kleineren Bergdörfern **Erntedankfeste,** bei denen man die geernteten Produkte aus der Region verköstigen kann, wie z.B. beim Artischocken-Fest in **Mikromani** (3. Augustwoche), 10 km nordwestlich von Kalamata.
- Ende September wird die Heilige Ikone der Panagia Vulkaniotisia aus dem Kloster Voulcano ins Tal geholt, dann findet in **Messini** ein großer **Jahrmarkt** statt.

Verkehr

Auto/Wohnmobil

Das geschäftige Zentrum sollte man meiden. **Parken** kann man am Stadtrand im Süden auf der Odos Evaggelistrias oder Analipseos nahe dem Hafen. Im Norden führt die Odos Artemidos westlich des Flussbettes des Nedontas bis hinauf zum Kastro. Zahlreiche Querstraßen führen über den Fluss, dort finden sich Parkplätze in Gehnähe zum Zentrum.

Bus

1 **KTEL Messinias,** Terma Artemidos 7, Tel. +30 2721 028581, www.ktelmessinias.gr/en. Der Busbahnhof befindet sich an der Artemidos beim Marktplatz. Dort ist auch das zentrale Ticketbüro, ein weiteres Büro gibt es am Flughafen. Die Fernbusse fahren nach Patras und Sparta oder Athen, die regionalen Verbindungen sind zahlreich und führen z.B. nach Pylos, Finikounda, Methoni oder Koroni.

Flug

- **Flughafen Kalamata,** nordwestlich des Zentrums an der N82. Am Flughafen gibt es Büros bekannter Autovermieter.

Taxi

- **Radiotaxi Kalamatas,** Tel. +30 2721 021112. Das Unternehmen bietet auch Ausflüge in die nähere Umgebung an, wie z.B. zu den Höhlen von Pirgos Dirou auf der Mani oder ins antike Messene.

In der Umgebung

Von Kalamata nach Kitries

Ganz im **Osten der Bucht** von Kalamata verlässt die Odos Navarinou die Küste und steigt hinauf zum Bergdörfchen **Kato Verga.** Hier findet man Tavernen und Hotels, die abseits vom Trubel auf einer leichten Anhöhe von 211 m ü.M. liegen. Südlich schlängelt sich die Straße weiter bergan entlang des Messenischen Golfs. Im Rücken hat man die Gipfel des Taygetos-Gebirges. Bei Kardamili erreicht man die Äußere Mani (→ Kap. 4). Zuvor passiert man jedoch zwei Badeörtchen, die nicht nur bei den Bewohnern von Kalamata beliebt sind. Bei **Mikri Mantineia** gelangt man auf einer engen Küstenstraße hinunter zu einer kiesigen Bucht mit glasklarem Wasser. Besonders abends ist der Blick zurück nach Kalamata mit seinen vielen Lichtern beeindruckend. Passiert man in südlicher Richtung Akrogiala, geht es weiter bis zum winzigen Weiler **Kitries** mit zahlreichen Fischtavernen an der Uferpromenade.

Antikes Messene

Eine der **schönsten antiken Stätten** auf der Peloponnes ist bisher von Besucherströmen weitgehend verschont geblieben. Die riesige Anlage der antiken Stadt Messene bei Mavrommati steht auf der Tentativ-Liste für das UNESCO-Welterbe. Die 2400 Jahre alte Stadt **Archaia Messini** präsentiert sich dem heutigen Betrachter in einem außergewöhnlich guten Zustand, da sie nie überbaut oder zerstört wurde. Auch das Umland ist weitgehend unberührt. Von der terrassenartig an den Berghang gebauten antiken Stadt hat man einen weiten Blick in die Landschaft, hinunter zum Messenischen Golf und hinüber nach Lakonien.

Zur **hellenistischen Zeit** erbaut, weist die Stadt einige architektonische Besonderheiten auf: Sie wurde nach dem „hippodamischen System“ gebaut, das auf *Hippodamus von Miletus* zurückgeht. Dabei legte man Parzellen in gleich großen Quadern entlang von Längs- und Querachsen an, damit alle Bewohner in

047pe In

048pe In

demokratischer Weise gleiche Anteile erhielten.

Seit 1986 wird die Anlage unter griechischer Leitung systematisch ausgegraben und restauriert. Bei der Identifizierung der Gebäude helfen nicht zuletzt die detaillierten Aufzeichnungen von *Pausanias*.

Die Anlage des antiken Messene in der grünen Landschaft ist so gestaltet, dass auch Kinder ihren Spaß haben können. Die gut erhaltenen Ruinen beflügeln die Fantasie, zudem gibt es **Rastplätze** unter schattigen Olivenbäumen, wo man ein Picknick machen kann. Am Südende grasen Schafherden.

Von Kalamata aus empfiehlt sich die **Anfahrt** über die Autobahn A7 bis zur Ausfahrt 16 (Tsakonas). Hier biegt man in südlicher Richtung auf die N7 ab, von der man bei Allagi/Meropi westlich nach Meligalas weiterfährt. Von dort geht es nach **Neochori** (→ Exkurs „Erinnerungen an Maria Callas“ S. 112) und am südlichen Ortsausgang auf der mittleren Ausfallstraße Richtung **Mavrommati.**

Blick vom Arkadischen Tor nach Norden – eine lange Wehrmauer schützte einst die Stadt

Mauerreste des Asklepieion, des zentralen Heiligtums im antiken Messene

Geschichte

Die fruchtbare messenische Hochebene war von der Bronzezeit bis ins Mittelalter bewohnt. Die Geschichte der Messenier ist faszinierend und tragisch zugleich: Erste Spuren der Besiedlung auf dem Gelände finden sich in der Bronzezeit um 1400 v.Chr. Im 9. Jh. gab es auf dem Berg Ithomi ein Zeus-Heiligtum, unterhalb davon bildete sich die **Siedlung Ithomi.** Bis ins 8. Jh. hinein wurden die Messenier von Mykenern aus Pylos regiert. Im ersten **Messenischen Krieg,** um 743/742 v.Chr., zerstörte jedoch das lakonische Sparta die Stadt.

Viele Messenier wanderten daraufhin aus. Diejenigen, die blieben, wurden **von den Spartanern versklavt.** Als Leibeigene, sogenannte Heloten, mussten sie niedere Arbeiten verrichten und den Haushalt der spartanischen Kriegshelden führen. Besonders schlimm war, dass das Leibeigentum vererbt wurde. Dennoch scheinen die Messenier ihre Identität und ihren Kampfgeist über die Jahrhunderte nicht verloren zu haben.

Nachdem General *Epaminondas* aus Theben in der Schlacht bei Leuktra 371 v.Chr. die Spartaner besiegt hatte, ermöglichte er den Wiederaufbau der Stadt als **Hauptstadt der befreiten Region.** Nicht zuletzt sollte das neue Messene als Bollwerk gegen ein Widererstarken der Spartaner dienen. Viele Messenier kehrten nun aus ihrem Exil in Italien, Sizilien oder Nordafrika zurück. Messene blieb bis ins 1. Jh. hinein ihr politisches und kulturelles Zentrum. Unter den **Römern** war die Stadt bis ins 4. Jh. besiedelt. Auch aus der frühen **byzantinischen Zeit** vom 5. bis 6. Jh. hat man Siedlungspuren gefunden.

Rundgang über die Ausgrabungsstätte

Für die Besichtigung des weitläufigen Geländes des antiken Messene sollte man mindestens zwei Stunden veranschlagen. Das Archäologische Museum kann man vorher oder nachher besuchen. Tavernen für eine Rast finden sich im kleinen Mavrommati, das sich oberhalb der Ausgrabungen an den Berghang schmiegt.

■ **Archaia Messini,** 24002 Meligalas, Tel. +30 27240 51201, ancientmessene.gr. Ausgrabungsstätte und Archaeological Museum, April bis Okt. tgl. 8–20, Nov. bis März 9–16 Uhr, Eintritt 10 €, erm. 5 €. Die Tickets kauft man im Archäologischen Museum. Von dort führt ein Zufahrtsweg einige Hundert Meter bergab bis zum Eingang des Geländes. Man kann entweder laufen oder mit dem Auto hinunterfahren, es gibt Parkmöglichkeiten.

Arkadisches Tor

Von Norden (Neochori) kommend, erreicht man Messene wie die Menschen der Antike: durch das Arkadische Tor (Arkadiki Pyli). Hier bekommt man einen guten Blick auf die noch erhaltenen bzw. rekonstruierten Teile der massiven, 9,5 km langen und 7–9 m hohen **Stadtmauer,** die sich in weitem Bogen um das Stadtgebiet zog. Das Bollwerk aus dem 4. Jh. v.Chr. zahlte sich aus, denn es gab auch nach dem Sieg über die Spartaner immer wieder Folgeangriffe.

Riesige Steinquader, die ohne Mörtel verbaut wurden, waren das Baumaterial der Wahl. Der halb umgekippte, massive **Torpfeiler,** der auf einem benachbarten

Mauerstück lehnt, ist heute ein beliebtes Fotomotiv. Am Berghang fällt der Blick nach oben auf einen der rekonstruierten **Wehrtürme,** von denen es einst ganze 30 gab. Auf der Nordseite der Mauer befindet sich außerdem eine kleine **Nekropole.**

Während die Straße vom Arkadischen Tor nach Norden in Richtung Arkadien führte, befindet sich am Südostende der Anlage das weit weniger gut erhaltene **Lakonische Tor** an der damaligen Straße nach Lakonien.

Archäologisches Museum

Auf der Straße vom Arkadischen Tor zum Ort Mavrommati gelangt man zum Archäologischen Museum. Es entstand zwischen 1968 und 1972, wird jedoch heutigen Anforderungen nicht mehr gerecht. Von den 17.000 Objekten, die aus den Ausgrabungen zusammengetragen wurden, kann nur ein winziger Teil in drei Räumen und im Gartenbereich ausgestellt werden, darunter z.B. eine 2,30 m hohe **Marmorstatue des Gottes Hermes,** der gänzlich nackt dargestellt ist. Die Statue wurde im Gymnasion der Anlage gefunden, ebenso wie die kopf- und fußlose **Statue des Schwertträgers Doryphoros,** eine Kopie, die auf den Bildhauer *Polykleitos* zurückgeht. Daneben sieht man **kleinere Figuren und Kacheln** aus dem Heiligtum des Demetrius und der Dioskuren. In Saal B befinden sich Stücke des messenischen Bildhauers *Damophon* (210–180 v.Chr.), die im Asklepion gefunden wurden. In Saal C ist die **Statue der Artemis von Lafria** besonders erwähnenswert.

Einst ein monumentales Portal: das Arkadische Tor

Amphitheater

Das Theater wurde im Zuge der Ausgrabungen rekonstruiert, nicht zuletzt, um es für Veranstaltungen nutzen zu können. Seine Größe zeugt von der einstigen Bedeutung der Stadt: Es bot fast **10.000 Zuschauern** Platz. Hier fanden nicht nur Vorführungen, sondern auch politische Versammlungen statt.

Das fast 100 m breite Theater mit dem 24 m breiten Orchester wurde im 1. und 2. Jh. von den Römern großzügig umgebaut, Bühne und Proszenium wurden damals ersetzt. Westlich des Theaters befinden sich die Überreste **römischer Villen,** von denen einige schöne **Bodenmosaike** aus dem 2.–4. Jh. erhalten sind.

Brunnen der Arsinoe

Nordöstlich des Theaters gelangt man zum Brunnenhaus nahe der Agora aus dem 3./2. Jh. v.Chr. Es ist benannt nach der Mutter des Gottes Asklepios, Arsinoe. Der Brunnen wurde damals aus der **Klepsydra-Quelle** (s.u.) gespeist. Die darunterliegende Zisterne war 40 m lang. Zuletzt wurde der Brunnen zur Zeit *Diokletians* (284–305 n.Chr.) abgeändert.

Agora

Auf dem großen, zentralen Platz von Messene, auf dem sich das Leben abspielte, befanden sich öffentliche und sakrale Gebäude. Er war umgeben von vier **Säulenhallen** (Stoen) wie z.B. der Nord-Stoa auf der Ostseite. In der hellenistischen Zeit war diese Halle zweistöckig angelegt, mit jeweils drei Gängen, die von Säulen gestützt wurden. Man kann noch drei Markttische mit Vertiefungen im Stein erkennen, wo früher Getreide abgemessen wurde.

Die Halle für den Fleischmarkt befand sich auf der westlichen Seite des Platzes, davor sieht man einen Stein mit einem **Löwenrelief.** Östlich der Agora sind Überreste von Waschräumen zu sehen, mit steinernen **Wasserspendern** ebenfalls in Form von Löwenköpfen. Im Zentrum der Agora befand sich ein von dorischen Säulen eingefasster **Tempel,** der der mythischen Königin Messinia, Tochter von König Triopas von Argos, gewidmet war, die auch die Namensgeberin der Stadt ist.

Byzantinische Basilika

Östlich der Agora befinden sich die Grundmauern einer frühbyzantinischen, dreischiffigen Basilika, eine von drei frühchristlichen Kirchen auf dem Gelände. Für den Bau gegen Ende des 7. Jh. plünderte man damals die römischen Vorgängerbauten. Man hat zwei Sockel freigelegt, die den Namen *Alexanders des Großen* erwähnen, aber auch den von *Aristomenes.* Letzterer war ein mythischer Heldenkrieger, der für Messenien den Spartanern mit einer Gruppe von Soldaten das Leben schwergemacht haben soll.

Asklepieion und Artemision

Das **zentrale Heiligtum** der Stadt war das nach dem Gott Aeskulap benannte Asklepieion mit einem **dorischen Tem-**

pel im Inneren. Das Heiligtum diente nicht als Sanatorium, sondern als Kultstätte und Ort der Zusammenkunft. Darauf weist das **Bouleuterion** hin, das sich nördlich des Tempels befand. In den Wandelhallen standen Sockel für 140 Bronzestatuen von wichtigen Persönlichkeiten, die heute teils im Archäologischen Museum verwahrt werden. Außerhalb des Tempels hat man weitere Kultstätten für die Götter Poseidon, Zeus Soter, Aphrodite und Cybele gefunden.

Die überdachte Anlage auf der Ostseite dient dem Schutz des **Artemision,** einem Heiligtum für Artemis Orthia aus dem 4. Jh. v.Chr. Dort sieht man den Sockel für die Statue der Göttin, die der Bildhauer *Damophon* erschuf, von der jedoch nur Fragmente gefunden wurden.

Grabmonument und Heroon

Wandert man vom Asklepieion in südlicher Richtung zum Stadion, erblickt man ein konisches Dach, eine eher ungewöhnliche Form in der griechischen Architektur. Es ist der Eingang zu einer **Grabkammer** mit acht Gräbern. Hier liegt eine einflussreiche messenische Familie begraben. Weiter südlich, vom Stadion aus gut zu sehen, steht ein kleiner **dorischer Tempel,** das rekonstruierte Mausoleum für die Familie *Saithidae* aus römischen Zeiten, der auf das 1. Jh. datiert wird.

Wanderung von Mavrommati zum Kloster Moni Voulcano

Von Mavrommati führt ein 7,5 km langer Wanderweg auf den 798 m hohen **Gipfel des Ithomi,** wo sich in der Bronzezeit ein Zeus-Heiligtum befand. Genau genommen handelt es sich um Zwillingsgipfel: Der 700 m hohe Berg Eva ist durch einen Grat mit seinem Nachbarn verbunden. Im Mittelalter entstand auf den Resten des Heiligtums das **Kloster Moni Voulcano** aus dem Jahr 725. Innen befinden sich **Originalfresken** aus dem Jahr 1608 der Maler *Dimitros* und *Georgios Moschos* aus Nafplio – leider ist das Gebäude meist geschlossen.

In Mavrommati geht man nach Osten aus dem Ort hinaus und folgt den Wegweisern zur Akropolis und zum Lakonischen Tor. Auf halber Höhe passiert man die Überreste eines **Artemis-Heiligtums.** Weiter verläuft der Weg in Serpentinen zum Gipfel des Ithomi. Der Rückweg erfolgt auf der Westseite des Berges zurück nach Mavrommati. Die Wanderung dauert etwa anderthalb Stunden und lohnt vor allem wegen der weiten Aussicht über die Landschaft.

049pe ln

☐ Zwillingsgipfel des Ithomi – der Brunnen der Arsinoe wurde aus einer Quelle gespeist, die unterhalb des Berges entsprang

Stadion und Gymnasion

Südlich des Asklepieion wurden im Stadion Spiele für die Götter Aeskulap, Zeus und Ithome abgehalten. Gut zu erkennen sind die 18 hufeisenförmig angeordneten Sitzreihen. Besonders imposant sind jedoch die mehr als 100 m langen **Säulenreihen,** die die Arena umgeben. Mit dem Gymnasion war auf der Westseite die Palaistra, die Ringkampfarena, verbunden.

Praktische Tipps

Essen und Trinken

■ **Cafe Restaurant Ithomi,** Archaia Messini, Mavrommati 24002, Tel. +30 2724 051298, www.ithomi.gr, tgl. 10–24 Uhr. Von der Terrasse der Ortstaverne blickt man auf die Archäologischen Ausgrabungen. Direkt gegenüber befindet sich der alte **Brunnen Klepsydra Pigi** – das Wasser sprudelt direkt aus der Steinmauer.

Vasilada

Unser Tipp: **Psaroulis Wines,** Vasilada 24013, Tel. +30 27220 41002, psarouliswines.gr. Das Weingut liegt 15 km südlich des antiken Messene bei Vasilada. Nach vorheriger telefonischer Terminvereinbarung kann man zur Weinprobe kommen. Die hier produzierten Weine haben viele internationale Preise gewonnen. Eine Kiste hochwertiger griechischer Weine, wie der weiße Asyrtiko oder der rote Cabernet Sauvignon Agiorgitiko, ist ein schönes Mitbringsel.

Kyparissia

Die Hauptstadt des Verwaltungsbezirks Trifylia liegt am Südende des **Golfs von Kyparissia,** der mit seinen kilometerlangen Sandstränden bis in die Region Elis hineinrecht. Zum Golf führt z.B. die nördlich von Kalamata verlaufende, landschaftlich schöne Strecke über die N55 Richtung Westen.

Kyparissia wird dominiert vom **Burgberg** mit den Ruinen einer fränkischen Festung. Die Stadt besitzt einen Hafen mit einem Spazierweg entlang der Mole, die aber nicht touristisch erschlossen ist. Es gibt zahlreiche Tavernen und Cafés in der Stadt, teils mit Blick auf die Bucht. Der Stadtstrand im Westen kann mit den weiter nördlich liegenden Stränden der Bucht jedoch nicht mithalten. Einst führte eine Eisenbahnlinie von Pyrgos bis Kalamata, die auch in Kyparissia hielt. Die inzwischen mit Sand überwehten und überwachsenen Gleise sind hinter den Dünen teils noch in der Landschaft sichtbar.

Kastro Kyparissia

In der Antike stand auf dem Burgberg eine Akropolis, auf der später erst eine byzantinische und dann eine fränkische Festung gebaut wurde. Von hier aus hatte man die gesamte Bucht im Auge, weshalb die Burg zwei Jahrhunderte lang von den Franken gehalten werden konnte, bis die Osmanen 1460 einfielen. Nur einer der vier **Wachtürme** hielt den Anfechtungen und dem Zahn der Zeit Stand. Heute befindet sich in den Rui-

Adobe Stock © panosk18

nen ein kleines **Freilufttheater,** in dem im Sommer Veranstaltungen wie Konzerte stattfinden.

■ **Kastro Kyparissia,** Tel. +30 2721 022534, tgl. 8.30–15 Uhr, Eintritt frei.

Praktische Tipps

Unterkunft

■ **Apollo Resort Art Hotel**②, Farmaka, Kyparissia 24500, Tel. +30 2761 024411, apollo-hotel.gr. Das Viersterne-Hotel am nördlichen Ortsrand hat eine Ladestation für Elektroautos. Es werden Aktivitäten wie Olivenöl- oder Wein-Tasting angeboten.

Essen und Trinken, Nachtleben

■ **Black Pepper Kyparissia,** 25is Martiou 20, Tel. +30 2761 024930, tgl. 13–0 Uhr. Modernes griechisches Restaurant, das mit traditionellen Zutaten arbeitet, daraus aber neue Kombinationen zusammenstellt. Es gibt Fischgerichte aus dem Ofen und mediterranes Gemüse, was sonst eher eine Seltenheit ist.

■ **Palia Agora,** Eleni Chameri, Ano Poli, Tel. +30 2761 062184, www.palia-agora.com.gr, tgl. 9–1.30 Uhr. Restaurant in der oberen Altstadt. Als „perfekte Mischung aus klassischer griechischer und moderner messenischer Küche" bewirbt das Haus seinen Stil.

■ **Karnagio,** Navarinou, 25is Martiou 1, Tel. +30 2761 071244, tgl. 10–2 Uhr. Versteckt am Rand des westlichen Hafenbeckens, bietet die Taverne Fisch und Meeresfrüchte mit freiem Blick auf die See.

Unser Tipp: **Café Af'ipsilou,** Tel. +30 6976 436983, tgl. 10–1.30 Uhr. Café unterhalb der Burg mit tollem Ausblick aufs Meer.

■ **Sunset Bar,** Limani (am Hafen), auf Facebook, tgl. 20.30–4 Uhr. Der Golf von Kyparissia ist bekannt für seine unverstellten Sonnenuntergänge, die man in dieser Bar bei Cocktails und Live-Musik besonders schön genießen kann.

^ Strand bei Kyparissia

Meeresschildkröten in Gefahr – auf den Spuren der Caretta caretta

An den einsameren Strandabschnitten des **Golfs von Kyparissia** brüten zwischen Juli und Oktober Meeresschildkröten. Dort müssen Strandbesucher besonders wachsam sein. Die Tiere, die 60 Jahre alt werden können, kehren jedes Jahr an denselben Brutplatz zurück. Sie benutzen zur Navigation den Magnetismus der Erde. Bei der Art, die hier brütet, handelt es sich um die **Unechte Karettschildkröte,** auch Caretta caretta genannt. Sie unterscheidet sich von der „echten" Art, da sie fünf Rippenschilde hat anstatt vier. Die Tiere werden bis zu 120 cm lang und wiegen bis zu 100 kg. Das Gebiet südlich der Neda-Mündung, zwischen **Elea** und **Agiannakis,** ist bei der Schildkrötenart besonders beliebt. In manchen Jahren wurden dort schon 3000 Nester gezählt.

Das Brutgebiet ist seit 2018 Teil der europäischen, geschützten **Zonen Natura 2000.** Während der Brutsaison gelten bestimmte Einschränkungen: Es dürfen keine Fahrzeuge über den Strand fahren, da sich Jungtiere in den Reifenspuren verirren können, nachts darf keine Licht- und Lärmverschmutzung entstehen, da die Schlüpflinge dann den Weg ins Meer nicht finden. In der strandnahen Küstenzone ist das Auslegen von Fischernetzen verboten.

Leider werden diese Vorgaben kaum eingehalten. Immer wieder finden sich tote Schildkröten an den Stränden im Golf von Kyparissia. Zum Teil hatten sie sich in Fischernetzen oder Leinen verfangen, zum Teil erlitten sie tödliche Verletzungen durch illegales Fischen mit Dynamit. Eine andere Todesursache ist das Verschlucken von Plastiktüten, die von den Tieren urtümlicherweise als Quallen identifiziert werden.

Oft ist es auch die Unwissenheit der Touristen, die den Schildkröten zum Verhängnis wird. So halten sich Besucher nachts am Strand auf und fotografieren unbedarft die Nester mit Blitzlicht. Jeden Sommer werden in den Dünen zudem illegale Holzkonstruktionen für Beachbars aufgebaut und es wird wild gecampt. Vielerorts wird dann Müll großflächig liegengelassen, für den sich niemand verantwortlich fühlt und der ins Meer geweht wird.

Die **Organisation Archelon,** die sich in Griechenland um den Schutz von Meeresschildkröten bemüht und in Athen ein Auffanglager für verletzte Tiere betreibt, organisiert in Agiannakis **Touren** zu markierten Schildkrötennestern. Die lehrreichen Spaziergänge sind für Kinder ab vier Jahren geeignet. Jeder Besucher „adoptiert" im Zuge der Tour eine Jungschildkröte.

Archelon, Agiannakis Environmental Station, Avlonas 24500, Tel. +30 6932285817, archelon.gr/en. Die geführten Touren (in englischer Sprache) müssen im Voraus online gebucht werden, Dauer 45 Min., 30 €, geeignet für Kinder ab vier Jahren. Treffpunkt ist vor der **Station in Agiannakis** um 19.30 Uhr.

Adobe Stock © foryouinf

Antikes Peristeria

Unser Tipp: Eine der **bedeutendsten mykenischen Grabanlagen** der Peloponnes findet sich auf dem Berg Peristeria südöstlich des Ortes Rahes. Dort hat man drei **Kuppelgräber,** sogenannte Tholoi, aus der mykenischen Zeit ca. 1600 v.Chr. freigelegt.

Die antike Stadt war wesentlich größer, als man es angesichts der heute sichtbaren Anlage vermuten würde. So hat man hier Überreste eines Palastes und von Wohnhäusern gefunden, die bis ins 2. Jahrtausend v.Chr. zurückreichen. Die Stätte wartet noch auf ihre vollständige Entdeckung – kürzlich hat das griechische Kultusministerium eine Million Euro für die weiteren Ausgrabungen in Aussicht gestellt. Experten sind sich einig, dass die hiesigen Gräber mit der Schatzkammer des Atreus in Mykene vergleichbar sind.

Die Stadt Peristeria war von 1500 bis 1400 v.Chr. ein wichtiges **Zentrum der mykenischen Welt,** noch bevor Pylos oder Mykene ihre volle Bedeutung erreichten. Der Ort war schon zur Mittelhellenischen Periode von 2050 bis 1680 v.Chr. besiedelt. Nach dem Ende der mykenischen Ära ab 1180 v.Chr. verlor er an Bedeutung. Allerdings hat man Spuren einer wesentlich späteren Besiedlung aus der römischen Zeit zwischen 37 und 68 n.Chr. gefunden.

☒ Jedes Jahr nisten Meeresschildkröten an den Stränden im Golf von Kyparissia

Während zwei Gräber zur Zeit des Ausgrabungsbeginns im Jahr 1960 bereits geplündert worden waren, konnte man im dritten Grab zahlreiche Objekte bergen. Dazu gehören **goldene Gefäße und Schmuck,** aber auch **Waffen,** die heute im Archäologischen Museum von Chora ausgestellt sind.

Beeindruckend ist der Blick nach oben im perfekt konischen Rundbau des noch intakten Tholos. Man spricht auch von einem Beehive-Grab, da die Form einem Bienenstock ähnelt. In der Antike stand das Grab nicht frei in der Landschaft, sondern war von Gras überwachsen. Man baute die Gräber in einen Hügel hinein. Ein Gang *(dromos)* führte zu einem tiefer liegenden Eingang *(stomion).* Die Steine der Kuppel wurden mittels der Technik des Kragbaus überlappend zusammengefügt, bis die obere Lücke mit einem einzelnen Stein geschlossen werden konnte. Nach der Beerdigung wurde der Eingang zugemauert und der Zugang mit Erde gefüllt. Manche Gräber hat man mehrfach genutzt. Am Eingang des Grabbaus befindet sich unter Glas eine minoische Doppelaxt *(labrys),* ein religiöses Symbol.

Von der archäologischen Stätte führt ein **Wanderpfad** hinunter in die Stalaktitis-Klamm, der zum Recherche-Zeitpunkt jedoch zugewachsen war. Man folgt dem ausgeschilderten Weg unterhalb der Felsen zum Bett des kleinen Bachs Peristeri, der in einen See mündet. Verschiedene Holzbrücken führen dort über den Bach.

■ **Archaiologikos Choros Peristerias,** Rahes 24500, GPS N 37.27583, E 21.73972, Tel. +30 2721 063100, Mi–Mo 8–15 Uhr. Die etwas abgelegene Stätte ist öfters wegen Personalmangels ohne An-

051pe In

kündigung geschlossen, daher besser vorher anrufen.

■ **Anfahrt:** Auf der N55 von Norden über Kalo Nero kommend, ist die archäologische Stätte Peristeria noch vor Memi in Richtung Südosten nach Rahes ausgeschildert. Man durchquert den Ort Rahes und folgt der Straße sowie den Hinweisschildern weiter nach Südosten, bis man links den Eingang zur Stätte sieht.

In Peristeria kann man einen beeindruckenden Tholos-Grabhügel noch in seiner ursprünglichen Form sehen

Marathopoli

Der kleine Ort Marathopoli an der Westküste ist hauptsächlich auf Tourismus ausgerichtet, auch wenn im Hafen ein paar Fischerboote auf den Wellen schaukeln. Es gibt zahlreiche Fischtavernen und sehr schöne **Strände** in der Nachbarschaft. Mit einigen Unterkünften und einem Campingplatz eignet sich Marathopoli gut als Ausgangsbasis für Erkundungen in der Umgebung. Im Ort selbst kann man durch die Fußgängerzone und über die **Uferpromenade Pezodromos** schlendern, an der sich Restaurants aneinanderreihen.

Zu den benachbarten Stränden von Marathopoli gehört der nördlich liegende **Paralia Lagkouvardos,** ein zwei Kilometer langer, von Felsen eingerahmter Sandstrand. Der familienfreundliche Strand ist ein Paradies für **Wassersport:** Von Oktober bis April schätzen Surfer und Windsurfer die Wellen. In der ruhigeren Sommersaison kann man Stand-up-Paddling betreiben. Auch Schnorcheln ist im kristallklaren Wasser ein Erlebnis.

In der Umgebung

Insel Proti

Zur vorgelagerten, kleinen Insel Proti, einst ein Piratenunterschlupf, lassen sich **Bootsausflüge** unternehmen. Das unbewohnte Eiland mutet von der Hafenpromenade aus wie ein schlafendes Krokodil. Bei einer Fahrt mit dem Ausflugsboot erkennt man an den Klippen von

Grammenou Schriftzeichen im Fels. In diese Bucht retteten sich früher Seefahrer und Piraten bei stürmischem Wetter und ritzten Bitten an die Götter in den Fels, ihnen eine sichere Weiterfahrt zu gewähren. Ein Wrack vor der Bucht von Vourlia verdeutlicht, dass diese Bitten nicht immer erhört wurden. Zu dem Wrack aus dem Zweiten Weltkrieg finden Tauchexkursionen statt. Am **Strand von Vourlia,** der von Felsklippen überragt ist, kann man einem Sprung in das türkisblaue Wasser kaum widerstehen.

Die Insel war in mykenischer Zeit bewohnt, so gibt es Reste einer **Wehrmauer** oberhalb des Strandes. Das kleine **Kloster Panagia Gorgopigi** öffnet nur am 23. August und 24. September seine Türen, wenn Feste zu Ehren der Jungfrau Maria stattfinden.

Miniatur-Eiffelturm und Disneyschloss

Das unscheinbare Örtchen **Filiatra** zwölf Kilometer nördlich von Marathopoli hat eine ganz besondere Sehenswürdigkeit aufzuweisen: Es besitzt einen Eiffelturm. Verantwortlich dafür ist *Harry Fournier* (mit bürgerlichem Namen *Charalambos Fournarakis*). Der in den USA geborene Arzt und Bildhauer mit griechischstämmigen Eltern machte als Chirurg Karriere und wollte später der Heimatstadt seiner Eltern etwas Gutes tun. In den 1960er-Jahren brachte er ein Stück amerikanischer Kultur in Form von **Miniatur-Sehenswürdigkeiten** nach Messenien. In Filiatra entstand der etwa 20 m hohe Eiffelturm-Nachbau und im benachbarten Ort **Agrilos** ließ *Fournier* einen **Themenpark** mit Bezug zur griechischen Mythologie und Geschichte errichten. Kernstück hier ist das **Fairytale Castle,** eine Art Disneyschloss, das heute allerdings dem Verfall preisgegeben ist. Es befindet sich direkt am Ufer von Agrilos, sechs Kilometer nördlich von Filiatra. Der Eiffelturm-Nachbau steht mitten in Filiatra an der N9 und wird gut gepflegt.

Praktische Tipps

Nützliche Infos und Adressen

- **PLZ Marathopoli:** 24400
- **Informationen:** messinia.mobi/en/article/poleis-kai-xoria-tis-messinias/marathopoli/66

Unterkunft

Agrikies Country Retreat④, Gefiraki, Marathopoli 24400, Tel. +30 27630 61226, agrikies.gr/marathopoli. In der gut gepflegten Anlage gibt es voll eingerichtete Ferienwohnungen mit rustikal-modernem Charme und Glamping-Zelte mitten im Olivenhain zu mieten. Die Anlage besitzt einen Pool, eine Bar und einen Kinderspielplatz, dazu gibt es Yoga -und Massageangebote. Dabei ist man bestrebt, nachhaltig und ökologisch zu wirtschaften, bemüht sich um Wassersparen und vermeidet Verpackungsmüll. In der Küche des Restaurants (Frühstück, Lunch und Dinner) werden Olivenöl und Gemüse aus eigenem Bio-Anbau sowie regionale Produkte verwendet. Mindestaufenthalt in der Hochsaison 7 Tage, sonst 4 Tage.

- **Dialiskari Villas**③, Dialiskari 24400, Tel. +30 6937054432, dialiskari-villas.com. Am naturbelassenen kleinen Strand von Dialiskari, 3 km südlich von Marathopoli, befindet sich der Komplex mit sechs Ferienhäusern. Auf dem Gelände gibt es eine Gartenanlage mit Grillstation, Spielplatz und Pool.

Camping

■ **Camping Proti,** Epar. Od. Filiatron-Korifasiou, Marathopoli, Tel. +30 2763 061211, www.camping-proti.gr. Sehr gut ausgestatteter Campingplatz in Fußnähe zur Ortsmitte mit Pool, Animationsprogramm und Sportplätzen für u.a. Beachvolleyball.

Essen und Trinken, Einkaufen

UNSER TIPP: **Panorama Fish Tavern,** Pezodromos, Epar. Od. Filiatron-Korifasiou, Tel. +30 27630 61121, www.panorama-marathopoli.gr, tgl. 13–23.30 Uhr. Der Name ist Programm: Die Auswahl an Fisch- und Meeresfrüchte-Gerichten, von gegrillten Sardinen bis zu Hummer-Linguini, ist beeindruckend. Beim Essen blickt man auf ein wunderschönes Panorama mit der Insel Proti.

■ **Kanonieris,** Epar. Od. Filiatron-Korifasiou, Tel. +30 27630 23444, tgl. 6.30–22.30 Uhr. Bäckerei-Konditorei mit großer Auswahl an Brot, aber vor allem Cremetorten und Gebäck, die man auch vor Ort mit einer Tasse Kaffee probieren kann.

Gargaliani

Größere Geschäfte und Supermärkte findet man im Nachbarort **Gargaliani.**

■ **Dereskos Vineyard,** Trifylia 24400, Tel. +30 6977474484, www.domainedereskos.gr. Auf dem Weingut nahe Gargaliani werden neben bekannten Rebsorten wie Cabernet und Merlot auch griechische Sorten wie Assyrtiko, Agiorgitiko und Roditis angebaut. Es gibt Weinproben mit Blick auf die Weinberge.

Aktivitäten

Tauchen und Schnorcheln

Scuba Turtles Dive Centre, Marathopoli, Tel. +30 6986937211, scubaturtles.gr. Schnorcheln und Tauchen auch für Kinder, PADI-Tauchzertifikat möglich (ab 10 Jahre). Anfängerkurse 65 €, Schnorcheln 30 €.

■ **Ionian Dive Centre,** Marathopoli, ioniandivecenter.gr, Tel. +30 27630 61551. Mit dem Boot fährt man nach Proti, um rund um die Insel in unterschiedlicher Tiefe zu tauchen, 1–3 Taucher 50 € p.P. und Tauchgang, auch Kurse.

Segeln

■ **Ionian Sail,** Marathopoli, Tel. +30 6977482665, ioniansail.eu. Touren und Vermietung von Segelbooten für private Törns.

Feste und Veranstaltungen

■ Im August findet im Ort ein **Sardinen-Festival** statt, bei dem außer den kleinen Fischen auch Backwaren und Gewürze aus der Region wie frischer Oregano angeboten werden.

Chora

Ins landeinwärts liegende Städtchen Chora fahren Besucher vor allem wegen des **Archäologischen Museums.** Es bietet eine gute Ergänzung zum Besuch der archäologischen Stätten der Umgebung, denn hier sind die dort gemachten Funde ausgestellt, allen voran die aus dem Palast des Nestor. Besonders herausragend sind die **Schrifttafeln,** verfasst in der Schrift Linear B, einer Frühform der griechischen Schrift, die von den Mykenern ab 1400 v.Chr. benutzt wurde, um offizielle Dokumente zu verfassen.

Das Gebiet um die Bucht von Navarino, genannt Tryfilia, muss zur mykenischen Zeit (1600–1100 v.Chr.) ein dicht besiedelter und weit entwickelter Landstrich gewesen sein, was auch die Tholos-Gräber in Peristeria (→ S. 127) beweisen, deren **goldene Grabbeigaben** hier im Museum ebenfalls zu sehen sind. Bei Ausgrabungen entlang der gesamten Küste hat man Hinweise auf mykenische Besiedlung gefunden, wie z.B. ein ganzes Dorf in der Bucht bei Dialiskari nahe Marathopoli.

■ **Archaiologiko Mouseio Choras Trifylias,** Chora 24600, Tel. +30 27630 31358, Mi–Mo 9–16 Uhr, zurzeit wegen umfassender Renovierungsarbeiten geschlossen.

Palast des Nestor

Auf einem Hügel vier Kilometer südwestlich von Chora befindet sich das einstige **mykenische Machtzentrum** Südmesseniens, der Palast des Nestor. Der Name bezieht sich auf den in Homers Ilias erwähnten **mythischen König Nestor,** der Herrscher über das „sandige Pylos" gewesen sein soll. Nestor soll Agamemnon mit 90 Schiffen in den trojanischen Krieg begleitet haben.

Fakten belegen, dass hier eine einflussreiche Familie in einem luxuriösen Palast lebte. Das Palastgebäude aus dem 13. Jh. v.Chr. war mehrstöckig angelegt. Im Erdgeschoss befanden sich der riesige Thronsaal und viele weitere Räume, die Wohngemächer lagen im oberen Stock. Heute wandert man auf Stegen über die **überdachte Ausgrabungsstätte.** Dabei sieht man z.B. einen gut erhaltenen, runden **Opferherd** sowie eine **Badewanne** mit Bemalungen. Es wurden viele Scherben mit Resten von Wandbemalungen gefunden, die außergewöhnlich aufwendig und farbenfroh waren. Sie unterstreichen die Bedeutung der

☐ Die Badewanne im Palast des Nestor

hier herrschenden Familie. Die Vorratskammern für Öl und Wein deuten auf einen überschwenglichen Lebensstil hin. Um 1200 v.Chr. wurde der Palast durch ein Feuer zerstört.

Paläste wie der in Mykene, Tiryns und der Palast von Nestor scheinen als Verwaltungszentren für bestimmte Regionen gedient zu haben. Man spricht daher auch von der mykenischen Palastzeit (1420–1190 v.Chr.). Belege hierfür sind unter anderem Verwaltungsdokumente in der Linearschrift B, einer Silbenschrift, deren Entwicklung um 1400 v.Chr. mit den Mykenern in Verbindung gebracht wird. Damit wurden z.B. buchhalterische Angaben über Steuerzahlungen oder Lebensmittelrationen festgehalten. Im Palast von Nestor hat man eine ungewöhnlich hohe Anzahl solcher Aufzeichnungen auf **Lehmtäfelchen** gefunden – etwa 1100 Stück. Wie durch ein Wunder wurden diese im Feuer nicht zerstört, sondern gebrannt und konserviert.

Nordöstlich des Palastes entdeckte man im Jahr 2015 ein ungeplündertes **Tholos-Grab,** das auf 1500 v.Chr. datiert wird. Im sogenannten Greifen-Krieger-Grab fand man unter anderem eine Elfenbeintafel mit dem Abbild des mythischen Vogels Greif (halb Adler, halb Löwe). DNA-Untersuchungen haben gezeigt, dass die hier begrabene wichtige Persönlichkeit, ein Mann von 30 bis 35 Jahren, aus Messenien stammte, obwohl die Grabbeigaben teils minoischen Ursprungs waren.

■ **Anaktoro Nestoros,** Ethniki Odos Kiparissias-Pilou, Nestor 24600, Tel. +30 27630 31437, visitpylos-nestor.gr/nestor, tgl. 8–19 Uhr, Eintritt 6 €, erm. 3 €.

Einkaufen

In Chora findet man einige **Lebensmittelläden,** eine Bank und Bekleidungsgeschäfte.

Feste und Veranstaltungen

■ Jeden August findet in Chora das Kulturfestival **Nestoria** statt, mit sportlichen Wettbewerben, Konzerten und Theater- und Volkstanzaufführungen. Außerdem kann man Produkte aus der Region probieren.

Gialova und die Bucht von Navarino

Im Osten der Bucht von Navarino gelegen, besticht der kleine **Ferienort** Gialova vor allem mit seiner Lage. Die durch die vorgelagerte Insel Sfaktiria (→ S. 141) geschützte Bucht ist landschaftlich spektakulär. Die sich unmittelbar anschließende **Gialova-Lagune** ist ein großes Naturschutzgebiet, das gleichzeitig einen der schönsten und bekanntesten Strände der Peloponnes aufweist, den Paralia Voidokilia. Auch andere hiesige Strände gehören zum Feinsten, was die Peloponnes zu bieten hat. Gialova selbst besteht aus wenig mehr als einer Piazza, einer **Strandpromenade** mit Tavernen, Campingplätzen, Hotels und einigen Geschäften entlang der N9. Die Nachbarschaft zu den Anlagen der Luxusresorts Costa Navarino (→ Exkurs S. 134) merkt man am Preisniveau bei Unterkünften

052pe ln

und Gastronomie. Luxus-Ferienvillen findet man inzwischen nicht mehr nur in den Resorts.

Paralia Divari

Schöner als der Ortsstrand ist der Paralia Divari, der gleich hinter dem Hotelkomplex Zoe Resort beginnt. Von dort erstreckt er sich entlang der Nordseite der Bucht von Navarino. Er zeichnet sich durch goldgelben Sand aus, weswegen er auch **Golden Beach** oder Chrysi Akti genannt wird. Eine Straße führt entlang des gesamten Strandes bis zu einem Parkplatz am Westende, von wo aus die **Insel Sfaktiria** zum Greifen nah scheint. Nur ein kleiner Streifen Wasser, die Straße von Sykia, trennt die Küste von der Insel. Dort befindet sich ein weiterer paradiesischer Strand, zu dem im Sommer Boote verkehren – manche schwimmen auch hinüber oder paddeln mit dem Stand-up-Paddleboard. In der Antike befand sich hier am Nordende der Insel ein Hafen, dessen Überreste von Archäologen entdeckt wurden.

Gialova-Lagune

Die Bucht von Navarino mit der Insel Sfaktiria und der Gialova-Lagune (Limnothalassa Gialovas) sind Teil der

☐ Am Strand von Gialova

Costa Navarino

Das Gebiet rund um die **Bucht von Navarino** gehört der **Unternehmensgruppe** Costa Navarino, die die Gegend großflächig touristisch ausbaut und bisher vier Luxusresorts angesiedelt hat. Das ambitionierte Projekt, das sich Nachhaltigkeit auf die Fahnen geschrieben hat, wurde vom Inhaber der Reederei Costamare, Kapitän *Vassilis C. Constantakopoulos* (1935–2011) initiiert. Der Selfmademan war einer der einflussreichsten Reeder Griechenlands, der neben Containerschifffen auch die Kreuzfahrtgesellschaft Costa Cruising betrieb.

Bereits in den 1980er-Jahren kaufte der aus Messenien stammende *Constantakopoulos* den Großteil der Ländereien rund um die Bucht von Navarino von Olivenbauern preiswert auf. Sein Ziel war es, seine Heimat zu einer weltweit renommierten Urlaubsdestination zu transformieren, dabei aber die Auswirkungen auf die natürliche Umgebung so weit wie möglich zu beschränken.

Die mit Sicherheitszäunen und Wachpersonal hermetisch abgeriegelten **Luxusresorts** Navarino Dunes, Navarino Bay, Navarino Waterfront und Navarino Hills werden von internationalen Hotelketten geführt. Sie unterscheiden sich durch ihre Architektur und ihr Angebot. Bei Navarino Bay und Navarino Hills liegt der Fokus auf den **Golfplätzen.** Navarino Dunes hat ebenfalls einen Golfplatz, bietet aber auch Spa, Thalassotherapie, Tennis und andere Sportmöglichkeiten. Navarino Waterfront umfasst ein Zentrum mit Restaurants, teuren Boutiquen und einem Openair-Kino. Zu Veranstaltungen wie Weinproben dürfen auch Besucher kommen. Ein fünftes Resort, Navarino Blue, ist in der Entwicklung, ebenso wie andere Projekte. Zudem betreibt das Unternehmen einen Weinberg und produziert eigene Weine. Die Aktiengesellschaft, die das Unternehmen heute verwaltet, ist auf Expansion ausgelegt.

In Zusammenarbeit mit der Universität von Stockholm und anderen Organisationen leitet das Unternehmen das **Navarino Environmental Observatory,** das den Zustand des Küstengebiets und der Gialova-Lagune erforscht und Studien über nachhaltige Entwicklung erstellt.

Laut Costa Navarino sind die Hotelanlagen nach **„bioklimatischen" Prinzipien** entworfen, d.h. man nutzt natürliches Tageslicht und den Schatten von Pflanzen. Man baut niedrige Gebäude, von denen viele bepflanzte Dächer haben. Nur zehn Prozent der Fläche ist bebaut, der Rest wird von Bäumen und anderen Pflanzen eingenommen. Für deren Bewässerung nutzt man Brauchwasser. Allerdings haben etliche der Luxusvillen in den Resorts einen eigenen, beheizten Swimmingool. Auch der Rasen auf den Golfplätzen wird bewässert.

Kritische Stimmen über Costa Navarino hört man jedoch kaum, denn das Unternehmen ist ein **bedeutender Wirtschaftsfaktor** für die Region. Dem „Captain" wird auch nach seinem Tod Ehrerbietung dargebracht. Es scheint, dass sein Tourismuskonzept Früchte trägt: So verzeichnete man auf dem Flughafen Kalamata, der den Namen *Constantakopoulos'* trägt, in den letzten Jahren einen gewaltigen Anstieg an Fluggästen. Wie immer man zu Costa Navarino steht – in der Region kommt man um das mächtige Unternehmen kaum herum.

- **www.costanavarino.com**
- **Navarino Environmental Observatory,** www.navarinoneo.com

EU-Naturschutzgebiete **Natura 2000.** Die gesamte Region entlang der Bucht gilt außerdem als archäologisch bedeutend. Die Lagune ist mit der angrenzenden Reet- und Marschlandschaft ein wichtiges **Feuchtgebiet für Zugvögel** und bei Vogelbeobachtern beliebt. Fast 270 Vogelarten machen hier auf ihrem Weg von Nordeuropa nach Afrika Rast. Die Lagune ist auch Heimat für **Flamingos** und **Fischadler** sowie für Amphibien und seltene Reptilien wie das **Basilisken-Chamäleon** (auch Afrikanisches Chamäleon). Diese Chamäleonart lebt sonst nirgendwo in Europa in freier Wildbahn. Der Strand von Divari ist zudem ein Brutgebiet der Schildkröte Caretta caretta (→ Exkurs S. 126).

Dennoch ist die Lagune heute **bedroht.** Von einer geplanten Trockenlegung, wie in den 1990er-Jahren angedacht, wich man glücklicherweise ab. Dennoch wurden in den vergangenen Jahrzehnten mehr und mehr Zuflüsse zur Lagune abgeschnitten, weil der Wasserverbrauch der landwirtschaftlichen Betriebe und der touristischen Einrichtungen gestiegen ist. Wie der griechische Vogelschutzbund betont, hat die Zunahme an Infrastruktur, Verkehr und Menschenbewegungen in der Dünenlandschaft nahe der Lagune einen negativen Einfluss auf die Natur.

Inzwischen hat das Unternehmen Divari Yialova S.A. das Management der Lagune übernommen und möchte dort ein nachhaltiges Projekt für Sportangler einführen, bei dem Fische nach dem Fang wieder ausgesetzt werden. Außerdem will man den unkontrollierten Zugang zur Lagune und zu den Dünen begrenzen und spezielle Pfade für Birdwatcher einrichten. Momentan führen teils marode Holzbohlenwege durch das Schilf.

Informationen

- **www.ornithologiki.gr/el/?loc=en,** die Website des griechischen Vogelschutzbundes Hellenic Ornithological Society (HOS).
- **www.birdingplaces.eu/en/birdingplaces/greece/gialova-lagoon,** die ausgezeichnete Website bietet einen Lageplan des Vogelschutzgebiets und listet alle Vogelarten und die Jahreszeiten, zu denen man sie hier beobachten kann.
- **yialovalagoon.gr/en,** Informationen über das Projekt für nachhaltigen Tourismus in der Lagune.

Strand von Voidokilia

Einer der schönsten Strände der Peloponnes ist der Gialova-Lagune vorgelagert und öffnet sich zum Ionischen Meer: der Strand von Voidokilia, die **Ochsenbauchbucht.** Das Wasser des Sandstrands, der Teil des Naturschutzgebiets der Gialova-Lagune ist, ist seicht und glasklar. Bei der Anfahrt fährt man nördlich an der Lagune vorbei, die Straße endet direkt vor den Dünen, wo man parken kann. Den besten Blick hat man von oben – erst dann erschließt sich dem Betrachter die perfekte Rundung der von zwei Felsen eingerahmten Bucht in der Form des griechischen Buchstabens Omega.

Um den erhöhten Blick genießen zu können, muss man einen Hügel erklimmen: Nördlich oberhalb der Bucht befindet sich ein **Tholos-Grab** aus der Zeit von 1680 bis 1060 v.Chr. Man fand dort Grabbeigaben aus der mykenischen Zeit, darunter Schmuck, Gefäße, Pfeile sowie das Skelett eines Ochsen. Weitere Ausgrabungen förderten Spuren wesentlich

053pe ln

älterer Besiedlung zutage, die bis zurück in die Jungsteinzeit um 4000 v.Chr. reichen. Der Legende nach ist der Tholos das Grab des Thrasymedes, der laut Homers Ilias der Sohn des mythischen Königs Nestor war. Er nahm am Trojanischen Krieg teil und wurde dann zur Verteidigung der Pylier nach Messenien geschickt, wo er verstorben sein soll.

Steigt man von der Anhöhe in Richtung Westen ab, lohnt ein Abstecher zum **Paralia Glossa,** einer kleinen, felsigen Bucht mit winzigem Sandstrand. Rund um die Bucht von Voidokilia gibt es keine Tavernen oder Toiletten. Eine Imbissbude befindet sich landeinwärts an der Zufahrtsstraße etwa einen Kilometer entfernt. Im Sommer ist die Bucht dennoch oft überfüllt.

Paralia Romanos

Nördlich von Gialova liegt der Ort Romanos mit der gleichnamigen Bucht. Das Hinterland des Paralia Romanos wird zwar vom Costa Navarino Dunes eingenommen, aber bei Petrochori hat man Zugang zum Strand, wenn man kein Hotelgast ist. Dort geht es etwas ruhiger zu als rund um Gialova.

Die runde Form der Ochsenbauchbucht von Voidokilia erkennt man, wenn man den benachbarten Hügel erklimmt

Stenosia-Wasserfall

Nahe dem kleinen Bergdorf Stenosia, zu erreichen landeinwärts nordöstlich über die N82 Richtung Kalamata, befindet sich ein sehenswerter Wasserfall (Kataraktes Stenosias), der sich in ein Becken ergießt, in dem man Baden kann.

Praktische Tipps

Unterkunft

■ **Zoe Resort**④, Gialova 24001, Tel. +30 27230 22025, zoeresort.com/en. Familiengeführter Betrieb mit einladender Atmosphäre. Es gibt Liegestuhlvermietung am eigenen Strand und einen Swimmingpool. Die Zimmer sind modern und in der Natura Lounge Bar am Meeresufer kann man abends fein dinieren und ausgefallene Cocktails probieren. Barrierefreie Zimmer vorhanden.

■ **Fairway Residence**④, 11 Tsiklitira, Gialova 24001, Tel. +30 6981196453, fairwayresidence.com. Moderne Ferienhäuser etwas oberhalb des Ortes mit persönlicher Note. Es gibt einen Swimmingpool und eine gemeinschaftliche Openair-Küche. Zum Service gehört, dass man den Gastgebern vorab eine Einkaufsliste schicken kann und die Dinge dann bei der Ankunft im Haus vorfindet. Es werden Wassergymnastik und Massage angeboten.

Camping

UNSER TIPP: **Camping Navarino,** Gialova 24001, Tel. +30 2723 022973, www.navarino-beach.gr, 1. April bis 31. Okt. Gepflegter Platz mit hilfsbereiter Rezeption an der N9 südlich des Ortes. Auf den schattigen Plätzen ist man nur wenige Meter vom Strand entfernt. Beliebt bei Windsurfern – es gibt eine Trockenkabine, in der man die Segel zum Trocknen aufhängen kann. Mietbungalows und

Wanderung zu den Burgruinen Paleokastro in der Navarino-Bucht

Oberhalb der Bucht von Navarino, auf einem schmalen Landstreifen zwischen der Gialova-Lagune und dem offenen Meer, thront die Ruine des **Paleokastro Navarinou.** Die Landzunge war der Standort des antiken Pylos, bevor viele Jahrhunderte später die neue Festung Neokastro (s.u.) auf der Südseite der Bucht errichtet wurde. Die rechteckige Festungsanlage kann man nur von außen bewundern, da das Gelände aus Sicherheitsgründen abgesperrt ist. Das Besondere ist die Aussicht von oben: Man überblickt die gesamte Bucht von Navarino. Folgt man dem Pfad noch weiter, gelangt man zu **Nestors Grotte,** die schon *Pausanias* erwähnte und die dieser angeblich als Stall genutzt haben soll. Tatsächlich war die Grotte in mykenischer Zeit bewohnt.

Die Gehzeit beträgt ungefähr 1½–2 Std. Der Wanderpfad zur Burg beginnt beim Parkplatz auf der Westseite des Paralia Divari. Während der heißen Stunden des Tages ist die Wanderung nicht zu empfehlen, denn es geht steil bergauf auf 125 m und es gibt keinen Schatten. Der Hinweg erfolgt auf dem Berg, der Rückweg entlang der Lagune.

Was man heute sieht, ist die im 13. Jh. vom fränkischen Kreuzfahrer *Nicolas II de St-Omer* erbaute Burganlage. Nachdem die Osmanen die neue Burg Neokastro in Pylos gebaut hatten, verlor die alte Burg an Bedeutung. Die Osmanen sicherten stattdessen den Eingang zur Bucht, die Passage von Sykia, mit Booten und Leinen.

barrierefreie Sanitärkabinen vorhanden. Das Zentrum von Gialova mit seinen vielen Tavernen befindet sich in Gehnähe. Durch die stark befahrene N9 auf der Westseite gibt es etwas Verkehrslärm.

■ **Erodios Camping,** Tel. +30 2723 023269, erodios.com/de, 15. April bis 25. Okt. Gut ausgestatteter Platz am Strand mit Café-Bar, Restaurant, Lebensmittelladen, Fußballplatz, Tischtennis und Tischfußball sowie Fahrradverleih. Man kann klimatisierte Bungalows mieten. Ein kleiner Teil des Platzes ist für Dauercamper reserviert. Barrierefreie Sanitärkabinen vorhanden.

Essen und Trinken

An der Uferpromenade in Gialova reihen sich moderne Restaurants, Bars und Tavernen aneinander. In manchen darf man nur Platz nehmen, wenn man auch dort speist – am besten vorher fragen. Nach Sonnenuntergang blickt man über die Bucht bis zu den Lichtern der Stadt Pylos.

Camping Navarino am Strand von Gialova

■ **Elia,** Tel. +30 2723 023503, elia-gialova.gr, tgl. 13–23.30 Uhr. Griechische und andere mediterrane Gerichte, schön angerichtet, vom bunten Salat mit Körnern oder Feigen bis zum gegrillten Oktopus.

■ **Sugar Cafe Bar,** Tel. +30 2723 033662, sugarcafebar.gr. Ausgefallene, professionell zubereitete Cocktails und Süßes wie Waffeln, Crêpes und Eis, direkt am Strand.

Aktivitäten

Bootsfahrten

■ **Proti Cruises,** Gialvoa Pier, Tel. +30 6972316745, www.proticruises.gr. Bootsausflüge in der Bucht von Navarino und zur Insel Sfaktiria. Zum Baden kann man vom Boot über eine Leiter ins Wasser steigen. Juni bis Aug. 2–3x pro Woche, 9.30–12.30 Uhr, Sunset Cruise 16–19 Uhr, 20 €, Kinder (3–10 Jahre) 10 €.

Wassersport

Costa Banana Watersports, Tel. +30 6947888 808, www.costabananawatersports.com. Am Divari-Strand (Ostseite) kann man Tret- und Spaßboote sowie Kajaks mieten. Auch Wasserski.

Fahrradverleih

■ **Bike The Way,** EO Kiparissias Pilou, Tel. +30 2723 023518, www.biketheway.gr. Verleih unterschiedlicher Fahrräder, auch E-Bikes und E-Scooter. Es werden auch geführte Touren, z.B. nach Pylos, angeboten.

Verkehr

Bus

■ **KTEL Messinias,** Tel. +30 2721 028581, www.ktelmessinias.gr/en. Der Bus von Kalamata nach Pylos verkehrt entlang der N9 mit Haltestellen in Gialova und vor dem Camping Navarino. Abfahrt 3–5x tgl.

Pylos

Das Hafenstädtchen Pylos hat eine ausnehmend schöne Lage mit Blick auf die **Bucht von Navarino** und die Insel Sfaktiria. Die zentrale, von Cafés und Tavernen eingenomme Platia Trion Navarchon öffnet sich zum **Hafen,** wo eine Promenade mit Bänken rund um das Hafenbecken führt. Wie viele andere Orte auf der Peloponnes wurde auch Pylos nach der Zeit des Unabhängigkeitskriegs im klassizistischen Stil wieder aufgebaut. In den Gässchen um den Hauptplatz findet man daher auch schattige Arkadengänge, in denen Geschäfte aller Art untergebracht sind, darunter Läden mit Obst und Gemüse, Backwaren, Souvenirs oder auch Kleidung.

☑ Pylos und die Bucht von Navarino

Sehenswertes

Festung Neokastro

Westlich des zentralen Platzes führen Stufen hinauf zum Neokastro, der Festungsanlage, die das Archäologische Museum und das Museum für Unterwasserarchäologie beheimatet.

Nach dem Fall der byzantinischen Hauptstadt Konstantinopel gewannen die Osmanen ab 1453 die Vorherrschaft über die Peloponnes. Die westlichen Seemächte nahmen dies jedoch nicht einfach hin, insbesondere die Venezianer unternahmen immer wieder Vorstöße in strategisch wichtige Küstenregionen auf der Halbinsel. Nach der Seeschlacht von Lepanto im Jahr 1571, bei der die osmanische Flotte von der „Heiligen Liga von 1571“ aus Papst *Pius V.*, Spanien, Venedig und Genua besiegt wurde, erkannte man, dass die Küsten rund um die Peloponnes besser befestigt

058pe ln

werden mussten. Die alte Burg, das Paleokastro im Norden der Bucht von Navarino (→ S. 137), war den Anforderungen nicht mehr gewachsen. Großadmiral *Kılıç Ali Paşa* erbaute daher 1573 eine neue Burg, das Neokastro.

Die Anlage ist unterteilt in die sechseckige **Zitadelle** auf dem Hügel und das darunter liegende, von der **Mauer** und **Bastionen** umgebende Gelände. Von den dicken Mauern des Wehrgangs der Zitadelle mit den einstigen Schießscharten für die Kanonen genießt man einen tollen Blick über die Bucht von Navarino und die Insel Sfaktiria.

Im unteren Teil befand sich zu osmanischen Zeiten eine Siedlung mit 600 Häusern, 85 Geschäften, zwei Moscheen Badehäusern und Tavernen. Erst nach der griechischen Unabhängigkeit verließen die letzten Bewohner 1821 die Festung. Die meisten Gebäude wurden danach zerstört, nicht aber die Moschee Agia Sotira. Die Venezianer transformierten sie 1686 in eine katholische Kirche. Seit der griechischen Unabhängigkeit ist sie die orthodoxe **Kirche Metamorfosis Sotiros.**

Nach der Rückeroberung durch die Venezianer 1686–1715 wurde die Festung weiter ausgebaut. Nach der Unabhängigkeit nutzten die Franzosen unter General *Maison* bei der Expedition von Morea 1828–33 das Gelände und bauten die Maizonos-Baracken. Darin ist heute das **Archäologische Museum** von Pylos untergebracht. Die hier dargestellte Siedlungsgeschichte der Bucht reicht bis weit in die Prähistorie zurück. Die Ausstellung ist sehr gut strukturiert. Wer hier eine Weile verbringt, erfährt einiges über die kulturelle Entwicklung der Region.

Sehr sehenswert ist auch das **Museum für Unterwasserarchäologie,** dessen Exponate auf mehrere Gebäude verteilt sind: Im Pasha Building nahe der Kirche befindet sich ein von unten beleuchteter Lageplan des Meeresbodens, auf dem

059pe ln

sieben Schiffswracks verortet sind, die rund um die Küsten der Peloponnes und der Ionischen Inseln verstreut liegen. In der Makrigianni-Bastion hinter den Maizonos-Baracken sieht man eine detaillierte Dokumentation über Unterwasser-Funde, unter anderem vom Wrack vor der Insel Sapientza nahe Methoni sowie von zwei „versunkenen" Städten in Lakonien. Es gibt ambitionierte Pläne, dort archäologische Unterwasserparks einzurichten.

Als eine der bedeutendsten Schlachten im griechischen Unabhängigkeitskrieg ist die Seeschlacht von Navarino (→ S. 427) unvergessen. In den **Katakomben** bei der Zitadelle gibt es eine ausführliche Dokumentation über die Schlacht, bei der die osmanisch-ägyptische Flotte von Griechen, Briten, Franzosen und Russen zerstört wurde, mit Filmen und Animationen.

■ **Archaiologiko Mouseio Pylou,** Odos Zachini, Tel. +30 2723 028345, archaeologicalmuseums.gr/en, April bis Aug. tgl. 8–20 Uhr, Sept. bis 11. Okt. tgl. 8 Uhr bis Sonnenuntergang, Nov. bis März tgl. 8.30–15.30 Uhr, Eintritt 6 €, erm. 3 €. Der Eintritt schließt die Anlage und alle Museen ein. Der Kartenkiosk befindet sich am Eingang.

Tsiklitiras-Haus

Im Haus des ehemaligen Olympioniken *Kostas Tsiklitiras* (1888–1913), ganz in der Nähe des Hafens, finden Geschichtsinteressierte die außergewöhnliche Sammlung des französischen Philhellenen *René Puaux*. Die hier ausgestellten **Zeichnungen, Malereien und Lithografien** erinnern an die Schlacht von Navarino.

■ **René Puaux Collection,** Tel. +30 2723 022010, Mi–Mo 8–15 Uhr, Eintritt 2 €, erm. 1 €.

Insel Sfaktiria

Die unbewohnte, langgestreckte Insel Sfaktiria schirmt die Bucht von Navarino vom offenen Meer ab. Bei einer **Bootstour** kann man Sfaktiria und die Nachbareilande Fanari und Chelonaki besichtigen und einen Badestopp einlegen.

Es ist historisch belegt, dass es in der Bucht während des Peloponnesischen Kriegs 425 v.Chr. zu einer Schlacht kam, bei der die Athener über die Spartaner siegten. Etliche Hundert spartanische Seeleute waren auf Sfaktiria gestrandet und wurden dort von den Athenern überwältigt.

Heute findet man auf den Inseln **Gedenkstätten** für die gefallenen alliierten Soldaten aus der **Seeschlacht von Navarino** am 20. Oktober 1827. Auf **Fanari** muss man 135 Stufen erklimmen, um dort eine Marmorsäule zu bewundern, die den französischen Gefallenen gewidmet ist. Auch sieht man die Überreste eines **Leuchtturms** aus dem Jahr 1873. Daneben gibt es mehrere Denkmäler. Am herausragendsten ist die kleine, hölzerne **Stabkirche** aus dem Jahr 1897, die an die russischen Gefallenen erinnert. Auf **Chelonaki,** das wenig mehr als ein 172 m langer Felsen ist, erinnert ein kleines **Marmordenkmal** an die britischen Gefallenen.

◁ Die Kirche Metamorfosis Sotiros thront über der Bucht von Navarino – in der Ferne die Insel Sfaktiria

Praktische Tipps

Nützliche Infos und Adressen

- **PLZ Pylos:** 24001
- **Informationen:** visit-pylos-nestor.gr, www.pylos.info

Medizinische Versorgung

- **Kentro Ygeias Pylou,** Pylos 24001, Tel. +30 2723 023777. An der N9 befindet sich südlich der Burg die kleine Krankenstation mit einigen Ärzten und Krankenschwestern, die bei Notfällen weiterhelfen können.

Unterkunft

- **Hotel To Kastro①**, Methonis 1, Tel. +30 2723 028292, www.hotelkastro-pylos.gr. Einfache und preiswerte Ferienapartments, zentral gelegen, direkt beim Aufgang zur Burg an der Straße nach Methoni.
- **Karalis City Hotel③**, EO Pilou Kalamatas 26, Tel. +30 2723 022960, www.hotelkaralis.gr. Das moderne Dreisterne-Hotel in Fußnähe zur zentralen Platia bietet viele Zimmer mit schönem Blick über die Bucht, teils mit eigenem Balkon.

Essen und Trinken

- **Trattoria di Kokoras,** Anagnostara 9, Tel. +30 2723 022631, tgl. 13.30–23.30 Uhr. Restaurant mit Außenterrasse am Hafen. Die italienischen Klassiker sind von guter Qualität.
- **Poseidonia,** Tsamadou 4, Tel. +30 2723 023133, pylosposeidonia.gr/en, tgl. 12–24 Uhr. Wer etwas eleganter speisen möchte, findet auf der schattigen Außenterrasse am Ufer eine gute Auswahl an frischem Fisch, Meeresfrüchten und Wein.
- **Platanos Cafe,** Platia Trion Navarchon, Tel. +30 2723 022342, tgl. 8–24 Uhr. Die Sitzplätze des kleinen, individuell dekorierten Cafés an der Westseite der zentralen Platia erstrecken sich bis auf den Platz. Wahlweise sitzt man ebenfalls sehr gemütlich in den Arkadengängen.
- **Krinos,** Platia Trion Navarchon. Gutes Brot und leckere Backwaren kann man hier einkaufen oder auf der Terrasse genießen. Als nahrhafter Snack zu empfehlen sind die warmen Teigtaschen, gefüllt mit Schinken oder Spinat und Käse.

Aktivitäten

Bootsverleih und -touren

- **NS Boats,** am Hafen, Tel. +30 6980460504, nsboats.gr/en. Hier kann man entweder nur ein Boot oder eines mit Skipper für Touren mieten, 6 Pers. in der Hochsaison ganztags 150 €.

Kajaktouren

- **Landlife Travel** www.landlifetravel.com/tour/sea-kayak-in-pylos-navarino-bay. Geführte Kajaktouren in der Bucht von Navarino mit Badepause und Picknick, März bis Nov., 75 € p.P.

061pe ln

060pe ln

Feste und Veranstaltungen

■ **Festival der Seeschlacht von Navarino,** jedes Jahr findet an einem Wochenende um den 20. Oktober das große Spektakel zum Gedenken an die Seeschlacht von 1827 statt. Dann füllt sich die Bucht mit Segelbooten aller Art, die die Schlacht nachstellen. Für viele Griechen ist das Spektakel ein ganz besonderes geschichtliches Ereignis und sie pilgern mit der ganzen Familie hierher. Wer eine Teilnahme bucht, kann sogar als Statist mitwirken. Dabei fährt man in einem der Boote in die Bucht hinaus und kann das Feuerwerk und die Schiffsparade hautnah miterleben – „Reenactment" zur Schlacht von Navarino. Infos: Trigilidas Travel & Holidays, trigilidas.com (im Suchfeld „Pylos Navarino" eingeben, um die Tour zu finden), Min. 4 Pers., Erw. 90 €, Kinder ab 5 Jahren 75 €.

Verkehr

Bus

■ **KTEL Messinias,** Tel. +30 2721 028581, www.ktelmessinias.gr/en. Der Bus von Kalamata hält Mo–Fr 4x tgl., So 1x tgl. am Busbahnhof, N82/Ecke Nileos. Zum Flughafen in Kalamata gibt es eine schnellere Direktverbindung, 5–6x tgl.

⌃ Am Hafen schweift der Blick über die Bucht von Navarino

< In den Gassen von Pylos

062pe ln

Methoni

Kaum zu glauben, dass der sympathische Urlaubsort Methoni (ehemals Medon) einst eine der wichtigsten Bastionen der westlichen Peloponnes war. Von hier wehrten die Byzantiner im Mittelalter Piraten ab. 1204 war es der Ausgangspunkt für die Eroberung der Peloponnes durch die Franken. Die *Villehardoiuns* des Fürstentums Achaia traten Methoni und die Nachbarfestung Koroni im Vertrag von Sapientza 1209 an die Venezianer ab. Danach beherrschten diese für drei Jahrhunderte unbehelligt das wichtige Gebiet im Süden der Peloponnes und bauten die massive Burganlage aus. Für sie war es ein strategischer Hafen auf den Handelsrouten von der Adria in den Mittleren Osten.

Heute ist Methoni ein angenehmes Feriendomizil. Direkt am **Stadtstrand** laden schattige Tavernen zur Rast ein, bei denen man Liegstühle für den Strand mieten kann. Weiter landeinwärts findet man in der Innenstadt Geschäfte des täglichen Bedarfs und Läden, die touristische Artikel anbieten. Besucherfreundlich ist die **Fußgängerzone** inmitten der zweigeteilten Hauptstraße. Dort kann

Immer noch beeindruckend: die Festungsanlage von Methoni mit dem Bourtzi-Turm

man ungestört auf den Außenterrassen der Restaurants sitzen. An der Platia Sygrou lassen sich noch die Überreste eines alten venezianischen Brunnens entdecken.

In der Bucht von Methoni, in einer Tiefe von etwa drei bis fünf Metern unter der Wasseroberfläche, gibt es Hinweise auf Siedlungsreste aus der mittleren Bronzezeit. Man nimmt an, dass hier die von Homer erwähnte **Stadt Pedasos** liegt, die König Agamemnon Achilles schenkte, um ihn zur Teilnahme am trojanischen Krieg zu überreden. Laut *Pausanias* wurde Pedasos nach dem Krieg in „Methoni" umbenannt. Das Gebiet wird wissenschaftlich untersucht. Eine Dokumentation über die versunkene Stadt sowie Fundstücke kann man im Museum für Unterwasserarchäologie im Neokastro in Pylos besichtigen.

Vor der Bucht liegen die unbewohnten Inousses-Inseln, die man bei einem Bootsausflug besuchen und wo man auch baden und tauchen kann. Ein beliebter Strand, der **Paralia Kritika**, befindet sich etwas südöstlich von Methoni bei der gleichnamigen Ortschaft.

Burg von Methoni

Die fotogene Festungsanlage der historischen Stadt Medon bedeckt eine **felsige Landzunge,** die weit ins Meer hineinragt. Auf drei Seiten von Wasser und Klippen umgeben, wurde die Festung von den Venezianern auf der Landseite im 13.–15. Jh. durch mehrere Toranlagen gesichert. In den Mauern erinnern Reliefs, z.B. ein **venezianischer Löwe,** an die einstigen Bewohner. Um 1500 wurde die Burg von den Osmanen eingenommen. So sieht man im Inneren noch die Überreste von Hamams. Über einen kleinen Damm gelangt man zum achteckigen **Turm Bourtzi.** Auch er stammt aus der osmanischen Zeit und wurde damals als Gefängnis genutzt.

Die Landzunge muss schon in prähistorischer Zeit befestigt gewesen sein – von der byzantinischen Stadt aus dem 12. Jh. sind nur die Überreste einer Kirche geblieben, die Mauern wurden überbaut oder die Steine als Baumaterial genutzt. Auffallend im Zentrum der Anlage ist eine einzeln stehende **Säule mit gotischem Kapitell** – auf ihr stand einst ein geflügelter venezianischer Löwe. Heute kümmert sich ein privater Freundeskreis um die Erhaltung der Festung und organisiert hin und wieder Veranstaltungen.

■ **Kastro Methonis,** Tel. +30 2723 028758, methoni-castle.gr, tgl. April bis Aug. 8.20–20 Uhr, 1.–15. Sept. 8–19.30 Uhr, 16.–30. Sept. 8–19 Uhr, Okt. 8–18 Uhr, Nov. bis März 8–15 Uhr, Eintritt 2 €, erm. 1 €.

Katakomben von Agios Onofrios

An der N9 nach Pylos befinden sich zwei Kilometer nördlich von Methoni beim Abzweig zur Kirche Agios Athanasios die Katakomben von Agios Onofrios. In den **natürlichen Höhlen** lebten Menschen ab dem 4. Jh. Im 12. und 13. Jh. wurden einige der Wände mit Fresken bemalt. Die in den Fels gehauenen **Grabkammern** deuten auf einen frühen christlichen Friedhof hin. Die Höhlen sind frei zugänglich.

Inousses-Inseln

Die Inousses-Inseln **Sapientza** und **Agia Marina** kann man bei einem Bootsausflug besuchen. Sie sind nur von behörnten kretischen **Kri-Kri-Wildziegen** bewohnt, die inmitten eines Waldes aus Erdbeerbäumen leben. Die dritte Insel Schiza ist militärisches Sperrgebiet der griechischen Armee.

An der Nordseite von Sapientza befindet sich der **Ammos-Strand,** ein karibisch anmutender Strand in einer herzförmigen Bucht. Das einzige Gebäude auf Sapientza ist der **Leuchtturm** aus dem Jahr 1885. Er wurde auf Veranlassung der britischen Königin *Victoria* erbaut. Vor der Insel liegen viele Wracks auf dem Meeresboden – die Strecke rund um das Kap war schwierig zu navigieren. Unter anderem hat man zwei **römische Schiffswracks** lokalisiert, zu denen Tauchausflüge angeboten werden. Beim „Wrack der Sarkophage" fand man in einer Tiefe von 15 m steinerne Sarkophage aus dem 3. Jh., bei dem anderen die Reste zweier römischer Granitsäulen.

Die naturbelassenen Inseln hatten vor allem einen strategischen Wert: So hatte Großbritannien 1815 nach dem Sieg über *Napoleon* ein Protektorat auf den Ionischen Inseln eingerichtet. Die Briten beanspruchten gleichzeitig die Hoheit über die Inousses-Inseln sowie die Insel

Die tiefste Stelle des Mittelmeers – das Calypsotief

Nur 58 km von Methoni entfernt befindet sich auf 36°34' nördlicher Breite und 21°08' östlicher Länge der tiefste Punkt des Mittelmeers. Den Meeresboden im sogenannten Calypsotief erreicht man nach letzten Berechnungen, wenn man **5109 m** nach unten taucht.

Die Durchschnittstiefe des Mittelmeers liegt bei 1430 m, sodass der Seeboden zum Calypsotief südwestlich von Methoni relativ steil abfällt. Zwischen dem Ionischen Becken und der Ägäis befindet sich die Stelle, wo die afrikanische Kontintalplatte sich unter die eurasische Platte schiebt. Dies löst immer wieder Erdbeben aus, von denen die westliche Peloponnes, aber auch die Ionischen Inseln betroffen sind.

Erst zweimal wurde von **Expeditionen** ein Vorstoß in den dortigen Tiefseegraben unternommen: Zuerst wagten sich 1965 französische und amerikanische Wissenschaftler mit einem Bathyscaph, einem **Tiefsee-U-Boot** der französischen Marine, dorthin. Im Jahr 2020 unternahm der texanische Unternehmer *Victor Vescovo* in Zusammenarbeit mit EYOS Expeditions und Triton Submarines einen weiteren Tauchgang. Der selbsternannte Entdecker und Milliardär *Vescovo* hat es sich zur Aufgabe gemacht, alle Tiefseegräben der Ozeane zu erforschen. Auf der Reise zum Calypsotief begleitete ihn publikumswirksam *Fürst Albert II. von Monaco.* Dabei entdeckten die beiden an diesem weit von der Zivilisation entfernten Ort zu ihrer Überraschung keine seltene Meeresflora und -fauna, sondern etliche Teile an **Plastikmüll.**

Elafonisos. Der lange Streit über die Eigentumsrechte führte 1850 zu einer Seeblockade durch die Briten. Nur durch Reparationszahlungen in Höhe von 180.000 Drachmen konnte Griechenland die Eilande zurückgewinnen.

Um zu den Inseln zu gelangen, kann man sich ein Boot für Selbstfahrer mieten. Für Tauchgänge zu den Unterwasserschätzen schließt man sich am besten einer Tour an.

Praktische Tipps

Nützliche Infos und Adressen

- **PLZ Methoni:** 24006
- **Informationen:** visit-pylos-nestor.gr, messinia.mobi/en

Unterkunft

- **Methoni Beach Hotel**②, Tel. +30 2723 031555, methonibeachhotel.gr. Näher geht es nicht: Direkt am Strand mit Blick auf die Burg bietet das Dreisterne-Hotel seine eigene Beachbar mit Liegestühlen. Zimmer mit Klimaanlage.
- **Achilles Hill Hotel**②, Tel. +30 2723 031960, www.achilleshillhotel.com. Modernes Viersterne-Hotel im Ortszentrum mit eleganter Poolanlage, Restaurant und Zimmerservice. Die Zimmer haben Wasserkocher und Kühlschrank, es gibt verschiedene Größen bis zur Deluxe-Suite mit Jacuzzi-Bad.
- **La Sapienza Hotel**②, Tel. +30 2723 031880, www.lasapienza.gr. Modernes Apartment-Hotel oberhalb des Kritika-Strandes, Zimmer mit Veranda, teils mit Blick auf die Bucht. Die Zimmer sind mit einer Mini-Küche ausgestattet (Kühlschrank, einfache Kochgelegenheit). Gemeinschafts-Swimmingpool vorhanden.

Camping

- **Camping Methoni,** Seaside Road, Tel. +30 2723 031188, campingmethoni.gr/en, nur von Mai bis Okt. kontaktierbar. Service auch für Wohnmobile, Restaurant und kostenfreies WLAN.

Essen und Trinken

- **Katsarola,** Grigoriou Episkopou Methonis, Tel. +30 2723 031520, auf Facebook, tgl. 11.30–14 und 18.30–22.30 Uhr. Der Name bedeutet Kasserole – es gibt mediterrane und nordeuropäische Küche, von geräucherten Auberginen bis zu Quinoa-Salat und Burger. Mit Außenterrasse in der Fußgängerzone des Ortes.
- **Taverna Thalassa,** Paralia Methonis, Tel. +30 2723 031773, auf Facebook, tgl. 12–24 Uhr. In der Taverne am Stadtstrand gibt es leckeren gegrillten Fisch und Meeresfrüchte sowie griechische Klassiker.

UNSER TIPP: **Taverna To Kastro,** Tel. +30 2723 031888, tgl. 18.30–23 Uhr. Für die messenisch-modernen Gerichte des Küchenchefs *Tasos* werden regionale und saisonale Produkte verarbeitet, wie frisches Gemüse, Feigen, Datteln oder Mandeln. Dazu gibt es Fleisch aus Freilandhaltung und Weine der Region. Der Bonus: Wer hier abends auf der Terrasse diniert, erlebt einen der schönsten Sonnenuntergänge auf der Peloponnes.

Aktivitäten

Tauchausflüge

- **Dive in History,** Tel. +30 210 6927000, www.diveinhistory.com. Die Athener Firma bietet mehrtägige Tauchurlaube in Methoni an, wo es die Möglichkeit zum Schnorcheln und/oder Wracktauchen gibt.

Bootsverleih

- **Methoni rent a boat,** Tel. +30 6977162193, methonirentaboat.business.site. Am Bootssteg mitten am Stadtstrand können Selbstfahrer Motorboote mieten.
- **Methoni Boat Rentals,** Paralia Methoni, Tel. +30 6945967902, methoniboats.gr. Hier kann man ein Boot zum Selbstfahren mieten oder eine Tour buchen – es werden z.B. „Sunset Tours" am Abend angeboten.

Finikounda

Das Gebiet um Finikounda (auch Finikounta/Foinikounta) ist ein Mekka für alle, die **Strand- und Wassersport** betreiben möchten. In dem Küstenstreifen im Süden der messenischen Halbinsel gibt es zahlreiche schöne Strände. Die Buchten sind auch bei **Surfern** beliebt. Das touristisch gut erschlossene 600-Einwohner-Örtchen Finikounda hat eine überdurchschnittlich hohe Zahl an kleinen Hotels, Zimmervermietungen und Campingplätzen. Im Zentrum findet man alle wichtigen Einrichtungen für das tägliche Leben. Tavernen und Geschäfte in den kopfsteingepflasterten Gassen bieten im Sommer eine willkommene und schattige Alternative zu den oft heißen Stränden.

Der Name des Ortes geht auf die Phönizier (gr. *Foiniki*) aus der Levante zurück, die am Strand von Anemomilos den ersten Hafen gebaut haben sollen. *Pausanias* erwähnt diesen Hafen als Foinikous Limin in seiner Reiseschrift „Messiniaka". Angeblich fischten die Phönizier hier nach der Seeschnecke Hexaplex trunculus, aus der man blaue Farbe gewinnen konnte.

Strände bei Finikounda

Etliche Strände westlich und östlich des Ortes sind ausnehmend sauber und tragen das Zertifikat „Blaue Flagge".

065pe ln

Der sandige und teils leicht kiesige Stadtstrand **Paralia Finikounda** ist auf beiden Seiten von Landzungen begrenzt und daher recht windgeschützt. Er fällt flach ab und ist auch für Kinder geeignet. Diverse Tavernen und Hotels betreiben hier Strandbars.

Im Westen liegen die ineinander übergehenden, langgestreckten Sandstrände von **Anemomilos** und **Mavrovouni,** bei Familien und Campern beliebt. Weiter westlich liegt der schmale **Paralia Koubares** in einer weniger überlaufenen Bucht. Noch weiter, auf der Westseite einer kleinen Landzunge mit Klippen, befindet sich der **Surferstrand Lambes.** Dort gibt es ein großes Wassersportzentrum mit Surfboardverleih.

Östlich von Finikounda befindet sich der familienfreundliche, entspannte Strand von **Loutsa** mit einem Campingplatz. Etwas weiter liegt der kleine, versteckte **Paralia Kantouni** unterhalb eines ehemaligen venezianischen Wachturms. In die kleine Bucht gelangt man nur mit dem Boot oder auf einem Trampelpfad. Ähnlich einsam ist der noch weiter südöstlich liegende Strand von **Marathi.** Er ist von Kantouni durch eine Felsformation getrennt. Über eine serpentinenartige Schotterstraße gelangt man an die Küste. Dann geht es zu Fuß etwa 30 Minuten steil hinunter.

066pe ln

[<] Lambes Beach

[>] Stadtstrand von Finikounda

Praktische Tipps

Nützliche Infos und Adressen

- **PLZ Finikounda:** 24006

Informationen

- www.pylos.info/en/foinikounta
- finikounda.de, privat geführte Webseite in deutscher Sprache.

Unterkunft

Es gibt in Finikounda Angebote von unterschiedlichem Standard in verschiedenen Preisklassen. Hier eine kleine Auswahl.

Chamaloni Cottages②, Yamia, Finikounda 24004, Tel. +30 2725 061436, www.chamaloni.gr/en. Liebevoll eingerichtete Apartments für 2–6 Pers. Von den Landwirten, die die Ferienhäuschen betreiben, kann man regionale Produkte beziehen, wie Oliven, Olivenöl, frische Feigen, Wein, Gewürze, Obst und Gemüse und nach traditioneller Art geräuchertes Schweinefleisch. Wer vom 1. Dez. bis 15. Jan. kommt, kann gegen Unterkunft und Verpflegung erleben, wie die Kalamata-Oliven von Hand geerntet werden und an der Ernte teilnehmen. Im Sommer werden Yoga-Kurse angeboten.

■ **Pelagia's Apartments**②, Ethnikis Antistaseos 1, Tel. +30 6978280566, pelagiafinikounda.gr/en. Am Ostende der Bucht liegen die hellen und modernen, voll eingerichteten Apartments landeinwärts auf einer Anhöhe. Einen schönen Blick hat man vom Balkon, den Strand erreicht man zu Fuß. Preislich sehr vernünftig.

■ **Hotel Estia**①-②, Tel. +30 2723 071116, www.hotelestia.com. Zentral gelegen, eine etwas größere Junior Suite und ein Studio, beide mit Küche. Es werden Gymnastik und Yoga sowie Aromatherapie angeboten.

■ **Dion Zois Villas**②-④, Anemomilos, Tel. +30 2723 07144, finikounda-villas.gr. In Laufnähe zum Strand von Anemomilos liegt die Villenanlage mit Ferienapartments von unterschiedlicher Größe. Im Außenbereich gibt es eine üppige Grünanlage und einen Swimmingpool. In der Hochsaison sind die Preise fast doppelt so hoch wie in der Nebensaison.

Camping

■ **Camping Thines,** Tel. +30 2723 071200, www.camping-peloponnese.com. Am östlichen Paralia Mavrovouni gelegen. Es gibt ausreichend schattige Plätze sowie einen Liegestuhlservice am Strand, einen Minimarkt und WLAN. Um den Strand zu erreichen, muss man allerdings eine Ortsstraße überqueren. Am Strand nisten die Meeresschildkröten Caretta caretta (→ Exkurs S. 126).

■ **Camping Finikes,** Tel. +30 2723 028524, www.finikescamping.gr/de, 1. Mai bis 31. Okt. Am Westende des Mavrovouni-Strandes erstreckt sich der schöne Platz zwischen Küstenstraße und Strand in einem Olivenhain. Es gibt eine Taverne am Platz, barrierefreie Sanitärkabinen und WLAN nahe der Rezeption. Auch für Wohnmobile geeignet.

■ **Camping Loutsa,** Tel. +30 2723 071169, www.loutsacamping.gr/en. Freundlicher Platz am Paralia Loutsa, einer naturnahen Bucht östlich des Ortskerns, in der oft Fischerboote liegen. Hier weht immer eine Brise, daher ist der Strand auch bei Surfern beliebt. Eine Taverne und eine kleine Beachbar finden sich in der Nähe. Für Wohnmobile geeignet.

Essen und Trinken

■ **Yialo Yialo,** Tel. +30 6977062147, tgl. 13–23 Uhr. Die Taverne nimmt den zentralen Platz am Strand von Finikounda ein. Griechische Klassiker, alles wird nett angerichtet – hier isst das Auge mit.

■ **Nanninella,** Kentriki Odos Foinikountas, Tel. +30 2723 071456, tgl. 18–1 Uhr. Etwas zurückversetzt vom Strand, aber mit schattiger Terrasse und Meerblick, bietet dieser authentische Italiener beliebte Klassiker wie Pizza und Nudelgerichte.

Kamaria

■ **Meraki,** Kamaria 24001, Tel. +30 2723 081436, meraki-rice-restaurant.business.site. Landeinwärts im kleinen Weiler Kamaria gelegen, bietet das Restaurant ganzjährig griechische Küche von gehobenem Standard. Brot und Kasserolen werden im Holzofen gebacken.

Nachtleben

Viele Tavernen am Strand ebenso wie im Ort sind bis in die späten Abendstunden geöffnet, dort kann man noch bis 2 oder 3 Uhr einkehren.

■ **South West Beer Academy,** Thimelis, tgl. 18–3 Uhr. Treffpunkt für junge Nachtschwärmer ist diese Bar mit einer großen Auswahl an Bier und Cocktails.

■ **Horizon Beach Bar,** Tel. +30 6988281234, www.horizonbeachbar.com, Mai bis Sept. 9–22 Uhr. Die Strandbar am Paralia Mavrovouni bietet alternatives „Vibe". Das Besondere: Es gibt vegetarische, vegane und glutenfreie Gerichte mit Produkten aus dem eigenen Garten oder von Bauernhöfen der Region. Hin und wieder Live-Konzerte.

■ **Lemon Drops Beach Bar,** Tel. +30 6977358353, tgl. 10–22 Uhr. Östlich des Ortes befindet sich die entspannte und freundliche Beachbar am kleinen, versteckten Strand von Ligonammos inmitten von Palmen und Olivenbäumen. Neben den üblichen Drinks gibt es auch Snacks wie Burger und Salate.

Aktivitäten

Wassersport

Water Park Foinikounda, Juni bis Mitte Sept. Vor dem Strand im seichten Wasser wird in den Sommermonaten ein aufblasbarer, schwimmender Wasserpark mit Rutschen installiert. Geeignet für ältere Kinder, die bereits schwimmen können.

Water and Sports, Lambes Beach, www.waterandsports.net. Für geübte Wassersportler geht es hier richtig zur Sache: Neben Wind- und Kitesurfen werden auch Wasserski, Wakeboarding und Wingfoiling sowie Flyboarding angeboten. Kurse gibt es für alle Altersgruppen. Auch SUP-Verleih.

What'Sup Foinikounta, Mavrovouni, Tel. +30 6974171750, whatsup-foinikounda.business.site, 10. Mai bis 10. Okt. tgl. 9–21 Uhr. An der Westseite des Strandes von Mavrovouni kann man sich SUP-Boards und Boote für Aktivitäten auf dem Wasser ausleihen.

Alpha Watersports, Peter Pavlic, Anemomilos, Tel. +30 6945548027, www.alpha-watersports.com, Mai bis Mitte Sept. 10–18 Uhr. Am Strand von Anemomilos gibt es ebenfalls einen Kajak-, Paddleboard- und Surf-Verleih. Daneben werden Windsurfing-Kurse angeboten (Schnuppersurfen 1½ Std. 45 €).

Geführte Wanderungen

Walking Messinia, Tel. +30 6947857367, www.villafinikimessinia.nl/walking-messinia/home-walking. Auf den Wanderungen geht man abseits der touristischen Pfade und taucht in das Leben im hügeligen Hinterland ein. Auf jeder Tour gibt es Gelegenheit, regionale Köstlichkeiten zu probieren.

Radfahren

Finibikes, Tel. +30 6941545672, finibikes.com. Hier kann man hochwertige Fahrräder ausleihen, dazu gibt es den gesamten Service. Die Betreiber geben auch Tipps für Radtouren. Die Panoramastraßen an der Küste zwischen Methoni und Koroni sind ein beliebtes Radfahrgebiet.

Feste und Veranstaltungen

In Finikounda finden im Sommer am Hafen Aufführungen des örtlichen **Schattentheaters** statt. Dazu gibt es Musikbegleitung.

067pe ln

☐ Im Ferienörtchen Finikounda

Koroni

Zusammen mit der Festung in Methoni wachte das Gegenstück, die **Burg von Koroni,** über das venezianische Hoheitsgebiet auf der Peloponnes. Die Kleinstadt an der Südostküste Messeniens mit etwa 4400 Einwohnern hat Flair: Häuser mit rostroten Terracottadächern schmiegen sich an den Hügel bis hinunter zur schmalen Uferpomenade. An den weiß getünchten Hauswänden hangeln sich Bougainvilleen entlang, unterbrochen von den blauen Türen und Fenstern. Wenn man durch die teils steilen Gässchen schlendert, findet man ausgefallene Läden und Cafés. Der Fischerort wirkt wie ein Magnet auf deutsche, österreichische und Schweizer Auswanderer, die sich hier niedergelassen haben.

Die Hauptstraße Maizonos durchschneidet die Stadt, die sich auf der Spitze einer Landzunge ausbreitet, von Westen nach Osten. Das meiste Leben spielt sich nördlich der Straße bis zum Ufer ab. Die **Haupteinkaufsstraße** ist die Ralli Perikli, die parallel zur Maizonos verläuft. Im Westen des Ortes steht die alte **Kirche Agios Dimitrios** mit aufwendiger Ikonostase am gleichnamigen Platz. Auf der **Promenade** am Wasser kann man unterhalb der wehrhaften Burgmauern und der venezianischen Bastionen schön spazierengehen.

Aufgrund seiner fruchtbaren Landwirtschaft und der naturnahen Produktionsmethoden wurde Koroni von der UNESCO zum „Europäischen Botschafter für die gesunde Mittelmeerdiät" ernannt, die als **immaterielles Kulturerbe** gilt. Ein wichtiger Bestandteil der typisch mediterranen Ernähung sind **Oliven** (→ Exkurs S. 154). Der UNESCO war als Auswahlkriterium auch wichtig, dass die Landwirtschaft auf traditionellen, jahrhundertealten Prozessen basiert und die Produkte auf entsprechende Weise verarbeitet und zubereitet werden.

■ **Infos:** mediterraneandietunesco.org/communities/greece

Kastro Koroni

Auf den Ruinen der antiken, schon von *Pausanias* erwähnten Stadt Asini entstand ab 535 n.Chr. eine byzantinische Festung. 1205 kamen die Franken, ab 1207 regierten die **Venezianer.** Sie bauten die Festung mit **Bastionen** aus. Unter ihnen erlebte die Stadt eine wirtschaftliche Blüte, es gab metallverarbeitende Industrie und Schiffsbedarf – Handelsschiffe versorgten sich hier mit Proviant und anderen nötigen Dingen.

Der Flecken war umkämpft und über die Jahrhunderte kam es immer wieder zu Versuchen, das ab 1500 von den Osmanen eingenommene Burgdorf zurückzuerobern. Daher verstärkten diese die Außenmauern. Nach der Rückeroberung durch die Venezianer 1685–1715 wurde die Festung wiederum ausgebaut.

Die Burg von Koroni ist auffällig in Baustil und Lage. Ähnlich wie in Methoni ist sie direkt auf die Felsen einer Landzunge gebaut. Außergewöhnlich ist, dass das Burggelände teilweise noch bewohnt wird: Auf der Westseite befindet sich das **Nonnenkloster Timiou Podromiou,** das erst zu Beginn des 20. Jh. gegründet wurde. Die südwestlichen Mauern und

Bastionen zwischen dem Turm 4 und dem Friedhof wurden vor einiger Zeit neu befestigt, da es dort zu Abbrüchen kam. Der Zugang zur Anlage ist frei.

Strände

Der **Stadtstrand Paralia Koroni** liegt auf der Südseite der Landzunge. Der stadtnächste Abschnitt davon nennt sich **Paralia Zagka.** Weiter südwestlich befindet sich der selten überlaufene **Paralia Memi.** Am nördlichen Ortsausgang liegt der kleine, kiesige **Paralia Artaki.** Attraktiver sind die stadtauswärts liegenden Strände im Norden, so der **Paralia Agia Triada** und der noch weiter nördlich liegende Strand **Peroulia,** wo das Wasser extrem klar ist.

Kap Akritas

18 km südwestlich von Koroni ragt die Landzunge Akritas weit ins Meer hinaus. Sie bildet den südlichsten Punkt des „linken Fingers" der Peloponnes. Die Gegend um das Kap gehört zur **Schutzzone Natura 2000.** Zum steinigen Ende kann man wandern und dort den Fuß ins Wasser halten.

Vorgelagert ist das kleine Eiland Venetiko. Westlich und östlich befinden sich einige Kilometer entfernt die **Strände Tsapi** und **Kalamaki.**

Praktische Tipps

Nützliche Infos und Adressen

- **PLZ Koroni:** 24004

Informationen

- koroni-guide.gr/en
- visitkoroni.wordpress.com, privat geführte Webseite auf Deutsch

Unterkunft

- **Giorgio Zaga**③, Tel. +30 2725022040, giorgiozaga.gr/de. Einfache Ferienapartments in Fußnähe zum Stadtstrand mit Küche oder nur Kühlschrank und Wasserkocher.
- **Villa Otium**①, www.villaotium.se. Kleines Ferienhaus mit zwei Wohnungen im Ortskern in einer steilen Gasse – keine Parkmöglichkeit.
- **Sofotel**①-②, Epar. Od. Rizomilou-Koronis, Tel. +30 6982928443, sofotel.gr/?lang=de. Dreisterne-Hotel an der Ausfallstraße Richtung Norden. Einige Zimmer haben Balkon mit Blick auf die Bucht.

Livadakia

Kallista Farm①, Tel. +30 27250 22964, kallista-olivenoel.de. Die Betreiber der Kallista Farm, auf der zertifiziertes, handgepresstes Bio-Olivenöl produziert wird, vermieten eine kleine Ferienwohnung im Olivenhain bei Livadakia. Die Gastgeber *Ninette Lisson* und *Franz Messarosch* bieten auch Seminare und die Teilnahme an der Ernte im November an.

Camping

- **Camping Koroni,** Maizonos 27, Tel. +30 2725 022119. Schattiger Platz mit Swimmingpool, ortsnah an der Ausfallstraße Epar. Od. Rizomilou-Koronis. Etwas oberhalb gelegen, sodass man einen guten Ausblick auf die Bucht hat. Eine Treppe führt

Olivenanbau – Tradition und Chance

Die Gegend um **Koroni** ist das klassische Anbaugebiet für die nach dem Ort benannte **Koroneiki-Olive.** Das aus den Koroneiki-Oliven gewonnene Öl gilt als besonders fein und gesundheitlich wertvoll. Die Früchte haben einen Ölgehalt von 25 % und sind reich an ungesättigten Fettsäuren (Oleinsäuren). Ihre Wirkstoffe senken Blutdruck und Cholesterinspiegel und stärken das Immunsystem.

Die zweite Olivensorte, die von der Peloponnes stammt, ist die dunkelviolette **Kalamata-Olive** aus Messenien nahe der Stadt Kalamata. Traditionellerweise wird sie zu Salaten und als Beilage gereicht, denn sie ist fleischig und bissfest, mit einer etwas festeren Schale. Im Vergleich zur Koroneiki-Olive ist die Kalamata-Olive zwar fünfmal größer, besitzt jedoch nur einen Ölgehalt von 7 %. Daher wird das begehrte Öl aus ihrer kleineren Verwandten gewonnen.

Der **Anbau** der Koroneiki-Oliven ist mit einigen Problemen verbunden. Zwar können Olivenbäume gut mit Hitze oder Kälte umgehen. Sie vertragen jedoch keine übermäßige Nässe und können daher nicht künstlich bewässert werden. Zudem müssen die Oliven von Hand geerntet werden, um sie nicht zu beschädigen. Erst nach sieben Jahren tragen die Bäume Früchte. Je älter sie werden, umso ertragreicher sind sie, daher ist der Baumbestand auf den Plantagen oft sehr alt. Viele naturnah bewirtschaftete Olivenplantagen sehen für Laien verwildert aus: Zwischen den Bäumen wuchert Kraut und es wachsen auch andere Bäume und Sträucher wie z.B. Mandeln. Dies garantiert jedoch ein gutes Ökosystem.

Die **Erntezeit** im November ist für Olivenbauern die wichtigste Zeit im Jahr. Dann versammeln sich Familienmitglieder und Freunde zur gemeinsamen Arbeit auf den Plantagen. Unter den Bäumen werden Folien ausgebreitet und die Früchte mit Stöcken abgeschlagen oder mit Rechen abgemäht. Danach wird gepresst und das Öl mit einem Stück Brot verkostet – eine Delikatesse.

Die ursprüngliche Art der Bewirtschaftung ist langwierig und arbeitsintensiv und bringt oft nicht ausreichend Profit. Während viele ältere Bauern ihre Haine aufgeben, interessieren sich in den letzten Jahrzehnten immer mehr junge Leute für den in Griechenland bedeutenden Wirtschaftszweig. Einige, die während der finanziellen Krisen der letzten Jahre keine Anstellung finden konnten, haben **landwirtschaftliche Kooperativen** gegründet und sich damit eine neue Existenz aufgebaut. Sie leben von der Herstellung von Olivenprodukten wie **Öl und Kosmetika** oder bieten, ähnlich wie bei der Weinlese, preiswerte **Unterkünfte** für Gäste an, die sich als Erntehelfer verdingen können. Die Teilnahme an einer solchen Ernte ist ein außergewöhnliches Erlebnis.

068pe ln

‹ Die Olivenbäume auf den Plantagen sind zum Teil sehr alt

hinunter zum Strand Paralia Artaki. Es wird auch Yoga angeboten.

■ **Camping Tsapi,** Koroni 24004, Tel. +30 2725 051503, www.campingtsapi.gr, 1. Mai bis 31. Okt. Schöne Lage in einer kleinen Bucht am Strand von Tsapi, westlich von Kap Akritas. Es gibt einen kleinen Lebensmittelmarkt, eine Taverne und ausreichend Bewuchs durch Oliven- und Eukalyptusbäume.

Essen und Trinken

■ **Kagelarios,** Tel. +30 2725 022648, tgl. 9–22.30 Uhr. Die Fischtaverne am Hafen bietet immer frischen Fisch an, darunter die beliebten „Frittierteller" mit Fisch und Meeresfrüchten sowie Oktopus.

■ **Cafe Synantisi (Varvoutris),** Maizonos 27, Tel. +30 2725 022195, tgl. 7–1 Uhr. Besonders zu empfehlen: die Meze-Teller mit vielen nahrhaften Snacks, vom Pulled Pork bis zur vegetarischen Pastete.

■ **Artaki,** Paralia Artaki, Tel. +30 2725 022588, artakieatinghouse.business.site, tgl. 9–23.30 Uhr. Vom Frühstück bis zum frischen Fisch am Mittag und Meze am Abend – hier gibt es Gerichte für jeden Geschmack. Es werden auch Liegestühle am Strand vermietet.

■ **Kamares Cafe Bar,** Ralli Perikli, Tel. +30 6986786020, kamarescafebar.business.site, tgl. 8–2 Uhr. Hier kann man ganztags entspannt Kaffee, Kaltgetränke und Snacks zu sich nehmen.

Einkaufen

■ **Lefki Feggaropetra,** Ralli Perikli, tgl. 10–13.30 und 18–23 Uhr. Griechisch inspirierter Schmuck mit Perlen und Edelsteinen. Besonders schön sind die filigranen Silberarmbänder und Perlohrringe.

■ **Charti & Molyvi,** Ralli Peikli 9, Tel. +30 2725 022720. „Papier und Bleistift" heißt der Shop, der ausgefallene Postkarten, Dekoobjekte, Mäppchen und vieles mehr anbietet.

■ **Art Studio Showroom Xristina Tsakoumakou,** Maizonos 27, Tel. +30 2725 022080, xristinatsakoumakou.com. Ausgefallene und individuelle Objekte wie gewebte Handtaschen, Schmuck und Keramik, sehr modern, aber mit unverkennbarem griechischen Einschlag der Designerin *Xristina Tsakoumakou.*

■ **Athinaikon,** Maizonos (Seitengasse nahe dem Hafen), Di, Do–So 8–14 und 17–24 Uhr. Confiserie vom Feinsten: Pralinen und Schokolade, schön verpackt zum Mitnehmen, aber auch Kuchen und Torten zum selbst Essen.

Markt

■ **Wochenmarkt** sonntagmorgens am Hafen, Produkte aus der Region und Fisch.

Aktivitäten

Geführte Wanderungen

■ **Traumurlaub Koroni,** Tel. +30 6985840716, www.traum-urlaub-koroni.com. Die Schweizerin *Franziska Schmid* organisiert abwechslungsreiche geführte Wanderungen in die Umgebung von Koroni. Sie vermittelt auch Unterkünfte und bietet Kinderbetreuung an sowie Betreuung Alleinreisender.

Feste und Veranstaltungen

■ **Koroni Arts Festival,** Tel. +30 2725 022755, koronifestival.gr/category/all-events. Die hier lebenden Künstler organisieren im August und September Konzerte und Ausstellungen. Infos und Karten gibt es im Laden Aldebaran auf der Ralli Perikli.

Verkehr

Auto/Wohnmobil

Von Norden gelangt man über die Epar. Od. Rizomilou-Koronis, die in die Hauptstraße Maizonos mündet, ins Ortszentrum. **Parkmöglichkeiten** gibt es am Hafen.

Über die Küstenstraße Methoni – Koroni von Süden kommend, findet man sich Richtung Kastro mit einer Einbahnstraße konfrontiert. Besser biegt man Richtung Paralia Zargas nach Süden ab, wo sich auf halber Höhe Parkplätze befinden.

Wohnmobile sollten aufgrund der Enge der Straßen und des Einbahnsystems die **Innenstadt meiden.**

Bus

- **KTEL Messinias,** Tel. +30 2721 028581, www.ktelmessinias.gr/en. Busse Koroni – Kalamata 4x tgl. Die Bushaltestelle befindet sich bei der Kirche Agios Dimitrios an der gleichnamigen Platia.

Petalidi

Das kleine Petalidi hat eine ausgesprochen schöne Lage: Von der Bucht blickt man in Richtung Osten über den Messenischen Golf auf die Gebirgsspitzen des Taygetos-Gebirges auf der Halbinsel Mani. Auch ist es von hier nicht weit bis Kalamata, daher haben viele Stadtbewohner im Ort ein Feriendomizil. Entlang der Bucht gibt es eine befestigte Uferpromenade sowie einen kleinen Hafen, an dem sich Tavernen aneinanderreihen. Rund um die Kirche Agios Nikolaos erstreckt sich der Hauptplatz, der ebenfalls von zahlreichen Tavernen gesäumt ist. Geschäfte finden sich in den umliegenden Straßen.

Der heutige Ort entstand Mitte des 19. Jh. Nach dem griechischen Unabhängigkeitskrieg wurden die Ländereien nahe Petalidi den Manioten (Bewohnern der Mani) angeboten, als Ausgleich für ihre Verdienste bei den Auseinandersetzungen. Viele siedelten sich hier an.

Sowohl in südlicher wie auch in nördlicher Richtung bis zum Ort Messini erstreckt sich eine Reihe von beliebten **Stränden,** darunter der Paralia Petalidi bei Tzanes.

Archaia Koroni

Bei Homer findet Petalidi als „Aipeia" Erwähnung. Der Ort entstand aber wahrscheinlich im 4. Jh. v.Chr. und war als antikes Koroni bekannt. Die Einwohner verlegten ihre Siedlung erst später an den Platz des heutigen Koroni. Überreste einer **einstigen römischen Siedlung** kann man heute auf einem Hügel südwestlich oberhalb von Petalidi besichtigen. Die Funde der Ausgrabungen sind im Archäologischen Museum in Kalamata ausgestellt.

Ausgrabungsstätte Nichoria

Etwa neun Kilometer nördlich von Petalidi befinden sich die Ruinen eines **mykenischen Kuppelgrabs.** Besonders interessant ist die Stätte jedoch, da hier Funde aus der **Eisenzeit** gemacht wurden. Dieses sogenannte Dunkle Zeitalter ist bisher nur wenig erforscht. Klar ist,

[>] Hat man das Ziel der Wanderung erreicht, kann man im türkisfarbenen Wasser baden

dass Nichoria bis 750 v.Chr. besiedelt war, dass die Siedler Landwirtschaft betrieben und Eisengeräte schmiedeten.

Unterkunft

■ **Vuar Suites**③, Epar. Od. Rizomilou-Koronis, Tel. +30 6978188141, www.vuar.gr/en. Moderner Apartmentkomplex mit Swimmingpool an der Ausfallstraße nach Norden.

Camping

Tzanes

■ **Camping Petalidi Beach,** Petalidi 24005, Tel. +30 6948679795, www.campingpetalidi.gr, April bis Oktober. 4 km nördlich von Petalidi bei Tzanes liegt der weitgehend naturbelassene Platz mit reichlich Baumbewuchs für Schatten an einem kleinen Kiesstrand. Für Wohnmobile geeignet.

Wanderung zu den Wasserfällen von Polylimnio

UNSER TIPP: Nicht allzu weit von Petalidi lohnt sich eine etwa einstündige Wanderung zu den wunderschönen Wasserfällen von Polylimnio. Nördlich von Petalidi führt die N82 ins Hinterland. Beim Ort **Kazarma** zweigt man nach Süden ab und erreicht bald **Charavgi.** Ausgangspunkt der Wanderung ist ein Parkplatz südlich von Charavgi, der ausgeschildert ist.

Die Polylimnio-Wasserfälle speisen sich aus einem Fluss, der durch eine Schlucht fließt. In seinem Lauf bildet er etliche kleine **Becken von türkisblauem Wasser,** in die sich der Fluss über Kalkfelsen hinab ergießt. In den kleinen Seen kann man **baden.** Der etwa 3 km lange Wanderweg ist mit Holzbrücken gut erschlossen. Unterwegs weisen Schilder auf die Namen der 15 Seen hin.

■ **Kadi Cafe,** Charavgi 24014, Tel. +30 6972 502206, cafe-kadi.business.site, tgl. 9.30–17 Uhr. In dem Café beim Parkplatz nahe Charavgi kann man vor oder nach der Wanderung einkehren.

Adobe Stock © akarb

Agios Nikolaos | 173
Areopoli | 177
Elafonisos, Insel | 195
Gefira | 201
Geraki | 206
Gythio | 186
Innere Mani | 180
Itylo | 174
Kardamili | 164
Limeni | 175
Malea-Halbinsel | 199
Monemvasia | 202
Mystras | 214
Neapoli Voion | 198
Plitra | 192
Pounta | 193
Sparta | 207
Stoupa | 169
Vigklafia | 193

069pe ln

4

Lakonien und die Mani

» Lakonien gehört zu den am dünnsten besiedelten Regionen der Peloponnes. Es umfasst die beiden mittleren „Finger" der Halbinsel und vereint sehr unterschiedliche Landschaften – vom Taygetos-Gebirge bis zur tropisch anmutenden Badeinsel Elafonisos. Als Mani bezeichnet man den „Mittelfinger" der Peloponnes, die historische Heimat der freiheitsliebenden Manioten. Die Südspitze der Mani ist der südlichste Punkt des griechischen Festlands.

Sparta und seine antiken Ruinen vor den Gipfeln des Taygetos

Lakonien und die Mani

PARNON
1660
Kosmas
Tsitalia
Poulithra
Paralia Poulithra
Pigadi
Pirgoudi
Amigdalia
Chouni
Fokiano
Vlisidia
Filatika
1520
Kounoupia
Pigadi
Peleta
ARKADIEN
LAKONIEN
Marius
Vigla
Kapsala
1250
Kastro Geriakou
Geraki
Karitsa
Kremasti
Mitropoli
Paralia
Kyparissi
Alepochori
Ag. Dimitrios
Zarakos
Charakas
Ag. Andreas
Gouves
Sotireika
Niata
Pistamata
Lampokampos
Mirtia
Apidea
Koupia
Vlachiotis
Ag. Georgios
Ag. Ioannis
Gkagkania
Kouloureika
Richea
Elos
Asteri
Leimonas
Kato Glikovrisi
Mpeleseika
1125
Ag. Ioannis
Ierakas
Molai
Metamorfosi
Limin Ieraka
Kokkinia
Pakia
86
Loggari
Sykia
Ariana
Elea
Ag. Ioannis
Aggelona
Konteika
Lakonischer Golf
Asopos
Finiki
Glifada
Krisa
Paralia Kastraki
Paralia Pori
Velies
Papadianika
Ag. Kiriaki
Plitra
Floka
Ag. Dimitrios
Monemvasia
Karavostasi
Gefira
Talanta
Ag. Paraskevi
Paralia Karavostasi
Demonia
Teria
Trochalia
Nomia
Paralia
Lira
Xifias
Archangelos
Elika
Elliniko
Foutia
Kastella
Marathias
Paralia Marathias
716
Limnes Elikas
Pantanassa
Vatika
Sklavouna
Platanias
Kountourianika
Kontrafourianika
Agii Apostoli
Kastania-Höhle
Megali Spilia
Ag. Georgios
Dermatianika
Kato Kastania
Vigklafia
Varko
Hamokelo Beach
Pounta
Paralia Kalogera
Pavlopetri
Lachi
Neapoli
Paralia Kato Nisi
Elafonisos
Voion
Malea
Kato Nisi
Lefki
Paralia Lefki
Elafonisos
Velanidia
Agios Nikolaos
Paralia Simos
Geopark Agios Nikolaos
Korakas
Profitis Ilias
Kap Malea
Diakofti
251
255
206
206
254
201
202
201
192
193
193
193
200
194
199
195
198
199
199

ÜBERBLICK

Das Taygetos-Gebirge bildet im Westen die Grenze zur Region Messenien und ist ein beliebtes Wandergebiet. Hier liegt der höchste Gipfel der Halbinsel, der 2407 m hohe Profitis Ilias, der auch im Sommer schneebedeckt ist. Die Ausläufer des Bergmassivs erstrecken sich bis auf den „Mittelfinger" der Peloponnes, die Mani. Im Norden grenzt Lakonien ans Arkadische Hochland.

NICHT VERPASSEN!

- Flair der Bohème in der Äußeren Mani: **Kardamili** | 164
- Bootsfahrt über einen unterirdischen See in der **Tropfsteinhöhle Pyrgos Dirou** | 178
- **Rundfahrt über die Mani** zum südlichsten Punkt des griechischen Festlands: Kap Tenaro | 180
- Buntes Hafenstädtchen mit Riviera-Flair: **Gythio** | 186
- Baden und surfen auf der **Insel Elafonisos** | 195
- Gibraltar des Ostens: Felsenstadt **Monemvasia** | 202
- Modernes Leben und antike Ruinen in **Sparta** | 207
- Einzigartiges Denkmal fränkisch-byzantinischer Architektur: **Ruinenstadt Mystras** | 215

Diese Tipps erkennt man an der gelben Markierung.

Ganz im Osten umfasst Lakonien auch den einsameren **„dritten Finger" der Peloponnes.** Bis an die Südspitze mit der **Insel Elafonisos** reihen sich dort Buchten mit langen, sandigen Badestränden aneinander, die jedoch großteils noch völlig unerschlossen sind. An der Küste in Pounta kann man nach der versunkenen antiken Stadt Pavlopetri tauchen. Im Klettergebiet der Karstfelsen an der Südspitze finden sich geologische Besonderheiten wie der „versteinerte Wald" im Geopark Agios Nikolaos oder die Tropfsteinhöhle Kastania. Rund um die byzantinische Festungsstadt **Monemvasia,** eine der bekanntesten Sehenswürdigkeiten Lakoniens, entsteht eine exklusive Urlaubsgegend. Die Festung auf einer markanten Felseninsel wurde nie eingenommen und trägt den Spitznamen „Gibraltar des Ostens".

Lakonien war das **Reich der Spartaner,** deren soldatisch-streng organisierter Stadtstaat sein Zentrum bei der heutigen Stadt **Sparta** am Fluss **Evrotas** hatte. Abgesehen von den wenigen verbliebenen Ruinen der Stadt ist das eigentliche touristische Juwel der Region jedoch die nahegelegene byzantinische **Ruinenstadt Mystras** oberhalb der Hochebene des Flusses Evrotas. Die Küste rund um das Hafenstädtchen Gythio mit ihren schönen Stränden ist bei Urlaubern beliebt. Der einstige Seehafen Spartas ist ein guter Ausgangspunkt für die Entdeckung der Mani mit ihren historischen befestigten Siedlungen und versteckten Badebuchten.

▷ In der fruchtbaren Hochebene des Flusses Evrotas siedelten die Spartaner

070pe In

Die Mani

Die Landzunge der Mani wird im Westen vom Messenischen, im Osten vom Lakonischen Golf umspült. Sie ist unterteilt in drei Gebiete: Äußere, Innere und Östliche Mani. Als **Äußere Mani** (Exo Mani) bezeichnet man den westlichen Teil von Kardamili bis Trahila, der zur Region Messenien gehört. Das Verwaltungszentrum für die **Östliche Mani** (Kato Mani oder Anatoliki Mani), die zu Lakonien gehört, befindet sich in der größten Stadt der Region, **Gythio.** Im Süden erstreckt sich der kargste Zipfel des Landstrichs, die **Innere Mani** (Mesa Mani) bis zum Kap Tenaro. Wegen ihrer schweren Erreichbarkeit galt die Innere Mani noch bis ins 19. Jh. als gesetzloses Gebiet.

Der raue Charakter der Inneren Mani mit ihren steilen Felsufern und wehrhaften Bergdörfern ist auch in der Äußeren Mani schon zu erahnen. Diese ist aber besser zugänglich als die Innere Mani und so haben sich die Orte **Kardamili, Stoupa** und **Agios Nikolaos** zu einer Urlaubsregion entwickelt, die sich wachsender Beliebtheit erfreut. Von hier aus kann man auch ohne Alpin-Erfahrung kürzere Wanderungen ins **Taygetos-Gebirge** unternehmen.

Kardamili

Südlich von Kalamata gelangt man in die exklusiven Badeorte an der **Küste der Äußeren Mani.** Von der Kalamata-Bucht schlängelt sich die Straße in atemberaubenden Serpentinen entlang des Golfs von Messenien. Im Hinterland erheben sich die Gipfel des **Taygetos-Gebirges.** An der Felsküste der Äußeren Mani fallen die steilen Klippen teilweise direkt ins Meer ab. Dazwischen gibt es kleinere Buchten, wo sich Häuschen an den verfügbaren Platz schmiegen. Die Hauptstraße windet sich meist oben am Berg entlang, wer ans Wasser will muss steile Abfahrten bewältigen.

In **Kardamili** trifft die Hauptstraße wieder auf die Küste. Massentourismus sucht man hier dennoch vergeblich. Der von üppiger Vegetation umgebene Ort hat exklusives Flair, mit Natursteinhäusern und Gebäuden aus dem 19. Jh. Das **International Jazz Festival** von Kardamili genießt hohes Ansehen in der Musikszene.

In der ersten Hälfte des 20. Jh. sorgten eine Seifenfabrik und der kleine Hafen noch für Wohlstand. Nach dem Ende des Zweiten Weltkriegs wanderten jedoch viele Menschen auf Arbeitssuche in andere Gegenden Griechenlands oder ins Ausland aus. „Wiederentdeckt" wurde der Ort in den 1960er-Jahren von dem Briten *Patrick Lee Fermor*, der sich hier niederließ, um den „stillen Charme" der Mani zu genießen, und ein Buch über den Landstrich schrieb. Unfreiwillig kurbelte er dadurch den Tourismus an und wurde noch zu Lebzeiten zum Ehrenbürger der Stadt ernannt. Heute reist man stilvoll mit dem eigenen Boot an oder nutzt den Ort als Ausgangspunkt für Wanderungen im Taygetos-Gebirge.

Das Zentrum des Ortes liegt südlich des Flussbetts. Die Verbindungsachse Kalamata – Areopoli bildet die Hauptstraße mit Geschäften und Gastronomie. Oberhalb blickt man auf die Altstadt Palea Kardamili mit dem Mourtzinous-Turm. Noch vor der Abzweigung zum kleinen Jachthafen am südlichen Ortsausgang geht es hinunter zum Ufer mit einigen Tavernen. Von hier erblickt man das vorgelagerte Felseneiland Meropi.

In der Altstadt

Oberhalb des heutigen Ortes erheben sich **Turmhäuser,** wie sie für die Mani typisch waren. Die **Familienclans** bauten wehrhafte Türme, mit denen sie feindliche Clans auf Abstand hielten. In Kardamili errichtete der Troupakis-Mourtzinos-Clan vom 17. bis 19. Jh. seine kleine, von Mauern umgebene „Festung" inklusive Turm, Nebengebäuden und Privatkirche. Normalerweise hatten diese Besitzungen auch ein gut gefülltes Waffenarsenal. Heute ist im Mourtzinous-Turm ein kleines **Museum** untergebracht, in dem man etwas über die Lebensbedingungen der Zeit und die Bauweise der Turmhäuser erfährt.

Das Ensemble wird abgerundet von der **Kirche Agios Spiridon** aus dem 18. Jh. mit einem grazilen, 17 m hohen Kirchturm, der mit Symbolen wie Sonne und Mond verziert ist.

■ **Mourtzinous-Turm (Pirgos Mourtsinou),** tgl. 8–20 Uhr, Eintritt 3 €, erm. 2 €.

Patrick and Joan Leigh Fermor Centre

Der **britische Schriftsteller** *Patrick Leigh Fermor* (1915–2011) war einer der ersten Europäer, der die einsamen Gegenden der Mani Mitte des 20. Jh. bereiste. Mit seiner Frau, der Fotografin *Joan Monsell* (1912–2003), erkundete er das Taygetos-Gebirge zu Fuß oder auf Eseln. Es gab kaum befestigte Straßen, die Gegend lag im Dornröschenschlaf. Kaum jemals hatte sich bis dahin ein Fremder nach Kardamili verirrt.

Genau das gefiel dem Briten, der sich im Zweiten Weltkrieg als Geheimagent des britischen Nachrichtendienstes verdient gemacht hatte. Damals war er nach Kreta eingeschleust worden, um die Entführung des Oberkommandanten *Heinrich Kriepe* zu organisieren. Dieses spannende Kapitel seines Lebens wurde 1957 verfilmt. Auch ansonsten war der spätere Schriftsteller ein Abenteurer: 1933 war er nach Konstantinopel gewandert, was er später in zwei Romanen verarbeitete. Dann trieb es ihn in die Karibik und in den 1960er-Jahren zurück nach Griechenland, wo er sein **Anwesen in Kalamitsi** baute. Das Haus in der Nachbarbucht von Kardamili wurde zu einem Anziehungspunkt für Literaten wie z.B. den Abenteurer und Reiseschriftsteller *Bruce Chatwin* (1940–89). Die Villa mit üppigem Garten ist ausnehmend schön gelegen und auch von innen sehr sehenswert. Unter anderem sind die **Privatbibliothek** und das **Arbeitszimmer** von *Fermor* erhalten.

1996 vermachte *Fermor* das Anwesen dem Benaki-Museum in Athen mit der Auflage, dass es der Öffentlichkeit zugänglich bleiben sollte. Festgelegt wurde auch, dass Literaten, Künstler und Intel-

Der kleine Hafen von Kardamili

Adobe Stock © CoinUp

Wanderungen im Taygetos-Gebirge

Das Taygetos-Gebirge hat fünf Gipfel, von denen der meist schneebedeckte **Profitis Ilias** mit 2407 Metern der höchste ist. Schon Homer erwähnte ihn in der Odyssee. Das Massiv ist insgesamt gut 100 km lang und von vielen Punkten aus gut sichtbar. Es erstreckt sich von der Grenze zur Region Elis bis zum Kap Tenaro, der Südspitze der Halbinsel Mani. Durch den nördlichen Teil des Gebirges verläuft die Grenze zwischen Messenien und Lakonien.

In der Bergregion gibt es seltene Flora und Fauna, darunter mehrere Arten von Adlern und 20 Pflanzenarten, die ausschließlich hier vorkommen. Das Gebiet ist als **Natura-2000-Zone** geschützt. In dem Gebirge gibt es viele Höhlen, in denen man Fossilien von Tieren gefunden hat, die vor Millionen Jahren lebten. In der Antike hat man hier Mineralien abgebaut und die Gegend als Steinbruch genutzt.

Kardamili ist Ausgangspunkt vieler Wanderwege ins Taygetos-Gebirge. Wer in den Bergen längere Wanderungen unternehmen möchte, sollte sich, nicht zuletzt aus Sicherheitsgründen, einer **geführten Tour** anschließen, bei der die Bergführer sich mit den Besonderheiten des unerschlossenen Terrains auskennen. Für eine Schnuppertour eignen sich die beiden hier beschriebenen Schluchtwanderungen. Kondition, gute Wanderschuhe und **Klettererfahrung** sind jedoch Voraussetzung.

Von Kardamili in die Viros-Schlucht

Die Viros-Schlucht führt durch das im Sommer ausgetrocknete Flussbett des gleichnamigen Flusses, der am Fuß des Profitis Ilias entspringt. Von der Altstadt wandert man bergan auf großen Kieseln und Felsbrocken bis zum **Kloster Moni Pogonitsa.** Unterwegs sieht man atemberaubende Felsformationen, von Wasser und Wetter in den Kalkstein gefressen. Gleichzeitig ist die umgebende Vegetation extrem vielfältig und farbenfroh. Man passiert das verlassene **Kloster Lykaki** aus dem Jahr 1570. Das verfallene Gebäude beherbergt im Inneren einige sehenswerte Fresken aus dem Jahr 1783, die den heiligen St. Georg darstellen. Für den Abstieg gibt es kürzere oder längere Varianten.

- **Startpunkt:** Altstadt von Kardamili
- **Länge:** 12 km, **Dauer:** 3½ Std., 520 Höhenmeter

Adobe Stock © elgreko

Klettertour durch die Rintomo-Schlucht

Die Rintomo-Schlucht ist eine der beindruckendsten Schluchten der Peloponnes, schon die **Anfahrt über engste Serpentinen** ist ein Abenteuer. Diese Wanderung ist nichts für Ungeübte! Wegen des Wasserstands ist die Tour nur von Juni bis November empfohlen und nicht nach starken Regenfällen. In den Bergen und der Schlucht gibt es **keinen Mobilfunkempfang.**

Der Einstieg zur Schlucht liegt etwa einen Kilometer nordöstlich von **Voreio.** Von dort steigt man etwa 200 m hinunter in das trockene Flussbett und wandert dann dem Lauf folgend bergauf. Unterwegs muss man über einige große Felsbrocken klettern – man benötigt unbedingt gute Wanderschuhe. Rote Markierungen wie Pfeile zeigen, in welche Richtung der Weg führt – wenn man darüberklettern muss, zeigt der Pfeil nach oben. Man sollte die Wanderung nur bergan durchführen, nicht in umgekehrter Richtung, denn nur so sieht man die Markierungen. Schließlich verengt sich der Canyon, sodass man die beiden Seiten an der engsten Stelle mit ausgestreckten Armen berühren kann. Es geht unter einer **alten Steinbrücke** hindurch, danach oben hinaus aus der Schlucht und über eine **weitere Brücke** auf die gegenüberliegende Seite. Der Abstieg besteht aus gut wanderbaren Schotterwegen.

- **Anfahrt:** Auf der Straße Kardamili – Kalamata bei Kambos in Richtung Voreio rechts abbiegen, danach geht es weiter auf einer Schotterpiste zum Startpunkt („Faraggi Rintomo").
- **Länge:** 16 km, **Dauer:** 5 Std., 510 Höhenmeter
- **GPS-Daten** und Kommentare: www.komoot.de/highlight/455047

[<] Viele Pfade führen ins Taygetos-Gebirge – auch von Kardamili

lektuelle sich hier aufhalten können und dass das Haus 90 Tage im Jahr vermietet werden kann, um die Instandhaltungskosten zu decken. Drei Nächte kosten hier allerdings soviel wie ein Kleinwagen. Nach Voranmeldung kann man das Haus jedoch auch als Normalsterblicher besichtigen. Oder man kommt zum Jazz Festival, wenn **Konzerte** in dem Anwesen stattfinden. Wer schon vor der Reise einen Eindruck gewinnen möchte, sollte sich den **Film „Before Midnight"** (2013) ansehen, der hier gedreht wurde.

- **Patrick and Joan Leigh Fermor Centre,** Museo Benaki, Kalamitsi, Kardamili 24022, Tel. +30 2103 671090, www.benaki.org, Juni bis Sept. Mo 12–13 Uhr, Okt. bis Mai Mo und Do 11–12 Uhr, Eintritt 5 € (nur nach Online-Buchung), nicht barrierefrei. Weiterführende Infos: patrickleighfermor.org. Hotelinfo: Aria Hotels, Tel. +30 2102 207686, www.ariahotels.gr.

Strände

In Kardamili gibt es Zugang zum Meer an einem winzigen und einem größeren Kiesstrand nördlich und südlich des Flussbetts. Etwa zwei Kilometer außerhalb findet man den Sand-Kiesstrand **Paralia Ritsa** mit tollem Bergpanorama im Hintergrund. Bei **Kalamitsi** befindet sich ein kleiner, felsiger Strand.

Unser Tipp: Weiter südlich, entlang der Straße nach Stoupa, lockt der spektakuläre, von großen Felsen umgebene, weiße Kiesstrand in der Bucht **Paralia Foneas.** Dort gibt es Grotten, die man z.B. beim Schnorcheln erforschen kann. Nur ein kleines Stückchen weiter liegt in der nächsten Bucht der **Paralia Delfinia,** ebenfalls ein kleiner Kiesstrand.

Praktische Tipps

Nützliche Infos und Adressen

- **PLZ:** 24022
- **Informationen:** kardamili-greece.com, Municipality of West Mani, www.dimosdytikismanis.gr/en
- **Post:** Hauptstraße, Mo–Fr 7.30-2.45 Uhr

Unterkunft

- **Polismata Private Residence**④, Epar. Od. Kardamillis-Kokkinon Lourion, Tel. +30 69743 23513, www.polismata.gr. Moderne Ferienwohnungsanlage im Steinbau oberhalb der Altstadt mit Parkplatz, Klimaanlage und Jacuzzi, Mindestaufenthalt drei Nächte. Die zweistöckigen Wohnungen haben eine voll ausgestattete Küche sowie eine Veranda und einen Balkon.
- **Notos Hotel**④, Tel. +30 2721 073730, www.notoshotel.gr. Apartmenthotel mit charmant-rustikalen Wohnungen unterschiedlicher Größe. Von erfahrenen Gastronomen geführt, überzeugen hier liebenswerte Details wie die dekorativ platzierten Kübel zum Selbstpflücken von Tomaten, Weinranken und andere üppige Bepflanzung. Die Preise sind entsprechend hoch.
- **Liodentra**④, Paralia Ritsa, Kardamili 24022, Tel. +30 2102 207686, www.liodentra.gr. Villenkomplex in einem Olivenhain. Es gibt einen Gemeinschafts-Swimmingpool. Angesichts der Größe und des Standards der Unterkunft sind die Preise angemessen.

Essen und Trinken

Am Ufer gibt es einige beliebte Restaurants und Bars, alle mit Blick aufs Meer. Im Ortskern findet man entlang der Hauptstraße Cafés und Tavernen.

- **Harilaos Restaurant,** Am Hafen, Tel. +30 69803429020, auf Facebook, tgl. 12–24 Uhr. Die Küchenrichtung ist zeitgenössisch griechisch, mit viel frischem Fisch auf der Karte. Es werden regionale Produkte, vor allem auch die Gewürze der Mani wie frischer Oregano verarbeitet.
- **Dioskuri Taverna,** Tel. +30 2721 073236, www.dioskouri-kardamili.gr, tgl. 1–23 Uhr. Die Taverne ist ein Ortstreffpunkt und Zentrum des Jazz-Festivals. Schon die Aussicht von der Terrasse auf die

Kirche Agios Spiridon in der Festung des Mourtzinos-Clans

Insel Metopi lohnt den Besuch. Die Speisekarte umfasst viele leckere Kombinationen. Die Betreiber führen auch das Hotel Notos.

UNSER TIPP: **Lela's Taverna,** Dikiti Mani, Tel. +30 6977716017, www.lelastaverna.com, Mi–Mo 18–23 Uhr. Alteingesessene, außergewöhnlich beliebte, familiengeführte Taverne mit legendärem Ruf. Von der einstigen Küchenchefin *Lela* ließ sich *Sir Patrick Leigh Fermor* zuhause bekochen. Heute kocht ihr Sohn *Giorgios* zusammen mit seinem Sohn *Kostis*. Reservierung empfohlen.

Aktivitäten

Bootstouren

- **Mani Cruises,** Kardamili Hafen, Tel. +30 6945440083, mani.cruises. Mit dem Motorboot geht es in besonders schöne Buchten mit glasklarem Wasser zum Schnorcheln und Erkunden des Meeresbodens ebenso wie von felsigen Grotten. Das Boot kann man den halben oder ganzen Tag mieten. Auch geeignet für ältere Kinder.

Geführte Wanderungen

- **2407 Outdoor Experience,** Kardamili, Tel. +30 2721 073752, www.2407m.com/taygetos-mountain.
- **Trekking Hellas,** trekking.gr/en

Feste und Veranstaltungen

UNSER TIPP: **Kardamili International Jazz Festival,** kardamilijazzfestival.com. Am dritten Wochenende im Mai treten internationale Jazzkünstler auf. Konzerte finden an unterschiedlichen Veranstaltungsorten rund um Kardamili statt. Zu den entlegenen Orten in den Bergen oder zur Kyttaro Rock Bar in Kalamata gibt es einen Shuttle-Service. Das Festival wird unter anderem vom norwegischen Sarpsborg Jazz Club organisiert und hat eine ganz besondere Atmosphäre.

Stoupa

Nicht zuletzt wegen seines familienfreundlichen Sandstrands – eine Seltenheit in dieser Region – ist Stoupa der belebteste Ort der Äußeren Mani. Mit bunten Booten, Tavernen am Hafen und etlichen Unterkünften bietet das 630 Einwohner zählende Dorf die passende Infrastruktur, um den Ort als Basis für einen Mani-Urlaub zu wählen. Mit dem **Paralia Kalogria** in der Nachbarbucht gibt es einen zweiten, weniger überlaufenen Strand mit einer Grotte unter einem Felsvorsprung, wo es sich gut schnorcheln lässt.

Das einstige Mekka für Hippies hat sich etwas von seiner **alternativen Atmosphäre** erhalten. So gibt es eine aktive Künstlerszene, die Ausstellungen ebenso wie das Literaturfestival Mani Lit Fest organisiert.

Praktische Tipps

Nützliche Infos und Adressen

- **PLZ Stoupa:** 24024
- Das Recycling Centre in Stoupa nennt sich **Green Corner** und wird von der Organisation Clean Mani geführt. Hier kann man Glas, Verpackungen oder Essensreste entsorgen. Es ist ausgeschildert an der Hauptstraße von Stoupa nach Agios Nikolaos, im Sommer Mo und Fr 9–12, Mi 17–20 Uhr.

Unterkunft

- **Kalogria Beach Apartments**②, Kalogria Beach, Stoupa, Tel. +30 2721 077479, www.kalo

gria-beach.gr. Wer keine langen Fußwege mag, kann von diesem Apartment-Hotel in wenigen Minuten zum Strand spazieren. Zum Swimmingpool ist der Weg noch kürzer. Pinien und Palmen vervollkommnen das südliche Flair. Das hauseigene Restaurant ist empfehlenswert und befindet sich ebenfalls direkt am Strand.

- **Prastova Cottage**④, Stoupa, Tel. +30 6932004812, www.prastovarental.com. Schönes Cottage im Natursteinbau, zu erreichen über die nördliche Ausfallstraße Richtung Kardamili, noch vor der Tankstelle rechts. Hier kann man sich auf Wunsch auch bekochen lassen.
- **Kolokotronis Hotel and Spa**③, Stoupa Lefktrou, Tel. +30 2721 064820, www.gmkhotel.gr. Luxuriöse Villenanlage mit Ferienwohnungen oberhalb des Ortes, inklusive Spa und Wellnessangeboten.

Pirgos

- **Bio-Guesthouse Mani Sonnenlink**③-④, Pirgos 24024, Tel. +30 2721 078077, www.mani-sonnenlink.com. Das Hotel 4 km östlich von Stoupa gehört zu einer Vereinigung ökologisch und nachhaltig wirtschaftender Hotels. Von Juli bis August wird vegetarisches, veganes und glutenfreies Frühstück angeboten. Das familiengeführte Unternehmen produziert sein eigenes Olivenöl. Klassische Konzerte gibt es im hauseigenen Openair-Theater. Zudem wird Yoga angeboten.

Küstenwanderung oder Radtour von Stoupa nach Trahila

Unser Tipp: Von Stoupa kann man auf einem Uferweg, der nur für **Fußgänger und Radfahrer** frei ist, an der Küste entlangwandern und dabei die Aussicht genießen. Die Strecke bis ins Nachbardorf **Agios Nikolaos** ist 4 km lang, die Wanderung dauert bis hier etwa 45 Minuten.

Die Tour auf dem befestigten Weg lässt sich auch gut mit dem Rad unternehmen oder als Wanderung verlängern. Hinter Agios Nikolaos schlängelt sich der Weg entlang des wunderschönen Küstenstreifens an Villen und Siedlungen vorbei. Ab Agios Nikolaos verläuft die Route auf der wenig befahrenen **Küstenstraße Agios Dimitrios** über den gleichnamigen Ort weiter nach Süden. Kurz vor Trahila öffnet sich der Blick auf einen Rock Pool, ein kleines **Meerwasserschwimmbad,** das sich bei Flut bildet. Dann geht es weiter ins Fischerdorf **Trahila,** wo die Straße endet. In einer der Tavernen kann man einkehren und dabei den Blick auf das tiefblaue Wasser und die Landzunge genießen, die hier ins Meer hinausragt. Die gesamte Strecke ist etwa 11 km lang.

Camping

- **Camping Kalogria,** Nikos Kazantzakis 29, Tel. +30 2721 077319, www.campingkalogria.gr, 1. April bis 20. Nov. Einfacher, aber voll ausgestatteter Platz mit kleinem Lebensmittelmarkt, Kühlschränken etc., nicht direkt am Kalogria-Strand, aber in Fußnähe. Für Wohnmobile geeignet.

Essen und Trinken

- **Avli Tis Theanos,** Tel. +30 2721 077448, tgl. 8.30–23.30 Uhr. Das Restaurant an der Strandstraße serviert schmackhafte Kombinationen aus Kartoffeln oder Reis, Schmorgemüse und Fleisch, ebenso wie leichte Salate in heimeliger Atmosphäre. Auch frühstücken kann man hier gut.
- **Stoupa Restaurant,** Tel. +30 2721 077516, stouparestaurant.gr, tgl. Mo–Fr 9–1, Sa/So 9–3 Uhr. Am Nordende des Strands mit Blick auf den Ort gelegen, werden hier vor allem regionale Zutaten

Adobe Stock © Stratos Giannikos

verarbeitet. Klassische griechische Gerichte wie der Bauernsalat werden modern präsentiert.

■ **Mylo Indian and Ethnic Cuisine,** Tel. +30 2721 064064, mylostoupa.gr, Di–So 11–23, Mo 18–23 Uhr. Am Südende des Hafens ein Stückchen landeinwärts bietet dieses Restaurant fernöstliche Küche mit exotischen und scharfen Gewürzen, auch vegetarische Gerichte.

■ **Enigma,** Tel. +30 6936688648, tgl. 11–3.30 Uhr. Café und Cocktailbar am Nordende des Strandes mit romantischer Terrasse, an bestimmten Tagen gibt es Live-Musik. Gute Auswahl an Cocktails.

Unser Tipp: **Patriko Pub-Cafe,** tgl. 9–3 Uhr. Im beliebten Pub gibt es freitags ab 20.30 Uhr Rock und Blues live. Hier findet im Oktober das Mani Lit Fest statt.

■ **Kritamos Café,** Ep. Od. Kardamili-Areopoli, Tel. +30 2721 064102, auf Facebook, tgl. 7–24 Uhr. In dem ganztags geöffneten Café an der Hauptstraße gibt es einfache Gerichte wie leckere Burger. Jeden Donnerstag spielen griechische Bands ab 20 Uhr Rembetiko und Folk.

Aktivitäten

Tauchen

■ **Dive Code,** Kalogria Stoupa, Tel. +30 2721 064908, divecodegreece.com, tgl. 9–19 Uhr. Geführte Tauchausflüge ab 50 €/Person. Mit Glück gibt es die Meeresschildkröten Caretta caretta, Tintenfische oder andere besondere Meeresbewohner zu erspähen. Es werden auch Kurse für den Tauchschein angeboten.

Stoupa in der Hauptsaison

Sorbas, der Grieche aus Stoupa

Vom Sirtaki tanzenden *Anthony Quinn*, alias **Sorbas der Grieche,** haben viele durch den Filmklassiker „Alexis Sorbas" aus dem Jahr 1964 ein Bild im Kopf. *Sorbas* war keine völlig fiktive Person. **Georgios Sorbas** (1867–1941) lebte auf der Peloponnes und war Vorarbeiter in einer Braunkohlemine in der Nähe von Stoupa, die der griechische Schriftsteller *Nikos Kazantzakis* (1883–1957) betrieb. Ihm lieferte *Georgios Sorbas* die Vorlage für die Hauptfigur in seinem berühmten Roman „Alexis Sorbas", der dann verfilmt wurde.

Das Buch ist zum Teil autobiografisch: Der Sozialist und Philosoph *Kazantzakis* wollte sich an die von ihm verherrlichte proletarische Lebenswirklichkeit annähern. Das Bergwerk in Stoupa pachtete er von 1915 bis 1917, bis das Projekt kläglich scheiterte. Seine Erfahrungen verarbeitete *Kazantzakis* später in dem Roman. Als schmächtiger, kränkelnder Intellektueller beschreibt der Protagonist sein Gegenstück, den proletarischen, lebensfrohen und durchs Leben polternden *Sorbas*. Großen Raum nehmen die Konversationen zwischen ihm und *Sorbas* ein, bei denen dieser seine Lebensweisheiten preisgibt. Tatsächlich freundete sich *Kazantzakis* während seiner Zeit in Stoupa mit *Georgios Sorbas* an. Sicherlich werden sie den einen oder anderen Ouzo zusammen getrunken und dabei philosophiert haben.

Der Autor verlegte die Handlung seines Romans allerdings auf seine Heimatinsel Kreta. In Stoupa erinnert eine **Statue am Strand von Kalogria** an *Nikos Kazantzakis*.

Feste und Veranstaltungen

- **Mani Lit Fest,** Literaturfestival Anfang Oktober, das sich vor allem an die „Expat"-Community von ausgewanderten Europäern richtet – fast ausschließlich in englischer Sprache (www.manilitfest.com, Eintritt frei).

In der Umgebung

Kastania

UNSER TIPP: Das **Bergdorf** Kastania (Kastanea) östlich von Stoupa im Taygetos-Gebirge ist ausnehmend hübsch gelegen. Es besitzt **zehn byzantinische Kirchen** aus dem 11. und 12. Jh., die zum Teil gut erhaltene **Fresken** im Inneren bergen. Dies erstaunt weniger, wenn man erfährt, dass der Ort im 18. Jh. die größte Ansiedlung in der gesamten Mani war. Hier siedelte der Dourakis-Clan, wovon heute noch der fünfstöckige **Dourakis-Turm** am Hauptplatz zeugt.

Mehrere Bäche finden hier ihren Weg aus dem Gebirge, die Gegend ist sehr wasserreich. Anders als in vielen anderen Regionen der Mani ermöglichte dies den Anbau von Gemüse und Früchten wie **Feigen und Esskastanien.** Bis heute findet in Kastania Ende Oktober das **Festival Giorti Kastanou** rund um die Kastanie statt. Dann werden diverse Köstlichkeiten serviert, nicht nur aus Esskastanien. Zudem gibt es Folkloretänze.

Essen und Trinken

- **Taverna I Klimataria,** Kastania 24024, Tel. +30 2721 077104, tgl. 18–22.30 Uhr. Gegenüber des Dourakis-Turms und der Kirche Agios Nikolaos gelegen, kann man sich hier nach einer Erkundung des Ortes erfrischen.

Agios Nikolaos

Im einstigen Fischerdorf Agios Nikolaos, das erst um 1830 gegründet wurde, liegen noch immer Fischerboote im Hafen, der das Zentrum des Ortes bildet. Längst ist die Haupteinnahmequelle jedoch auch hier der Tourismus. Es gibt eine gute Auswahl an Unterkünften. Der Ort selbst hat keinen Strand. Wer baden möchte, findet zwei Kilometer weiter südlich den **Paralia Pantazi** (auch Platia Ammos), der mit Tavernen und Strandbars ausgestattet ist. In der kleinen Bucht Gnospi führen Stufen ins Wasser und man schwimmt oberhalb von gut sichtbaren Felsen, die unten auf dem Meeresgrund liegen.

Küstenorte in der Mani wie Agios Nikolaos erreicht man am einfachsten per Boot

Adobe Stock © Rawf8

Agios Dimitrios

Der benachbarte Hafen von Agios Dimitrios bietet lediglich Platz für eine handvoll Boote. Ein paar Steinhäuschen reihen sich um einen kleinen Kiesstrand. Südlich fallen geologisch interessante Felsformationen ins Wasser, über denen das Kirchlein Agios Dimitrios schwebt.

Vorgelagert ist dem Ort die **Insel Pefnos.** Sie ist das einzige, was noch an die **antike Stadt Pefnos** erinnert. Der Legende nach soll sich Zeus hier in Gestalt eines Schwans mit Leda vereinigt haben. Aus dieser Verbindung entstanden zwei Eier, aus denen zum Einen die Schöne Helena und ihre Schwester Clytemnestra geboren worden sein sollen, zum Anderen die Dioskuren Castor und Pollux. Zu *Pausanias'* Zeiten standen auf der Insel zwei Statuen der Dioskuren.

In Anlehnung an die Legende hat der Bildhauer *Giannis Gouzos* im Jahr 2020 die **Skulptur eines riesigen Eis** geschaffen, das die Verbindung von Leda mit dem Schwan zeigt (frei nach *Michelan-*

gelo) und das nun auf Pefnos steht. Es gibt keine offizielle Bootsverbindung zum Inselchen, man kann jedoch hinüberschwimmen oder -paddeln.

An der Straße von Agios Dimitrios nach Trahila befindet sich ein alter Steinbruch mit einer Höhle, der **Spilaio Katafigi.** Auf den Felsformationen kann man herumwandern, das Erkunden der Höhle ist wegen Steinschlaggefahr aber nicht zu empfehlen. Hier sollen zu bewegteren Zeiten die der Piraterie beschuldigten Manioten Unterschlupf gefunden haben. Die Katafigi-Höhle ist teil eines riesigen unterirdischen Höhlensystems, zu dem auch die Tropfsteinhöhle Pyrgos Dirou bei Areopoli gehört.

Unterkunft

■ **Selinitsa Residence**②, Agios Nikolaos 24024, Tel. +30 6980382830, selinitsaresidence.gr/en. Direkt am Hafen wohnt man in einem historischen, renovierten Steinhaus. Es gibt sechs Zimmer.

■ **Mani Apartments Asteria & Ilios**①-②, Agios Dimitrios 24024, Tel. +30 2721 078160, www.maniapartments.gr. Moderne Fünfsterne-Unterkunft mit allen Extras. Bestechend ist auch die Lage südlich von Agios Dimitrios auf einem Felsvorsprung mit weitem Blick in die Landschaft. Zugang zu einem privaten kleinen Badesteg und Sprungbrett.

Aktivitäten

Radfahren

■ **Mani by Bike,** Agios Dimitrios, www.manibybike.com. Hier kann man sich mit dem passenden Untersatz ausstatten, um die Küstenregion mit dem Fahrrad zu erkunden.

Itylo

Von Agios Nikolaos auf der Hauptstraße weiter nach Süden fahrend, verlässt man die Region Messenien und erreicht vor Itylo die **Innere Mani** und damit Lakonien. Bei Homer wird das Bergdorf Itylo (auch Oitylo) als Teil des Königreichs von Menealos erwähnt. Lohnend ist ein Spaziergang durch die gut erhaltene **Altstadt** mit vielen originalen Steinhäusern, die teilweise direkt in den Fels gebaut wurden.

Die Osmanen errichteten um 1670 die im gleichnamigen Nachbarort liegende **Burg Kelefa,** von der noch die Mauern und Ecktürme stehen. Von hier aus wollte man die rebellische Mani kontrollieren, was nicht gelang. 1685 übernahmen die Venezianier die Burg und bauten sie aus. Von Itylo führt ein sechs Kilometer langer Wanderweg dorthin.

An der Küste im ehemaligen Hafengebiet von Itylo reihen sich in **Karavostasi** und **Neo Itylo** einige teure Hotels und schicke Restaurants aneinander. Der Stadtstrand Paralia Itylo ist kiesig und schmal, er liegt direkt unterhalb der Hauptstraße. Im 18. Jh. war die Mani eine Hochburg der Piraterie, das Diebesgut wurde auf Märkten verkauft. Auch Sklavenhandel fand hier statt. Lange war Karavostasi daher als „Klein Algier" bekannt.

Das **Kloster Moni Dekoulou** thront zwischen Itylo und Karavostasi auf einem 120 m hohen Felsvorsprung. Ein Abstecher zu dem Bau aus dem 16. Jh. lohnt nicht nur wegen der Aussicht. Im Inneren sind außergewöhnlich farbenfrohe **Fresken** aus dem Jahr 1765 an Decke und Wänden erhalten. Die Ikonostase ist aufwendig mit Gold verziert.

Unterkunft, Essen und Trinken

■ **Pyrgos Alevra**②, Epar. Od. Kalamatas-Areopolis, Itylo 23062, Tel. +30 2733 052868. Dreisterne-Hotel an der Hauptstraße südwestlich von Itylo mit schönem Blick auf die Bucht und Pool. Die Zimmer sind mit Küche und Klimaanlage ausgestattet.

■ **Kafeneio to Petrino,** Itylo 23062, Tel. +30 6932728071, tgl. 10–0.30 Uhr. Am Dorfplatz in der Altstadt sitzt man unter Einheimischen, es werden einfache, aber schmackhafte Klassiker serviert.

■ **O Faros tou Pantelli,** Karavostasi, Tel. +30 2733 059204, tgl. 11–23 Uhr. Exzellente Fischtaverne direkt am Wasser mit tollem Blick über die Bucht.

Camping

■ **Wohnmobil-Stellplatz:** Parkplatz bei Karavostasi am Nordende der Bucht bei der **Taverne O Faros,** GPS N 36.69597, E 22.37806. Der Besitzer stellt Duschen, Wasserhahn und WC zur Verfügung. Wer den kostenfreien Service nutzt, sollte dankenderweise in der Taverne speisen.

Limeni

Am Südende der Bucht von Neo Itylo, wenige Kilometer entfernt, gelangt man zum Publikumsliebling der Region, Limeni. In dem Ort ohne Straßen sitzt man in den Tavernen direkt über dem in der Sonne glitzernden Wasser am Kai. Fangfrischer Fisch und Meeresfrüchte landen direkt auf dem Teller. Limeni hat keinen Strand, stattdessen klettert man von Felsen ins türkisblaue Wasser – ein ganz besonderes Erlebnis.

1977 entdeckte man vor der Küste von Limeni ein **römisches Schiffswrack** aus dem 1. Jh. Die Ladung des Schiffes bestand aus zahlreichen Amphoren von ungewöhnlicher Form. 2017 tauchten mehrere Männer ohne Erlaubnis nach dem Wrack und versuchten, Artefakte

☐ Leben direkt am Wasser im Hafenörtchen Limeni

zu entwenden. Sie wurden zwar verhaftet, waren aber wahrscheinlich nicht die ersten oder die letzten, denn viele dokumentierte Fundstücke sind inzwischen verschwunden.

Wohnturm des Petrobey Mavromichalis

Das Haus atmet Geschichte: Es soll um 1762 von *Pieros Mavromichalis* gebaut worden sein, dem Vater des Freiheitskämpfers *Petrobey Mavromichalis* (1765–1848). Der Sohn wurde hier geboren und hatte den kämpferischen Geist der **Manioten** von seinem Vater geerbt, der in zahllosen Aufständen gegen die Osmanen gekämpft hatte.

Die Taktik der Osmanen war es, die Manioten mit lukrativen Posten als *Bey,* d.h. Statthalter, auszustatten und sie so für sich arbeiten zu lassen. *Petrobey* nahm zwar einen solchen Posten an, wurde jedoch 1818 Mitglied der **geheimen Organisation Filiki Eteria** (→ 425), die die **Befreiung Griechenlands** vorantrieb. Am 17. März 1821 trommelte er die Oberhäupter der anderen Clan-Städte der Mani zusammen und sie hissten die Flagge der Revolution in Areopoli. Danach marschierte man nach Kalamata und befreite die Stadt am 23. März.

Die Politik des Präsidenten *Kapodistrias,* eine zentralisierte Regierung einzurichten, kollidierte jedoch mit dem Clansystem der Manioten. *Petrobey,* der inzwischen Mitglied des griechischen Senats war, geriet mit *Kapodistrias* aneinander und wurde eingekerkert. Daraufhin wurde *Kapodistrias* von Mitgliedern des Mavromichalis-Clans ermordet, wobei *Petrobey* selbst den Anschlag später öffentlich verurteilte.

In der darauffolgenden Administration unter König *Otto* stieg *Mavromichalis* daher in noch höhere politische Ränge auf. Die Nachfahren des maniotischen Helden sollen noch bis Mitte des 20. Jh. in dem Wohnturm gelebt haben.

Das Turmanwesen wurde sorgsam restauriert und in ein **Viersterne-Hotel** mit historischem Flair verwandelt (Mavromichalai Historic Hotel, s.u.). Das Gebäude ist heute ein Denkmal.

Unterkunft

■ **Hotel Limeni Village**③, Limeni 23062, Tel. +30 2733 051111, www.limenivillage.gr. Direkt am Wasser, am Südende der Bucht gelegen, bietet das Hotel ein zeitgenössisch-elegantes Ambiente. Die Preise liegen über dem Durchschnitt der Peloponnes.

■ **Mavromichalai Historic Hotel**④, Limeni 23062, Tel. +30 2733 052400, mavromichalai.gr. Die Preise entsprechen dem hohen Standard.

Aktivitäten

Wassersport und Bootsverleih

■ **Mani Water Sports,** Tel. +30 6948488484, maniwatersports.com, Mai bis Okt. Hier kann man Tauchen lernen, Ausflüge zum römischen Wrack unternehmen oder sich luxuriös auf dem Wasser herumschippern lassen. Zudem werden geführte Kajaktouren angeboten.

Adobe Stock © Haris Andronos

Areopoli

Das landeinwärts gelegene Areopoli mit seinen gerade einmal 1000 Einwohnern gehört zu den touristisch am weitesten entwickelten Orten der Inneren Mani. Zugleich unterliegt der gesamte Ort dem Denkmalschutz. Einer der größten Touristenmagneten, die Tropfsteinhöhle von Pirgos Dirou, liegt einige Kilometer südlich.

Das Altstadtzentrum besteht aus charmanten Gassen, durch die man in Ruhe schlendern kann. Die Hügellage ermöglicht immer wieder schöne Ausblicke auf die Landschaft, insbesondere die Ausläufer des Taygetos-Gebirges im Osten. Vor den Steinhäusern stehen die Tische der Tavernen und Cafés, dazwischen findet man Kunsthandwerksläden und Souvenirshops. Übernachtungsmöglichkeiten gibt es auch im benachbarten Charia.

⌃ In der denkmalgeschützten Altstadt von Areopoli gibt es einiges zu entdecken

Sehenswertes

Rund um die zentrale, moderne **Platia Athanathon** im Osten reihen sich Tavernen und es gibt Parkplätze auch für Wohnmobile. Ein riesiges **Denkmal** erinnert an den Freiheitskämpfer *Petrobey Mavromichalis.* Man kann einen Blick in die **Kirche Agiou Athanasiou** mit Fresken aus den Jahren 1746–1868 werfen.

Von dort folgt man der Hauptstraße Kapetan Matapa in westlicher Richtung zur kleinen Platia 17. Martiou. Dort erhebt sich der markante, weithin sichtbare, fünfstöckige Turm der **Kirche Agios Taxiarchos.** An diesem Platz dreht sich alles um den griechischen Freiheitskampf, genauer gesagt um die Versammlung der rebellischen Manioten am 17. März 1821 unter *Petrobey Mavromichalis*. Hier sollen sie ihren Eid auf die Fahne und die Freiheit geleistet haben. Die Kirche wurde vom Mavromichalis-Clan um 1798 erbaut und weist ein Steinrelief des Erzengels Gabriel am Eingang sowie des heiligen *St. Georg* über dem Altarbogen auf.

Nördlich des Platzes gelangt man durch eine Gasse zum Pyrgos Kapetanakoy, einem historischen **Wohnturm** aus dem Jahr 1865, der einst der Familie *Kapetanakos* gehörte und heute ein Dreisterne-Hotel beherbergt.

Byzantinisches Kirchenmuseum

Im Süden des Ortes steht der ehemalige **Wohnturm Pikoulakis** aus dem Jahr 1850, in dem ein kleines, aber sehr sehenswertes Museum über Glaubenspraktiken und byzantinische Kirchenkunst in der Mani untergebracht ist. Hier kann man zahlreiche Funde aus den frühchristlichen Kirchen der Mani besichtigen, die bezeugen, dass die Manioten der byzantinischen Zeit tiefgläubig gewesen sein müssen.

■ **Pyrgos Pikoulakis,** Kapetan Matapa, Areopoli 23062, manisbyzantinemuseum.blogspot.com, Mi–Mo 8.30–15 Uhr, Eintritt frei.

☒ Kathedralenartig wirkt die riesige Tropfsteinhöhle Pyrgos Dirou

In der Umgebung

Tropfsteinhöhle Pyrgos Dirou

In der nächsten Bucht Richtung Süden findet sich eine der Hauptattraktionen der Mani: Die Tropfsteinhöhle **Vlychada** (auch Glyfada) zieht viele Besucher an. Beeindruckend ist allein ihre Größe: Mit dem **Boot** fährt man etwa 1,5 km über einen **unterirdischen See** und geht dann noch 300 m über einen Steig weiter in die Höhle hinein. Die schiere Vielfalt der Stalagtiten und Stalagmiten mit ihrem Formenreichtum ist atemberaubend. Die Bootsfahrt über den spiegelglatten See, dessen Wassertemperatur 14 °C beträgt, ist ein Erlebnis. Der unterirdische Komplex umfasst insgesamt drei Höhlen, die schon in der Jungsteinzeit als Wohnhöhlen dienten. Insgesamt erstrecken sich die Höhlen auf einer Länge von 15,4 km. Die weiter nördlich liegende Alepotrypa-Höhle wird wissenschaftlich erforscht und ist nicht zugänglich. Auch die Katafigi-Höhle bei Agios Dimitrios gehört dazu.

Auf dem Gelände befindet sich das kleine **Neolithische Museum Diros** mit zahlreichen Funden aus den Höhlen, von Knochen über Keramik bis zu Schmuck aus der Jungsteinzeit.

■ **Spilaia Vlychada,** Pyrgos Dirou 23063, Tel. +30 27330 52222, www.diros-caves.gr/en, April bis Okt. 9–17 Uhr (letzter Einlass 16.15), Nov. bis März 8.30–16.30 Uhr, lange Tour mit Boot und Spaziergang 15 €, erm. 10 €, kurze Tour mit Boot und Spaziergang 10 €, erm. 8 €, nur Spaziergang 7 €, erm. 5 €. Es empfiehlt sich, online für eine bestimmte Zeit zu buchen, sonst muss man unter Umständen lange anstehen. Museum Di–So 8.30–15 Uhr.

Praktische Tipps

Unterkunft, Essen und Trinken

■ **To Psomi tis Milias,** Platia 17. Martiou, Areopoli 23062, tgl. 9–21.30 Uhr. In der kleinen Bäckerei backt *Mila* alles noch im Holzofen. Es gibt eine Vielzahl an Brotsorten, Teigtaschen und süßes Gebäck.

Charia

■ **Arapakis-Hotel**③, Charia 23062, Tel. +30 2733 052922, www.pyrgosarapaki.gr. Viersterne-Hotel in einem restaurierten Mani-Wohnturm, landeinwärts der Höhle von Pyrgos Dirou. Das Haus war das Geburtshaus des Seefahrers *Peter Arapakis,* der 1923 die Höhle entdeckt haben soll.

Adobe Stock © gatsi

Camping

■ **Camper Stop,** Paralia Dirou, GPS N 36.64036, E 22.38292. Am Strand von Pyrgos Dirou mit riesigen weißen Kieseln befindet sich der beliebte Wohnmobilstellplatz, ohne Service.

Einkaufen

■ **Markt:** Einen Besuch wert ist der bunte Wochenmarkt, der jeden Sa 8–13 Uhr auf der Platia Athanathon stattfindet.

Feste und Veranstaltungen

■ Der **17. März** ist ein Feiertag in Lakonien, dann wird der maniotischen Helden wie *Petrobey Mavromichalis* gedacht, die den Unabhängigkeitskampf gegen die Osmanen begannen. In Areopolis finden Paraden und andere Events statt.

☒ In den felsigen Buchten der Mani steigt man über Leitern ins Wasser

Rundfahrt über die Innere Mani

Die Rundroute durch den Süden der Mani-Halbinsel, **von Areopoli über das Kap Tenaro bis Kotronas,** ist als landschaftlich besonders schöne Strecke ausgewiesen. Die Landstraße windet sich meist oben am Berg entlang, wer ans Wasser will, muss steile Abfahrten bewältigen. Zwar ist die Route nur knapp 100 km lang, dennoch sollte man mindestens eine Übernachtung einplanen, da die Fahrt auf den engen Serpentinen beschwerlich ist und man ansonsten kaum Zeit für einen Zwischenstopp, Besichtigungen und die Wanderung zum Kap Tenaro hat.

Die Mani ist ein Ort der **versteckten Buchten,** die sich früher ideal für Freibeuter und heute für Jachten eignen. Obwohl es in der Mani fast **keine Sandstrände** gibt, heißt das nicht, dass man dort nicht baden kann. Das Wasser ist aufgrund des felsigen Untergrunds außergewöhnlich klar und vielerorts kann man von Badestegen oder von Felstreppen direkt in die Fluten springen.

Setzt man die Reise von Areopoli weiter nach Süden zum Kap fort, wird die Landschaft abrupt kahler. Zudem kann das Wetter sich schnell ändern, Wolken und Wind können plötzlich aufkommen. Der Westteil der Mani ist auch als Aposkieri Mani, d.h. schattige Mani, bekannt, während das östliche Ufer Prosiliaki Mani – sonnige Mani – genannt wird.

Mezapos und Kap Tigani

Am **Paralia Chalikia** bei Mezapos beeindrucken die steil abfallenden Kalkfelsen in der runden Bucht. Die kleine **Landzunge,** die sich nahe Mezapos ins Meer zieht, sieht auf den ersten Blick eher unscheinbar aus. Am Kap Tigani befinden sich jedoch die **Reste einer byzantinischen Festung** aus dem 6. Jh., Bruchstücke von Säulen und Podesten liegen verstreut herum. Eine Wanderung lohnt sich allein wegen des Panoramas.

Bevor man auf die Halbinsel gelangt, verengt sich der Weg, der bei Sturmfluten überspült wird. Man sieht runde Einbuchtungen im Felsen, wo früher Meerwasser getrocknet wurde, um Salz zu erhalten. Westlich der Landzunge befindet sich eine winzige, in den Fels gebaute Kirche aus dem 12. Jh. Die **Eklisia Odigitra** wird heute noch genutzt, innen befinden sich einige Heiligenbilder.

Gerolimenas und Kiparissos

Weiter in Richtung Kap fahrend, kann man in Gerolimenas oder Kiparissos einen **Badestopp** einlegen, beide Orte besitzen kleine Kiesstrände. Am Hafen von Gerolimenas gibt es zudem einige Tavernen. Die nördliche Seite des Hafens wird von einer Klippenwand eingenommen, was den Hafen auf natürliche Weise von Winden abschirmt. In Kiparissos lockt der felsige Strand **Paralia Almirou,** wo Grotten im Felsen natürlichen Schatten spenden. Beim **Paralia Exo Kapi** bildet eine Felszunge eine natürliche Abschirmung der Bucht.

Vathia und Marmari

Vathia, die windumtoste **Turmstadt,** beeindruckt aufgrund ihrer Lage, obwohl viele der Wohntürme verfallen sind.

071pe ln

Graubraune Mauern vor kargen Bergen im Hintergrund bestimmen das Bild, nur ab und zu leuchtet ein grüner Fleck in Form einer Zypresse oder Palme dazwischen auf. Die kleinen Fenster hatten damals keine Scheiben, so konnte man sie praktischerweise auch als Schießscharten benutzen. 54 Familien sollen hier zu Beginn des 19. Jh. gelebt haben. In seiner Unverstellheit repräsentiert das Dorf den typischen Bau- und Lebensstil der Mani und steht unter Schutz.

Aber auch hier drängt der Tourismus langsam in den nach dem Zweiten Weltkrieg von seinen Bewohnern verlassenen Ort. Die griechische Regierung fördert die **Restaurierung der Häuser** und ihre Umwandlung in Hotels, da auf diese Weise die historische Substanz und der Charakter von Orten wie diesem erhalten bleiben kann.

Die einzige **sandige Bucht** in der Gegend findet man weiter südlich in **Marmari,** das zwar ein schönes Felsenpanorama, aber an Infrastruktur nur eine Hotelanlage mit Strandbar bietet.

⌃ Blick in die Bucht von Marmari

› Der Leuchtturm am Kap Tenaro, das in der Antike als Ende der Welt galt

Porto Kagio

An der engsten Stelle der Landzunge, wenige Kilometer vor dem Kap Tenaro, führt eine Straße an die Ostseite nach Porto Kagio hinunter. Hier geht es etwas lebhafter zu als an der Westseite: Es gibt einen kleinen **Strand, Unterkünfte und zwei Tavernen.** Nördlich liegt der schöne Paralia Neoria. Der Name Kagio stammt vom italienischen *quaglio*, was „Wachtel" bedeutet, denn früher ging man hier auf Wachteljagd. Die Vögel ließen sich auf ihrem alljährlichen Flug nach Afrika hier nieder – und endeten in so manch einer Pfanne.

Unterkunft, Essen und Trinken

■ **Porto Kale Guesthouse**, Porto Kagio 23062, Tel. +30 2733 054202, www.portokale.gr/de. Einfache, aber gemütliche Zimmer im Steinbau.

■ **Spilia Cafe Bar,** Tel. +30 6940506363, auf Facebook, tgl. 10–0.30 Uhr. Am östlichen Ende der Bucht sitzt man hier etwas oberhalb des Wassers mit Blick auf die Segeljachten im Hafen.

Camping

■ **Wohnmobilstellplatz Taverna Porto,** Porto Kagio 23062, Tel. +30 697 4310146. Die Taverne bietet ihren Parkplatz als Stellplatz für Wohnmobile an. Abends kehrt man als Gegenleistung in der Taverne ein.

Kokkinogia

Der Weg zum Kap führt von der Straße oberhalb von Porto Kagio südlich bis nach Kokkinogia, der letzten Ansiedlung vor der Südspitze der Mani. In der Bucht unterhalb des Parkplatzes befinden sich **archäologische Ausgrabungen.** Zunächst gelangt man zu den Ruinen einer Kirche. Darunter liegen noch Überreste eines **Poseidon-Heiligtums und Totenorakels** aus der Zeit der Spartaner. In der östlichen Bucht vermuteten diese den Eingang zur Unterwelt des Totengottes Hades, durch die Herakles den Höllenhund Zerberus nach oben gezerrt haben soll. Oberhalb der Bucht beginnt der **Wanderweg zum Kap Tenaro** (→ Kasten).

Wanderung zum Kap Tenaro

Das restliche Stück zum Kap Tenaro muss man zu Fuß zurücklegen. Die Wanderung zum Leuchtturm dauert eine Stunde, insgesamt ist man also zwei Stunden unterwegs. Der Weg ist felsig und gutes Schuhwerk ist erforderlich. Vom **Parkplatz** am Ortsrand von **Kokkinogia** geht es zunächst vorbei an der kleinen Bucht Paralia Tainaro und den **Ruinen einer römischen Villa** mit noch erstaunlich gut sichtbaren **Bodenmosaiken.** Danach erhascht man einen ersten Blick auf den **Leuchtturm** und wenig später steht man am windumtosten Kap, dem südlichsten Punkt des griechischen Festlands, das in der Antike als „Ende der Welt" bekannt war. Hier genießt man den wohl unverstelltesten Blick auf das östliche Mittelmeer von der Peloponnes aus.

Adobe Stock © ivoderooij

Am Lakonischen Golf

Von Porto Kagio schlängelt sich die Straße zunächst durch die Berge und dann entlang der Küste des Lakonischen Golfs nach Norden. Badestopps kann man hier z.B. am entlegenen, aber extrem sauberen und schönen **Paralia Ampelo** machen oder auch in **Kokkala,** wo man am Strand außer einigen Fischerbooten auch eine Taverne, eine Bäckerei und einige Unterkünfte findet. Auch die kleine Bucht **Paralia Alipa** mit großen, weißen Kieseln bei **Exo Nimfio** lädt zum kurzen Verweilen ein.

Kotronas

Für einen etwas längeren Aufenthalt an der Ostküste der Mani eignet sich Kotronas mit dem Sandstrand **Paralia Kotronas** und dem weiter südlich liegenden Paralia Flomochori. Der flache Sandstrand Kotronas eignet sich auch für Familien mit Kindern. Das Panorama des Taygetos-Gebirges erlebt man hier in Rundumsicht.

Westlich des Ortes kann man in der nächsten Bucht die **Halbinsel Skopa** erkunden, die durch einen schmalen Kiesweg mit dem Festland verbunden ist. Hierher gelangt man nur zu Fuß oder mit dem Boot. Die Zwillingsbuchten links und rechts des Kiesstreifens werden im Sommer ebenfalls zum Baden genutzt. In der Antike befand sich auf dem Landvorsprung die Zitadelle der Siedlung Tefthroni. Auf der Westseite sieht man noch einige **römische Mauerreste.** Auch war die Insel ein Artemis-Heiligtum. Das Kirchlein **Agios Nikolaos** an der Spitze wurde über einem alten Tempel erbaut.

Unterkunft, Essen und Trinken

- **Kotronas Bay Bungalows**②, Epar. Od. Chosiariou-Gerolimena, Kotronas 23062, Tel. +30 2733 021402, www.kotronasbay.gr. Gemütliche Ferienwohnungen mit Terrasse und Meerblick. Die Mahlzeiten kann man im dazugehörigen **Restaurant En Plo** einnehmen, dort kocht die griechische Fernsehköchin *Mary Panagakos* (Tel. +30 2733 022900, Mai bis Sept.)
- Landeinwärts im Ortszentrum gibt es einen **Minimarkt** für Selbstversorger.

Camping

- **Wohnmobilstellplatz Kotronas,** Epar. Od. Chosiariou-Gerolimena 131. In der Nebensaison dürfen Wohnmobile auf dem Parkplatz am Strand übernachten, es gibt einen Wasserhahn und eine Mülltonne.

Flomochori

Von Kotronas einen Abstecher wert ist das **Bergdorf** Flomochori mit einigen steinernen Wohntürmen und kleinen Kirchen sowie einer großen Platia mit einem beliebten Grillrestaurant. Die eigentliche Attraktion ist der talwärts liegende Strand **Paralia Chaliki Vatta** mit großen, weißen Kieseln.

Von Flomochori ist der Ausgangspunkt der Rundfahrt über die südliche Mani nach 15 Kilometern wieder erreicht. Die Straße ins Inland quert die Halbinsel und führt nach **Areopoli** zurück.

Essen und Trinken

- **I Platia tis Manis,** Kentriki Platia, Flomochori 23062, Tel. +30 2733 024321, tgl. 10–22 Uhr.

Hartes Leben und raue Sitten der Inneren Mani

Adobe Stock © kranidi

Die **Abgeschiedenheit** der Halbinsel Mani hat dem Landstrich und seinen Bewohnern in der Vergangenheit eine besondere Rolle innerhalb der Peloponnes verschafft. Der karge Boden der Inneren Mani gab wenig her, Landwirtschaft war kaum möglich. Daher verfiel man im Mittelalter in die **Piraterie.** Ab dem 17. Jh. bildeten sich **Familienclans,** die meist verfeindet waren und ihre Fehden äußerst blutig austrugen. Hiervon zeugen heute die **wehrhaften Burgtürme,** die auf kahlen Klippen dem Wind trotzen. Alle wurden aus Stein gebaut, denn andere Baumaterialien waren kaum vorhanden.

In der patriarchalischen Kultur der Mani lebte man bis Mitte des 19. Jh. weitgehend gesetzlos. Bei der **Blutrache** wurden jeweils die männlichen Mitglieder des verfeindeten Clans umgebracht – dieser gegenseitige Vernichtungskampf konnte jahrzehntelang andauern. Es gab **keine Bildung,** Frauen hatten kaum Rechte. Vielleicht auch deshalb sind die **Frauen** der Mani vor allem für die Tradition ihrer **Klagelieder,** Mirologia, bekannt. Für ihre toten Söhne oder Ehemänner stimmten sie improvisierte Gesänge an und lamentierten sich in eine Art Trance.

Im **Unabhängigkeitskrieg** verschanzten sich die Widerstandskämpfer in dem unwegsamen Gelände. Zwar trugen die Manioten ihren Teil dazu bei, den Freiheitskampf zu unterstützen – schließlich war ihr Landstrich nie völlig von den Osmanen erobert worden, denen sie erfolgreich getrotzt hatten. Sie blieben aber eine zutiefst **konservativ-patriarchalische Gesellschaft.** Nach der Unabhängigkeit weigerten sie sich, sich in einen organisierten griechischen Staat zu integrieren. Den Bestrebungen des ersten Präsidenten *Ioannis Kapodistrias,* Griechenland nach westlichem Vorbild zu modernisieren, stellten sie sich entgegen. Es waren Manioten, die 1831 den tödlichen Anschlag auf *Kapodistrias* in der Hauptstadt Nafplio verübten.

Damit grub man sich letztlich sein eigenes Grab. Zwar hielt man die griechische Armee erfolgreich auf Distanz. Da die Lebensgrundlagen fehlten, kam es jedoch zu einer **Auswanderungswelle** ins Ausland und die Wohntürme verfielen. Erst der Tourismus hauchte der Region wieder neues Leben ein. Heute haben sich in etlichen der alten Anwesen Hotels angesiedelt.

⌃ Vathia steht als typisch maniotisches Dorf unter Denkmalschutz

Gythio

Fast wie an der Riviera schmiegen sich Gythios pastellfarbene Häuser an den Hang des Hausbergs Koumaros, bunte Fischerboote liegen davor im Hafen. Die einstige Hafenanlage Spartas ist mit rund 7000 Einwohnern heute die größte Stadt der Region Mani und gleichzeitig das Verwaltungszentrum der Östlichen Mani. Gythio mit seinem Wochenmarkt, Geschäften, Cafés und Restaurants zieht nicht nur Touristen an. Auch für Einheimische ist es ein wichtiger Anlaufpunkt und ganzjährig gut besucht. Im Sommer verkehren von hier **Fähren** zu den Inseln **Kythira** und **Antikythira** sowie nach **Kreta.**

Vorgelagert ist die kleine Halbinsel Kranai, die mit der Legende um Paris und die Schöne Helena in Verbindung gebracht wird. Nördlich und südlich von Gythio liegen schöne Buchten mit Sand- oder Kiesstränden.

Sehenswertes

Die N39 nach Sparta führt längs durch den Ort und dann am Ufer entlang. Die kilometerlange **Uferpromenade** erstreckt sich von der Halbinsel Kranai im Süden bis zum Pier und dann weiter nördlich bis fast in den Ortskern. Dies ermöglicht einen ausgiebigen Bummel am Wasser entlang mit schönem Ausblick auf die Bucht. Die Tische der Tavernen und Cafés wetteifern um den Platz mit der schönsten Aussicht, auch

⟩ Der Tzannetakis-Turm auf der Insel Kranai ähnelt den Turmbauten in der Mani

⌄ Das beliebte Hafenstädtchen Gythio erinnert an die Riviera

072pe ln

wenn dies bedeutet, dass die Bediensteten zum Servieren immer wieder die geschäftige Straße überqueren müssen. Die Fischerboote legen direkt vor dem zentralen Platz Petrobey Mavromichali an.

Auf der Promenade weiter Richtung Zentrum gehend, passiert man eine Parkanlage und gelangt zum **Rathaus** (Dimarcheo), das im 19. Jh. von *Ernst Ziller* entworfen wurde. Heute residiert dort die Verwaltung der Östlichen Mani.

Im Norden bei der Odos Apollonos liegen in einer Grünanlage die Ruinen des **Amphitheaters** von Gythio. Das antike griechische Theater wurde von den Römern ausgebaut und weiter genutzt. Heute finden hier im Sommer Theatervorstellungen und Konzerte statt. Westlich davon finden sich an der Odos Polidefkous die von Gras überwachsenen **Überreste einer byzantinischen Kirche** sowie eines römischen Bades. Diese Anlagen sind nur von der Straße aus zu betrachten und nicht gepflegt.

Kulturzentrum Östliche Mani

Um die Ecke landeinwärts vom Rathaus steht das ehemalige Mädchengymnasium aus dem Jahr 1891, das ebenfalls auf *Ziller* zurückgeht. Darin ist heute das Kulturzentrum der Östlichen Mani (Anatoliki Mani) untergebracht. In der **Ausstellung** erfährt man Interessantes über die Landschaft der Mani und die erschwerten Bedingungen, unter denen die Manioten in der rauen Natur lebten. Es wird gezeigt, mit welchem Einfallsreichtum man Nahrungsmittel erzeugte und z.B. Olivenöl produzierte. Ein zweiter Teil der Ausstellung beschäftigt sich mit Themen rund um Gythio, z.B. der

073pe ln

hiesigen traditionellen Mandolinenmusik. Daneben fungiert das Zentrum auch als **Touristinformation.**

■ **Cultural Centre of Eastern Mani,** Irakliou, Tel. +30 2733 023888, www.kpmanis.gr/en, Mo–Fr 9–16 Uhr, Eintritt frei.

Halbinsel Kranai

Vom Platz Petrobey Mavromichali in Richtung Süden spaziert man entlang der Uferstraße bis zur malerischen Halbinsel Kranai (auch Marathonisi). Von der nur durch einen schmalen Damm mit dem Ufer verbundenen Insel hat man einen besonders schönen Blick auf die Bucht. Der Legende nach soll Paris auf der Flucht von Sparta nach Troja mit **Helena** hier seine erste Liebesnacht verbracht haben (→ Exkurs S. 188).

An der Spitze der Insel steht ein sechseckiger **Leuchtturm** aus dem Jahr 1873, den die Franzosen unter General *Maison* errichten ließen und der heute von der griechischen Marine genutzt wird. Neben der kleinen Kapelle Agios Petros

Die Entführung der Helena und der Trojanische Krieg

Der griechische Mythos von der Entführung der Schönen Helena durch Paris, die den Trojanischen Krieg zur Folge hatte, ist eng mit der kleinen **Insel Kranai** verbunden. Die Legende wurde in der Antike mehrfach verarbeitet. Zuerst taucht sie in **Homers „Ilias“** im 8. oder 7. Jh. v.Chr. auf. **Euripides** verfasste seine **Tragödie „Helena“** um 412 v.Chr.

Die schöne Helena galt in der griechischen Mythologie als eine **Tochter des Göttervaters Zeus,** erzeugt mit Leda, die er in Gestalt eines Schwans verführte. Im weltlichen Leben war Helenas Mutter Leda mit **Tyndareos, König von Sparta,** verheiratet. Die Halbgöttin Helena war so betörend, dass sie als schönste Frau der Welt galt und ihr praktisch jeder Mann verfiel. Bereits als Teenager wurde sie daher von König Theseus von Athen entführt.

Um Helena vor weiteren Übergriffen zu schützen und zu verhindern, dass sich die zahlreichen Ehe-Anwärter gegenseitig in ihrem Ehrgeiz umbrachten oder gar gegen ihn richteten, erließ ihr weltlicher Vater Tyndareos den sogenannten **Eid des Tyndareos.** Er lud alle Freier nach Sparta ein und jeder musste versprechen, den von Helena Auserkorenen als rechtmäßigen Ehemann anzuerkennen und die Verbindung gegen Widersacher zu verteidigen.

Helena wählte den mykenischen Prinzen **Menelaos,** während dessen Bruder Agamemnon Helenas Schwester Clytemnestra ehelichte. Beide Prinzen stammten aus dem Haus Atreus, das angeblich von Pelops abstammte, dem Stammvater der Peloponnes. Die Erben des Hauses Atreus galten damit als legitime Thronerben von Mykene. Ihre Geschichte war jedoch von blutigen Auseinandersetzungen und Gemetzeln gekennzeichnet, sodass sie als verflucht galten. Nach vielen Irrungen und Wirrungen errang Menealos mithilfe von Tyndareos den Thron von Sparta und sein Bruder Agamemnon den Thron von Mykene.

Paris, der Sohn des trojanischen Königs Priamos und Bruder von Hektor, kam als Gast an Menelaos' Hof, hatte aber bereits einen perfiden Plan: Durch die Göttin Aphrodite war er dazu angestiftet worden, Helena zu entführen. Nachdem Menelaos verreisen musste, nutzte Paris die Chance und **entführte Helena,** um mit ihr nach Troja zu fliehen. Auf der Insel Kranai bei Gythio soll Paris für eine Nacht das Boot geankert haben, mit dem sie ihren Verfolgern entkamen.

Der betrogene Menelaos versammelte daraufhin alle ehemaligen Freier Helenas, die den Eid zu ihrer Verteidigung geschworen hatten, und zog mit einer riesigen **Flotte aus 60 Schiffen gen Troja.** Nach zehnjähriger Belagerung verschaffte man sich mit einer List des Odysseus (laut Homer) einen Vorteil: Versteckt im **trojanischen Pferd,** gelangte man in die Festung von Troja. Paris tötete Achilles, den besten Kämpfer der Griechen, nachdem dieser den besten Kämpfer der Trojaner, Hektor, getötet hatte. Danach wurde Paris ebenfalls getötet. Menelaos nahm Helena wieder mit sich zurück nach Sparta.

findet sich mit dem **Pyrgos Tzannetakis** ein etwas kurioses Gebäude. Der burgähnliche **Turmbau** mit Zinnen, der die Bauweise der Mani imitiert, wurde 1829 für die Familie *Tzannetakis* erbaut. Der spätere Nachkomme und kurzzeitige Premierminister *Tzannis Tzannetakis* vermachte das Gebäude 1977 dem Staat. Heute befindet sich darin ein kleines **Historisches und Ethnologisches Museum,** das Einblick in das Leben der Mani vom 15. bis 19. Jh. gewährt (Tel. +30 6974029871, Sa/So 8–16 Uhr).

Praktische Tipps

Nützliche Infos und Adressen

■ **PLZ Gythio:** 23200

■ **Kulturzentrum Östliche Mani** (s.o.). Hier bekommt man Karten und Broschüren sowie weiterführende Literatur zur Mani. Es gibt Bildschirme, auf denen man die Orte der Mani erkunden kann.

■ **www.gythio.net,** private Webseite mit allgemeinen Informationen, von einem deutsch-griechischen Ehepaar geführt, das vor Ort lebt.

Unterkunft

■ **Infinity Hotel**②, Tzanimpei Grigoraki, Tel. +30 2733 021007. Das Dreisterne-Hotel hat eine schöne Lage mit Blick über die südliche Bucht und die Insel Kranai. Moderne, geräumige Zimmer mit Balkon und Klimaanlage, Wasserkocher vorhanden.

■ **La Boheme**③, Prothypourgou Tzanni Tzannetaki, Tel. +30 2733 021992, auf Facebook. Von dem kleinen, individuell gestalteten Boutique-Hotel (vier Sterne) direkt an der südlichen Uferpromenade geht man nur wenige Minuten bis ins Zentrum.

■ **Las Hotel & Spa**②, Ioanni Grigoriakou, Tel. +30 2733 024610, www.lashotel.gr. Modernes Viersterne-Hotel mit Swimmingpool direkt hinter dem Rathaus. Von der Dachterrasse blickt man aufs Meer und über die Dächer – zentraler geht es kaum.

Essen und Trinken

■ **Unico Wine Bar & Restaurant,** Vasileos Pavlou, Tel. +30 2733 021001, tgl. 7–24 Uhr. Moderne Lounge-Bar mit kleinen Gerichten wie Pizza, Burger oder Spaghetti. Die Tische an der Uferpromenade sind sehr begehrt.

■ **Palyria,** Prothypourgou Tzanni Tzannetaki, Tel. +30 2733 025291, tgl. 12–24 Uhr. Beliebtes Fischrestaurant nahe dem Hafen. Griechische Favoriten wie gegrillte Sardinen oder Lobster-Spaghetti gehören ebenso zum Angebot wie leckere Desserts.

■ **Stilvi Cafe,** Epar. Od. Gytheiou-Areopolis, Tel. +30 2733 400279, stilvi-cafe.business.site, tgl. 8.30–0.30 Uhr. Abseits vom Trubel am Hafen kann man hier sehr lecker und entspannt frühstücken.

Einkaufen

In dem Dreieck zwischen der Vasileos Georgiou, der Hauptstraße Odos Ermou und der Uferstraße Eleftherolakones befindet sich der Stadtkern mit den meisten Geschäften und Banken.

■ **Emanuelidis „Ta artoglykismata",** Petrobey Mavromichali, tgl. 6–23.30 Uhr. Bäckerei am zentralen Platz, in der man regionales Gebäck und Konditoreiwaren bekommt. Der Hit sind die warmen, unterschiedlich gefüllten Blätterteigpasteten, die es süß und pikant gibt.

Biohof Karababas, Gythio/Passavas 23200, Tel. +30 2733 022381, www.biohof-karababas.com. *Susanne Schneck* und *Giorgos Germanakos* führen im Hinterland, 4 km westlich von Gythio, seit langer Zeit einen Biohof und verkaufen zertifiziertes Bio-Olivenöl und andere Produkte wie Kräuteressig, Kapern und Gewürze. Von Mai bis November kann man vorbeischauen und einkaufen.

Markt

- Auf dem nördlichen Abschnitt der Uferstraße findet jeden Freitag 8–12 Uhr der **Wochenmarkt** statt. Es gibt Frischwaren, Eingemachtes, aber auch Kleidung und Haushaltsgeräte. Hier kann man stöbern und viel entdecken.

Verkehr

- **Taxi:** Tel. +30 27330 23400

Bus

- **KTEL,** ktel-lakonias.gr/en. Es verkehren täglich Busse nach Sparta und weiter bis Athen. An bestimmten Tagen gibt es Verbindungen nach Patras, Kalamata und Monemvasia sowie zu Orten der Mani wie Areopoli. Haltestellen an der Vasileos Georgiou 98 (stadtauswärts nordwestlich des Zentrums) und an der Vasileos Pavlou 51, an der Grünanlage nahe Alpha Bank.

Schiff

Zweimal wöchentlich verkehrt im Sommer und einmal wöchentlich im Winter (So) von Gythio eine Fähre der Firma Seajets zu den Inseln **Kythira, Antikythira** und von dort weiter nach **Kreta.** Weitere Verbindungen gibt es von Neapoli Voion.

- **Seajets,** Tel. +30 2107 107710, www.seajets.com. Die Fahrt nach Kythira dauert auf dieser Fähre 2½ Std., nach Kissamos auf Kreta ca. 7 Std.
- **Rozakis Shipping & Travel Agency,** Vasileos Pavlou 5, Gythio, Tel. +30 2733 022650, www.rozakistravel.gr. Hier bekommt man die Tickets für die Fähren und Reiseinformationen.

Strände in der Umgebung

Paralia Mavrovouni

Wer von Gythio nach Süden Richtung Innere Mani fährt, gelangt zuerst zum Paralia Mavrovouni. Das beliebte **Feriengebiet** am langen Sandstrand mit Blick auf die Küste der Mani weist gleich drei Campingplätze auf und eine stattliche Anzahl an Hotels und Ferienwohnungen. Die meisten liegen jedoch nicht direkt am Strand, da dieser ein Brutgebiet der **Meeresschildkröte Caretta caretta** ist (→ Exkurs S. 126). Abends darf man sich während der Brutzeit dann nicht direkt am Strand aufhalten, bzw. muss die Nester weitläufig umgehen. Auch darf kein Licht gemacht werden. Es gibt daher auch keine Beachbars direkt am Strand.

Unterkunft

- **Castello Antico**③, Mavrovouni, Gythio 23200, Tel. +30 2733 022601, www.castelloantico.com. Am Westende des Strands von Mavrovouni gelegen, bietet die Anlage Ruhe mit allem Komfort und einen Pool direkt am Meer. Das Restaurant serviert vom Frühstück bis zum Abendessen leckere mediterrane Gerichte.

Camping

- **Camping Meltemi,** Mavrovouni, Tel. +30 2733 022833, www.campingmeltemi.gr. Naturbelassener Campingplatz im Olivenhain mit viel Schatten und Stellplätzen für große Wohnmobile. Neben gut ausgestattetem Minimarkt (Brötchenservice) und einem kleinen Pool gibt es behindertengerechte Sanitäranlagen. Die zu mietenden, einfachen Ferienbungalows teilen sich eine Sanitäranlage.
- **Camping Gythion Bay,** Perifereiakos Gythio, Tel. +30 2733 022522, www.gythiocamping.gr, 10. Mai bis 20. Okt. Familienfreundlicher Platz mit

mehrsprachigem Personal. Es gibt viele schattige, gut gepflegte Plätze, auch für große Wohnmobile, und moderne Sanitäranlagen, ebenso Glamping-Zelte zum Mieten. Die schicke Pool-Anlage hat Hotelqualität. Fahrradverleih, Surfschule und Beachvolleyball sowie ein Kinderspielplatz und Kinderanimation gehören ebenfalls zum Angebot. Der Platz ist Teil des Netzwerks Top Camping (→ S. 363).

Paralia Vathi und Paralia Kamares

Südlich von Mavrovouni liegt der einsamere **Kiesstrand** von Vathi, ebenfalls mit Campingmöglichkeiten und exklusiveren Ferienwohnungen und Hotels. Südlich der Landzunge von Ageranos befindet sich der Paralia Kamares. Hier gibt es wenig Infrastruktur, der Strand ist weitgehend naturbelassen. Vor allem von Herbst bis Frühling ist er wegen des guten Wellengangs bei **Surfern** beliebt.

Unterkunft

■ **Hotel Belle Helene**②, Vathi, Gythio 23200, Tel. +30 2733 093001, hotelbellehelene.hotelbrain.com. Große, moderne Anlage mit Pool am Strand von Vathi. Liegt preislich etwas höher als die Hotels in Gythio, dafür gibt es ein schickes Restaurant, eine Beachbar und Wassersportangebote. Im Meer vor dem Strand befinden sich die Ruinen eines antiken Hafens.

Valtaki Beach mit Schiffswrack Dimitrios

An der Küstenstraße von Gythio nach Norden Richtung Skala kommt man bald zu einem Aussichtspunkt. Von hier blickt man auf den naturbelassenen, langgestreckten Sandstrand **Glyfada,** auch Valtaki Beach genannt. Ins Auge fällt sofort das gestrandete, alte Schiff, das seit 1981 auf der Sandbank vor sich hin rostet. Beim Blick von oben hat die Szene etwas Wildes, man fühlt sich an Piraten der Karibik erinnert. Aus der

Vom Paralia Mavrovouni blickt man auf die östliche Mani

Nähe betrachtet, sieht der völlig verrostete alte Kahn freilich nicht mehr so romantisch aus. Die Badegäste stören sich jedoch nicht daran, sondern nutzen das Schiff als Motiv für Selfies.

Die Hintergrundgeschichte zum Schiffswrack Dimitrios ist dubios: Ursprünglich gehörte das Schiff einer dänischen Reederei, die es 1965 an einen Griechen verkaufte, der es 1979 weiterverkaufte. Der letzte Eigentümer schmuggelte damit angeblich Zigaretten von der Türkei nach Griechenland. Das Schiff legte im Dezember 1981 in Gythio an und der Kapitän sowie die Mannschaft verschwanden. Erst im Juni 1982 versuchten die Behörden, den Eigentümer ausfindig zu machen – ohne Erfolg, denn dieser hatte wie die Mannschaft das Weite gesucht. Während eines Sturms im darauffolgenden Herbst wurde das Schiff losgerissen und driftete in Richtung Nachbarbucht, wo es am Valtaki Beach strandete.

Camping

■ **Camper Stop Valtaki Beach,** Epar. Od. Skalas-Githiou, Krokees, Evrotas, GPS N 36.78889, E 22.58225. Nahe dem Glyfada Beach Restaurant gibt es zehn Stellplätze direkt am Strand mit Duschen, Abfallentsorgung und WLAN. Die Benutzung ist kostenfrei. Der Platz ist jedoch sehr beliebt und oft überfüllt.

Essen und Trinken

■ **Glyfada Beach Restaurant,** Tel. +30 2733 024044, www.glyfadabeachrestaurant.com/en, tgl. 9–22.30 Uhr. Von der Taverne am Südende des Paralia Glyfada kann man das Wrack aus der Nähe betrachten.

Wie aus einer Filmkulisse: das Schiffswrack Dimitrios am Valtaki Beach

075pe ln

Plitra

Hinter Valtaki endet bei Trinisa die Küstenstraße und man muss nördlich landeinwärts nach **Skala** abbiegen, wo man auf die N86 trifft. Sie umrundet den Lakonischen Golf und führt auf den „dritten Finger" der Peloponnes. (Achtung: in Skala muss man über eine enge und recht marode Brücke über den Evrotas navigieren). In **Molai** hat man die Möglichkeit, östlich auf die Küstenstraße abzubiegen, die bis hinunter zur Insel Elafonisos an zahlreichen, großteils unerschlossenen Badebuchten vorbeiführt.

Das kleine Plitra ist ein beliebter **Badeort** mit einem weißen Sandstrand, wie er für die Region typisch ist. Nahebei befinden sich die weitgehend versunkenen Ruinen der **antiken Stadt Asopos** aus der späthellenistischen Zeit. Beim großen Erdbeben von 365 v.Chr. senkte sich das Land ab und die Stadt versank in den Fluten. Die archäologische Stätte ist am Hafeneingang von Plitra ausgeschildert. Zwar stehen auch auf der Landseite einige Ruinen, aber der Großteil befindet sich unter Wasser.

Die Westseite der Bucht wird von der **Halbinsel Karavostasi** eingenommen. Auch dort befinden sich einige Ferienwohnungen und Hotels.

Unterkunft, Essen und Trinken

■ **Costa Rampane**, Paraliaki Odos, Plitra 23056, Tel. +30 6973226888, costarampane.gr. Kleines Boutique-Hotel mit Retro-Schick am Paralia Plitra, geführt vom freundlichen Gastgeberehepaar.

■ **Porto Grana,** Am Hafen, Tel. +30 2732 082234, Mo 18–2, Di/Mi 9–17 und 18–1, Do–So 18–1 Uhr. Die Cafébar bietet entspannte, schattige Plätze. Es gibt erfrischende Drinks, aber auch Snacks und Desserts.

■ **O Kavos,** Tel. +30 6975513377, tgl. 12–14 Uhr. Ganz am Südende der Bucht von Karavostasi gibt es sehr gut zubereitete griechische Spezialitäten und Blick aufs Meer.

Camping

■ **Camper Stop,** Taverne Aleiferis Andreas, Karavostasi, GPS N 36.68831, E 22.82806, Tel. +30 2732 082015. Die Taverne am Strand bietet gute Verpflegung. Wohnmobile dürfen den Parkplatz zur Übernachtung nutzen.

Marathias

■ **Camper Stop,** Paralia Marathias, Elika, GPS N 36.60563, E 22.90143. Nördlich des Strands von Marathias nahe der Beachbar Tortuga befindet sich eine Parkmöglichkeit für Wohnmobile mit einer Frischwasserdusche. In Marathias, einem kleinen Ferienort 20 km südlich von Plitra, gibt es einige gute Tavernen.

Vigklafia und Pounta

Der Südzipfel des „dritten Fingers" der Peloponnes wird von der **Region Vatika** eingenommen. Der Doppelort Vigklafia/Pounta ist den meisten Besuchern wegen des **Fähranlegers zur Insel Elafonisos** ein Begriff, hat aber selbst einiges zu bieten. Für diejenigen, die nicht auf der Insel übernachten möchten, sind die Unterkünfte und Restaurants eine gute Ausweichmöglichkeit, denn auf Elafonisos kann in der Hochsaison schnell alles ausgebucht sein. Pounta kann überdies selbst mit zwei traumhaften Stränden, **Pounta Beach** und **Hamokelo Beach,** mit Blick auf die Insel trumpfen.

Hinter dem Hamokelo-Strand erstreckt sich eine kleine **Salzlagune** (Limni Stroggyli), in der heute noch Salz gewonnen wird. Sie gehört zu den **Schutzgebieten Natura 2000,** denn sie bietet Lebensraum für Flamingos, Stockenten sowie eine bedrohte Art von Seezedern. Die Juniperus oxykedrus macrocarpa gedeiht nur in küstennahen Dünenlandschaften.

Unser Tipp: Die versunkene Stadt Pavlopetri ist ein spannendes Ziel für **Taucher.** Doch nicht nur wegen dieser Ruinen lohnt es sich einmal abzutauchen – auch anderswo in den küstennahen Bereichen rund um Elafonisos wartet im glasklaren Wasser eine spannende Unterwasserwelt. Daher gilt: **Schnorchel nicht vergessen!**

Versunkene Stadt Pavlopetri

Wer einen Schnorchel und Flossen zur Verfügung hat, kann zur versunkenen Stadt Pavlopetri hinuntertauchen, die nur etwa zwei bis vier Meter unter dem Meeresspiegel liegt. Beim Blick auf die winzige **Insel Pavlopetri** unmittelbar vor dem Strand von Pounta kann man das Ausmaß der Anlage auf dem Meeresboden schon erahnen. Die Ruinen der Stadt erstrecken sich in einem Dreieck zwischen Pounta Beach und Hamokelo Beach auf der Landseite sowie der Insel Pavlopetri auf der Meeresseite. Das Eiland war ebenso wie sein Nachbar Elafonisos bis ins 17. Jh. hinein noch mit dem Festland verbunden. Ein Erdbeben führte wahrscheinlich dazu, dass der Boden sich absenkte. Danach sorgte der ansteigende Meeresspiegel dafür, dass die Ruinen komplett mit Wasser bedeckt wurden.

Pavlopetri ist die bisher **älteste entdeckte „Unterwasserstadt“.** Die Ausgrabungen belegen, dass der Küstenstrich schon um 3500 v.Chr. besiedelt war. Aber auch aus späteren Perioden hat man Artefakte entdeckt, die im Archäologischen Museum in Neapoli Voion ausgestellt sind. Anhand der großen Mengen von **minoischen Töpferscherben** nimmt man an, dass an den hiesigen Küsten ein reger Seehandel mit den Inseln Kythira und Kreta bestand.

Die 1967 entdeckte Anlage wird seit 2009 von der Universität von Nottingham erforscht. Man hat etwa **15 Gebäude** entdeckt, die jeweils bis zu 12 Zimmer hatten. Anhand der Fundamente ließen sich Rückschlüsse auf die Struktur der Stadt und den Straßenverlauf ziehen. Auch hat man ein **Leitungssystem** für Wasser und Abwasser entdeckt sowie eine **Hafenanlage.** Heute kämpfen Archäologen und Naturschützer um den Erhalt der Ruinen, die durch Schiffsverkehr bedroht sind – nicht zuletzt durch Mikroorganismen, die sich z.B. im Ballastwasser von Schiffen befinden. Da die Stelle für Sporttaucher freigegeben ist, sind im Laufe der Jahre viele Artefakte illegal entwendet worden.

Praktische Tipps

Nützliche Infos und Adressen

- **Informationen:** www.visitvatika.gr/en, www.pavlopetri.org
- **PLZ Vigklafia:** 23053

Unterkunft, Essen und Trinken

- **Hotel Vias**①, Vigklafia 23053, Tel. +30 2734 047022, vias-guest-house-neapoli.hotel-mix.de. Das einfache Zweisterne-Hotel bietet ausreichenden Komfort mit kleiner Küchenzeile in den Zimmern. Es liegt in Gehnähe zu beiden Stränden.
- **Sun and Sea Villas**②, Vigklafia, Tel. +30 6987558089, auf Facebook. Kleine Ferienhäuser ein Stück landeinwärts mit schönem Blick auf die Insel Elafonisos.

Camping

■ **Camper Stop Taverna Oasis,** Vigklafia, Tel. +30 2734 047354, trekoolis.wixsite.com/camper-stop-oasis. Der Stellplatz in Pounta bietet vollen Wohnmobilservice inkl. Entsorgung und Waschmaschine. Die Taverne bietet leckere griechische Küche.

Verkehr

Schiff

■ **Elafonisos Ferries,** Tel. +30 27340 61122, www.elafonisosferries.gr. Im Sommer Überfahrt vom Pier in Pounta alle 30 Min., Fahrtdauer 9 Min., Preis einfache Fahrt: Pkw 12 €, Wohnmobil 20 €, Personen 2 €. Die Fähre kann man nicht im Voraus buchen, daher können sich am Fähranleger zur Hochsaison Schlangen bilden.

■ **Seetaxi:** Vassilis Papoulis – Agonistis & Sea Taxi Zoumpoulaki, Tel. +30 6976827296, 6944786795. Privater Fährservice auf die Insel vom Anleger in Pounta, auch Notfälle.

Insel Elafonisos

In der Antike war die Insel Elafonisos noch eine Halbinsel und mit dem Festland im Süden des „dritten Fingers“ der Peloponnes verbunden. Aufgrund ihrer Form, die dem Kieferknochen eines Esels ähnelt, wurde sie *Onou Gnathos* („Eselsgebiss“) genannt. Um 1837 siedelten sich Bewohner der 8,5 Kilometer entfernten Insel Kythira und auch von der Mani hier an. Die fischreichen Gewässer sorgen noch heute für ein Einkommen der Insulaner, obwohl der Tourismus eine immer größere Rolle einnimmt.

Die größte Ansiedlung auf Elafonisos ist der gleichnamige Hauptort rund um den **Hafen** mit dem Fähranleger. Hier findet man auch die meisten Unterkünfte und Gastronomiebetriebe. Gleich bei der Einfahrt in den Hafen passiert man die augenfällige kleine **Kirche Agios Spyridonas,** die malerisch auf einer

☐ Der Simos-Strand auf Elafonisos

Halbinsel vorgelagert ist und die man zu Fuß über einen befestigten Damm erreicht.

Strände

Vor dem Hauptort liegt der **Kontogoni Beach** und westlich etwas außerhalb der **Paralia Kalogera.** Rund um den **Paralia Kato Nisi** auf der Westseite der Insel gibt es ebenfalls Unterkünfte. Da die Bucht von mehreren vorgelagerten Inseln geschützt wird, ist es dort weniger windig.

An den naturbelassenen, tropisch anmutenden Stränden **Simos Beach** und **Lefki Beach** im Süden befinden sich der einzige Campingplatz der Insel sowie ein Wassersportzentrum. Den Paralia Simos umgibt eine sehenswerte Dünenlandschaft. Die **Cave of Simos,** eine ungesicherte Höhle, erreicht man über einen Pfad vom Nordende des Strands.

Der Meltemi-Wind

Der Meltemi ist ein in der gesamten Gegend häufig vorkommender, **nördlicher Wind,** der vom griechischen Festland in die Ägais strömt. Ausläufer erreichen regelmäßig die Küsten von Lakonien, insbesondere die Landzunge der Region Vatika und die Insel Elafonisos. Am stärksten weht der Meltemi von Juni bis September und bringt dann eine angenehme **Abkühlung** bei hohen Temperaturen. Meist ist er in der Tagesmitte von 11 bis 17 Uhr auflebend. **Surfer** am Simos Beach schätzen dies, für Sonnenanbeter kann es allerdings bedeuten, dass Sand herumprasselt und der Aufenthalt ungemütlich wird. Die gute Nachricht: Man kann auf die westliche Inselseite zum Paralia Kato Nisi ausweichen.

Praktische Tipps

Nützliche Infos und Adressen

- **PLZ Elafonisos:** 25053
- **Informationen:** elafonisos.gov.gr (griech.)

Unterkunft

Unser Tipp: Wer nicht ausschließlich auf Badeurlaub oder zum Surfen an den Inselstränden hier ist, kann Elafonisos auch als Tagesausflug einplanen. Die **Unterkünfte an Land** sind im Schnitt 20 % preiswerter als auf der Insel, zudem ist während der Hochsaison schnell alles ausgebucht.

- **Kalomoira's Apartments**②, Kontogoni Beach, Tel. +30 2734 061327, kalomoirasapartments.com. Charmantes, kleines Boutique-Hotel im Zentrum mit individuell gestalteten Zimmern und Gartenanlage im Innenhof.
- **Simosmare Resort**②-③, Lefki Beach, Tel. +30 6987010307, simosmare.gr, Mai bis Sept. Schicke Viersterne-Ferienanlage im Natursteinbau mit Pool am Lefki-Strand.

Camping

Wildes Campen ist auf der Insel nicht erlaubt und wird streng geahndet. Auch Parken darf man nur auf den ausgewiesenen Parkplätzen, die in der Hochsaison schnell voll sind.

- **Simos Camping,** Paralia Simou, Tel. +30 2734 022672, simoscamping.gr/en, 10. Mai bis 31. Okt. Neben den üblichen Einrichtungen wie Minimarkt und Restaurant kann man hier auch Fahrräder leihen. Es werden Strandliegen mit Badeaufsicht vermietet und es gibt einen Kinderspielplatz und Beachvolleyball.

Essen und Trinken

Rund um den Hafen ist es abends in den Tavernen sehr belebt. Bei schönster Aussicht kann man hier einen entspannten Abend verbringen.

■ **Ntagiantas,** Tel. +30 2734 061384, tgl. 11.30–23.30 Uhr. Näher am Meer geht es kaum: In der Fischtaverne am Hafen hört man das Wasser auf den Ufersteinen plätschern.

■ **Seaside Wine Club Restaurant,** Tel. +30 2106 452852, tgl. 14–4 Uhr. Etwas außerhalb der Stadt an der östlichen Ausfallstraße Richtung Lefki und Simos Beach hat man von der Terrasse einen weiten, freien Blick aufs Meer. Es gibt griechische Standardgerichte, Fisch, aber auch Burger und Cocktails. Manchmal legen DJs auf.

■ **Artolichoudies,** Tel. +30 2734 061213, tgl. 8–18 Uhr. In der Café-Bäckerei an der südlichen Zufahrtsstraße zum Hafen gibt es leckere griechische Backwaren, darunter süße oder pikante Pasteten, und dazu guten Kaffee. Eine lokale Spezialität ist *skaltsounia,* eine süße Pastete mit Walnuss und Honig.

Nachtleben

■ **Mare Nostrum,** Kontogoni Beach, Tel. +30 6971891645, tgl. 8–4 Uhr. Am stadtnahen Kontogoni-Strand kann man in der Café-Bar bis in die frühen Morgenstunden ausharren. Den ganzen Tag werden leckere Imbissgerichte wie Omelettes, Crêpes oder überbackener Toast angeboten. An ausgesuchten Tagen gibt es Live-Musik.

■ **Stin Akri,** Nordhafen, Tel. +30 2734 061258, auf Facebook. Die Bar an der Landzunge am Hafen, mit Blick auf die Kirche Agios Spyridonas, ist der beste Platz, um bei einem Cocktail den Sonnenuntergang zu beobachten.

Einkaufen

■ **To Kanari,** Am Hafen, tgl. 8–15 Uhr. Kaftane, Ethno-Schmuck und Taschen.

■ **Dia Chiros,** Kontogoni Beach, tgl. 7.30–1 Uhr. Muschellampen und andere Designobjekte.

Aktivitäten

Bootsverleih und Wassersport

■ **Rent A Boat Elafonisos,** Limani, Tel. +30 6937466671, www.rentaboat-elafonisos.gr. Direkt am Hafen, am Damm zur Halbinsel mit der Kirche Agios Spyridonas, kann man Motorboote mieten.

■ **Elafonisos Watersports,** Sarakeniko, Tel. +30 6987239127, elafonisoswatersports.gr. Es wird eine ganze Palette an Wasserfahrzeugen angeboten, vom Schnellboot bis zum Kajak. Auch Wasserski und Wakeboarding ist möglich.

Feste und Veranstaltungen

■ Beim **Unabhängigkeitsfest** vom 6. bis 9. Juli treten u.a. Volkstanzgruppen auf.

■ Im Fischerdorf Elafonisos darf ein **Fischerfest** nicht fehlen. An den letzten zehn Tagen im August wird auf den zentralen Plätzen und am Hafen gefeiert. Neben leckeren Fischgerichten gibt es Live-Musik und folkloristische Tanzdarbietungen.

Verkehr

■ **Taxi:** Tel. +30 6951484989

Bus

■ **Ktel-Busse** verkehren in der Sommersaison Mo–Fr von Neapoli Voion nach Elafonisos und bedienen auch verschiedene Orte auf der Insel, im Juli/Aug. 5x tgl.

Neapoli Voion

Neapoli, das antike Voiai, war reich an Bodenschätzen und eine wichtige Hafenstadt für das antike Sparta. Die moderne Stadt wurde unter König *Otto* nach klassizistischem Muster angelegt und erhielt 1845 ihren heutigen Namen. Mit 3100 Einwohnern ist Neapoli Voion die größte Stadt in dem (noch) einsamen Landstrich rund um das Kap Malea. Die meisten Besucher sind mit den Fähren nach bzw. von Kythira und Antikythira unterwegs.

Die Stadt erstreckt sich am Fuß eines Ausläufers des Parnon-Gebirges, Agia Triada. In der Innenstadt bildet die Leof. Spartis eine lange Achse mit Geschäften des täglichen Bedarfs, Boutiquen und Restaurants. Flanieren kann man auf der langgestreckten und modern ausgebauten **Uferpromenade** entlang der Leof. Voion. Die Straße ist gesäumt von Tavernen und Hotels.

Archäologisches Museum

Stadtauswärts an der Straße nach Agios Nikolaos befindet sich das neue Archäologische Museum. Es zeigt interessante Funde aus der Region Vatika, unter anderem aus der versunkenen Stadt Pavlopetri und von der Insel Elafonisos sowie von der Malea-Halbinsel. Darunter sind **Tongefäße, Schmuck, dekorative Objekte, Stelen** und vieles mehr. Die Funde sind hauptsächlich prähistorisch, aus der mykenischen, aber auch aus der römischen Zeit.

- **Archaiologiko Mouseio Neapolis Voion,** Leof. Dimokratias, Tel. +30 27340 22877, www.amnv.gr/en, Mi–Mo 8.30–15.30 Uhr, Eintritt 3 €, erm. 2 €.

Praktische Tipps

Nützliche Infos und Adressen

- **PLZ Neapoli Voion:** 23053
- **Informationen:** www.visitvatika.gr/en/vatika/villages/neapoli

Unterkunft

- **Hotel Limira Mare**①, Leof. Voion, Tel. +30 2734 022236, www.limiramare.gr. Dreisterne-Hotel an der Uferpromenade und einem der hübscheren Abschnitte des Stadtstrands. Es gibt auch eine Gartenanlage.

Verkehr

Bus

- **KTEL Lakonia,** ktel-lakonias.gr/en. Fernbusse fahren fast täglich auf der Route Korinth – Tripoli – Sparta – Molai – Neapoli Voion. Zudem gibt es einen Bus zur Fähre nach Elafonisos, Mo–Fr 4x tgl. 7.10–14 Uhr.

Schiff

Von Neapoli Voion verkehrt das ganze Jahr über die Fähre „F/B Porfyrousa" nach Kythira und Antikythira auf einer Rundroute, im Winter sechsmal pro Woche, im Sommer ein- bis zweimal am Tag.

- **Triton Ferries,** Tel. +30 210 4402822, tritonferries.gr/en, www.kythira.info/porfyrousa.
- **Exantas Shipping Agency,** Leof. Voion/Ecke Agias Triados, Neapoli Voion 23053, Tel. +30 2734 022644, -23480, exantas-shippingagency.gr. Bei

dieser Fährgesellschaft bekommt man ebenfalls Tickets für die Fähre nach Kythira. Online-Reservierungen bis zwei Stunden vor Abfahrt.

Taxi

- **Sgardelis Vaggelis,** Tel. +30 6975162605
- **Papoulis Minas,** Tel. +30 6932476486

Malea-Halbinsel

Südlich von Neapoli Voion erstreckt sich die geologisch und landschaftlich interessante Malea-Halbinsel, die das südliche Ende des „dritten Fingers" der Peloponnes bildet. Sie wird bestimmt vom südlichsten Ausläufer des Parnon-Gebirges. Hier gibt es einige interessante **Wanderwege,** z.B. entlang der Ostküste bis zum Leuchtturm am **Kap Malea,** wo man bei gutem Wetter Sicht bis Kythira und Kreta hat. Auch entlang der Südküste gibt es Wanderwege, z.B. zum Fischerdörfchen **Profitis Ilias.**

Nicht verpassen sollte man den **Geopark Agios Nikolaos.** Ihn erreicht man südwestlich von Neapoli Voion, wenn man beim Ort Agios Nikolaos bei der Kirche Agia Marina den Hinweisschildern folgt.

Geopark Agios Nikolaos

Eine bizarre Landschaft erwartet Besucher im äußersten Süden der Halbinsel: Der Geopark Agios Nikolaos ist ein **versteinerter Wald** an der Küste. Wie eingefroren ragen halbe Stämme von Palmen aus dem Sand. Einige sind in der Mitte durchgebrochen und innen hohl, dazwischen finden sich im Boden versteinerte **Fossilien** von Meerestieren und Molusken. Auch die umliegenden **Felsen** haben recht außergewöhnliche Formen.

Vor zwei Millionen Jahren war der versteinerte Wald bei Agios Nikolaos ein Tropenwald

Vor etwa **zwei Millionen Jahren,** im Triaszeitalter, stand an dieser Stelle ein **Tropenwald** mit Palmen und Mammutbäumen. Vulkanische und seismische Aktivitäten ließen den Wald in den Erdboden versinken, wobei die Bäume und Pflanzen verkieselt wurden, d.h. die organischen Materialien wurden durch Kieselsäure ersetzt und versteinerten. Hier kann man an jeder Ecke etwas entdecken – daher ist der mit guten Wegen und Beschilderung angelegte Park auch für Kinder interessant.

■ **Geoparko Agiou Nikolaou,** Varvaressou 39, Neapoli Voion 23053, Tel. +30 2734 360115, www.keppedm.gr/geoparko. Geführte Touren von Ende Juli bis Mitte Sept. stündl. 10.30–17.30 Uhr, Eintritt frei.

Kletterfelsen

■ **Zobolo Climbing Park,** www.climbzobolo.gr. Das weiche Karstgestein der hiesigen Felswände eignet sich bestens zum Klettern. Der Kletterpark Zobolo, landeinwärts vom Geopark Agios Nikolaos, bietet 230 verschiedene Routen von unterschiedlichem Schwierigkeitsgrad.

Tropfsteinhöhle Kastania

Weiter nördlich kann man die spektakuläre Tropfsteinhöhle Kastania besichtigen. Von Neapoli Voion fährt man 13 km nach Osten quer über die Halbinsel via Lachi und Kato Kastania.

Zum Eingang in die Tropfsteinhöhle geht es zwar nach unten, aber dann steht man in einer wahrhaften Kathedrale aus steinernen Formationen, die an einen Fantasy-Film erinnern. Das Alter der Höhle datiert in die Jurazeit vor etwa 195–145 Millionen Jahren. Man spaziert auf zwei Ebenen durch das Innere.

■ **Spilao Kastanias,** Agios Andreas, Kastania 23053, Tel. +30 2734 360115, www.kastaniacave.gr/en, Mi–So 10–18 Uhr, im Winter bis 16 Uhr, Eintritt 7 €, Kinder 3 €.

076pe ln

Gefira

Der Urlaubsort Gefira an der Ostseite der lakonischen Halbinsel wird auch als **New Monemvasia** bezeichnet, denn er hat sich erst durch den Tourismus rund um die Felsenstadt Monemvasia entwickelt. Gefira bedeutet „Brücke" und nur über einen steinernen Damm gelangt man von hier aus hinüber zu der markanten Felseninsel. Bis ins 19. Jh. befand sich an der Stelle noch eine hölzerne Zugbrücke.

Den besten Blick auf den größten Touristenmagneten der Region hat man von dem kleinen, von Tavernen und Cafés gesäumten **Hafen** mit unverstelltem Blick auf den Felsen. Die Stadt Monemvasia sieht man vom Festland aus jedoch nicht, sie liegt auf seiner Rückseite.

In Gefira entstehen derzeit neue Apartmentblocks und Hotels für die wachsende Zahl an Touristen – die Unterkünfte sind hier preiswerter als in der Felsenstadt. Wenn Kreuzfahrtschiffe in der Bucht ankern, ist mit zahlreichen Tagesbesuchern zu rechnen.

Weitere Unterkünfte findet man am benachbarten schönen Sandstrand **Paralia Pori** nördlich von Gefira. Daran anschließend, nahe den Ruinen der antiken Stadt Epidavros Limira, erstreckt sich der langgezogene Strand **Paralia Kastraki.**

☐ Von Gefira blickt man auf den Felsen, an dessen Rückseite sich Monemvasia verbirgt

Unterkunft

■ **Aeolos Guesthouse**①, Epar. Od. Monemvasias-Neapolis, Gefira 23070, Tel. +30 2732 061476, aeo los-laconia.gr/aeolos-monemvasia. Das Gästehaus mit 15 einfachen Ferienapartments liegt in Gefira nahe der Uferstraße mit Blick auf die Bucht. Die Wohnungen sind klimatisiert und haben eine Küchenzeile.

■ **Iliopetro Apartments**②, Pori, Monemvasia 23270, Tel. +30 2732 062032, www.iliopetro.gr. Nett gestaltete Anlage oberhalb des Strands von Pori. Die sechs einfachen Ferienwohnungen haben Kühlschrank und Wasserkocher. Im grünem Außenbereich mit Blick über die Bucht gibt es gemütliche Sitzgelegenheiten.

■ **Alkinoi Resort & Spa**③, EO Monemvasias-Krokeon, Tel. +30 2732 061083, alkinoiresort.gr. Moderens Viersterne-Hotel mit Meerwasserpool am Südende der Bucht von Pori. Der Spa-Bereich umfasst Sauna, Jacuzzi und Massagen. Frühstücksservice auch im Zimmer.

Camping

■ **Camper Stop,** Epar. Od. Monemvasias-Neapolis 27. Großräumiger Parkplatz direkt am Hafen von Gefira. Es gibt einen Wasserhahn und Mülltonnen, die auch von den Jachten genutzt werden.

■ **Camper Stop,** Agia Kiriaki, Ethniki Od. Monemvasias-Krokeon, GPS N 36.69975, E 23.03228. Kleiner Parkplatz unter Olivenbäumen an der Straße nach Norden mit Fußweg zu einem kleinen Strand.

Essen und Trinken

■ **Di Porto,** am Hafen, Tel. +30 2732 061625, auf Facebook. Tagsüber gibt es Kaffee, Snacks und Desserts, abends kann man bei einem Cocktail an der Bucht sitzen, bis überall die Lichter angehen.

■ **Sakkari,** Epar. Od. Monemvasias-Neapolis, Tel. +30 2732 061161, Di–So 17–1 Uhr. Der Beiname „salty, sweet and coffee" sagt schon, was es in der Café-Bar nahe dem Hafen gibt: herzhafte und süße Snacks, dazu Kaffee und Alkoholisches.

■ **Taverna Asterias,** Odos Akras Moureas, Tel. +30 2732 061633, auf Facebook, tgl. 11–23 Uhr. Beliebte Fischtaverne nördlich der Landbrücke, in der man frischen Fisch in verschiedenen Variationen (auch frittiert) bekommt.

Monemvasia

Das gern als **Gibraltar des Ostens** betitelte Monemvasia ist eines der Highlights Lakoniens, das man nicht verpassen sollte. Die unmittelbar vor der Küste auf einer Felseninsel gelegene **byzantinische Festungsstadt** galt lange als uneinnehmbar, sie war nur über einen einzigen Zugang *(moni emvasia)*, nämlich die Brücke von Gefira, zu erreichen. Noch heute bildet ein Damm die Zufahrt zur Insel, von dem man bis zum Tor der Unterstadt fahren kann. Dahinter geht es nur noch zu Fuß weiter, der Felsen ist ansonsten autofrei. Ganz oben auf dem Hochplateau steht die **Zitadelle** in fast 200 m Höhe.

Vom Festland aus nicht sichtbar, schmiegt sich die restaurierte und belebte **Unterstadt** an den Fuß der Ostflanke. Hier kann man entspannt durch die von Gastronomie, Kunsthandwerksläden und Souvenirshops gesäumten historischen Gassen schlendern. In den alten Steinhäusern lässt es sich stilvoll übernachten. Trotz der vielen Besucher hat sich Monemvasia seinen Charme bewahrt und man findet durchaus noch ruhigere Ecken – auf einer Mauer oder an einem Cafétisch, von denen man die Aussicht auf die wunderbare Szenerie genießen kann.

Geschichte

Schon im 6. Jh. wurde Monemvasia unter den **Byzantinern** errichtet. Ihre Blütezeit erlebte die Stadt im 11. und 15. Jh. Der strategisch günstig gelegene **Hafen** auf der Handelsroute von Konstantinopel nach Venedig war jedoch ständigen Angriffen ausgesetzt.

Die **Franken** gewannen für wenige Jahrzehnte von 1249 bis 1263 die Oberhand – und dies auch erst nach dreijähriger Belagerung. Danach blieben Monemvasia wie auch die Stadt Mystras zunächst unter den Kaisern von Nicäa und dann unter dem Despotat von Morea in byzantinischer Hand.

Nach dem Fall Konstantinopels 1453 wurde Mystras von den Osmanen erobert. Monemvasia blieb damit der allerletzte Außenposten des einstigen römischen und späteren byzantinischen Reichs. Um 1460 begaben sich die Monemvasier in den Schutz der **Venezianer.** Nachdem die **Osmanen** jedoch aus dem venezianisch-osmanischen Krieg siegreich hervorgingen, mussten sich die Monemvasier 1540 endgültig ergeben.

Von 1688 bis 1715 kehrten die Venezianer zwar zurück, nach der Rückeroberung durch die Osmanen setzte im 18. Jh. jedoch der **Verfall** der Felsenstadt ein. Von den einstigen 20.000 Einwohnern blieben am Ende nur noch wenige Hundert. Erst in den 1980er-Jahren begannen die Bemühungen um die **Rettung der historischen Substanz.** Wie

077pe ln

man heute sehen kann, waren diese von großem Erfolg gekrönt – hier ist ein wirklich einzigartiger Ort für die Nachwelt erhalten worden.

Sehenswertes

Unterstadt

Bei einem Bummel auf der Hauptstraße der Unterstadt gelangt man bald zu der offenen **zentralen Platia** mit einer Aussichtsterrasse aufs Meer. Links steht die **Kirche Elkomenos Christos** mit ihrem markanten Glockenturm, ursprünglich im 6./7. Jh. erbaut und um 1697 erweitert. Rechts steht die ehemalige Moschee aus osmanischer Zeit, die heute als **Archäologisches Museum** dient. Anhand von Alltagsgegenständen, Wappen, Skulpturen und Zeichnungen erfährt man hier etwas über die Geschichte der Festungsstadt. Folgt man der Hauptstraße aus dem Ort hinaus zum Ende der Insel, gelangt man zum **Leuchtturm** von 1896 mit kleinem Museum. Zur Festung gelangt man von hier aus nicht, denn der Pfad ist wegen Abbruchgefahr gesperrt.

■ **Monemvasia Archaeological Collection,** Tel. +30 2732 061403, tgl. 8.30–15.30 Uhr, Eintritt 3 €, erm. 2 €.

Ausblick aufs Festland vom Hotel-Café Bastione Malvasia

Zitadelle

Der Zugang zur Oberstadt mit den Ruinen der Zitadelle ist auf halber Höhe der Hauptstraße zu finden (ausgeschildert). Stufen führen zu dem mit Steinen gepflasterten Weg, der sich langsam nach oben windet, bis man zum verfallenen **Eingangstor** (Kentriki Pyli Ano Polis) gelangt. Weiter geht es bergan zur mächtigen byzantinischen **Kirche Agia Sofia,** die wahrscheinlich schon im 12. Jh. entstand. Unter den Venezianern diente sie als katholische Kathedrale, unter den Osmanen wurde sie eine Moschee. Vorbei an einer weiteren kleinen Kirche gelangt man zur **Akropolis** mit den Mauerresten der einstigen Zitadelle. Auf dem Rundweg, der wieder zum Eingangstor führt, passiert man die Ruinen einstiger Bauten der Stadt wie z.B. die historische **Zisterne.**

Geburtshaus Yannis Ritsos

Yannis Ritsos (1909–90), einer der **wichtigsten griechischen Dichter** des 20. Jh., wurde in Monemvasia geboren. Die Felsenstadt beschrieb er als „steinernes Schiff". Die Werke des überzeugten Kommunisten waren regimekritisch, sein bekanntestes Werk „Epitaphios" behandelte den Tod eines Arbeiters bei einem Streik in den Tabakfabriken in Thessaloniki. Das Gedicht wurde später von dem berühmten Komponisten *Mikis Theodorakis* (1925–2021) vertont. Unter der rechtsgerichteten Regierung von *Ioannis Metaxas* wurden *Ritsos* Werke verboten und 1936 öffentlich verbrannt. Während des Bürgerkriegs 1948 und unter der Militärjunta 1967 war *Ritsos* mehrmals in Gefangenenlagern interniert. Heute steht seine **Büste** vor seinem Geburtshaus, das über eine Felstreppe links hinter dem Stadttor zu erreichen ist. Das griechische Kultusministerium plant, das Haus in den nächsten Jahren in ein Museum umzuwandeln.

Praktische Tipps

Nützliche Infos und Adressen

- **PLZ:** 23070
- **Informationen:** monemvasia.gr

Unterkunft, Essen und Trinken

Alle Unterkünfte innerhalb von Monemvasia genügen höchsten Ansprüchen, was Lage, Gestaltung und Service angeht. Die Preise sind angemessen.

UNSER TIPP: **Almi Guesthouse**③, EO Monemvasias-Krokeon, Tel. +30 6074114585, auf Facebook, Buchung über AirBnB. Kleines Haus unterhalb der Straße zur Unterstadt mit eigener Badeleiter. Hier kann man morgens schon vor dem Frühstück in die Fluten springen.

- **Bastione Malvasia**②, Tel. +30 2732 063008, bastionemalvasia.gr. Holz und Stein bestimmen den Stil in diesem schnuckeligen Hotel im Norden der Unterstadt mit tollem Blick über die Dächer bis nach Gefira. Zum Hotel gehört eines der romantischsten **Cafés** am Ort – mit Postkartenblick durch Oliven- und Oleanderzweige aufs Meer hinaus.
- **Guesthouse Kellia**③, Kastro, Tel. +30 2732 061520, keliamonemvasia.com. Unterhalb der wuchtigen Mauern liegt das stilvolle Hotel mit geräumiger Terrasse im Innenhof. Hier wird Wine Tas-

[>] Der Turm der Kirche Elkomenos Christos dominiert die Gassen von Monemvasia

ting der heimischen Rotweinsorte Mavalsia angeboten – der Weinkeller des Hotels ist beachtlich.

Einkaufen

Monemvasia Winery Tsimbidi, Aggelona, Monemvasia 23052, Tel. +30 2732 071705, www.monemvasiawinery.gr/en, Di–Sa 10–16 Uhr. Auf dem Weingut werden Bio-Weine der Sorte Malvasia hergestellt. Bei einer Besichtigung kann man den Wein verköstigen (Beilagen nach Wahl auch vegetarisch oder vegan). Probe von vier Weinen 12 €, Terroir 25 €.

Feste und Veranstaltungen

Malvasia Festival Monemvasia, www.malvasiafestival.gr/en/malvasia-festival. In der zweiten Juniwoche findet das große Weinfestival rund um die hier angebaute Rebsorte Malvasia statt.

078pe ln

Malvasia-Wein

Der Name des bekannten Malvasia-Weins geht auf die fränkische Bezeichnung des Landstrichs rund um **Monemvasia** zurück. Bereits ab dem 13. Jh. wurden **süße Dessertweine** der Sorte Malvasia von hier aus nach Nordeuropa verschifft. Die jahrtausendealte **weiße Rebsorte** ist sehr anspruchsvoll, braucht eine lange Reifezeit und gedeiht auf den kalkhaltigen Böden im östlichen Lakonien besonders gut. Nachdem unter den Osmanen die Weinberge zerstört worden waren, ging die Tradition verloren, sie wurde jedoch 2010 wiederbelebt. Seitdem gibt es die **Appellation Monemvasia-Malvasia,** die für liebliche Dessertweine wie z.B. Liastos steht, bei dem die Trauben vor dem Pressen in der Sonne getrocknet werden, um den Zuckergehalt zu erhöhen.

- **Informationen:** www.malvasiamyth.com

Geraki

Bei der Fahrt von der lakonischen Küste landeinwärts nach Sparta lohnt ein Abstecher in das Dorf Geraki am Fuß des Parnon-Gebirges, das für sein historisches Webhandwerk bekannt ist. Von der N86 führt bei Skala ein Abzweig ins nördlich gelegene Geraki. Der Ort besteht aus zwei Teilen: der Neustadt aus dem 19. Jh. und der byzantinischen Ruinenstadt **Kastro Geriakou,** knapp zwei Kilometer weiter oben in den Bergen.

Der Ort hat eine lange Siedlungsgeschichte, die bis in die Steinzeit hineinreicht. Oberhalb der Neustadt befinden sich die Ruinen der antiken Stadt Geronthrae, die mindestens von der späthelladischen (ca. 1500–1110 v.Chr.) bis in die römische Zeit besiedelt und ein wichtiges Handelzentrum war. In der Zeit der fränkischen Herrschaft ließ *Baron Guy de Nivelet* 1209 das Kastro erbauen. 1262 übernahmen die Byzantiner die Herrschaft, 1468 fiel die Festung an die Osmanen, die sie jedoch schon im 16. Jh. verließen, um stattdessen an die Stelle des heutigen Orts Geraki zu ziehen.

Ähnlich wie in Mystras wurden die Zitadelle und die darunterliegende Stadt terrassenartig an den Berghang gebaut, weshalb man auch von „Klein-Mystras“ spricht. Tatsächlich bildeten Mystras, Geraki und Monemvasia eine Verteidigungsachse vom Taygetos-Gebirge bis zur Südspitze Lakoniens.

Die Byzantiner bauten Dutzende von **Kirchen,** von denen innerhalb der Mauern noch einige erhalten sind. In der dreischiffigen **Basilika Agios Georgios** aus dem 14. Jh. kann man noch einige **Fresken** an den Wänden sehen. Wandgemälde weisen auch die Kirchen Zoodochos Pigi und Agia Paraskevi aus dem 15. Jh. auf.

Etliche weitere Kirchen entstanden außerhalb der Festungsmauern. Besonders interessant sind Agios Sozon und Agios Athanasios mit kreuzförmigen Kuppeln, die von Säulen getragen werden und Fresken aus dem 12.–14. Jh. aufweisen. Eine Wand der **Kirche Agios Nikolaos** (tgl. 8.30–15.30 Uhr, Eintritt frei) ist mit Fresken geschmückt, die dem Stil der Klosterkirche Pantanassa in Mystras ähneln.

Das Handwerk der Weberei hat in Geraki eine lange Tradition, die wahrscheinlich bis in die Antike zurückreicht. Im Jahr 2019 wurde die **Handweberei** als nationales, griechisches immaterielles Kulturerbe anerkannt. Bei dieser Webtechnik wird jeder Faden von Hand durch die Stränge eines aufrecht stehenden Webstuhls gezogen. Dabei entstehen **Teppiche** (Kilims) mit grafischen Mustern in leuchtenden Farben, die teilweise an die byzantininsche Kirchenkunst erinnern. Die Webtechnik wurde innerhalb der Familien von Generation zu Generation weitergetragen. Heute hält ein Frauenkollektiv die Webkunst am Leben. Die bunten Teppiche sieht man im Ort z.B. als Dekorationen an Balkons.

Übernachtungsmöglichkeiten gibt es in Geriaki nicht. An der Kentriki Platia findet man einen Minimarkt und zwei Cafés mit Fastfood-Angebot.

Der Name Lakonien

Lakonien ist benannt nach **Lacedaemon,** dem Sohn des Gottvaters Zeus und der Bergnymphe Taygete aus der **griechischen Mythologie.** Lacedaemon heiratete **Sparte,** die Tochter des Königs Evrotas. In der Antike war die Region als Lacedaemon bekannt und gleichbedeutend mit dem **Stadtstaat Sparta.**

Sparta

Das moderne Sparta (griech. Sparti) ist eine lebendige, kleine Stadt mit 16.500 Einwohnern. Sparta liegt an den östlichen Hängen des Taygetos-Gebirges in der fruchtbaren **Hochebene des Flusses Evrotas,** die auf ihrer Ostseite ans Parnon-Gebirge grenzt. Hier blickt man auf eine weitgehend unbesiedelte, sattgrüne Landschaft aus Orangen- und Olivenplantagen. Zwei Fakultäten der Universität Patras sorgen in der Stadt für studentisches Flair und für ein recht aktives Nachtleben.

In der Antike sicherte das schwer überwindliche Bergmassiv die Stadt vor Angriffen. So machte man sich nie die Mühe, sie zu befestigen. Die fruchtbaren Ländereien am Fluss sorgten dafür, dass man sich immer selbst versorgen konnte. Der Evrotas war schiffbar bis zum Flussdelta bei Gythio, das den Spartanern als Seehafen diente. Heute trocknet der Fluss in den Sommermonaten fast vollständig aus. Vom **antiken Sparta,** das im 4. Jh. verlassen wurde, sind nur wenige Reste auf der Akropolis geblieben. Im 13. Jh. siedelten die Bewohner Spartas um in die befestigte Gebirgsstadt Mystras.

Im Jahr 1834 wurde Sparta als **Verwaltungszentrum von Lakonien** unter König *Otto I.* als „Sparti" neu gegründet und erweitert. Dabei wurde das Stadtzentrum von bayrischen Stadtplanern nach klassizistischem Muster **schachbrettartig angelegt.** Dies erleichtert heute die Orientierung: In Nord-Süd-Richtung verläuft als Mittelachse die Konstantinou Palaiologou, die südlich in

079pe ln

die N39 übergeht. Die zwei wichtigsten Querachsen bilden die Leof. Likourgou und die Othonos Amalias weiter südlich. Die wichtigsten Sehenswürdigkeiten liegen in Gehnähe zu diesen Hauptstraßen.

Sehenswertes

Die zentrale **Kentriki Platia** prägt der mächtige Bau des klassizistischen **Rathauses.** Rundherum gibt es schattige Caféterrassen. Am Ostende steht, angelehnt an *Leonidas I.*, eine **Heldenstatue.** Der einstige König Spartas ist eine vom Mythos verklärte Heldenfigur (→ S. 419). In der Stadt erinnern gleich mehrere Denkmäler an ihn. Die kämpferische **Bronzeskulptur** mit Schwert und Schild in der Hand ist ein beliebtes Hintergrundmotiv für Selfies.

Pausanias schrieb, dass der **Steinbau** nordwestlich der Kentriki Platia das **Grab des legendären Königs Leonidas** darstellen sollte. Archäologische Ausgrabungen im 19. Jh. belegten zumindest, dass der Bau Teil der antiken Agora war, aus dem 5. Jh. v.Chr. stammt und wahrscheinlich ein Tempelgebäude war.

⌃ Der zentrale Platz Kentriki Platia ist von Gastronomie gesäumt

⌄ Leonidas I. soll die Spartaner in die „Schlacht der 300" geführt haben

Archäologisches Museum

Von der Kentriki Platia auf der Leof. Likourgou ein Stück nach Osten gehend, gelangt man zum Archäologischen Museum von Sparta. Kopflose, mit Togas bekleidete **Statuen** säumen den Weg zum Eingang des Museums, das von einer romantischen Gartenanlage umgeben ist. Im Inneren des **klassizistischen Baus** aus dem Jahr 1874 findet man sieben Ausstellungsräume mit Funden aus einer Spanne vom mykenischen Zeitalter (1600–1100 v.Chr.) bis zur römischen Zeit (30 v.Chr. bis 324 n.Chr). Die Funde stammen aus der Umgebung von Sparta, dem Heiligtum der Artemis Orthia aus dem 10. Jh. v.Chr., aber auch aus anderen Teilen Lakoniens und Arkadiens.

■ **Archaiologiko Mouseio Spartis,** Leof. Likourgou, Tel. +30 2731 028575, archaeologicalmuseums.gr/en, Mi–Mo 8.30–15.30 Uhr, Eintritt 3 €, erm. 2 €.

Museum des modernen Sparta

Für historisch Interessierte bietet das nahegelegene kleine Museum des modernen Sparta Einblick in den Neubeginn der Stadt im 19. Jh. Anhand von **Modellen, Fotos und Karten** kann man nachvollziehen, wie die Stadt zum Leben erwachte und wie sich der damalige Alltag gestaltete.

■ **Mouseio Neoteris Spartis,** Leof. Lokourgou 82, Mo–Sa 9–14 Uhr, Eintritt frei.

Olivenöl-Museum

Das informative Museum im Süden der Stadt hat das wohl wichtigste Standbein der griechischen Wirtschaft zum Thema: den Olivenanbau und die Produktion von Olivenöl. Sehr interessant ist es zu sehen, wie lange die Tradition des Anbaus zurückreicht, z.B. anhand von Linear-B-Schriftzeichen auf alten mykenischen Tafeln. Das Museum ist interaktiv gestaltet, sodass Kinder z.B. **antike Ölpressen** ausprobieren können. Daneben gibt es weitere, speziell auf Kinder ausgerichtete Aktivitäten.

■ **Mouseio Elias kai Ellinikou Ladiou,** Othonos Amalias 129, Tel. +30 2731 089315, www.piop.gr/en, März bis 15. Okt. Mi–Mo 10–18 Uhr, 16. Okt. bis Feb. 10–17 Uhr, Eintritt 4 €, erm. 2 €.

Koumantareios-Pinakothek

Die Pinakothek ist ein Ableger der Nationalgalerie in Athen und zeigt die Sammlung des Stifters *Koumanteiros* mit Werken aus dem 16.–19. Jh. Im Obergeschoss befinden sich Leihgaben der **Nationalgalerie.** Die dortigen Werke verdeutlichen die Entwicklung **moderner griechischer Malerei** vom Beginn der Unabhängigkeit bis heute.

■ **Coumantaros Art Gallery Sparta,** Konstaninou Palaiologou 123/Thermopylou, Tel. +30 2731 081822, www.nationalgallery.gr/en/buildings/coumantaros-art-gallery-sparta, Mi 12–19, Do–Mo 8–15 Uhr, Eintritt 5 €, erm. 3 €.

080pe In

Archäologische Ausgrabungen des antiken Sparta

Spaziert man zum Kopfende der Palailogou, steht man vor dem modernen Sportstadion des Ortes. Davor wacht eine Statue von *Leonidas I.*, hier stehend auf einem Sockel.

Westlich des Stadions wandert man entlang der Straße hinauf zur überwach-

senen antiken **Akropolis.** Was dort noch zu sehen ist, ist im Vergleich zu anderen archäologischen Stätten auf der Peloponnes aber enttäuschend. Dies ist nicht zuletzt ein Ausdruck des Unterschieds zwischen Sparta und anderen Stadtstaaten: Die Spartaner demonstrierten ihre Macht nicht durch aufwendige Bauwerke oder durch künstlerische Darstellung, sondern nur durch das Gewinnen von Schlachten. Nach dem Zerfall der Polis blieb daher wenig zurück.

Die Akropolis war vom 8. Jh. v.Chr. bis in die römische Zeit bewohnt. Die beeindruckendste Ruine ist das **römische Amphitheater** aus dem 1. Jh. v.Chr. nahe dem Eingang zur Stätte. Der Spaziergang durch den Olivenhain mit schönem Blick auf das Taygetos-Gebirge lohnt den Weg. Folgt man dem Pfad weiter bergan, passiert man die antike Agora und gelangt zum **Tempel der Athene Chalkiopikos** am höchsten Punkt des Geländes. Funde der Ausgrabungen sind im Archäologischen Museum von Sparta ausgestellt.

Menelaion

Wenige Kilometer östlich von Sparta, auf der Ostseite des Evrotas, liegen auf einem Hügel die Überreste des Menelaion (zu erreichen über die N39 in Richtung Norden). Der Gebäudekomplex aus der mittelhellenischen Zeit (2000–1500 v.Chr.) war wahrscheinlich ursprünglich ein mykenisches Verwaltungsgebäude. Im 8.–5. Jh. v.Chr. diente der Ort als **Heiligtum** für den mythischen König Menelaos und die Schöne Helena (→ Exkurs S. 188). Die alten Mauern wurden mit einem **Tempel** überbaut. Das Schönste an der Stätte ist ihre Lage mit Blick auf die schneebedeckten Kuppen des Taygetos-Gebirges.

Panoramastrecke durch das Taygetos-Gebirge von Sparta nach Kalamata

Unser Tipp: Von Sparta gibt es eine landschaftlich schöne Strecke über den **Langada-Pass** nach Kalamata. Schon in der Antike überquerten Händler mit ihren Eseln über verschiedene Bergpässe das Taygetos-Gebirge und waren dabei mehrere Tage unterwegs. Heute schlängelt sich die N82 über 54 km in vielen Serpentinen durch das Gebirgsmassiv. Man fährt durch grob in den Stein gehauene, bemoste **Tunnel** und unter **überhängenden Felsen** hindurch (für Fahrzeuge über drei Meter Höhe nicht geeignet). Unterwegs gewinnt man einen Eindruck der vielfältigen Landschaftsformen des Taygetos-Gebirges mit seinen unzähligen Gipfeln und Schluchten.

Praktische Tipps

Nützliche Infos und Adressen

- **PLZ Sparta:** 23100

Informationen

- **Touristinformation,** Leof. Likourgou 94, Tel. +30 2731 025811, Mo–Fr 8–20, Sa/So 8–17 Uhr. Im Infokiosk gegenüber vom Archäologischen Museum erhält man Prospekte und Hilfe bei Fragen.
- Die englischsprachige Website **realsparta.gr/en-us** listet die wichtigsten Informationen und Sehenswürdigkeiten der Stadt und der Region.

Unterkunft

1 **Hotel Cecil**①, Konstantinou Palaiologou 125, Tel. +30 2731 024980, www.hotelcecil.gr. Dreisterne-Hotel im Norden des Stadtzentrums. Das historische Gebäude stammt aus dem Jahr 1937 und verströmt altmodischen Charme.

2 **Menelaion Hotel**③, Konstantinou Palaiologou 91, Tel. +30 27310221, menelaion.gr/de. Modern-elegantes Dreisterne-Hotel mit Schwimmbad und empfehlenswertem 2 **Restaurant** mitten im Stadtzentrum.

Essen und Trinken

Rund um die Kentriki Platia, insbesondere entlang der Straße Eyaggelistrias, reihen sich Restaurants aneinander.

7 **Ladi & Elia**, Eyaggelistrias 71, tgl. 12–24 Uhr. Großes, beliebtes Grillrestaurant.

9 **Abbaeio,** Eyaggelistrias 55, Tel. +30 2731 082939, tgl. 9–1 Uhr. Leckere Kleinigkeiten wie Pasta und auch eine vegetarische und vegane Auswahl. Dazu gibt es zahlreiche deutsche Biere.

6 **Tsipouradiko to 50,** Eyaggelistrias 50, Tel. +30 2731 083585, tgl. 12.30–0.30 Uhr. Bistro mit individuellem Charme und liebevoll zubereiter griechischer Speisenauswahl.

Nachtleben

4 **Aeriko,** Kleomvrotou 18, Tel. +30 2731 020062, auf Facebook, tgl. 8–1 Uhr. Moderne Lounge-Bar mit gutem Kaffee und abends Live-Musik.

10 **Billy's Cafe Bar,** Agiou Nikonos 67, Tel. +30 2731 021355, Mo–Do 8–3, Fr/Sa 8–4, So 15.30–2 Uhr. Bei Studenten beliebter, kleiner Club mit Live-Musik, meist recht voll.

3 **Ministry Music Hall,** Konstantinou Palaiologou 84, Tel. +30 2731 081288, www.ministrymusic

Spartathlon – in den Fußstapfen des ersten Marathonläufers

Der Spartathlon findet jährlich Ende September auf der Route statt, die der erste Marathonläufer **Pheidippides** 490 v.Chr. von Athen nach Sparta gelaufen ist. Der Bote *Pheidippides* wurde gesandt, um Beistand im Kampf gegen die Perser für die bevorstehende **Schlacht bei Marathon** zu erbitten. *Pheidippides* soll die **246 km lange Strecke** in eineinhalb Tagen bewältigt haben – am Ende vergeblich. Heute haben die Läufer 36 Stunden, um auf der rekonstruierten Route von Athen nach Sparta zu laufen. Sie müssen dabei etliche Hindernisse überwinden, wie den 1200 m hohen Berg Parthenio, und unbefestigte Wege. Eine weitere Schwierigkeit sind Klimaunterschiede im Verlauf der Strecke. Der Spartathlon gilt als einer der schwierigsten Ultramarathons überhaupt, denn man läuft auch immer gegen die Zeit: Wer die 75 Etappen nicht in der vorgegebenen Zeit schafft, wird disqualifiziert.

hall.gr. In der alteingesessenen Cafébar in einem Gebäude aus dem Jahr 1927 gibt es Pizza, Wraps und Desserts, dazu Cocktails und Live-Musik.

Einkaufen

Rund um die Leof. Likourgou befinden sich die meisten Geschäfte, dort findet auch der Markt statt.

8 **Bio Shop,** Eyaggelistrias 65, Mo/Mi/Sa 9–14, Di/Do/Fr 9–14 und 17.30–20.30 Uhr. Gute Auswahl an nachhaltiger Kosmetik (auch für Babys und Kleinkinder) sowie Nahrungsmittel aus biologischem Anbau.

5 Das Zentrum des **Marktes,** der sich jeden Samstag über mehrere Sträßchen erstreckt, liegt bei der Odos Vrasidou. Hier gibt es alles, was das Herz begehrt, von Frischwaren wie Fisch und Fleisch oder Obst und Gemüse bis zu Haushaltsgegenständen und Kleidung. Geschäfte, die ebenfalls ihre Türen geöffnet haben, säumen die Straßen.

Feste und Veranstaltungen

- **Kultursommer,** www.sainopouleio.gr. Im Amphitheater im Vorort **Magoula** finden im Juli und August Konzerte sowie Tanz- und Theateraufführungen statt.
- **Spartakiada,** www.spartakiada.gr. In den ersten zwei Oktoberwochen findet das **Radrennen** von Athen nach Sparta statt, an dem mehrere Hundert Radsportler aus der ganzen Welt teilnehmen. Es ist das größte Radsport-Event Griechenlands. Die Länge der Strecke beträgt 257 km, man muss sie in 12 Stunden bewältigen. Dabei werden 2511 Höhenmeter überwunden.
- **Spartan Race,** gr.spartan.com/el/race/find-race. Anfang November findet das internationale **Hindernisrennen** statt, bei dem unterschiedliche Anforderungen an die Teilnehmer gestellt werden. Ähnliche Rennen gibt es inzwischen weltweit, bei denen Sportler versuchen, an ihr Limit zu gehen.

082pe In

Verkehr

Bus

- **KTEL Lakonias,** Tel. +30 27310 26485/29921, ktel-lakonias.gr/en. Der **Busbahnhof** befindet sich in der Leof. Likourgou 23. Es gibt eine regelmäßige Verbindung von Sparta nach Athen und Kalamata.

Taxi

- **Radio Taxi Leonidas,** Tel. +30 2371 024100.
- **Sparta Taxi,** Tel. +30 2371 200200.

Kopflose, aber anmutige Statuen dekorieren den Garten des Archäologischen Museums

Mystras

Die **byzantinische Ruinenstadt** Mystras ist eine der bekanntesten, aber auch außergewöhnlichsten Sehenswürdigkeiten der Peloponnes. Die terrassenartig an einen konischen Bergkegel gebaute Stadt, auch das „Wunder von Morea" genannt, überrascht Besucher mit einem fantastischen Ausblick auf die fruchtbare Ebene des Evrotas und mit unerwarteten Kunstschätzen. Seit 1989 ist Mystras teil des **UNESCO-Welterbes.**

Der **moderne Ort Mystras** befindet sich am Fuß des Berghangs der Ruinenstadt, fünf Kilometer westlich von Sparta. Hier kann man vor oder nach der Besichtigung in einer der Tavernen verschnaufen oder sogar übernachten. Parkplätze, auch für größere Fahrzeuge, gibt es bei der östlichen Ortseinfahrt beim Kameramuseum, der einzigen Sehenswürdigkeit des modernen Ortes. In der zwei Kilometer entfernten historischen Anlage gibt es keine Gastronomie oder Übernachtungsmöglichkeiten.

■ **Mystras Camera Museum,** EO Spartis-Mistra (N84), Mystras 23100, Tel. +30 2731 081085, Mo–Fr 9.45–13.45 Uhr. Aus einer privaten Sammlung entstand das Kameramuseum, das die Geschichte der Fotografie anhand von Modellen aus verschiedenen Jahrzehnten zeigt.

Praktische Tipps

Unterkunft, Essen und Trinken

■ **Mystras Grand Palace Resort & Spa**④, EO Spartis-Mistra, Sparti 23100, Tel. +30 2731 440980, www.mystraspalace.com. Moderne, elegante Ferienanlage zwischen Mystras und Sparta mit hochwertigen Unterkünften und mehreren Swimmingpools.

■ **Kafeteria Kastro,** Tel. +30 2731 083774, tgl. 7–23 Uhr. Guter Platz zur Einkehr für einen Imbiss mitten in Mystras.

■ **Taverna Helen,** Kentriki Platia, Tel. +30 2731 302524, tgl. 7.30–1 Uhr. Griechische Spezialitäten in großen Portionen.

Pikoulianika

■ **Mazaraki Guesthouse (Xenonas Mazaraki)** ④, Pikoulianika 23100, Tel. +30 2731 020414, xenonasmazaraki.gr. Im Bergdorf Pikoulianika, 4 km nordwestlich von Mystras. Gemütlich bei schönster Aussicht wohnt man in dem modern-rustikalen Natursteinhaus mit unterschiedlich gestalteten Ferienwohnungen und kleinem Pool. Im Restaurant gibt es leichte Gerichte und Weine aus dem eigenen Weinkeller.

Camping

■ **Castle View Camping,** Mystras 23100, Tel. +30 2731 083303, www.castleview.gr, 1. April bis 15. Okt. Der einzige empfehlenswerte Campingplatz in der Region Mystras/Sparta zieht viel Durchgangspublikum an. Stellplätze auch für große Wohnmobile gibt es nahe der Rezeption. Die Sanitäranlagen sind brauchbar, der kleine Pool ist öfters wegen Instandhaltungsarbeiten geschlossen.

Einkaufen

UNSER TIPP: **Porfyra Icons,** Kentriki Platia, porfyraicons.gr, Mo–Sa 9.30–20, So 10–16 Uhr. Der kleine Laden bietet Kartenmaterial, Souvenirs und Informationsbücher über Mystras. Das Besondere sind jedoch die Ikonen, die die Besitzerin selbst malt. *Maria Tsimpoka* studierte Ikonenmalerei und

081pe ln

hat sich auf byzantinische Ikonografie spezialisiert. Auch wenn man keine Ikone kaufen möchte, lohnt ein Blick in den Laden, er ist fast schon ein kleines Museum. Neben den Ikonen fertigt *Tsimpoka* auch Schmuck und andere dekorative Objekte.

Ruinenstadt Mystras

Die Ursprünge der Festungsstadt gehen auf die **Franken** zurück. Um 1209 erbauten sie auf dem Plateau mit steil abfallenden Felsen die **Zitadelle.** Unter den Byzantinern wuchs unterhalb der Burg eine neue Stadt heran, die so groß und bedeutend wurde, dass die Bewohner Spartas hierher übersiedelten. Mystras wurde zur neuen Hauptstadt von Lacedaemon.

Nachdem die Franken in der Schlacht von Pelagonien im Jahr 1259 dem Kaisserreich von Nicäa unterlagen, wurde *Guillaume I. de Villehardouin* eingekerkert und musste seine Festungen Monemvasia und Mystras an den byzantinischen Kaiser übergeben. Nach und nach gewannen die **Byzantiner** die Vorherrschaft auf der Peloponnes zurück und drückten auch der **Architektur und Kunst** ihren Stempel auf. Ab 1308 wurde Mystras von einem Gouverneur aus Konstantinopel regiert. Ab 1348 gab es eine eigene Verwaltungseinheit für die

⌃ Über der Ruinenstadt Mystras thront die Zitadelle auf 620 m Höhe

Peloponnes, das **Despotat von Morea** mit *Manuel Cantacuzenus* (1349–80) als erstem Despoten. Mystras wurde zum **zentralen byzantinischen Machtzentrum** auf der Peloponnes.

Der letzte Kaiser des byzantinischen Imperiums, *Konstantin XI. Palailogos,* wurde 1448 in Mystras gekrönt. Schon 1460 wurde die Stadt jedoch von den **Osmanen** erobert. 1464 gewannen die **Venezianer** kurzzeitig die Stadt, aber nicht die Burg zurück. 1687–1715 kehrten die Venezianer noch einmal zurück. Spätestens die Neugründung des modernen Sparta markierte das Ende der Festungsstadt Mystras.

Die restaurierten **Kirchen** von Mystras geben heute Zeugnis von einem Baustil, der westlich-lateinische Bauformen der Romanik und Gotik mit dem byzantinischen Stil des östlichen Konstantinopel vereinte und der als **Mystras-Typus** bekannt ist. So bestand der Grundriss aus einer dreischiffigen Basilika, während der obere Stock mit einer Galerie von einem Kreuzkuppeldach mit fünf Kuppeln gekrönt wurde.

Die teils noch gut erhaltenen, bunten **Fresken und Ikonen** stammen aus der Zeit der **Palailogischen Renaissance,** die in die Zeit der Regentschaft der Palailogen-Dynastie 1261–1453 fällt. Die Kunstrichtung strahlte auch auf andere Orte der Peloponnes aus und ist z.B. in den Kirchen der Mani präsent. Sie beeinflusste auch die spät- und postbyzantinische Kunst auf dem Balkan.

Wanderung zur Höhlenkapelle Panagia Lagadiotissa

Eine kurze Wanderung von 1,4 km beginnt in **Parorio,** einem Nachbardorf von Mystras, etwa 6 km von Sparta entfernt. Der Ausgangspunkt befindet sich am Südende des Ortes an der Straße Epar. Od. Spartis-Mistras. Man wandert etwa 30 Min. über eine unbefestigte Straße in Richtung Osten, auf einem schmalen Weg entlang der Schlucht von Parorio mit außergewöhnlichen Felsformationen.

In einer großen Ausbuchtung mit einem Überhang wurde im 12. Jh. die Höhlenkapelle Panagia Lagadiotissa gebaut. Im rot gestrichenen Inneren kann man einen Altar und **Ikonenmalereien** sehen. Nun geht es auf demselben Weg wieder zurück.

Alternativ kann man die Wanderung noch in Richtung Süden auf einer unbefestigten Straße entlang der Schlucht fortsetzen. Der nun folgende Weg ist schwierig und hat starke Höhenunterschiede. Nach etwa 21 km und steilem Anstieg hinauf zum Kloster **Moni Faneromenis** gelangt man nach **Anavryti,** wo es eine Taverne und eine Unterkunft gibt (Dauer 7 Std.)

Rundgang

Vom modernen Mystras kommend, befindet sich der **Haupteingang** für die Stätte mit **Parkplatz am unteren Stadttor.** Hat man es passiert, geht es auf unebenen Wegen steil bergauf. Der Höhenunterschied vom unteren Tor zur Zitadelle beträgt 310 m. Ein zweiter Parkplatz befindet sich am **oberen Stadttor,** zu dem vom Haupteingang ein **Shuttle-Bus** verkehrt. Mit dem eigenen Auto folgt man der Straße weiter bergan.

Man kann den Rundgang entweder bei der Zitadelle beginnen, nach unten wandern und dann mit dem Shuttle-Bus wieder zurückkehren oder man parkt am unteren Tor und wandert nach oben.

Information
- yougoculture.com/destination/mystras
- whc.unesco.org/en/list/511
- odysseus.culture.gr

Öffnungszeiten und Eintritt
- **Mystras,** Tel. +30 2731 083377, 1. April bis 21. Okt. 8–20 Uhr, Nov. bis März 8.30–15.30 Uhr, Eintritt 12 €, erm. 6 €.

Zitadelle – Oberstadt

Steht man am höchsten Punkt der Stadt, der Zitadelle, beeindruckt die Ruhe hier oben auf 620 m Höhe. Man kann die Mauern entlangwandern und den Blick über das spektakuläre **Panorama der Berglandschaft** wandern lassen. Welche Schwierigkeiten die fränkischen und byzantinischen Erbauer zu überwinden hatten, kann man nur erahnen. Die wichtigen Persönlichkeiten wurden damals allerdings von Bediensteten mit Sänften durch die Stadt getragen.

Palastkirche Agia Sophia

Auf dem Weg hinunter passiert man die einstige Palastkirche Agia Sofia, die unter *Manuel Cantacuzenus* 1350–65 als **Klosterkirche** erbaut wurde. Sein Monogramm ist auf den westlichen Kapitellen und Pilastern zu sehen. Sie war die Hauskirche für die aristokratischen Herrscher und höhergestellte Bürger, die in der Oberstadt lebten.

Nach der Rückeroberung durch die Osmanen wurde die Kirche in eine Moschee umgewandelt, wobei die Fresken mit weißer Farbe überstrichen wurden und großteils verlorengingen. Wiederaufgebaut wurde der einst dreistöckige **Glockenturm.** Die Böden sind mit **Marmor** ausgelegt, in die geometrische Intarsien eingearbeitet wurden. Im Inneren hat man Grabstätten von Regenten der Palailogen-Dynastie gefunden.

Eines der beeindruckendsten und größten privaten Wohngebäude, Palataki, steht unterhalb der Agia Sophia. Es erinnert an die Turmbauten der Mani.

Palastgebäude

Der L-förmige Palast war der Sitz des Despoten von Morea. Er bestand ursprünglich aus zwei voneinander getrennten Bauten, die später verbunden wurden. Der Nordostflügel mit **gotischen Fensterbögen** geht noch auf die Zeit der Franken zurück. Anbauten entstanden unter *Manuel Cantacuzenus* im 14. Jh. Im 15. Jh. entstand der nordwestliche Flügel, der inzwischen neu überdacht wurde. Im Obergeschoss befand sich der **Thronraum** mit einfachen steinernen Sitzbänken an den Wänden für den Hofstaat. Der Saal wurde durch acht Kamine geheizt. Der vor dem Palast liegende offene Platz war der größte in Mystras und diente für Versammlungen und offizielle Veranstaltungen. Unter den Osmanen wurde er als Marktplatz genutzt.

Unterstadt

Durch das Monemvasia-Tor gelangt man in die Unterstadt mit zahlreichen weiteren **Kirchenbauten.** Nördlich unterhalb des Palastes findet man gleich drei Exemplare nahe beeinander: Die

083pe ln

Kirche **Evangelistria** (Ende 14./Anfang 15. Jh.) diente als Friedhofskapelle und birgt Fresken und hübsch verzierte Kapitelle. Die Kirche **Panagia Odigitrias** (auch Aphentiko, ca. 1310) war Teil des Klosters Vrontochion, des größten der Stadt. Die dortigen Fresken weisen z.B. auf die heilenden und lebensspendenden Qualitäten von Wasser hin. In Stil und Ausstattung ähnelt sie zeitgleichen Kirchen in Konstantinopel, was darauf schließen lässt, dass Künstler aus der damaligen byzantischen Hauptstadt an den Malereien beteiligt waren. Die kleinere Kirche **Agio Theodoros** (1290–95) diente ebenfalls als Friedhofskapelle.

Die Kathedrale Agios Dimitrios entstand im 13. Jh. als erste Kirche in Mystras

Kathedrale Agios Dimitrios

Die Metropolitenkirche Agios Dimitrios entstand 1270. Sie war das erste Gotteshaus in Mystras und wurde für Bischof *Eugenios von Lacadaemon* erbaut, als die Diözese von Sparta nach Mystras umzog. Die Kathedrale entwickelte sich bald zu einem Zentrum des spirituellen und kulturellen Austauschs. Internationale Kirchenhistoriker und Philosophen kamen hier zusammen.

Die Anlage wurde über mehrere Jahrhunderte hinweg verändert und erweitert und zeigt heute besonders gut die **Vermischung der westlichen und östlichen Baustile** über einen längeren Zeitraum hinweg. Ursprünglich eine dreischiffige Basilika mit erhöhtem Kirchenschiff, wurde das Gotteshaus in der zweiten Hälfte des 15. Jh. durch ein weiteres Stockwerk im Kreuzkuppelstil erhöht. Dabei wurde einigen **Fresken** der „Kopf abgeschnitten", was man heute noch erkennen kann. Der **Glockenturm** steht an der Stelle der ursprünglichen Kapelle. Die **Kanzel** zeigt einen doppelköpfigen Adler aus dem 14. Jh., der das Symbol der Palailogen-Dynastie war. Im Jahr 1449 soll hier der letzte Kaiser von Byzanz, *Konstantin XI. Palailogos*, gekrönt worden sein.

Man betritt die Anlage vom Westtor und gelangt zuerst zum **Innenhof,** den die später hinzugefügten bischöflichen Wohngebäude aus dem 15.–18. Jh. umgeben. Der nördliche Innnenhof mit **klassizistischem Portikus und Skulpturen** sowie freiem Blick auf die Landschaft von einer Terrasse aus entstand 1754. Frauen betraten die Kirche durch ein Tor an der Südseite, von wo aus sie zum Gynaikonitis, der oberen Galerie nur für Frauen, gelangten.

Museum der archäologischen Ausgrabungsstätte Mystras

Im Museum, untergebracht in Nebengebäuden der Kathedrale, finden sich viele der Fundstücke, die heute nicht mehr an ihren angestammten Plätzen in den Gebäuden stehen können. Hier sieht man **Skulpturen, Ikonen,** dekorative Elemente wie **Kacheln** oder Teile von **Kapitellen** und von restaurierten Fresken. Außergewöhnlich sind ein Stück Seide und eine Locke, die man in der Grabstätte einer Edeldame fand.

Kloster Pantanassa

Ein Abzweig führt zu weiteren Gebäuden im Süden der Anlage. Das heute noch von Nonnen bewohnte Kloster Pantanassa entstand 1428. Die **Fresken** im Atrium und in der Kuppel der Kirche gehen auf das Baujahr zurück und gelten als seltenes Beispiel von Kirchenkunst aus der Periode kurz vor dem Zerfall des Byzantinischen Reichs. Außen fließen byzantinische und gotische Elemente ineinander, so das **Cloisonné-Mauerwerk,** bei dem aus Kalkstein und schmalen roten Ziegeln ein Muster geformt wird. Die Kirche erscheint dadurch fragiler als andere Bauten der Anlage. Der ursprüngliche vierstöckige **Glockenturm** ist noch erhalten.

Kloster Peribleptou

Das Kloster am östlichen Rand von Mystras wurde 1365 von *Manuel Cantacuzenus* und seiner Frau *Isabelle de Lusignan* gegründet und weist ebenfalls Cloisonné-Mauerwerk auf. *Isabelle* stammte vom armenischen Zweig des fränkischen Adelsgeschlechts *de Lusignan* ab. Ihr Name taucht in den Verzierungen der Querbalken auf, die heute im Museum ausgestellt sind. Über dem Eingangstor ist ein Relief mit heraldischen Löwen erhalten – das **Wappen** der *Cantacuzenus.* Die **Fresken** im Inneren sind besonders gut erhalten und bedecken Decke und Wände fast komplett. Hieran arbeiteten wahrscheinlich mehrere Künstler aus Konstantinopel.

Dimitsana | 234
Karitena | 242
Leonidi | 252
Levidi | 231
Lousios-Schlucht | 238
Mainalo-Gebirge | 231
Megalopoli | 243
Paralio Astros | 246
Parnon-Gebirge | 251
Stemnitsa | 238
Tegea | 244
Tripoli | 225
Tyros | 252
Vytina | 233

Adobe Stock © Haris Andronos

5 Arkadien

»Arkadien mit der Regionshauptstadt Tripoli liegt im Zentrum der Peloponnes. Die bewaldete, traditionell von Schaf- und Ziegenherden bevölkerte Bergregion war ein Sehnsuchtsort von Literaten der Romantik und wurde zu einem Sinnbild des einfachen Lebens. Ursprüngliche Berglandschaften kann man in Arkadien auch heute noch finden: Im Mainalo- und Parnon-Gebirge erlebt man vielfach noch unberührte Natur.

Das Bergland Arkadiens im Herzen der Peloponnes

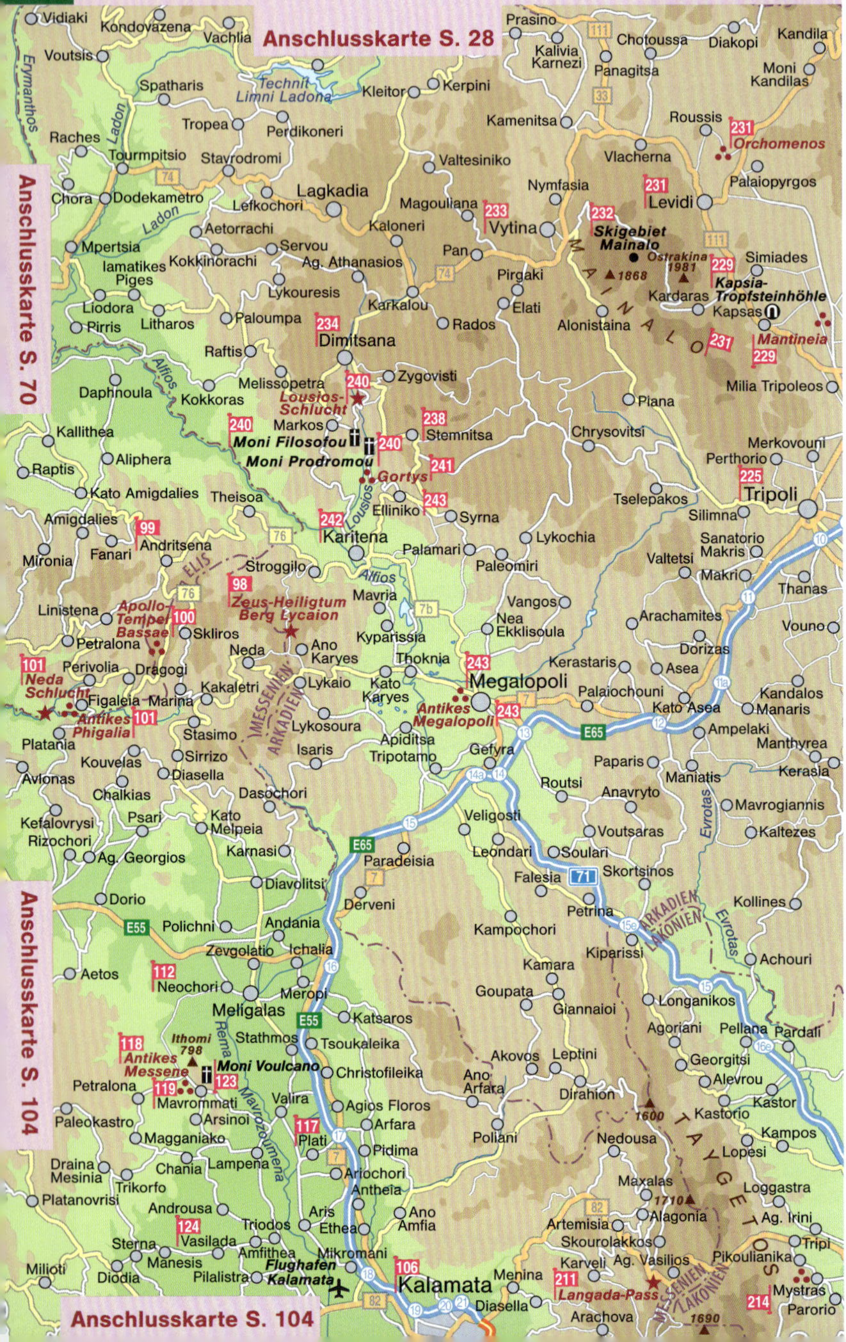

Anschlusskarte S. 28
Anschlusskarte S. 70
Anschlusskarte S. 104
Anschlusskarte S. 104
Vidiaki
Kondovazena
Vachlia
Voutsis
Erymanthos
Spatharis
Technit. Limni Ladona
Kleitor
Kerpini
Prasino
Kalivia Karnezi
Chotoussa
Diakopi
Kandila
Panagitsa
Moni Kandilas
Tropea
Perdikoneri
Kamenitsa
Roussis
Raches
Ladon
Tourmpitsio
Stavrodromi
Valtesiniko
231 Orchomenos
Vlacherna
Palaiopyrgos
Chora
Dodekametro
Lagkadia
Lefkochori
Magoulians
233 Vytina
Nymfasia
231 Levidi
Aetorrachi
Kaloneri
232 Skigebiet Mainalo
Mpertsia
Servou
Pan
Ostrakina 1981
Iamatikes Piges
Kokkinorachi
Ag. Athanasios
1868
229 Kapsia-Tropfsteinhöhle
Simiades
Pirgaki
Kardaras
Kapsas
Lykouresis
Karkalou
Elati
Liodora
Pirris
Litharos
Paloumpa
234 Dimitsana
Rados
Alonistaina
M A I N A L O
231
Mantineia 229
Raftis
Zygovisti
Daphnoula
Kokkoras
Melissopetra
240 Lousios-Schlucht
Milia Tripoleos
Piana
Kallithea
240 Markos
238 Stemnitsa
Chrysovitsi
Moni Filosofou
240 Moni Prodromou
Merkovouni
Perthorio
Raptis
Aliphera
241 Gortys
225 Tripoli
Kato Amigdalies
Theisoa
Lousios
243 Elliniko
Tselepakos
Silimna
Amigdalies
99 Andritsena
242 Karitena
Syrna
Lykochia
Sanatorio Makris
Mironia
Fanari
76
Palamari
Paleomiri
Valtetsi
Makri
ELIS
Stroggilo
Alfios
Thanas
98 Zeus-Heiligtum Berg Lycaion
Mavria
Vangos
Linistena
Apollo-Tempel 100 Bassae
7b
Nea Ekklisoula
Arachamites
Vouno
Petralona
Skliros
Kyparissia
Dorizas
101 Neda Schlucht
Perivolia
Dragogi
Neda
Ano Karyes
Thoknia
243 Megalopoli
Kerastaris
Asea
Figaleia
Marina
Kakaletri
Lykaio
Kato Karyes
Palaiochouni
Kandalos Manaris
Antikes 101 Phigalia
Antikes Megalopoli
243
Kato Asea
Platania
Stasimo
MESSENIEN ARKADIEN
Lykosoura
E65
Ampelaki
Manthyrea
Kouvelas
Sirrizo
Isaris
Apiditsa
Tripotamo
Gefyra
Paparis
Avlonas
Diasella
14a
14
Maniatis
Kerasia
Chalkias
Routsi
Anavryto
Mavrogiannis
Dasochori
Eurotas
Kefalovrysi
Psari
Kato Melpeia
Veligosti
Voutsaras
Kaltezes
Rizochori
E65
Leondari
Soulari
Ag. Georgios
Karnasi
Paradeisia
71
Skortsinos
Falesia
Diavolitsi
Dorio
Derveni
Petrina
Kollines
ARKADIEN LAKONIEN
E55
Polichni
Andania
Kampochori
Kiparissi
Evrotas
Zevgolatio
Ichalia
Kamara
Achouri
Aetos
112 Neochori
Meropi
Meligalas
Goupata
Giannaioi
Longanikos
E55
Katsaros
Agoriani
Pellana
Pardali
Ithomi 798
Stathmos
Rema
Tsoukaleika
Akovos
Leptini
Georgitsi
118 Antikes Messene
Moni Voulcano
Christofileika
Ano Arfara
Alevrou
Petralona
119
123
Dirahion
Mavrommati
Valira
1600
Kastorio
Kastor
Paleokastro
Arsinoi
Agios Floros
Magganiako
117 Plati
Arfara
Poliani
Nedousa
Kampos
Mavrozoumena
Pidima
Lopesi
Draina Mesinia
Chania
Lampena
Ariochori
Trikorfo
Antheia
Maxalas
Loggastra
Platanovrisi
1710
T A Y G E T O S
Androusa
Aris
Ano Amfia
Alagonia
Ag. Irini
124 Vasilada
Triodos
Ethea
Artemisia
Skourolakkos
Tripi
Sterna
Amfithea
Mikromani
Ag. Vasilios
Pikoulianika
Manesis
Karveli
Milioti
Diodia
Pilalistra
Flughafen Kalamata
106 Kalamata
Menina
211 Langada-Pass
Mystras
MESSENIEN LAKONIEN
214
Parorio
82
Diasella
Arachova
1690

Anschlusskarte S. 330
Anschlusskarte S. 258
Anschlusskarte S. 160
Skoteini
1778
Alea
1808
Tsiristra
Frousiouna
Douka Vrisi
Kefalovriso
Lyrkeia
Sterna
Malantreni
Mporsas
Fichti
Dervenakia
Agios Vasileios
Klenia
Agios Ioannis Korinthias
1060
Stefani
Agionori
KORINTHIA
ARGOLIS
271 Mykene
Mykines
276 Heraion von Argos
Prosymna
Limnes
Koutsopodi
Neo Ireo
Inachos
Arachneo
Sagkas
Kaparelli
Schinochori
Aerodromio
Midea
Neochori
Ag. Georgios
Vrousti
Ira
279 Nekropole Dendra
279 Akropolis Midea
Pikernis
1492
Karia
266 Kastro Larissa
Mpozioneleika
Chouni
Argos
262
Merbaka
Panariti
Gkatzia
Nestani
1771
Aria
Spaneika
Kokla
Laloukas
Metochi
Milea
Merkouri
268 Kefalari
Magoula
Dalamanara
277 Tiryns
Nea Tirynta
Arkadiko
1634
Kria Vrisi
268 Elliniko
Nea Kios
Ag. Kiriaki
Pirgiotika
Temenium
Loukas
Skafidaki
280 Nafplio
Aria
Ag. Antonios
269 Lerna
Myloi
Paralia Karathonas
Lefkakia
Drepano
301
Chania
ARKADIEN
ARGOLIS
Kalamaki
269
Kiveri
299 Asine
Vivari
302
Kantia
Pelagos
Ag. Vasilios
Kougeika
297 Tolo
Paralia Plakas
Paralia Kondyli
Agiorgitika
Achladokambos
Spiliotakis
Romvi
299
Ag. Sostis
Steno
K
248
Paralia Viles
Plateia
Paralia Irion
244 Antikes Tegea
Partheni
Velanidia
Xiropigado
Stadio
Andritsa
Makrejka
Lileika
244
Tegea
Elaiochori
Kato Vervena
Paralia Paliochano
248
Kerasitsa
Rizes
Prosilia
Doliana
Psili
Louloudia
Rouneika
Tanos
Manthyrea
Agios Georgios
Villa des Herodes Atticus
Astros
Paralio Astros
246
Dragoumi
249 Loukous
249
Chimerini
Paralia Portes
Aetochori
Stolos
248
Moustou-Lagune
Argolischer Golf
AnoDoliana
Mesorrachi
Ag. Ioannis
Alepochori
Kastri
Oria
Orini Meligou
Vourvoura
Xirokampi
Agios Andreas
Arkadiko Chorio
251
Agios Petros
Charadros
Ag. Panteleimon
Paralia Kryoneri
248
Karyes
Sitena
Skantzeika
Orino Korakovouni
Elliniko
Paralia Zaritsi
252
Ag. Christoforos
LAKONIEN
ARKADIEN
Varvitsa
251
Megali Tourla 1934
251 Kastanitsa
Prastos
Moni Panagias Karias
Paralia Tigani
252
Vamvakou
Paleochora
Tyros
252
E961
Vresthena
Katafigio Parnonos
1780
Pera Melana
Voskina
Livadi
Veria
Ag. Vasilios
Sampatiki
Koniditsa
Sellasia
Platanaki
Pragmateftis
252
Vasaras
Polidroso
255 Elonas
Leonidi
Lakkos
Dafnon
254 Paralia Plakas
Voutiani
Paleochori
LAKONIEN
ARKADIEN
Evrotas
Agrianoi
1800
Tsitalia
254 Paralia Poulithra
Kladas
Poulithra
Kokkinorrachi
255 Kosmas
Pigadi
Pirgoudi
Chrisafa
Afisio
1660
Sparta
207
Kallithea
Amigdalia
Chouni
Fokiano
Kalloni
Filatika
Vlisidia
Pigadi
Ag. Ioannis
1520
Kounoupia
Peleta
Kynouria
PARNON

ÜBERBLICK

Der Legende nach war das lange weitgehend unbewohnte Arkadien die Heimat des behuften Gottes Pan, der mit seinem Flötenspiel die Nymphen des Waldes betörte. Die Verklärung Arkadiens als pastorales Paradies nahm während der Romantik Fahrt auf, man träumte von einem von der Industrialisierung unberührt gebliebenen Naturidyll. Schon der römische Dichter Vergil hatte im 1. Jh. arkadische Hirtengedichte geschrieben. Den ersten Schäferroman verfasste Jacopo Sannazaro während der Renaissance im Jahr 1480. In den nachfolgenden Jahrhunderten verselbstständigte sich der Begriff „Arkadien“ und hatte mit dem eigentlichen Ort bald nichts mehr zu tun: So fand Goethe, der nie die Peloponnes bereist hatte, sein persönliches Arkadien während einer Italienreise.

Im Norden und Westen ist Tripoli im Zentrum Arkadiens umgeben von gebirgigen Wanderparadiesen wie dem von Tannenwäldern geprägten **Mainalo-Gebirge** mit dem 1981 m hohen Ostrakina. Hier kann man im Winter Skifahren und im Sommer auf dem Menalon Trail wandern.

Im Westen von Arkadien reihen sich von Dimitsana bis Stemnitsa pittoreske Bergdörfer und Felsenklöster entlang der wasserreichen **Lousios-Schlucht** aneinander.

In Richtung Osten führt eine landschaftlich schöne Strecke in die Ausläufer des **Parnon-Gebirges** bis zum Argolischen Golf. Dort zieht der höchste Gipfel Megali Tourla (1934 m) Kletterer an. Die antiken Ruinen und das Archäologische Museum in **Tegea** gehören zu den historischen Sehenswürdigkeiten der Region.

Mit dem Gebiet **Kynouria,** das landschaftlich von den Ausläufern des Parnon-Gebirges bestimmt wird, besitzt Arkadien einen schmalen, aber schönen **Küstenstreifen.** Hier warten Badeorte wie das Bilderbuchstädtchen **Paralio Astros** darauf, entdeckt zu werden. Längst hat sich der Ort **Leonidi** in der Kletter-Szene herumgesprochen. In den hiesigen Karstfelsen finden sie ein ideales Terrain.

NICHT VERPASSEN!

- Lebendiges Städtchen auf 660 m Höhe: **Tripoli** | 225
- Spektakulärer Canyon mit historischen Felsenklöstern: die **Lousios-Schlucht** | 240
- Antike Tempelreste und Archäologisches Museum: **Tegea** | 244
- Einladender Urlaubsort am Argolischen Golf: **Paralio Astros** | 246
- Kletterparadies in Karstfelsen: **Leonidi** | 252

Diese Tipps erkennt man an der gelben Markierung.

088pe In

Tripoli

Die meisten Reisenden rauschen auf der A7 an der **Hauptstadt Arkadiens** vorbei. Dabei besitzt das 47.000 Einwohner zählende Tripoli einige schöne Ecken, schattenspendende Parks und einladende Restaurants. Auch einen entspannten Einkaufsbummel kann man hier machen – und das bei meist gemäßigten Temperaturen, denn die Stadt liegt auf 660 m Höhe.

Der Name Tripoli bedeutet „drei Poleis", also drei Stadtstaaten. Historisch unklar ist jedoch, welche drei dies gewesen sein sollen. In der byzantinischen Stadt Tripoli etablierten die Osmanen nach der Besetzung Griechenlands ein wichtiges Verwaltungszentrum. Bei ihrem Abzug, während des Unabhängigkeitskriegs 1827, zerstörten sie die Stadt jedoch fast völlig. Danach bauten die Griechen sie wieder auf. Heute gibt es inmitten der überwiegend modernen Bauten des 20. Jh. noch etliche klassizistische Fassaden, teilweise in marodem Zustand.

Tripoli ist ein wichtiger **Militärstützpunkt** der griechischen Armee und der Luftwaffe. Es ist eine **Universitätsstadt** mit Sitz der University of Peloponnese (Panepistimio Peloponnisou), die einen weiteren Campus in Sparta hat.

⌃ Das Gerichtsgebäude an der Platia Areos, ein klassizistischer Prachtbau

Orientierung

Tripoli ist ein Verkehrsknotenpunkt an der Autobahn A7 und den Nationalstraßen N7 und N39. Letztere kommt von Süden und führt bis ins Stadtzentrum. Wer ihrer Verlängerung folgt, gelangt direkt zur zentralen **Platia Areos.** Rund um den Platz befinden sich die wichtigsten Sehenswürdigkeiten, darunter Kirchen und Museen. Südwestlich davon, bis zur **Platia Agiou Vasiliou,** erstreckt sich das städtische Zentrum mit Geschäften und Gastronomie.

Sehenswertes

Die weitläufige **Platia Areos** wird an der Westseite von einem klassizistischen Palais dominiert, in dem heute das **Gericht** untergebracht ist. An der Ostseite des Platzes bietet der **Stadtpark** eine gute Aufenthaltsmöglichkeit an heißen Tagen. Ebenso laden rundherum unter den Bäumen Caféterrassen zum Verweilen ein. An der Nordostecke der Platia Areos steht die mit farbenfrohen Malereien verzierte **Kirche Profitis Ilias.**

Der griechische Unabhängigkeitskampf ist ein häufig wiederkehrendes Thema in der Stadt. Etwa in der Mitte des Platzes steht eine **Statue,** die an den **General Theodoros Kolokotronis** (1770–1843) erinnert, einen der bedeutendsten Nationalhelden aus dieser Zeit. Er wurde nahebei in Karitena geboren, seine Gebeine sollen im unteren Teil der Statue bestattet worden sein. Hinter der Kolokotronis-Statue sind Büsten aller „Helden von 1821" aufgestellt, darunter Bischof *Germanos* aus Patras und *Petrobey Mavromichalis* aus der Mani.

Tripoli hat zahlreiche kleinere Plätze, um die sich das städtische Leben entfaltet. Über die Fußgängerzone Eth. Antistaseos gelangt man zur **Platia Petrinou** mit dem **Stadttheater Malliaropoulio** aus den Jahren 1905–10. Die Dim. Neomartiros führt zur hübschen, kleinen **Kirche des Neomärtyrers Dimitrios.** In den Straßen dieses Viertels gibt es zahlreiche Restaurants und Bars, wo es noch bis spätabends hoch hergeht.

Weiter in Richtung Süden auf der Eth. Antistaseos gelangt man zur größeren **Platia Agiou Vasiliou.** Dort erhebt sich der klassizistische Bau der **Kirche Agios Vasilios** aus dem Jahr 1855. Im Westen des Platzes befindet sich das **Kriegsmuseum,** das dem griechischen Unabhängigkeitskampf gewidmet ist.

■ **Polemiko Mouseio,** Ethnomartyron 1, Tel. +30 2710 234410, tgl. 9–17 Uhr.

Archäologisches Museum

Etwas weiter südlich gelangt man zum Archäologischen Museum. Der **klassizistische Bau** wurde 1896 vom Architekten *Ernst Ziller* entworfen. Ehemals ein Krankenhaus, sind hier heute Funde aus den Grabungsstätten des Umlands wie z.B. aus dem antiken Megalopoli, Mantineia und dem Palast des Herodes Atticus in Eva, Kynouria, untergebracht. Am Eingang wird man von **50 antiken Grabsteinen** empfangen. Zu den herausragenden Stücken gehört ein **Bronzehelm** aus der hellenistischen Zeit.

■ **Archaiologiko Mouseio,** Spiliopoulou 2, Tel. +30 2710 242148, archaeologicalmuseums.gr/en, Mi–Mo 8.30–15.30 Uhr, Eintritt 3 €, erm. 2 €.

Praktische Tipps

Unterkunft

2 Anaktorikon Boutique Hotel②, Eth. Antistaseos 48, Tripoli 22100, Tel. +30 2710 226545, www.anaktorikon.gr. Kleines, modern-elegantes Viersterne-Hotel im klassizistischen Bau mitten im Zentrum. Die Zimmer sind klimatisiert.

7 Palatino Rooms and Apartments②, Poliviou 2, Tripoli 22100, Tel. +30 2710 241937, www.pala tino-tripolis.gr. Funktionales Dreisterne-Hotel südlich des Zentrums an der N39 nach Sparta.

Essen und Trinken

1 Kallisto Lounge Bar & Bistro, Pl. Areos 5, Tel. +30 2710 371533, tgl. 9–16.30 Uhr. Im Sommer kann man hier schön im Schatten sitzen und das Treiben auf dem Platz beobachten.

4 Crepa Republic, Dim. Neomartiros 10, Tel. +30 6940794202. Hier gibt es die beliebten Crêpes mit allen nur erdenklichen Beilagen, sogar mit Hot Dog oder Huhn sowie mit süßen Beilagen.

5 To Kafe Potiraki, Smirnis 7, Tel. +30 2710 224735, auf Facebook, tgl. 12–2 Uhr. Nahe der Platia S. Vasilios, griechische Küche mit modernem Einschlag.

3 Señor Cafe Cucina Vinoteca, Dim. Neomartiros 7, Tel. +30 2713 006152, tgl. 8–2 Uhr. Entspannte Weinbar, ganztags gibt es einfache Gerichte wie Burger und Salate, dazu Desserts, Kaffee und natürlich eine große Auswahl an Weinen.

Einkaufen

Markt

6 Mittwochs findet an der Platia Agiou Vasiliou sowie in den angrenzenden Straßen ein großer **Wochenmarkt** statt.

Die Kirche Profitis Ilias

089pe ln

Feste und Veranstaltungen

UNSER TIPP: **TRIPolis Rock Festival,** jedes Jahr Ende Juli findet im **Freilufttheater Agios Georgios** nördlich des Zentrums in einem Wäldchen nahe der Universität das mehrtägige Rockfestival statt. Agiou Georgiou 148, tripolisrockfest.anoixtodiktyo.gr, Eintritt frei.

Verkehr

Auto/Wohnmobil

In der Innenstadt sind **Parkplätze** begrenzt, außerdem sind die Hauptstraßen eher eng angelegt und durch parkende Autos oft versperrt. Es ist besser, etwas außerhalb zu parken und zu Fuß ins Zentrum zu gehen.

Bus

■ **KTEL Arkadias,** Nafpliou 50, Tel. +30 2710 222560, ktelarkadias.gr/en. Der **Busbahnhof** befindet sich im Osten etwas außerhalb der Stadt an der N7 Richtung Nafplio. Regionalrouten führen z.B. nach Megalopoli sowie nach Levidi und Vytina im Mainalo-Gebirge.

In der Umgebung

Antikes Mantineia

14 km nördlich von Tripoli befinden sich die sehenswerten Ruinen der antiken Stadt Mantineia. Im Gegensatz zum üblichen Baustil griechischer Städte mit einer höhergelegenen Akropolis wurde Mantineia auf einer von Bergen umgebenen Hochebene angelegt. Geschützt war die Stadt durch eine vier Kilometer lange Stadtmauer mit 180 Türmen.

Das flache Land blieb jedoch für Feinde gut überschaubar und Mantineia wurde insbesondere durch Sparta immer wieder bedroht. 422 v.Chr. verbündete sich die Stadt daher mit Athen gegen Sparta – ohne Erfolg, denn die Spartaner nahmen sie in der **Ersten Schlacht von Mantineia** ein. Erst nach der Schlacht von Leuktra wurde Mantineia als unabhängige Stadt unter König *Epaminondas von Theben* neugegründet. Dennoch richtete man sich später gegen das übermächtige Theben, was 362 v.Chr. zur **Zweiten Schlacht von Mantineia** führte. In der Folge wurde Arkadien in die Herrschaftsbereiche Mantineia und Tegea mit Megalopoli aufgeteilt.

Wenn man heute über das Gelände läuft, erkennt man die Überreste der Wachtürme und der Stadtmauer, des Amphitheaters, der Agora und der einstigen Stadttore. Der Zugang ist frei.

Neben der Aussicht auf die Gebirgslandschaft ist auf dem Gelände die **Kirche Agia Fotini** aus dem Jahr 1973 sehenswert. Sie stammt vom Architekten *Kostas Papatheodoros,* der bei dem Bau zahlreiche Stilelemente aus unterschiedlichen Jahrhunderten miteinander vereinte. Die Kirche ist kein geweihtes Gotteshaus, sondern wird als Kunstwerk von einem Verein instandgehalten.

Tropfsteinhöhle Kapsia

Westlich von Mantineia beim Dorf Kapsas, erreichbar über die N111, gelangt man zu einer sehenswerten Höhle. Sie wurde im Rahmen der Morea-Expedition der Franzosen 1887 entdeckt. Hier hat sich das Wasser in die Karstfelsen gefressen und außergewöhnliche Formationen zurückgelassen. Die Stalagtiten und Stalagmiten sind besonders farbenreich und bilden teils gebäudeähnliche Strukturen – man kann kaum glauben, dass diese nur durch Wasser und Stein geschaffen wurden. Etwa 300 m der Höhle sind begehbar.

■ **Spilaio Kapsia Mantineas,** visitworldheritage.com/en, Mo–Fr 9–15, Sa/So 9–16 Uhr, Eintritt 4 €, erm. 2 €.

090pe In

Weinanbaugebiet Appellation Mantineia

Nördlich von Mantineia gibt es mehrere **Weinkellereien.** Die heimische Rebe der arkadischen Hochebene ist die **Moschofilero.** Obwohl die Beeren rötlich sind, gehört sie zu den Weißweinsorten. Die Weinberge erstrecken sich über 35 km in der auf 700 m liegenden Hochebene. Die Höhenlage sorgt für ein kühleres Klima, in dem die Trauben langsam ausreifen. Die Weinlese findet daher erst, wie in Mitteleuropa, im Oktober statt. Die hier gekelterten aromatischen Weine mit blumigem Bouquet haben einen hohen Säuregehalt.

■ **Papageorgiou Estate** (Oinopoieio Ktima Papageorgiou), Epar. Od. Agorianis-Koronias, Tripoli 22100, www.ktimapapageorgiou.com/en, Mo–Sa 8–17 Uhr. In dem Weingut nördlich von Mantineia kann man Wein probieren und kaufen.

Kalogris Organic Winery, Kapsas 22100, www.ktimakalogri.gr, Sa/So/Fei 11–17 Uhr. Auf dem alteingesessenen, familiengeführten Gut werden zertifizierte Bioweine angebaut. Man kann die Weinkellerei besichtigen und die Weine kosten. Dabei erfährt man etwas über die Geschichte des Weinguts und den Anbau nach biologischen Grundsätzen.

Im Weinanbaugebiet von Mantineia dominiert die Traubensorte Moschofilero

Levidi und das Mainalo-Gebirge

Das Mainalo-Massiv erhebt sich nordwestlich von Tripoli im arkadischen Hochland. Das Gebirge hat mehr als 50 Gipfel über 1500 m ü.M., der höchste ist der **Ostrakina** mit 1981 m. Das Mainalo-Gebirge ist ein ausgewiesenes **Natura-2000-Gebiet.** Etwa 60 % der hiesigen Vegetation bestehen aus Tannenwald, daneben gibt es auch Laubbäume wie Eichen, Linden, Ahorn, Zedern und ein Dickicht aus Macchia-Bewuchs. Hier leben viele Amphibien und Reptilien wie die Hornotter und die Balkan-Peitschenschlange, verschiedene Arten von Eidechsen, Fröschen und Schildkröten.

Einer der bekanntesten Wanderwege der Peloponnes, der **Menalon Trail,** befindet sich hier (menalontrail.eu/en). Auch der **Europäische Fernwanderweg E4** verläuft von Tripoli bis nach Vytina durch das Mainalo-Gebirge. In der Hochebene des Bergmassivs gibt es zahlreiche Möglichkeiten zum Mountainbiking.

Das **Bergdorf Levidi** am Fuß des Mainalo-Gebirges ist ein guter Ausgangspunkt für Exkursionen ins Skigebiet Mainalo. Hier geht es auch im Sommer geschäftig zu, denn die frische Bergluft lockt bei heißen Temperaturen viele Besucher an. Touristisch ist das hübsche Städtchen gut erschlossen, es gibt keinen Mangel an Unterkünften und Gastronomiebetrieben. Dreh- und Angelpunkt ist die von Tavernen umringte, zentrale **Platia Levidi** mit schöner Aussicht auf die Landschaft.

Das privat geführte **Museum für Kunst und Geschichte** entstand aus einer Stiftung von *George I. Christodoulopoulos.* Dessen Kunstsammlung aus Zeichnungen und Lithografien, Skulpturen und anderen Objekten bildet den Grundstock der Sammlung. Geschichtlich Interessierte können hier einiges entdecken, z.B. die Totenmaske des Unabhängigkeitshelden *Kolokotronis.*

■ **Arkadiko Mouseio Technis kai Istorias,** EO. Nemeas Levidiou, Levidi 22002, Tel. +30 2796 029019, golden-greece.gr/en/museums/peloponisos/arkadia, nur im Sommer geöffnet.

Orchomenos

Nordöstlich von Levidi (N66 Richtung Nemea, bei Orchomenos links abbiegen) befindet sich die **Ausgrabungsstelle** des antiken Orchomenos, das im 7.–5. Jh. v.Chr. seine Blütezeit erlebte. Der Legende nach soll es von *Orchomenos* erbaut worden sein, einem der Söhne des Arkadierkönigs *Lykaon,* der am trojanischen Krieg teilnahm. Von der Ruinenstadt auf 750 m Höhe hat man einen eindrucksvollen Blick auf die umliegende Berglandschaft. Sehenswert sind insbesondere das **Amphitheater** aus dem 4. Jh. v.Chr., die **Agora,** eine antike **Brücke** und eine Abwasseranlage. Der Archäologe *Heinrich Schliemann,* der hier Ausgrabungen anstellte, legte unter anderem ein Kuppelgrab frei. Orchomenos soll während der mykenischen Palastzeit eine bedeutende Hauptstadt gewesen sein. Als Bewohner vermutet man die legendären Minyer, über die allerdings nur wenig bekannt ist.

Adobe Stock © Stratos Giannikos

Skigebiet Mainalo

Das Skigebiet des Mainalo-Massivs befindet sich südwestlich von Levidi unterhalb des Ostrakina in 1600 m Höhe. Es gibt sieben **Pisten** von unterschiedlichem Schwierigkeitsgrad sowie **Rodelstrecken** und mehrere **Lifte.** Beim Infozentrum am Parkplatz kann man alles Nötige ausleihen und es gibt ein Café. Etwa fünf Kilometer entfernt im Dorf **Kardaras** findet man weitere Gastronomiebetriebe. Von Levidi erreicht man den Ort über die N111, von der man nach Westen abbiegt. Das Skizentrum ist ab dort ausgeschildert.

■ **Chionodromiko Kentro Mainalou,** Tel. +30 6985063909, www.mainaloski.gr.

Praktische Tipps

Nützliche Infos und Adressen

■ **Informationen:** Auf der (griechischen) Website des Ortes gibt es eine Übersichtskarte mit den Sehenswürdigkeiten der Region (www.e-levidi.gr/maps).

Unterkunft, Essen und Trinken

■ **Parha Mansion**②, Levidi 22100, Tel. +30 2796 022010, www.archontiko-parcha.gr (griech.). Vier-

⌃ Die Pisten im Mainalo-Skigebiet sind im Winter gut besucht

sterne-Hotel im nördlichen Stadtzentrum. Mindestbuchung drei Nächte.

■ **Mainalia Villas and Suites**②, Levidi 22002, Tel. +30 2796 029029, www.menalia.gr. Luxuriöse Ferienunterkünfte an der südlichen Ausfallstraße N111 Richtung Tripoli.

■ **Koubouris Taverna,** Platia Levidiou, Tel. +30 2796 022424, www.koubouris.gr (griech.), tgl. 8–1 Uhr. Rustikale Taverne im Ortszentrum mit ausgezeichneter Küche und Kaminfeuer zum Aufwärmen. Die Spezialität sind Grillgerichte.

Vytina

An der Westseite des Mainalo-Skigebiets liegt das 650 Einwohner zählende **Bergdorf** Vytina auf 1033 m ü.M. Zwischen den höchsten Gipfeln des Mainalo im Osten und der Lousios-Schlucht gelegen, eignet sich auch dieser Ort gut als Ausgangsbasis für eine Erkundung der Region und für Wanderungen. Hier ist es zwar ganzjährig belebt, aber erst ab September wird es richtig voll. Im **Winter** strahlt der kleine Ort mit all den Lichtern zwischen den Steinhäusern eine heimelige Atmosphäre aus.

Vom zentralen Platz, der Kentriki Platia, über dem der grazile Kirchturm der **Agia Trifona** aufragt, zweigen zahlreiche Gassen mit Läden und Restaurants aller Art ab. Das Innere der Kirche aus dem Jahr 1846 lohnt einen Blick: Hier wurde der schwarze Marmor verarbeitet, der in der Gegend abgebaut wird.

Als „Straße der Liebe“ (O dromos tis agapis) bezeichnet man eine **Allee aus Ahornbäumen und Platanen,** die sich südlich des Ortskerns entlangzieht. Der Blätterwald lädt zu romantischen Spaziergängen ein. Früher sollen sich Liebespaare hier ihr Heiratsversprechen gegeben haben.

Unterkunft

■ **Art Mainalon**④, Nikolaou Tampakopoulou 1, Vytina 22010, Tel. +30 2795 022217, www.artmainalon.gr. Viersterne-Hotel mit Swimmingpool und feinem Restaurant.

■ **Aesko Resort**④, Epar. Od. Tripolis-Vitinas, Vytina 22010, Tel. +30 2795 029 040, www.aesko.gr. Ferienanlage im Chalet-Stil in einem Steinbau mit Kaminen, südöstlich des Ortes an einem Panoramahang gelegen.

Essen und Trinken, Einkaufen

■ **Klimataria Vytina,** Konstantinou Lambrinopoulou 6, Tel. +30 2795 022226, auf Facebook, So–Do 12–17 und 19.30–24, Fr/Sa 12–17.30 und 19–24 Uhr. In rustikaler Atmosphäre am Kamin werden deftige Gerichte und gute Weine serviert. Eine Spezialität sind die Desserts, wie *galatopita* (warmer Grieskuchen) aus dem Feuerofen.

■ **Kokkina Pitharia,** Kentriki Platia, Tel. +30 2795 029030, auf Facebook, tgl. 12–24 Uhr. In dem bekannten Restaurant am zentralen Platz bringt Chefkoch *Panagiotis Bourtsouklis* Erstklassiges auf den Tisch.

Wer regional einkaufen möchte, findet in den hiesigen Geschäften **lokale Produkte** wie Gewürze, Nüsse und Esskastanien, Tannenhonig und Preiselbeermarmelade, Bergkäse und Nudeln. Aufgrund der Viehwirtschaft in der Region gibt es auch Fleischspezialitäten und Wurstwaren.

Dimitsana

Einfach zu erreichen sind die Bergdörfer der Gemeinde **Gortynia** nicht gerade: Kilometerlange Serpentinen führen unterhalb von Hügelkuppen durch atemberaubende Schluchten und hübsche Dörfer, die sich an die Hänge schmiegen. Belohnung für die strapaziöse Fahrt durch den Westen Arkadiens ist der grandiose Ausblick. Die runden Kuppen der von Buschwerk bewachsenen Berge erlauben einen weiten Blick.

Dimitsana, der Hauptort der Gemeinde im Westen des arkadischen Hochlands, erstreckt sich pittoresk auf zwei

gegenüberliegenden Hügeln auf einer Höhe von 1000 m. Häuser aus grob gehauenem Stein ziehen sich an den kargen Bergflanken hinauf, dazwischen winden sich kleine Gassen. Im Hintergrund hört man das Plätschern der Wasserläufe, die sich durch den Ort schlängeln und die früher Mühlen antrieben. Tief unten im Tal geht es zur Lousios-Schlucht, durch die sich der gleichnamige Fluss seinen Weg bahnt.

Für Griechen hat Dimitsana eine besondere Bedeutung: Die hiesigen **Wassermühlen** lieferten während des Unabhängigkeitskampfs Energie für die Herstellung von Schwarzpulver für die Kanonen und Gewehre der Rebellen. Wie die Mühlen die Kraft der Bergbäche nutzten, kann man im Museum der Wasserkraft erfahren.

Der Mühlenbetrieb ging während der Osmanischen Zeit weitgehend unbehelligt seinen Gang, denn die Stadt war wirtschaftlich durch das Gerbereihandwerk erfolgreich. So übersahen die Osmanen vielleicht, was hinter den Türen der Bücherei und der orthodoxen Klöster im Geheimen geschah. Schon ab Mitte des 17. Jh. kamen im Kloster Filosofou Kirchenmänner und Gelehrte zusammen, die in der sogenannten Philosophenschule die Unabhängigkeitsbewegung vorantrieben. Einer der Mönche gründete 1746 eine umfassende Bibliothek, die zu einem **Studienort für griechische Literatur** wurde. Der Ort besaß auch eine Zelle der Geheimorganisation Filiki Eteria (→ S. 425), die die Rebellion vorantrieb.

☒ Die Bergdörfer der Gemeinde Gortynia bieten eine einzigartige Kulisse, hier Dimitsana

Kulturzentrum und Ortsrundgang

Beim Spaziergang durch die Gassen findet man immer wieder **Hinweistafeln** auf Gebäude, Persönlichkeiten und geschichtliche Ereignisse – die ganze Stadt atmet Historie. Bekannte Persönlichkeiten aus der **Unabhängigkeitsbewegung** wie der Bischof *Germanos* von Patras verkehrten hier, zahlreiche Häuser im Ort waren von bedeutenden Personen bewohnt. Daneben gehört auch die besondere Bauweise der Häuser zur Geschichte des Ortes. Der Rundgang „Dimitsana Living Museum" wurde vom Kulturzentrum angelegt, das gleichzeitig als **Touristinformation** fungiert.

■ **Anoichto Zontano Mouseio** (Conference & Cultural Center of Dimitsana), Tel. +30 2790 5032111, www.dimitsanalivingmuseum.gr, Mo–Fr 10–14 Uhr.

Bibliothek

Die 1746 gegründete Bibliothek mit ihren **historischen Dokumenten** und dem riesigen Archiv an Büchern ist gleichzeitig eine Art **Heimatmuseum.** Hier kann man historisches Mobiliar, Webstühle traditionelles Holzgeschirr, Waffen, Kleidung und Gemälde besichtigen.

Die Bibliothek war von Anfang an mit der Philosophenschule des Klosters Filosofou (→ S. 240) eng vernetzt. Man setzte hier die intellektuelle Tradition fort, die im Kloster begonnen hatte, mit dem Ziel, das unter den Osmanen unterdrückte griechische und westliche Kulturgut sowie die orthodoxe Religion am Leben zu erhalten. Der hier ausgebildete Klerus studierte neben den alten Philo-

Mikis Theodorakis in Arkadien

Der **Komponist, Liedermacher und Politiker** *Mikis Theodorakis* (1925–2021) wurde zwar auf der Insel Chios geboren, lebte und wirkte aber an verschiedenen Orten der Peloponnes, z.B. in Patras, Tripoli und Pyrgos. *Theodorakis* war Mitbegründer der griechischen Liedermacherszene der 1960er- und 1970er-Jahre, die die Wurzeln der modernen griechischen Popmusik bildet. In ihren Liedern arbeiteten die Musiker Elemente griechischer Volksmusik und des Rembetiko mit ein. Eines von *Theodorakis'* bekanntesten Werken ist die **Musik zu dem Film „Alexis Sorbas"** (→ Exkurs S. 172).

Abhängig davon, wer gerade Griechenland regierte, galt *Theodorakis* als unerwünschter Rebell oder herausragender Kulturschaffender. So wurde er von der Militärjunta im Jahr 1968 nach Zatouna verbannt und seine Musik verboten. Der **„Hausarrest" in Arkadien** bewirkte jedoch keine Läuterung, sondern resultierte in einer besonders fruchtbaren Schaffensperiode. So feierten viele seiner Werke im internationalen Ausland Erfolge, während der Komponist zuhause verfolgt wurde. Dies trieb ihn ins Exil nach Paris. Später, nach seiner Rückkehr nach Griechenland, kandidierte der ehemalige Kommunist für die liberal-konservative Partei Nea Dimokratia.

Inzwischen gilt *Theodorakis* als einer der bedeutendsten griechischen Komponisten aller Zeiten. Jedes Jahr Anfang September findet das **Festival Mikis Theodorakis – Arkadies Zatouna** mit Konzerten in Athen und Zatouna statt.

sophen auch ein breites Spektrum an Naturwissenschaften und westlicher Literatur. Ihr Wissen trugen die Gelehrten anschließend in ihre Diözesen überall in Griechenland. Bis heute ist der Bestand der Bibliothek auf 35.000 Werke angewachsen.

- **Dimosia Istoriki Vivliothiki Dimitsanas,** Tel. +30 2795 031219, www.vivliothiki-dimitsanas.gr/en, Di–Sa 9–14 Uhr.

Museum der Wasserkraft

Das Museum in einer alten **Mühlenanlage** etwas außerhalb des Ortes erstreckt sich über den Innen- und Außenbereich und erlaubt einen Blick auf die traditionelle Handwerkskunst der Müllerei sowie die Besonderheiten der Mühlen in Gortynia. Im ersten Bereich sieht man eine **Walkmühle** und eine **Mehlmühle** mit horizontalen Schaufelrädern. Hier wurden auch Traubenreste gepresst, mit denen man den Tresterschnaps Tsipouro herstellte.

In einem weiteren Gebäude ist eine **Gerberei** untergebracht, in der man die Verarbeitung von Tierhäuten nachverfolgen kann. Schließlich besichtigt man noch die **Schießpulvermühle.** Es war die Familie *Spiliotopoulos,* die die Schießpulverproduktion so richtig in Gang brachte. Erst produzierte man nur für den lokalen Bedarf, später versorgte man die Rebellen in ganz Griechenland. Allein 35.100 Kanonenkugeln und 805.000 Patronen sollen hier hergestellt worden sein. Dabei nutzte man alle

▷ Im „lebendigen Museum" Dimitsana erzählt fast jedes Gebäude eine Geschichte

möglichen natürlichen Materialen – so gewann man Salpeter angeblich aus Tierdung.

- **Ypaithrio Mouseio Ydrokinisis,** Kefalari Aï-Yianni, Dimitsana 22007, Tel. +30 2795 031630, www.piop.gr/en/diktuo-mouseiwn, tgl. März bis 15. Okt. 10–18, 16. Okt. bis 28. Feb. 10–17 Uhr, Eintritt 4 €, erm. 2 €.

Mikis Theodorakis Museum

Im Haus der Grundschule im **Nachbardorf Zatouna** hat *Mikis Theodorakis* einige Monate seines Lebens verbracht. Heute erinnert hier ein Museum an den bekannten griechischen Komponisten (→ Exkurs).

- **Mikis Theodorakis Museum,** Kentriki Platia, Zatouna 22007, Tel. +30 6944176522, auf Facebook, Fr 18–20, Sa/So 11–16 Uhr.

Praktische Tipps

Nützliche Infos und Adressen

- **PLZ Dimitsana:** 22007
- **Informationen:** im Kulturzentrum (s.o.)

Unterkunft

- **Methexis Boutique Hotel**③, Tel. +30 2795 031317, www.methexishotel.gr. Gediegene Dreisterne-Unterkunft am Südende des Ortes an der Straße zur Lousios-Schlucht. In den Zimmern gibt es künstliche Kaminfeuer und unten im Haus eine Cafébar.
- **En-Dimitsani Guesthouse**③, Epar. Od. Dimitsanas-Gefiras Mpertsas, Tel. +30 2795 031748, www.en-dimitsana.gr (griech.). Rustikale Unterkunft im Landhausstil mit Restaurant und Bar am Nordende des Ortes. Hier lodert ein richtiges Kaminfeuer. Für das Frühstück werden Lebensmittel aus der Region verwendet.

Essen und Trinken

- **Tefthis Taverna,** Lampardopoulou 36, Tel. +30 2795 031514, tgl. 12.30–23.30 Uhr. Traditionelle Taverne mit griechischen Spezialitäten zu vernünftigen Preisen.
- **Ta Kato Pano,** Lampardopoulou 36, Tel. +30 2795 029216, www.tapanokato.com, So–Do 9–23, Fr 9–24, Sa 9–0.30 Uhr. Gemütliche Cafébar, in der man neben Kaffee und vielen leckeren anderen Getränken auch kleine Gerichte wie Burger und Risotto bekommt.

Stemnitsa und die Lousios-Schlucht

In der Antike war Stemnitsa als Ypsos bekannt, später siedelten sich hier Slawen an, die dem Ort seinen heutigen Namen gaben. Das Dorf liegt 1080 m hoch und breitet sich terrassenartig am Berg Klinitsa aus. Es ist als **Eingangstor zur Lousios-Schlucht** bekannt – der Menalon Trail, ein beliebter Wanderweg, beginnt direkt im Zentrum. Auch das offizielle Besucherzentrum des Menalon Trail befindet sich hier.

Die zentrale Platia dominiert der Glockenturm der Kirche Agios Georgios aus dem Jahr 1810 mit Fresken von *Fotis Kontoglou*. Links und rechts davon findet man schattige Restaurantplätze.

Auf einem Berghang im Osten des Ortes thront das byzantinische **Kloster Zoodochou Pigis** aus dem 15. Jh., in dem sich ebenso wie in Dimitsana eine Gelehrtenschule befand. Auch hier wurde offiziell verbotenes Lehrgut verbreitet. Im Jahr 1821, nach der Befreiung Griechenlands, war darin kurzzeitig die erste Übergangsregierung der Peloponnes untergebracht.

Der Ort war schon in der byzantinischen Zeit für sein Silber- und Goldschmiedehandwerk bekannt, man fertigte z.B. auch Kirchenglocken. Heute setzt eine renommierte Goldschmiedeschule die Tradition fort.

Folkloremuseum

Das kleine Museum zeigt **Handwerkszeug** traditioneller Berufe wie Kerzenmacher oder Silberschmiede, **Trachten** und **Einrichtungsgegenstände,** die den Lebensstandard wohlhabender Bürgerfamilien ebenso wie den von Arbeitern durch die Jahrhunderte verdeutlichen.

- **Laografiko Mouseio Stemnitsas,** Tel. +30 2795 081252, www.stemnitsamuseum.gr, Juli bis Sept. Mi, Do, Sa 10–13, Fr 17–20 Uhr, Okt. bis Juni Mo–Fr 10–13 Uhr, Eintritt 2 €, erm. 1 €.

Praktische Tipps

Nützliche Infos und Adressen

- **PLZ Stemnitsa:** 22007
- **Menalon Trail Information Office,** Stemnitsa 22007, Tel. +30 2795 081494, menalontrail.eu/en. Das Besucherzentrum fungiert auch als Touristinfo.

Unterkunft, Essen und Trinken

- **Kanto's Guesthouse**②, Agias Paraskevis, Tel. +30 6984611094, www.kantosguesthouse.gr. Traditionell-rustikale Unterkunft im Zentrum nahe dem Folkloremuseum. Weiß gekalkte Wände aus

Adobe Stock © Aggelso Images

rauem Stein, handgewebte Teppiche und Holzmöbel passen zum Charakter des Bergdorfs. Vom privaten Balkon blickt man auf die Berge.

■ **Theta Guesthouse**②, Tel. +30 6937954808, the ta-stemnitsa.gr. Heimelige Unterkunft im rustikalen Steinbau mit modernem Komfort, im Zentrum südlich der Goldschmiedeschule gelegen.

■ **Senate Cafe,** Epar. Od.Kato Davias-Dimitsanas 101, Tel. +30 2795 081253, tgl. 8–23 Uhr. Hier kann man bei Snacks wie Salaten, Sandwiches und Cocktails mit schönem Blick auf das Dorfleben sitzen.

■ **Katafigio,** Anargiro Fatourou, Tel. +30 6974794151, tgl. 8–3 Uhr. Direkt neben dem klassizistischen Rathausbau befindet sich das beliebte Stadtcafé, Treffpunkt von Einheimischen und Wanderern.

Einkaufen

In einigen Geschäften des Ortes gibt es Schmuck und andere regionale Produkte zu kaufen.

■ **Sarakinioti,** Agias Paraskevis, auf Instagram, nur im Sommer geöffnet. Einzelstücke, entworfen von *Victoria Sarakinioti.*

■ **Archetypou,** Pelopidia, Tel. +30 2795 081368, Sommer tgl. 10–22 Uhr. Traditionelles Juweliergeschäft mit Schmuckstücken aus der Region.

Aktivitäten

River Rafting

■ Wer Rafting-Touren auf dem Lousios-Fluss machen möchte, kann bei **Discover Greece** Floßfahrten durch die Stromschnellen buchen, www.discovergreece.com/activities-tours/arcadia-rafting-lousios-river.

Geführte Touren

■ **Explore Peloponnese,** Agios Ioannis, Kynouria 22001, Tel. +30 6936761078, www.explorepeloponnese.gr/en. Der Veranstalter bietet Wandertouren auch zu schwer erreichbaren Zielen, ebenso wie Canyoning oder River Rafting in der Lousios-Schlucht.

△ Stemnitsa liegt über 1000 m hoch

In der Lousios-Schlucht

Kloster Prodromou

Wer den Menalon Trail von Stemnitsa durch die Lousios-Schlucht wandert, gelangt zuerst zum Kloster Timiou Prodromou (Johannes des Täufers). Direkt in die **Felswand** gebaut, wird das Kloster aus dem 12. Jh. bis heute von Mönchen bewohnt. Während des Unabhängigkeitskampfs diente es den Verfolgten als Zufluchtsort, unter ihnen General *Kolokotronis* und die Bewohner Stemnitsas, die während einer osmanischen Belagerung im Jahr 1779 hier ausharrten.

Mit dem Auto kann man von Stemnitsa auf einer neun Kilometer langen Serpentinenstraße bis zum **Parkplatz** Monis Prodromou fahren. In einem kleinen Laden werden Erfrischungen angeboten. Der Blick nach vorn fällt direkt auf das historische Kloster Filosofou.

■ **Moni Timiou Prodromou,** tgl. 8–13 und 17–19.45 Uhr.

Kloster Filosofou

Das Kloster Filisofou gibt es gleich zweimal: Das ältere **Palaia Moni Filosofou** geht auf das Jahr 969 zurück und ist heute verlassen. Das kleine Gebäude wurde

⌃ › Heute noch von Mönchen bewohnt: Moni Timiou Prodromou in der dicht bewaldeten Lousious-Schlucht

direkt in einen Felsvorsprung gebaut. Hier wirkte *Ioannis Lampardopoulos*, bekannt als „der Philosoph". Er war Staatssekretär des byzantinischen Kaisers *Nikephoros II. Phokas*. Im 17. Jh. führten griechische Gelehrte und Kirchenmänner die philosophische Tradition fort. Allerdings verließ man das marode Gebäude und baute 1663–91 das neue Kloster **Nea Moni Panagias Filosofou** 500 m entfernt. Nachdem Mitte des 18. Jh. die Bibliothek in Dimitsana gegründet worden war, zog die sogenannte Griechische Schule dorthin um. Das Kloster wurde per Dekret 1834 unter dem bayrischen König *Otto I.* aufgelöst. Heute wird das Gebäude vom Kultusministerium als Denkmal erhalten, einige Mönche wohnen hier.

Antikes Gortys

Vom südlich von Stemnitsa gelegenen **Elliniko** kann man einen Abstecher zur antiken Stadt Gortys (Archaiologikos Choros Gortys) machen, nach der die heutige Gemeinde Gortynia benannt ist. Die Stadt entstand wahrscheinlich bereits zwischen 1600 und 1100 v.Chr. und erlebte ihre Blütezeit vom 8. Jh. v.Chr. bis zum 1. Jh. n.Chr. Aber auch eine byzantinische Kapelle aus dem 11. Jh. ist vorhanden, was beweist, dass der Ort auch wesentlich später noch bewohnt war. Weiterhin zu sehen sind die Überreste eines **Asklepios-Heiligtums,** dessen heilendes Wasser aus zwei Thermalquellen gespeist wurde. Zudem gibt es noch Reste eines ausgeklügelten Hei-

Adobe Stock © MoVia1

Auf dem Menalon Trail durch die Lousios-Schlucht

Der 75 km lange Menalon Trail ist einer der am besten dokumentierten Wanderwege Griechenlands. Er führt durch den Westen Arkadiens von Stemnitsa nach Lagkadia und besteht aus acht Teilstücken von unterschiedlichem Schwierigkeitsgrad, die gut beschildert sind.

Das erste Teilstück führt durch die fünf Kilometer lange Lousios-Schlucht, eine Klamm, durch die der Lousios-Fluss hindurchfließt. Diese Strecke ist geprägt von Tannenwäldern und unterbrochen von Brücken und engen Pfaden entlang der Felswände. Im weiteren Verlauf des Menalon Trail geht es durch die bizarr-fantastische Berglandschaft.

Das relativ gut zugängliche erste Teilstück, bei dem man auch die **Felsenklöster Prodromou und Filosofou** besichtigen kann, ist besonders beliebt. Wer die 12 km lange Route wandern möchte, kann entweder in Dimitsana oder Stemnitsa eine Unterkunft suchen, die Wanderung lässt sich in beide Richtungen machen. Zudem gibt es an der Strecke mehrere **Parkplätze,** von denen aus ein Einstieg möglich ist, sodass auch kürzere Wanderungen möglich sind. Der Weg ist anspruchsvoll, gutes Schuhwerk ist erforderlich.

■ **Infos:** menalontrail.eu/en

zungssystems. Den Louisos überspannt die historische **Kokkoris-Steinbrücke.** Mit dem Auto kann man vom Ort Elliniko bis zur Brücke fahren (6 km), den restlichen Weg geht man zu Fuß.

Karitena

Karitena (Karytaina) wird überragt von einer **fränkischen Burg,** erbaut im 13. Jh. von Baron *Geoffreye de Bryères.* Von der Festung hat man einen weiten Blick bis hinunter ins Tal nach Megalopoli. Hier soll sich der Nationheld *Theodoros Kolokotronis* während des Unabhängigkeitskampfs verschanzt haben – wahrscheinlich nicht zuletzt wegen der guten Sicht auf nahende Feinde. Eine Statue im Ort erinnert an den General.

Nördlich des Ortes fließt der **Lousios** mit dem **Alfios** zusammen. Dieser 110 km lange Hauptfluss der Peloponnes mündet in der Region Elis ins Ionische Meer. Südlich von Karitena können Fußgänger auf einer wahrhaft antik anmutenden **Steinbrücke** aus der fränkisch-byzantinischen Zeit den Alfios überqueren. Direkt oberhalb verläuft eine neuere Brücke über das Tal.

[^] Unterwegs auf dem Menalon Trail

[>] Karitena mit der fränkischen Burg hoch oben auf der Felsenkuppe

Unterkunft, Essen und Trinken

Elliniko

Die Übernachtungsmöglichkeiten in Karitena sind sehr begrenzt. Etwas mehr Auswahl bietet das 10 km nordöstlich liegende Örtchen Elliniko.

■ **Elafos Spa Hotel**③, Epar. Od. Karitenas-Stemnitsas 96, Elliniko 22022, Tel. +30 2791 031600, elafos.gr. Das modern-rustikale Hotel mit Swimmingpool, Hamam und Sauna garantiert absolute Ruhe und Entspannnung in der kälteren Jahreszeit. Einige Zimmer haben Kamin.

■ **Taverna Tou Taloumi,** Platia Smirnis, Tel. +30 6977449309, Fr–So 12–23.30 Uhr, auf Facebook. In der zentral in Elliniko gelegenen Taverne werden regionale Zutaten verarbeitet.

Einkaufen

„Sonntagsnudeln" – Ta Zymarika tis Kyriakis, Epar. Od. Karitenas-Stemnitsas, Karitena 22022, tazymarikatiskyriakis.gr (griech.). In dem Laden gibt es Nudeln aller Art aus eigener Herstellung. Auch die Zutaten wie Milch und Eier kommen aus eigener Produktion. Schön verpackt, eignen sich die griechischen und internationalen Nudelsorten auch als Mitbringsel.

Megalopoli

In der modernen **Industriestadt** Megalopoli locken wenige Attraktionen für Besucher. Hier wird **Braunkohle** abgebaut, in den hiesigen Kraftwerken generiert man damit (bisher noch) Strom für die südliche Peloponnes und die Inseln. Einen morbiden Charme hat jedoch die Ausgrabungsstätte des antiken Megalopoli vor dem Hintergrund rauchender Industrieschlote. Die Stadt selbst bietet eine gute Infrastruktur und man befindet sich gleich an der Türschwelle zum Naturparadies Gortynia.

Antikes Megalopoli

Während die Küstenregion der Peloponnes aufgrund ihrer guten Erreichbarkeit einen ständigen interkulturellen Austausch erlebte und sich rasant entwickelte, bieb das gebirgige Hinterland Arkadiens von seinen Nachbarn und Eroberern lange unbeachtet. Die Bewohner

lebten hauptsächlich von der Landwirtschaft und der Schäferei.

Die erste größere Stadt Arkadiens war das von König *Epaminondas* 371 v.Chr. gegründete Megalopoli. Es entstand aus einem Zusammenschluss verschiedener Stadtstaaten des Arkadischen Bundes, darunter Tegea, Mantineia, Kleitor und Tripoli. Der neue Verbund sollte ein **Gegengewicht zu Sparta** schaffen, das von *Epaminondas* in der Schlacht bei Leuktra besiegt worden war (→ S. 420). Das antike Messene spielte eine ähnliche Rolle. Die Spartaner gewannen jedoch 222 v.Chr. wieder die Überhand und zerstörten Megalopoli, das später von den **Römern** bewohnt wurde. Unter den Ruinen der Ausgrabungen befinden sich die Reste eines **Amphitheaters** und eines **Tempels** für Zeus Soter. Die Anlage liegt zwei Kilometer nordwestlich des Zentrums.

Tegea

Die **wichtigste archäologische Stätte Arkadiens** ist der Tempel der Athena Alea in Tegea. Auch das dortige Archäologische Museum ist sehr sehenswert. Im Archäologischen Park des modernen Tegea kann man Ruinen aus hellenistischer Zeit, Reste der mittelalterlichen Stadtmauer und Gebäude aus byzantinischer Zeit besichtigen. Tegea erreicht man von Tripoli über die N39 nach Süden, die man in östlicher Richtung bei der Ausfahrt Tegea verlässt. Die Epar. Od. Stenou-Kerasitsas führt zum Archäologischen Museum.

Die **antike Stadt Tegea** entstand bereits zu mykenischer Zeit und wuchs rund um das Heiligtum der Athena Alea in der heutigen Ortschaft Tegea-Alea. Die Stadt erstreckte sich weit nach Norden, bis ins Zentrum des heutigen Orts-

teils Dimos Tegeas. Im dortigen Archäologischen Park kann man noch erahnen, wie groß die Stadt einst war. Sie zählte neben Mantineia zu den **mächtigsten Stadtstaaten in Arkadien** und konnte sich auch gegen Sparta behaupten, bevor dieses sich mit ihm verbündete. Im Jahr 418 v.Chr. besiegte Tegea seinen ewigen Gegenspieler Mantineia. Nachdem der thebanische König *Epaminondas* 371 v.Chr. Sparta in die Schranken gewiesen hatte, wurde Tegea eine der Gründungskolonien des neuen Stadtstaats Megalopoli. Tegea hielt um 395 nur knapp einem Angriff der Goten stand, blühte jedoch unter den Byzantinern wieder auf. Erst im 14. Jh. löste Tripoli Tegea als bedeudendste Stadt Arkadiens ab.

Archäologisches Museum Tegea

Das moderne, interaktiv gestaltete Museum vermittelt Hintergrundwissen über die Geschichte Tegeas sowie des Tempels der Athena Alea. Besonders sehenswert sind die Ausstellung über den **Bildhauer Skopas,** der den Tempel der Athena Alea erschuf, und eine Gruppe von **Hermes-Stelen,** die in Tegea in Tempeln und Privathäusern üblich waren. Auf dem Hof des Museums gibt es eine Freilichtausstellung mit diversen **Skulpturen** und Gegenständen aus dem öffentlichen Leben, darunter Grabstelen.

■ **Archaiologiko Mouseio Tegeas,** Tegea 22012, Tel. +30 2710 556540, www.tegeamuseum.gr, Mi–Mo 8.30–15.30 Uhr, Eintritt 4 €, erm. 2 €.

☒ Die Ruinen des Tempels der Athena Alea befinden sich mitten im Dorfkern

Tempel der Athena Alea

Die beeindruckenden Reste des Tempels, einst einer der größten der Peloponnes, liegen weitgehend ungeschützt mitten im Dorfkern, nicht weit vom Museum entfernt. Viel Geld floss in den Neubau des Museums, während der eigentliche historische Schatz bisher den Elementen preisgegeben ist. Hier klettert man über **Fragmente monumentaler Säulen** und auch das Fundament und die Treppen zum Tempel sind noch gut erhalten.

In der Antike war hier ein bedeutendes panhellenisches Heiligtum, erschaffen angeblich vom mythischen Aleus, Enkel des Göttervaters Zeus. Eine erste, hölzerne Version des Tempels verbrannte bei einem Feuer um 395 v.Chr. Ein neuer Tempel wurde vom Baumeister *Skopas* aus Paros (385–330 v.Chr.) entworfen. Jeweils sechs marmorne Säulen stützten das Tempeldach auf vier Seiten. *Skopas* brachte viele neue Ideen ein und kombinierte z.B. korinthische Podeste mit ionischen Kapitellen. Im Inneren stand eine große Statue der Göttin Athena, ebenso wie eine Büste der Göttin für Gesundheit und Hygiene, Hygieia, für die Skopas berühmt ist. Diese Büste befindet sich heute im Nationalmuseum in Athen. Ornamentale Reliefs stellten unter anderem die Legende von Herkules' Jagd nach dem Kalydonischen Eber nach.

Im Jahr 148 besuchte *Pausanias* das damals römisch regierte Tegea und beschrieb den Tempel als einen der herausragenden der gesamten Peloponnes. *Pausanias* wusste aber auch zu berichten, dass Kaiser *Augustus* um 31 v.Chr. Skulpturen und Friese aus dem Tempel verschleppt hatte. Ein Teil der Fundstücke ist im benachbarten Archäologischen Museum zu sehen.

■ **Naos tis Aleas Athinas,** Alea 22012, Mi–Mo 8.30–15.30 Uhr, Eintritt 3 €, erm. 2 €.

Archäologischer Park Tegea

Viele Überreste des antiken Tegea sind noch unerforscht. Im Archäologischen Park von Dimos Tegeas und dem benachbarten Episkopi wandert man unter schattigen Bäumen vorbei an Ruinen der einst so bedeutenden Stadt aus hellenistischer bis byzantinischer Zeit. Man sieht z.B. die Fundamente von Hallen der Agora sowie einen Brandaltar aus dem 4. Jh. Stattlich ist die **byzantinische Kirche** aus dem 10.–12. Jh., die neben den Überresten eines **Amphitheaters** entstand. Auch ein Teil der mittelalterlichen **Stadtmauer** ist noch zu erkennen.

■ **Archaiologiko Parko Tegeas,** Epar. Od. Tripolis-Paraliou-Astros, Tegea 22012, tegeatikos.gr/gnoriste-th-tegea (griech.), frei zugänglich. Vom antiken Tegea folgt man den Schildern Richtung Dimos Tegeas und fährt dann nordwestlich auf der Hauptstraße Richtung Tripoli.

[>] In Paralio Astros gibt es keinen Mangel an Tavernen

[>>] Der Strand des Ortes ist selten überlaufen

Paralio Astros

Arkadien besitzt mit der Region **Kynouria** einen schmalen **Küstenstreifen,** der südlich an Lakonien und nördlich an die Argolis grenzt. Die schönen Badeorte am Argolischen Golf werden bisher fast nur von Einheimischen und wenigen Eingeweihten frequentiert. Von Tegea führt die Landstraße Richtung Osten an die Küste, zunächst durch die Ausläufer des Parnon-Gebirges und dann entlang des Flusses Tanos.

UNSER TIPP: Vom etwas landeinwärts gelegenen Verwaltungsstädtchen **Astros** im Norden von Kynouria gelangt man in wenigen Minuten in den hübschen **Badeort** Paralio Astros, den ehemaligen Hafen von Astros. Die Bucht mit einem schönen Badestrand wird im Norden überragt von einer wehrhaften Burg. Das schmucke Örtchen ist ein beliebtes Ausflugsziel für Bewohner von Tripoli und

092pe ln

selten überlaufen. Hier kann man gut ein paar entspannte Tage verbringen und Exkursionen unternehmen. Noch vor Astros lassen sich auf dem Weg die antike Villa des Herodes Atticus und das Kloster Loukous besichtigen.

Sehenswertes

Entlang der Uferpromenade bis hin zum **Jacht- und Fischerhafen** reihen sich einladende Tavernen aneinander. In Richtung Süden blickt man von hier auf die höchsten Gipfel des Parnon. Vom Hafen führt ein Weg bis zum kleinen **Leuchtturm** am Kap, auf dem Weg dorthin passiert man die eindrucksvolle Statue einer Meerjungfrau. Sie stellt Stheno dar, die Schwester der schlangenköpfigen Medusa. Die Hauptstraße Zafiropoulou führt durch den Ort bis zum **Aufgang zur Burg,** hier findet man Restaurants und Geschäfte.

Der Stadtstrand **Paralia Astros** hat einen seichten Zugang und ist durch das vorgelagerte Kap vor starkem Wellengang geschützt.

Kastro Astros

Wahrscheinlich entstand schon zur fränkischen Zeit um 1256 eine Burg mit dem Namen *Estella* (Stern), die Astros seinen Namen gab. Die heutigen Mauern stammen jedoch aus dem 17. und 18. Jh. und gehen auf die zweite venezianische Herrschaftszeit zurück. Ab 1824 verschanzten sich hier die Brüder *Zafeiropoulos,* Unabhängigkeitskämpfer und Mitglieder des rebellischen Geheimbundes Filiki Eteria. Am 5. August 1826 kam es zu einer Schlacht, bei der sich die Rebellen erfolgreich gegen einen Angriff der osmanischen Truppen zur Wehr setzten. Die Ruine mit den Überresten der drei Wohnhäuser der Brüder *Zafeiropoulos* ist frei zugänglich.

093pe ln

In der Umgebung

Moustou-Lagune

Am Südende der Bucht hinter dem Strand Paralia Portes beginnt das **Natura-2000-Gebiet** der Moustou-Lagune. Das Feuchtgebiet ist Anziehungspunkt für **Zugvögel, Amphibien** und andere Tiere. Der See Limni Moustou ist durch einen kleinen Bach mit dem Meer verbunden. An der Straße, die von Astros in Richtung Süden am See entlangführt, befindet sich ein Parkplatz mit Schautafeln, die über die Artenvielfalt informieren.

- www.birdingplaces.eu/en/birdingplaces/greece/moustos-wetland, mit Infos zur Vogelbeobachtung und hilfreicher Karte.
- www.discoverkynouria.gr/en/moustos

Strände nördlich von Astros:
Paralia Paliochano und Paralia Viles

Strände

Nördlich und südlich von Paralio Astros gibt es zahlreiche Buchten mit touristisch erschlossenen Kies- und Sandstränden. Viele werden von Tavernen bedient, die Liegestühle vermieten, aber es gibt auch naturbelassene Buchten.

Südlich des Stadtstrands schließt sich der **Paralia Portes** nahe der Moustou-Lagune an. Noch weiter südlich findet sich unterhalb des Kaps von Arkadiko Chorio die besonders schöne Bucht von **Kryoneri.**

Nördlich von Paralio Astros liegt der kleine Kiesstrand **Atsigganos.** Noch weiter nördlich, oberhalb der Mündung des Flusses Tanos, ist der sandige **Paralia Paliochano** ein beliebter Wohnmobilplatz. Kurz vor der Grenze zur Argolis, rund um Xiropigado, gibt es weitere Buchten wie z.B. den einsamen **Paralia Viles,** den man nur über eine Treppe erreicht.

096pe In

Villa des Herodes Atticus

Fünf Kilometer nordwestlich von Astros an der Straße nach Tripoli erkennt man im Vorbeifahren die Mauern einer **Ausgrabungsstätte.** Hier entstand im 2. Jh. in der damaligen Siedlung **Eva** ein großes Anwesen des römischen Rhetorikers und Senators *Herodes Atticus,* der aus Marathon bei Athen stammte. Die Villa war einer von mehreren Aufenthaltsorten des angesehenen Mannes. Das Gebäude war noch bis ins 5. Jh. bewohnt. Während der letzten Bauphase wurden die Böden mit mehrfarbigen, bilderreichen **Mosaiken** ausgelegt. Aufwendig ausgearbeitet waren auch die Sanitäranlagen mit durch Wasserdampf gewärmten Fußböden. Beeindruckend ist neben der Größe der Anlage der Ausblick: Die Villa steht mitten in einem Olivenhain mit weitem Blick über die Bucht von Astros. Die Anlage ist nur von außen zu besichtigen. Während der Ausgrabungen im Sommer bieten die Archäologen Führungen an.

094pe In

Kloster Loukous

Gleich auf der gegenüberliegenden Straßenseite der Ausgrabungsstätte führt eine kleine Straße hinauf zum Kloster Loukous. Das Nonnenkloster (offizieller Name: Moni tis Metamorfoseos tou Sotiros) entstand wahrscheinlich auf den Grundmauern einer Kirche aus dem 5. Jh., die damals in den Jagdgründen der benachbarten Villa des Herodes Atticus stand. Der Beiname *Loukous* bedeutet soviel wie „Heiliger Hain". Der heutige, weißgetünchte Bau entstand um 1690, die **Klosterkirche** ist jedoch wahrscheinlich um einiges älter. Sie weist im Inneren farbenfrohe **Fresken** aus dem 17. Jh. auf. Auffallend sind auch die besonders gepflegten **Gartenanlagen** mit farbenprächtigen exotischen Pflanzen.

- **Moni tis Metamorfoseos tou Sotiros,** tgl. 14–16 Uhr, Eintritt frei.

Praktische Tipps

Nützliche Infos und Adressen

- **PLZ Paralio Astros:** 22013

Informationen zu Kynouria

- www.discoverkynouria.gr/en
- visitkynouria.gr

095pe ln

Unterkunft, Essen und Trinken

■ **Castle View Studios**①, Od. Argous, Tel. +30 2755 052142, www.castle-view.gr. Dreisterne-Hotel oberhalb der Stadt im nördlichen Zentrum mit Blick auf die Burg und den exotischen Garten. Die meisten Zimmer haben einen kleinen Balkon. Kühlschrank und Klimaanlage im Zimmer.

■ **Zorbas,** Kastrou, Tel. +30 2755 051113, tgl. 10–24 Uhr. Restaurant beim Aufgang zur Burg. Von gegrilltem Fisch bis zu Salaten und Schmorgemüse ist alles appetitlich angerichtet und schmackhaft.

■ **Mouragio,** Sokrati Kallitsi 2, Tel. +30 2755 051418, Fr 18–23.30, Sa 12–23, So 12–23 Uhr. Taverne in Strandnähe mit griechischen Klassikern wie Souvlaki, aber auch Schweinebraten und Schmorgemüse.

⌃ Das Parnon-Gebirge zieht Wanderer und Kletterer an

Camping

■ **Camping Thirea,** Meligou, Paralia Portes, Tel. +30 697 2223189, www.campingthirea.com. Der Großteil des Campingplatzes ist von Dauercampern belegt. Es gibt jedoch einige Stellplätze für Wohnmobile und Wohnwagen. Der Platz liegt in Fußnähe zum Paralia Portes nahe der Moustou-Lagune. Die sanitären Anlagen sind in die Jahre gekommen.

Paralia Paliochano

■ **Camper Stop,** Kato Vervena, Epar. Od. Kiveriou-Astrous, N 37°26'12.4728" E 22°44'12.84". Großer Parkplatz mit Wasserhahn ein Stück landeinwärts vom Strand Paralia Paliochano.

Einkaufen

■ **Paradosiaka Malevos,** Zafiropoulou, So–Fr 9–14 und 18–23.30, Sa 9–14 Uhr. Leckereien aus der Region wie handgemachte Pasta, Eingemachtes, Marmelade, Olivenöl und kleine hangenähte Artikel aus Leder.

Verkehr

Auto/Wohnmobil

Im Stadtzentrum von Paralio Astros gibt es wenige bis gar keine **Parkplätze,** man sollte etwas außerhalb parken.

Bus

- **KTEL Arkadias,** ktelarkadias.gr/en. Die Busse verkehren regelmäßig von Tripoli nach Paralio Astros.

- **Parnon Trail,** Routenbeschreibung und GPS-Daten unter www.fdparnonas.gr/?lang=en und www.topoguide.gr/033/033_en.

Feste und Veranstaltungen

- Im Parnon-Bergdorf **Kastanitsa** findet am letzten Wochenende im Oktober das **Kastanienfestival** rund um die Waldfrucht statt.

Parnon-Gebirge

Das Kalksteingebirge des Parnon (gr. Parnonas) verläuft von der Hochebene im arkadischen Tegea bis zur Südspitze Lakoniens. Es ist das flächenmäßig größte Gebirge auf der Peloponnes. Die Flora und Fauna ist sehr abwechslungsreich und reicht von dicht bewaldeten Gegenden bis hin zu karstigen Felsen inmitten von heideartiger Landschaft auf der Hochebene. Besonders schöne Ausblicke ermöglichen die breiten, von Felswänden überragten Täler. Hier finden Wanderer den höchsten Gipfel des Parnon-Gebirges, den 1934 m hohen **Megali Tourla.** Der **Parnon Trail** (auch bezeichnet als National Trail O33) beginnt in Agios Petros im Norden des Bergmassivs und führt entlang des gesamten Gebirgszugs nach Süden bis zum Kap Malea in Lakonien.

Besteigung des Megali Tourla im Parnon-Gebirge

Den höchsten Gipfel des Parnon kann man auf verschiedenen Routen erklimmen. Am beliebtesten ist der Ausgangspunkt bei **Agios Petros,** den man von Astros über die Bergstraße Richtung Xirokampi erreicht. Von dort aus gelangt man zu einer **Schutzhütte** der griechischen Wandervereinigung EOS (im Ort ausgeschildert) und kann dort parken. Der 15 km lange Weg (hin und zurück) ist mit einem roten Viereck markiert. Man benötigt etwa 5½ Stunden. Wanderbeschreibungen gibt es auf den einschlägigen Outdoor-Portalen. Man sollte nicht ohne Karte bzw. GPS-Daten wandern, denn die Route ist besonders anfangs recht verzweigt.

Zunächst wandert man durch einen Kiefernwald, dann über eine Forststraße und wieder durch Wald. Von einer Hochalm geht es weiter hinauf zum 1934 m hohen **Gipfel** auf einem unbefestigten, sehr steilen, dann unmarkierten Geröllpfad. Beim Abstieg sollte man die Rutschgefahr beachten. Oben wartet eine fantastische Aussicht, dann geht es auf demselben Weg wieder zurück.

Tyros

Fährt man von Astros Richtung Süden entlang der Küstenstraße, gelangt man zu weiteren Badeorten. Der kleine Ferienort Tyros erstreckt sich entlang einer gut ausgebauten Uferstraße vor einem schmalen Kiesstrand. Tyros ist touristisch gut erschlossen, es gibt ausreichend Unterkünfte und Gastronomie sowie Abendunterhaltung. Oberhalb des Ortes stehen drei historische **Windmühlen,** die ebenso wie ihre Gegenstücke in Leonidi auf den Berg gebaut wurden, um die Meeresbrise zu nutzen. Im Süden wird die Bucht durch den Jachthafen **Tyros Marina** begrenzt.

Im Norden von Tyros gelangt man hinter einem Felsvorsprung zu einer kleinen Bucht mit glasklarem Wasser, dem kiesigen Strand **Paralia Tigani.** Von dort nach Norden ziehen sich weitere kleinere Buchten, die sich für einen Badestopp eignen, wie **Paralia Zaritsi.**

Unterkunft, Essen und Trinken, Camping

- **Tyros Boutique Houses,** Tagmatarchou Alevras, Tyros 22029, Tel. +30 6970415471, tyros boutiquehouses.reserve-online.net. Moderne Ferienapartments mit eigenem Strandzugang.
- **Akrogiali,** Tagmatarchou Alevras, Tel. +30 2757 041860, tgl. 12–24 Uhr. Frischen Fisch und griechische Klassiker gibt es in der Taverne mit Aussicht auf die Bucht.

Paralia Zaritsi

- **Camping Zaritsi,** Ag. Christoforos 22029, Tel. +30 2757041429, www.campingzaritsi.gr/de. Campingplatz mit Minimarkt und Restaurant im schattigen Olivenhain beim Paralia Zaritsi (5 km nördlich von Tyros) direkt am Strand. Auch Ver- und Entsorgung für Wohnmobile.

Leonidi

Die Felsformationen des Parnon-Karstgebirges, die sich im Hinterland der Küste erheben, ziehen **Kletterer** an, so z.B. in Leonidi im Süden von Kynouria. Im Hintergrund dramatisch eingerahmt von rötlichen Karstfelsen, ist der Ort vor allem unter Freeclimbern bekannt und beliebt. Hier kommen gleich mehrere Attraktionen zusammen: fantastische Kletterwände, ein schöner Kiesstrand drei Kilometer entfernt und ein ansprechendes Stadtzentrum mit netten Tavernen. Das Zentrum befindet sich auf der Nordseite des Flusses Dafnon.

Da das Klettern in den heißen Sommermonaten nicht möglich ist, kehrt hier zur Hauptsaison Ruhe ein und vorwiegend einheimische Badegäste besuchen den Strand. Im Frühjahr und Herbst wird der Ort von vielen Bergsteigern und Freeclimbern aufgesucht, die Campingplätze und Ferienwohnungen sind dann meist ausgebucht. Es herrscht eine ganz besondere Atmosphäre, für Kletterer bietet sich eine gute Gelegenheit, sich kennenzulernen und auszutauschen.

In der Antike war Leonidi (Leonidio) als Tsakonia bekannt. Noch heute wird in der Gegend der fast ausgestorbene **Dialekt Tsakonisch** gesprochen, der auf die dorische Sprache zurückgeht. Die

Straßenschilder zeigen neben der griechischen auch die tsakonische Version. Die Bezeichnung leitet sich von *tsakones,* „Auberginen", ab. Davon werden hier in den Tälern links und rechts des Flusses Dafnon zahlreiche unterschiedliche Arten angebaut.

Kulturfabrik

UNSER TIPP: Das **Museum** in der Kulturfabrik informiert über die **Region Kynouria,** angefangen bei der Mythologie und der Prähistorie bis hin zur industriellen Entwicklung Tsakoniens im 19. und 20. Jh. Neben der Landwirtschaft spielte hier auch der Seehandel eine bedeutende Rolle. Veranstaltungen wie Filmschauen, Lesungen und Konzerte ergänzen das Angebot.

■ **Famprika Politismou,** Epar. Od. Leonidiou-Kosma, Tel. +30 2757 022807, www.fabbricaofculture.gr/en, Mo–Fr 9–14.30 Uhr, Eintritt frei.

Windmühlenruinen

Unterhalb der Karstfelsen ragen am südlichen Ortsausgang Richtung Meer drei steinerne Türme über der Stadt auf. Es sind die **Grundmauern ehemaliger Windmühlen** (Anemomyloi Leonidiou) aus den Jahren 1836 bis 1930. Um sie aus der Nähe zu betrachten, ist ein längerer, anstrengender Anstieg notwendig. Von der Epar. Od. Astrous-Leonididou führt ein staubiger Trampelpfad hinauf. Oben angekommen, hat man einen wunderschönen Blick auf die Talebene des Dafnon und das Meer.

Strände

Südlich der Mündung des Dafnon befindet sich der Hausstrand von Leonidi, ein langer, sauberer Kiesstrand. Aufgrund

☑ Beliebter Treff für Freeclimber: Leonidi

des starken Windes ist die See hier am **Paralia Plakas** selten ganz ruhig. In der Nähe gibt es zahlreiche Ferienunterkünfte und eine kleine Marina mit zwei Fischtavernen.

Einen weiteren Kiesstrand findet man ein Stückchen weiter südlich bei **Poulithra.** Auch dort gibt es einen kleinen Fischerhafen mit Tavernen und Unterkünften.

Praktische Tipps

Nützliche Infos und Adressen

- **PLZ Leonidi:** 22300
- **Informationen:** www.exploresouthkynouria.gr/en

Unterkunft

- **Leonidio Holiday Apartments②**, Vouga, Tel. +30 6978415458, leonidio-apartments.com. Familiengeführte Anlage im Ortszentrum mit unterschiedlich großen, modernen Apartments und Klimaanlage/Heizung.
- **Leonidio Rocks①**, Epar. Od. Astrous-Leonidiou, Tel. +30 6973255805. Preiswerte Hostel-Unterkunft für Kletterer mit kleinerem Geldbeutel.

Paralia Plakas

- **Troumpas Family Rooms②**, Paralia Plakas, Tel. +30 2757 023671, www.troumpasfamily.gr/de. Die gut ausgestatteten Ferienapartments überzeugen durch ihre Liebe zum Detail und die schöne Gartenanlage. Man wird mit einem Korb voller Produkte aus der Region begrüßt.

Camping

- **Camper Stopp,** Prasiou, GPS N 37.16325, E 22.86175. Großer Parkplatz am Ortsrand von Leonidi auf der Südseite des Dafnon ohne Versorgung. Übernachtung erlaubt.

Paralia Plakas

- **Camping Semeli,** Paralia Plakas, Tel. +30 2757 022995, www.camping-semeli.gr/en. Der kleine Campingplatz bietet zahlreiche Stellplätze für Zelte, etwas weniger für Caravane und Wohnmobile. Es gibt einen Minimarkt und einen Coffeeshop.

Essen und Trinken

- **Restaurant Mitropolis,** 4 Diastika, Tel. +30 2757 029115, tgl. 17.30–23 Uhr. Taverne mit leckeren Gerichten, freundlichen Gastgebern und vernünftigen Preisen. Hinzu kommt der schöne Blick auf die Karstfelsen von der Terrasse.
- **Kalye Cafe Bar,** Platia 25 Martiou, Tel. +30 2757 023030, auf Facebook, tgl. 7–2 Uhr. Das Café an der zentralen Platia bietet kleine Speisen wie überbackenen Toast und Salate, aber auch Burger und Eiscreme.

Paralia Plakas

- **Taverna Mihalis-Margarita,** Limani Plakas, Tel. +30 2757 033379, restaurant-69315.business.site (griech.), tgl. 9–23 Uhr. Gediegene Fischtaverne am Hafen.

Einkaufen

- **Panjika Cooperative Climbing Shop,** Mo, Mi, Fr, 17–21, Di, Do, Sa 9–13 und 17–21 Uhr. Im Zentrum von Leonidi, hier gibt es alles an Zubehör, was das Klettererherz begehrt.
- **Mironia,** Stadtzentrum, auf Facebook. Liebevoll zubereitete Kleinigkeiten wie eingelegte Aubergi-

nen, Seifen, Kerzen oder getrocknete Kräuter der Region.

■ **Vlamis Wood Bakery,** Manoli Dounia, Tel. +30 6972088580, Mo–Sa 7–14 und 17.30–20.30 Uhr. Die Bäckerei im Zentrum bietet im Holzofen gebackenes leckeres Brot, gefüllte Pasteten und Süßes.

■ **Markt:** Jeden Montag findet an der Platia 25 Martiou ein Bauernmarkt statt.

Aktivitäten

Klettern

■ Leonidi bietet über 2000 mit Bolzen bestückte **Kletterrouten** (Crags) von unterschiedlichem Schwierigkeitsgrad. Zum Routeneinstieg muss man etwa 20–30 Minuten aufsteigen. Die Stadt gibt einen eigenen Kletterführer heraus, den man auf der Webseite bestellen kann: climbinleonidio.com.

Wandern

■ **Walk4Fun,** Dolianitis Sarantos, Tel. +30 2757 022422, walk4fun.gr/en, Mo–Sa 8–20 Uhr. Geführte Wanderungen in der Region.

Mountainbiking

■ **GRCycling,** booking.grcycling.com/trips/leonidio-peloponnese-cycling-paradise. Beim größten Radfahrverein Griechenlands kann man sich Routenvorschläge holen, um das bergige Terrain rund um Leonidio auf eigene Faust zu erkunden.

Feste und Veranstaltungen

■ **Melitzas,** das der heimischen Aubergine gewidmete Stadtfest Anfang Juli bietet Musik, Tanz und Kulinarisches. Die ganze Stadt verwandelt sich in eine Bühne (www.melitzazz.gr/en).

■ **Climbing Festival,** Anfang November, wenn die Sonne noch ausreichend Wärme hat, findet das Festival statt, zu dem internationale Ehrengäste aus der Climbing Community anreisen. Abends gibt es Tanzdarbietungen, Live-Musik und Spezialitäten aus der Region. Infos: climbinleonidio.com/wp/leonidio-climbing-festival.

Verkehr

Bus

■ **KTEL Arkadias,** ktelarkadias.gr/en. Die Busse auf der Route Athen – Tripoli halten zweimal tgl., freitags dreimal tgl. in Leonidi an der Uferstraße des Dafnon (Epar. Od. Leonidiou-Kosma).

In der Umgebung

Kloster Elonas und Kosmas

Von Leonidi landeinwärts gelangt man über eine **landschaftlich spektakuläre Serpentinenstraße** über dem Tal des Dafnon zum idyllischen Bergdorf Kosmas. Etwa auf halber Strecke passiert man das Nonnenkloster Elonas, das bereits im 14. Jh. in die **Karstfelsen** auf 650 m Höhe gebaut wurde. Im Inneren des Klosters befindet sich eine Ikone der Jungfrau Maria aus dem Jahr 1350 aus Holz und Mastix.

In Kosmas entdeckt man im Ortskern eine historische **Brunnenanlage** mit wasserspendenden Löwenköpfen. Rund um die zentrale Platia finden sich einige beliebte Tavernen unter schattigen Platanen. Kosmas ist besonders für seine **Esskastanien** bekannt, die hier im Herbst in allen möglichen Gerichten verarbeitet werden.

■ **Monastiri Elonas,** Tel. +30 2757 022297, tgl. 7–19.30 Uhr.

Argos | 262
Dendra | 279
Drepano | 301
Epidauros | 294
Ermioni | 307
Ermionida | 306
Kilada | 303
Kiveri | 269
Kranidi | 306
Lerna | 269
Midea | 279
Mykene | 271
Nafplio | 280
Palea Epidavros | 292
Portocheli | 310
Saronische Inseln Spetses, Hydra, Poros und Methana | 312
Tiryns | 277
Tolo | 297
Vivari | 302

097pe ln

6

Argolis mit Saronischen Inseln

In der Argolis trifft man auf antike Historie aus mehreren Jahrtausenden. Hier entstand die mykenische Hochkultur, die den Stoff für zahlreiche Mythen und Legenden bildete. Mykene, Epidauros und Tiryns sind drei der bekanntesten und meistbesuchten antiken Stätten Griechenlands. Sie gehören zum UNESCO-Welterbe.

Immer gut besucht: UNESCO-Welterbe Mykene

ÜBERBLICK

In der Argolis finden sich die ältesten Spuren menschlicher Besiedlung der Peloponnes. Das fruchtbare Schwemmland des Flusses Inachos war schon für die Menschen der Prähistorie ein attraktives Gebiet. In der

Argolis mit Saronischen Inseln

Franchthi-Höhle am Argolischen Golf lebten sogar schon vor 40.000 Jahren Menschen. Heute erstrecken sich hier Zitrusplantagen, so weit das Auge reicht – man bekommt überall Orangen und Zitronen für einen frisch gepressten Saft. Es wird auch viel Honig produziert: Die Gegend ist reich an Bienen, die sich während der Orangenblüte von dem Nektar ernähren.

In der Stadt **Argos** vereinen sich mykenische, byzantinische und moderne Geschichte. Das antike Argos, das der Argolis ihren Namen gab, ist die älteste dauerhaft besiedelte Stadt der Peloponnes. Hoch oben thront die Festung Larissa aus mykenischer Zeit auf einem Berg. Ein erstaunlich gut erhaltenes Amphitheater aus dem 4. Jh. liegt am Rand des heutigen Zentrums. Daneben bietet die Stadt das hervorragende Byzantinische Museum sowie ein pulsierendes Alltagsleben.

Nicht zuletzt aufgrund der drei hier vereinten **UNESCO-Welterbestätten** ist die Region Argolis touristisch weit entwickelt. Eine davon ist die nördlich in den Bergen liegende, mächtige Festung **Mykene.** Aufgrund der mit ihr verbundenen Mythen um den Trojanischen Krieg ist sie weltbekannt und dementsprechend viel besucht. Besser zugänglich ist die nur wenige Kilometer entfernte, kleinere Festung **Tiryns,** deren beeindruckende Zyklopenmauern direkt aus der Tiefebene aufragen. Die archäologische Erforschung ist dort noch lange nicht abgeschlossen. Im Osten liegt das Asklepios-Heiligtum **Epidauros** mit seinem gut erhaltenen Amphitheater und einem weitläufigen Gelände, auf dem sich antike Heiligtümer aneinanderreihen. In die Steinzeit und frühe Bronzezeit begibt man sich hingegen bei den Ausgrabungen von **Lerna,** das schon um 6000 v.Chr. besiedelt war.

Das klassizistische **Nafplio** gilt als eine der hübschesten neuzeitlichen Städte Griechenlands und lockt mit viel mediterranem Flair. Nach dem Unabhängigkeitskrieg war es kurzzeitig die erste Hauptstadt des jungen griechischen Staates. Viel besucht und bewundert, ist es bis heute die heimliche Hauptstadt der Region Argolis.

An der Westküste des „Daumens" der Peloponnes gibt es am **Argolischen Golf** viele schöne Strände. Der gesamte Küstenstreifen von **Tolo bis Portocheli** ist ein beliebtes Badeparadies. Insbesondere der südliche Zipfel rund um Portocheli, wo sich luxuriöse Jachten in den tief

NICHT VERPASSEN!

- Die älteste durchgehend besiedelte Stadt: **Argos** mit antiken Ruinen und Byzantinischem Museum | 262
- Eine der ältesten Siedlungsstätten in Griechenland: **Lerna** | 269
- Agamemnons atemberaubende Festung: das antike **Mykene** | 271
- Ehemalige Hauptstadt mit klassizistischem Stadtbild: **Nafplio** | 280
- Zeitgenössische Aufführungen vor antikem Ambiente im **Amphitheater Epidauros** | 295
- „Museumsinsel" mit Aussteigerflair: **Insel Hydra** | 315
- Wanderparadies auf dem Vulkan und heiße Quellen: **Insel Methana** | 323

Diese Tipps erkennt man an der gelben Markierung.

eingeschnittenen Buchten tummeln, trägt den Beinamen „Peloponnesische Riviera".

Wer Besichtigungen mit Badeurlaub kombinieren möchte, kann in **Asine** über versunkenen Ruinen schwimmen. Die **Karstfelsen** rund um Didima locken zum **Klettern** und es gibt das geologische Phänomen von Dolinen zu bestaunen. In der **Höhle von Franchthi** siedelten schon in der frühen Steinzeit Menschen.

Die Ostküste des „Daumens" der Peloponnes am **Saronischen Golf** gehört verwaltungsmäßig zur Region Attika, ebenso wie die **Saronischen Inseln.** Der Küste unmittelbar vorgelagert, laden Spetses, Hydra, Poros und Methana zu einem Tagesausflug oder längeren Aufenthalt ein. Auf Methana kann man gar auf einem Vulkan wandern.

Die Unterwasserruinen der antiken Stadt Asine kann man beim Schwimmen erkunden

Argos

Man nimmt an, dass das **5000 v.Chr. gegründete Argos** schon vor dem Aufstieg von Mykene und Tiryns eine bedeutende Stadt war. Ihre Blütezeit erlebte sie jedoch vom 7. bis 5. Jh. v.Chr. unter dem mythischen König *Phaidon,* als fast 30.000 Menschen hier lebten. Die Stadt lag zum einen zwischen dem Hafen beim heutigen Nafplio und wichtigen Landverbindungen, zum anderen war das umliegende Land sehr fruchtbar und wasserreich. Hoch oben thront die Festung Larissa über der Stadt. Die Ruinen des antiken Argos aus dem 4. Jh. liegen am Fuß des Berges und grenzen direkt an das moderne Zentrum.

Die Lage der Stadt hat sich offensichtlich durch die Jahrhunderte hindurch bewährt: Argos wurde nicht verlassen und dem Verfall preisgegeben, sondern lebte weiter. Erst 494 wurde es von seinem beständigen Rivalen Sparta besiegt, lebte aber unter den Byzantinern wieder auf.

So gilt Argos als die am längsten dauerhaft besiedelte Stadt Griechenlands, wenn nicht sogar Europas. Das Pflaster atmet überall Geschichte, auch wenn das moderne Stadtbild von der Architektur der 1970er- und 1980er-Jahre geprägt ist. Die Stadt mit ihren heute 27.000 Einwohnern punktet jedoch mit einem sehr **lebendigen Flair,** was man insbesondere auf den belebten Plätzen und dem großen Wochenmarkt spürt.

[>] Viel Kunst im öffentlichen Raum findet man in Argos

[v] Hoch über dem Stadtzentrum thront die Burg Larissa

099pe ln

Orientierung

Die N7 (Tripoleos) führt von Süden in die Stadt hinein und direkt zur Ausgrabungsstätte der antiken Stadt. Nördlich verläuft die Straße als Gounari weiter und kreuzt bald die Karantza, die nach Nordwesten zur Festung Larissa führt und nach Südosten als Tsokri ins Stadtzentrum. Die touristisch interessanten Gebiete liegen links und rechts der Tsokri und um die zentrale **Platia Agiou Petrou.**

Die **Platia Dimokratias** wird als Parkplatz, Marktgelände und für Veranstaltungen genutzt. Der ehemalige Exerzierplatz gehörte einst zu den Kasernen, die heute das Byzantinische Museum beherbergen. Das hübsche klassizistische Gebäude am Nordende der Platia Dimokratias entstand 1889 und diente damals als überdachter Markt.

Sehenswertes

Dreh- und Angelpunkt der Stadt ist die **Platia Agiou Petrou** (Petersplatz) mit der gleichnamigen **Kirche.** Zentrales Merkmal des von Cafés mit schattigen Dächern und Bäumen gesäumten Platzes ist der kleine **Kanal,** der sich im Zickzack über den Platz schlängelt und im Sommer Kühlung verspricht.

Die Haupteinkaufsstraßen befinden sich zwischen den Hauptachsen Tsokri (und ihren Verlängerungen) im Norden und Kapodistriou im Süden. In den Seitenstraßen, wie der Danaou, entdeckt man ebenfalls Geschäfte und kann das klassizistische **Rathaus** aus dem Jahr 1830 anschauen. Zum Einkaufen, Bummeln und Entspannen laden die **Fußgängerzonen** nördlich der Vasileos Konstantinou ein, durch deren Mitte sich jeweils begrünte, mit Sonnendächern versehene Caféterrassen ziehen.

101pe ln

Argos präsentiert vielerorts **Kunst im öffentlichen Raum.** So gibt es zahlreiche Bronzestatuen von lesenden und sinnierenden Menschen, die auf Bänken sitzen. Auf der Platia Agiou Petrou hat man in Zusammenarbeit mit der Kunstschule Athen einen historisierenden **Springbrunnen** mit Löwenstatuen aufgestellt. In der Danaou steht eine markante, goldene **Herakles-Statue,** eine Nachbildung einer Statue aus dem italienschen Neapel, die auf den Bildhauer *Lysippus von Sykion* aus dem 4. Jh. zurückgeht.

Archäologisches Museum

An den Ausläufern des Petersplatzes befindet sich das Archäologische Museum, das momentan umfassend erneuert wird. Zum Bestand gehören Funde von Ausgrabungen des Aspis-Hügels mit dem mykenischen Friedhof Deirada, aber auch aus dem antiken Argos, da-

Argos

0 200 m

Mykene
80 m
Deirada
Foroneos
Irakleous
Korinthou
25is Martiou
Mpoumpoulinas
Aspidos
Karantza
Kastro Larissa
Gounari
Tsokri
Inachou
Platia Dimokratias
Vasileos Konstantinou
Zografou
Poligenous
Vasileos Sofias
Agiou Petrou
Tiryns
Kapodistriou
Nikitara
Kofimitou
Ausschnitt
Simitzopoulou
Fidonos
Danaou
Amphitheater
Agiou Georgiou
ANTIKES ARGOS
Römische Therme
Theatrou
Odeion
Römische Agora
Tripoleos
Messinias Arkadias
Stadiou
Übernachtung
1 Optasia Luxury House
6 Palladion Boutique Hotel
Essen und Trinken
2 Salvanos
4 Aigli
5 Twain Cafe-Bar
7 Amelie All Day Brunch
Einkaufen
3 Markt
Dimokratias
Mpelinou
Vasileos Alexandrou
Kolokotroni
P. Tsaldari
Aggelou Mpompou
Poliklitou
Mistakopoulou
Kalmoukou
Springbrunnen
Rathaus
Vasilissis Sofias
Byzantinisches Museum
4is Ianouariou
Karaiskaki
Kallergi
Vasilissis Olgas
Vasileos Georgiou V
Platia AgiouPetrou
Herakles-Statue
Korai
Papafléssa
Archäologisches Museum
Vasileos Georgiou A
0 100 m

runter eine Rüstung aus einem Kriegergrab des 8. Jh. v.Chr.

■ **Archaiologiko Mouseio,** Vasilissis Olgas 2, Tel. +30 2751 068819, www.argolisculture.gr/en. Bis auf Weiteres wegen Umbau geschl.

Byzantinisches Museum

1690 stand an der Platia Dimokratias ein Krankenhaus, das während der osmanischen Zeit als Markt und Post genutzt wurde. Gouverneur *Ioannis Kapodistrias* ließ das Gebäude 1829 zu einer **Kavallerie-Kaserne** ausbauen. Heute beherbergt das geschichtsträchtige Gebäude das Byzantinische Museum.

Die Ausstellung ist so angelegt, dass man zunächst einen Überblick über die Entstehung des **byzantinischen Kaiserreichs** (345–1453) bekommt. Ein wichtiger Teil der späteren Geschichte des Reichs spielte sich auf der Peloponnes in den Zentren Mystras und Monemvasia ab. Im Museum wird das Augenmerk jedoch auf das **byzantinische Argos** vom 9. bis 13. Jh. gerichtet. Daneben wird ein Blick auf die Entwicklung der Region durch die nachfolgenden Jahrhunderte geworfen.

■ **Byzantino Mouseio Argolidas,** Tel. +30 2751 068937, www.byma.gr, Mi–Mo 8.30–15.30 Uhr, Eintritt 4 €, erm. 3 € (oder Kombiticket, → S. 273).

Antikes Argos

Die Ausgrabungsstätte des antiken Argos liegt nahe am modernen Stadtzentrum, bekommt jedoch kaum Werbung und ist leider schlecht dokumentiert. Dies hat allerdings den Vorteil, dass man in aller Ruhe das Gelände erkunden kann, auf dem sich zahlreiche interessante Gebäudereste befinden. Vom Zentrum aus erreicht man es zu Fuß in südlicher Richtung über die Fidonos und dann westlich auf die Theatrou abbiegend.

Zur Anlage gehört das beeindruckende **Amphitheater,** erbaut 300–250 v.Chr., das mit seinen 81 Rängen beachtliche 20.000 Zuschauer fasste und damit größer war als das berühmte Theater in Epidauros. Steigt man hinauf in die oberen Ränge, die direkt in den Fels gehauen wurden, eröffnet sich ein Blick auf die Ebene mit der Stadt Argos, die heute das Hintergrundpanorama für die sommerlichen Theateraufführungen bietet. Der Blick von hier oben ist unvergleichlich. Die Ränge sind noch sehr gut erhalten, ähnlich wie beim Theater in Epidauros.

Südöstlich vom Theater fällt der Blick auf die Reste einer **römischen Therme** aus der Mitte des 2. Jh. v.Chr., von der noch eine zehn Meter hohe Mauer steht. Von der aus roten Lehmziegeln gebauten, riesigen Anlage sieht man noch die Reste der Hypocausten, durch die das warme Wasser gepumpt wurde, um die darüberliegenden Räume zu erwärmen. Das Wasser kam über ein Aquädukt hierher. Anfang des 2. Jh. stand hier eine dem Gott Asklepios gewidmete Kultstätte. Ein halbes Jahrhundert später wandelten die Römer die Anlage jedoch in eine öffentliche Sauna- und Badeanstalt um, die zu byzantinischen Zeiten noch bis zum 6. Jh. in Betrieb war. Ein Stück weiter südlich befindet sich das **Odeion,** ein kleineres Theater für 2500 Besucher.

Auf der anderen Seite der Hauptstraße Tripoleos befindet sich die vernachlässigte Ausgrabungsstelle der ehemaligen **Agora** der antiken Stadt. Fast alle Gebäudereste sind überwachsen, die Anlage ist nur von außen durch einen Zaun zu betrachten. Man hat die Reste einer **Säulenhalle** von 32 m Länge ausgegraben, die von 16 ionischen und 15 dorischen Säulen gestützt wurde. Die Halle wird auf 460 v.Chr. datiert. Man nimmt an, dass sie das Bouleuterion (Rathaus, Versammlungsraum) war, Argos wurde damals wie Athen demokratisch regiert. Weiterhin gibt es Überreste eines Stadions, eines Theaters und eines Heiligtums für Apollo Lykeus. Die griechischen Bauten wurden während der römischen Zeit abgeändert und teilweise anderen Nutzungen zugeführt.

- **Archeologikos Choros Argos,** Od. Tripoleos, Tel. +30 2751 068819, www.argolisculture.gr/de/denkmaeler-und-museen/ancient-theatre-argos, tgl. 8.30–15.30 Uhr, Eintritt 3 €, erm. 2 € (Nov. bis März 2 €).

Kastro Larissa

Die Festung auf dem 289 m hohen Berg Larissa diente schon in der Prähistorie als Akropolis. Sie ist von Weitem aus der Ebene sichtbar. Im 6. Jh. v.Chr. entstand eine erste Festungsanlage, im 10. Jh. bauten die Byzantiner die Burg aus. Im 13. Jh. ging sie an die Franken und war bis 1463 unter venezianischer Kontrolle.

Die **sechseckige Burg,** die sich dem Betrachter heute präsentiert, entstand um 1700 unter den **Venezianern.** Damals wurde der Rundturm, in dem Schießpulver lagerte, bei einer Explosion zerstört und man musste die Burg von grundauf restaurieren. Es sind auch noch Reste einer **Zyklopenmauer** aus mykenischer Zeit um 1300 v.Chr. sowie eine Torschwelle vorhanden. Unbestritten ist die fantastische Aussicht von hier oben.

Vom antiken Argos kann man auch zu Fuß die 2,6 km auf den Berg hinaufsteigen, der Zugang befindet sich hinter dem Odeion. Der Eintritt ist frei. Mit dem Auto gelangt man über die zentrale Hauptstraße Tsokri und ihre nördlichen Verlängerungen Karantza und Foroneos auf den Berg.

Antikes Deirada

Gegenüber der Festung erhebt sich in nordöstlicher Richtung der **Aspis-Hügel,** wo man in einem landschaftsähnlichen Park durch antike Ruinen der Stadt Deirada spazieren kann. Früher befand sich hier ein weiteres Kastro, das mit Larissa durch Straßen verbunden war. Schon um 4000 v.Chr. war der Hügel besiedelt, dann wieder zur mykenischen Zeit um 2000 v.Chr. Gräber von 1300 v.Chr. sieht man auf dem **mykenischen Friedhof.** Südwestlich liegen die Überreste eines **Heiligtums** für Apollo Deiratiotes und Athena Oxyderkes.

Praktische Tipps

Nützliche Infos und Adressen

- **PLZ Argos:** 21232
- **Informationen:** www.argos-tourism.gr

[>] Vom antiken Argos reicht der Blick weit über die moderne Stadt

Unterkunft

6 Palladion Boutique Hotel②, Vasilissis Sofias 5, Tel. +30 2751 022968, palladion-hotel.gr. Modernes Hotel mit Blick auf die zentrale Platia. Gut für diejenigen, die gern gleich mittendrin sind und kurze Fußwege möchten. Internationales Buffet-Frühstück.

1 Optasia Luxury House③, Karantza 60, Tel. +30 6949470278, optasialuxuryhouse.gr. Voll ausgestattete, moderne Ferienwohnung unweit des Zentrums in ruhiger Lage an der Straße auf den Berg Larissa. In der Nähe befindet sich ein Kinderspielplatz. Zwei Schlafzimmer, Esszimmer/Wohnzimmer, Balkon.

Essen und Trinken

4 Aigli, Vasileos Georgiou V 68, Tel. +30 2751 024812, tgl. 11–23 Uhr. Der Name bedeutet „glamourös", aber in dem Restaurant serviert man ganz bodenständige und schmackhafte Gerichte zu annehmbaren Preisen.

7 Amelie All Day Brunch, Nikitara 7, Tel. +30 2751 022215, tgl. 7–0.30 Uhr. Kleine Gerichte wie überbackenen Toast und Crêpes sowie Süßes gibt es hier ganztags.

2 Salvanos, Platia Dimokratias 2, Tel. +30 2751 029673, tgl. 6–2 Uhr, an den Markttagen Mi und Sa schon ab 4 Uhr. Im Stammcafé der Marktleute ist immer etwas los.

5 Twain Cafe-Bar, P. Tsaldari 10, Tel. +30 2751 021111, tgl. 10–2 Uhr. Lounge-Bar in postindustriellem Chic, es gibt guten Kaffee und Cocktails.

Einkaufen

3 Markt: Jeden Mittwoch und Samstag findet auf der Platia Dimokratias gegenüber vom Byzantinischen Museum ein großer Markt statt. Neben Lebensmitteln aller Art gibt es auch Kleidung, Pflanzen und Haushaltsgeräte.

102pe In

Verkehr

Auto/Wohnmobil

■ Die Platia Dimokratias, der Marktplatz, dient außer Mi und Sa als zentraler **Parkplatz.**

Bus

■ **KTEL Argolis,** www.ktelargolida.gr/en. Die **Busstation** befindet sich an der Ostseite des Byzantinischen Museums an der Fidonos.

Taxi

■ **Taxistände** gibt es beim Marktplatz (Platia Dimokratias) und an der Platia Agiou Petrou.

In der Umgebung

Höhlenkirche von Kefalari

Im kleinen Dorf Kefalari, fünf Kilometer südwestlich von Argos, spielt Wasser eine große Rolle. Aus den porösen Felsen drängt hier ein unterirdisch verlaufender Abfluss des Stymfalischen Sees (→ S. 351) in einer **Karstquelle** nach oben. Um das Wasser einzudämmen, hat man die Quelle eingefasst und eine Art Auffangbecken geschaffen.

Im Hintergrund wurde die Kirche Zoodochos Pigi Panagia Kefalariaotissa gebaut, die dem lebensspendenden Quell der Jungfrau Maria gewidmet ist und ein beliebtes **Pilgerziel** darstellt. Daneben erstreckt sich eine **Grotte** 60 m tief in den Karstfelsen hinein, in der die Pilger ihre Votivgaben heute in Wandnischen hinterlassen. Man nimmt an, dass die Grotte schon im Altertum als Heiligtum genutzt wurde.

■ **Zoodochos Pigi Panagia Kefalariaotissa,** EO Argous, Kefalari 21200, 8–17 Uhr, Eintritt frei.

Pyramide von Elliniko

Zwei Kilometer südwestlich von Kefalari befindet sich in Elliniko (Hellenikon) ein pyramidenartiger Bau, dessen Entstehungsdatum nicht genau festgelegt werden kann. Man sieht einen **viereckigen Sockel** aus großen Steinquadern, der etwa fünf Meter hoch ist. Durch den Eingang gelangt man zu einem Korridor mit einer Türöffnung. Zwar fand man bei Grabungen Keramikfragmente, die bis 3000 v.Chr. zurückreichen, der weitaus größere Teil der Funde stammt jedoch aus dem 4. Jh. v.Chr. Das Gelände ist frei zugänglich.

Die Theorien der Einordung des Gebäudes reichen von einem Mausoleum, ähnlich dem der ägyptischen Pyramiden, bis zu einer Art Wachturm, der noch einen hölzernen Überbau hatte. Das Gebäude liegt an der alten Handelsstraße von Argos nach Tegea. Ähnliche Pyramidenbauten in der Argolis gibt es bei Lygourio, in Kampia bei Nea Epidavros und Fichti bei Mykene. Dies könnte die Theorie eines **Systems von Wachtürmen** belegen.

■ **Infos:** odysseus.culture.gr, Pfad: „monuments", „Pyramid of Hellenikon".

[>] Nafplio am Horizont – so präsentiert sich der Hafen von Kiveri

103pe ln

Kiveri

Südlich von Kefalari an der Westküste des Argolischen Golfs gelegen, bildet die kleine **Hafenstadt** Kiveri den letzten Außenposten der Argolis vor der Grenze zu Arkadien. Im Hafen des 1000 Einwohner zählenden Ortes liegen Fischerboote, entlang des Uferstreifens mit Kiesstrand befinden sich einige Ferienunterkünfte und Tavernen. Von hier hat man einen schönen Blick über die Bucht hinüber nach Nafplio.

Unterkunft, Essen und Trinken

■ **Vasilis Studios**①-②, vasilisrooms.gr, Tel. +30 6979798048. Kleine, aber modern und voll ausgestattete Ferienapartments am Strand von Kiveri.

■ **Fournos Limperis,** Epar. Od. Kiveriou-Astros, tgl. 5–22 Uhr. Bäckerei am nördlichen Ortsausgang mit großem Angebot an Backwaren, Snacks und Süßem. Auch Kaffee trinken kann man hier.

Verkehr

■ **Taxi:** Koutroufinis Taxis, Epar. Od. Kiveriou-Astrous, Tel. +30 6945955933, www.taxi24h.gr.

Archäologische Stätte Lerna

Eine der ungewöhnlichsten Ausgrabungsstätten der Peloponnes liegt gut drei Kilometer nördlich von Kiveri direkt an der Durchgangsstraße N7 beim Ort Myloi.

Der Ort Lerna war schon um 6500 v.Chr. in der **Mittleren Steinzeit** bewohnt. Nachfolgende Generationen bauten ihre Siedlungen jeweils auf den Ruinen der Vorgänger. So entstand ein Tumulus, dessen verschiedene Schichten sieben Besiedlungsphasen beinhalten. Dies trat bei Ausgrabungen durch *John Langdon Caskey* in den 1950er-Jahren zutage. Einige der ältesten Schichten hatte man damals ausgegraben, aber dann wieder zugeschüttet. Dennoch kann man heute **Gebäudereste aus unterschiedlichen Epochen** nebeneinander besichtigen. Die komplexe Anlage erschließt sich nicht von selbst, man sollte das Faltblatt mit Lageplan mitführen, das es an der Kasse gibt.

In der Frühhelladischen Periode, von 2500 bis 2200 v.Chr., entstand in Lerna ein befestigtes, zweistöckiges Anwesen, das heute als **Haus der Ziegel** bekannt ist: Beim Bau der Mauern wurden Steine, ungebrannte Lehmziegel und Schieferplatten übereinandergeschichtet. Zudem war das Dach mit Terracotta-Ziegeln gedeckt. Die Ruinen sind heute durch ein überdachtes Gebäude vor Wettereinflüssen geschützt. Das Haus der Ziegel war von einem mit Ziegeln überdachten Mauergang umgeben, den man teilweise rekonstruiert hat.

104pe ln

Weiterhin kann man auf der Südseite, nahe beim Eingang, die **Mauern eines Hauses aus der Mittleren Steinzeit** sehen. Dort fand man bei Ausgrabungen die Terracotta-Statuette einer nackten Frau. Sie ist, wie auch viele andere Funde aus der Ausgrabungsstätte, im Archäologischen Museum von Nafplio ausgestellt.

Aus der Zeit um 3000 v.Chr. ist eine **Töpferscheibe** auf dem Gelände vorhanden. Nachdem das Haus der Ziegel bei einem Brand zerstört wurde, wurde die Stätte zugeschüttet und mit einem Erdhügel bedeckt. Während der mykenischen Zeit entstanden dort dann einige Schachtgräber.

In der Umgebung von Lerna gab es zahlreiche Quellen sowie einen fischreichen See, der heute ausgetrocknet ist. Der Legende nach lebte in den umgebenden Sümpfen die neunköpfige Hydra, die von Herakles besiegt wurde.

■ **Archailogikos Choros Lernas,** Epar. Od. Argous-Tripoleos (N7), Myloi 21200, www.argoliscul ture.gr, tgl. 8.30–15 Uhr, Eintritt 3 €, erm. 2 €.

[<] In Lerna kann man Funde aus verschiedenen Epochen bestaunen

105pe ln

Mykene

Obwohl man den **Festungshügel** von Mykene von Weitem sehen kann, macht man die Mauern erst beim näheren Heranfahren aus. Die Ruinen passen sich farblich so perfekt in die karge Landschaft ein, dass man sie kaum von den Felsen unterscheiden kann. Die Palaststruktur erschließt sich spätestens, wenn man nach dem Aufstieg über die Straße vor dem Löwentor steht, das den Eingang zur Festung bildet. Die archäologische Ausgrabungsstätte gehört zum **UNESCO-Welterbe.** Von Argos erreicht man sie gut über die N7 (14 km).

Der Legende nach soll Mykene von Perseus gegründet worden sein, einem Sohn des Zeus und der Danae. Rund um die Anlage zieht sich die 900 m lange **Zyklopenmauer.** Für deren Bau soll Perseus der Legende nach Zyklopen (einäugige Riesen) aus Asien verpflichtet haben. Tatsächlich kann man sich nur schwer vorstellen, wie Menschen ohne moderne Hilfsmittel die riesigen Steinquader bewegt und aufeinandergeschichtet haben.

■ **Mykene,** Mykines 21200, Tel. +30 2751 076585, odysseus.culture.gr („Archaelogical Sites", „Mycenae"), April 8–19 Uhr, Mai bis Aug. 8–20 Uhr, Sept. 8–19/19.30 Uhr, Okt. 8–18/18.30 Uhr, Nov. bis März 8.30–15.30 Uhr, Eintritt 12 €, erm. 6 €, Kombiticket → Kasten S. 273.

⌃ Festung Mykene in der Hügellandschaft der Argolis

Heinrich Schliemann auf den Spuren von Homers Ilias

Nicht nur wer Homers Epos Ilias gelesen hat, ist heute mit dem Namen **Agamemnon** und dem **Trojanischen Krieg** (ca. 1194–84 v.Chr.) vertraut, denn die Legende taucht immer wieder in populären Medien auf. Zur **Blützeit der mykenischen Kultur** sollen die Atriden geherrscht haben, die von einem Sohn von Pelops, Atreus, abstammten. Die bedeutenden Könige Agamemnon und Menealos, die den Trojanischen Krieg begannen, waren dessen Söhne.

Im 19. Jh. betrachtete der **deutsche Archäologe** *Heinrich Schliemann* (1822–90) die Ilias, eines der ältesten fiktionalen Werke der Weltliteratur, vielleicht zu sehr als historisches Dokument. Auf der Suche nach dem legendären Troja begann er zunächst mit Grabungen im türkischen Hisarlık und wurde tatsächlich fündig. Was er zutage förderte, deklarierte er zum Schatz des Priamos, des Königs von Troja. Die Artefakte waren jedoch älter, als es die Datierung durch Homer vermuten ließ. Der Schatz wurde entwendet und befindet sich heute im Puschkin-Museum in Moskau.

Die Archäologische Welt stand *Schliemanns* Theorien skeptisch gegenüber, da sie mit den faktisch belegbaren Datierungen nicht übereinstimmten. Man kann jedoch nicht leugnen, dass seine Grabungen wichtige und wertvolle Artefakte zutage brachten.

1867 machte sich *Schliemann* auf die Suche nach dem **Palast von König Agamemnon** und wurde in **Mykene** wiederum fündig. 1841 legte er das **Löwentor** vollständig frei, das zuvor schon von französischen Archäologen ausgegraben worden war. In einem Schachtgrab fand *Schliemann* eine **goldene Totenmaske,** die er – im Nachhinein fälschlicherweise – Agamemnon zuordnete, was damals für Schlagzeilen sorgte. Tatsächlich sind die Gräber im **Grabzirkel A** wesentlich älter. Am besten erhalten ist das sogenannte **Schatzhaus des Atreus,** ein Tholos-Grab mit einer bienenkorbartigen Kuppel von 13,50 m Höhe.

Die meisten Funde von dem Gelände befinden sich im Archäologischen Nationalmuseum in Athen. Etliche Gegenstände sind aber auch im **Archäologischen Museum von Mykene** zu sehen.

Im Grabzirkel A fand Schliemann die Goldmaske

Rundgang über die Ausgrabungsstätte

Löwentor und Zyklopenmauer

Das mächtige Löwentor und die Zyklopenmauer erinnern ein bisschen an die ägyptischen Pyramiden – ein Vergleich, den auch *Pausanias* zog, der die Stätte im 2. Jh. besuchte. Das mächtige Portal entstand um 1250 v.Chr. und hat die Zeiten überdauert. Es steht noch genauso da, wie *Pausanias* es beschrieb. Die Köpfe der Löwen, die über dem Tor wachen, fehlen allerdings heute. Sie waren wahrscheinlich aus Edelmetallen gefertigt und wurden entwendet. Die Zyklopenmauer wurde direkt auf den darunterliegenden Felsen gebaut und umringt die Akropolis von Mykene auf 900 m Länge.

Die Ansiedlung von Mykene geht auf die Zeit vor den Atriden zurück, man hat hier auch Spuren aus der Jungsteinzeit gefunden. Die Zyklopenmauer entstand in drei Bauphasen: Zuerst wurde um 1350 v.Chr. der am höchsten gelegene Palast geschützt. Um 1250 v.Chr. entstand das Löwentor und man zog die Mauer um den Grabzirkel A. Um 1200 v.Chr. wurde im Nordosten noch eine Schutzmauer um die Zisterne gebaut. Nach ihrer Blütezeit wurde die Festung Mykene 1200 v.Chr. durch einen Brand zerstört und verlor an Bedeutung. Der Hügel war jedoch noch bis ins 7. Jh. hinein bewohnt.

Kombiticket Argolis

UNSER TIPP: Wer mehrere archäologische Stätten und Museen der Argolis besuchen möchte, sollte sich für **20 €** (Erw.) das Sammelticket kaufen, das **drei Tage** gültig ist und **sechs Sehenswürdigkeiten** einschließt: Festung Mykene, Archäologisches Museum Mykene, Byzantinisches Museum Argos, Mykenische Festung Tiryns, Archäologisches Museum Nafplio und Palamidi-Festung Nafplio. Unter **www.argolisculture.gr/de** bekommt man Informationen über die wichtigsten Stätten der Argolis und kann E-Tickets dafür kaufen.

Grabzirkel A

Hat man das Tor durchschritten, führt der Weg stetig weiter hinauf bis zum höchsten Punkt der Festung. Man durchwandert die **Grundmauern einer kompletten Stadt** mit Werkstätten, Wasserversorgung, Kultstätten und Friedhof. Rechts neben dem Löwentor sieht man die Überreste eines runden **Getreidespeichers.**

Ein Stück weiter entdeckte *Heinrich Schliemann* bei seinen Grabungen einen runden, befestigten Platz mit einer Art Wehrgang, der von Platten eingefasst ist. Von dort blickt man hinunter in einen **Friedhof** aus der mittelhelladischen bis späthelladischen Periode. Dort wurden ab 1600 v.Chr. ausschließlich Mitglieder der königlichen Famillien bestattet. Ein Grab war jeweils einer ganzen Familie vorbehalten, weshalb das Erdreich mehrfach aufgegraben und nach einer erneuten Bestattung wieder zugeschüttet wurde. In den sechs mit Grabstelen markierten **Schachtgräbern** fand man die Gebeine von neun Männern, acht Frauen und zwei Kindern. Dass hier eine mächtige Dynastie gelebt haben muss, belegen die **Grabfunde:** Männer und Frauen trugen goldene Diademe und Verzierungen wie Schnallen und Plättchen aus Blattgold, die einst an der Kleidung angenäht waren. Es gab silbernes Tischgeschirr und kunstvoll bemalte Vasen sowie Waffen aus Bronze. Die im Grab IV bestattenen Männer trugen Goldmasken und goldene Brustpanzer. In Grab V fand *Schliemann* eine **goldene Maske,** die er als „Goldmaske des Agamemnon" titulierte. Sie gehört zu den bekanntesten archäologischen Fundstücken der Welt und ist im Archäologischen Nationalmuseum Athen ausgestellt. Die Maske entstand jedoch um 1600 v.Chr., also 350 Jahre vor der angenommenen Herrschaftszeit von König Agamemnon. Inzwischen weiß man, dass die Gräber Teil eines größeren Friedhofs waren und beim Bau der Zyklopenmauer von den restlichen Gräbern abgetrennt wurden.

Weiter unten im Tal kann man außerhalb der Mauer Tholos-Gräber und den Grabzirkel B besichtigen (s.u.).

Palastgebäude

Vom Grabzirkel A geht es über eine recht steile Rampe ins Areal der Palastgebäude. Südlich davon befanden sich am Hang die **Kultstätten und Tempel.** Ein Weg führt zum offiziellen Toreingang mit einem Wächterraum, ein anderer zu einer **Treppe.** Diese bot einen direkten Zugang vom Palast zu den Kultstätten und wurde wahrscheinlich bei Zeremonien benutzt. Der Palast erstreckte sich auf dem Gipfel des Hügels sowie auf terrassierten Flächen am Hang im Südwesten und Osten. Er bestand aus einem **Innenhof,** der von verschiedenen Räumen umgeben war und von dem man den dahinterliegenden **Thronraum,** Megaron, betrat.

Zisterne

Im Nordosten der Anlage erahnt man die Probleme, mit denen sich die Bewohner Mykenes gegen Ende des 13. Jh. v.Chr. konfrontiert sahen. Damals erweiterte man die Stadtmauer, um die Quelle, die die Stadt mit Wasser versorgte, zu schützen. Die neuen Mauern sicherten einen tiefen **Brunnen** und ein **Wasserbecken,** aus dem man praktisch unbegrenzt schöpfen konnte. Dass man dies als notwendig erachtete, zeugt nicht zuletzt von der wachsenden Bedrohung der Festung durch Feinde von außen. Man kann in die überdachte Zisterne hinuntersteigen, sollte aber eine Taschenlampe dabei haben, denn sie ist nicht beleuchtet und innen ist es stockdunkel.

Tholos-Gräber

Außerhalb der Zyklopenmauer befinden sich mehrere Tholos-Gräber im bienenkorbähnlichen Stil, die tatsächlich aus der Blütezeit Mykenes stammen: Das **Grab der Klytemnestra** (Frau Agamemnons und Schwester der Schönen Helena) datiert auf die Zeit um 1220 v.Chr. und hat einen besonders langen Zugang (Dromos) von 30 m. Unweit davon befindet sich das nach ihrem Liebhaber **Aigisthos** benannte Grab, das jedoch auf 1470 v.Chr. datiert. Das Liebespaar hatte

Agamemnon nach der Rückkehr vom Trojanischen Krieg angeblich ermordet und aus dem Weg geräumt.

Ein weiteres Tholos-Grab, das sogenannte **Löwengrab** (1500–1400 v.Chr.), befindet sich nördlich des Zugangswegs zur Anlage. Während das Eingangsportal der anderen Gräber noch erhalten ist, ist der obere Teil des Löwengrabs eingestürzt.

Grabzirkel B

Bei der Ausgrabung der Tholos-Gräber stieß man auf einen älteren, darunter verborgenen Friedhof, der 1650–1550 v.Chr. in Benutzung und von einer Mauer umgeben war. Dort hat man 14 Schachtgräber sowie Erdbestattungen und Steinkistengräber nachgewiesen. In den größeren Gräbern fand man Beigaben wie silberne und bronzene **Vasen, Schwerter** und die Überreste eines **Eberzahnhelms** sowie eine **Totenmaske** aus Elektron (einer Gold-/Silberlegierung).

Schatzhaus des Atreus

400 m von der restlichen Anlage entfernt liegt auf der gegenüberliegenden Seite der Zufahrtsstraße zur Festung, südlich vom großen Parkplatz, das **größte Tholos-Grab von Mykene,** das Schatzhaus des Atreus, das auf 1250 v.Chr. datiert wird. Die Bezeichnung „Schatzhaus" stammt aus der Antike, da man dort große Schätze vorfand und die eigentliche Bedeutung vielleicht falsch interpretiert wurde. Die **Kuppel** ist 13,50 m hoch und hat einen Durchmesser von 14,60 m.

108pe ln

Wahrscheinlich war sie innen mit Bronzeplatten verkleidet. Man hat noch die Einschlaglöcher der bronzenen Nägel gefunden, die ebenfalls entwendet wurden. Da die großen Bauten der Tholos-Gräber recht gut sichtbar waren, wurden die Schätze darin im Laufe der Jahrhunderte geplündert, während die zugeschütteten Schachtgräber innerhalb der Mauern bis zu *Schliemanns* Grabungen intakt blieben.

Die Zyklopenbauweise der Mykener, wie hier am Löwentor, erinnert an die Pyramiden

Archäologisches Museum

Das Archäologische Museum ist am Fuß der Festung in den Hang gebaut. Man kann es vor oder nach der Besichtigung besuchen, sollte es aber nicht verpassen. Hier werden viele historische Zusammenhänge der mykenischen Periode deutlich und die Funde aus den Grabungsstätten erwecken den damaligen Alltag zum Leben. Auch Funde aus dem Grabzirkel B sowie der Tholos-Gräber sind zu sehen. Die Originale aus dem Grabzirkel A befinden sich im Achäologischen Nationalmuseum Athen, im Museum in Mykene sind Nachbildungen ausgestellt.

■ **Informationen:** www.argolisculture.gr/de/denkmaeler-und-museen/archaeologisches-museum-von-mykene

In der Umgebung

Heraion von Argos

Südlich von Mykene nahe dem Ort Neo Ireo befinden sich die Ruinen des **größten Hera-Heiligtums Griechenlands** aus dem 8. Jh. v.Chr. Es war das Nationalheiligtum der Stadt Argos, deren Bewohner dort ihre Schutzgöttin verehrten. Homer spricht von der Göttin Argeia, einer mykenischen Naturgöttin, die den Überfluss segnete. Erst später taucht der Name Hera auf.

Jedes Jahr gab es von Argos aus eine Prozession zum Tempel und man feierte ein mehrtägiges Fest. Dabei fuhr die Oberpriesterin in einem von Ochsen gezogenen Wagen. Dies gab Anlass für die **Legende der starken Brüder Kleobis und Biton,** die sich in Abwesenheit der Ochsen selbst vor den Wagen ihrer Mutter spannen ließen und sie zum Fest brachten. Erschöpft schliefen sie danach ein und wachten nicht mehr auf. Statuen von Kleobis und Biton schuf der Bildhauer *Polymides* aus Argos. Die Statuen wurden in Delphi geweiht und stehen im dortigen archäologischen Museum.

Im Heraion hat man Funde aus der Stein- und Bronzezeit gefunden. Später entstand hier die mykenische Siedlung Prosyma, die damals an der Verbindungsstraße nach Mykene lag. Die heutigen Grundmauern des **Tempels** stammen aus dem Jahr 420 v.Chr., damals wurde dieser neu errichtet. Die anderen Gebäudereste, darunter Stoa, Altar und eine Therme, gehen noch auf das 7. und 6. Jh. v.Chr. zurück.

Eine monumentale **Treppe** führt zur ehemaligen Säulenhalle, wo noch Reste **dorischer Säulen** liegen. Im Tempelinneren stand eine Statue der Hera aus Gold und Elfenbein. Das Heiligtum überdauerte bis in die römische Zeit.

■ **Heraion Argous,** Epar. Od. Nafpliou-Korinthou, Mykines 21200, tgl. 8.30–15.30 Uhr, Eintritt frei.

Kunstgalerie Silo Art Factory

(Unser Tipp:) Auf dem Weg von Mykene zum Heraion von Argos passiert man einen Gebäudekomplex mit interessanten **Skulpturen,** darunter ein aus Holz und rostigem Metall gefertigtes Trojanisches Pferd, das ins Auge sticht. Hier befindet sich die Silo Art Factory von *Stelios Maragkos,* der eine alte Hühnerfarm mit zwei Futtersilos in eine Kunstwerkstatt umfunktioniert hat. Es gibt einen

107pe ln

Antik- und Kunstmarkt sowie ein **Café** in einem der ehemaligen Silotürme. Das Besondere: Der Künstler recycelt alte Materialien wie Holztüren und Autoteile und verbindet diese zu einzigartigen dekorativen Objekten. Daneben stellt er **Kopien antiker Statuen** her, die zahlreiche Hotels und Restaurants in der Region schmücken. Die Silo Art Factory liegt direkt an der Hauptstraße nach Nafplio, drei Kilometer südlich des Ortes Mykines.

■ **Silo Art Factory,** Epar. Od. Nafpliou-Korinthou, Argos-Mykines 21200, siloart.gr, Mo–Sa 9–18 Uhr.

Camping

■ **Camping Atreus,** Argos-Mykines 21200, Tel. +30 2751 076 221, www.pincamp.de/campingplaetze/camping-atreus. Voll ausgestatteter Platz im modernen Ort Mykines an der Zufahrtsstraße zur Ausgrabungsstätte. Auch für Wohnmobile geeignet.

Archäologische Stätte Tiryns

Zwischen Argos und Nafplio liegt an der N70 die **mykenische Festung** von Tiryns. Schon von der Straße aus sieht man die beeindruckende **Zyklopenmauer,** die Homer als „mächtige Mauer“ bezeichnete. Einst zehn Meter hoch, ragt sie heute noch sieben Meter auf. Die Schutzmauer ist gut erhalten und umschließt den gesamten 30 m hohen Hü-

⌃ Die wehrhaften Zyklopenmauern der Stadt Tiryns waren zehn Meter hoch

gel. Wie in Mykene entstand sie um 1250 v.Chr. Auch Tiryns wurde zum **UNESCO-Welterbe** erklärt.

Die Festung lag früher viel näher am Meer als heute. Man nimmt an, dass Tiryns als Hafen für Mykene diente und im mykenischen Machtgefüge nur eine untergeordnete Rolle spielte. Der Legende nach war der den Atriden vorangegangene Herrscher Tiryns der mythische König Eurystheus, der Herakles seine zwölf Aufgaben (→ S. 412) auferlegte. Tiryns war fast über die gesamte Bronzezeit hinweg bewohnt und wurde im Laufe der Zeit erweitert. Man hat jedoch auch frühere Siedlungsspuren aus der Jungsteinzeit gefunden.

Wie in Mykene wurde in der späthelladischen Zeit die Zyklopenmauer direkt auf den darunterliegenden Felsen gebaut. Dahinter verbargen sich drei Ebenen: Unterburg, Mittelburg und Oberburg, mit dem Palastkomplex in der südlichen Hälfte. Die Gegend um den Komplex war dicht besiedelt, man geht von 15.000 Bewohnern aus. Die Burg hätte in Zeiten der Bedrohung für sie als Rückzugsort gedient.

Die Siedlungsreste liegen heute unter landwirtschaftlich genutzten Flächen verborgen und sind noch unerforscht. Mehrere Rampen und Portale führen hoch auf die verschiedenen Ebenen. Hier und da findet man erklärende Tafeln, die bei der Deutung von Gebäuderesten helfen. Tiryns ist im Wesentlichen noch eine archäologische Grabung im Prozess.

Um 2700 bis 2200 v.Chr. befand sich ein Rundbau auf dem Palasthügel. Später überbaute man diesen mit einem Thronsaal für das Palastgebäude. Das Podest des Throns hat man gefunden, es ist im Archäologischen Nationalmuseum von Athen ausgestellt. Der Boden war mit Kacheln ausgelegt, die ähnlich wie beim Palast des Nestor in Chora mit Motiven wie Delfinen und geometrischen Mustern verziert waren. Ein Exemplar solcher Kacheln findet sich im Archäologischen Museum in Nafplio.

Man betrat den Palast durch ein Portiko, gelangte in einen Vorraum und dann den Thronraum mit einem Opferherd in der Mitte, der von einer Säulenhalle umgeben war. Die Festung war untertunnelt, die Durchgänge boten Zugang zu Warenlagern und Werkstätten. Noch kurz vor dem Untergang der mykenischen Hochkultur wurde Tiryns um 1200 v.Chr. nochmals ausgebaut. Wie in Mykene hat man die wasserversorgenden Quellen durch Mauern geschützt.

Nach der Zerstörung durch einen Brand oder eine Naturkatastrophe wurde der Palast nicht wieder aufgebaut. Stattdessen entstand auf den Ruinen eine **Kultstätte.** Um 486 v.Chr. kam es zu einer Auseinandersetzung mit Argos, das Tiryns zerstörte.

Etwa einen Kilometer landeinwärts im Osten sind die Überreste eines **Tholos-Grabs** zu sehen, das mit Tiryns in Verbindung gebracht wird, jedoch ausgeraubt wurde und wenig Aufschlüsse gab. Weiterhin hat man fünf Kilometer entfernt eine alte Dammanlage aus dem Jahr 1300 v.Chr. gefunden, durch die Wasser aus dem Fluss Manesis umgeleitet wurde, um Überschwemmungen zu vermeiden.

■ **Tiryntha,** N70, Epar. Od. Argous-Nafplio, Tiryns 21100, Tel. +30 2752 022 657, www.argolisculture.gr/de, tgl. 8.30–15 Uhr, Eintritt 4 €, erm. 2 €, (oder Kombiticket, → S. 273).

Antikes Midea und Dendra

Mykenische Akropolis von Midea

Südlich des modernen Ortes Midea, der nur wenige Hundert Einwohner hat, thront auf dem benachbarten Rundhügel in 270 m Höhe eine weitere **mykenische Palastanlage.** Sie überschaut die Talsenke der Argolis aus dem Osten. Der Hügel war schon in der Steinzeit ab 5800 v.Chr. bewohnt. Mideas Blütezeit war jedoch die Bronzezeit und insbesondere die Zeit der mykenischen Hochkultur 1400–1300 v.Chr. Wie die benachbarten Palästen Mykene und Tiryns wurde es 1200 v.Chr. zerstört. Auch hier findet man wieder die bekannte Bauweise der **Zyklopenmauer,** die 450 m lang, 5–7 m breit und bis zu 7 m hoch ist und zwei monumentale Eingangsportale hatte. In der Festung gab es zwei Ebenen mit Oberburg und Unterburg.

Im Megaron des Palastes, der aus 14 Räumen bestand, hat man Schmuck ausgegraben sowie ein Siegel, das einen Löwen zeigt, der einen Ochsen jagt, dazu zahlreiche Terracottafiguren wie die der Göttin Midea aus dem 13. Jh. (Archäologisches Museum Nafplio), aber auch mit Linear-B-Schrift versehene Siegel an Behältern, z.B. für „Weizen". Es handelte sich um eine lebendige Stadt mit Verbindungen zu den anderen mykenischen Zentren.

■ **Mykinaiki Akropolis Mideas,** Epar. Od. Argous-Arachneou, Midea 21055, www.argolisculture.gr/en/list-of-monuments/the-acropolis-of-midea, tgl. 8.30–15.30 Uhr, Eintritt frei.

Nekropole von Dendra

Einen Kilometer westlich von Midea beim Ort Dendra befindet sich der **Friedhof des antiken Midea,** auf dem man vier Tholos-Gräber und 16 in den Fels gehauene Kammergräber ausgegraben hat. Vier der Gräber waren bei der Entdeckung noch in ungeplündertem Zustand, man fand Schmuck, Obsidian, Alabaster, Elfenbein, Siegel und Gefäße aus Edelmetallen, darunter ein Goldbecher mit der Darstellung eines Oktopus. Beim Rundgang über die gut beschilderte Stätte kann man eines der **Tholos-Gräber** aus der Zeit von 1450 bis 1350 v.Chr. besichtigen, zu dem ein 17,50 m langer Gang (Dromos) führt. Daneben sind zehn der **Kammergräber** einsehbar. Zu den bedeutendsten Funden darin gehört eines der frühesten Exemplare einer bronzenen Rüstung mit Eberzahnhelm aus der Zeit um 1500 v.Chr. Sie ist im Archäologischen Museum Nafplio ausgestellt.

■ **Dendra,** Epar. Od. Nafplio-Prosimnis, Dendra 21055, tgl. 8.30–15.20 Uhr, Eintritt frei.

Nafplio

Nafplio, die erste Hauptstadt des unabhängigen Griechenland, gilt mit seiner klassizistischen Bebauung fast wie aus einem Guss als eine der **schönsten Städte des gesamten Landes.**

Die Peloponnes war federführend im Unabhängigkeitskrieg und Nafplio gehörte zu den ersten befreiten Städten. Da schien es naheliegend, dass die siegreichen Rebellen ihre Regierung 1821 hier ansiedelten. Nafplio blieb zunächst Hauptstadt des Königreichs Griechenland unter *Otto I.*, der das Parlament 1834 jedoch nach Athen verlegte. Heute hat Nafplio 33.000 Einwohner und besitzt die Infrastruktur einer modernen Stadt.

Sehenswertes in der Altstadt

Die Altstadt Nafplios liegt auf einer **Landzunge** im Argolischen Golf, hinter der sich im Süden die Festung Palamidi aus der venezianischen Zeit erhebt. Hoch über der Altstadt befinden sich innerhalb der Festungsanlage Akronafplio die Überreste der einstigen Keimzelle der Stadt. Unterhalb des Hügels wandert man treppauf und treppab durch romantische Gassen mit pastellfarbenen Häuserfassaden und von Bougainvillea überwachsenen Balkonen. Hier verstecken sich **Museen, Hotels, Läden und Gastronomie** und man kann einiges entdecken. Mitten hindurch verläuft die **Vasileos Konstantinou** bis zur zentralen Platia Syntagmatos. Die Hauptstraße, die heute großteils Fußgängerzone ist, entstand 1829 unter *Ioannis Kapodistrias.* Die wichtigsten Gebäude und Sehens-

Die Platia Syntagmatos im Herzen Nafplios

113pe ln

würdigkeiten befinden sich alle in der Nähe dieser zentralen Achse. Parallel dazu verläuft im Zentrum die Einkaufsstraße Staikopoulou.

Die belebte **Uferpromenade Boumpoulinas** an der Nordseite der Landzunge gibt den Blick auf den Hafen und die Festungsinsel Bourtzi frei. Am Hafen geht es immer geschäftig zu, denn Nafplio wird auch von Kreuzfahrtschiffen angelaufen.

Platia Trion Navarchon

Im Osten der Vasileos Konstantinou liegt der „Platz der drei Admiräle" (Trion Navarchon). Dort erinnert ein Gedenkstein an *Sir Eward Codrington, Lodewijk van Heiden* und *Henri de Rigny,* die die Marine der drei Mächte Großbritannien, Russland und Frankreich in der Schlacht von Navarino (→ S. 427) am 20. Oktober 1827 gegen die osmanisch-ägyptischen Streitkräfte kommandierten. Auch gibt es eine Statue für König *Otto I.* Das **Rathaus** an der Südseite stammt aus dem Jahr 1857. Ein Stück weiter wird im **Kriegsmuseum** an die von den Griechen gefochtenen Kriege sowie die Gründung der ersten Militärakademie im 19. Jh. erinnert.

■ **Polemiko Mouseio Nafpliou,** Leof. Vasilisis Amalias 22, warmuseum.gr/de/aussenstelle-des-kriegsmuseum-in-nafplio, tgl. 9–17 Uhr.

Folkloremuseum

Im nahegelegenen Folkloremuseum Vasileios Papantoniou ist eine beträchtliche Sammlung an **Trachten,** kunsthandwerklichen Gegenständen und **Mobiliar** aus verschiedenen Jahrhunderten zu sehen. Daneben gibt es eine **Modeausstellung** mit Kreationen griechischer Designer.

■ **Vasileios Papantoniou,** V. Alexandrou 1, Tel. +30 2752 028379, www.pli.gr, Mo–Sa 9–14.30, So 9.30–15 Uhr, Eintritt 5 €, erm. 3 €.

Platia Syntagmatos

Der zentrale Platz im Westen der Altstadt mit sauber gewienerten Pflastersteinen und **italienischem Flair,** gesäumt von Restaurantterrassen und Geschäften, wurde nach klassizistischem Muster angelegt. An der Südwestecke der Platia Syntagmatos steht die frühere Moschee des Aga Pasha aus dem Jahr 1713 mit großem Kuppeldach, heute **Vouleftikon** genannt. Hier tagte Nafplios erstes unabhängiges Parlament vom Herbst 1825 bis zum Frühjahr 1826. Makabererweise diente es später als Gerichtsgebäude, in dem 1834 unter König *Otto I.* die heute gefeierten Helden der Revolution, General *Kolokotronis* und *Dimitrios Plapoutas,* zum Tode verurteilt wurden. *Kolokotronis* hatte die bayrische Monarchie zunächst unterstützt. Nachdem die Griechen jedoch erkannten, dass sie nun erneut zum Spielball fremder Mächte geworden waren und ihnen keine Selbstbestimmung zugestanden wurde, organisierte *Kolokotronis* einen Aufstand und wurde eingekerkert. 1835 nahm *Otto I.* unter öffentlichem Druck das Todesurteil jedoch zurück und die beiden Rebellen wurden begnadigt.

In der Südostecke des Platzes steht die ehemalige **Trianon-Moschee,** die noch aus der frühen osmanischen Periode Mitte des 16. Jh. stammt. Heute finden hier **kulturelle Veranstaltungen** statt. An verschiedenen Stellen in der Stadt kann man noch Brunnen aus der osmanischen Zeit entdecken.

Archäologisches Museum

Die Westseite der Platia Syntagmatos nimmt das imposante venezianische **Waffenarsenal** aus dem Jahr 1713 ein, in dem heute das sehenswerte Archäologische Museum untergebracht ist. Die Fundstücke stammen von wichtigen **Ausgrabungsstätten der Region,** beginnend bei der Franchthi-Höhle mit Funden aus der frühen Steinzeit (ca. 30.000 Jahre v.Chr.) über die Bronzezeit mit der mykenischen Periode (3300–1600 v.Chr.) aus Tiryns, Midea (Medea), Assini und Epidauros. Hierzu gehören auch Täfelchen mit Linear-B-Schrift, typisch mykenische Keramik wie die Statuette der Göttin Midea (1300 v.Chr.) sowie die sogenannte Büste des „Königs von Asine".

Zu den besonderen Ausstellungsstücken des Museums gehört ein Fund aus der Grabstätte bei Dendra: eine **Rüstung** mit einem **Eberzahnhelm.** Die Rüstung ist zusammengesetzt aus 15 einzelnen Bronzeplatten, die mit Lederschnüren zusammengehalten wurden. Sie reichte vom Hals bis zu den Knien und wurde durch einen Wadenschutz ergänzt. Vorder- und Rückseite des Panzers wurden mit einem Scharnier zusammengehalten. Dazu gehörte der wabenartige Eberzahnhelm. Diese Helmform war in mykenischer Zeit weit verbreitet. Zur Fertigung schnitt man die Hauer eines Ebers in kleine Scheiben und formte aus den Plättchen einen leichten Helm.

■ **Archaiologiko Mouseio Nafpliou,** Platia Syntagmatos, Tel. +30 2752 027502, www.argolisculture.gr, Mi–Mo 8.30–15.30 Uhr, Eintritt 6 €, erm. 3 €.

Kirche Agios Spiridon

Südöstlich des Syntagmatos-Platzes steht in der Kapodistriou das unscheinbare, weiße Kirchlein Agios Spiridon. Das Gotteshaus war Schauplatz der **Ermordung von Ioannis Kapodistrias** (→ Exkurs S. 284). Die erste Kugel, die auf ihn gefeuert wurde, verfehlte ihn knapp und schlug in die Wand ein. Eine Gedenktafel erinnert heute an das Ereignis. Die Stelle, wo die Kugel einschlug, ist durch eine Glasscheibe geschützt.

Komboloi-Museum

Wer sich für **Rosenkränze,** Gebetsketten und Sorgenperlenketten *(kombologiou)* interessiert, findet über einem Laden, der diese verkauft, eine kleine Ausstellung, die über die Ketten und ihre Herstellung im 18. bis 20. Jh. informiert.

■ **Mouseio Kombologiou,** 25 Staikopoulou, Mi–Mo 9.30–21 Uhr, Eintritt frei.

[>] Flaniermeile am Meer – die Uferpromenade Boumpoulinas

Uferpromenaden und Strände

Unter Palmen spaziert man auf der **Promenade Boumpoulinas** im Norden der Landzunge vorbei an Caféterrassen entlang des **Hafens,** immer mit Blick auf die Festung Bourtzi, die auf einer kleinen Insel vor der Küste thront. Nahe der Platia Filellinon befindet sich am Ufer der Anleger für das **Boot,** das zur Insel übersetzt. Hier kann man sich niederlassen und das Treiben beobachten. Zudem hat man eine gute Sicht über die Bucht bis nach Kiveri.

Weiter nach Westen gehend, kommt man zur schön anlegten **Promenade Arvanitias,** die direkt am Ufer unterhalb der Festung Akronafplio ganz um die Landzunge herumführt. So gelangt man zum **Stadtstrand Arvanitias** und kann sich von dort landeinwärts wieder seinen Weg in die Stadt bahnen. Wer mit dem Auto unterwegs ist, fährt von der 25is Martiou auf die Polizoidi bis zum Parkplatz. Der kleine Stadtstrand hat den Status „blue flag".

Wenige Kilometer weiter südlich befindet sich der größere Sandstrand **Paralia Karathonas** mit Wassersportzentrum, wo man Gummiboote und Kajaks leihen kann. Für Kinder gibt es eine Hüpfburg im Wasser.

Drei Festungen

Akronafplio

Akronafplio war schon in prähistorischer Zeit besiedelt. Die Franken unterteilten um 1210 das Landstück in einen französischen und einen griechischen Teil und bauten eine **Mauer** mittendurch. Um 1470 errichteten die Venezianer den Turm **Castello di Toro,** der noch in gutem Zustand ist. Ab 1686 wurde die Festung nur noch militärisch genutzt. Nach dem Unabhängigkeits-

Ioannis Kapodistrias – erstes Staatsoberhaupt nach der Unabhängigkeit

Der Staatsmann *Ioannis Kapodistrias* (1776–1831) hatte weitreichende Pläne für den neuen griechischen Staat. Seine kompromisslose Art, Dinge voranzutreiben, sollte ihm jedoch zum Verhängnis werden. Sie erregte den Unmut der mächtigen **maniotischen Familie Mavromichalis** (→ S. 426), die im Unabhängigkeitskampf federführend gewesen war. Am 9. Oktober 1831 verübten *Konstantin* und *Georgios Mavromichalis* ein tödliches Attentat auf den Politiker.

Kapodistrias wurde 1776 im damals venezianisch regierten Korfu geboren. Die Familie seines Vaters stammte ursprünglich aus Koper in Slowenien, beide Eltern waren adliger Herkunft. Zunächst studierte *Kapodistrias* Medizin, Philosophie und Rechtswissenschaften in Italien. Nachdem Korfu, wie auch die anderen Ionischen Inseln, ab 1800 Teil eines selbstverwalteten, zunächst russisch-ottomanischen und ab 1815 britischen Protektorats wurde, begann *Kapodistrias* schon im Alter von 25 Jahren seine Karriere: 1803 wurde er **Staatsminister,** 1809 trat er als **Diplomat** in den Dienst von *Zar Alexander I. von Russland,* mit Amt in der Schweiz. Dort war er für die Grundlagen der späteren Bundesverfassung und internationalen Anerkennung der Schweizer Neutralität mit verantwortlich. Später wurde er ins russische Außenministerium versetzt. *Kapodistrias* galt als liberaler Denker und genoss großes Ansehen in europäischen Diplomatenkreisen.

Wohl auch deshalb trat der Geheimbund der Filiki Eteria (→ S. 425), der nach einer Errichtung eines **unabhängigen griechischen Staates** strebte, im Jahr 1817 an *Kapodistrias* heran und bot ihm die Führung der griechischen Unabhängigkeitsbewegung an. Dies lehnte er zwar ab, legte jedoch 1822 sein Amt in Russland nieder und ging in die Schweiz, um von dort aus die Unabhängigkeitsbestrebungen zu unterstützen. 1827, nach der Schlacht von Navarino (→ S. 427), bot ihm die erste griechische Nationalversammlung den Posten als **Gouverneur** des befreiten Landes an. So landete *Kapodistrias* am 7. Januar 1828 in **Nafplio,** um sich der **Staatsgründung** zu widmen. Gleichzeitig liefen militärische Auseinandersetzungen und Verhandlungen mit Großbritannien, Frankreich und Russland darüber, wo die Grenzen des neuen Staates verlaufen sollten.

Kapodistrias sah sich vor der Mammutaufgabe, ein Programm von **Reformen und Modernisierungen** voranzutreiben, das alle gesell-

111pe In

schaftlichen Bereiche umfasste. Er hatte ein rückständiges Land vorgefunden und musste Verwaltung, Steuern, Gerichtsbarkeit sowie das Gesundheitswesen neu aufstellen. Dabei favorisierte er eine zentralisierte, starke Regierungsmacht, um in Abwesenheit von regionalen Verwaltungsinstitutionen zunächst Bildung und wirtschaftliche Erneuerungen voranzutreiben. Unterstützt wurde er militärisch unter anderem von **General Theodoros Kolokotronis,** mit dem ihn eine Freundschaft verband.

Widerstand gegen seine Politik regte sich unter den Manioten sowie den regierenden Familien der Inseln Hydra und Spetses, die ihre Machtstrukturen nicht aufgeben und sich nicht besteuern lassen wollten. Nachdem er *Petrobey Mavromichalis* verhaften ließ, übte dessen Familie Rache und ermordetete *Ioannis Kapodistrias*. Beim morgendlichen Kirchgang in Nafplio wurde er in der **Kirche Agios Spiridon** von den beiden Attentätern gleichzeitig erstochen und in den Kopf geschossen.

168pe In

krieg hat man ein **Militärgefängnis** innerhalb der Mauern eingerichtet, das später als Zivilhospital noch bis in die 1950er-Jahre genutzt wurde. 1960 entstand das luxuriöse Xenia-Hotel, dem Teile der Festung zum Opfer fielen. Das einstige Vorzeigeprojekt ist heute verfallen. Den besten Blick auf Akronafplio hat man von der Festung Palamidi.

Palamidi

Auf einem 216 m hohen Hügel über Nafplio gelegen, ist Palamidi kaum zu übersehen. Der Legende nach führen 999 Stufen hinauf. Die 1000. Stufe sollen die Hufen von General *Kolokotronis'* Pferd zerbrochen haben, als er mit den Rebellen die Festung erstürmte. Tatsächlich gibt es jedoch nur 857 Stufen zu erklimmen, die es allerdings auch in sich haben. Alternativ nimmt man den Hop-on-Hop-off-Bus. Die Anfahrt mit dem Auto erfolgt von Süden auf der Epar. Od. Nafpliou-Frouriou Palamidou.

Das byzantinische Nafplio wurde 1211 von den Venezianern erobert. Ab 1542 von den Osmanen regiert, gab es 1686–1715 eine zweite Herrschaftsperiode der Venezianer. Sie befestigten die Stadt neu und errichteten 1711–14 in kürzester Zeit die Festung Palamidi. Schon 1715 eroberten die Osmanen jedoch die Stadt wieder zurück.

[<] Kirches Agios Spiridon – hier wurde Kapodistrias ermordet

Die Festung war genial konzipiert: Sie bestand aus **acht Bastionen,** die durch befestigte **Mauern** miteinander verbunden waren, die sich den Hügel hinaufzogen. Falls eine Bastion fiel, konnte man sich so in die nächstgelegene zurückziehen. Die lange von den Rebellen belagerte Festung fiel am 29. November 1822, die osmanischen Truppen ergaben sich General *Kolokotronis.* Von 1840 bis 1926 diente die Festung als Gefängnis.

■ **Palamidou,** Tel. +30 2753 028036, April 8–19 Uhr, Mai bis Aug. 8–20 Uhr, Sept.8–19/19.30 Uhr, Okt. 8–18/18.30 Uhr, Winter 8.30–15.30 Uhr, Eintritt 8 €, erm. 4 € (oder Kombiticket, → S. 273).

Acht Bastionen, durch Mauern verbunden, bilden die Palamidi-Festung

Bourtzi

Besonders schön anzusehen ist die kleine Festung Bourtzi, die nur 400 m vom Festland entfernt ist – die **Inselfestung** schmückt heute viele Postkarten. Mit dem **Boot** fährt man zur Besichtigung hinüber – dies ist auch für Kinder ein Erlebnis.

Die Venezianer errichteten 1473 auf einem Felseneiland im Meer zuerst einen **sechseckigen Wachturm** und **Schutzmauern.** Früher wurde nachts eine Kette zum Festland gespannt, die den dahinterliegenden Hafen beschützte. Die Osmanen legten unter Wasser einen Damm aus Steinen, sodass große Schiffe nicht mehr in den Hafen gelangen konnten. Als die Venezianer erneut an die Macht kamen, bauten sie die Festung aus und erweiterten die Mauern. Nach 1865 wurden hier die zum Tode verurteilten Insassen des Palamidi-Gefängnisses hingerichtet.

Bourtzi, Eintritt Festung 5 €, **Bootsfahrt** Mai bis Okt. tgl. 9–20 Uhr alle 30 Min., 5 € pro Pers., www.discovernafplio.gr/en/articles/boat/getting-bourtzi-easy.

In der Neustadt

Stadtpark

Östlich der Altstadt erstreckt sich zwischen der Vasileos Konstantinou und der 25is Martiou eine langgezogene Parkanlage bis in die Neustadt. In diesem Stadtpark befinden sich ein Kinderspielplatz und einige **Denkmäler:** Umgeben von Palmen steht die Statue von Griechenlands erstem Staatsoberhaupt **Ioannis Kapodistrias.** Ein Stück weiter östlich ist General **Kolokotronis** in der üblichen Darstellung zu Pferde zu sehen.

Auf der südlich des Parks verlaufenden **25is Martiou** findet freitags ein großer **Wochenmarkt** statt. Gegenüber auf der anderen Straßenseite führen Stufen hinauf zur Festung Palamidi. Daneben steht noch ein **venezianisches Stadttor** aus dem Jahr 1687. Nordöstlich des Stadtparks gelangt man ins moderne Einkaufsviertel der Stadt (entlang der Leof. Asklipiou).

Kindermuseum Stathmos

Im **stillgelegten Bahnhof** von Nafplio befindet sich das Kindermuseum, dessen Ausstellung man auch ohne griechische Sprachkenntnisse versteht. Das

Zur Festung Bourtzi fahren Ausflugsboote

Museum im östlichen Bereich des Stadtparks gibt nicht nur einen Überblick über Spielzeuge aus vergangenen Jahrhunderten, sondern besitzt auch einen interaktiven Teil, wo Kinder mit Puppen, Schaukelpferden und anderen Spielzeugen spielen dürfen. Im Außenbereich stehen ein alter **Eisenbahnwaggon** und ein Pavillon, in dem Theateraufführungen und Workshops stattfinden.

- **Mouseio Paidikis Ilikias Stathmos,** Vasileos Konstantinou 31, Tel. +30 2752 028947, www.pli.gr/en, Mo–Sa 9–14.30, So 9–15 Uhr, Eintritt 5 €, erm. 3 €, Kinder bis 13 Jahre frei.

Bayrischer Löwe

Ganz im Osten Nafplios, im Viertel Pronia, befindet sich an einem Berghang die **in den Fels gehauene Skulptur** eines schlafenden Löwen, auch bekannt als „Der Bayrische Löwe". Geschaffen wurde sie 1841 vom Bildhauer *Christian Siegel.* Das wuchtige Denkmal enthält eine Widmung für den Stifter *Ludwig I. von Bayern* und erinnert an die **bayrischen Soldaten,** die hier während einer Typhus-Epidemie starben. Sie gehörten zur Eskorte von König *Otto I.,* dem Sohn *Ludwigs,* der im Alter von nur 17 Jahren das Amt des Monarchen für das junge Griechenland übernahm (→ S. 428). Die Soldaten wurden auf dem benachbarten Friedhof Aghii Pantes beerdigt.

Fougaro Artcenter

UNSER TIPP: Am östlichen Stadtrand befand sich einst eine **Fabrik für Dosentomaten.** Heute ist darin, verteilt auf mehrere Gebäudeteile, das **Kulturzentrum** Fougaro untergebracht. Markantes Erkennungsmerkmal ist der 30 m hohe ehemalige Fabrikschornstein.

Hier kann man die zeitgenössische Seite griechischer Kultur erleben: Es gibt **Ausstellungen moderner Kunst** von regionalen Künstlern sowie regelmäßig **Live-Konzerte,** z.B. Jazz und Soul im Winter sowie ein jährliches Jazzfestival. Im Sommer legen DJs auf, es gibt Streetfood-Stände und diverse Veranstaltungen. Das Gelände ist kinderfreundlich angelegt und es werden Workshops angeboten. Daneben kann man in einer riesigen **Kunstbibliothek** stöbern.

- **Fougaro Artcenter,** Leof. Asklipiou 98, Tel. +30 2752 047347, fougaro.gr/en. Einfahrt zum Parkplatz über die benachbarte Tankstelle. Das **1** **Café Fougaro** ist ein zentraler Treffpunkt, auch für die Künstler, die hier ihre Ateliers haben. Di–So 9.30–24, im Sommer bis 1 Uhr.

Praktische Tipps

Nützliche Infos und Adressen

- **PLZ Nafplio:** 21100
- **Touristinformation,** Aggelou Terzaki 18, www.nafplio.gr/en, www.visitnafplio.com, Mo–Fr 9–18 Uhr. Beim großen Parkplatz am östlichen Ende der Uferpromenade Boumpoulina befindet sich in einem Container die Touristinformation.

Medizinische Versorgung

- **Nafplio General Hospital,** Asklipiou/Kolokotroni, Tel. +30 2752 361100, www.gnn.gov.gr.

Unterkunft

In Nafplio gibt es eine sehr große Auswahl an unterschiedlichsten Unterkünften, im Folgenden einige Empfehlungen.

8 **3Sixty Hotel**④, Kuletti & Papanikolaou 26, Tel. +30 2752 500501, www.3sixtyhotel.gr. Luxuriöses Viersterne-Hotel mitten im Zentrum. In der hauseigenen Weinbar kann man auch fein speisen.

16 **Pension Asimoni**①, Fotomara 14, Tel. +30 6977181761, asimoni.gr/en. Kleine Pension mit individuellem Flair und Altstadtatmosphäre. Von der Dachterrasse hat man einen guten Blick auf die Festung Palmidi.

15 **Pension Anapli**①-②, Fotomara 21, Tel. +30 2752 024585, www.pensionanapli.gr, mind. drei Nächte. Eigenwillig dekorierte Zimmer, teils mit Natursteinwänden, im historischen Haus.

12 **Byron Hotel**②, Kapodistriou 20 & Platonos, Tel. +30 2752 022351, byronhotel.gr. Einfaches Hotel mit altmodischem Charme, besonders interessant wegen der Lage: Von der Gartenterrasse und den Balkonen hat man einen tollen Blick über die Altstadt.

13 **Grand Sarai Hotel**③, Potamianou 3, Tel. +30 2752 022563, www.grandsarainafplio.com. Stilvoll dekoriertes Hotel im historischen Haus. Direkt an einer der Altstadttreppen gelegen, befindet sich vor dem Haus eine offene Terrasse – man fühlt sich, als sei die Altstadt das eigene Wohnzimmer. Internationales Buffet-Frühstück.

Essen und Trinken

14 **Alaloum,** Papanikolaou 42, Tel. +30 2752 028213, Mi 12–18, Do–Sa und Mo 12–24, So 13–24 Uhr. Leckere Aufläufe, Salate und Fischgerichte im hübschen Ambiente der Altstadt.

4 **Iliostasio,** Boumpoulinas, Tel. +30 2752 026959, Mo–Sa 8–2, So 8.30–2 Uhr. Ganz im Westen der Uferpromenade gelegen, hat man von hier aus einen tollen Blick auf die Bourtzi-Festung. Besonders schön ist es am Abend, wenn die Lichter in den umliegenden Orten in der Bucht angehen.

UNSER TIPP: 6 **Antica Gelateria di Roma,** Farmakopoulon 3, Mi–Do 9–1, Fr 9–1.30, Sa 8–1.30 Uhr. Es gibt viele gute Eiscafés in Nafplio, aber nirgendwo stehen die Kunden in so langen Schlangen geduldig an. Die aus frischesten Zutaten hergestellte, echt italienische Eiscreme überzeugt auch anspruchsvolle Gaumen.

2 2 **Central Bakery,** Leof. Asklipiou 12, Tel. +30 2752 022222, Mo–Fr 6–23, Sa/So 6–24 Uhr. Am Rand zur Neustadt gelegen, bietet diese beliebte Bäckerei neben Brot auch warme Pasteten. Das süße Gebäck kann man zu einem guten Kaffee genießen. Daneben gibt es kleine Gerichte wie Rühreier oder Pfannkuchen.

Einkaufen

10 **Athena Gallery,** Emmanouil Sofroni 15, tgl. 11–23 Uhr. Hier gibt es Reproduktionen historischer Artefakte als Souvenirs, allerdings von höherer Qualität, als man sie in den üblichen Shops findet. Sogar eine Goldmaske des Agamemnon ist zu haben.

9 **Gerani,** Vasileos Alexandrou 11, Mo, Di, Do 11–17, Fr/Sa 11–20 Uhr. Juwelier mit Schmuck und dekorativen Objekten in eigenem Design.

3 **Karonis Distilleries,** Odos Eukleidi 9, Tel. +30 2752 024968, www.karonis.gr, Mo–Do 11–16, Fr/Sa 13–16 Uhr. Die Ouzo-Distillerie im Osten der Stadt bietet Führungen und Verkostungen an (nach vorheriger Vereinbarung oder per E-Mail-Buchung auf der Website). Hier lernt man alles rund um den bekannten Digestif, der aus ungeschnittenem Wein und Wasser destilliert wird.

Aktivitäten

Stadtrundfahrten

Nafplio City Tour, Tel. +30 2104 176144, nafpliocitytour.gr, 8 €, Kinder 5 €. Am Hafenparkplatz

Nafplio

0 200 m ©Reise Know-How Pelop_06 1/24

Boumpoulinas beginnen Rundfahrten durch die Stadt. Mit demselben Ticket kann man entweder im „Cabrio-Bus" oder mit dem Minizug fahren. Der Anbieter organisiert auch Touren zu den Archäologischen Stätten im Umland.

Stadtführungen

■ **Discover Nafplio,** Tel. +30 2752 022100, www.discovernafplio.gr/en/listings/tours-cruises. Wer Nafplio zu Fuß entdecken möchte, kann eine geführte Tour durch die Altstadt buchen – auch in deutscher Sprache. Ausgangspunkt ist entweder das eigene Hotel oder das venezianische Landtor beim Stadtpark. Dauer 1½ Std., 22 €.

Tretmobil-Verleih

7 **Funbike,** Boumpoulinas, am Hafen, Tel. +30 6936851950, funbike.gr, April bis Okt. Pedalbetriebene Wägelchen mit Sonnendach als Zwei- oder Viersitzer, 10 €/Std.

Übernachtung
- 8 3Sixty Hotel
- 12 Byron Hotel
- 13 Grand Sarai Hotel
- 15 Pension Anapli
- 16 Pension Asimoni

Essen und Trinken
- 1 Café Fougaro
- 2 Central Bakery
- 4 Iliostasio
- 6 Antica Gelateria di Roma
- 14 Alaloum

Einkaufen
- 2 Central Bakery
- 3 Karonis Distilleries
- 9 Gerani
- 10 Athena Gallery

Aktivitäten
- 5 Sailing Nafplio
- 7 Funbike
- 11 Antonis Taxi Tours

Taxi-Touren

11 **Antonis Taxi Tours,** Boumpoulinas 45, Tel. +30 6946792393, auf Facebook. Touren zu den Ausgrabungsstätten oder anderen Orten, Preise nach Vereinbarung.

Segeltörns

5 **Sailing Nafplio,** Boumpoulinas 3, Tel. +30 6984823266, sailingnafplio.com. Tagesausflüge mit Segeljachten in die schönsten Badebuchten des Argolischen Golfs, z.B. zur Insel Romvi-Daskalio. Halbtagesausflug 90 € p.P. Zur Ausrüstung an Bord gehören Schnorchel, SUP-Boards und Unterwasserkameras.

Feste und Veranstaltungen

■ Der **Nationalfeiertag** am 25. März, der Beginn des Unabhängigkeitskriegs, wird in Nafplio besonders ausgiebig gefeiert. 1822 wurde Nafplio als eine der ersten Städte Griechenlands unter *Staikos Staikopoulos* nach einjähriger Belagerung befreit. Es gibt Paraden und Umzüge sowie einen großen Markt im Viertel Pronia, südlich der Straße 25. Martiou.

Verkehr

Auto/Wohnmobil

■ **Boumpoulinas Parking,** am Hafen an der Boumpoulinas und Nafpliou Neas Kiou. Großer Parkplatz auch für Busse und Wohnmobile.

Bus

■ **KTEL Argolis,** Tel. +30 27520 27323, www.ktelargolida.gr/en. Der **Busbahnhof** liegt an der Andrea Siggrou. Busverbindungen z.B. nach Mykene, Argos, Tolo, Epidavros, Kiveri und Tripoli.

Taxi

■ **My Taxi,** Andrea Siggrou, Tel. +30 2752 026300. Taxistand am Kiosk beim Busbahnhof.

Palea Epidavros

Von Nafplio auf der Nationalstraße 70 in Richtung Osten erreicht man nach 40 km Palea Epidavros (auch Archea Epidavros) am Saronischen Golf. Der ruhige **Badeort** liegt inmitten von Zitronen- und Orangenhainen. Rund um den kleinen Hafen gibt es etliche Campingplätze und Tavernen. Ein schöner Ausblick bis zur Halbinsel Methana ergibt sich von der recht steilen Küstenstraße, die in den Ort hinabführt.

Südlich oberhalb der Stadt befinden sich auf dem Hügel der **Halbinsel Nisi** die Überreste der **antiken Stadt Epidavros** – nicht zu verwechseln mit dem 13 km entfernten Asklepios-Heiligtums Epidauros. In der Bucht südlich der Akropolis kann man die versunkenen Reste der antiken Stadt durch das Wasser schimmern sehen.

120pe ln

Antikes Epidavros

Das antike Epidavros wurde schon in mykenischer Zeit gegründet und war ein bedeutender Hafen. Von hier verlief eine Handelsstraße nach Argos und Mykene. Ab dem 4. Jh., nach der Errichtung des Asklepios-Heiligtums, gewann Palea Epidavros an Bedeutung: Viele Besucher der Heilstätte, vor allem aus Athen, reisten über den hiesigen Hafen an. Die Überreste der antiken **Akropolis** sind momentan nicht zugänglich. Beeindruckend ist jedoch das perfekt geformte und noch gut erhaltene **Amphitheater** aus dem 4. Jh. Es hat 18 Ränge und bot Platz für 2000 Menschen. Wahrscheinlich entstand es im Zusammenhang mit einem Dionysos-Kult. Heute wird es für Aufführungen während des **Athens Epidaurus Festival** genutzt (→ S. 295).

■ **Kleines Theater Palea Epidavros** (Mikro Teatro Paleas Epidavrou), aefestival.gr/venues/little-theatre-of-ancient-epidaurus

Strände

Wer von den breiteren Stränden im Süden der Argolis verwöhnt ist, wird von den **schmalen Kiesstränden** rund um Palea Epidavros vielleicht enttäuscht sein. Über den Kieseln ist das Wasser jedoch flach und klar und es gibt einige schöne Buchten.

[<] Die Ruinen der Stadt Epidavros kann man beim Kajak- und Schnorchelausflug erkunden

Der **Paralia Yialasi** (auch Gialasi) erstreckt sich südlich der versunkenen Stadt Epidavros und wird von mehreren Campingplätzen umringt. Bei den Ruinen gibt es einen kleinen Strandstreifen und Zugang über Treppen. Die Bucht ist einige Hundert Meter lang.

Am Nordende der Bucht von Epidavros gelangt man durch einen grünen Hain zum winzigen **Kalamaki-Strand.** Hier liegen Felsen unter Wasser und es gibt viel Schatten. Weiter nördlich liegt der **Paralia Polemarcha,** der von einem kleinen Felsen in zwei Teile geteilt wird.

Kajak- und Tauchausflug zur versunkenen Stadt Epidavros

UNSER TIPP: Zwischen dem südlichen Stadtstrand und der Yialasi-Bucht liegen die Überreste der antiken Stadt Epidavros in einer Tiefe von nur zwei Metern ganz nah beim Ufer. Durch das klare Wasser sieht man die Mauern auf dem Meeresboden am besten vom Boot aus.

■ Die Firma **Tribal Kayak** bietet einen kombinierten Kajak- und Schnorchelausflug zu den Ruinen an. Ausgangspunkt ist der Yialasi-Strand. www.seakayak-argolida.gr, 4½ Std., 75 € p.P.

Praktische Tipps

Unterkunft, Essen und Trinken

■ **Sunny Garden Aparthotel**②, Paralia Yialasi, Palea Epidavros 21059, Tel. +30 2753 041395, www.sunnygarden.gr. Komfortable Ferienapartments mitten in üppigem Grün in Gehnähe zum Strand mit den versunkenen Ruinen. Wer sich hier einmietet, kann sich aus der hauseigenen Flotte ein Fahrrad kostenfrei ausleihen. Auch Schnorchelausrüstung wird gestellt.

■ **Mike Restaurant,** Maniadaki 2, Tel. +30 2753 041213, mike-epidavros.gr, tgl. 8–23.30 Uhr. Die Taverne gehört zum größten Hotel am Hafen im Ortskern und ist immer gut besucht.

Athina Ecofarm Shop, Paralia Yialasi, tgl. 10–22 Uhr. In dem Laden ganz im Norden der Bucht von Yialasi kann man Produkte rund um die Olive kaufen. Daneben gibt es auch eingemachte Früchte, Bio-Honig, getrocknete Gewürze und Wein. Angegliedert ist ein kleines **Bistro,** in dem man mit Salaten, Fischgerichten und Wein gut bewirtet wird.

Camping

■ **Camping Nicholas II,** Gikas Holiday Club, Paralia Yialasi, Palea Epidavros 21059,Tel. +30 2753 041445, mouria.gr/de/nicolas-ii-de. Voll ausgestatteter Platz mit Service für Wohnmobile. Auch Ferienapartments werden vermietet.

Aktivitäten

Radfahren

Es gibt einige ausgewiesene **Radwege** in der Gegend, die meisten Strecken verlaufen jedoch auf Straßen. Eine schöne Tour ist die Fahrt vom Asklepios-Heiligtum über Lygourio und Ag. Andreas nach Palea Epidavros. In die entgegengesetzte Richtung ist die Strecke teilweise steil und eher für Mountainbiker geeignet.

Feste und Veranstaltungen

■ **Athens Epidaurus Festival,** während des Festivals im Juli und August finden im im kleinen Theater von Palea Epidavros ebenso wie Amphitheater des Heiligtums von Epidauros Musik- und Theatervorführungen statt (aefestival.gr).

Asklepios-Heiligtum von Epidauros

Schon die alten Griechen waren auf der Suche nach Heilung und „Wellness". Nirgendwo wird das so deutlich wie im Asklepios-Heiligtum von Epidauros. Die Anlage gilt als eine der **ersten Kurkliniken der antiken Welt.** Glaubte man anfangs an die Heilung durch göttliche Kräfte, setzte man später verstärkt auf medizinische Anwendungen für Körper und Seele. Epidauros wird daher vielfach als Wiege der holistischen Medizin angesehen.

Das **Asklepieion** genannte Heiligtum für Asklepios, den **Gott der Heilkunst,** war mehr als ein Krankenhaus. Es war ein **therapeutisches Zentrum,** in dem Körper und Seele geheilt wurden, mit einem Tempel für Artemis und Asklepios, einem großen Amphitheater, einem Stadion und einem Gymnasion. Neben kultischen Ritualen, bei denen man um den Beistand der Götter bat, gab es praktische Anwendungen wie Heilbäder, sportliche Übungen, zeremonielles Essen und „Futter für die Seele" durch Kultur im Theater und in einer großen Bibliothek.

Die Anlage entstand schon zu mykenischer Zeit um 1600 v.Chr. und war damals einer heilenden archaischen Göttin geweiht. Im 8. Jh. v.Chr. wurde der Gott Apollo verehrt. Im 6. Jh. v.Chr., in der Spätklassik, wendete sich das Blatt und man huldigte fortan Asklepios, einem Sohn des Apollo. Die Gebäudereste, die man heute sieht, stammen aus dieser Zeit. Bis in die römische Zeit hinein blieb das Asklepieion die **wichtigste Heilstätte der antiken Welt.** Es löste geradezu einen Boom aus – nach und nach entstanden weitere Heilstätten nach ähnlichem Muster. Die Römer übernahmen das erfolgreiche Konzept.

Die als **UNESCO-Welterbe** ausgezeichnete Stätte liegt im Inland zwischen dem Argolischen und Saronischen Golf etwas abseits der Strecke von Nafplio nach Palea Epidavros (N70). Von Lygourio sind es wenige Kilometer in Richtung Süden zur Ausgrabungsstelle.

■ **Archaiologikos Choros Asklipieiou Epidavrou,** Epidavros 21052, Tel. +30 2752 022009, www.argolisculture.gr/en, hhticket.gr (Online-Tickets), April 8–19 Uhr, Mai bis Aug. 8–20 Uhr, Sept. 8–19/19.30 Uhr, Okt. bis März 8–17/18 Uhr, Eintritt April bis Okt. 12 €, Nov. bis März 6 €.

Rundgang über die Ausgrabungsstätte

Man betritt das Areal durch ein monumentales **Portal** (Propylon), von dem sich eine Prozessionsroute bis zum Amphitheater auf der rechten Seite zieht. Am besten besorgt man sich an der Kasse einen Lageplan, denn das Gelände ist sehr weitläufig.

Archäologisches Museum

Im Museum sind Funde aus der Ausgrabungsstätte zu sehen, teilweise mit vielen interessanten Details. So sieht man z.B. **Inschriften,** in denen ein Patient den

121pe ln

Verlauf seiner Behandlung im 2. Jh. v.Chr. beschreibt. Weitere Inschriften beinhalten ein Gedicht an Apollo und Asklepios aus dem 3. Jh. v.Chr. Auch gibt es Aufstellungen über die Baukosten für die Tempel. Außergewöhnlich ist ein Koffer mit **antiken medizinischen Instrumenten** aus den Heiligtümern. Daneben gibt es Gipskopien von Statuen sowie viele weitere Artefakte, aber auch Teile eines **korinthischen Kapitells** des Bildhauers *Polyklet* aus Argos, der am Bau zahlreicher Gebäude beteiligt war.

Im Amphitheater findet jeden Sommer das renommierte Athens Epidaurus Festival statt

Amphitheater

Das um 340–330 v.Chr. entstandene Theater ist das am besten erhaltene Exemplar seiner Gattung in Griechenland und wird weithin aufgrund seiner perfekten Proportionen und der ausgeklügelten Akustik gerühmt. *Polyklet* aus Argos soll der Baumeister gewesen sein. In der Mitte des 2. Jh. v.Chr. wurde die Kapazität des Theaters von 8000 auf 14.000 Zuschauer vergrößert. Wandert man ganz hinauf, hat man bereits einen längeren Spaziergang hinter sich. Von den obersten Rängen schweift der Blick weit über die Heilstätte und die Landschaft. Das Theater ist heute Schauplatz des renommierten **Athens Epidaurus Festival,** bei dem im Juli und August internationale Regisseure griechische Klassiker inszenieren.

122pe In

Auf dem Heilungspfad nach Epidauros

Wenn in der Antike die Kurgäste des Asklepieion im Hafen von Palea Epidavros ankamen, mussten sie entweder zu Fuß oder auf Eseln den acht Kilometer langen Weg dorthin zurücklegen. Der Pfad, der damals zum Heiligtum führte, war Teil einer alten mykenischen Straße. Zwei Kilometer des sogenannten Heilungspfads kann man heute zwischen Epano Epidavros und Lygourio entlangwandern. Der Weg ist eingebettet in schöne Natur, von einigen Stellen hat man eine gute Aussicht über den Saronischen Golf. Teils wandert man durch ein ausgetrocknetes Flussbett, vorbei an uralten Wegsteinen und Podesten, auf denen einst Statuen standen.

Von **Epano Epidavros** an der N70 biegt man nördlich nach **Ag. Andreas** ab. Dort schlängelt sich die Route auf der Nordseite der N70 nach Südosten Richtung **Lygourio.** Nahe der Kirche Agios Georgios führt sie südlich bis zur **Ausgrabungsstätte Epidauros.** Die Route ist als Wanderweg Nr. 3 und 3A gekennzeichnet.

■ www.monopatiapolitismou.gr, „Our paths", Epidaurus

Im Abaton wurden Kurgäste mittels Hypnose in einen Heilschlaf versetzt

Abaton

Steigt man vom Theater hinab, passiert man zuerst das ehemalige **Gästehaus Katagogion,** das quadratisch angelegt war und vier Innenhöfe hatte, von denen 160 Zimmer abzweigten. Schräg gegenüber hinter einem griechischen Bad liegt das **Hestiatorion,** damals ein Restaurant für zeremonielle oder rituelle Gemeinschaftsessen.

Dahinter fallen auf der Westseite die noch vorhandenen **Säulenreste** der Stoa des Abaton ins Auge. Das Gebäude war ein wichtiger Behandlungsraum, hier wurden die Patienten nach einer rituellen Waschung mit Wasser aus einem heiligen Brunnen mittels Hypnose in einen Heilschlaf versetzt. Danach lagen sie auf dem Boden und warteten darauf, dass ihnen im Traum die Götter erschienen, die ihnen den Weg zur Heilung wiesen. Nach dem damaligen Glauben kommunizierten die Götter mit den Menschen durch die Erde. Das Gebäude war bis in die spätrömische Zeit im 4. Jh. in Benutzung.

Tholos und Tempel des Asklepios

Der Tholos zeichnet sich durch seine runde Form aus, die auf dem Gelände einzigartig ist. Der Äußere Ring bestand aus 26 dorischen Säulen. Im Inneren gab es einen weiteren Ring, der aus 14 korinthischen Säulen bestand. Auch für den Bau dieses Gebäudes um 365–335 v.Chr. soll *Polyklet* verantwortlich gewesen sein. Der Tholos war entweder eine Opferstätte oder die Grabstätte eines Gottes. Unter dem Boden fand man ein ringförmiges Labyrinth aus Gängen, das die unterirdische Residenz des Asklepios gewesen sein soll. Zwischen Abaton und Tholos stand am Ostende der kleine Tempel des Asklepios. Darin soll eine Zeus-Statue aus Gold und Elfenbein gestanden haben.

Stadion

Im Stadion aus dem 5. Jh. v.Chr. fanden die Wettkämpfe zu Ehren des Gottes Asklepios statt. Die sogenannte Asklepieia gehörte zu den **Panhellenischen Spielen,** die an verschiedenen Stellen zu Ehren der Götter ausgerichtet wurden. Erst im 3. Jh. v.Chr. wurden Sitzbänke aus Stein eingebaut.

☐ Das familienfreundliche Tolo ist auf Sommerurlauber bestens eingestellt

123pe ln

Tolo

Südlich von Nafplio gelangt man an der **Ostküste des Argolischen Golfs** in ein Badeparadies. Ferienorte an schönen Stränden erstrecken sich in der **Bucht von Tolo** mit ihren kleinen, vorgelagerten Inseln und weiter in Richtung Südosten bis nach Paralia Irion.

Das moderne Tolo wurde 1834 von kretischen Auswanderern gegründet, die sich hier nach dem griechischen Unabhängigkeitskrieg ansiedelten. Das **antike Asine** spielte lange die wichtigere Rolle in der Region. In der archäologischen Ausgrabungsstätte auf dem nahegelegenen Hügel kann man mehr darüber erfahren.

Tolo zählt nur 2500 Einwohner, im Sommer übersteigt die Anzahl an Touristen sie jedoch bei Weitem. Seit den 1970er-Jahren als Urlaubsort bekannt und beliebt, reihen sich entlang der

Hauptstraße Sekeri zahlreiche Hotels, Ferienunterkünfte und Gastronomiebetriebe aneinander.

Am langen, sauberen **Sandstrand Psili Ammos** versorgen Beachbars die Gäste mit Liegestühlen und Sonnenschirmen. Hier kann man abends schön flanieren, im Sommer gibt es Folkloredarbietungen und familienfreundliche Feste.

Die Bucht von Asine mit Siedlungshügel und Unterwasserruinen

In der Umgebung

Asine-Strand

Unser Tipp: Eine ausnehmend hübsche Bucht liegt vor der Kastraki-Landzunge östlich des Strands von Tolo. Hier badet man direkt über den Resten der **versunkenen antiken Stadt Asine** (Archaia Asini). Die Mauern reichen bis an den Strand und ins Wasser hinein. Direkt dahinter erhebt sich die Akropolis mit der Ausgrabungsstätte des antiken Asine.

In der Nachbarbucht im Osten liegt der **Paralia Kastraki** mit weiteren Ferienunterkünften, der etwas ruhiger und kleiner ist als der Strand von Tolo.

Archäologische Stätte Asine

Laut Homer nahm das antike Asine, das sich über die Kastraki-Landzunge erstreckte, mit einer eigenen Flotte am Trojanischen Krieg teil. In byzantinischer Zeit wurde es als Ausweichhafen für Nafplio genutzt. Auch unter den Venezianern im 18. Jh. erlebte der Hafen eine neue Blüte. Der damalige Hafen lag am heutigen Strand von Asine.

Man wandert hier, etwas außerhalb von Tolo, durch die Überreste verschiedener Besiedlungsepochen. Schon vor etwa 6000 Jahren lebten hier die ersten Menschen. Um 3000 v.Chr. entstand eine größere Siedlung mit ziegelgedeckten Häusern.

Zu den Funden aus dieser Zeit gehört eine große Anzahl an Tongefäßen zur Lagerung von Nahrungsmitteln, darunter Gefäße von den Kykladen und aus der Türkei, was auf Seehandel schließen lässt. In der Späthelladischen Zeit scheint Asine zunächst an Bedeutung verloren zu haben, lebte aber um 1200 v.Chr. wieder auf. Aus dieser Zeit hat man kultische Gegenstände gefunden, z.B. die **Büste des Königs von Asine** (Archon tis Asinis), die im Archäologischen Museum von Nafplio ausgestellt ist. Heute geht man davon aus, dass es sich bei dem langgezogenen Kopf um die Darstellung eines Frauenkopfes handelt. Er könnte eine Kultfigur oder Sphinx oder Teil einer größeren Statue gewesen sein.

Auch nach dem Niedergang der mykenischen Kultur blieb die Akropolis von Asine besiedelt bis in die Eisenzeit. Um 700 v.Chr. entstand sogar ein Apollo-Heiligtum. Im 8. Jh. wurde Asine von Argos überfallen und zerstört.

■ **Archaia Asini,** Epar. Od. Lefkakion-Tolou 103, Asine 21100, Tel. +30 2752 058101, odysseus.culture.gr, April bis Okt. 8.30–15.30 Uhr, im Winter 8–15.30 Uhr, Eintritt 3 €, erm. 2 €.

Inseln Romvi und Daskalio

Von vielen Stellen entlang der Küste sieht man die **Zwillingshügel** der Insel Romvi. Ihre Form erinnert an einen Busen – wahrscheinlich hat sich Romvi deshalb den Beinamen „Insel der Aphrodite" erworben. Die Inseln kann man bei einer geführten Bootstour besuchen oder man mietet sich in Tolo ein Tretboot (s.u.). Besonders schön ist ein **Badestopp** am einsamen Paralia Romvi auf der Südseite der großen Insel.

Die heute unbewohnte Insel Romvi (hist. Orovi), die vor Tolo im Argolischen Golf liegt, hat eine bewegte Geschichte. Während des Ansturms der Slawen in Griechenland sollen die Argiver auf Romvi und der kleinen Nachbarinsel Daskalio Zuflucht gesucht haben. Dass hier Menschen gelebt haben, beweisen **Überreste byzantinischer Befestigungsanlagen** aus dem 6. Jh. sowie die Ruinen einer orthodoxen Kirche. Später nutzten die **Venezianer** Romvi und Daskalio als Militärstützpunkte zur Verteidigung des hiesigen Hafens. Überreste der **Verteidigungsanlagen** sind noch sichtbar.

Im 20. Jh. wurden die Inseln in ein **Naturschutzgebiet** umgewandelt und mit Kiefern und Olivenhainen aufgeforstet. Nahebei liegt vor der Küste das noch kleinere Eiland **Koronisi.**

Praktische Tipps

Nützliche Infos und Adressen

- **PLZ Tolo:** 21056
- **Informationen:** www.tolo.gr/de

Unterkunft

- **Flisvos Royal Hotel④**, Boumpoulinas 18, Tel. +30 2752 059783, www.flisvoshotel.gr. Große Hotelanlage im Zentrum von Tolo mit Swimmingpool. Fast alle Zimmer haben einen Balkon und Klimaanlage. Ein Restaurant und eine Bar versorgen Gäste rund um die Uhr.
- **Gold Sun Villas④**, Paralia Kastraki, Tel. +30 6948177939, goldsunvillas.com. Schicke Villenanlage ganz im Osten der Bucht von Tolo an der Straße zur archäologischen Stätte Asine. Die Wohnungen haben großzügige Terrassen mit Blick auf die Bucht.

Camping

- **Kastraki Camping,** Asine 21100, Tel. +30 2752 059386, kastrakicamping.gr/en, 25. April bis 23. Okt. Schattiger Campingplatz direkt am Kastraki-Strand, auch für größere Wohnmobile geeignet. Es gibt einen Minimarkt sowie ein Restaurant und eine Café-Bar. Auch Tennisplätze sind vorhanden.

Essen und Trinken

- **Leimonia,** Sekeri 90, Tel. +30 2752 058381, auf Facebook, tgl. 19–1 Uhr. Restaurant im gehobeneren Stil mit großer Speisenauswahl. Hier sitzt man nicht am Wasser, sondern im grünen Garten, was Kühlung verschafft.
- **Moustakias,** Aktis 6, Tel. +30 2752 058216, tgl. 11–24 Uhr. Beliebte Fischtaverne – die Tische stehen auf dem Pier. Hier sitzt man etwas abseits vom lauten Getümmel, auf zwei Seiten von Wasser umgeben. Besonders reizvoll am Abend.
- **Cleopatra Bakery,** Sekeri 40, auf Facebook, tgl. 8–20 Uhr. Alternative für einen leichten Lunch: Es gibt leckere Sandwiches und Salate, Sesamkringel sowie gefüllte Pasteten und Konditoreiwaren.
- **Red Rock Bar,** Paralia Asine, Asine 21100, tgl. 17–2 Uhr. Auf einem Felsen direkt gegenüber des antiken Asine erwacht die Bar mit Blick auf die verwunschene Asine-Bucht erst abends zum Leben, wenn die Lichter angegangen sind.

Aktivitäten

Bootsfahrten

- **Nafplio by Night Cruise,** von Juni bis September fahren Boote vom Hafen in Tolo nach Nafplio und nach einem Aufenthalt wieder zurück (Dauer 3½ Std.). Bei der Hinfahrt betrachtet man den Sonnenuntergang, bei der Rückfahrt das Lichtermeer in der Bucht. Abfahrt 20 Uhr, Ankunft Nafplio 20.30 Uhr, Rückfahrt 23 Uhr, Fahrt pro Pers. 12 €, Kinder 5–12 Jahre 6 €, www.discovernafplio.gr/en/listings/cruises/nafplio-night-cruise.
- **Argo Cruises,** Aktis 54, Tel. +30 697800000, argocruises.gr/en/boat-trips/romvi. Fahrt rund um die Inseln Romvi und Daskalio mit kurzem Aufenthalt auf Koronis sowie Badestopp am Strand von Romvi.

Bootsverleih

- **Telis Gogonas,** Tel. +30 6972554650, Motorboote, Tretboote und Kajaks kann man am Pier von Tolo preiswert mieten.

Wassersport

- **Tribal Kayak,** www.seakayak-argolida.gr/tour/island-of-aphrodite. 4½-stündige **Kajaktour** rund um die Inseln Romvi und Daskalio mit Badestopp, 75 € p.P.
- **Tolo Watersports,** am Strand Psili Ammos (nahe Hotel Solon), Tel. +30 6942233040, www.tolo

watersports.gr. Es wird **Wasserki, Wakeboarding** und **SUP** angeboten, man kann auch ein Banana Boat mieten.

- **Intro Dive,** Sekeri 67, Tel. +30 6932240186, introdive.gr. Hier kann man **Schnorchelkurse** und **PADi-Tauchkurse** buchen. Aufgrund der bunten Unterwasserwelt und der antiken Unterwasserruinen eignet sich die hiesige Küste bestens dafür.

Verkehr

Auto/Wohnmobil

- Einen großen **Parkplatz,** auch für Busse und Wohnmobile, gibt es am Hafen westlich des Zentrums.

Am Paralia Plakas in Drepano

Drepano

Das winzige Drepano bietet eine gute Basis für Urlauber, die auf Campingplätzen oder Ferienunterkünften direkt am Strand unterkommen möchten. Es gibt Bäckereien, Lebensmittelgeschäfte und Tavernen. Das Wasser des Kiesstrands **Paralia Plakas** ist klar, es gibt allerdings größere Felsen unter der Meeresoberfläche. Der von Palmen gesäumte Strand wird hauptsächlich in der Nähe der Beachbars regelmäßig gesäubert.

Unterkunft

- **The Grove Seaside**③, Paralia Plaka, Tel. +30 2752 092020, www.thegrove.gr/de. Angenehmes

Viersterne-Hotel mit begrünten Außenterrassen und Pool am Kiesstrand von Plaka.

Camping

Unser Tipp: **Triton II**, Paralia Plakas, Drepano 21060, Tel. +30 2752 092228, tritonii.gr. Direkt neben dem schattigen Campingplatz mit großem Terrassenrestaurant befindet sich das vom selben Inhaber geführte Hotel mit Swimmingpool. Daneben wird Glamping im großen Stil angeboten: Die von üppigem Grün umwachsenen Bambushütten auf Stelzen im Tropical Village erinnern eher an Asien als an Griechenland.

■ **Argolic Strand Camping,** Paralia Plakas, Drepano 21060, Tel. +30 2752 092376, www.argolicstrand.gr. Sehr grüner, schattiger Platz. Die Ausstattung umfasst auch Kühltruhen für Camper ohne Kühlschrank. Kleine Chalets werden ebenfalls vermietet und es gibt eine Strandbar.

Spaziergang um die Vivari-Lagune

Ein schöner Spaziergang von 3,5 km Länge (1½ Std.) führt rund um die Lagune, fast immer an ihrem Ufer entlang. Unterwegs kann man zur passenden Jahreszeit **Kormorane, Reiher** und **Eisvögel** sehen.

Man beginnt am besten in **Vivari** und folgt dem Uferweg Richtung Westen. So kommt man ins Ortsgebiet von **Drepano** und läuft landeinwärts, vorbei am Sportgelände mit Basketballfeld und dem **Stadion.** An der Straße Agiou Epiridonas hinter dem Fußballplatz biegt man nach links (Südosten) ab und gelangt wieder ans Ufer. Nun geht es an der Südseite der Lagune entlang bis zur **Brücke.** Man überquert sie und hält sich nordöstlich (rechts), bis man wieder an der Uferpromenade von Vivari angekommen ist.

Essen und Trinken

Unser Tipp: **Riff Beach Bar,** Paralia Plakas, Tel. +30 6943055422, auf Facebook, Mitte Mai bis Mitte Okt. Nette Strandbar mit Snacks wie Pizza und Sandwiches sowie leckeren Cocktails.

■ **O Nakos Restaurant,** Epar. Od. Drepanou-Kantias 13, Tel. +30 2752 092365, tgl. 12–19 Uhr. Kleine, auch bei Einheimischen beliebte Taverne im Zentrum von Drepano mit deftigen Speisen wie Aufläufen oder Grillgerichten.

■ **Sofias Bakery,** Epar. Od. Nafpliou-Drepanou 10, tgl. 6.30–22.30 Uhr. Bäckerei mit riesigem Angebot an Pasteten und Konditoreiwaren. Draußen gibt es ein paar Stehtische.

Vivari

Von Drepano führt die Küstenstraße in Richtung Südosten ins idyllisch gelegene **Fischerdörfchen** Vivari mit guten Fischtavernen direkt am Ufer. In der Bucht ankern auch zahlreiche Jachten. Am Südende gibt es einen sehr schmalen Sandstreifen, den man kaum Strand nennen kann, der aber dennoch gut besucht ist. Wer mehr Platz möchte, wird weiter östlich beim schönen Kiesstrand **Paralia Kondyli** fündig.

Westlich von Vivari erstreckt sich die **Lagune Vivari,** die früher zur Fischzucht genutzt wurde und heute ein **Naturschutzgebiet** ist. Das Gewässer ist durch einen kleinen Kanal mit dem Meer verbunden, über den eine Brücke führt.

Unterkunft, Essen und Trinken

■ **Vivari Acta Hotel**②, Epar. Od. Drepanou-Kantias 107, Vivari 21060, hotelscheck-in.com/vivari acta/en, Mai bis Sept. Komfortables Hotel mit Gartenterrasse und schattigem Kinderspielplatz. Die Zimmer haben Ausblick auf die Lagune. Frühstück vom Buffet, Parkplatz vorhanden.

■ **Taverna O Nikos,** Epar. Od. Drepano-Kantias, Tel. +30 2752 092766, tgl. 12–23 Uhr. Taverne am südlichen Ortsausgang mit großer Außenterrasse. Hier kann man bei schönster Aussicht frische Fischspezialitäten aus der Lagune essen.

Camping

■ **Lefka Beach Camping,** Epar. Od. Drepanou-Kantias, Vivari 21060, Tel. +30 2752 092334, camping-lefka.gr/en. Moderner Campingplatz am Paralia Kondyli mit Minimarkt, Café-Bar, Restaurant und SUP-Verleih. Die Betreiber produzieren ihr eigenes Olivenöl sowie Honig.

Kilada

Kilada liegt im Schutz einer Landzunge im Argolischen Golf und profitiert von einer **tief eingeschnittenen Bucht,** die einen natürlichen Hafen bildet. Der langgestreckte Ort schmiegt sich an die Südseite der Bucht mit Blick auf die felsige Landschaft und die Franchthi-Höhle am gegenüberliegenden Ufer. Vorgelagert ist die unbewohnte Insel Koronida.

An der langen Uferpromenade liegen Fischerboote und Jachten. Es gibt schattenspendende Grünanlagen, teils mit Spielplätzen, dazwischen sorgen zahlreiche Tavernen für das leibliche Wohl. Kilada ist bekannt für seine **Garnelen,** die in den Fischtavernen angeboten werden. Zum Baden gibt es Gelegenheit am sandigen **Paralia Lepitsa** auf der Westseite der Landzunge.

Auf dem Patimas Trail um die Landzunge von Kilada

Von der Gemeinde wurde ein mit „monopati patimas“ (μονοπατι πατιμας) beschilderter Wanderweg über die Landzunge bei Kilada angelegt. Die Distanzen in Metern kann man auf den **Hinweisschildern** auch ohne griechische Sprachkenntnisse entziffern. Es ist ein gut befestigter Weg von einfachem Schwierigkeitsgrad mit mehreren Rastplätzen. Der Rundweg ist ca. 5 km lang und dauert etwa 1:15 Std. Er ist auch für etwas ältere Kinder geeignet.

Ausgangspunkt ist die **Kirche Agios Nikolaos** am Kap, wo sich ein Parkplatz befindet. Hierher führt die Uferstraße von der Marina. Der erste Abschnitt verläuft von der Kirche bis zur **Bucht Loumpitsa** (λουμπιτσα) an der Westseite der Landzunge. Oberhalb befinden sich Picknickbänke. Danach geht man auf demselben Weg zurück landeinwärts bis zur Gabelung in Richtung Süden. Dieser Weg führt in die nächste Bucht, **Agnanti Chonia** (Αγναντη χωνια). Unterwegs passiert man eine **Karsthöhle.** Von dort geht man wieder zurück zur Gabelung und entweder zurück zum Parkplatz oder landeinwärts nach Südosten bis zur Uferstraße. Diese führt nördlich (links) zum Parkplatz, rechts in die Stadt.

Praktische Tipps

Unterkunft

■ **Kilada Country House**②, Tel. +30 6988636099, Kilada 21300, buchbar über Airbnb. Charmante Ferienwohnung im südlichen Ortszentrum, fußläufig zu allen Geschäften und zum Strand.

■ **Villa Hylas**④, Kampos Kranidiou 21300, www.villahylas.nl. Von Niederländern geführter Villenkomplex, landeinwärts außerhalb des Ortes gelegen, mit Blick über die Landschaft und gemeinschaftlichem Swimmingpool.

■ **Sunny Place Resort**②, Doroufi Kilados 21300, Tel. +30 2754 061760, www.sunnyplaceresort.com. Moderne Villenanlage südlich von Kilada mit Swimmingpool.

Essen und Trinken

■ **Douglas 1969,** Tel. +30 6979032930, tgl. 19–24 Uhr. Fischtaverne am Hafen, am Nordende der Uferpromenade, mit fangfrischem Fisch in allen Variationen.

■ **Retro Cafe,** tgl. 8–1 Uhr. Fantasievoll dekorierte Bar im Süden der Uferpromenade – hier wurden die Stämme der Palmen mit Tischen umbaut. Es gibt ganztags Snacks wie Burger oder Sandwiches und abends die fantasievollsten Cocktails.

Einkaufen

■ **Tessara Mosaic,** Lepitsa, Kilada, Tel. +30 6988409380, auf Facebook, Di–Fr 9–15 Uhr. Ganz im Westen von Kilada auf dem Weg zum Paralia Lepitsa verbirgt sich dieser Kunsthandwerksladen. Die Inhaberin fertigt Mosaiken aus Tesserae-Steinen, eine antike Technik, die besonders die Byzantiner perfektionierten. Hier bekommt man allerdings ganz moderne Motive und Gegenstände.

Feste und Veranstaltungen

■ **Fischerfest,** am zweiten Samstag im August dreht sich in Kilada alles um Fisch und insbesondere um die Kilada-Garnele, die in allen möglichen leckeren Variationen angeboten wird. Es gibt Live-Musik und Tanz bis in die frühen Morgenstunden.

In der Umgebung

Franchthi-Höhle

Bereits vom gegenüberliegenden Ufer in Kilada oder auch vom Wasser aus kann man die Öffnung der Franchthi-Höhle (Spileo Franchthi) sehen. In der Höhle hat man die **ältesten Siedlungsspuren** in Griechenland gefunden. Menschliche und tierische Knochen sowie Werkzeuge belegen den Aufenthalt von Menschen schon in der **Altsteinzeit** ab 38.000 v.Chr. Aus der Mittelsteinzeit um 9000–7000 v.Chr. finden sich Spuren von Jägern und Sammlern sowie Werkzeuge aus Stein und Obsidian. In der Jungsteinzeit scheint die Höhle dauerhaft bewohnt gewesen zu sein. Das Siedlungsgebiet erstreckte sich auch außerhalb der Höhle, das umliegende Land wurde landwirtschaftlich genutzt. Aus dieser Zeit hat man auch Mühlsteine und Herdstellen gefunden. Teile der ehemaligen Siedlung liegen heute unter Wasser, da der Meeresspiegel seitdem angestiegen ist. Um 3000 v.Chr. wurde die Höhle verlassen.

Zur Franchthi-Höhle gelangt man zu Fuß vom Südende des Strandes **Paralia Fournion** (auch Paralia Lampagianna) nördlich der Höhle (20 Min.). Die Anfahrt erfolgt vom Ort Fourni Richtung Westen auf der Epar. Od. Lygourio-Portocheli, dann weiter Richtung Paralia Fournion, wo Franchthi ausgeschildert ist. Das Auto muss man am Strand parken, die Höhle ist frei zugänglich.

Dolinen von Didima

Über dem kleinen Ort Didima, zwölf Kilometer nordöstlich von Kilada im Landesinneren, erhebt sich der 1100 m hohe Didimo. Die eigentliche Sehenswürdigkeit sieht man am Hang des Berges: zwei riesige Dolinen. Solche **Karsttrichter** entstehen, wenn das leicht lösliche Karstgestein unterirdisch durch Wasser zerfressen wird und absackt. Die große Doline (Megali Spileia) liegt etwas erhöht direkt am Hang und ist sehr gut von Weitem sichtbar. Sie wirkt wie ein riesiger, runder **Höhleneingang** und war in der Steinzeit tatsächlich bewohnt, was Werkzeugfunde bestätigt haben. Davor steht in der Ebene die **Kirche Agios Nikolaos,** die auf den Ruinen eines ehemaligen Poseidon-Heiligtums errichtet wurde. Gut vorstellbar ist, dass die Menschen der Prähistorie die Doline für das Werk von Göttern hielten.

Zur wenige Hundert Meter entfernten kleineren Doline (Mikri Spileia), gelangt man über einen **Tunnel und Stufen.** Sie besteht aus einer Vertiefung, in der das Erdreich kreisrund abgesackt ist. Im **Krater** angekommen, fühlt man sich wie von der Welt abgeschnitten. Riesige Kapernsträucher überziehen den Boden. Während der byzantinischen Zeit entstanden hier die zwei kleinen Kirchen **Agios Georgios** und **Metamorfosis Sotiros,** die direkt unter die **Felsüberhänge** gebaut wurden.

Das Didimo-Massiv eignet sich auch gut zum **Klettern,** es gibt etliche abgesteckte Routen.

- **Spilaia Didimon,** Infos über die Kletterouten: www.thecrag.com/climbing/greece/didima

Die große Doline von Didima

Kranidi und Ermionida

Der äußerste Süden der Argolis-Halbinsel zwischen dem Argolischen und dem Saronischen Golf wird von der Gemeinde Ermionida eingenommen, die sich auch touristisch unter diesem Namen vermarktet. Kranidi ist die Verwaltungshauptstadt von Ermionida, weitere größere Orte sind Ermioni und Portocheli.

Bereits in den 2010er-Jahren geriet Kranidi als **„Hauptstadt der Offshore-Firmen“** in die Schlagzeilen. Im nur 5000 Einwohner zählenden Ort gab es 184 registierte Firmen, die **Steuerfreiheit** genossen. Heute spricht man nicht gern darüber, wer von den Sponsorengeldern für die internationalen Projekte profitiert.

Doch das **Tourismusgeschäft** blüht hier im großen Stil. Die Region Ermionida hat ihr Augenmerk auf eine **betuchtere Klientel** gerichtet, es soll eine Super-Luxus-Feriengegend etabliert werden mit Privatclubs und teuren Hotels. So ist im Hinterland von Kilada der exclusive Golfclub My Kilada entstanden, in dem man sich als Mitglied einkaufen muss. Im Fünfsterne-Komplex Amanzoe der Aman-Gruppe, der über dem Strand Paralia Koraki thront, wird mit Luxus geklotzt und nicht gekleckert: Man wandert durch historisierende Tempelgebäude im nachgemachten Olivenhain vor einem Endlos-Pool. Das Ambiente ist filmreif: Eine der Luxusvillen des Hotels und der Strand dienten, ebenso wie Ansichten der Insel Spetses, als Location für den 2022 verfilmten Krimi „Glass Onion“.

Die Gegend um Kranidi wird für normale Touristen immer unzugänglicher. Es gibt so gut wie keine erschwinglichen Unterkünfte mehr und auch keine Infrastruktur – was letztlich auch für die Einwohner von Nachteil ist.

Kranidi

Die einstige Stadt der Seekapitäne, deren historische Anwesen das Bild der Unterstadt prägen, besaß bereits unter den Osmanen eine große Handelsflotte, die vor Kilada ankerte. Zwischen 1840 und 1925 erlebte die Handelsschifffahrt eine Blütezeit, bis Dampfschiffe die großen Viermaster verdrängten.

Touristisch interessant in dem terrassenartig auf einen Hügel angelegten Ort ist die **Unterstadt Kato Kranidi,** in der auch das Rathaus steht. Hier kann man auf und ab durch die Gassen mit pastellfarbenen Häusern wandern, die Mitte bis Ende des 19. Jh. entstanden und klassizistische Züge haben.

Über die Anapafseous oder Masitos in Richtung Westen gelangt man zu einem Hügel, auf dem zwei historische **Windmühlen** stehen. Ihr Inneres mit den Mühlsteinen kann man besichtigen. Im Sommer finden hier Veranstaltungen statt. Von oben hat man einen guten Ausblick über Portocheli und die buchtenreiche Landschaft bis hinüber zur Insel Spetses, mit der Kranidi immer enge Beziehungen pflegte.

Der Strand von Kranidi, **Paralia Vrochitsas,** befindet sich bei **Doroufi Kranidiou** sieben Kilometer westlich. Grö-

Adobe Stock © costas1962

ßer und einsamer sind die südlich davon liegenden Strände Paralia Panagitsa und Paralia Thini.

Unterkunft, Essen und Trinken

- **Villa Iris**④, Paralia Vrochitsas, Doroufi Kranidiou 21300, Tel. +30 6945891484, magnificentblue.com. Schicker Villenkomplex mit Swimmingpool nahe dem Strand von Vrochitsas.
- **Sta Skalakia,** Mallosi, Tel. +30 6934866437, Mi–Sa 7–3 Uhr. Die Lage der kleinen Taverne auf den „Stufen" ist einmalig, denn die Tische stehen auf einer der Treppen, die durch das Altstadtzentrum führen. Gutbürgerliche Küche und guter Service vervollkommnen die Atmosphäre.

Feste und Veranstaltungen

- Am dritten Novemberwochenende, nach der Olivenernte, findet für zwei Tage das **Festival der Olive und des Olivenöls** statt, ein großes Straßenfest, das die Frucht in den Mittelpunkt stellt. Bei einer Schnitzeljagd suchen Kinder eine goldene Olive, dazu gibt es Volkstanzdarbietungen. Beim großen Markt am Sonntag kann man regionale Produkte probieren.

Ermioni

UNSER TIPP: Das propere Städtchen Ermioni hat von den Orten der Gemeinde Ermionida den meisten Charme. Es erstreckt sich auf einer schmalen Landzunge an der Südküste der Argolischen Halbinsel. Hier kann man entspannt durch die Gassen bummeln und die Atmosphäre genießen.

Vom **Hafen Limani** an der Nordseite der Halbinsel verkehren die **Fähren** zu

Blick über Kranidi

den Saronischen Inseln und nach Piräus. Ein langer Kai verläuft entlang der gesamten Bucht. Im Osten der Uferstraße reihen sich Tavernen aneinander. Ganz im Westen findet man einen großen Parkplatz, der donnerstags von einem Wochenmarkt eingenommen wird.

An der Südseite der Halbinsel liegt das Viertel **Mandraki** mit einer von Palmen gesäumten, schmaleren Uferpromenade mit vielen Restaurants und Bars. In diesem tieferen Hafen ankern die größten **Jachten.**

In der Mitte der Halbinsel erstreckt sich die **Altstadt** aus dem 17. und 18. Jh. auf dem Pronos-Hügel. Eine schmale Straße führt vom Westende der Uferpromenade in Mandraki hinauf. Teile der mittelalterlichen **Stadtmauern** sind noch zu sehen. Eine der ältesten Kirchen ist die byzantinische **Eklisia Taxiarchis** aus dem 9. Jh., die sich ganz oben auf dem Hügel erhebt.

Der östliche Teil der Landzunge ist als **Bisti** bekannt und von einem schattigen Pinienwäldchen bedeckt. Hier wandert man wie durch eine Parkanlage und entdeckt Spuren der Vergangenheit: die spärlichen Überreste eines **Poseidon-Tempels** aus dem antiken Ermioni (5. Jh. v.Chr.), eine alte **Windmühle** sowie die Ruinen einer Mauer aus byzantinisch-venezianischer Zeit.

Die Stadt florierte besonders im 5. und 4. Jh. v.Chr. Ein Standbein für den Reichtum war das Vorkommen von Purpurschnecken *(prophyra)* in den hiesigen Gewässern. Damals bestand eine große Nachfrage nach dem daraus gewonnenen roten Farbstoff für militärische und königliche Gewänder.

Strände

Im Stadtbereich gibt es keine Strände. Wer mutig genug ist, springt an geeigneten Stellen in Bisti und Mandraki von den Felsen ins klare Wasser. Der größte Strand in Richtung Süden, **Paralia Kouverta,** liegt sieben Kilometer entfernt. Östlich findet man den Kiesstrand **Para-**

lia Dardeza. In der noch weiter östlich liegenden kleinen Bucht beim **Paralia Plepi** kann man über antiken Ruinen schwimmen.

Praktische Tipps

Nützliche Infos und Adressen

- **PLZ Ermioni:** 21051

Informationen

- **ermioni.info**
- **visitermionida.gr/en,** touristische Informationen über die gesamte Region.

Unterkunft

- **Bisti Guesthouse**②, Alsos Mpisti, Tel. +30 6971846540, bisti.tripcombined.com. Nahe der Landzunge von Bisti mit Blick nach Norden auf die Hafenpromenade, fußläufig zum Ort und den Bademögllichkeiten.

Metochi

Ktima Develekou③, Pigadia Thermisias, Ermioni 21051, Tel. +30 2754 041440, www.bluepillow.de. Der Komplex mit freundlichen Ferienwohnungen gehört zu einer Olivenfarm und liegt direkt am Meer, unweit von Metochi mit dem Fähranleger für Hydra, 15 km östlich von Ermioni. Hier kann man sich auch zur Olivenernte Ende Oktober/Anfang November einmieten und sich als Erntehelfer verdingen. Auch wenn die Produkte kein Biosiegel tragen, stammen sie direkt von den Herstellern und wandern erntefrisch auf den Tisch. Neben Tafeloliven und Olivenöl gibt es z.B. frische Zitronen, Eier, Honig, Granatäpfel, aber auch olivenölbasierte Seifen und Kosmetika.

◁ Ermionis Altstadt auf der Landzunge Bisti ist von Wasser umgeben

Camping

Thermisia

- **Hydra's Wave Camping,** Thermisia 21051, Tel. +30 6979078415, www.hydraswave.gr. Der Campingplatz 9 km östlich von Ermioni hat nur teilweise schattige Plätze mit Höhenbegrenzung. Es gibt jedoch schattige Aufenthaltsgelegenheiten, einen Minimarkt, Kinderspielplatz und eine Strandbar und Tavern. Man kann auch Bungalows oder Wohnwagen mieten.

Einkaufen

- **Markt:** Donnerstags findet am Kai im Hafen Limani, ganz im Westen der Uferstraße, ein großer Wochenmarkt mit frischen und regionalen Produkten statt, darunter Wein, Honig und andere Waren sowie Gebrauchsgegenstände und Kleidung.

Verkehr

Schiff

- **Hellenic Seaways,** www.hellenicseaways.gr. Die Fähre, die zwischen Piräus und den Saronischen Inseln verkehrt, hält auch in Ermioni. Mit ihr gelangt man zweimal täglich nach Spetses, Hydra oder Poros. Ein Tagesausflug bietet sich vor allem nach Hydra an: tgl. Hinfahrt 6.45/14.55 Uhr, Rückfahrt 12.10/20.25 Uhr, Fahrtzeit 25 Min., 23 € (hin und zurück).
- **Christos Passenger Ferry,** Tel. +30 6977248369. Die Fähre verkehrt in den Sommermonaten 2–4x tgl. von Ermioni nach Hydra, 8 € (einfache Fahrt).

Portocheli

Viele Wege führen nach Portocheli (Porto Heli) – auch übers Wasser. Es sind vor allem Jachten, die sich rund um die Südspitze der Argolischen Halbinsel mit der vorgelagerten Insel Spetses tummeln. Der Küstenabschnitt ist von vielen kleineren, begrünten Buchten gekennzeichnet und gilt daher als **Peloponnesische Riviera.** Spetses wird hin und wieder sogar mit Monaco verglichen.

Von jeher waren Portocheli sowie die Inseln Spetses und Hydra ein „Spielplatz der Reichen und Schönen", denn der Landstrich vereint das Ambiente der Ägais mit der **Nähe zu Athen.** Auch die Infrastruktur hat sich an die Klientel angepasst: Es gibt **schicke Restaurants und Bars** sowie ein entsprechendes **Nachtleben.** Besucher mit kleinerem Portemonnaie können die Vorzüge der Gegend zwar auch abseits der überteuerten Zentren genießen, allerdings sind preiswerte Unterkünfte eher rar.

Für Athener ist Portocheli ein beliebtes Ziel für Kurztrips, denn es gibt regelmäßige **Fährverbindungen** zum Hafen Piräus (dieselbe Fähre hält auch in Ermioni). Dies ist auch für internationale Reisende interessant, die mit dem Flugzeug in Athen ankommen und sich lange Anfahrtswege mit einem Mietwagen sparen möchten. Eine Fähre zur Insel Spetses verkehrt jedoch auch vom benachbarten Ort Kosta.

Die Lage Portochelis auf einem Landrücken zwischen zwei Buchten macht sicherlich einen Teil seines Reizes aus. Die Bucht im Westen bildet die **Salzwasser-Lagunge Ververouda,** die durch eine Landzunge vom Meer abgetrennt ist. An der eigentlichen Bucht von Portocheli im Westen hat man direkt ans Wasser gebaut: Tavernen reihen sich aneinander, ein Stück weiter legen in der Marina große Jachten an, abends geht es hoch her. Luxuriöse Ferienvillen ziehen sich rund um das südöstlich liegende Kap Agios Emilianos. Am südlichen Ende der Bucht liegen landeinwärts die Ruinen der **antiken Stadt Halieis,** die man allerdings nur von außen ansehen kann.

Strände

In nordwestlicher Richtung erstreckt sich der **Paralia Ververouda** in der Bucht von Agios Nikolaos. Auf der Südseite der Lagune Ververouda versteckt sich die kleine Bucht **Paralia Megalo Pefko.** Schöne sandige Buchten reihen sich südöstlich von Portocheli aneinander, von Chinitsa bis zur Landzunge bei Agioi Anargiri. Die schönsten Strände dort sind der **Paralia Kounoupiou,** der kiesige Agioi Anargiri sowie die sandigen **Paralia Petrothalassa** und Paralia Sentoni.

Praktische Tipps

Unterkunft

- **Nikki Beach**④, Epar. Od. Portocheli-Kosta, Kosta 21061, Tel. +30 2754 098500, nikkibeach.com, April bis Okt. Das Unternehmen Nikki Beach leitet Fünfsterne-Hotels mit Beachclubs für betuchte Kunden in der ganzen Welt.

Ververouda

- **Elias Village**④, Ververouda 21300, Tel. +30 6974909920, www.airbnb.com. Moderne Villa für sechs Gäste mit zwei Badezimmern, fußläufig zum Strand von Ververouda. Preislich angemessen.

■ **Edem Resort④**, Ververouda, Ermionida 21300, Tel. +30 6944268008, www.edemresort.gr. Villenkomplex mit Swimmingpool auf der Landzunge Ververouda.

Chinitsa

Aks Chinitsa Bay③, Kolpos Chinitsa, Portocheli 21300, Tel. +30 2754 057401, www.akshotels.com. Am Strand von Chinitsa wird in diesem Viersterne-Hotel auch an Kinder gedacht: Es gibt einen Spielplatz und einen eigenen Swimmingpool, Sportplätze und Animation mit Spielen und sportlichen Aktivitäten.

Camping

Tzemi

Klein Karoo Rest Camp, Tzemi, Portocheli 21300, Tel. +30 6996183459, www.kleinkaroorestcamp.com, Mai bis Nov. Hier gibt es zwei Stellplätze mit eigenem Bad (En-Suite Pitches) sowie einer überdachten Terrasse mit Spüle. Wahlweise bucht man das African Safari Tent, eine Glamping-Holzhütte mit Zeltwänden. Warmwasser und Strom wird ausschließlich durch Solarpaneele erzeugt. Daher darf man stromfressende Geräte nur bei Tag und hoher Sonneneinstrahlung verwenden. Mülltrennung wird ebenfalls betrieben. Die Preise sind etwa doppelt so hoch wie bei normalem Camping.

Essen und Trinken

■ **Ippocampus Restaurant,** Evaggelistrias 16, Tel. +30 6951789789, hippocampusrestaurant.gr, Mai bis Okt. Nachdem der hier geborene Chefkoch *Giorgos Korlis* sich viele Jahre im Ausland fortgebildet hatte, wurde er nach der Eröffnung seines hiesigen Restaurants 2020 zum „Chef des Jahres" gekürt. Die Küchenrichtung des schicken Etablissements im Ortszentrum mit dem Namen „Seepferdchen" ist mediterran-asiatische Fusion mit viel Fisch.

■ **Rozos Restaurant,** Epar. Od. Portocheli-Kosta, Tel. +30 2754 051006. Von der Uferstraße im Osten des Ortes überblickt man den geschäftigen Hafen aus der Ferne und kann in Ruhe speisen. Es gibt griechisch-mediterrane Küche mit vegetarischer und veganer Auswahl.

Nachtleben

■ **Ostria,** Evaggelistrias, Tel. +30 2754 053625, auf Facebook, tgl. 9–2 Uhr. Am belebten Uferstreifen im Zentrum der gastronomischen Aktivitäten befindet sich die alteingesessene, beliebte Cocktailbar direkt am Wasser.

■ **Salazar,** Evaggelistrias, Tel. +30 6980171934. Ausgefallene Cocktails, DJs und ein toller Blick über den beleuchteten Hafen machen die Atmosphäre dieser Bar aus.

Petrothalassa

■ **Godai,** Petrothalassa, Ermioni 21051, Tel. +30 6974365520, godai.gr. Der Beachclub am Strand von Petrothalassa genießt einen guten Ruf. In der Bar herrscht ein entspanntes Ambiente. Das Restaurant bietet modern-mediterrane Gerichte mit italienischem Einschlag. In der Strandbar wird zu den Cocktails Sushi angeboten.

Aktivitäten

Wasserski

■ **Water Ski Centre,** Ververouda, Tel. +30 6977778234, www.waterskigreece.com, Mo–Sa 9–19, So 8.30–20.30 Uhr. Auf der flachen Ververouda-Lagune kann man wunderbar ganzjährig Wasserski fahren.

Fahrrad- und Bootsverleih

Die Bucht von Portcheli sowie die Lagune und ihre Umgebung eignen sich gut zum Radfahren.

- **Marine Treasure,** marinetreasure.gr. Der Fahrradverleih an der großen Uferstraße im Osten bietet auch Motorboote an. E-Bikes pro Tag 25 €, halber Tag 15 €.

Wandern

- Wer lieber wandert anstatt Rad zu fahren, kann die Landzunge Ververouda und die Bucht von Portocheli auch zu Fuß erkunden. **Vorschläge für Wanderungen** gibt es z.B. unter www.alltrails.com/trail/greece/peloponnese--2/hiking-around-porto-cheli.

Feste und Veranstaltungen

- **International Portoheli Festival,** Manessis Estate, Tel. +30 2754 051206, phifestival.com/en. Das Festival im Juli und August gibt jungen Musikern aus Griechenland und den USA eine Bühne. Es werden auch traditionelle Instrumente wie die griechische Leier gespielt.

Verkehr

Schiff

- **Blue Star Ferries,** Tel. +30 210 8919800, www.bluestarferries.com/en-gb. Täglich mehrere Fahrten zwischen Portocheli und **Piräus/Athen,** Fahrtzeit 3½ Std., einfache Fahrt pro Person ca. 57 €.
- **Hellenic Seaways,** www.hellenicseaways.gr/en-gb, mehrmals pro Woche Portocheli – Piräus (mit Schnellfähren Flying Cat oder Aero Highspeed), Fahrtzeit 3:20 Std. (Verbindungen nach Spetses, Hydra und Poros siehe auch Ermioni).

Saronische Inseln Spetses, Hydra, Poros und Methana

Die Saronischen Inseln gehören verwaltungsmäßig nicht zur Peloponnes, sondern zur **Region Attika,** ebenso wie ein kleines Stück der Ostküste der Argolis-Halbinsel. Diesem Küstenabschnitt vorgelagert sind die Halbinsel Methana und das benachbarte Poros, während Spetses und Hydra vor der Region Ermionida an der Südküste liegen. Zur Inselgruppe gehören auch die Eilande Salamina direkt vor Piräus sowie Ägina und Agistri mitten im Saronischen Golf.

Im Sommer verkehren Schiffe mehrerer Gesellschaften zu den Saronischen Inseln, u.a. von Piräus/Athen, Portocheli, Ermioni, Kosta und Metochi auf dem Festland. Die Fähren von Piräus halten an fast allen Inseln.

Privatautos sind weder auf Spetses noch auf Hydra erlaubt, daher kann man zu diesen Inseln nur als **Fußgänger** anreisen. Auf Spetses sind zwar Mopeds und **Fahrräder** gestattet, man muss sie allerdings vor Ort mieten. Ansonsten werden Gäste mit **Pferdekutschen** befördert. Auf Hydra sind nicht einmal Drahtesel erlaubt, dort darf man stattdessen auf richtigen Eseln reiten.

Fährverbindungen

- www.isferry.com/ferry-destinations/ferry-saronic-islands

Insel Spetses

Spetses ist die westlichste der Saronischen Inseln, am schnellsten zu erreichen von Portocheli und Kosta im äußersten Süden der Argolis. Die Fähre legt in **Spetses-Stadt** an, der einzigen richtigen Ortschaft auf der Insel. Bei der Anfahrt bietet sich ein beeindruckendes Panorama aus pastellfarbigen Bauten mit terracotta-roten Dächern. Zur Hochsaison kann es hier voll und laut werden, vor allem wenn viele Tagesgäste kommen. Die Hauptstraße Mpotasi führt vom Hafen geradeaus Richtung Westen durch die Stadt. Dreh- und Angelpunkt ist das **Hafenviertel Dapia** mit seinen vielen Tavernen und Bars, wo sich spätestens gegen Ende des Tages zahlreiche Touristen versammeln.

Spetses ist hügelig und mit Kiefern, Pinien und Olivenbäumen bewachsen. Im Westen und Süden der Insel ist es am ruhigsten. Schöne **Strände** findet man im Norden bei Ligoneri (Paralia Ligonieriou) und auf dem Weg zum Kap Zogeria (Paralia Zogeria). Auch im Süden gibt es ein paar schöne Buchten wie z.B. den **Paralia Agia Marina.** Wer die Insel nicht mit dem Moped oder Fahrrad erkunden möchte, kann Rundfahrten mit dem **Wassertaxi** unternehmen.

Geschichte

Um 8000 v.Chr. war Spetses noch über eine Landzunge mit der Peloponnes verbunden. In der mykenischen Zeit (3000–1300 v.Chr.) gab es regen Schiffsverkehr zu den anderen Häfen der Argolis. Die Venezianer gaben der Insel im 15. Jh. ihren Namen: Sie benannten sie nach dem italienischen Wort für Gewürz, „Spezia" (gr. Spetses). Albanische Flüchtlinge gründeten im 18. Jh. die heutige Altstadt

Adobe Stock © Marat Lala

Hafen von Spetses – mit den Wassertaxis erreicht man auch schwer zugängliche Buchten an den Küsten der Saronischen Inseln

Kastelli. Während des Orlov-Aufstands 1770 stellte sich die Flotte von Spetses zusammen mit den Russen gegen die Osmanen. Es entwickelte sich eine Handelsflotte unter russischer Flagge, die im 18. und 19. Jh. florierte. 1821 spielten die Flotte und insbesondere die Seekapitänin *Laskarina Bouboulina* (s.u.) eine wichtige Rolle im Unabhängigkeitskampf. Die Flagge der Revolution wurde hier am 3. April gehisst.

Bouboulina-Museum

Das Museum erinnert an *Laskarina Bouboulina* (1771–1825), eine begnadete **Seefahrerin und Unabhängigkeitskämpferin,** deren Statue Besucher schon am Hafen begrüßt.

Ihr Vater nahm am fehlgeschlagenen **Orlov-Aufstand** teil und starb nach einem Gefängnisaufenthalt. Ihr Stiefvater ließ sie wie einen Jungen aufwachsen und förderte ihre Segelleidenschaft. *Bouboulina* heiratete zweimal – beide Ehemänner starben im Kampf auf See. Mit dem von ihrem zweiten Mann, dem Reeder *Dimitrios Bouboulis,* geerbten Vermögen finanzierte sie den Kauf von neuen Schiffen. 1818 trat sie als eine der wenigen Frauen dem vorrevolutionären Geheimbund Filiki Eteria bei. Nach dem Ausbruch des Unabhängigkeitskriegs segelte sie auf ihrem Schiff „Agamemnon" nach Nafplio, um bei der Seeblockade zu helfen, später half die „Agamemnon" bei der Blockade Monemvasias. Daneben versorgte *Bouboulina* die Rebellen im Land mit Geld und Munition. Später zog sie nach Nafplio, um General *Kolokotronis* und die revolutionären Truppen dort zu unterstützen.

Nachdem *Kolokotronis* nach dem Aufstand gegen König *Otto I.* eingekerkert wurde, kehrte *Bouboulina* nach Spetses zurück. Dort wurde sie am 22. Mai 1825 zum Opfer einer Familienfehde und wurde erschossen. Die Russen verliehen ihr posthum den Titel eines **Admirals** – lange Zeit blieb sie die einzige Frau mit diesem Titel. 2018 verliehen ihr die Griechen dann noch den Titel eines Konteradmirals.

Bouboulina war eine sehr vermögende Frau. Das Museum in ihrem ehemaligen **Wohnhaus** vermittelt daher einen Einblick in den Lebensstil bürgerlicher Familien des 19. Jh. Neben verschiedenen anderen Memorabilia sieht man eine Zeichnung ihres Schiffs „Agamemnon".

■ **Museio Laskarinas Bouboulinas,** Pefkakia, Tel. +30 2298 072077, bouboulinamuseum.com/en, März bis Okt. tgl. 10.30–18 Uhr, Eintritt 6 €, erm. 4 €.

Spetses-Museum

In der stattlichen Bürgervilla von *Hatzigiannis Mexis* aus dem Jahr 1798 ist das **Heimatmuseum** untergebracht, das die Geschichte von Spetses dokumentiert. Auch eine Flagge der Rebellen wird hier gezeigt sowie Porträts und Waffen von *Bouboulina* und ihrer Mitstreiter und viele persönliche Gegenstände. Das Gebäude selbst ist historisch und architektonisch interessant.

■ **Mouseio Spetson,** Ntapia, Tel. +30 2298 072994, Mi–Mo 8.30–15.30 Uhr, Eintritt 4 €, erm. 2 €.

Nützliche Infos und Adressen

- **PLZ Spetses:** 18050
- **Informationen:** www.spetsesdirect.com, spetses.gov.gr/

Feste und Veranstaltungen

- In der zweiten Septemberwoche zelebrieren die Spetsioten mit dem Fest **Armata** die Seeschlacht von Spetses im Jahr 1822, als die Aufständischen die osmanische Armada abwehrten. Dann gibt es ein Feuerwerk und makabererweise wird auch die Nachbildung eines osmanischen Schiffs auf See verbrannt.

Verkehr

Schiff

- **Blue Star Ferries,** Hellenic Vision Travel, Platia Iroon, Portocheli 21300, Tel. +30 2754 051444, www.bluestarferries.com/en-gb/, Passagierfähre mehrmals täglich von **Portocheli,** Fahrtzeit 10 Min., 17 € hin und zurück.
- **Katerina Star Ferry,** Kosta 21300, Limeni Kosta, ganzjährig mind. 4-mal tgl., Fahrtzeit 15 Min., 4 € p.P einfache Fahrt. Die RoRo-Autofähre fährt vom Pier in Kosta (südlich von Portocheli) ab. Landeinwärts vom Anleger befindet sich der Parkplatz Kalstation für Tagesausflügler.

Wassertaxi

- **Kaiki,** Kosta, Limeni Kosta, Mai bis Sept., Fahrtzeit 20 Min., 4 € p.P einfache Fahrt. Zahlreiche Wassertaxis verkehren den ganzen Tag vom Pier in Kosta zur Insel Spetses.
- **Spetses by Sea,** Tel. +30 6978916600, spetses bysea.gr/en. Eine angenehme Art, die Insel kennenzulernen, ist, sie mit dem Boot zu umrunden und in Buchten zu halten. Die kleinen Wassertaxis gelangen auch in die entlegensten Ecken.

Fahrradverleih

- **Life Cycle Bike Hire,** Spetses 1, Tel. +30 6945705743, www.lifecyclespetses.com.

Bus

- Während der Hochsaison verkehren Kleinbusse von **Spetses-Stadt** nach **Ligoneri** im Norden sowie nach **Agii Anargiri** und zum **Paralia Agia Paraskevi** auf der Westseite.

Taxi

- Am Hafen gibt es Taxis, die Transfers anbieten, z.B. **Taxi Xiras,** Tel. +30 6932200240.

Insel Hydra

Die Insel Hydra (auch Ydra oder Idra) ist vom Charakter her ganz anders als das geschäftige Spetses. Die gesamte Insel wurde in den 1950er-Jahren unter **Denkmalschutz** gestellt. Die **Architektur** wurde damit im Zustand von 1820 sozusagen eingefroren und präsentiert sich wie eine Art Freilichtmuseum. Nachdem die Insel in den 1950er- und 1960er-Jahren in zahlreichen Filmen als Kulisse diente, wurde sie zum Anziehungspunkt für kreative Geister. Hydra entwickelte sich zur **Aussteigerinsel:** Musiker, Künstler und Schauspieler versammelten sich hier. Heute lebt die Insel weitgehend vom Tourismus, allerdings innerhalb der Grenzen, die der strikte Denkmalschutz vorgibt. Die augenscheinliche Idylle täuscht vielfach: Es gibt Interessengruppen, die Hydra modernisieren wollen, während andere sich gegen jegliche Art von Modernisierung stemmen.

Per Dekret ist die Benutzung von motorisierten Fahrzeugen (mit wenigen Ausnahmen) verboten. Auch Fahrrad-

fahren ist nicht erlaubt, wohl aber das **Reiten auf Eseln und Pferden.** Hydra besitzt eine riesige Herde dieser Arbeitstiere. Sie müssen jegliche Lasten transportieren, vom Koffer bis zu Möbeln. Die Breite der Gassen reicht gerade für einen beladenen Esel aus. Wer hierher kommt, muss also fast alles zu Fuß unternehmen oder auf einem Esel reiten. Die einzige andere Möglichkeit, in andere Orte der Insel zu gelangen, ist das **Wassertaxi.**

Hydra-Stadt

Die Landschaft der 4 km breiten und 20 km langen Insel ist gekennzeichnet von grün bewachsenen Hügeln und eignet sich gut zum Wandern. Hydra-Stadt an der Nordküste erstreckt sich rund um die **Hafenbucht** bis hinein in die Hügel. Bei der Ankunft ergibt sich ein Bild aus geschlossener historischer Bebauung: zumeist weiße, mehrstöckige Häuser mit roten Dächern. Dazwischen stehen die aus Naturstein gebauten ehemaligen **Warenspeicher** der für die Insel bedeutenden Handelsmarine sowie die **Patrizierhäuser.** Kegelartig erhebt sich dahinter die bergige Inselmitte mit dem höchsten Gipfel Eros auf 592 m ü.M. Innerhalb der Stadt gehen die meisten Gassen steil bergauf, viele sind treppenartig gebaut. Die Antionìou Lignou führt hinauf in die **Oberstadt.** Rund um den Hafen reihen sich Tavernen aneinander,

[^] Denkmalgeschützt: die Architektur von Hydra-Stadt aus dem 19. Jh.

[>] Lastesel als öffentliche Verkehrsmittel

auch das Historische Archiv-Museum steht hier.

Historisches Archiv – Museum Hydra

Auf der Ostseite des Hafens befindet sich im ehemaligen Haus eines Reeders das Historische Archiv der Stadt, das die Geschichte Hydras präsentiert. Das Museum besitzt über 18.000 Dokumente, darunter Handschriften und Verwaltungsdokumente von der Mitte des 18. Jh. bis Mitte des 19. Jh. Hinzu kommen historische **Trachten** und viele Gegenstände aus der **Marinegeschichte** des Ortes wie Galionsfiguren von Schiffen, Seekarten, Waffen, aber auch Fotografien. Zu den **Gemälden** aus dem 19. Jh. gehören Porträts wichtiger Persönlichkeiten und Bilder von Seeschlachten. Ein Bild zeigt den Seeadmiral und späteren **Freiheitskämpfer Andreas Miaoulis** (→ Exkurs S. 318). In einer silbernen Urne soll sogar das Herz des Admirals enthalten sein. Jedes Jahr findet ihm zu Ehren das Festival Miaouleia statt. Neben der Dauerausstellung gibt es Wechselaustellungen griechischer Maler.

■ **Istoriko Archeio – Museio Idras,** Miaouli 454, www.iamy.gr/en, tgl. 9–16 Uhr, im Sommer auch 19.30–21.30 Uhr, Eintritt 5 €, erm. 3 €.

Lazaros-Koundouriotis-Museum und Tetsis-Haus

Stadteinwärts vom Hafen steht an der Lignou das ehemalige **Wohnhaus des einflussreichen Reeders** *Lazaros Koundouriotis* (1769–1852). Der mächtige Mann trug eine Augenklappe und wurde immer wieder mit einem Piraten verglichen. Das im Jahr 1780 erbaute Haus ist in bunten Farben gestrichen. Innen bekommt man einen lebhaften Eindruck vom Alltag im 18. Jh. Auch Gemälde und Trachten sind ausgestellt. Das Gebäude ist Teil des **Historischen Nationalmuseums.** Zu den neueren Ausstellungsstücken gehören Gemälde von **Panagiotis Tetsis** (1925–2016) aus Hydra, der seine Heimat in postimpressionistischen Bildern darstellte. Zusammen mit anderen Künstlern gründete er 1949 die Gruppe „Armos“. Das **Wohnhaus des Malers** ist ebenfalls zu besichtigen. Das kleine, unscheinbare Häuschen vermittelt einen Eindruck vom Leben einer einfachen Handwerkerfamilie, aus der *Tetsis* stammte. Im Erdgeschoss befand sich eine Kerzenmacherwerkstatt sowie ein Lebensmittelladen. Tickets für das Tetsis-Haus sind über das Lazaros-Koundouriotis-Museum erhältlich. Von dort wird man ins 100 m weiter gelegene Museum begleitet und erhält eine Führung.

Adobe Stock © korpithas

Hydras Seeflotte

Im 17. Jh. begann Hydras lange Marinegeschichte, als die erste **Marineschule** errichtet wurde und man den **Schiffsbau** ankurbelte. Nach einem Friedensvertrag der Osmanen mit den Russen segelte man ab 1774 unter russischer Flagge und trieb Handel vom westlichen Mittelmeer bis zum Schwarzen Meer. Im 19. Jh. bestand die Flotte von Hydra aus 125 Handelsschiffen.

Zunächst war die Mehrheit der Hydrioten gegen eine Teilnahme am Unabhänigigkeitskrieg, denn man lebte mit dem russisch-osmanischen Arrangement ganz gut und wollte den eigenen Wohlstand nicht gefährden. Erst als die Osmanen begannen, Seeleute für ihre Kriegsschiffe aus Hydra zu rekrutieren, wendete man sich gegen die Herrscher.

1822 wurde **Andreas Miaoulis** (1769–1835) zum Admiral einer kleinen **Flotte der Unabhängigkeitskämpfer** ernannt. Mit über 100 Schiffen zogen sie in die Schlachten bei Spetses und Nafplio und nahmen an der **Befreiung der östlichen Ägais** teil. 1827 übernahm *Miaoulis* den Oberfehl über die griechische Flotte bei der Schlacht von Navarino. Unter König *Otto I.* wurde er im April 1835 zum Vizeadmiral der griechischen Marine ernannt, bevor er im Juni desselben Jahres verstarb. Nördlich des Museums in Hydra-Stadt steht bei der Hafenmole ein Denkmal, das an ihn erinnert. Nach der Unabhängigkeit verlor Hydras Flotte an Bedeutung, denn man hatte nicht in Dampfschiffe investiert. Zuletzt hatte man noch einigen wirtschaftlichen Erfolg mit dem Handel von Naturschwämmen.

- **Istoriki Oikia Lazarou Kountourioti,** Voulgari Kountouritotou, Tel. +30 2298 052421, www.nhmuseum.gr/en (unter „Exhibitions" findet man die Links „Lazaros Koundouriotis Historical Mansion" und „Tetsis Home & Studio", 25. März bis Okt. Di–So 10–16 Uhr, Eintritt jeweils 4 €, erm. 2 €.

Leonard Cohen's Haus

In den 1960er-Jahren verließ der **Musikpoet** *Leonard Cohen* seine Heimat in **Montreal/Kanada** und kam nach Hydra. In der Künstlerszene Montreals hatte er mit dem Schreiben angefangen und strebte eine Karriere als Schriftsteller an. International war er damals noch völlig unbekannt. Von seinem kleinen Erbe kaufte er auf Hydra ein Haus ohne Strom und fließendes Wasser. Später lernte er auf der Insel das norwegische Model *Marianne Ihlen* kennen und lieben. Auf Hydra lebten die beiden damals das Leben der Bohème – man schrieb, schwamm und saß abends in den Tavernen und diskutierte. *Cohen's* Lied „So long Marianne" ist eine Erinnerung an diese Zeit. 1967 ging *Cohen* in die USA und veröffentlichte sein erstes Album, wenig später erlangte er Weltruhm.

Von der Odos Kriezi zweigt nördlich die Odos Leonard Cohen ab. Dort steht das Haus auf der linken Seite, kann aber nur von außen besichtigt werden.

Strände

Breite Sandstrände darf man auf Hydra nicht erwarten. Meist geht es von der Uferpromenade oder über Felsen und Treppen ins Wasser oder es gibt lediglich einen kleinen Sandstreifen in einer

Bucht. Der **Paralia Mandraki** liegt in der gleichnamigen Bucht einen Kilometer östlich des Hafens. In westlicher Richtung gelangt man zum **Paralia Vlychos** und **Paralia Plakes,** zwei bzw. drei Kilometer entfernt. Die kleine Bucht **Paralia Limnioniza** liegt auf der Südseite der Insel, dorthin fährt das Wassertaxi. **Paralia Mpisti** am Westende ist ungefähr zehn Kilometer entfernt. Auch dorthin kann man sich übers Wasser fahren lassen.

Nützliche Infos und Adressen

- **PLZ Hydra:** 18040
- **Informationen:** www.hydra.gr, www.hydradirect.com

Unterkunft

Hydra-Stadt

- **Bratsera Traditional Hotel**④, Tompazi, Tel. +30 2298 053971, bratserahotel.com. Das Hotel befindet sich in einer alten Schwammfabrik – das Schwammtauchen war im letzten Jahrhundert eine wichtige Einnahmequelle für die Insulaner. Hier findet man einen der wenigen Swimmingpools auf Hydra – seit 2010 ist wegen Wasserknappheit der Bau von Pools verboten.
- **Livin Hydra Boutique Hotel**④, Sachtouri, Tel. +30 6940012525, www.livinhydra.com (mind. zwei Nächte). Moderne Ferienwohnungen nahe dem Zentrum.

Essen und Trinken

Hydra-Stadt

UNSER TIPP: **Xeri Elia Douskos,** Tompazi, Platia Ydras, Tel. +30 2298 052886, auf Facebook, tgl. 12–16 und 18–24 Uhr. Legendäre Taverne unter Platanen, in der schon *Leonhard Cohen* seine Abende verbrachte. Im Inneren gibt es viele Fotos von berühmten Besuchern aus dem 20. Jh., darunter *Sophia Loren,* die hier 1957 den Film „Der Knabe auf dem Delfin" drehte. Darin spielte sie eine Schwammtaucherin, die unter Wasser einen antiken Schatz findet.

- **Manna Restaurant,** Tompazi 8, Tel. +30 2298 053775, tgl. 17–24 Uhr. Moderne mediterrane Küche in einer schönen Seitengasse der Innenstadt.

Aktivitäten

Wandern

UNSER TIPP: Die Gemeinde hat ein Netz von Wanderwegen angelegt und präsentiert sie auf der Website **www.hydratrails.gr/de.** Mit den Informationen, die Tourbeschreibungen und Routenkarten beinhalten, kann man die ganze Insel erwandern.

Feste und Veranstaltungen

- In der letzten Juniwoche findet das **Fest Miaouleia** zu Ehren des Admirals *Miaoulis* statt, mit Theater, Volkstänzen, einer Prozession und Feuerwerk.

Verkehr

Schiff

- Von **Metochi** auf dem Festland verkehren die Fähren der Freedom Passenger Ferries fünfmal tgl. hin und zurück, 7,50 € p.P., ohne Vorausbuchung.

Wassertaxi

- Es gibt zahlreiche Anbieter am Hafen, z.B. **Despina Sea Taxis,** Tel. +30 6955190110.

Insel Poros

Poros liegt so nah am Festland, dass man fast hinüberschwimmen möchte – nur etwa 200 m ist der Kanal breit. Die Überfahrt mit der **Fähre von Galatas** dauert ganze fünf Minuten. Von der Inselseite bieten sich fantastische Ausblicke über den **Saronischen Golf.**

Poros bietet auf kleinem Raum alles, was man von einem kurzen Peloponnes-Urlaub erhofft: ein charmantes Städtchen, Strände und schöne Buchten, eine grüne Inselmitte zum Wandern und die Möglichkeit, Wassersport zu machen.

Hat man den Hafen von Poros erreicht, befindet man sich auf der **Halbinsel Sferia,** die fast gänzlich von Poros-Stadt eingenommen wird. Sferia ist über eine Brücke mit dem wesentlich größeren Inselteil **Kalavria** verbunden, der viel einsame Natur bietet. Wie auch die Nachbarinsel Methana ist Poros vulkanischen Ursprungs und entstand wahrscheinlich zur selben Zeit. Im Landesinneren von Kalavria erhebt sich der Bergkegel Vigla auf 390 m Höhe.

Poros-Stadt

Die Venezianer hatten vom 13. bis 18. Jh. einen starken Einfluss auf die Insel, weshalb Poros-Stadt noch heute **italienisches Flair** verströmt. Rund um den Hafen und die Stadt zieht sich die kilometerlange, von Tavernen und Geschäften gesäumte **Uferpromenade,** auf der man entspannt bummeln kann. Die Hauptstraße Sferia führt mitten durch die Altstadt. Schon von weithin sichtbar ist der **Uhrturm** (Pyrgos Rologiou) aus dem Jahr 1927, der aus dem Häusergewirr im Altstadtbezirk Kasteli herausragt. Ein Aufstieg auf den Turm lohnt sich wegen des Ausblicks. Die Mechanik der Uhr wurde 1915 in den USA gefertigt. Heute kann man sie in einem Glaskasten bestaunen. Der Zugang ist frei.

Geht man auf der Uferpromenade in südöstlicher Richtung, gelangt man bald zum **Archäologischen Museum.** Hier sieht man z.B. Funde aus dem Poseidon-Tempel, aber auch von archäologischen Stätten auf der Festlandseite wie Ermioni. Südöstlich des Museums gelangt man in das alte Fischerviertel Pounta mit vielen Fischtavernen.

■ **Archaiologiko Mouseio Porou,** Platia Koryzi, Tel. +30 2298 023276, Mi–Mo 8.30–15.30 Uhr, Eintritt 3 €, erm. 2 €.

Alte Windmühle

Wie in vielen Orten an der Südküste der Peloponnes findet man auch auf Poros eine historische Windmühle (Palios Anemomylos). Sie steht im Osten oberhalb von Poros-Stadt, erreichbar über die Hauptstraße Sferias. Am Waldrand führt ein Weg südlich nach oben. Es steht zwar nur noch der **Turm,** aber der **Ausblick** ist unvergleichlich. Das Gelände ist frei zugänglich.

Russian Dockyard

Während des osmanisch-russischen Kriegs 1770 kam eine von *Katharina der Großen* entsandte russische Flotte unter *Alexi Orlov* in die Ägäis und verstrickte sich in mehrere, wenig erfolgreiche Gefechte mit den Osmanen. Die Episode ist auch als **Orlov-Aufstand** bekannt. Auf dem Rückzug suchte man Schutz in einer Bucht im Westen von Poros bei Kalavria. Dort errichtete man eine Versorgungsbasis für die russischen Schiffe mit Lagerhäusern für Nahrung und Munition. Im Jahr 1834 kaufte der griechische Staat den Russen die Werft ab, um sie als **Marinebasis** für den jungen griechischen Staat zu nutzen. Heute bilden die geschützten Überreste der Gebäude in der kleinen Bucht den Hintergrund einer beliebten Beachbar (s.u.). Vorgelagert ist ein Eiland, zu dem man hinüberschwimmen kann.

Poseidon-Heiligtum

Auf einem 200 m hohen Plateau im Inselinneren befinden sich die Reste eines Poseidon-Heiligtums, die zurzeit vom Schwedischen Institut in Athen ausgegraben werden. Eine Siedlung gab es hier schon zu mykenischer Zeit von 1200 bis 750 v.Chr., nach der Zerstörung der Palastzentren. Das Heiligtum für den Gott Poseidon enstand im 8. Jh. v.Chr. Leider wurde die Anlage immer wieder geplündert, daher ist nur wenig geblieben. Immerhin sieht man die **Grundmauern mehrerer Gebäude** wie die einer Stoa mit **dorischen Säulensockeln.** Aus dem 4. Jh. v.Chr. hat man Münzen gefunden, die den Kopf des Poseidon zeigen. Ab dem 1. Jh. n.Chr. wurde die Anlage verlassen.

- **Iero Poseidonos,** Kalavria, Palatia, www.sia.gr/en (im Menü „Research" unter „Kalaureia, Poros"), tgl. 8–17 Uhr, Eintritt frei.

Strände

Strände findet man vor allem im größeren Inselteil Kalavria. Am einfachsten zu erreichen ist der **Paralia Kanali,** der direkt hinter der Brücke von Poros auf der Ostseite liegt. Vor dem Stadtteil Kiani Akti erstreckt sich der **Paralia Askeli.** Der kleinere **Paralia Monastiri** liegt in der Nachbarbucht unterhalb eines großen Klosters.

Westlich der Landbrücke zu Poros-Stadt findet man den **Paralia Megalo Neorio** mit Strandbar. In der Nachbarbucht weiter westlich befindet sich die sogenannte Love Bay mit dem **Paralia Limanaki.** Hier wird fast der ganze Strand von dichter, grüner Vegetation beschattet. Ganz im Norden der Insel liegt die einsame, sandige Bucht **Paralia Vagionia.**

Nützliche Infos und Adressen

- **PLZ Poros:** 12080
- **Informationen:** visitporos.com, www.poros.com.gr

Unterkunft

Paralia Megalo Neorio

- **Xenia Poros Image Hotel**②, Neorio, Tel. +30 2298 022216, porosimage.hotelbrain.com. Von einer Landzunge Kalavrias blickt man direkt auf Poros-Stadt. Der Strand Paralia Megalo Neorio ist in Gehnähe.

Galatas

- **Odyssey Eco Farm Glamping,** Agia Sotira, Galatas 18020, Tel. +30 6949707053, odysseyecoglamping.com. Wer Poros nur als Tagesausflug besuchen und sich auf der Landseite einquartieren möchte, findet hier moderne Glamping-Zelte und Ferienhütten. Man kann sogar Frühstück und Lunch sowie Kochkurse und geführte Touren buchen.

Essen und Trinken, Nachtleben

Poros-Stadt

■ **Taverna Naftis,** Tel. +30 2298 023096, sailorporos.gr, tgl. 12–1 Uhr. In der Fischtaverne im Viertel Pounta sitzt man an der Uferpromenade mit Blick auf Jachten. Es gibt frischen Fisch vom Feinsten, von der Garnele bis zum Oktopus und Hummer.

■ **Taverna Garden,** Platia Agios Georgios, Tel. +30 6974000773, auf Facebook, tgl. 12–24 Uhr. Gemütliche Taverne mit Altstadtatmosphäre in den verwinkelten Gassen nahe der Kirche Ekklisia Agios Georgios. Es gibt griechische Standardgerichte, aber auch viel frischen Fisch.

■ **Russian Bay,** Russian Dockyard, Tel. +30 6943 146669, www.russianbay.gr, im Sommer 8–1 Uhr. Die Beachbar in einer schönen Bucht vor dem Hintergrund historischer Ruinen versorgt Badegäste mit Getränken und Snacks. Abends legen oft DJs auf.

■ **Sail Sushi Cocktail Bar,** D. Dozina 62, Tel. +30 2298 024181, sailporos.gr, Di–So 19–3 Uhr. Zu den Cocktails kann man leckeres Sushi essen.

Paralia Megalo Neorio

■ **Thala Sea Beach Bar,** Leof. Lampraki, Tel. +30 6978455275, auf Facebook. Die Strandbar vor dem Hotel Pavlou nimmt fast den gesamten Paralia Megalo Neorio ein. Regelmäßig legen DJs auf.

Aktivitäten

Wassersport

■ **Askeli Watersports,** Epar. Od. Porou-Posidonas, Kiani Akti, Paralia Askeli, Tel. +30 6978016500. Verleih diverser Wasserfahrzeuge.

Radfahren

Beide Inselteile von Poros eignen sich gut zum Radfahren. Die Uferpromenade rund um Sferia ist zwar besonders schön, aber in Kalavria gibt es weniger Verkehr.

■ **Poros Bike Rental,** Fahrradverleih beim Fähranleger nach Methana, Tel. +30 2152 157994, poros.cyclopolis.gr.

Verkehr

Schiff

■ Mit der Fähre gelangt man von **Galatas** auf dem Festland nach Poros-Stadt, in der Hochsaison jede halbe Stunde, Fahrtzeit 5 Min.

■ **Saronic Ferries,** Leof. Papadopoulou, Tel. +30 2298 023743, www.sf.gr/en, mehrmals tgl., 5 € p.P., Auto 12 €. Nördlich des Hafens von Poros befindet sich der Anleger für diese Fähre, die von Piräus alle Saronischen Inseln anfährt. Auf dem Weg verbindet sie auch die Inseln Poros und Methana.

Wassertaxi und Bus

■ Es gibt zahlreiche Wassertaxis am Hafen. Zudem verkehrt ein **kostenfreier Inselbus** tgl. 10–15 und 19–24 Uhr (nur für über 65-Jährige, Bewegungseingeschränkte und Kinder unter 10 J. mit ihren Eltern), poros.gr/local-transport-routes.html.

> Entstanden aus vulkanischen Aktivitäten in der Ägäis: Methana

Insel Methana

Über eine schmale **Landbrücke** ist Methana mit der Küste verbunden und dadurch eine Halbinsel. Die Straßenzufahrt besteht über den Ort Taktikoupoli an der Küste des Saronischen Golfs.

Genaugenommen ist Methana eine **Vulkaninsel,** die aus 32 Vulkandomen besteht. Vulkanische Aktivitäten unter dem Meer speisen bis heute schwefelhaltige Thermalquellen, die an verschiedenen Stellen auf der Insel zutage treten (→ Exkurs S. 325).

Ende des 19. Jh. entwickelte sich Methana aufgrund der heißen Quellen zu einem beliebten **Kurort.** Seit die Badeanlagen geschlossen wurden, hat sich hier eine alternative Form des Tourismus entwickelt, die sich auf die Naturschönheiten der grünen Insel konzentriert. So ist Methana zu einem **Wanderparadies** geworden, in dem man bisher noch in relativer Einsamkeit auf Vulkankegel steigen und die Aussicht genießen kann. Es gibt Bestrebungen, Methana zu einem Geopark zu machen.

Methana-Stadt

Der Hauptort der etwa 2000 Einwohner zählenden Insel ist ein freundliches Küstenstädtchen mit einer langen Promenade hinter dem Fähranleger, wo man Gastronomie und Hotels findet und sich in entschleunigter Atmosphäre abseits von überlaufenen Touristenzentren sehr wohlfühlen kann.

Wenige Kilometer nördlich liegt der Strand **Paralia Limniona** mit dunklem Lavasand. Oberhalb findet man auf einem Hügel Überreste eines mykenischen Heiligtums, auf dem später eine kleine Kapelle errichtet wurde.

Heilquellen und Bäderanlagen

Dreh- und Angelpunkt des Badetourismus auf Methana waren die **Kuranlagen** (Ta Loutra ton Methanon) ganz im Westen der Bucht von Methana-Stadt. Heute steht das Kurhaus verlassen da. In der Lagune mit dem Thermalwasser direkt davor haben sich Algen angesiedelt. Hartgesottene, die sich über den strengen Schwefelgeruch hinwegsetzen, steigen unweit des alten Kurhauses an einer **Badestelle** über Treppen ins Meer. Hier wird das Wasser durch unterirdisch austretende Gase erwärmt und ist milchigweiß gefärbt. Eine weitere Badestelle gibt es am Nordende der Bucht von Methana-Stadt unterhalb der Kirche Agios Nikolaos.

Der Bädertourismus in Methana geriet, wie auch bei anderen Bäderanlagen auf der Peloponnes, wegen fehlender Modernisierung in den 1990er-Jahren ins Stocken. Der Staat hatte aufgrund von Geldmangel die Bäder an private Investoren verkauft. Diese sahen sich jedoch mit etlichen Hürden konfrontiert, schnelles Geld war damit nicht zu machen. Um die Anlagen auf modernen Wellness-Standard zu bringen, müsste man viel Bürokratie überwinden und z.B. Zertifikate zur Hygiene und zur medizinischen Wirksamkeit der Quellen vorlegen. Es gibt schon lange Bestrebungen, den Bädertourismus mit modernen Konzepten wieder anzukurbeln, aber bisher fehlte das Geld und die Initiative. Seit 2017 sind die Heilbäder Methanas daher geschlossen.

[>] Die Rote Spornblume blüht im Vulkangestein von Methana

Agios Georgios und Pausanias-Bad

Im Norden der Insel, beim Hafen Agios Nikolaos, findet man das Bad des Pausanias (Loutra Pausanias). Dorthin gelangt man am besten über die östlich verlaufende Küstenstraße. Zunächst passiert man die Abzweigung nach Agios Georgios, das aus wenigen verstreuten Häusern und einem Fischerhafen besteht. Einige Tavernen sowie ein veganes Restaurant (→ S. 327) sorgen für das leibliche Wohl.

Noch kleiner ist der Weiler **Agios Nikolaos,** der vor allem wegen des Pausanias-Bades besucht wird. Das Thermalbad lässt sich bei einem Spaziergang von der Hafenstraße Richtung Osten erreichen. Hier wurde eine kleine **Badewanne** in den Stein gehauen, die von einer gashaltigen **Kohlensäurequelle** gespeist wird. Das Wasser hat tatsächlich Badewannentemperatur und soll gegen rheumatische Beschwerden und Hautkrankheiten helfen. Laut Empfehlung sollte man aufgrund der Schwefelgase nicht länger als 20 Minuten darin verbringen.

Vathy

Von den kleinen Orten, die über die Insel verstreut sind, hat einzig Vathy an der Westküste eine nennenswerte Infrastruktur mit Unterkünften und Tavernen. Der 130 Einwohner zählende Ort hat einen hübschen, kleinen **Hafen,** um den sich einige Fischtavernen reihen. Die Küstenstraße in Richtung Süden wird auch als Paralia Magoula bezeichnet, obwohl es hier keinen Strand gibt, sondern man vom befestigten Ufer ins

Wasser steigt. Etliche Tavernen reihen sich am Meeresufer aneinander. Erst ganz am Südende der Bucht findet man den kleinen **Kiesstrand Almyra.**

Von Almyra führt landeinwärts ein Weg hinauf zur **antiken Akropolis von Methana,** auch Paleokastro genannt. Sie wurde bereits in mykenischer Zeit auf einem Lavadom errichtet. Die meisten Ruinen, die man heute sieht, stammen jedoch aus dem 4. Jh. v.Chr. Bisher haben noch keine gründlichen Ausgrabungen stattgefunden. Auf dem Gelände findet sich auch die byzantinische Kapelle Agios Nikolaos. Landeinwärts führt die Straße in den Weiler Megalochori.

Vulkanische Aktivitäten auf Methana

Vor 2,6 Millionen Jahren erhob sich nach vulkanischen Aktivitäten die Insel Methana aus dem Meer. Der **letzte Ausbruch** des Vulkans fand um 258 v.Chr. statt, bei dem sich der **Krater Kameno Vouno** bildete, der etwa 100 m breit und 25 m tief ist. Der Ausbruch wird in mehreren geschichtlichen Quellen beschrieben. *Pausanias* berichtet z.B., dass nach dem Ausbruch nahe der Siedlung Agios Nikolaos, nördlich von Methana-Stadt, heiße Quellen an die Oberfläche traten. Diese wurden schon in der Antike als Heilquellen genutzt.

Methana liegt im **Vulkanbogen der Ägäis,** zu dem auch Santorini, Kos und andere Ägäische Inseln gehören. Östlich von Methana verläuft eine unterseeische Verwerfung, die zu diesen vulkanischen Aktivitäten führt. 1987 entdeckte man 1,5 km vor der Nordwestküste Methanas den unterseeischen Vulkan Pafsanias, eine Spalte in der Erdkruste, aus der Magma an die Oberfläche dringt. Er brach Anfang des 18. Jh. zuletzt aus. Da der Vulkan nicht erloschen ist, könnte er theoretisch auch wieder ausbrechen. Die warmen, **schwefelhaltigen Quellen,** die an verschiedenen Stellen auf der Insel zutage treten, sind Zeugen dieser unterseeischen Aktivitäten.

Die **Vulkanerde** ist sehr fruchtbar und so ist Methana ganzjährig **außergewöhnlich grün.** Hier wachsen z.B. viele seltene **Orchideenarten,** aber auch Gemüse und Obst. Auch trifft man in der Landschaft immer wieder auf interessante geologische Phänomene wie **erkaltete Lavabomben.** Besonders auffällig sind die vielfarbigen Ablagerungen, darunter gelber Schwefel oder bunte Kiesel aus geschmolzenem mineralischen Gestein.

Adobe Stock © Mariana Ianovska

Vulkanbesteigung auf Methana

Der bekannteste Krater, nicht zuletzt aufgrund des fantastischen Ausblicks, ist der zuletzt entstandene, 425 m hohe **Kameno Vouno,** den man vom Örtchen **Kameni Chora** erreicht. Dorthin gelangt man von Vathy aus, wenn man der Küstenstraße in Richtung Norden folgt. In einigen Serpentinen windet sich das Sträßchen östlich landeinwärts in die Berge. Hinter dem Weiler Kameni Chora kommt man nach einem Kilometer zum **Wanderparkplatz,** der aber nur Platz für zwei Autos bietet.

Von dort folgt man dem linken Pfad, der bergan zum **Krater** hinaufführt. (Der rechte Pfad führt zum Küstenort Agios Nikolaos). Nach 15 Min. erreicht man die erkalteten Lavafelder. Wer möchte, kann über die Felsen weiter nach oben kraxeln, um die Fernsicht zu genießen. Dabei ist Vorsicht geboten und gutes Schuhwerk unerlässlich.

Vom Krater Kameno Vouno eröffnet sich eine spektakuläre Aussicht

Wandern auf Methana

Methana ist ein Wanderparadies. Nicht nur ist es spannend, über die vielfältigen Formationen der **Basaltkrater** zu spazieren und sich vorzustellen, wie sie entstanden sind. Auch hat man von überall einen wunderbaren **Ausblick** über die Landschaft des Saronischen Golfs und die Nachbarinseln. Es gibt **über 40 markierte Wanderwege** auf den Kratergipfeln, der höchste ist der Chelona mit 740 m ü.M.

Nützliche Infos und Adressen

- **PLZ Methana:** 18030

Informationen

- Die besten Informationen über Methana, auch Wanderkarten und GPS-Daten, findet man auf den privat geführten Seiten von Methana-Enthusiasten wie **Volcano-Trails,** www.volcanotrails.gr/en.
- Weiterführende Informationen und Wandertipps gibt es auch auf der Seite von *Tobias Schorr,* der mit **Nature Discovery Tours** geführte Reisen zu verschiedenen Zielen in Griechenland anbietet, methana.de.

Unterkunft

Methana-Stadt

- **Villa Popi**①, Loutropoli, popi.tripcombined.com. In der Villa im Süden des Ortes mit mediterranem Flair und Gartenterrasse kann man Ferienwohnungen mieten.
- **Stefani Apartments**①-②, 25 Martiou, Tel. +30 6975647226, über booking.com. Moderne Ferienwohnungen an der Hauptstraße landeinwärts vom Hafen. Von hier aus kann man im Ort alles fußläufig erreichen.

■ **Akti Methana**②, Saronikou 1, Tel. +30 2298 092387, aktimethana.gr. Das geschmackvoll dekorierte Boutique-Hotel im klassizistischen Stadthaus hat sich einen guten Ruf erworben. Das Frühstück ist vielseitig. Man kann auch Kochworkshops buchen und es wird Yoga angeboten. Dazu gibt es einen Ministrand mit Liegestühlen.

Im Inselinneren

UNSER TIPP: **Arsinoe Retreat Center**①, Megalochori, Tel. +30 6971611120, arsinoemetha na.gr. Mitten in den Bergen gelegen, eignet sich die urige Pension gut für Wanderer. In der Abgeschiedenheit braucht man jedoch nicht darben, denn es gibt ein Restaurant, in dem Produkte der Region verarbeitet werden. Dazu gibt es Raki aus eigener Herstellung sowie Wein vom hiesigen, familiengeführten Weingut Andreou (andreouwinery.gr).

■ **Fitalmios Glamping**②, Kameni Chora, Tel. +30 6977715676, über Airbnb. Wohl eine der einsamsten Lagen für eine Ferienunterkunft ist diese Glamping-Hütte am Westende der Insel – hier hört sogar die Straße auf und man ist nur von Natur umgeben. Dann heißt es „back to basics": Es gibt ein einfaches Doppelzimmer und ein Stockbett, Küchenzeile und Bad. Für Badefreunde besteht Zugang zum Meer.

Essen und Trinken

Methana-Stadt

■ **3 Dromos Mezedopoleio,** 25is Martiou, Tel. +30 2298 093164, auf Facebook, Mo–Fr 18–1, Sa/So 13–1 Uhr. Gemütliche Taverne mit griechischer Live-Musik.

Agios Georgios

UNSER TIPP: **Kristof & Nimi's,** Agios Georgios, www.kristofandnimi.com. Beim Pärchen *Kristof* und *Nimi,* ursprünglich aus Budapest und Tel Aviv, gibt es leckere pflanzenbasierte, vegane Gerichte. Viele der Zutaten kommen aus dem eigenen Garten und werden fantasievoll kombiniert, z.B. Erbsenhumus oder Carpaccio aus Roter Beete. Die beiden haben auch schon vegane Kochbücher geschrieben und betreiben einen Youtube-Kanal. Daneben bieten die selbstbetitelten „hedonistischen Veganer" ein „Summer Camp for Grown-Ups" in ihrem Haus in Megalochori. Man wohnt mehr oder weniger wie in einer Kommune, meditiert, tauscht sich aus, isst und trinkt Wein. Über alldem schwebt ein wenig die Aussteigerromantik moderner Hippies.

Agios Nikolaos

■ **O Kavos tos Pausanias,** Agios Nikolaos, Di–Fr 10–0.30, Sa–Mo 10–24 Uhr. Beliebte Fischtaverne am felsigen Ufer von Agios Nikolaos. Die „Badewanne von Pausanias" befindet sich in Fußnähe.

Vathy

■ **Paleiokastro,** Tel. +30 229 092747. Fischtaverne in schöner Lage am Ufer südlich von Vathy. Von hier aus kann man zur antiken Akropolis spazieren.

■ **Skipper Bar Cafe,** Vathy, Tel. +30 2298 093155, tgl. 9–3 Uhr. Beste Lage am Hafen, sehr stimmungsvoll ist es am Abend bei einem Cocktail.

Verkehr

Schiff

Zwei Fährgesellschaften bedienen die Route **Piräus – Methana,** Fahrtzeit 1:15 Std.–2:10 Std.

■ **Saronic Ferries,** → S. 322

■ **Hellenic Seaways,** www.hellenicseaways.gr

Antikes Korinth | 334
Kanal von Korinth | 340
Korinth | 332
Kyllini-Massiv | 351
Loutra Elenis | 343
Loutraki | 344
Nemea | 347
Sykia | 352

7 Korinthia

»Die Region Korinthia ist eine der urbansten der Peloponnes. Die Nähe zum nur 80 km entfernten Athen und die gute Anbindung mit Bahn und Bus machen die Badeorte am Golf von Korinth zu einem beliebten und schnell erreichbaren Ziel aus der griechischen Hauptstadt. Wer sich hier einquartiert, kann diesen Vorteil jedoch auch umgekehrt nutzen: Man wohnt am Strand und macht Ausflüge nach Athen, ins antike Korinth oder in die Weinregion Nemea.

Der Kanal von Korinth trennt die Peloponnes vom Festland

ÜBERBLICK

In der Region Korinthia war die Peloponnes durch eine schmale Landenge, den Isthmus von Korinth, mit dem griechischen Festland verbunden. Im 19. Jh. verband der Bau eines Kanals den Golf von Korinth mit dem Saronischen Golf. Heute ist der Kanal von Korinth selbst eine der bekanntesten Touristenattraktionen der Region. Das nahegelegene moderne Korinth bietet alle Annehmlichkeiten einer lebendigen mittelgroßen Stadt. Vom beliebten Badeort Loutraki ist sie nur durch den Kanal getrennt. Auf der

Halbinsel nördlich von Loutraki finden sich attraktive, verstecktere Badebuchten.

Das relativ gut erhaltene **antike Korinth** mit der darüberliegenden Festung **Akrokorinth** bietet ein spektakuläres Panorama. Von der Burg genießt man einen Blick aus der Vogelperspektive weit über den Golf von Korinth. Im Hinterland erstreckt sich die **Weinregion Nemea,** wo man edle Tropfen bei den hiesigen Winzern verköstigen kann. Hier versteckt sich auch ein weniger bekannter historischer Schatz: das Stadion von Nemea machte bei den **Panhellenischen Spielen von Nemea** Olympia Konkurrenz.

Die Tempelruinen des Zeus-Heiligtums und ein exzellentes Archäologisches Museum vervollkommnen den Besuch.

Auch im Westen von Korinthia gibt es einige Badeorte. Von dort ist es landeinwärts nicht weit in die einsame Gebirgslandschaft des **Kyllini-Massivs.** Hier kann man zwischen dem **Doxa-Stausee** und dem **Stymfalischen See** wandern oder auch den höchsten Gipfel Kyllini (2376 m) erklimmen. Südlich des Kanals kann man bei einem Abstecher entlang der **Küste des Saronischen Golfs** antike Ruinen entdecken.

NICHT VERPASSEN!

- Antike Ruinen der Superlative: **Archaia Korinthos** | 334
- Festung mit bester Aussicht: **Akrokorinth** auf dem Tafelberg hoch über den Ruinen | 338
- Schiffe im Abgrund: **Kanal von Korinth** zwischen 70 m hohen Felswänden | 340
- Thermalkur und frischer Wind: Badeort **Loutraki** am Golf von Korinth | 344
- Panhellenische Spiele der Neuzeit und exquisite Weinproben: in und um **Nemea** | 347
- Naturschutzgebiete im korinthischen Hochland: **Doxa-Stausee** und **Stymfalischer-See** | 351, 352

Diese Tipps erkennt man an der gelben Markierung.

Korinth

Das moderne Korinth, am Golf von Korinth gelegen, besteht erst seit 1858. Damals wurde die Stadt als **Nea Korinthos** neu gegründet, da der urspüngliche Stadtbezirk in der Nähe des antiken Korinth von einem Erdbeben zerstört worden war. Mit ihrer Infrastruktur ist die 30.000 Einwohner zählende Stadt das wichtigste urbane Zentrum der Region. Zusammen mit Loutraki bildet Korinth eine Metropolregion.

Das Straßennetz der Innenstadt ist rasterförmig angelegt. Der touristisch interessanteste Teil ist das Viertel rund um die zentrale **Platia Eleftherios Venizelos** (auch Floisvos) am **Hafen.** Hinter der Marina erstreckt sich stadteinwärts ein großes, freies Gelände mit Sitzbänken am Ufer, begrünten Flächen und Parkplätzen. Mittendrin steht die **Pegasus-Statue** als Galionsfigur über einem Brunnen. Das geflügelte Pferd ist das Wappentier von Korinth und auch auf dem Stadtwappen zu finden.

Stadteinwärts gelangt man zur kurzen **Fußgängerzone Eth. Antistaseos.** Hier und in den Seitenstraßen befinden sich viele Geschäfte und Gastronomiebetriebe. Wo die Fußgängerzone in die Hauptstraße übergeht, passiert man auf der rechten Seite das klassizistische **Gerichtsgebäude.** Links davon liegt die große **Platia Tsaldari** mit Springbrunnen und Grünanlagen. Auch in den parallel zur Eth. Antistaseos verlaufenden Sträßchen wie der Kolokotroni findet man interessante Läden und Streetfood-Stände. Auf der Periandrou findet der **Wochenmarkt** statt, morgens verkaufen die Fischer hier ihren frischen Fang. Von der Marina am Hafen Richtung Nordosten zieht sich die kilometerlange **Uferstraße** Eth. Anexartisias bis ins Viertel Posidonia am Kanal von Korinth mit Ausblick auf die Bucht von Loutraki. Die Straße eignet sich besonders gut zum **Radfahren.**

Über die New Bridge (Gefyra Triirous) ganz im Westen des Uferbereichs gelangt man zum teilweise ungepflegten, aber dennoch gut frequentierten **Stadtstrand Paralia Kalamia.** Schönere Strandabschnitte finden sich weiter westlich ab Lechaion.

Städtische Pinakothek

Der Name der Straße Pilarinou geht auf den Maler *Sotirios Pylarinos* zurück (1914–89). In dieser Straße unweit des Hafens befindet sich die städtische Pinakothek. *Pylarinos* vermachte dem Museum seine eigenen Werke, aber auch **Werke moderner griechischer Künstler.** Im ersten Stock kann man die Gemälde des Stifters besichtigen, wie auch persönliche Gegenstände aus seinem Wohnhaus in Brüssel, darunter viele Ehrungen, die er in seinem Leben erhielt. Im Erdgeschoss finden Sonderausstellungen zeitgenössischer Künstler statt.

■ **Dimotiki Pinakothiki,** Kolokotroni 4, Ecke Pilarinou, Tel. +30 2741 020120, pinakothiki-korinthos.gr, Mo–Sa 9–13, Fr auch 18.30–20.30 Uhr, bei Sonderausstellung längere Öffnungszeiten.

Praktische Tipps

Nützliche Infos und Adressen

■ **PLZ Korinth:** 20100
■ **Informationen:** visitcorinth.gr/en

Unterkunft, Essen und Trinken

Im Stadtbereich von Korinth gibt es wenige ansprechende Unterkünfte. Besser quartiert man sich im benachbarten Loutraki oder in einem der Badeorte westlich von Korinth ein.

■ **Hotel Acropolis**①, 25 Ethnikis Anexartisias, Tel. +30 2741 021 104, acropolis-corinth.gr/en. Einfaches Zweisterne-Hotel für kleinere Portemonnaies, sehr zentral nahe dem Bahnhof gelegen.

■ **Soul Kitchen,** Kolokotroni 3, Tel. +30 2741 020374, tgl. 8–3.30 Uhr. Lounge-Bar mit kleinen Gerichten wie Eier mit Schinken, Burger oder Salat, aber auch einer Auswahl an Eierspeisen fürs Frühstück.

■ **The Brew Mates,** Kipriou 44, thebrewmates.gr, tgl. 8–22 Uhr. Kleines, aber feines Café mit gutem Kaffee und leckeren Snacks wie dick belegten Sandwiches und Croissants, auch Eierspeisen zum Frühstück, Kuchen und Desserts.

Verkehr

Bahn

■ Korinth ist über die Strecke **Athen – Kiato** an die Bahn angeschlossen. Der **neue Bahnhof,** der von der S-Bahn Proastiako bedient wird, liegt 2 km südlich des Zentrums auf der Nordseite der Autobahn A8, zu erreichen über die Odos Argous und Odos Examilliou.

Bus

■ **KTEL Korinthias,** Tel. +30 2741 075410, www.ktelkorinthias.gr. Der **Busbahnhof** befindet sich beim alten Bahnhof im Norden der Stadt an der Dimokratias 4. KTEL bietet auch Tagesfahrten zu den antiken Stätten und zum Kanal von Korinth an.

Taxi

- **Korinth Radiotaxis,** Tel. +30 274 107300.
- **Ev Taxi,** Tel. +30 2741 082100.

Antikes Korinth

Die Ruinen des antiken Korinth (Archaia Korinthos) liegen etwa sechs Kilometer südwestlich der modernen Stadt Korinth am Fuß des 575 m hohen Tafelbergs mit der Festung Akrokorinth. Die über den Ruinen der Ausgrabungsstätte thronende Burg verleiht den Säulen des Apollo-Tempels unten im Tal eine besondere Dramatik.

Die Ausgrabungsstätte der antiken Stadt liegt mitten im Ortsbereich des ehemaligen Korinth, das Anfang des 19. Jh. durch ein Erdbeben zerstört wurde. Damals baute man an der Küste die neue Stadt Nea Korinthos. Gleichwohl gaben nicht alle Einwohner des älteren Ortes ihre Besitzungen auf. Heute ist **Archaia Korinthos** wieder angewachsen und lebt vom beständigen Interesse an der Ausgrabungsstätte. Die Preise der Unterkünfte und Tavernen spiegeln dies allerdings wieder und auch die Gastfreundschaft bleibt angesichts der Besucherströme zuweilen auf der Strecke.

Neben der Ausgrabungsstätte ist im Ortskern die **Kirche Mariä Himmelfahrt** sehenswert (Ieros Naos Koimiseos tis Yperagis Theotokou). Dort steht ein Denkmal mit dem Text der Predigt des Apostels *Paulus.*

127pe In

Geschichte

Korinth war aufgrund seiner fruchtbaren Ländereien schon in der Jungsteinzeit besiedelt. Ab dem 8. Jh. v.Chr. gibt es Belege für Handelsaktivitäten der Korinther Flotte im Ionischen Meer und der Adria, wo die Korinther Handelsniederlassungen gründeten, z.B. auf Korfu und in Albanien. Lange Zeit blieb Korinth eine der **bedeutendsten griechischen Metropolen.** Der Seehandel mit Produkten wie Olivenöl, Keramik, gesalzenem Fisch oder auch Bausteinen blühte. Der korinthische Schiffsbauer *Amenoklis* soll um 704 v.Chr. das rudergetriebene Kriegsschiff Triere (auch Trireme) erfunden haben, was zur Überlegenheit der Flotte beigetragen haben soll.

Vom 7. bis 5. Jh. v.Chr. war Korinth tonangebend in der **schwarzfigurigen Vasenmalerei.** Bei diesem Stil wurden

Die mahnenden Worte des Apostels Paulus an die lasterhaften Korinther, als Denkmal verewigt

menschliche Figuren nicht statisch, sondern in Aktion dargestellt, z.B. bei Kämpfen oder Gelagen. Auch Mythen und Legenden wie die Heraklessage wurden abgebildet. Ebenfalls aus Korinth stammte der Bildhauer *Callimachus,* der die **korinthischen Kapitelle** erfand.

Unter dem Tyrannen *Periander* erreichte die Stadt im 6. Jh. v.Chr. ihre Blüte. Aus dieser Zeit stammt der **Apollo-Tempel** (560 v.Chr.). Ab 584 v.Chr. wurden in Isthmia zu Ehren des Gottes Poseidon die Panhellenischen Isthmischen Spiele abgehalten. Die von der Stadt Korinth ausgerichteten Spiele fanden jeweils im zweiten und vierten Jahr der Olympiade statt.

Zum Rivalen wurde im 5. Jh. der aufblühende Stadtstaat Athen. Die Korinther verbündeten sich kurzzeitig mit Sparta gegen Athen. 337–243 v.Chr. war Korinth unter mazedonischer Herrschaft, im 3. Jh. trat es jedoch dem Achäischen Bund bei, der Sparta und den Römern 146 v.Chr. den Krieg erklärte. Die Römer zerstörten Korinth und bauten es erst um 44. v.Chr. unter *Julius Caesar* nach dem Hippodamischen System (→ S. 408) wieder auf. Das **römische Korinth** wurde zum Verwaltungssitz der Provinz Achaia und erlebte im 1. Jh. n.Chr., als der **Apostel Paulus** es besuchte, eine neue Blütezeit. Allerdings grassierte in der Stadt der moralische Verfall und *Paulus* verfasste zur Mahnung den ersten Brief an die Korinther. Er soll die erste frühchristliche Gemeinde dort gegründet haben. Der Reisende *Pausanias,* der die Stadt im 2. Jh. besuchte, widmete Korinth den zweiten Band seiner Reisebeschreibungen der Antiken Welt.

129pe ln

☐ Die für das antike Korinth typischen schwarz bemalten Vasen gibt es heute als Souvenir

Rundgang über die Ausgrabungsstätte

Die Odos Apollonos führt zum **Hauptparkplatz,** wo sich der Eingang zur Ausgrabungsstätte befindet.

■ **Archaia Korinthos,** PLZ 20007, Tel. +30 2741 031207, www.facebook.com/ancientcorinthmuseum, tgl. April bis Aug. 8–20, Sept. 8–19/19.30, Okt. 8–18/18.30, Nov./Dez. 8–17, Jan. bis März 8–15.30 Uhr, Kombiticket Museum und Ausgrabungen 8 €, erm. 4 €.

Archäologisches Museum

Beim Eingang liegt das Archäologische Museum, das prähistorische Funde, eine einzigartige chronologische Sammlung korinthischer Vasen, aber auch Artefakte aus römischer und byzantinischer Zeit zeigt.

Beeindruckend sind die **Mosaikböden** aus der römischen Zeit, ein Marmorkopf des Gottes Dionysos und Büsten von Kaisern wie *Julius Caesar* und *Nero.* Aus der früheren Zeit stammen ein goldenes Diadem und ein korinthischer Bronzehelm. Auch gibt es einen Hinweis auf ein damals beliebtes Handelsprodukt: eine Amphore für gesalzenen Fisch. Lateinische Inschriften erwähnen die Isthmischen Spiele. Zu den Highlights gehören die **Zwillings-Koren von Klenia,** die von zwei Antiquitäten-Schmugglern außer Landes geschafft werden sollten. Die Statuen waren in viele Teile zerschlagen und wurden von Archäologen akribisch wieder zusammengesetzt. Sie entstanden in den Jahren 530–520 v.Chr., der Blütezeit von Klenia, und waren Grabbeigaben für zwei Männer im Alter von 35 Jahren.

Glauke-Brunnen

Am Ostrand des Museums befindet sich eine Reihe von Mauern ehemaliger Geschäfte. Nördlich davon findet man den **Hera-Tempel** und links daneben den Glauke-Brunnen. Der Brunnen stammt aus der griechischen Zeit und erinnert an die **Legende der Glauke:** Die Tochter des Königs Kreon von Korinth sollte mit dem Argonauten Jason vermählt werden, der bereits mit Medea verheiratet war. Daraufhin schickte Medea Glauke ein vergiftetes Gewand, das sie nach dem Anlegen töten sollte. Nachdem Glauke dies erkannte, stürzte sie sich in den Brunnen, aber das Wasser half nicht gegen das ätzende Gift und sie starb.

Tempel des Apollo

Am Heratempel vorbeigehend, zieht unweigerlich der Tempel des Apollo aus dem Jahr 560 v.Chr. den Blick auf sich. Er ist eines der markantesten Gebäude auf dem Gelände und einer der wenigen verbliebenen Überreste aus der griechischen Blütezeit. **Sieben dorische Säulen** ragen über sieben Meter in die Höhe. Das gesamte Ausmaß des 42 Säulen zählenden Tempels, der damals den Reichtum der Stadt demonstrieren sollte, kann man nur noch erahnen. Der Tempel ist eines der frühesten Beispiele eines dorischen Tempels in Griechenland. Die Römer nutzten ihn für ihren Kaiserkult. Die Osmanen demolierten einen Teil des Gebäudes, um einen Palast für den Bey zu bauen. Südlich des Tempels liegen die Überreste einer **Rennbahn** für Wagen- und Pferderennen.

Agora (Bema)

Die riesige Agora südlich des Tempels war an der Südseite von Geschäften gesäumt und bot eine Rednertribüne, genannt Bema. Hier wurde über den **Apostel Paulus** Gericht gehalten, der während seines Aufenthalts in den Jahren 50–52. n.Chr. die erste christliche Gemeinde Korinths begründete. *Paulus* adressierte seinen ersten **Korintherbrief** an die Einwohner. Er wollte sie von ihrem „lasterhaften Lebenswandel" auf den richtigen Weg bringen. Ein Zitat aus dem 1. Brief an die Korinther, Kapitel 13, wurde auf einem Sockel in Stein gemeißelt. Er steht oberhalb der Ausgrabungen bei der **Kirche Ieros Naos Koimiseos tis Yperagias Theotokou.** Wegen der

130pe ln

christlichen Vorgeschichte hat man auf der Bema zu byzantinischer Zeit eine Kirche errichtet.

Süd-Stoa

In der **Säulenhalle,** die die Agora im Süden begrenzte, befanden sich Geschäfte und Tavernen. Dahinter liegen in der Mitte das eher kleine **Bouleuterion** sowie die **Süd-Basilika.**

Das pulsierende Herz des antiken Korinth war die Süd-Stoa mit ihren Geschäften und Tavernen an der Straße von Lechaion

Peirene-Brunnen

Geht man nördlich wieder in Richtung Agora, gelangt man zu der noch gut zu erkennenden, **gepflasterten Straße,** die zum acht Kilometer entfernten antiken **Hafen von Lechaion** führte (→ S. 339). Ähnlich wie heute haben sich damals entlang der Straße Geschäfte, Tavernen und Gasthäuser angesiedelt, die Reisende, die in Lechaion von Bord gegangen waren, versorgten.

Immer noch beeindruckend ist das Brunnenhaus der Peirene aus dem 2. Jh. mit **Mosaiken** am Boden. Angeblich soll das Quellwasser den kreativen Geist von damaligen Denkern und Poeten angeregt haben. Es soll aus den Tränen der Peirene enstanden sein, die sie um ihren von Artemis getöteten Sohn vergoss.

Amphitheater und Odeon

Hat man die Ausgrabungsstelle über die Straße von Lechaion verlassen, kann man an der Südseite des Parkplatzes noch einen Blick über den Zaun werfen: Man erblickt das Amphitheater aus dem 4. Jh. und das Odeon aus dem 1. Jh., das 3000 Zuschauern Platz bot. Die Ruinen sind von Gras überwachsen und gehören momentan nicht zum Rundgang der Ausgrabungsstätte.

Festung Akrokorinth

Die Festungsanlage von Akrokorinth erhebt sich hinter den Ruinen auf einem 575 m hohen Berg. Südlich der Ausgrabungsstätte beginnt eine Straße, die hinaufführt.

Unter den zahlreichen wehrhaften Festungen auf der Peloponnes ist Akrokorinth eine der beeindruckendsten. Sie vereint Baustile aus verschiedenen Epochen, von den Byzantinern bis zu den Osmanen. Wenn man auf den gut erhaltenen **Wehrmauern** steht, versteht man, warum die Menschen sich diesen Ort aussuchten, denn der **Blick** reicht vom Golf von Korinth über den Isthmus bis hin zum Saronischen Golf – ein Gebiet,

128pe ln

Vom Glauke-Brunnen hat man einen guten Blick auf die Festung Akrokorinth das die Handelsstadt Korinth unter Kontrolle behalten wollte.

Schon im 7. Jh. v.Chr. oder sogar früher verschanzten sich hier Menschen. Ein großer Teil des Mauerwerks stammt jedoch aus dem 4. Jh. v.Chr. Die Festung hat drei Ebenen, die in sich geschlossen und durch Mauern miteinander verbunden sowie durch Türme befestigt waren. 146 v.Chr. zerstörten die Römer die Festung, erbauten sie dann jedoch neu. Auch aus der byzantinischen Zeit vom 6. bis 12. Jh. gibt es bauliche Strukturen.

Nach den Franken eroberten die Osmanen die Festung und errichteten mehrere Moscheen im Inneren. Zuletzt nahmen die Venezianer 1687–1715 Änderungen vor. Heute sieht man im Inneren noch Reste der Ruinen eines **Tempels der Aphrodite.** Der Weg hinauf zur Festung war ebenfalls mit zahlreichen Weihestätten und Heiligtümern gepflastert.

■ **Akrokorinthos,** tgl. 8.30–15.30 Uhr, Eintritt frei.

Antiker Hafen Lechaion

Der nördliche Hafen des antiken Korinth aus dem 5. Jh. befand sich in Lechaion am **Golf von Korinth.** Von den Ruinen der riesigen Anlage mit mehreren befestigten Molen und Warenspeichern ist heute kaum noch etwas zu sehen, denn sie liegen unter der Erde oder im Wasser. Auf dem unbebauten Gelände direkt am Meer sind allerdings die Grundmauern der frühchristlichen **Basilika von Lechaion** aus dem 5. Jh. noch gut zu sehen. Sie wurde dem Märtyrerbischof *Leonides von Athen* gewidmet, der hier zwei Jahrhunderte zuvor im Wasser ertränkt worden war. Einen zweiten Hafen hatte die mächtige Handelsstadt Korinth in Kechries (→ S. 343) am Saronischen Golf.

Fährt man vom Korinther Stadtstrand Kalamia auf der Küstenstraße N8 nach Westen, gelangt man nach wenigen Kilometern zum antiken Hafen Lechaion.

■ **Palaiochristianiki Vasiliki Lechaiou (Basilika),** Lechaio 20011, odysseus.culture.gr, Lechaion port.

Praktische Tipps

Camping

Archaia Korinthos

■ **Camper Stop Aphrodites Water,** Archaia Korinthos 20007, Tel. +30 2741 027333, N37°54'42.48" E 22°52'40.8". Kostenpflichtiger Stellplatz bei der Familie *Pantazis,* südlich der Autobahn A8, Ausfahrt Archea Korinthos. Ganzjährig.

■ **Camperstop Fanaria,** P.E.O. Ethniki Od. Korinthou Nemeas Argous, Archaia Korinthos 20007, N 37°53'54.384" E 22°53'43.44". Voll ausgestatteter, kostenpflichtiger Platz an der N7 nach Nemea.

Lechaion

■ **Camperstop Olivetree,** Assos, Lechaion 20011, Tel. +30 6934657868, www.camperstop-olivetree. com. Professioneller, gebührenpflichtiger Platz mit Rundum-Service und behindertengerechten Sanitäranlagen, telefonische Vorausbuchung möglich. Leider gibt es kaum Schatten, da die Olivenbäume noch jung und frisch gepflanzt sind. Mountainbike-Verleih am Ort.

Kanal von Korinth

Fast jedem ist er ein Begriff, der Kanal von Korinth: die schmale Wasserstraße, in der sich Schiffe zwischen **meterhohen, schroffen Felswänden** hindurchzwängen. Der Kanal verbindet den Saronischen Golf mit dem Golf von Korinth. Bis 1893 war die Peloponnes noch durch eine Landenge, den **Isthmus,** mit dem Festland verbunden. Nach dem Bau ersparte der nur 6,3 km lange Kanal Handelsschiffen den gut 300 km langen Weg rund um die Peloponnes – aber nur für wenige Jahrzehnte.

Auf Höhe des Wasserspiegels misst der Kanal nur etwa **25 m Breite,** an seinem tiefsten Punkt ist er sogar nur 21,30 m breit. So eignet er sich nur für relativ schmale Schiffe mit wenig Tiefgang. Da diese extrem vorsichtig steuern müssen, dauert eine Durchfahrt anderthalb Stunden. Große Schiffe werden von einem Pilotboot gezogen. Die Felswände ragen links und rechts steil bis zu 79 m auf. In der Vergangenheit kam es immer wieder zu Abbrüchen, weshalb der Kanal gesperrt werden musste.

Wer mutig genug ist, kann das Panorama beim **Bungee-Jumping** von einer stillgelegten Eisanbahnbrücke kopfüber erleben (→ S. 342). Neben den beiden großen Straßenbrücken und der Eisenbahnbrücke gibt es an den Kanalausgängen in Isthmia und Posidonia **bewegliche Brücken** auf Meeresniveau, die bei Schiffsdurchfahrten ins Wasser abgesenkt werden. Das Schauspiel kann man von Aussichtspunkten und Cafés beobachten. Den besten Blick auf den Kanal hat man von der **Brücke Gefira Isthmiou** der stark befahrenen N8 (nicht zu verwechseln mit der nahebei verlaufenden Autobahnbrücke der A8 nach Athen). Auf der nördlichen Kanalseite gibt es links und rechts Parkplätze. Hier findet sich auch jeweils ein **Informationszentrum.** Vom Isthmia-Pier am südöstlichen Ausgang fahren auch **Ausflugsboote** durch den Kanal (→ S. 342).

■ **Isthmus Tourist Info Center,** Gefira Isthmiou, Palea EO Athininon Korinthou, Tel. +30 2741 030880, corinthcanal.com, Mo–Sa 10.30–18, So 10.30–15 Uhr.

Geschichte des Kanalbaus

Schon in der Antike hatte man das Potenzial einer Verbindung der beiden Wasserwege erkannt. Bereits 602 v.Chr. soll der tyrannische Herrscher *Periander von Korinth* erstmals die Idee für einen Kanalbau gehabt haben. Damals rieten ihm die zuständigen Experten jedoch davon ab, da man Angst vor Überschwemmungen hatte.

Periander begnügte sich mit dem Bau einer **Schiffsrampe,** dem sogenannten **Diolkos.** Vom heutigen Posidonia am Golf von Korinth mussten Sklaven und Lasttiere die Schiffe über diese gepflasterte Rampe bis nach Isthmia am Saronischen Golf ziehen. Dafür wurden die Schiffe zur Gewichtsreduktion entleert und die geladenen Waren mit Eseln nebenher transportiert. Die Strecke verlief eben und hatte zwei tiefe Spurrillen, damit die Last stabil blieb. Überreste der gepflasterten Schlepprinne kann man heute noch am Nordende des Kanals auf der Südseite der Brücke von Posidonia sehen.

Die **Römer** unternahmen mehrere Anläufe, die Idee des Kanalbaus wiederzubeleben. Unter Kaiser *Nero* erfolgte um 67 n.Chr. der erste Spatenstich, etliche Probebohrungen gab es auch in den nachfolgenden Jahrhunderten. Dennoch blieben alle Bemühungen, auch unter den Venezianern im Jahr 1687, bis ins 19. Jh. hinein erfolglos.

Nach vielen gescheiterten Versuchen kurbelte die erfolgreiche Fertigstellung des Suez-Kanals in Ägypten 1869 die Bemühungen wieder an und 1882 begann man mit dem Bau. Schon bald war der Kanal jedoch zu schmal für große Handelsschiffe. Die meisten modernen Schiffe und auch Kreuzfahrtschiffe passen nicht hindurch, sodass das Projekt wirtschaftlich gesehen als Misserfolg zu werten ist. Die Wasserstraße wird heute vorwiegend von Jachten, Fähren und Ausflugsschiffen genutzt.

Praktische Tipps

Essen und Trinken

Isthmia

- **Isthmia Bridge Café,** Epar. Od. Gefirias-Isthmiou, Isthmia 20100, Tel. +30 2741 037970, Mo–Fr 9–14, Sa/So 8–23 Uhr. An der versenkbaren Brücke auf der Südseite des Kanals bietet das kleine Café eine Aussicht auf das Treiben auf dem Wasser. Besonders interessant ist das Ausfahren der Brücke.
- **Toperama,** Epar. Od. Gefirias-Isthmiou, Tel. +30 2741 049305, www.toperama.gr, tgl. 8–23.30 Uhr. Das Gegenstück auf der anderen Seite der Brücke ist größer und bietet eine vollständige Speisekarte.

Mehrere Brücken führen über den Kanal aufs Festland

Aktivitäten

Bootsfahrten

■ **Corinth Canal Cruising,** Isthmia 20100, Tel. +30 6942409066, corinthcanalcruises.gr, tgl. 9–14 und 17–23 Uhr, Buchung im Büro. Die Agentur am Südende des Kanals bietet Kanalfahrten sowie Ausflüge zu den Saronischen Inseln Agistri und Ägina.

■ **Canal Yachting,** Tel. +30 6909410704, www.canalyachting.com. Fahrten durch den Kanal und Rundfahrten nach Loutraki oder zu den Saronischen Inseln. Das Buchungsbüro liegt an der N8 direkt neben der Aussichtsbrücke auf den Kanal.

Bungee-Jumping

■ **Zulu Bungy Gefira,** Isthmiou, Tel. +30 2741 049465, zulubungy.com, Sa/So 10–16 Uhr. Das Büro befindet sich am nördlichen Parkplatz der Aussichtsbrücke direkt neben der Touristinformation. Die Eisenbahnbrücke liegt nördlich unterhalb des Aussichtspunkts. Ein Sprung von der Brücke über dem Kanal kostet 80 €.

131pe ln

In der Umgebung

Archäologisches Museum und Poseidontempel Isthmia

Aufgrund der Nähe großer Industrieanlagen und einer Ölraffinerie eignet sich die Küste des Saronischen Golfs bei Isthmia am Südende des Kanals eher nicht für einen Badeaufenthalt. Der Ort hat jedoch ein sehenswertes Archäologisches Museum.

Wie auch in Nemea fanden in Isthmia im 2. und 4. Jahr der Olympiade die **Panhellenischen Isthmischen Spiele** statt. Es gab Laufwettbewerbe, Fünfkampf, Faust- und Ringkampf, aber auch Pferdewettrennen und Wagenrennen. Davon geblieben sind die Überreste des Poseidon-Heiligtums, die hauptsächlich aus den Grundmauern bestehen, und die Mauern eines ehemaligen **römischen Bades** und eines **Amphitheaters.** Hintergrundinformationen erhält man im angegliederten Museum. Es zeigt auch Funde aus dem antiken Hafen von Kechries und von der Mauer des Justinian (Ioustinianeio Teichos), die man nahe der N10 und dem Strand Paralia Isthmou besichtigen kann.

■ **Archaiologiko Mouseio,** Epar. Od. Gefiras-Isthmou, El. Venizelou, Isthmia 20150, Tel. +30 2741 037244, archaeologicalmuseums.gr/en, Mi–Mo 8.30–15.30 Uhr, Eintritt 3 €, erm. 2 €.

[<] Das Isthmia Bridge Café liegt direkt am südlichen Ausgang des Kanals zum Saronischen Golf

Antiker Hafen Kechries

Kechries am Saronischen Golf war neben Lechaion am Golf von Korinth der zweite **Hafen der Handelsstadt Korinth.** Direkt am Strand sowie unter Wasser liegen die Überreste der Hafenanlagen, darunter **zwei Molen und Hafenmauern,** die weiter ausgegraben werden. Das genaue Ausmaß der Anlage wird sich im Laufe der Jahre offenbaren. Man geht davon aus, dass der Hafen zur römischen Zeit durch ein Erdbeben zerstört wurde und versank. Unter anderem hat man Fresken und Gegenstände aus buntem Glas und Elfenbein gefunden. Landeinwärts befand sich früher ein Heiligtum für die Göttin Aphrodite sowie ein Isis-Tempel. Aber auch die Reste einer frühchristlichen Kirche aus dem 4. Jh. hat man gefunden. Nördlich der Unterwasserruinen befindet sich der kleine Badestrand **Paralia Kechrion** mit Taverne.

■ **Archaiologikos Choros Kechrees,** Paralia Kechrion, Kechries 20100, frei zugänglich.

Loutra Elenis

Von der Wasserqualität her kann sich der korinthische Teil der **Küste des Saronischen Golfs** nicht mit den weiter südlich gelegenen Badeorten der Argolis messen. Der **Kiesstrand** von Loutra Elenis bildet jedoch eine erfreuliche Ausnahme. Hier entspringt aus den Felsen eine **Thermalquelle,** in der schon die Schöne Helena gebadet haben soll – der Ort ist nach ihr benannt. Zur Quelle zu gelangen, ist nicht ganz einfach. Den besten Zugang hat man über Treppen in die Bucht nördlich der Landzunge von Loutra Elenis von der N10. Zur Quelle, die mit Mauern eingefasst ist, muss man dann vom Strand aus durch Felsen schwimmen.

Strände in der Umgebung

Ein Stück weiter südlich liegt am Ende der Bucht der **Paralia Almiri.** Folgt man der N10 noch weiter, passiert man **Pefkali,** wo sich mehrere Buchten mit Stränden aneinanderreihen. Ganz im Süden der Landzunge erreicht man das Fischerdörfchen **Korfos,** in dem man schön in Fischtavernen am Wasser sitzen kann.

Praktische Tipps

Unterkunft, Essen und Trinken

■ **Mirella Studios**, Od. Mylou, Loutra Elenis 20100, Tel. +30 2741 034500, www.mirellastudios.gr. Oberhalb der Bucht gelegen, bietet das einfache, aber komfortable Hotel Zugang zu einem kleinen Strand über eine Treppe.

■ **Alkyonides Taverna Koukios,** EO Isthmou Archaias Epidavrou 105, Tel. +30 2741 033043, Mi–Mo 11.30–20 Uhr. Landeinwärts vom Schiffsanleger kann man in der hiesigen Taverne frischen Fisch und andere griechische Standardgerichte essen.

■ **Limanaki All Day Bar,** Epidavrou 111, Tel. +30 2741 034337, tgl. 9–24 Uhr. Auf der begrünten Terrasse am Meer sitzt man besonders schön. Auch hier gibt es Fisch und griechische Klassiker.

Aktivitäten

Themenpark

The Ranch, Sofiko 20004, ranch.gr/en, Tel. +30 2741 093800, tgl. 10–17 Uhr, Eintritt (ab drei Jahre) 9 €. Das Feriencamp im Stil einer Ranch kann man auch als Tagesausflug besuchen. Es liegt 16 km südlich von Loutra Elenis im Landesinneren. Kinder können auf Pferden reiten, klettern, bogenschießen oder andere Sportarten betreiben. Mutige dürfen sich im Rodeo probieren. Daneben gibt es ein Bungee-Trampolin und Verpflegung im Fastfood-Stil.

Loutraki

Loutraki am Argolischen Golf ist einer der wenigen **Thermalbadorte** in Griechenland, der sich mit einem modernen Wellnesszentrum neu erfunden hat. Vor allem ist Loutraki jedoch ein beliebter Strand-Badeort, der im Sommer von Tagesausflüglern aus dem nahen Athen stark frequentiert wird. In der Vorsaison findet man aber auch einsamere Plätzchen am Strand. Eine kilometerlange **Uferpromenade** ist dem Kiesstrand vorgelagert, dahinter reihen sich Bars, Eisdielen und Restaurants aneinander. Die Infrastruktur ist auf Familien, aber auch auf jüngere Touristen ausgerichtet: Vom Kinderkarussell über Nachtclubs bis zum Casino ist ein breites Spektrum an Unterhaltung vorhanden.

Die **Thermalquelle** war schon in der Antike bekannt, aber erst 1847 entwickelte sich der Bädertourismus. Das historische Loutraki wurde 1928 durch ein Erdbeben zerstört und neu aufgebaut. Obwohl ein Großteil der Architektur aus Apartmentblocks und Hotels besteht, empfindet man dies nicht als störend, da der Blick immer auf die weite Bucht gelenkt wird. Zudem gibt es eine ausgedehnte Parkanlage an der Stelle, wo einst das Erdbeben Gebäude zerstörte.

Praktische Tipps

Nützliche Infos und Adressen

- **PLZ Loutraki:** 20300
- **Informationen:** www.visitloutraki.com/en

Unterkunft

- **Windham Loutraki Poseidon Resort**, Epar. Od. Loutrakiou-Schinou, Tel. +30 2744 067938, www.wyndhamloutraki.com. Eine der modernen Hotelanlagen in Loutraki, die viel fürs Geld bieten: Es gibt Swimmingpools innen und außen sowie ein Kinderbecken, aber auch Strandzugang mit eigenem Bootslanleger. Hinzu kommen Wassersportangebote für Erwachsene und ein Mini-Club für Kinder, mehrere Restaurants und Bars.
- **Pefkaki Boutique Hotel**, Georgiou Lekka, Tel. +30 2744 440390, pefkaki.gr. Das moderne Bou-

133pe ln

tique-Hotel liegt zwar an der geschäftigen Uferstraße, wer ein Zimmer mit Meerblick bucht, hat jedoch einen schönen Blick auf die Bucht. Nette Terrasse mit Strandzugang und Swimmingpool, auch ein Restaurant ist vorhanden.

■ **Dave by the Beach**, Eth. Antistaseos 9, Tel. +30 2744 440900, brownhotels.com/loutraki/dave. Das Hotel in Gehnähe zum Strand ist Teil der weltweiten Kette Brown Hotels mit modernem, entspanntem Ambiente.

Essen und Trinken

■ **Coralle All Day Bar,** Kountouriotou 18, Tel. +30 2744 064336, tgl. 8–3 Uhr. Eine der vielen Bars an der Uferpromenade, in denen man den ganzen Tag (und die halbe Nacht) Getränke von Kaffee bis Cocktails und kleine Gerichte bekommt. Man kann auch Strandliegen mieten.

■ **Neraida,** Agii Theodori/Gregoriou-Lekka, Tel. +30 2744 022420. Taverne am Nordende der Bucht mit tollem Ausblick und griechischen Standardgerichten, darunter viel Fisch. Hin und wieder gibt es Live-Musik.

■ **Anassa The Bar,** Alkyonidon 5, Tel. +30 2744 021333, tgl. 9–3 Uhr. Zu den Cocktails werden griechische Tapas gereicht.

⌃ An der langen Uferpromenade von Loutraki kann man ausgedehnt bummeln

‹ Auch für Kinder gibt es Attraktionen

Aktivitäten

Wellness

■ **Loutraki Thermal Spa,** Georgiou Lekka 24, Tel. +30 2744 062186, www.loutrakispa.gr/en, Mo–Fr 11–19, Sa/So 11–20 Uhr. Neben drei Swimmingpools mit temperiertem Wasser und Saunen werden Massagen und Fango angeboten. Man kann auch Trinkkuren machen.

Delfintouren

Im Golf von Korinth leben mehrere Arten von Delfinen, weshalb er zur IMMA, Important Area for Marine Mammals, deklariert wurde. Mehrere Anbieter entlang der Küste bieten Bootsfahrten an, bei denen man Delfine sichten kann.

■ **Trigilidas Travel & Holidays,** Tel. +30 2721 090900, trigilidas.com/st_tour/loutraki-corinthia-gulf-dolphin-watching-tour, Dauer 3–4 Std., 80 € p.P. bei 4 Teilnehmern, Treffpunkt Loutraki Beach Parking.

Verkehr

Bus

■ **KTEL Bus Station,** Stathmos Yperastikon Leoforeion Isthmou, Palea EO Athinon Korinthou. Der zentrale Busbahnhof für Loutraki befindet sich außerhalb nahe dem Kanal von Korinth (Isthmiou).

In der Umgebung

Die **Landzunge,** die nordöstlich des Kanals in den Golf von Korinth hineinragt, gehört heute zur Peloponnes. In der Antike war sie jedoch Teil des Herrschaftsgebiets des **Stadtstaates Megara,** der sich zwischen den mächtigen Konkurrenten Athen und Korinth eingezwängt sah. So fiel der Landstrich mit dem Heiligtum für die Göttin Hera in Perachora wahrscheinlich schon im 6. Jh. an Korinth. Ein Grund dafür, dass Megara seine Ansprüche nicht verteidigen konnte, war das unwegsame Gerania-Gebirge, das hinter der Küste aufragt.

Vouliagmeni-Lagune und Strände

Bevor man die Westspitze der Landzunge erreicht, passiert man den Limni Vouliagmeni. Der ehemalige See wurde durch einen Kanal mit dem Meer verbunden und bildet nun eine ruhige **Badelagune,** die sich auf der Uferstraße auch mit dem **Fahrrad** gut umfahren lässt. Allerdings gibt es beim Durchstich keine Brücke, sodass man keine Rundtour machen kann. Mehrere gastronomische Einrichtungen stehen zur Verfügung.

Auf der Nordseite der Landzunge liegt die versteckte **Bucht von Sterna,** die einen Abstecher wert ist. Weiter nordöstlich finden sich die hübschen Badebuchten **Mylokopi** und Mikri Mylokopi.

Essen und Trinken

■ **Oyster Bar,** Petrokaravo Kostas Doschoris, Sterna, Tel. +30 6944681779, tgl. 10–21 Uhr. Die Fischtaverne thront über der Bucht von Sterna. Es gibt nicht nur Austern, sondern auch viele andere Fischspezialitäten.

Kap Melagkavi und Heraion Perachora

Kurz bevor man das felsige Kap Melagkavi erreicht, das mit seinem **Leuchtturm** aus dem Jahr 1897 in den Golf von Korinth hineinragt, öffnet sich unter der Karstwand eine Bucht, die ziemlich spektakulär von antiken Ruinen eingerahmt ist. Das Heiligtum, das sich hier einst befand, bestand aus zwei Teilen und war der Göttin Hera Akraia sowie der Hera Limenia gewidmet. Kultische Handlungen fanden wahrscheinlich vom 9. Jh. v.Chr. bis in die römische Zeit statt. Bei Ausgrabungen fand man zahlreiche Weihegeschenke. Der Tempel der Hera Akraia befindet sich auf der Westseite, der Tempel für die Hera Limenia auf der Ostseite. Dazwischen liegen eine L-förmige **Stoa** mit einem Altar, Speiseräume (Hestiatorion), eine Zisterne sowie ein Ritualbad. Oberhalb auf der Ostseite befand sich in der Antike die Akropolis, heute steht hier die **Kirche Agios Ioannis.** Das Gelände ist frei zugänglich.

Nemea

Auf der A7 gelangt man aus dem Raum Korinth schnell südlich landeinwärts in das **Weinanbaugebiet** von Nemea. Die liebliche Landschaft mit Hügeln voller Rebstöcke wirkt für Griechenland eher untypisch. Hier wird die Rebe Agiorgitiko angebaut und viele Weingüter laden zum Probieren und zu Führungen ein. Der Legende nach soll Herakles hier die erste seiner zwölf Heldentaten vollbracht haben, als er den nemeischen Löwen tötete.

Unbedingt besichtigen sollte man das antike Nemea. Wie in Isthmia wurden hier Panhellenische Spiele ausgerichtet. 1994 hat man die **Nemeischen Spiele der Neuzeit** ins Leben gerufen, die im historischen Stadion ausgetragen werden, das oberhalb der restlichen Anlage liegt. Bei der benachbarten Ausgra-

Agiorgitiko-Reben so weit das Auge reicht in Nemea

134pe ln

135pe ln

bungsstätte beeindrucken der teilweise rekonstruierte Zeus-Tempel aus dem 4. Jh. und das informative Archäologische Museum.

Weinanbaugebiet Nemea

In und um Nemea befinden sich 45 Weingüter. Das Weinanbaugebiet der **Appelation Nemea (PDO)** erstreckt sich über 17 Orte und 25.000 Hektar. Das Terroir liegt auf 200 bis 800 m ü.M. und besteht aus drei Teilen, die nach Höhenlage unterschieden werden. Die Höhenunterschiede sorgen ebenso wie die Bodenbeschaffenheit für geschmackliche Unterschiede.

Der aus **Agiorgitiko-Trauben** gewonnene, **trockene Rotwein** wird auch „Blut des Herakles" genannt, da dieser angeblich nach der Ermordung des nemeischen Löwen das Getränk literweise konsumiert haben soll. Der Name der Sorte geht jedoch auf den heiligen *Georg* zurück, denn Nemea hieß einst Agios Georgios. Aus der Traube werden auch Roséweine gekeltert.

Jedes Jahr findet Anfang September das **Weinfest Great Nemea Days** statt, bei dem die Winzer ihre Weine vorstellen, begleitet von einem Unterhaltungsprogramm.

■ **Association of PDO Nemea Winemakers,** Dervenakion 30, Tel. +30 2746 022487, www.facebook.com/NemeaWineLand.

Rundfahrten

■ **Venikos Wine Tours,** Periandrou 84, Nemea 20500, Tel. 30 2746 023436, www.venikos.gr/en. Die Organisation bietet Touren durch das Anbaugebiet und andere Exkursionen an.

Weingüter

■ **Palivou Estate,** EO Sidirodromikou Stathmou Nemeas, Nemea 20500, Tel. +30 2746 024190, palivos.gr, April bis Sept. tgl. 10–18, Nov. bis März 9–17 Uhr. Hier kann man eine Tour mit Weinprobe und Lunch buchen oder an einer exklusiven Verkostung in einem alten Eisenbahnwaggon teilnehmen.

■ **Ktima Bairaktaris (Bairaktaris Winery),** El. Venizelou 83, Nemea 20500, Tel. +30 2746 020455, bairaktariswines.gr/en, tgl. 9–18 Uhr. Führungen in dem alteingesessenen Familienweingut kann man auch online vormerken. Hier reift der Wein langsam, ohne Zusatz von Fermenten.

■ **Gaia Wines,** Koutsi 20500, Tel. +30 2746 022057, gaiawines.gr/en/visit-nemea-en. Der auch international erfolgreiche Weinbaubetrieb kann ganzjährig besucht werden. Besichtigung mit Verkostung von acht Weinen 18 €, Buchung online.

In den Schankwirtschaften der Keltereien kann man die Weine probieren

Antikes Nemea

Nemea war Standort eines Zeus-Heiligtums und Austragungsort der Panhellenischen Nemeischen Spiele zu Ehren des Gottes Zeus, die jeweils im Jahr vor und nach der Olympiade, also alle zwei Jahre, stattfanden. Erste schriftliche Belege dafür finden sich im Jahr 573 v.Chr. Organisiert wurden die Spiele vom östlich liegenden Ort Klenia (Kleonai). Nachdem das einst mächtige Klenia um 450 v.Chr. von Argos unterworfen wurde, übernahm dieses auch die Leitung der Spiele. Erst um 330 v.Chr. kehrte die Leitung der Spiele zurück nach Nemea, aus dieser Zeit stammen auch die Anlagen. Ab 271 v.Chr. übernahm Argos wieder die Leitung.

Zu den Disziplinen gehörten ein Stadionlauf, Boxen, Bogenschießen, Diskuswerfen, Ringen, Speerwerfen und Wagenrennen. Für den Gewinner gab es einen Kranz aus Selleriebättern.

■ **Archaia Nemea,** Nemea 20500, Tel. +30 2746 022739, archaeologicalmuseums.gr/en, April 8–19 Uhr, Mai bis Okt. 8–20 Uhr, Nov. bis März 8.30–15.30 Uhr, Eintritt 6 € (Winter 3 €), erm. 3 €. Die Ausgrabungsstätte besteht aus zwei Teilen, die man mit demselben Ticket besuchen kann.

Archäologisches Museum

Vor der Besichtung der antiken Ruinen lohnt ein Besuch des Archäologischen Museums am Eingang. Dort gibt es zwei **Modelle,** die verdeutlichen, wie die Stätte in unzerstörtem Zustand ausgesehen haben muss, sowie Luftaufnahmen der Ausgrabungen. Unter den ausgestellten Funden sind **Gefäße,** auf denen Sportler bei den Wettkämpfen dargestellt sind. Wie auch in Olympia wurde nackt gekämpft. Daneben erfährt man etwas über die prähistorische Geschichte von Nemea. So fand man einen Friedhof aus mykenischer Zeit mit einem intakten Kammergrab mit Grabbeigaben.

Zeus-Tempel

Blickfang der Ausgrabungsstelle ist der Zeus-Tempel vor dem Hintergrund des Tafelbergs Akrokorinth in der Ferne. Hier brachten die Athleten vor der Teilnahme an den Spielen dem Gott Zeus ein Opfer dar. Die heutige Struktur wurde auf einem älteren Tempel aus dem 6. Jh. v.Chr. errichtet.

Von dem im 4. Jh. v.Chr. entstandenen Tempel waren noch drei der einstigen 32 **dorischen Säulen** erhalten. Sechs weitere hat man mittels der auf dem Gelände verstreuten Säulenreste rekonstruiert. Neben dem Tempel sind die Grundmauern von mehreren Gebäuden zu sehen, denen man die Funktion von Schatzhäusern, Hestatorion (Restaurant) und Gasträumen zugewiesen hat.

Badeanlage

Überdacht ist heute die ehemalige Badeanlage für die Athleten. Die **Waschbecken** sind klar und deutlich auszumachen. Zur Anlage gehörte auch ein Pool, in dem man ein Ganzkörperbad nehmen konnte.

Heroon des Opheltes

Westlich der Bäder findet man das von einer Mauer umschlossene Heiligtum für Opheltes. Der Legende nach wurden die Nemeischen Spiele als Leichenfeier für den Säugling Opheltes, Sohn des Königs Lykurgos von Nemea, ins Leben gerufen. Seine Amme hatte ihn in ein Selleriefeld gelegt, wo er von einer giftigen Schlange gebissen wurde und starb. Der Gewinner der Wettkämpfe erhält daher einen Kranz aus Sellerieblättern. Eine kleine **Statuette** des Opheltes findet sich im Archäologischen Museum.

Stadion

Das Stadion liegt außerhalb der Anlage und muss separat angefahren werden. Vom Museum ist es über die A66 Richtung Osten zu erreichen. Davor gibt es einen Parkplatz.

Man betritt das Stadion wie die Athleten der Antike durch einen 36,50 m langen **Tunnel.** Dass er freigelegt wurde, ist nicht zuletzt dem Engagement des Archäologen *Prof. Stephen G. Miller* (1942–2021) zu verdanken. Zwar hatten hier schon vorher Grabungen stattgefunden, jedoch hatte *Miller* das Gelände, das landwirtschaftlich genutzt wurde, 1973 gekauft. Die von Sponsoren aus den USA finanzierten Ausgrabungen wurden von der University of California at Berkeley unter der Leitung von *Miller* durchgeführt.

Der Tunnel, der auf 320 v.Chr. datiert, enthielt **Graffiti,** mit denen sich einige Gewinner der Spiele verewigt hatten. Auch fand man das Skelett und die Habe eines Mannes, der wohl während eines feindlichen Angriffs Schutz im Tunnel gesucht hatte und dort verstarb. Noch deutlich erkennbar sind auf dem Gelände **Kanäle,** die als Abflussrinnen dienten, sowie die **Sitzreihen** für die Zuschauer.

Alle zwei Jahre wird das Gelände durch die **Nemeischen Spiele der Neuzeit** belebt. 1994 wurde die Society for the Revival of the Nemean Games gegründet, mit dem Ziel, „Spiele für Jedermann" in dem Stadion durchzuführen. Die ersten Spiele fanden 1996 statt. Die Teilnahme an den Stadionläufen ist nicht auf Athleten beschränkt, Personen jeden Geschlechts und Alters können sich bewerben. Die Teilnehmer tragen dabei Tuniken und laufen barfuß.

■ nemeangames.org/en/home-english

136pe ln

[<] Blickfang der Ausgrabungen ist der teilweise rekonstruierte Zeus-Tempel

Kyllini-Massiv

Das Bergmassiv Kyllini im Landesinneren von Korinth grenzt im Westen an das Chelmos-Massiv in Achaia. Mit Gipfeln, die bis zu 2374 m aufragen, ist das auch **Ziria** genannte Gebirge die zweithöchste Erhebung der Peloponnes. Der Berg Kyllini (Cyllene) galt als mythischer Geburtsort des Götterboten Hermes und wurde daher als heiliger Ort angesehen. Alljährlich fand dort ein Fest zu Ehren des Gottes statt.

Das Bergdorf **Trikala** (1000 m ü.M.) an der Nordseite des Massivs ist eine gute Ausgangsbasis für Wanderungen in das Kyllini-Gebirge und zum höchsten Gipfel. Das Dorf besteht aus drei Gemeinden: Ano Trikala, Mesaia Trikala und Kato Trikala. Das Gebirge ist von zahlreichen **Wanderwegen** durchzogen – auch wer nicht in die Höhen hinaufsteigen möchte, findet eine gute Auswahl. Im Winter kann man **Skifahren.** Vom **Ziria Ski Centre** führen drei Wanderwege in die Schlucht Flambouritsa mit mehreren Wasserfällen. Dort sieht man auch die angebliche Höhle des Hermes. Informationen über die Wege finden sich in den einschlägigen Portalen.

Nützliche Infos und Adressen

- **Infos:** www.trikalakorinthiasnetwork.gr

- **Ziria Ski Centre,** Xylokastro-Trikala 20400, Tel. +30 6941550983, www.ziriaski.gr (griech.). Die Babylifte in dem Ski-Resort mit zwei Anfängerpisten eignen sich für Anfänger und Kinder. Im Chalet kann man Ausrüstung inklusive Snowboards und Schneemobile leihen.

Unterkunft, Essen und Trinken

- **Varnevo Museum Hotel,** Epar. Od. Xilokastrou-Trikalon-Mannas, Ano Trikala 20400, Tel. +30 6944949575, www.varnevo.gr. Gemütliches Hotel im rustikalen Steinhaus.
- **Mavraganeiko Guest House,** Mesaia Trikala 20400, Tel. +30 6937206456, www.mavraganeiko.gr. Im Steinbau etwas abseits des Ortskerns findet man unterschiedlich große, gemütliche Zimmer. Zur Ausstattung gehört ein Kamin.
- **Mouria Taverna,** Epar. Od. Trikala-Zirias, Ano Trikala 20400, Tel. +30 2743 091111, mouria-taverna.gr, Fr 12.30–23.30, Sa/So 12–23.30 Uhr. In der Gaststätte gibt es deftige Kost.

In der Umgebung

Stymfalischer See

Der Stymfalische See, an dem Herakles die Stymfalischen Vögel bezwungen haben soll, gehört zu den **Natura-2000-Schutzgebieten.** Er liegt etwa 30 km westlich von Nemea und ist von dort über die N66 zu erreichen. Im Hintergrund erheben sich die imposanten Südflanken des Kyllini-Massivs. Die fruchtbare Hochebene auf 600 m war schon in der Antike besiedelt, was die archäologischen Ausgrabungen am Nordufer des Sees belegen. Weitaus interessanter ist jedoch die Natur des von Schilf umwachsenen Sees, dessen Wasserstand sich je nach Jahreszeit ändert. Im Sommer ist er nur 0,50 m, im Winter bis zu 4 m tief. Hier kann man seltene **Vögel** wie Ibisse, Flussregenpfeifer, Schlangenadler und Eurasische Blaumeisen sehen.

Im **Umweltmuseum** an der Nordseite des Sees erfährt man mehr über das Habitat und die Flora und Fauna. Ein offenes Aquarium zeigt einen Querschnitt durch den See mit Pflanzen und Fischen aus der Region. Vom Museum führt ein **Lehrpfad** mit Aussichtspunkten am Ufer entlang zu den Archäologischen Ausgrabungen.

■ **Mouseio Perivallontos Stymfalias,** Stymfalia 20016, Tel. +30 2747 022296, www.piop.gr, März bis Okt. Mi–Mo 10–18 Uhr, Okt. bis Feb. Mi–Mo 10–17 Uhr, Eintritt 4 €, erm. 2 €.

Doxa-Stausee

Am Westhang des Kyllini-Massivs in der Hochebene von Feneos liegt der Doxa-Stausee auf 900 m Höhe, mit dem der Fluss Doxa gestaut wird. Er wirkt wie ein Hochgebirgssee, daher wird die Gegend auch „Kleine Schweiz" genannt. Auf einer kleinen Insel im See liegt die schön anzusehende Kapelle Agiou Fanouriou. Anders als der Stymfalische See bleibt der Wasserpegel immer konstant, so eignet er sich auch zum **Bootfahren.** Drumherum locken viele Wanderwege.

Boots- und Fahrradverleih

■ **Explore Ziria,** Epar. Od. Likourias-Feneou, Archea Feneos 20014, Tel. +30 6943157320, explore ziria.gr, Mo–Mi 11–16.30, Sa/So 11–17 Uhr. Außer Booten und SUPs kann man auch Moutainbikes ausleihen.

Sykia

Der kleine **Küstenort am Golf von Korinth** eignet sich als Ausgangsbasis für Ausflüge entlang der Küste und im Hinterland, da er nahe der Autobahn A8 liegt. Die Bahnverbindung von Athen führt bis ins wenige Kilometer östlich gelegene **Kiato.** Der schmale, aber saubere Kiesstrand **Paralia Sykia** mit Promenade ist dem Ort vorgelagert. Einkaufsmöglichkeiten und weitere Strände gibt es auch in den Nachbarorten **Xilokastro** (westlich) und **Melissi** (östlich).

Adobe Stock © Gabriela

⊻ Der Wasserstand des Stymfalischen Sees ändert sich mit den Jahreszeiten

Unterkunft, Essen und Trinken

Daphne's Club Hotel Apartments, Sikelianou, Sykia, Xylokastro 20400, Tel. +30 2743 022966. In dem Hotel in Gehnähe zum Strand wird nachhaltig und umweltfreundlich gewirtschaftet. Man hat sich dem Konzept „Zero Waste" verschrieben: Wo möglich, werden umweltfreundliche Materialien verwendet, gekocht wird mit regionalen und saisonalen Produkten. Man kann umsonst Fahrräder ausleihen und das Hotel organisiert Bootsfahrten zur Delfinbeobachtung im Golf von Korinth. Es gibt Ein- und Mehrzimmerapartments. Das Haus ist sehr kinderfreundlich. Für Erwachsene werden Yoga und Workshops angeboten.

■ **Sugar Home Boutique Hotel**, Karaiski 117, Sykia, Tel. +30 6944714690, sugar-home.gr. Das Boutique-Hotel in einer rosafarbenen Villa verstömt nostalgisches Flair. Es liegt auf der Südseite der N8, aber dennoch nahe dem Strand.

■ **Schara,** Palea EO Korinthou-Patron 190, Sykia, Fr–Mo 11–24 Uhr, Tel. +30 2743 023364. Frischer Fisch und Grillgerichte nördlich des Paralia Sykia.

Camping

Kato Diminio

■ **Camper Stop,** Kato Diminio 20200, N 38°2'12.84" E 22°43'9.876". Parkplatz nahe einer Taverne am Strand, tagsüber und nachts geöffnet.

In der Umgebung

Antikes Sykion

Die Ausgrabungsstätte des antiken Sykion liegt landeinwärts vom Küstenort Kiato in der Ebene unterhalb eines Hügels. Die Geschichte von Sykion reicht zurück bis in die mykenische Zeit. Die Stadt soll laut *Pausanias* von 24 mythischen Königen regiert worden sein. Nach langer Zeit als Vasallenstaat von Argos errang Sykion um 676 v.Chr. Selbständigkeit unter der Herrschaft des Tyrannen *Orthagoras* und später *Cleisthenes.* Im 6. Jh. v.Chr. verbündete man sich mit Sparta, Bronzeschmiedekunst und Holzverarbeitung florierten. Im 4. Jh. v.Chr. war Sykion für seine Kunstschaffenden wie den Bildhauer *Lysippus* bekannt, der als einer der herausragenden Künstler der griechischen Klassik gilt. Unter den Römern erlebte die Stadt ab 146 v.Chr. zunächst eine Blütezeit, verlor aber später neben Korinth an Bedeutung.

Zu den beeindruckendsten Bauten gehört das **Amphitheater** aus dem 4. Jh. v.Chr., das in einer Senke aus dem Stein gehauen wurde. Zwei der Gänge, durch welche die Zuschauer das Theater betraten, stammen aus hellenistischer Zeit, unter den Römern wurde jedoch einiges abgeändert. Links davon befindet sich ein bisher nicht freigelegtes Stadion. Auch die Agora beinhaltete Bauelemente aus der hellenistischen und römischen Zeit.

In der ehemaligen römischen Bäderanlage ist heute ein kleines, sehenswertes **Archäologisches Museum** mit Stücken aus der mykenischen bis römischen Zeit untergebracht.

■ **Archea Sykion,** Kiato 20200, Tel. +30 2742 028900, odysseus.culture.gr, Mi–Mo 8.30–15.30 Uhr, Eintritt4 €, erm. 2 €.

Anreise | 356

Autofahren | 361

Barrierefreies Reisen | 363

Camping | 363

Ein- und Ausreisebestimmungen | 364

Einkaufen | 365

Elektrizität | 367

Essen und Trinken | 367

Feiertage, Feste und Events | 374

Geld | 375

Gesundheit und Hygiene | 376

Mit Haustier unterwegs | 377

Information | 377

Mit Kindern unterwegs | 378

Klima und Reisezeit | 379

Kommunikation unterwegs | 380

LGBT+ | 380

Notfälle | 381

Öffnungszeiten | 382

Post | 383

Rauchen | 383

Reisegepäck und Ausrüstung | 383

Sicherheit | 384

Sport und Aktivitäten | 385

Sprache | 388

Unterkunft | 389

Verhaltenstipps | 391

Verkehrsmittel | 392

Zeit | 393

142pe ln

8 Praktische Reisetipps A–Z

Vielerorts verkaufen Bauern ihre Produkte am Straßenrand

Anreise

Man kann die Peloponnes auf unterschiedliche Arten bereisen. Die meisten Besucher kommen mit dem **Flugzeug** und mieten sich ein Auto. Mehr und mehr Urlauber reisen mit dem eigenen **Wohnmobil** entweder mit der Fähre von **Italien** oder über die **Balkanroute** an. Die Anreise mit der Bahn ist nicht wirklich praktikabel, nicht nur wegen der großen Entfernung (→ S. 360).

Pauschalangebote für die Peloponnes sind auf wenige Orte begrenzt, die bisher touristisch erschlossen sind. So gibt es Unterkunftsangebote gekoppelt mit Charterflügen in den Badeort Kalogria (Achaia) zum Flughafen Araxos. Ebenso werden verschiedene Destinationen in Messenien angeboten. Dabei fliegt man nach Kalamata und gelangt mittels inklusiver Transfers zu den Reisezielen. Immer beliebter wird **naturnaher Aktivurlaub** auf der Peloponnes. Im Internet findet man griechische, deutsche oder britische Veranstalter, die längere **Wanderreisen** oder **Radreisen** anbieten, die einen Schwerpunkt auf das Naturerlebnis legen.

Flug

Nach **Athen** verkehren **Linienflüge,** z.B. der Lufthansa, Swiss Air und der Aegean Airlines, sowie preiswertere **Charterflüge** von Fluggesellschaften wie Eurowings und Ryanair aus vielen deutschen und europäischen Hauptstädten. Die Preise schwanken stark und sind je nach Saison und Airline verschieden. Auf der Peloponnes gibt es zudem zwei Militärflughäfen, auf denen im Sommer auch Chartermaschinen landen. Viele Besucher fliegen wegen des breiteren Angebots an Flügen jedoch lieber nach Athen und reisen dann entweder mit dem Mietwagen oder mit öffentlichen Verkehrsmitteln weiter. Der **Athens International Airport** liegt ca. 20 km östlich der Stadt.

- **Athens International Airport Eleftherios Venizelos,** www.aia.gr/en/traveler, Tel. +30 210 3530000.

Weiterfahrt vom Flughafen Athen

→ Verkehrsmittel

Vom Flughafen Athen gelangt man mit Bahn oder Bus in den Norden der Peloponnes bis **Kiato** (Region Korinth), **Egio** (Achaia) und **Patras** (Achaia). Die **Bahnlinie** befindet sich noch in der Fertigstellung. Momentan fährt man von Athen bis Kiato oder Egio und steigt dann in den Schienenersatzverkehr nach Patras um (Fahrtzeit ca. 3 Std.).

Man kann auch die gesamte Strecke im **Bus** zurücklegen. Die Fahrtzeit reduziert sich dann sogar um eine halbe Stunde, da man nicht umsteigen muss. Es fahren die Fernbusse der Firma **KTEL.** Die Busstation am Flughafen nennt sich KTEL Kiffissou. Die Tickets kann man am Schalter vor Ort, online auf der untenstehenden Website oder per Telefon kaufen.

Bahnverbindung Flughafen Athen – Kiato

- **Hellenic Train,** Tickets: Tel. +30 210 6241945, tickets.hellenictrain.gr/dromologia, Athen – Kiato einfache Fahrt 17 €, hin- und zurück 27,20 €, Studenten 12,80/20,40 €, Kinder (4–12 J.) 8,30/17 €, weitere Ermäßigungen für Menschen mit Handycap und Begleiter.

Busverbindung Flughafen Athen – Patras

- **KTEL,** Athen – Patras einfache Fahrt 20 €, hin und zurück 32 €, Studenten 15/30 €, erm. 10/20 €.

Flughafen Araxos

Auf dem Militärflughafen Araxos (Region Achaia) landen während der Sommersaison internationale **Charterflüge** von TUI, Jetair und Ryanair. Der Flughafen liegt 43 km westlich von Patras nahe dem Urlaubsresort von Kalogria. Es gibt unregelmäßige **Busverbindungen** (meist abgestimmt auf Ryanair-Flüge) nach Patras (ca. 30 Min., 4 €). Ein **Taxi** nach Patras kostet 55 €. Wahlweise kann man direkt am Flughafen ein **Auto mieten** (dies sollte man vor Reiseantritt reservieren).

- **Araxos Airport (GPA),** www.araxos-airport.com

Autovermietung

- **Araxos Car Rental,** araxosrentacar.com
- **Autorental,** www.rentacarpatra.gr

Mini-„Flug-Know-how"

Check-In

Nicht vergessen: Ohne einen gültigen **Reisepass oder Personalausweis** (für EU-Staatsbürger und Schweizer) kommt man nicht an Bord. **Kinder** benötigen einen eigenen Reisepass.

Das (Hand-)Gepäck

Man darf pro Person in der Regel **ein Handgepäck-** und zusätzlich **ein Gepäckstück** einchecken. Informieren Sie sich vor Ihrem Flug bei Ihrer Airline über die konkreten Bestimmungen, da diese mitunter stark voneinander abweichen. Seit 2006 gilt die Regelung, dass **Flüssigkeiten** jeder Art nur in geringen Mengen bis zu jeweils 100 ml mit dem Handgepäck ins Flugzeug dürfen. Diese Substanzen muss man bisher noch separat in einem durchsichtigen Plastikbeutel (z.B. Gefrierbeutel) mit sich führen. Die Regelung wurde jedoch 2024 bereits an einigen internationalen Flughäfen aufgehoben und soll auch auf innereuropäischen Flügen entfallen.

Man sollte sich vorher bei der Fluggesellschaft informieren, welche Gegenstände im Handgepäck erlaubt sind. Nicht erlaubte Gegenstände (Messer, Nagelfeilen, Scheren, Feuerzeuge) werden im Regelfall konfisziert und vernichtet.

Ein kleiner Tipp: Um Stress und Ärger zu vermeiden, sollte man neben den wichtigsten Dingen auch Utensilien im Handgepäck unterbringen, die man am **ersten Urlaubstag** gebrauchen könnte. Falls das Gepäck Verspätung hat oder verloren geht, kann man so trotzdem schon den ersten Tag genießen und muss nicht gleich einkaufen gehen.

CO_2-Fußabdruck

Grundsätzlich gilt beim Thema Umweltschutz: Vermeiden ist besser als kompensieren. Auch längere Strecken lassen sich oft per Bahn, Bus oder Schiff zurücklegen, die allesamt eine bessere Klimabilanz haben als das Flugzeug. Wer nicht aufs Reisen mit dem Flugzeug verzichten will oder kann, hat die Möglichkeit, zusätzlich Geld für **Klimaschutzprojekte** auszugeben.

Flughafen Kalamata

Zum Militärflughafen Kalamata (Region Messenien) gibt es im Sommer internationale Verbindungen verschiedener **Chartergesellschaften,** u.a. von Frankfurt/Main, Düsseldorf, Hamburg und München sowie Wien und Zürich. Am Flughafen sind verschiedene **Autoverleihfirmen** vertreten wie Sixt oder Hertz. Mehrmals täglich gibt es **Busverbindungen** in die Innenstadt von Kalamata (Fahrtzeit 15 Min., 1–3 €), außerdem nach Pylos, Koroni und Chora.

- **Kalamata Airport,** kalamatainternationalairport.com, www.kalamata-airport.airportfield.com

Busverbindungen

- **KTEL Messina,** Tel.+30 2721 022851.

Anreise auf dem Land- und Seeweg

Vom italienischen oder griechischen Festland auf die Peloponnes

Die **kürzeste Anreiseroute** mit dem eigenen Fahrzeug führt durch **Italien,** wo man an der Ostküste in verschiedenen Häfen auf Fähren zur Peloponnes umsteigen kann (München – Bari: 885 km). Die zwei Hauptrouten von Deutschland über **Österreich** nach Italien sind die Brennerautobahn und die Tauernautobahn. Danach geht die Reise auf der mautpflichtigen Autobahn entlang der **italienischen Ostküste** weiter, je nachdem in welchem Hafen man an Bord geht (→ S. 359).

Wer mit dem Auto oder Wohnmobil über die **Balkanroute** anreist, fährt wesentlich länger (München – Patras: 1372 km). Auf dieser Route erreicht man die Peloponnes ganz im Norden über die mautpflichtige **Rio-Andirrio-Brücke,**

⊡ Panorama bei der Einfahrt mit der Fähre in den Hafen von Patras

137pe In

die den Golf von Patras überspannt. Die Schrägseilbrücke verbindet Andirrio auf dem griechischen Festland mit Rio nahe Patras. Als Alternative zur Brücke gibt es eine Fährverbindung (→ S. 48).

Von **Athen** aus folgt man der gebührenpflichtigen **Autobahn A8,** die bei Korinth die Peloponnes erreicht und entlang der Nordküste bis nach Patras weiterführt. Für die Strecke Athen – Patras zahlt man etwa 15 € Maut.

Wichtige Straßenverbindungen auf der Peloponnes

Die Peloponnes besitzt zwei gebührenpflichtige **Autobahnen:** die A8 von Athen bis Patras und die A7 (E65) von Korinth bis Kalamata. Von Korinth bzw. Athen kommend, führt die **A8** entlang der Küste des Golfs von Korinth nach Patras. Sie verläuft parallel zur alten Bundesstraße 8 (die verwirrenderweise als New National Road bezeichnet wird). Rund um Patras wird sie als **A5** (Ringautobahn) weitergeführt. Daneben gibt es zahlreiche **Nationalstraßen,** die die Halbinsel von Norden nach Süden sowie Westen nach Osten durchschneiden. Von Patras verläuft die Nationalstraße **N9 (E55)** entlang der gesamten Westküste bis nach Pylos und Methoni im Südwesten. Die **N82** verbindet Pylos im Südwesten mit Kalamata im Süden. In Serpentinen führt die N82 von Kalamata über das Taygetos-Gebirge nach Sparta.

Die Autobahn **A7 (E65),** auch Moreas Motorway genannt, ist die Hauptverkehrsader durchs Inland. Sie beginnt bei Korinth und führt südlich über Tripoli nach Kalamata bzw. im Abzweig der Nationalstraße N71 nach Sparta. Beide Autobahnen werden fast nur von Touristen genutzt und sind immer recht leer, nicht zuletzt weil man recht häufig an Zahlstationen zur Kasse gebeten wird. Neben beiden Autobahnen verlaufen die alten Nationalstraßen parallel, wo es zwar kostenfrei aber wesentlich langsamer vorangeht.

Fähre von Italien

Autofähren verkehren von **Venedig, Ancona, Bari** und **Brindisi** zur Hauptstadt der Peloponnes, Patras. Sie ist zugleich die wichtigste Hafenstadt der Halbinsel.

Wer mit der Fähre von Italien anreist, genießt ein spektakuläres Panorama mit kleinen Inseln mitten im Meer entlang der Festlandküste Griechenlands und bei der Einfahrt in den Golf von Patras. Die Fahrtdauer beträgt 16 Std. ab Brindisi und 32 Std. ab Venedig. Die Fähren legen in Patras im neuen Hafen **South Port** an, etwa vier Kilometer westlich des Stadtzentrums. Die Nachtfähren aus Italien erreichen Patras morgens oder mittags, sie halten zuvor teilweise auf der Insel Korfu oder im Festlandhafen von Igoumenitsa.

Die Buchung eines **Sitz- oder Liegeplatzes** bzw. einer **Schlafkabine** ist verpflichtend, zuzüglich der Passage für das Fahrzeug und die Passagiere. Man sollte mehrere Monate im Voraus buchen. Je näher man dem Reisedatum kommt, umso schneller sind die preiswerten Optionen ausgebucht.

Wer mit einem **Wohnmobil** unterwegs ist, kann bei einigen Fährgesellschaften mit dem sogenannten **Camping on Board** (Mai bis Sept.) das Geld für die Übernachtung sparen. Dabei steht man auf dem offenen Deck mit den Lkw und schläft im eigenen Wohnmobil, muss also keine Kabine buchen. Für Stromanschluss wird gesorgt. Auf dem Fährdeck gibt es Toiletten und Duschen von einfachem Standard, die man mitbenutzen kann. Über einen Lift hat man Zugang zu den Servicedecks der Fähre mit Restaurants, Bars und Sonnendecks. Da die Plätze für Wohnmobile begrenzt sind, sollte man rechtzeitig buchen.

Die **Mitnahme eines Fahrrads** ist auf den Fähren meist kostenfrei. Allerdings muss man das Rad auf dem Autodeck vertäuen und das Gepäck mit in die Kabine nehmen.

Fährgesellschaften

- **Anek Lines,** www.anek.gr/de, Camping on Board möglich.
- **Superfast,** www.superfast.com, Camping on Board möglich.
- **Minoan Lines,** www.minoan.gr, kein Camping on Board, aber Tarif „Camping all inclusive", der eine Innenkabine und Ermäßigung auf Mahlzeiten einschließt.
- **Grimaldi Lines,** www.grimaldi-lines.com/de, kein Camping on Board, aber 30 % Rabatt auf Mahlzeiten.

Hafen in Patras

- **South Port,** www.patrasport.gr. Hier legen die Fähren aus Italien an. Bei der Ausfahrt aus dem Hafen kann man entweder den Schildern zur Ringautobahn 5 folgen oder auf der Hafenstraße Akti Dimeon bis ins Zentrum von Patras fahren. Bei der Rückfahrt muss man sich im zentralen Fährterminal vor Ort mit dem Ticket anmelden, bevor man zum Check-In fährt.

Dokumente

Wer mit dem eigenen Fahrzeug unterwegs ist, sollte neben Führerschein und Fahrzeugschein die **Grüne Versicherungskarte** mitführen. In EU-Ländern ist die Mitnahme zwar nicht mehr zwingend, aber damit ist man auf der sicheren Seite. Wer bereits im ADAC versichert ist, benötigt keinen zusätzlichen **Auslandsschuzbrief.** Ansonsten kann man einen solchen Schutzbrief auch nur für die jeweilige Reise ausstellen lassen.

→ **Autofahren**

Anreise per Bahn

Eine Anreise von Mitteleuropa mit der Bahn auf die Peloponnes dauert in jedem Fall mehrere Tage. Wollte man durchgehend mit der Bahn anreisen, müsste man von Berlin über Budapest (Ungarn), Belgrad (Serbien), Thessaloniki und Athen bis Patras reisen (ca. 1900 km). Schon eher machbar ist eine Anreise mit der Bahn über Österreich und Italien zu einem der Fährhäfen an der italienischen Adria, wo man auf die Fähre nach Patras umsteigen kann.

Das Bahnnetz auf der Peloponnes wurde 2011 stillgelegt. Bisher hat man nur die Bahnstrecke von Athen bis Kiato wiederbelebt, sodass man die Halbinsel selbst gar nicht mit der Bahn bereisen kann.

[>] Viele Straßen im Inland sind schmal, unübersichtlich und serpentinenreich

Autofahren

→ Anreise
→ Camping

Straßennetz

Auf der Peloponnes gibt es bisher nur **zwei Autobahnen,** das Straßennetz besteht ansonsten aus Nationalstraßen und Landstraßen von unterschiedlicher Fahrbahnqualität. Die Autobahnen sind **mautpflichtig.** Auf **Nationalstraßen** nutzen Einheimische bei starkem Verkehr regelmäßig die Standspur. Durch die gebirgige Mitte führen steile **Serpentinen,** die teils nur einspurig sind, d.h. sie bieten eigentlich nur Platz für ein Fahrzeug. Für Autos mit Anhänger und große Wohnmobile sind diese Straßen nur bedingt geeignet. Wenn sich Fahrzeuge entgegenkommen, bleibt auch auf Serpentinen oft nur das Rückwärtsfahren. Überall ist mit **Schlaglöchern** zu rechnen. In den Bergregionen verengen sich Straßen manchmal zu Staubpisten oder **Schotterstraßen,** sodass man denkt, man habe sich verfahren.

Fahren und Parken in den Orten

Die Zentren größerer und kleinerer Orte auf der Peloponnes sind meist unübersichtlich und durchzogen von **Einbahnstraßen,** die rund um den zentralen, verkehrsreichen Hauptplatz, die Platia, verlaufen. Es gibt kaum Ampeln oder Verkehrsschilder. Vorsicht ist geboten: Motorräder und Motorroller nehmen sich gern die Vorfahrt und in Ortszentren wird auch manchmal gegen die Einbahnstraßenregelung gefahren.

138pe ln

Ein weiteres Hindernis sind geparkte Autos. Öffentliche **Parkplätze oder Parkhäuser** existieren kaum und wenn, sind sie schwer zu finden. Grundsätzlich wird daher auf beiden Seiten der Straße geparkt, wodurch sich die Fahrbahnbreite verringert. Nicht selten parkt man zweireihig, sodass immer die Gefahr besteht, eingeparkt zu werden. Wer mit einem größeren Fahrzeug wie einem **Wohnmobil oder Wohnwagen** unterwegs ist, sollte Innenstädte grundsätzlich meiden und lieber **außerhalb parken.**

Besondere Verkehrsbestimmungen

Innerorts gilt für Pkw eine **Geschwindigkeitsbegrenzung** von 50 km/h, außerorts von 90/110 km/h. Auf Autobahnen ist die zulässige Höchstgeschwindigkeit 130 km/h. Schwere Wohnmobile dürfen innerorts 40 km/h, ansonsten 80 km/h fahren.

Die **Promillegrenze** beträgt 0,5 ‰ bzw. 0,0 ‰ für Motorradfahrer und Fahranfänger. **Verkehrsschilder** entsprechen den internationalen Standards.

Tanken

Auf der Peloponnes findet man ausreichend Tankstellen. Entlang der größeren Nationalstraßen gibt es regelmäßig **Raststätten,** an denen Zapfsäulen, Toiletten sowie Snack- und Getränkeverkauf zur Verfügung stehen. Auf dem Land sind die Tankstellen in kleineren Orten ohne Selbstbedienung und man muss warten, bis man bedient wird. Meist wird dabei auch die Windschutzscheibe gesäubert. Es ist üblich, dem Tankwart dafür ein Trinkgeld zu geben. Da auf der Peloponnes viele Autos mehrere Jahrzehnte alt sind, gibt es noch Tankstellen mit verbleitem Benzin. Bleifreies Benzin gibt es als Super (Euro 95), Super Plus (Euro 98) und Premium (Euro 100), daneben gibt es Diesel und LPG. Die Preise sind ähnlich wie in Deutschland. **Ladestationen für E-Autos** sind kaum zu finden.

Panne und Unfall

Wer Mitglied beim ADAC bzw. ÖAMTC oder TCS und dort für Auslandsfahrten versichert ist, muss bei einer Panne seinen Versicherer über die Notrufnummer fürs Ausland kontaktieren. Die Automobilclubs sind 24 Stunden erreichbar:

- **ADAC (D),** Tel. +49 89 222222 (Auslandsnotruf, Zentrale in Deutschland), www.adac.de.
- **ÖAMTC (AT),** Tel. +43 12512000, www.oeamtc.at.
- **TCS (CH),** Tel. +41 58 8272727 oder +41 58 8272220, www.tcs.ch.

Notrufnummern

- **Allgemeiner Notruf:** 112
- **Ambulanz:** 166

Mietfahrzeuge

Namhafte Mietwagenfirmen findet man an den **Flughäfen** oder im **South Port** von Patras. Man sollte unbedingt im Voraus reservieren, denn die Verfügbarkeit bei den kleineren Flughäfen auf der Peloponnes ist nicht sehr groß. Wer nach Athen fliegt, hat eine größere Auswahl.

Barrierefreies Reisen

Nur wenige Einrichtungen, Unterkünfte und Verkehrsmittel auf der Peloponnes sind wirklich barrierefrei. Rollstuhlfahrer müssen sich zudem darauf einstellen, dass die **Fußwege** oft in schlechtem Zustand sind. Sie sind brüchig, es gibt Risse oder sie sind so schmal, dass kein Rollstuhl darauf Platz hat. Oft parken Autos auf den Gehwegen. Wer einen Rollstuhl dabei hat, sollte sich vorher bei der entsprechenden Filiale der Busgesellschaft KTEL oder beim Taxiunternehmen informieren, ob und wie der **Transport** möglich ist.

Neuere **Museen** und **archäologische Stätten** haben sich inzwischen auf Menschen mit Handicap eingestellt und behindertengerechte Zugangswege und Toiletten eingerichtet.

Informationen

- **CareUnder Sun,** www.careundersun.com/accessiblepeloponnese. Die Organisation gibt Auskunft über barrierefreie Sehenswürdigkeiten auf der Peloponnes und kann Transfers organisieren.
- **Seatrac,** seatrac.gr/en, Informationen über barrierefreie Strände auf der Peloponnes.

Camping

→ Autofahren

Auf der Peloponnes gibt es zahlreiche Campingplätze mit unterschiedlichen Standards. Sehr viele davon sind auf Dauercamper ausgerichtet und haben nur eine begrenzte Anzahl von Plätzen für Durchreisende. Generell findet man im Westen und Süden der Halbinsel eine größere Anzahl an Campingplätzen, die auf größere Fahrzeuge wie Wohnmobile oder Caravans eingestellt sind. Die meisten haben dichten Baumbewuchs bzw. Pergolen für Schatten, in die große Wohnmobile nicht hineinpassen.

Die Campingplätze des **Top Camping Club** (→ S. 364) sind auf internationale Gäste ausgerichtet und entsprechen den aus Mitteleuropa gewohnten Standards. Bei Plätzen, die hauptsächlich von Dauercampern bewohnt werden, sind die sanitären Anlagen oft veraltet und haben eine sehr einfache Ausstattung.

Wohnmobilstellplätze

Es gibt nur wenige, meist als **Camper Stop** ausgewiesene Wohnmobilstellplätze. Oft sind diese angegliedert an eine **Taverne,** die Wasser, Strom und Toilettenbenutzung anbietet. Dafür wird erwartet, dass man das jeweilige Restaurant besucht. Die Wasserversorgung stammt meist aus einem Trinkbrunnen bzw. Trinkhahn und es gibt dort im Allgemeinen nur Freiluftduschen.

Wildes Camping ist strengstens verboten, an vielen Stellen weisen entsprechende Schilder darauf hin. Aufgrund der fehlenden legalen Stellplätze für Wohnmobile wird es dennoch praktiziert, denn manchmal bleibt einfach keine Alternative. Leider wird von der örtlichen Polizei immer strikter durchgegriffen und die Camper werden gemaßregelt und müssen weiterziehen. Der Umwelt zuliebe sollte man auf „wilden“ Plätzen auf keinen Fall sein Brauchwasser und schon gar nicht die Chemietoilette in der Natur entleeren.

Infos

- **Top Camping Club,** www.tourpeloponnese.gr/general-information/about-us. Zusammenschluss mehrerer Campingplätze auf der Peloponnes mit hohem Standard.
- **Park4Night,** park4night.com/en. Interaktive Karte mit offiziellen und „wilden“ Stell- und Halteplätzen sowie Kommentare von Nutzern.
- **Panhellenic Camping Association,** www.greececamping.gr. Die Website listet Campingplätze, die griechischen Standards entsprechen.
- **Pincamp ADAC,** www.pincamp.de/griechenland. Eine kleinere Liste von Plätzen mit realistischen Bewertungen von Nutzern, denen man durchaus vertrauen kann.

Beim Camping on Board kann man auf dem Lkw-Deck im eigenen Wohnmobil übernachten

139pe ln

Ein- und Ausreisebestimmungen

Der **EU-Personalausweis** oder **Reisepass** (auch der Schweiz) berechtigt zu einem Aufenhalt von drei Monaten im Land. **Kinder** benötigen ein eigenes Dokument. Reisende mit Nationalitäten von außerhalb der EU sollten bei der diplomatischen Vertretung ihres Landes in Erfahrung bringen, ob sie ein **Visum** zur Einreise nach Griechenland benötigen oder ob der eigene Aufenthaltstitel ausreicht. Informationen bzw. Links findet man bei den Auswärtigen Ämtern:

- **Deutsches Auswärtiges Amt,** Tel. +49 30 18172000, www.auswaertiges-amt.de (auch App „Sicher Reisen“ für iOS und Android).
- **Außenministerium Österreich,** für generelle Anfragen Tel. 01 901153775, für dringende Fälle Tel. +43 1901154411, www.bmeia.gv.at (auch „Auslandsservice-App“ für iOS und Android).
- **Eidgenössisches Departement für auswärtige Angelegenheiten (Schweiz),** Tel. +41 800 247365 oder 0584653333, www.eda.admin.ch, (auch „itinerisApp“ für iOS und Android).

Griechische Botschaften

- **Deutschland:** Kurfürstendamm 185, 10707 Berlin, Tel. +49 30 206260, www.mfa.gr/germany/de/the-embassy.
- **Österreich:** Argentinierstr. 14, 1040 Wien, Tel. +43 150615, www.mfa.gr/missionsabroad/de/contact/austria/austria.html.
- **Schweiz:** Weltpoststr. 4, 3000 Bern 15, Tel. +41 31 3561411, www.mfa.gr/switzerland/en.

Zollbestimmungen

Schwer geahndet wird in Griechenland **Drogenbesitz** sowie die Ein- und Ausfuhr von Drogen, ebenso das Entwenden von **antiken Artefakten.** Jeder Fund muss bei den Behörden deklariert und darf auf keinen Fall ausgeführt werden. Exotische **Tier- oder Pflanzenprodukte** sollte man nicht kaufen, denn unter Umständen verstößt man damit gegen den Artenschutz.

Der **Warenverkehr** für den privaten Gebrauch ist innerhalb der EU frei. Dennoch muss man auf die geltenden **Freigrenzen** achten, um böse Überraschungen beim Zoll zu vermeiden. Falls die Reisemitbringsel diese Freigrenzen überschreiten, sind Einfuhrabgaben zu entrichten.

Freigrenzen innerhalb der EU

Innerhalb der EU-Länder gelten folgende Mengen- und Wertgrenzen (pro Person ab 17 Jahre):

- **Tabakwaren:** 800 Zigaretten, 400 Zigarillos, 200 Zigarren, 1 kg Tabak.
- **Alkohol:** Wein in unbegrenzter Menge (davon max. 60 l Schaumwein), 110 l Bier, 10 l Spirituosen über 22 Vol.-% und 20 l unter 22 Vol.-%, 10 l Alkopops.
- **Sonstiges:** 10 kg Kaffee, 20 l Kraftstoff in einem Benzinkanister, unbegrenzt im eigenen Tank.

Freigrenzen für die Schweiz

Bei der Rückeinreise in die Schweiz gelten folgende Freimengen (pro Person ab 17 Jahre):

- **Tabakwaren:** 250 Zigaretten oder 50 Zigarren oder 250 g Schnitttabak.
- **Alkohol:** 5 l bis 18 Vol.-% und 1 l über 18 Vol.-%.
- **Lebensmittel:** Von der Freigrenze ausgenommen sind sensible landwirtschaftliche Erzeugnisse, z.B. Fleisch und Fleischwaren, Milch und Milchprodukte (ohne Käse und Quark), Öle und Fette, die gewisse Höchstmengen überschreiten (wichtig bei Olivenöl: max. 5 l sind zollfrei).
- **Sonstiges:** Waren für den Privatgebrauch bis zu einem Gesamtwert von 300 SFr.

Nähere Informationen

- **Deutschland:** www.zoll.de oder über die App „Zoll und Reise".
- **Österreich:** www.bmf.gv.at oder über die App BMF, in welche die Zoll-App integriert wurde.
- **Schweiz:** www.ezv.admin.ch oder über die App QuickZoll.

Einkaufen

→ Essen und Trinken
→ Geld
→ Öffnungszeiten

Auf der Peloponnes gibt es viele Möglichkeiten, regionale Produkte direkt vom Erzeuger zu kaufen. Fast jeder größere Ort hat einen **Wochenmarkt,** außerdem sieht man am Straßenrand immer wieder Verkaufswagen und **Stände,** an denen Bauern ihre Produkte anbieten. Dort gibt es vorzügliche frische **Orangen** in großen Fünf-Kilo-Säcken sowie Zitronen, die man zu Saft verarbeiten kann, oder auch anderes **Obst** wie Melonen oder Pfirsiche. Meist bieten die Bauern zusätzlich verarbeitete Produkte wie **Honig, Wein** oder **Eingemachtes** an. Oft bekommt man beim Kauf einen Strauß frischer Kräuter wie Oregano oder Thymian in die Hand gedrückt.

Fast in jedem Ort gibt es kleinere **Lebensmittelläden** (Mini Market) mit einer Auswahl an Grundnahrungsmitteln, meist auch Frischwaren, und Getränken. **Bäckereien** sind ebenfalls weit verbreitet und bieten neben Brot auch warme Pasteten oder sogar andere warme Snacks an. In größeren Orten finden sich an den Ausfallstraßen große **Supermärkte** mit einer Auswahl von einheimischen und internationalen Produkten. Auch **Kioske** *(peripteros)* sind vielerorts zu finden. Hier werden neben Zeitungen, Süßigkeiten und Getränken allerlei nützliche Gegenstände verkauft, vom Kugelschreiber bis zum Kamm.

Abgesehen von Märkten oder kleineren Dorfläden kann man überall mit der **Bankkarte** bezahlen.

Souvenirs

Ein beliebtes Mitbringsel aus Griechenland ist feines **Olivenöl,** dass man an vielen Orten kaufen kann. Man wird auf Märkten, direkt beim Olivenbauern und in vielen Geschäften fündig. Daneben gibt es auch Produkte, die Olivenöl als Basis haben, wie **Seifen** oder **Kosmetika.** In den Bergdörfern des Mainalo- und Parnon-Gebirges werden **Eingemachtes** und **Marmelade** aus Waldfrüchten wie Beeren oder Kastanien und Walnüssen angeboten. Ebenso bekommt man handgemachte **Nudeln** in allen Formen und Variationen.

Gold- und Silberschmuck findet man in den Bergdörfern der Gortynia in Arkadien. Dort werden auch Produkte aus **Leder** angeboten, wie z.B. Handtaschen, Gürtel oder Portemonnaies.

Souvenirläden mit hochwertigem **Kunsthandwerk** findet man nur an touristisch gut besuchten Orten. Hin und wieder gibt es Läden, die erstklassige **Nachbildungen von antiken Vasen** (Nafplio) und Artefakten oder sogar hangemalte **Ikonen** verkaufen (Mystras). Bei archäologischen Stätten wie Olympia oder Korinth überwiegt allerlei Kitsch wie Miniaturen von antiken Statuen oder Büsten aus Plastik.

In Geraki, wo die **Webkunst** zuhause ist, kann man handgewebte, dekorative Teppiche finden, die jedoch bisher nicht kommerziell vermarktet werden. Um sie zu erstehen, muss man mit Einheimischen ins Gespräch kommen.

In Nafplio bieten einige Läden hochwertige Nachbildungen von antiken Artefakten als Souvenirs an

140pe ln

Elektrizität

Im Regelfall ist für griechische Steckdosen kein **Adapter** nötig. Die Netzspannung beträgt 230 V bei einer Frequenz von 50 Hz, sodass man die mitgebrachten Geräte benutzen kann.

Essen und Trinken

→ Anhang: Kleine Sprachhilfe Griechisch

In den Tavernen der Peloponnes bekommt man auch die **typisch griechen Speisen,** die aus den Restaurants in Deutschland bekannt sind, wie Souvlakia, Tsatsiki oder Gyros. Dennoch hat jede Region auch ihre **Spezialitäten,** bei denen regionale Zutaten verarbeitet werden. Obwohl die **Essgewohnheiten** sich bei Bewohnern auf dem Land und in der Stadt deutlich unterscheiden, gibt es gewisse Gemeinsamkeiten, etwa die Tatsache, dass das Frühstück nicht zur wichtigsten Mahlzeit des Tages gehört und man eher mittags und abends ausgiebiger tafelt.

Zum **Frühstück** essen die Griechen gern süße oder herzhafte Gebäckstückchen wie Sesamringe *(koulouri)* oder mit Vanillecreme, Käse oder Spinat gefüllte Blätterteigtaschen *(mpougatsa)*. Diese Teigtaschen aus den Bäckereien eignen sich auch gut als Snack zum Mitnehmen für Zwischendurch. Dazu trinkt man gern einen kalten, aufgeschäumten Frappé (→ S. 372).

Der **Mittagstisch** beginnt ab 12 Uhr (manche Tavernen öffnen erst dann), die Hauptessenszeit liegt jedoch eher um 14 Uhr. Danach ist Siesta und die Restaurants, die nicht direkt einen Strand versorgen, schließen ihre Türen. Erst gegen 20 Uhr wird es wieder richtig voll in den Tavernen. Wer vor 18 Uhr **abendessen** möchte, steht entweder vor verschlossenen Türen oder sitzt allein im Restaurant.

Gastronomie

Der Aufenthalt in Tavernen, Kafenions und Lounge-Bars ist für Griechen ein wichtiger Bestandteil des sozialen Lebens. In erster Linie fungieren diese Orte als Treffpunkte, wo man sich austauschen und über das Leben sinnieren kann. Ein Großteil des Alltags spielt sich im Mittelmeerraum draußen ab und dazu gehören eben auch die Café- und Restaurantterrassen.

Arten von Restaurants

Das traditionelle **Kafenion** war früher nur Männern vorbehalten. Auf dem Land sieht man dort auch immer noch hauptsächlich ältere Männer manchmal stundenlang bei einem Gläschen beisammensitzen. Die jüngere Generation versammelt sich stattdessen in modernen **Cafébars** und gemütlich möblierten **Lounge-Bars,** wo man Modegetränke wie geeisten Freddo Cappuccino, Limonaden aus frischen Zitrusfrüchten oder alkoholfreie Cocktails aus Minze und Ingwer auf zerstoßenem Eis zu sich nimmt. Gern trifft man sich in größeren

Gruppen, schwatzt, raucht und beobachtet das Geschehen auf den Plätzen und Straßen. Diese moderne Form des Kafenion bietet **Bistroküche** bis spät am Abend an: Sandwiches, Salate, Vorspeisenteller *(mezedes)* oder Burger, oft auch vegetarische oder vegane Optionen.

Wer zwanglos, preiswert und nahrhaft speisen möchte, hält sich an die **Taverne** *(taverna),* die typisch griechische Gerichte anbietet, wie man sie auch in griechischen Restaurants zuhause findet. Es gibt Salat mit Feta, Tsatsiki oder Souvlaki, Moussaka oder gefüllte Auberginen. Auch am kleinsten Strandflecken findet sich normalerweise eine Taverne, die die Gäste ganztags versorgt.

Klassische **Restaurants** heißen **Estiatorio.** Hier ist die Speisekarte wesentlich umfangreicher und enthält neben den Klassikern auch Schmorgerichte, Gemüsevariationen, die auch für Vegetarier interessant sind. Während Tavernen manchmal erst am nachmittag öffnen und hauptsächlich zum Abendessen frequentiert werden, ist das Estiatorio schon mittags geöffnet.

Wer vor allem **Fisch und Meeresfrüchte** essen möchte, ist in der **Psarotaverna** richtig. Hier gibt es fangfrischen Fisch, gut abgehangenen Oktopus und Gerichte wie Spaghetti mit Hummer oder Muscheln. Beliebt sind große Platten mit frittierten Fisch- und Meeresfrüchtestückchen, die von einer größeren Gruppe geteilt werden. Viele Familien machen einen Sonntagsausflug in die Psarotaverna, da die Zubereitung zuhause aufwendig ist und man so entspannter mit der Familie zusammensitzen kann. Die Fischtavernen am Meer sind daher am Wochenende immer gut besucht.

Auf **gegrilltes Fleisch** hat sich die **Psistaria** spezialisiert. Oft gibt es hier Fleisch vom Drehspieß – Lamm, Ziege oder Schwein –, dazu werden Pommes oder kleine Salate gereicht. Gemüse oder Geschmortes sind eher Mangelware.

Gourmettempel gibt es auf der Peloponnes bisher nicht. Lediglich in Großstädten wie Patras oder Kalamata, teilweise auch in den Skiresorts der Gebirge, findet man **gehobenere Restaurants.** Generell gibt es in den urbanen Regionen eine größere Vielfalt an Angeboten und auch Fastfood.

Speisekarten

Speisekarten in Griechenland sind oft sehr umfangreich, jedoch werden selten komplette Teller serviert. Vielmehr stellt man sich sein Menü selbst zusammen. Oft teilen sich Gäste in größeren Gruppen mehrere Vorspeisenteller und sogar Hauptgerichte. Es gibt warme oder kalte Vorspeisen, danach wählt man aus, welches Fleisch man möchte und ob dies vom Grill kommen soll oder als Pfannengericht bzw. Kasserole. Ebenfalls gesondert aufgeführt sind Suppen, Fischgerichte und Beilagen sowie Desserts.

Deutsche oder englische Speisekarten gibt es in den von internationalen Gästen frequentierten Städten und Badeorten. Im Hinterland oder in Bergdörfern ist jedoch meist nur eine griechische Karte (ohne Umschrift) vorhanden. Die Gastwirte sind aber meist sehr hilfreich, wenn es um Übersetzungen geht, und sprechen oft ein paar Brocken Deutsch oder Englisch.

Bezahlung und Trinkgeld

Beim Bezahlen verlangt man in Griechenland **keine getrennte Rechnung.** Die Gruppe zahlt zusammen und teilt den Betrag hinterher auf. Trinkgeld ist manchmal bereits im Preis eingeschlossen – dies wird ausgewiesen. Ansonsten empfiehlt sich ein Betrag von **10 bis 15 %,** den man nach Begleichung der Rechnung auf dem Tisch liegen lässt.

Typische Speisen und Produkte

Die Peloponnes hat viele fruchtbare Landstriche. Neben der Haltung von Schweinen, Schafen und Ziegen werden zahlreiche Gemüse- und Obstsorten angebaut. Viele Waren kommen direkt vom Feld auf den Tisch. In Archaia und Ilis werden **Tomaten, Melonen, Trauben** und **Kartoffeln** angebaut. Elis ist der größte Wassermelonenproduzent in ganz Griechenland. In den Hochebenen von Lakonien und der Argolis sind es Orangen und andere **Zitrusfrüchte.** Die Region Kynouria in Arkadien ist für ihre **Auberginen** berühmt.

Ein wichtiger Bestandteil der mediterranen Küche sind **Oliven.** Auf der Peloponnes werden zwei Olivensorten angebaut: die dunkelviolette Kalamata-Olive und die kleine, grüne Koroneiki-Olive, welche vorwiegend zu feinem Öl verarbeitet wird (→ Exkurs S. 154).

In den bewaldeten Bergregionen Arkadiens und Lakoniens gehören **Walnüsse** und **Kastanien** und Waldhonig zu

⌃ Tavernen und Cafés spielen eine wichtige Rolle im sozialen Leben

den Spezialitäten. Zahlreiche Produkte enthalten dort Kastanien oder Kastanienmehl. Hinzu kommen **Kräuter** wie Oregano, Thymian und Safran, die dort wachsen, ebenso wie Sideritis, das Eisenkraut, aus dem der Bergtee gebrüht wird.

Fisch und Meeresfrüchte

Aufgrund der Nähe zur Küste gibt es fast überall sehr frischen Fisch und Meeresfrüchte. Dennoch sind Fischgerichte in der Regel teurer als Fleischgerichte. In den Fischtavernen bekommt man große Teller mit **panierten und frittierten kleinen Fischen** und Meeresfrüchten *(tiganita psaria)*, von denen ganze Familien satt werden können. Man isst sie ohne Beilage, nur mit etwas frischem Zitronensaft. Fisch wird jedoch hin und wieder auch als **Kasserole** serviert, wie z.B. gesalzener Kabeljau mit Kartoffeln, Tomaten und Korinthen *(plaki)* oder in Rotwein gegarter **Tintenfisch.**

Fleischgerichte

Typische deftige Fleischgerichte sind **gepökeltes Schweinefleisch** (*pasto* oder *synglino*), das über Olivenholz geräuchert wird. Auch lange gegarte Braten wie **Schweinebraten** *(gourounopoula)* oder Ziege *(giosa)* und **Lamm** *(zigouri)* sind Klassiker. Oft werden Fleisch und Gemüse zusammen in einer Art Kasserole gegart, wie Lamm mit Kartoffeln, Tomaten und Kräutern *(bogana)*. Neben Fleisch gibt es auch deftige **Würste,** z.B. mit Orangenaroma, oder **Pfannengerichte** aus Würstchen mit Paprika und Tomate *(spetzofai)*.

Nudeln

Handgemachte Nudeln gibt es in vielen Formen und Variationen, z.B. *hylopites*, die mit langsam gegartem Huhn serviert werden *(jachni)* oder dickere Nudeln *(gogges)*, die Gnocchi ähneln. Beliebt

143pe ln

sind auch grobe Spaghetti, mit Käse in der Pfanne gebraten und mit einem Spiegelei belegt *(tsouchi)*.

Backwaren

Leckere Backwaren und Desserts gibt es in den **Fournos.** In diesen **Holzofenbäckereien** findet man immer mehrere Brotsorten *(psomi)* aus verschiedenen Mehlsorten, aber auch süße und salzige Pasteten aus Blätterteig *(mpougatsa)*, die mit Käse *(tiropita)*, Spinat *(spanakopita)* oder Hackfleisch *(prassopita)* gefüllt sind. Die süßen Varianten sind teils nur mit Zitronenabrieb und Zimt oder mit Vanillecreme gefüllt.

Süßigkeiten und Desserts

Eine besondere Spezialität ist das **Mandelgebäck** *amygdalota* aus Lakonien. Lalangia sind gedrehte, frittierte **Teigringe,** die meist bei großen Festen und Veranstaltungen angeboten werden. *Diples* ist zu **Röllchen** geformter Teig, der mit Honig getränkt wird. Ähnlich ist **Baklava,** das auf der Peloponnes oft mit Korinthen serviert wird.

Eine Spezialität der Peloponnes sind **eingemachte Früchte in Sirup,** genannt *glyko koutaliou* (Löffelsüßigkeit). Es gibt diese Spezialität aus Kirschen, Bitterorangen, Bergamotte oder auch Feige. Von der Konsistenz her ähnelt sie Marmelade, ist aber wesentlich süßer. Nur einen kleinen Löffel gibt man zu Naturjoghurt, um ihn zu süßen.

◁ Klassiker in der Psarotaverna: gegrillter und frittierter Fisch und Meeresfrüchte

Käse

Am meisten verbreitet sind **Weichkäsesorten** aus gekochter Milch oder in Salzlake gereift, bei denen oft **Schafs- und Ziegenmilch** vermischt werden. So gibt es den Salzlakenkäse Sfela, der Feta ähnelt, oder den Ricotta-ähnlichen Myzithra, der aus der Stadt Mystras stammen soll. Natürlich gibt es auch eine Auswahl an bekannten Käsesorten wie Feta oder Ziegengouda.

Vegetarisch und vegan

Wer sich vegetarisch ernährt, wird auf den Speisekarten der meisten Restaurants eine Auswahl finden: Zu den Standards gehören zum Beispiel **Nudeln mit Tomatensoße** oder auch **weiße Bohnen** *(gigantes)* in Tomatensoße, geschmortes Gemüse oder **Salate.** Teils werden auch **warme Salate** mit gekochtem Gemüse wie Auberginen, Kartoffeln und Zucchini mit einer Sauce aus Olivenöl angeboten. Einer Quiche ähnelt der **Lauchkuchen** *praso pita*, der mit Quarkkäse und Rosinen zubereitet wird.

Vegane Gerichte sind momentan noch die Ausnahme. Vor allem die studentischen Cafébars in Großstädten wie Patras oder Kalamata bieten eine Auswahl an veganen Speisen an.

App

- Vegane Restaurants listet die App **Vegan Greece Guide,** veganguidegreece.com.

Getränke

Kaffee

Die Osmanen machten im 13. Jh. die Griechen mit dem Kaffee bekannt. Spätestens ab dem 18. Jh. war das *kafenion,* das Kaffeehaus, überall im Land etabliert. Noch heute ist Kaffee ein wichtiger Bestandteil der griechischen Trinkkultur.

Was als „griechischer Kaffee" *(kafes ellinikos)* bekannt ist, geht auf den starken türkischen Mokka zurück. Hierbei wird Kaffee in ein **Stiltöpfchen** gegeben und mit heißem Wasser **aufgegossen.** Sobald der Kaffee sich gesetzt hat, wird die Flüssigkeit in die Tasse abgegossen, der Kaffeesatz bleibt im Töpfchen. Zucker wird bereits vor dem Aufguss hinzugegeben, daher wird man oft gefragt, wieviele Löffel Zucker man haben möchte.

Als inoffizielles Nationalgetränk gilt in Griechenland allerdings der kalte **Frappé,** der in den 1960er-Jahren von einem Griechen erfunden wurde. Hierzu wird **Instantkaffee** mit Zucker und ein wenig kaltem Wasser zu einer Crema aufgeschäumt. Man kann entweder einen Hand-Shaker benutzen oder eine Frappé-Maschine (elektrischer Rührstab). Sobald der Schaum eine stabile Konstistenz hat, gibt man **Eiswürfel und kaltes Wasser** hinzu. Dann lässt man das Ganze eine Weile stehen, bis die Flüssigkeit sich nach unten abgesetzt hat und der Schaum nach oben. Danach gibt man nach Belieben kalte Milch hinzu.

Die meisten Cafés arbeiten heute zusätzlich mit modernen Siebträgermaschinen, mit denen auch andere gängige Kaffeespezialitäten wie **Espresso, Cappuccino** oder **Caffè latte** zubereitet werden können, die man auch geeist bestellen kann.

Wasser

→ Gesundheit und Hygiene

Während im Restaurant immer eine **Karaffe Wasser** *(nero)* zum Essen hinzugestellt wird, bekommt man in Cafés und Bars ein **Glas** Wasser zum bestellten Getränk hinzu. Dies ist ein Zeichen der Gastfreundschaft und bei den oft hohen Temperaturen auch ein willkommener Durststiller.

Wein

Die **Vielfalt** griechischer Weine ist weitaus größer als allgemein bekannt, da nur wenige Sorten exportiert werden. Früher hat man Baumharz zur Konservierung des Weins benutzt, wie man es vom **Retsina** her kennt. In den letzten Jahren hat

144pe ln

⊡ In der Bar bekommt man zum Getränk ein Glas Wasser und oft auch kleine Snacks wie Chips, Oliven oder Käsehäppchen

sich sehr viel verändert: Man produziert nach modernen Methoden und es gibt immer mehr Weingüter, die **Bioweine** herstellen. Der **Weintourismus** in den verschiedenen Anbaugebieten der Peloponnes befindet sich im Aufschwung. Zahlreiche Weingüter bieten Führungen und Verkostungen an.

Die **Hauptanbaugebiete** sind Nemea in Korinth mit Weinen aus der Rebe Agiortiko, Mantinea in Arkadien mit der Rebe Moschofilero, Monemvasia in Lakonien mit Malvasia sowie Patras und Egio in Achaia mit Mavrodaphne und Vostitsa. Neben den heimischen Varianten werden auch internationale Rebsorten wie Sauvignon, Merlot, Pinot Noir, Chardonnay und Syrah angebaut. In der größten Weinregion Nemea findet Anfang September das **Weinfestival** „Great Nemea Days" statt.

Für Griechen gehört Hauswein aus der Region zu einem guten Essen. Viele Landwirte produzieren in ihrem Weinberg **Tafelweine** für den eigenen Gebrauch, die sie auch auf Märkten oder an Ständen am Straßenrand verkaufen. Meist kann man sich dabei auf eine annehmbare Qualität verlassen, allerdings sind die Weine in Plastikflaschen abgefüllt und nicht lange haltbar.

Bier

Zur Zeit von *Otto I.* zog es auch **bayrische Bierbrauer** nach Griechenland. Einer der erfolgreichsten war *Johann Georg Fix,* der den Grundstein für die Athener Brauerei Fix legte, die Bier nach deutschem Reinheitsgebot braute. **Mamos** stammt ursprünglich aus Patras und wurde dort ab 1876 von *Petros Mamos* (1880–1957) gebraut. Es gilt als die älteste kommerzielle Biersorte Griechenlands, die Brauerei gehört heute zur Athenian Brewery. Das alte Fabrikgebäude in Patras steht noch und ist Hintergrund für das dortige Streetfood-Festival. **Mythos** ist die verbreitetste Marke. Es stammt allerdings nicht aus Griechenland, sondern gehört zur Henniger-Carlsberg-Gruppe. In den Großstädten gibt es immer mehr kleine Brauereien, die ihre eigenen **Craft-Biere** herstellen.

Spirituosen

Der Anisschnaps **Ouzo** gehört zu den Exportschlagern Griechenlands und wird zum Beispiel in Nafplio hergestellt. Weniger bekannt ist **Tentoura,** ein Digestif, der aus Patras stammt. Es ist ein stark aromatischer Likör mit Geschmacksnoten von Zimt, Nelken, Muskatnuss, Orangenblättern und Zitrusfrüchten.

Mastix

Mastix ist **Harz vom Mastixbaum,** dem schon in der Antike heilende Eigenschaften zugesprochen wurden. So nutzte man ihn gegen Magenbeschwerden, Hautkrankheiten und für die Mundhygiene. Heute wird der auf der Insel Chios angebaute Mastix für viele Produkte verwendet, zum Beispiel Kaugummi, aber auch für **Limonade** und **Liköre,** die man Cocktails beigibt. Mastix hat ein sehr intensives Aroma, das man entweder mag oder nicht. In den Supermärkten stößt man auf allerlei Produkte, die Mastix enthalten.

Feiertage, Feste und Events

→ Peloponnes zu jeder Zeit, S. 20

Das ganze Jahr über finden auf der Peloponnes verschiedene Festivitäten und Events statt. In den jeweilgen Ortskapiteln wird auf die wichtigen Veranstaltungen hingewiesen.

Ein erstes Highlight im Festkalender ist der **Karneval,** der im Februar in Patras, Pyrgos oder Kalamata groß gefeiert wird. Griechenlandweit wird das **Osterfest** besonders aufwendig zelebriert, dann finden in vielen Orten Prozessionen und große öffentliche Feiern statt. In den ländlichen Regionen werden im September oder Oktober **Erntedankfeste** begangen, etwa das Kastanienfest im Taygetos-Gebirge.

Die größten **Sportveranstaltungen** gibt es in Sparta. Hier wird jährlich Ende September der **Spartathlon** ausgerichtet, ein spektakulärer Ultramarathon auf der Route des ersten Marathonläufers von Athen nach Sparta. Auch bei Radrennen kann man in Sparta zuschauen, darunter die **Spartakiada,** das größte Radsport-Event Griechenlands. In den Karstfelsen von Leonidio findet ein **Kletterfestival** statt, das Freeclimber aus aller Welt anzieht. Ein internationales **Tanzfestival** gibt es in Kalamata.

Ein besonders stimmungsvolles Fest ist die **Vollmondnacht im August.** Wenn der Mond im August der Erde besonders nah ist, wird dieses Ereignis an vielen Orten in Griechenland mit **Open-Air-Veranstaltungen** zelebriert. Es gibt Musik und Tanz, bis der Mond unter- und die Sonne aufgeht. Viele archäologische Stätten wie z.B. das Antike Olympia sind dann bis Mitternacht geöffnet.

Griechische Feiertage

An Feiertagen sind Geschäfte, Museen und archäologische Ausgrabungsstätten geschlossen, ebenso wie staatliche Einrichtungen, Banken und Postfilialen.

- **1. Januar:** Neujahr
- **6. Januar:** Epiphania
- **Februar/März:** Rosenmontag, Beginn der Fastenzeit
- **6. März:** Melina-Mercouri-Gedenktag. Die Schauspielerin, Sängerin und Politikerin *Melina Mercouri* (1920–94) war 1981–98 und 1993–94 als erste Frau Kulturministerin Griechenlands. An ihrem Gedenktag ist der **Eintritt in staatliche Museen und Ausgrabungen** frei. Der Tag ist kein staatlicher Feiertag.
- **25. März:** Griechischer Nationalfeiertag. Am 25.3.1821 begann der Unabhängigkeitskrieg der Griechen gegen die Fremdherrschaft durch die Osmanen. Dieser Tag wird alljährlich mit Paraden und ausgiebigen Feiern begangen.
- **April/Mai:** Orthodoxer Karfreitag, Ostersonntag und Ostermontag
- **1. Mai:** Tag der Arbeit
- **Anfang Juni:** Orthodoxer Pfingstsonntag und -montag
- **15. August:** Orthodoxe Mariä Himmelfahrt
- **28. Oktober:** Ochi-Tag. An diesem Tag lehnte die Regierung *Metaxa* die Aufforderung *Mussolinis* zur Kapitulation ab, man sagte *ochi* (nein).
- **25./26. Dezember:** Weihnachten

[>] Haltestellen heißen „Stasi" – Busfahren ist günstig in Griechenland

Geld

→ Notfälle: Kartensperrung

In Griechenland ist der **Euro** das übliche Zahlungsmittel. Für Schweizer gilt es weiter, Geld zu wechseln. Ein **Schweizer Franken** entspricht 1,03 €, für 1 € erhält man 0,97 SFr (Stand April 2024).

Mit einer europäischen **Bank- oder Kreditkarte** kann man fast überall bezahlen. Dies ist grundsätzlich vorteilhafter als eine Barabhebung. Die Hausbank darf innerhalb der Euro-Länder keine Gebühr für den Auslandseinsatz veranschlagen (Schweizern wird ein Entgelt von 1–2 % des Umsatzes berechnet). **Bargeld** ist lediglich in kleineren Läden oder Kiosken erforderlich. Wer am **Geldautomaten** Geld abhebt, zahlt ein Entgelt, das je nach kartenausstellender Bank und der Bank, bei der man abhebt, variiert. Schweizer sollten darauf achten, dass sie immer in Euro abbuchen. Eine der größten **Banken** *(trapeza)* auf der Peloponnes ist die Piräus Bank, deren Filialen mit Geldautomaten man an vielen Orten findet.

Preisniveau

Die Preise in der **Gastronomie** liegen auf der Peloponnes unter dem mitteleuropäischen Durchschnitt. Wer in einer Taverne speist, zahlt etwa 10–20 % weniger als für ein gleichwertiges Essen in einem deutschen Restaurant. In den ausgewiesenen Touristenzentren wie z.B. in der Äußeren Mani oder der Argolis rund um Nafplio liegen die Preise eher auf deutschem Niveau oder sogar höher. Generell gilt: Wer etwas abseits einkehrt und nicht direkt am Strand sitzen möchte, zahlt weniger. Cocktails und Wein liegen meist auf demselben Preisniveau, wie man es von zuhause gewohnt ist.

Selbstversorger können auf der Peloponnes sehr preiswert leben. Es gibt sehr viele Märkte, auf denen man frische und leckere Lebensmittel günstig einkaufen kann. Dort bekommt man auch Weine aus der privaten Abfüllung der Bauern. In den Supermärkten zahlt man etwas mehr für die Produkte, insbesondere für Fleisch und Fisch. Im Großen und Ganzen liegt ein durchschnittlicher Einkauf im Supermarkt dennoch bis zu 20 % unter dem Preis in Mitteleuropa.

Die Kosten für **öffentliche Verkehrsmittel** und **Eintrittspreise** liegen weit unter dem Niveau mitteleuropäischer Länder. In einem Heimatmuseum zahlt man als Erwachsener kaum mehr als 3 €, denn kulturelle Einrichtungen werden stark subventioniert. Sogar die gut besuchten UNESCO-Welterbestätten bieten ein sehr gutes Preis-Leistungs-Verhältnis für das, was geboten wird.

145pe In

Gesundheit und Hygiene

→ Reisegepäck und Ausrüstung

Medizinische Versorgung

Größere Städte wie Patras und Kalamata haben **Krankenhäuser mit Notaufnahmen.** Wenn möglich, sollte man sich dorthin wenden. In kleineren Städten gibt es meist kleine Praxen, in denen das medizinische Personal nur eine Erstversorgung leisten kann. Oft ist dort aber gar kein Arzt anwesend. Hinzu kommen die Verständigungsschwierigkeiten. Das Deutsche Honorarkonsulat in Patras (→ S. 381) kann bei der Vermittlung von **deutschsprachigen Ärzten** bzw. Dolmetschern behilflich sein. **Apotheken** *(farmakio)* sind weit verbreitet und fast in jeder kleineren Stadt zu finden.

Auslandskrankenversicherung

Zur Behandlung in Griechenland benötigen gesetzlich Versicherte die **Europäische Krankenversicherungskarte** (EHIC). Bei den meisten deutschen bzw. europäischen Krankenkassen benutzt man hierfür seine normale Versicherungskarte, wobei die EHIC-Daten auf der Rückseite stehen.

Die Kosten für dringende Behandlungen werden normalerweise nach der Rückkehr von den Krankenkassen übernommen. Allerdings kann es sein, dass man in Vorlage treten muss. Daher ist es wichtig, sich alle Behandlungen und Medikamente genau quittieren zu lassen. Zusätzlich empfiehlt sich der Abschluss einer **Reisekrankenversicherung.** Diese sollte eine Reiserückholversicherung beeinhalten, denn bei Notfällen, die eine Rückführung nach Hause erfordern, muss man ansonsten die Kosten selbst tragen. Privat Versicherte (u.a. Schweizer) sollten prüfen, ob ihre private Krankenversicherungsgesellschaft die vollständige Auslandsdeckung auch in Griechenland garantiert.

Gesundheitsvorsorge

Falls man plant, länger in einsameren Gegenden unterwegs zu sein, etwa bei mehrtätigen Wanderungen durchs Gebirge, empfiehlt es sich schon vor der Reise, eine kleine **Reiseapotheke** mit den wichtigsten Medikamenten zusammenzustellen. **Antiallergische Mittel** wie Histamine als Salbe oder in Tropfenform sollten dabei sein, denn tatsächlich kann man bei Wanderungen durch die Landschaft mit zahlreichen allergieauslösenden Pflanzen oder Insekten in Kontakt kommen. Mit Medikamenten, die man regelmäßig benötigt, sollte man sich ausreichend ausstatten.

Für den Besuch in Griechenland sind keine besonderen Impfungen nötig. Aufgrund der stärkeren Sonneneinstrahlung sind jedoch **Sonnenschutzmittel** mit hohem Schutzfaktor angeraten. Beim Wandern sollte man einen Sonnenhut oder eine Kappe tragen.

Hygiene

Wasserhähne mit **Trinkwasser** findet man auf der Peloponnes an vielen Orten im öffentlichen Raum. Dennoch sollte man dabei Vorsicht walten lassen, denn man weiß nie, wie das Wasser geklärt wurde oder in welchem Zustand die Leitungen sind. Am besten kocht man Leitungswasser vor dem Trinken ab.

Im öffentlichen Raum sollte man die **Toiletten** in der Gastronomie oder in Museen, an Häfen oder Busbahnhöfen nutzen. Auf einigen Campingplätzen, in gastronomischen Einrichtungen oder auch Hotels darf man in Toiletten **kein Papier hinunterspülen.** Dafür steht ein Eimer bereit, in den man das benutzte Papier werfen muss.

Mit Haustier unterwegs

Voraussetzung für die Einreise eines **Hundes** und auch einer Katze ist der **EU-Heimtierausweis.** In diesem werden Impfungen vermerkt. Hunde müssen bei der Einreise über eine gültige Tollwutimpfung verfügen, die nicht weniger als 21 Tage zurückliegen darf. Außerdem müssen die Tiere (das ist aber ohnehin eine Voraussetzung für den Erhalt des Ausweises) über eine eindeutige Identifizierbarkeit mittels Mikrochip oder Tätowierung verfügen. Da Welpen erst ab dem dritten Monat geimpft werden können, ist deren Mitnahme in den Urlaub untersagt.

Information

Touristinformationen

Für die bisher touristisch noch nicht völlig erschlossene Peloponnes ist die Versorgung mit Informationen eher dürftig. Es gibt so gut wie **keine Touristinformationen vor Ort.** Allgemeine Informationen erhält man zum Beispiel in den Häfen bei den Fährgesellschaften, am Flughafen oder auch am Busbahnhof.

Visit Greece ist die Griechische Zentrale für Fremdenverkehr, die hauptsächlich einen Online-Service anbietet.

- **Visit Greece,** Holzgraben 31, 60313 Frankfurt, Tel. +49 69 2578270, www.visitgreece. com.de.

Informationen im Internet

Die offiziellen Internetadressen der Orte enthalten wenig nützliche Informationen und sind oft veraltet. Interessante Webseiten sind meist nur in **griechischer Sprache** verfügbar, gelegentlich auch auf **Englisch.** In diesem Buch werden rein griechische Internetseiten angegeben, wenn sie relevante Daten und Fotos enthalten, die man auch ohne Worte versteht. Es gibt kaum Webadressen, die Informationen über Sehenswürdigkeiten bündeln. Viele interessante Orte sind gar nicht im Internet zu finden und wenn doch, fehlen oft die wichtigsten Daten wie Adressen und Öffnungszeiten.

- **topel.gr, Tripoli.** Peloponnes Tourism Organisation (PTO), die offzielle Tourismuszentrale der Peloponnes vertritt alle Regionen.

- **www.discovergreece.com/de/peloponnese.** Offizielle Marketingseite Griechenlands mit Empfehlungen für Reiseziele und Hoteladressen.
- **www.discover-peloponnese.com.** Privat geführte Seite des Reiseunternehmens Arcas Travel Services mit vielen Adressen.
- **www.visitgreece.gr/mainland/peloponnese.** Die offizielle Seite der Touristinformation für Griechenland.
- **odysseus.culture.gr.** Auf der Seite des Kultusministeriums findet man Informationen über alle staatlich verwalteten Museen und archäologischen Stätten. Letztere sind auf einer interaktiven Karte und alphabetisch gelistet.
- **archaeologicalmuseums.gr/en.** Auf dieser Seite sind auch kleinere archäologische Museen übersichtlich gelistet.

Apps

- **Visit Greece:** www.visitgreece.gr/before-travelling-to-greece/visit-greece-app/, App des offiziellen Tourismusportals.
- **Free Now:** www.free-now.com/gr-en/ride, Service für die Vermittlung von Taxis und E-Bikes (Android/iOS).
- **www.vrisko.gr/en:** Allgemeines Adressenverzeichnis für alle geschäftlichen und öffentlichen Einrichtungen (Android/iOS).

Zeitungen

Es gibt auf der Peloponnes viele regionale Zeitungen in griechischer Sprache. Zu den größten gehört die „Peloponnisos“, die in Patras herausgegeben wird. Eine **deutschsprachige Wochenzeitung** mit interessanten Artikeln über ganz Griechenland ist die „Griechenland Zeitung“ (www.griechenland.net).

Mit Kindern unterwegs

Die Peloponnes ist für einen Familienurlaub gut geeignet. Vor allem die großen **Ferienanlagen** bieten ein speziell auf Familien ausgerichtetes Programm und auch die Campingplätze von Top-Camping sind mit betreuten Aktivitäten auf Kinder eingestellt.

Auf der Peloponnes gibt es für Kinder viel zu entdecken. Nicht nur die zahlreichen **Burgen,** auch **archäologische Stätten** wie Olympia können die Kinderfantasie beflügeln. An familienfreundlichen **Stränden** mit touristischer Infrastruktur wie an der Ionischen Küste, in Süd-Messenien und der Argolis gibt es teils **Hüpfburgen** im Wasser. In einigen Orten locken **Wasserparks** mit Rutschen und anderen Attraktionen. Vor allem in Messenien kann man **Bootsausflüge** entlang der Küste oder zu vorgelagerten Inseln machen. Beim **Schnorcheln** können ältere Kinder den Reichtum der Meeresflora- und -fauna entdecken. Im glasklaren Wasser an den Küsten der Mani sieht man oft Fische im Wasser.

Dieses Zeichen weist im Buch auf Attraktionen und Unterkünfte hin, die speziell auf Kinder zugeschnitten sind, oder auf Sehenswürdigkeiten, die auch Kinder interessieren.

[>] Bootsausflüge sind auch für Kinder ein Erlebnis

Klima und Reisezeit

→ Reisegepäck und Ausrüstung

Die Peloponnes lohnt sich ganzjährig zu bereisen. Das Besondere an der Halbinsel ist, dass sie **mehrere Klimazonen** besitzt, die je nach Jahreszeit und Region unterschiedliche Aktivitäten ermöglichen. Die **höchsten Temperaturen** findet man im Sommer in der Mani, dem südlichsten Zipfel der Halbinsel. Hier steigt das Thermometer regelmäßig auf über 40 °C. Die **regnerischsten Monate** sind Januar und Februar. In Achaia und Elis kann es bis in den Mai hinein öfter kurz regnen, was in den vorherrschenden Westwinden und der Nähe zu den Gebirgen begründet ist. Im Chelmos-Massiv regnet es sogar bis in den Sommer hinein, dazu kommt häufig Nebel. Trockener geht es im südlichen Teil der Halbinsel zu.

146pe ln

Zwar sind viele **Campingplätze und Hotels** nur von April/Mai bis September/Oktober geöffnet, doch wer die heißeste Zeit des Jahres lieber meiden möchte, findet rund um die größeren Städte auch im Frühjahr und Herbst ein ausreichendes Angebot an Unterkünften und **Freizeitaktivitäten.** Auch lohnen die wichtigen **Feiertage** einen Besuch. So wird zum Beispiel in Patras und anderen Städten im Januar und Februar Karneval gefeiert. Im März und April finden überall große Osterprozessionen statt. Im Herbst finden in den Bergregionen zur Erntezeit Events wie Kastanienfestivals statt, in den Weinregionen wird die neue Weinernte zelebiert. In den Olivenanbaugebieten kann man im Oktober und November an der Olivenernte teilnehmen.

Radfahren und Wandern kann man besser bei kühleren Temperaturen. Für Aktivurlauber sind daher die Monate April und Mai sowie September bis November für einen Besuch der Peloponnes zu empfehlen. In den Gebirgsregionen besteht bis Anfang Dezember (vor der regenreichen Zeit) die Möglichkeit zum Wandern und Klettern. Skifahren kann man von Januar bis März, auf den höchsten Gipfeln liegt noch bis in den April hinein Schnee.

Kommunikation unterwegs

Telefonieren

Fast überall auf der Peloponnes findet man eine **gute Netzabdeckung.** Lediglich in den Bergregionen im Hinterland fallen Netze manchmal aus oder es gibt gar keine Verbindung. Da in der EU die Roaming-Gebühren weggefallen sind, kann man zu denselben Tarifen telefonieren wie zuhause.

Unabhängig davon, ob man innerhalb Griechenlands oder ins Ausland telefoniert, muss man jeweils die **Landesvorwahl** sowie die **Ortsvorwahl** (ohne Null) mitwählen.

Landesvorwahlen

- **Griechenland:** 0030
- **Deutschland:** 0049
- **Österreich:** 0043
- **Schweiz:** 0041

WLAN

Fast alle Hotels und Ferienwohnungen bieten **kostenfreies WLAN** an. Auf Campingplätzen hat man jedoch oft nur im Bereich der Rezeption Empfang. Auch in Cafés und anderen öffentlichen Gebäuden ist teilweise freies WLAN vorhanden. In einsameren Regionen im Hinterland, vor allem in den Bergregionen, kann man sich allerdings nicht immer auf ein Signal verlassen. Die Nutzung von **GPS** steht leider oft gerade dort, wo man es gut gebrauchen könnte – z.B. beim Wandern oder bei der Suche mit dem Navi – nicht zur Verfügung.

Insbesondere bei Internetnutzung fährt man mit kostenlosen WLAN-Verbindungen zum Schreiben von E-Mails (vor allem mit Anhängen), (Video-)Telefonieren oder auch Teilen von Fotos/Dateien etc. über Messenger-Apps sicherlich am günstigsten, möchte man sein Datenvolumen nicht überstrapazieren. Man sollte sich aber darüber im Klaren sein, dass bei „freien" WLAN-Quellen immer Daten über die Nutzer gesammelt werden. Leider gibt es auch hin und wieder Hackerangriffe in solchen Netzen. So sollte man darüber keine sensitiven Anmeldedaten (Bank-Login u.Ä.) eingeben, wenn man sich nicht durch einen zusätzlichen Dienst wie z.B. einen VPN-Anbieter (Virtual Private Network, z.B. www.nordvpn.com) absichert.

LGBT+

→ Land und Leute: Bevölkerung

Die meisten Griechen tolerieren unterschiedliche Lebensformen, es sei denn sie sind streng religiös. Auf der Peloponnes gibt es in Großstädten wie Patras, Kalamata und Nafplio sowie in den auf europäische Touristen ausgerichteten Urlaubszentren an der Küste eine große Akzeptanz der LBGT-Community. In Patras findet jedes Jahr im Juli die Parade **Patras Pride** statt.

Die **orthodoxe Kirche,** die im gesellschaftlichen Leben bis heute einen hohen Stellenwert einnimmt, sieht gleichgeschlechtliche Beziehungen jedoch als Sünde an.

Hilfreiche Adressen

- www.instagram.com/patras_pride
- patraspride.blogspot.com
- www.iglta.org/destinations/europe/greece
- www.ilga-europe.org
- www.travelbyinterest.com/destination/2815/gay/guide

Notfälle

→ Sicherheit

Polizei

In Notfällen sollte man sich zuerst an die **Touristenpolizei** wenden, die in größeren Urlaubsorten und in Städten zu finden ist. Die Mitarbeiter sprechen Englisch und können als Übersetzer fungieren, falls die örtliche Polizei hinzugezogen werden muss. Sie helfen z.B. beim Verlust des Ausweises weiter oder auch bei einem Streitfall mit einer Serviceeinrichtung, etwa einem Hotel. Bei Kriminalfällen wird die örtliche Polizei hinzugezogen.

Notrufnummern

- **Allgemeiner Notruf:** 112
- **Rettungsdienst:** 166
- **Feuerwehr:** 199
- **Touristenpolizei:** 1571 oder +30 2108081464

Ausweisverlust

Wird der Reisepass oder Personalausweis gestohlen, muss man dies bei der **Touristenpolizei** bzw. der örtlichen **Polizei** melden. Darüber hinaus sollte man sich an die nächste diplomatische **Auslandsvertretung** seines Landes wenden, damit man einen **Ersatz-Reiseausweis** zur Rückkehr ausgestellt bekommt (vor allem bei Flügen wichtig!). Auch in **dringenden Notfällen,** z.B. medizinischer oder rechtlicher Art, sind die Auslandsvertretungen bemüht, vermittelnd zu helfen.

Diplomatische Vertretungen

- **Deutscher Honorarkonsul in Patras,** Trion Navarchon 65, Tel. +30 261 031020 (außerhalb der Dienstzeiten und an Feiertagen Tel. +30 69323381), griechenland.diplo.de/gr-de. Hilft bei Passverlust, aber auch bei der Vermittlung von deutschsprachigen Ärzten oder Dolmetschern.
- **Deutsche Botschaft Athen,** Karoli & Dimitriou 3, 10675 Athen-Kolonaki, Notfall-Tel. +30 693 2338153, griechenland.diplo.de/gr-de/vertretungen/botschaft.
- **Österreichische Botschaft Athen,** Vasilissis Sofias 4, 10674 Athen, Tel. +30 210 7257270, www.bmeia.gv.at/oeb-athen.
- **Schweizerische Botschaft Athen,** Iassiou 2, Kolonaki, 11521 Athen, Tel. +30 210 7230364, www.eda.admin.ch.

Kartensperrung

Bei **Verlust oder Diebstahl** der Kredit- oder Debitkarte sollte man diese umgehend sperren lassen und zudem den Verlust oder Diebstahl bei der **Polizei** zur Anzeige bringen, damit man auch bei Lastschriftverfahren mittels Unterschrift eventuelle Ansprüche zurückweisen kann. Tipp: Die Notrufnummer mit IBAN bzw. Kreditkartennummer u.a. im Handy speichern.

- **Deutscher Sperrnotruf** für alle Debit- und Kreditkarten, Tel. +49-116116, aus dem Ausland Tel. +49 30 40504050. Der Sperrnotruf bietet auch eine kostenlose SperrApp für iOS und Android an.
- **Österreichischer Sperr-Notruf** für Bankomat-Karten, Tel. +43 12048800.
- **Schweizerischer Kartensperrservice des TCS,** Tel. +41 844888111.

Ansonsten gelten für österreichische und schweizerische MasterCard, VISA, American Express und Diners Club, dass man sich vor der Reise die Rufnummer der kartenausstellenden Bank notiert haben sollte.

Geldnot

Wer dringend eine größere Summe Bargeld benötigt, kann dies über www.westernunion.de regeln und das Geld bei der entsprechenden Vertretung von **Western Union** am Urlaubsort auszahlen lassen. Solche Überweisungen kann man per App von Western Union avisieren, über Online-Banking von seiner eigenen Bank oder durch eine dritte Person zuhause.

Öffnungszeiten

Die meisten kleineren **Geschäfte** und Einrichtungen machen zur Mittagszeit zwischen 13 und 16 Uhr eine längere Pause und sind dafür abends manchmal bis 21 Uhr geöffnet. Bei kleineren Läden gibt es oft keine geregelten Öffnungszeiten. Durchgängig geöffnet sind größere und kleinere **Supermärkte** sowie **Zeitungskiosks,** an denen man auch Getränke und Snacks bekommt. Auch **Tankstellen** schließen meist nicht über Mittag, nur im Hinterland kommt dies vor. **Postfilialen** in Großstädten sind oft ganztags und sogar sonntags geöffnet, in kleineren Orten gibt es auch hier die verlängerte Mittagspause. Die Kernöffnungszeiten sind 7.30–13 und 15–19, Sa 7.30–14.30, So 9–13 Uhr. **Banken** sind großteils 9–14 und 17–21 Uhr geöffnet, in den Großstädten oft auch samstags (9–13 Uhr).

Museen und archäologische Stätten

Der weitaus größte Teil der Museen und archäologischen Stätten in Griechenland wird vom staatlichen Kultusministerium verwaltet. Die **Kernöffnungszeiten** für Museen sind Mittwoch bis Montag 8.30–15.30 Uhr, im Sommer oft auch länger. Viele Einrichtungen haben **Dienstag Ruhetag.** Geschlossen sind sie am 1. Januar, 25. März, Ostersonntag, 1. Mai. und 25./26. Dez.

Auch während der offziellen Öffnungszeiten sollte man darauf vorbereitet sein, dass archäologische Stätten oder Museen unerwarteterweise geschlossen sind. Trotz einer langen Anreise steht man dann vor verschlossenen Türen. Neben öffentlich zugänglichen archäologischen Ruinen gibt es leider auch abgezäunte Stätten in ablegegeneren und weniger häufig besuchten Stätten, wo manchmal kein Personal vor Ort ist. Wenn möglich, sollte man vorher anrufen, wenn man einen Besuch plant. Leider gibt es bisher keine zentralen Auskunftsstellen online, wo solche Daten aktualisiert werden. Regionale oder privat geführte Museen geben oft keine Öffnungszeiten an und sind manchmal nur während der Hauptsaison geöffnet.

Die **Eintrittspreise** sind niedrig (Erw. 2–4 €), Kinder, Studenten und Renter zahlen ermäßigte Preise. An bestimmten Feiertagen gibt es freien Eintritt, so am 6. März, 18. April, 18. Mai, am letzten Wochenende im September, 28. Oktober und jeden ersten Sonntag von November bis März.

Post

Postfilialen gibt es in Geschäften oder mit eigenen Filialen. Postämter tragen die Bezeichnung „Ellinika Tachidromeia“ (ELTA), d.h. Hellenic Post S.A. Sie sind blau mit gelber Schrift gekennzeichnet. **Briefkästen** sind gelb und mit der blauen Aufschrift **ELTA** versehen. Zudem ist der Umriss eines Profils des Gottes Hermes abgebildet, der einen geflügelten Helm trägt. Für Briefe bis 20 Gramm und Postkarten ins Ausland beträgt das **Porto** 2 €. **Briefmarken** bekommt man auch in Supermärkten und an Kiosken.

Rauchen

In griechischen **Gaststätten** gilt für den Innenbereich ein absolutes Rauchverbot. **Tabakwaren** sind deutlich günstiger als in Deutschland.

Reisegepäck und Ausrüstung

→ Klima und Reisezeit
→ Sport und Aktivitäten
→ Gesundheit und Hygiene

Die für eine Peloponnes-Reise benötigte **Kleidung** richtet sich nach der Region und der Jahreszeit. Wer in die nördlichen und nordwestlichen Küstenregionen fährt, sollte bedenken, dass es auch im Sommer hin und wieder regnen oder nieseln kann. Daher sind leichte Regenumhänge, die man zusammenfalten und in die Tasche oder den Rucksack stecken kann, von Vorteil. Wer **wandern** möchte, sollte unbedingt entsprechendes **Schuhwerk** mitbringen, denn die Wege im Gebirge sind selten gut befestigt. In höheren Regionen benötigt man unter Umständen auch **wärmere Kleidung** wie einen Fleece-Pullover.

Wenn man etwas vergessen hat, findet man in den größeren Städten Sportshops oder große Supermärkte mit Kleidungsabteilungen, in denen man das Nötige kaufen kann.

Bei Wanderungen durch die Landschaft kann man mit zahlreichen allergieauslösenden Pflanzen oder Insekten in Kontakt kommen. Daher sollte man immer **antiallergische Mittel** dabeihaben. Im Wasser gibt es die Gefahr, auf Seeigel zu treten oder mit giftigen Quallen in Kontakt zu geraten, die ebenfalls allergische Reaktionen auslösen können.

Sicherheit

→ Notfälle
→ Verhaltenstipps

Die Peloponnes ist ein sicheres Reiseziel. Hotels und Campingplätze sind bewacht und man braucht sich keine Sorgen zu machen. Dennoch gelten die üblichen **Sicherheitsvorkehrungen** und man sollte beispielsweise das **Auto** immer abschließen. Begibt man sich ins Großstadtgetümmel, sollte man wie überall auf seine Wertsachen achtgeben. In Städten wie Patras und Kalamata kann es passieren, dass vor Supermärkten gebettelt wird. Manchmal wird man von mehreren Menschen, auch Kindern, gleichzeitig bedrängt. Am besten bleibt man freundlich, lässt sich aber nicht auf ein Gespräch ein.

Giftige Tiere

Insbesondere am Golf von Korinth und in Teilen der Argolis kommen **Seeigel** vor. Daher sollte man generell Badeschuhe mit fester Sohle (Surfschuhe) tragen. Nicht alle Seeigel sind giftig, aber der Stich durch die Stacheln, die abbrechen können, kann schmerzhaft sein.

Aufgrund der Erwärmung des Mittelmeers und fehlender natürlicher Feinde wie Delfine und Meeresschildkröten hat sich in den letzten Jahren die Anzahl an **Quallen** rund um die Peloponnes vervielfacht. Auch die giftige Feuerqualle (Pelagia noctiluca) kommt vor, ebenso die Blaue Nesselqualle (Cyanea lamarckii). Die Nesselkapseln der Quallen verhaken sich in der Haut und können Schmerzen, Hautirritationen oder Allergien auslösen. Man sollte die Hautreizung mit Meerwasser spülen, nicht mit Süßwasser, und gegebebenfalls einen Arzt aufsuchen. Das Baden der gereizten Stelle mit sehr warmem Wasser deaktiviert die Toxine. Auch Antihistamin-Gels können Erleichterung bringen.

Die einsamen Bergregionen sind auch die Heimat von einigen giftigen **Schlangen** wie der Hornotter (auch Sandviper) und der Kreuzotter. Wird man von einer solchen Schlange gebissen, sollte man sofort einen Arzt aufsuchen. Unter von der Sonne aufgewärmten Steinhaufen oder Dachziegeln oder an sonnigen Felswänden verkriechen sich manchmal Schlangen und **Skorpione.** Auch ungiftige Exemplare wie die Zornnatter können schmerzhafte Bisse verursachen. Im Süden, insbesondere in den felsigen Regionen der Mani, ist ein brauner Skorpion häufig anzutreffen, dessen Stich sehr schmerzhaft sein kann, der jedoch nicht giftig ist. In Trockengebieten wie Ödland, Dünen oder Geröllstränden können sich Exemplare der giftigen Spinnenart **Schwarze Witwe** aufhalten.

■ **Infos:** www.inaturalist.org/projects/jellyfish-of-greece

147pe In

Sport und Aktivitäten

→ Camping

Baden

Die Peloponnes ist für ihre unzähligen schönen Strände berühmt, die von goldgelben **Sandstränden** bis zu **Felsbuchten** in allen Variationen reichen. In den Ortskapiteln gibt es Hinweise auf Strände mit touristischer Infrastruktur wie auch auf einsame, naturbelassene Buchten, wo man Badestopps einlegen kann.

Wer nicht zimperlich ist und normalerweise ein Bad in der Nord- oder Ostsee nicht scheut, kann auf der Peloponnes das ganze Jahr über in die Fluten springen. Am kühlsten ist das Wasser von Dezember bis April, dann schwankt die **Wassertemperatur** zwischen 15,5 und 17 °C. Im Mai und Juni liegt sie bei 18–22 °C und von Juli bis Oktober zwischen 23 und 26 °C, manchmal sogar darüber. Es kommt darauf an, in welcher Region man sich befindet und welche Meeres- und Windströmungen vorherrschen. Ganz im Süden ist das Wasser am wärmsten, während es im Norden auch im Sommer kühler sein kann.

Die **Sauberkeit** der Strände wird von der Hellenic Society for the Protection of

Ein Tritt hinein ist kein Vergnügen – beim Baden sollte man auf Seeigel achten

Adobe Stock © aerial drone

Nature (EEPF) überprüft, die jedes Jahr den **Blue-Flag-Status** an besonders herausragende Badestellen vergibt. Sollte ein Strand in dieser Liste nicht auftauchen, bedeutet dies nicht zwangsläufig, dass man dort nicht unbedenklich baden kann, denn für den Status sind viele unterschiedliche Kriterien maßgeblich.

Allerdings finden sich immer wieder Badestellen, die von **Vermüllung** betroffen sind, da sie nicht regelmäßig gesäubert werden. Nur selten wird außerhalb der Saison Abwasser ins Meer abgelassen, dennoch sollte man vorsichtshalber nicht in der Nähe von erkennbaren Abflussrohren oder direkt bei der Mündung von Bächen baden.

■ **EEPF – Hellenic Society for the Protection of Nature,** eepf.gr/en. Auf der Website gibt es eine Karte mit allen Blue-Flag-Stränden.

Wassersport

In den Küstenregionen Messeniens, Lakoniens und der Argolis ist Wassersport verbreitet. Aufgrund der vorherrschenden Winde gibt es viele **Surfer und Kitesurfer,** entsprechend finden sich Surfschulen und Verleihe. Dort kann man oft auch **Kajaks** oder **Tretboote** mieten. Am Kajafas-See und in der Bucht von Navarino wird **Wasserski** angeboten.

Das Tauchen mit Atemgeräten ist vor den meisten Küsten nur im Rahmen von

Kitesurfer am Kap Drepano

professioneller Begleitung durch eine **Tauchschule** gestattet. Ansonsten ist tauchen nur mit **Schnorchel** erlaubt, es sei denn, es besteht eine ausdrückliche Erlaubnis in einer bestimmen Region. Dies dient dem Schutz der antiken Ruinen, die vor vielen Küstenabschnitten unter Wasser liegen. Leider kommt es immer wieder zu Plünderungen. In Messenien gibt es Bestrebungen, das touristische Potenzial des Tauchens für Touristen besser zu nutzen, indem man einen Diving Park einrichtet.

Wandern

Das Hinterland der Peloponnes ist gebirgig, waldreich und an vielen Stellen **naturbelassen.** Das macht die Halbinsel zu einem reizvollen, aber zugleich **anspruchsvollen Wandergebiet,** denn die meisten Wege werden nicht gepflegt und man stößt in einsamen Gegenden immer wieder auf Hindernisse wie unwegsame Pfade oder marode Brücken. Die **Fernwanderwege** sind durchweg in einem besseren Zustand und im Internet gut dokumentiert. Es gibt jedoch nur wenige Schutzhütten und kaum Verpflegungsmöglichkeiten unterwegs. Auch ist in den Bergregionen der Peloponnes das Mobilnetz schlecht und man kann dort nicht mit Bergrettung rechnen. Es ist daher unerlässlich, längere Wanderungen vorher gründlich zu planen und gut ausgerüstet zu starten. Eine Alternative ist, sich einer **geführten Tour** anzuschließen. Es gibt zahlreiche Anbieter, Informationen dazu sind in den Ortsbeschreibungen aufgeführt. Auch viele Routenvorschläge finden sich in den jeweiligen Kapiteln.

Der **Europäische Fernwanderweg E4** durchschneidet die gesamte Peloponnes von Diakopto bis Gythio. Er ist der längste Fernwanderweg Europas, der in seiner gesamten Länge von Gibraltar bis nach Zypern reicht. Innerhalb der Peloponnes gibt es viele interessante Etappen, auf denen man die Facetten der peloponnesischen Landschaft kennenlernt.

Informationen zu Wanderwegen

- **Chelmos-Vouraikos-Nationalpark,** chelmosvouraikosgeopark.necca.gov.gr
- **Taygetos-Gebirge,** www.2407m.com/taygetos-mountain
- **Mainalo-Gebirge,** menalontrail.eu/en/activities/national-trails
- **Parnon-Gebirge,** www.fdparnonas.gr, www.topoguide.gr/033/033_en.php
- **Europäischer Fernwanderweg E4,** www.e4-peloponnes.info

Radfahren

Wer das Panorama der Landschaft so richtig genießen möchte, kann theoretisch die gesamte Peloponnes mit dem Fahrrad bereisen. Es gibt jedoch, bis auf wenige Ausnahmen, keine ausgewiesene Radwege-Infrastruktur, d.h. **markierte Wege oder Radnetze fehlen.** Auf einsameren Landstraßen lässt es sich dennoch ganz gut fahren, sofern man die Straßenbeschaffenheit stets im Auge hat. Schlaglöcher sind keine Seltenheit. Zudem sollte man immer auf den vorbeifahrenden Verkehr achten, da Autofahrer auf der Peloponnes kaum Erfahrung mit Radfahrern als gleichwertigen Verkehrsteilnehmern haben. Begibt man sich ins Inland, kommt man um große **Steigungen und Serpentinen** kaum herum. Hierfür sollte man eine gute Kondition mitbringen oder ein E-Bike benutzen. Entlang der Küsten ist es im Allgemeinen etwas flacher.

Ein oft geschildertes Problem sind **streunende Hunde** (→ „Land und Leute, Tierschutz“, S. 402), die es hin und wieder auf Radfahrer abgesehen haben. Vorsicht gilt auch bei der Vorbeifahrt an Orangenhainen zur Blütezeit, denn die Bauern halten dort oft Bienenstöcke. Große **Bienenschwärme** überqueren dann die Straßen und prallen auf vorbeifahrende Fahrzeuge und Radfahrer.

In den **Innenstädten** birgt das Radfahren immer ein Risiko. Man muss selbst entscheiden, ob und wie man sich durch den hektischen Verkehr navigieren will. Aber selbst in Großstädten wie Patras oder Kalamata findet man passable Radfahrstrecken, z.B. entlang der Uferpromenaden.

Bei längeren Strecken sollte man beachten, dass es nur in der **Bahn** von Athen bis Kiato möglich ist, Fahrräder zu transportieren. In **Bussen** ist dies nur im Gepäckfach und nach Rücksprache erlaubt, was bedeutet, dass man unterwegs kaum spontan Strecken abkürzen kann.

Es gibt etliche Webseiten, die **Mountainbike-Routen** ausweisen, die man auch auf eigene Faust bewältigen kann. Schilder und Markierungen fehlen jedoch, auch sind die Strecken meist naturbelassen. Man sollte darauf vorbereitet sein, dass man sich in den Bergen in einsamen Regionen teils ganz ohne Infrastruktur bewegt und sich entsprechend ausrüsten.

Es gibt verschiedene (auch deutsche) Veranstalter, die **mehrtätige Radtouren** von unterschiedlichem Schwierigkeitsgrad auf der Peloponnes anbieten. Dabei hat man den Vorteil, dass die Strecken vorher getestet wurden und man unterwegs keine unliebsamen Überraschungen erlebt. Auch werden Fahrräder zur Verfügung gestellt und notfalls repariert sowie geeignete Unterkünfte im Voraus gebucht.

Tourenanbieter

- **Breakaway,** breakawaygreece.com/cycling. Fahrradverleih und Touren in der Argolis.
- **Cycle Greece,** cyclegreece.com. In Athen basierter Veranstalter, der Touren auch auf der Peloponnes anbietet.
- **GR Cycling,** www.grcycling.com. Größter Fahrradclub in Griechenland mit deutschem Partner.

Sprache

→ Anhang: Kleine Sprachhilfe Griechisch

Das größte Problem bei einer Reise auf der Peloponnes ist für Unkundige die **Beschilderung** in griechischer Sprache, da sich das **kyrillische Alphabet** nicht automatisch erschließt. Zudem sehen die Buchstaben in der Groß- und Kleinschreibung teilweise sehr unterschiedlich aus. Auf den Nationalstraßen und Autobahnen weisen Schilder meist die **lateinische Umschrift** auf. In den Orten findet man auf Straßenschildern jedoch meist nur die griechischen Schreibweisen.

Das zweite Problem ist, dass viele Orte **mehrere Namen** haben, die teilweise völlig verschieden klingen (z.B. heißt die Insel Kranai bei Gythio auch Marathonisi). Auch bei Straßennamen kann es vorkommen, dass die Bezeichnung auf Google Maps sich von der Bezeichnung vor Ort unterscheidet.

Einfacher als die Orientierung im Straßenverkehr ist glücklicherweise die zwischenmenschliche Kommunikation. Auf der Peloponnes kann man in den größeren Städten und Touristenzentren damit rechnen, dass **Englisch** oder **Deutsch** gesprochen wird. Wagt man sich in von internationalen Touristen weniger frequentierte Gebiete, kann die Verständigung zwar schwieriger werden, üblicherweise sind die Griechen jedoch sehr hilfsbereit. Gut ist es, wenn man einen **Sprachführer** oder eine **App** zur Hand hat. Es empfiehlt sich, vor der Reise die wichtigsten Worte und Begriffe wie z.B. Begrüßungsformeln zu erlernen. Ein oft vorkommendes Missverständnis erzeugt das griechische Wort *nai,* dass wie das deutsche „nee" ausgesprochen wird, aber „ja" bedeutet. „Nein" heißt im Griechischen *ochi.* Bei der **Aussprache** spielt auch die **Betonung** eine Rolle, die häufig durch Akzente gekennzeichnet ist.

Eine kleine **Sprachhilfe,** die mit den Begriffen des Reisealltags vertraut macht, findet sich im Anhang.

Buchtipp

■ Wer etwas mehr lernen will, dem sei das bei Reise Know-How erschienene Bändchen **„Griechisch – Wort für Wort"** aus der Reihe Kauderwelsch empfohlen, das auf unkomplizierte Weise und praxisnah Grundkenntnisse vermittelt (auch „AusspracheTrainer Griechisch" als mp3-Download erhältlich, ebenso wie das Buch „Griechisch – Wort für Wort plus" mit zusätzlichem Wörterbuch).

149pe In

Unterkunft

→ Camping

Es gibt auf der Peloponnes zahlreiche sehr einfache, aber saubere **privat geführte Ferienunterkünfte** im Zweisterne-Segment, wo Doppelzimmer schon für 45–65 € zu haben sind. In dieser Preisspanne liegen auch **Ferienwohnungen** oder **Glamping** auf Campingplätzen. Dort hat man einen ähnlichen Komfort wie in einem Hostel, teils sind die Badezimmer auf dem Flur. Besser

☐ Vom kleinsten Ferienhaus bis zur Luxusunterkunft ist alles zu finden

fährt man oft mit privat vermieteten Apartments, die man über die Hotelportale buchen kann.

In einem **Dreisterne-Hotel** darf man bereits mit etwas höherem Komfort wie Kühlschrank und Wasserkocher sowie eigenem Bad rechnen. **Viersterne-Hotels** bieten oft Extras wie Swimmingpool, Terrasse, Garten oder Wellness. In der Nähe von bedeutenden Sehenswürdigkeiten oder Gebieten, die auf eine internationale Klientel ausgerichtet sind, gibt es vereinzelt **Luxusunterkünfte** im Fünfsterne-Segment.

Daneben gibt es mehr und mehr **Villenanlagen mit Ferienwohnungen,** die über eine voll ausgestattet Küche, einen Balkon oder eine Terrasse verfügen. Diese Anlagen sind meist brandneu und besitzen einen zentralen Swimmingpool. Man hat hier eine Mindestaufenthaltsdauer von drei bis sieben Tagen.

Jugendherbergen (higreece.gr/de) finden sich im Chelmos-Gebirge, im Mainalo-Gebirge (Arkadien) und in der Äußeren Mani (Messenien). Daneben gibt es zahlreiche **Hostels.**

Auch bei Hotels ist das **Frühstück** nicht immer im Preis eingeschlossen bzw. wird nicht angeboten. Manchmal wird man auf ein benachbartes Café verwiesen. Es ist immer wichtig, sich vorher zu informieren, ob eine **Parkgelegenheit** vorhanden ist. Wenn Unterkünfte in ver-

Überblick Buchungsportale

Als Ergänzung zu den sorgfältig zusammengetragenen Unterkunftsempfehlungen in diesem Buch können Buchungsportale wie Booking.com, hrs.de, Agoda.com oder Airbnb.de dazu genutzt werden, aktuelle Preise und die Bewertungen anderer Reisender einzusehen sowie Unterkünfte direkt zu buchen. Die Plattformen arbeiten mit Unterkünften aller Art zusammen und machen diese für Reisende leicht auffindbar. Bewertungen, Fotos und Filtermöglichkeiten nach zahlreichen Details helfen bei der Auswahl. Auch der Kontakt zwischen Vermietenden und Unterkunftssuchenden sowie die Bezahlung können über die Plattformen abgewickelt werden.

Eine gewisse Vorsicht ist bei der Benutzung dennoch geboten. Wann immer möglich, sollten die Angaben mit zusätzlichen Quellen überprüft werden. Sind die Bewertungen wirklich auf allen Plattformen und Suchmaschinen so gut? Sind sie so zahlreich, dass ein Missbrauch unwahrscheinlich ist? Weshalb genau fanden die Bewertenden die Unterkunft gut und stimmt das mit meinen Interessen überein? Häufig hilft die jeweils eigene Internetseite der Unterkunft, Google Street View oder ein Anruf, um genauere Informationen zu bekommen.

Wem einzelne Aspekte besonders wichtig sind, der sollte auf jeden Fall genau prüfen – z.B. ob der versprochene „geschlossene Parkplatz" wirklich so beschaffen ist, dass man das vollgepackte Auto dort stehenlassen möchte. Auch der angepriesene „Bestpreis" und die durch die Plattformen suggerierte knappe Verfügbarkeit lösen sich bei einem Anruf vielleicht in Luft auf, weil die Vermieter einen eigenen günstigen Preis bieten, um sich die teure Vermittlungsprovision an die Plattform zu sparen. Während die Plattformen also eine praktische Hilfe bei der Reiseplanung sein können, empfiehlt sich doch häufig ein kritischer zweiter Blick.

winkelten Altstädten liegen, ist dies nämlich nicht der Fall. Fast alle Hotels und Ferienwohnungen bieten **kostenfreies WLAN** an.

In Badeorten sind Unterkünfte teilweise nur saisonal von April bis Oktober geöffnet. In Großstädten oder im Hinterland sowie in den Wintersportgebieten öffnen sie ganzjährig. Bei Hotel-Unterkünften muss man zur **Hochsaison** durchaus mit einem Preisanstieg rechnen, während man außerhalb der Saison große Rabatte erhält. Bei Pauschalreisen für Aktivurlauber wie Wander- oder Radreisen, die sich hauptsächlich an Touristen aus dem Ausland richten, liegen die Preise auch saisonunabhängig etwas höher. Die **Skigebiete** auf der Peloponnes sind hingegen wesentlich preiswerter als zum Beispiel in der Schweiz oder in Österreich.

Oft wird beim Einchecken im Hotel der **Personalausweis oder Reisepass** einbehalten. Dies ist eigentlich heutzutage nicht mehr erlaubt. In den modernen Etablissements wird normalerweise eine Kopie des Dokuments gemacht.

Die 2018 eingeführte **Tourismussteuer** (auch Übernachtungssteuer) wurde 2024 erhöht. Pro Nacht fallen pro Person folgende Tarife an: Ein- und Zweisterne-Hotels 1,50 €, Dreisterne-Hotels 3 €, Viersterne-Hotels 7 €, Fünfsterne-Hotels 10 €. Die Steuer gilt auch für Buchungen über Plattformen wie Airbnb.

Preiskategorien Unterkunft

In diesem Buch werden die Unterkünfte in Preiskategorien unterteilt. Die Preise gelten für ein **Doppelzimmer mit Frühstück** in der Hauptsaison.

- **Untere Preisklasse ①** bis 70 €
- **Mittlere Preisklasse ②** 70–100 €
- **Obere Preisklasse ③** 100–130 €
- **Luxusklasse ④** über 130 €

Verhaltenstipps

In Griechenland gelten die üblichen Höflichkeitsregeln im täglichen Miteinander. Während man in größeren Städten wie Patras einen ähnlichen Lebensrhythmus spürt wie in anderen europäischen Städten, wird das Alltagsleben in den südlicheren Küstenregionen nicht zuletzt durch die hohen Temperaturen bestimmt. So muss man sich darauf einstellen, dass das Tempo insgesamt etwas entspannter ist und sollte **Geduld** zeigen.

Im **Straßenverkehr** geht es oft eher hektisch zu. Wer verkehrsstarke Kreuzungen überquert oder Kreisverkehre durchfährt, muss immer wachsam sein, sonst besteht Unfallgefahr.

In **Kirchen und Klöstern** ist auch bei hohen Temperaturen **angemessene Kleidung** erwünscht. Es sollten keine armfreien T-Shirts, kurzen Röcke oder

Shorts getragen werden. Auch in **Tavernen,** die direkt am Strand liegen, sollte man **nicht in Badekleidung** erscheinen. Abends wird in Restaurants vollständige Kleidung erwartet. Auch am Strand sollte man nicht zu freizügig sein. Sonnen „oben ohne" ist nicht angeraten.

Aufgrund der **Gefahr von Waldbränden** sollte man niemals Zigarettenkippen einfach auf den Boden werfen.

Verkehrsmittel

→ Anreise
→ Autofahren
→ Sport und Aktivitäten: Radfahren, Wandern

Bus und Bahn

Wer auf der Peloponnes mit öffentlichen Verkehrsmitteln reisen möchte, muss sich in der Streckenplanung stark einschränken und viel Zeit mitbringen. Außer der **Bahnstrecke** von Athen nach Kiato bzw. Egio und der touristischen **Zahnradbahn** nach Kalavryta sowie der Verbindung von Katakolon nach Olympia verkehren nur **Busse.**

Die Firma **KTEL** betreibt übergreifend das komplette Busnetz. In jeder Re-

Fast alle Bahnlinien auf der Peloponnes wurden 2011 stillgelegt – das Hauptverkehrsmittel sind seitdem die KTEL-Busse

148pe ln

gion sind jedoch unterschiedliche Verwaltungsstellen zuständig, die ihre Fahrpläne nicht miteinander koordinieren. Auf den Webseiten der KTEL-Gesellschaften kann man **Fahrpläne** einsehen. Die Informationen auf den einzelnen Seiten unterscheiden sich jedoch erheblich und sind oft nur in griechischer Sprache vorhanden.

Die meisten **Busrouten** orientieren sich an größeren Städten. So gibt es z.B. fast von überall Fahrten nach Athen, während zwischen den Städten der Regionen kaum Verbindungen existieren. Entlang der Hauptverkehrsstraßen werden verschiedene Orte an der Küste oder in den Bergen angefahren. Im einsameren Hinterland kann man sich jedoch nicht auf einen regelmäßigen Service verlassen. Manchmal gelangt man nur über Umwege ans Ziel. Viele Busse fahren nur wöchentlich oder alle zwei Wochen (z.B. von Sparta nach Kalamata). Positiv ist, dass manche Busunternehmen **Tagestouren zu touristischen Zielen** anbieten, die wesentlich preiswerter sind als ein Taxi oder geführte Touren.

Eine einfache Fahrt im **Stadtbereich** kostet üblicherweise 1,20 €, das Ticket ist 90 Minuten gültig. Ein Tagesticket kostet in Patras 5 € und kann auch in der S-Bahn innerstädtisch benutzt werden. Bei längeren Strecken wird der Preis nach Kilometern berechnet. Da die Busfirma KTEL je nach Region unterschiedlich verwaltet wird, ist beim Übertritt von einer Region zur anderen der **Ticketkauf** bisher nicht online möglich, man muss zum Schalter gehen.

- **KTEL,** ktelbus.com/en
- **KTEL Achaia,** www.ktelachaias.gr/en
- **KTEL Elis,** online.ktelileias.gr/en
- **KTEL Messinias,** www.ktelmessinias.gr/en
- **KTEL Lakonias,** ktel-lakonias.gr/en
- **KTEL Arkadias,** ktelarkadias.gr/en
- **KTEL Argolis,** www.ktelargolida.gr/en
- **KTEL Korinthias,** www.ktelkorinthias.gr

Taxi

Taxis verkehren zahlreich. Innerhalb der Städte sind die **Tarife festgelegt.** Beim Fahrtbeginn steht die Mindestrate auf dem Taxameter, die ca. 1,15 € beträgt. Dazu kommen pro Kilometer innerhalb der Stadt 0,80 €. Fahrten zum Flughafen unterliegen einer Extragebühr von ca. 7 €, bei Nachtfahrten sind es ca. 1,20 €/km. Auch Gepäckstücke können zusätzlich berechnet werden.

Für **Überlandfahrten** sollte man mit dem entsprechenden Anbieter vor der Fahrt einen Preis aushandeln. Der Grundtarif für kurze Strecken beträgt 4 €, dazu kommen 0,90 € pro Kilometer. Gepäckstücke kosten 0,40 € extra. Die meisten Taxiunternehmen bieten auch **Online-Buchungen** über die **App Free Now** an.

- www.free-now.com/gr-en/ride

Zeit

In Griechenland gilt die **Osteuropäische Zeit (OEZ),** die der Mitteleuropäischen Zeit (MEZ) eine Stunde voraus ist. Von April bis Oktober gilt die **Sommerzeit.**

Archäologie | 410
Bevölkerung | 403
Flora und Fauna | 399
Geografie | 396
Geschichte | 414
Kunst und Kultur | 408
Religion | 404
Staat und Verwaltung | 405
Umwelt- und Naturschutz | 400
Wirtschaft | 406

100pe ln

9
Land und Leute

Bunte Wochenmärkte mit regionalen Produkten, wie hier in Argos, findet man in jedem größeren Ort

Geografie

Die Peloponnes ist eine **Halbinsel,** die mit dem griechischen Festland durch eine schmale Landenge, den **Isthmus von Korinth,** verbunden ist. Seit dem Bau des Kanals von Korinth, der die etwa sechs Kilometer breite Landenge durchbricht, ist die Peloponnes nur über Brücken über diesen Kanal sowie die Trikoupis-Brücke in der Meerenge am Golf von Patras ans Festland angebunden. Im Westen wird die Peloponnes vom **Ionischen Meer** begrenzt, im Osten und Süden von der **Ägäis.** Der südlichste Punkt der Halbinsel ist das **Kap Tenaro,** das gleichzeitig den südlichsten Punkt von Festlandgriechenland bildet. Mit 21.550 qkm ist die Peloponnes etwas größer als Hessen.

Typische Küstenlandschaft in Lakonien – bis zum „dritten Finger" der Peloponnes erheben sich die Ausläufer des Parnon-Gebirges

150pe In

Die Peloponnes ist eine der landschaftlich vielfältigsten Regionen Griechenlands. Neben ihrem gebirgigen und waldreichen Inneren variiert auch die Küstenlandschaft von Dünen und langen Sandstränden bis hin zu felsigen Buchten.

Der **Name „Peloponnes"** bedeutet „Insel des Pelops" und geht auf König Pelops zurück. Sein Reich war die Stadt Pisa in der Region Elis, die lange die Olympischen Spiele ausrichtete. Sein Vater Tantalos soll Pelops aus Ärger in Stücke geschnitten und den Göttern zum Mahl vorgesetzt haben. Die Tat wurde jedoch aufgedeckt und Pelops wurde wieder zum Leben erweckt. Fortan beschützten und begünstigten ihn die Götter. In Olympia wurde Pelops kultisch verehrt – man schrieb ihm die Erfindung der Olympischen Spiele zu. In der Antike war die Peloponnes als **Achaia** bekannt. Im Mittelalter wurde sie **Morea** genannt, da ihr Umriss der Form der Blätter des Maulbeerbaums ähnelte. Heute wird sie oft als **„Hand mit vier Fingern“** bezeichnet.

Gebirge

Der Kern der Halbinsel wird von mehreren Gebirgszügen charakterisiert, die fast die Hälfte der gesamten Fläche einnehmen. Der höchste Gipfel ist mit 2407 m der meist schneebedeckte **Profitis Ilias** im **Taygetos-Gebirge.** Das weitgehend naturbelassene Massiv mit weiteren Zweitausendern erstreckt sich von der Region Elis bis zum Kap Tenaro an der Südspitze der Mani-Halbinsel. Im Norden der Peloponnes erheben sich weitere Gebirge mit Höhen über 2000 m, darunter das Bergmassiv des **Erymanthos,** in dem der Olenos 2223 m hoch aufragt. Östlich davon erstreckt sich das **Chelmos-Gebirge,** das als UNESCO Global Geopark geschützt ist. Dort sind zehn geologische Perioden und drei geotektonische Zonen zu beobachten. Das **Parnon-Gebirge** im Südosten ist mit seinen schroffen Kalkfelsen als Kletterparadies bekannt. Das dicht bewaldete **Mainalo-Gebirge** in Arkadien reicht mit dem Ostrakina-Gipfel bis auf 1981 m hinauf und ist mit dem Menalon Trail besonders gut für Wanderer erschlossen. In Korinthia befindet sich das Bergmassiv **Kyllini.** Es ist auch unter dem Namen seines höchsten Gipfels Ziria bekannt, der 2374 m hoch ist.

Die Kalksteingebirge der Peloponnes weisen etliche geologische Besonderheiten wie **Tropfsteinhöhlen** oder **Dolinen** auf. Zahlreiche Höhlen sind für Besucher zugänglich gemacht worden, wie die **Kastria-Höhle** mit ihren unterirdischen Seen im Chelmos-Massiv. Von noch größerem Ausmaß ist die Höhle von **Pirgos Dirou** in der Mani mit einem weit hineinreichenden See. Besonders formenreich sind die Stalagtiten und Stalagmiten in den Höhlen von **Kastania** und **Kapsia.** Einen ganzen versteinerten Wald findet man im **Geopark Agios Nikolaos** an der Küste der Malea-Halbinsel.

Vulkanische Aktivität

Die Gebirge der Peloponnes entstanden aufgrund der Plattentektonik zwischen der Afrikanischen Kontinentalplatte und der Eurasischen Kontinentalplatte, die die Erdkruste nach oben drückten und Faltengebirge entstehen ließen. Diese Hebungen führten wiederum zu Grabenbrüchen, die die „Finger“ der Peloponnes formten. Durch diese Bewegungen wurden darunterliegende Gesteinsschichten unregelmäßig an die Oberfläche gedrückt, weshalb man heute Gesteine aus verschiedenen Erdzeitaltern beobachten kann. So findet man in der Argolis über 200 Millionen Jahre alten Sandstein aus dem Trias.

Die Afrikanische Platte wird fortlaufend unter den griechischen Teil der Eurasischen Platte gedrückt. Dies sorgt für häufige kleinere **Erdbeben,** besonders im Westen der Peloponnes bis hinauf in den Golf von Korinth. Neben Italien gehören daher die Insel Kreta und die Peloponnes zu den am stärksten erdbebengefährdeten Gebieten Europas. Aus der tektonischen Bewegung entstand der **Hellenische Tiefseegraben,** der sich vor der Südostküste entlangzieht. In diesem Graben wird bei Methoni die tiefste Stelle des Mittelmeers verortet, das **Calypsotief** in 5109 m Tiefe (→ Exkurs S. 146).

Im Osten der Peloponnes beginnt der Vulkanbogen der Ägäis, der weiter östlich über die Ägäischen Inseln verläuft. Die **Insel Methana** im Saronischen Golf mit 32 Vulkankratern ist durch diese Aktivitäten entstanden. Unterseeisch gibt es dort eine Erdspalte, aus der Magma austritt. Methana gilt als noch aktiver Vulkan. Oberirdisch zeugen vor allem die **heißen Quellen** der Thermalbäder Loutra Kyllini und Kaiafas an der Ionischen Küste sowie auf Methana von den vulkanischen Aktivitäten.

Inseln

Die Peloponnes ist von zahlreichen größeren und kleineren Inseln umgeben. Nur die kleineren, unbewohnten Inseln direkt vor den Küsten wie die Inousses-Inseln oder Elafonisos gehören jedoch zu ihrem Verwaltungsgebiet. Die **Saronischen Inseln** Hydra, Spetses, Methana und Poros, die ebenfalls nur wenige Kilometer von der Küste der Argolis entfernt sind, gehören verwaltungstechnisch zur Region Attika (Athen).

Gewässer

Das Landesinnere und die Hochebenen der Peloponnes sind wasserreiche und fruchtbare Regionen. Die längsten Flüsse sind der **Alfios** (110 km), der sich durch Arkadien zieht und im Golf von Kyparissia mündet. Der zweitlängste Fluss ist der **Evrotas** in Lakonien (82 km). In den regenreichen Monaten ergießen sich die Flüsse in vielen **Was-**

Die Lagunen des Kotychi-Strofilia-Nationalparks sind bei Zugvögeln beliebt

serfällen über die felsigen Flussbetten. So bildet der Erymanthos in Lakonien zahlreiche Wasserfälle wie die Kattaraktis Nemoutas, die man erwandern kann. Ebenso erwandern kann man die **Schlucht der Neda** an der Grenze von Messenien zu Arkadien. In den regenarmen Monaten führen die Flüsse jedoch nur wenig bis gar kein Wasser, die Wasserfälle lassen sich dann nicht mehr beobachten.

Im Kyllini-Massiv befindet sich der **Doxa-Stausee,** in den sich der Fluss Doxa in der Feneos-Ebene ergießt. Unweit davon hat sich in einem Karst-Geotop der **Stymfalische See** gebildet, der ganzjährig Wasser führt. Er ist ein Vogelschutzgebiet, ebenso wie die küstennahen **Lagunen** des Nationalparks Kotychi-Strofilia.

Flora und Fauna

Aufgrund der Höhenunterschiede und der geografischen Besonderheiten der Peloponnes gibt es in den Regionen große klimatische Unterschiede. So profitieren der Norden und das Landesinnere von Regen und kühleren Temperaturen. Arkadien ist die niederschlagsreichste Region. Die Gebirge im Norden und Zentrum von Arkadien sind von dichten **Tannenwäldern** und Bewuchs geprägt, der an europäische Mittelgebirge erinnert. Man findet auch **Kastanienwälder** vor. Erst ab 2000 m Höhe bewegt man sich in subalpinem Gebiet ohne Vegetation.

Begibt man sich weiter nach Süden und Osten, dominiert der typische

152pe ln

Macchia- und Phrygana-Bewuchs der Mittelmeerregionen. Märchenhaft ist der dichte **Eichenwald von Foloi** im Erymanthos-Gebirge. Als einzigartig gilt der **Pinienwald** an der Küste von Achaia und Elis, der Teil des Nationalparks Kotychi-Strofilia ist. Dort findet man **Landschildkröten** sowie andere Reptilien und Amphibien.

Die Chelmos-Vouraikos-Region rund um den höchsten Berg der Peloponnes ist Heimat von 149 **Vogelarten.** Ebenso gibt es hier seltene Arten von **Schmetterlingen** und **Fledermauskolonien.**

Im Taygetos-Gebirge finden sich 53 unter internationalem Schutz stehende Pflanzen, dort findet man auch Adler und andere **Greifvögel.** Wenn auch kein

Auf wild lebende Landschildkröten trifft man z.B. in der Region Elis

Nationalpark, ist das Gebiet immerhin eine Natura-2000-Zone. Zu diesen Zonen gehört auch das Mainalo-Gebirge mit Tannen- und Laubwald, das eine Heimat für **Schlangen** bildet (→ S. 384). In den wärmeren, küstennahen Gebieten findet man ganze **Eidechsenkolonien,** oft zwischen den Ruinen antiker Stätten.

An den Meeresküsten leben einige seltene und bedrohte Tierarten. Bei der **Meeresschildkröte Caretta caretta** besonders beliebt ist die Ionische Küste, insbesondere der Golf von Kyparissia. Die Tiere bevorzugen die dortigen langen Sandstrände als Nistplätze, sind jedoch durch den Tourismus mehr und mehr gefährdet (→ Exkurs S. 126). Rund um die Inousses-Inseln gibt es Kolonien von **Mittelmeer-Mönchsrobben,** eine vom Aussterben bedrohte Robbenart, und **Flaschennasendelfinen** (Große Tümmler).

Ein Paradies für Vögel sind die **Lagunen** des Nationalparks Kotychi-Strofilia, eingebettet in einen Pinienwald. Hier machen **Zugvögel** auf ihrem Weg nach Afrika Rast. Gleiches gilt für die bedrohte Gialova-Lagune in Messenien. Dort lebt auch das **Basilisken-Chamäleon** (Afrikanisches Chamäleon), das nirgendwo sonst in Europa in freier Wildbahn zu finden ist.

Die Hochebenen zwischen den Gebirgen, wie z.B. die Evrotas-Ebene, sind außergewöhnlich fruchtbar. Sie dienen für den Anbau von **Früchten und Gemüse.** Während in Messenien die **Olivenhaine** überwiegen, blickt man in der Argolis kilometerweit auf **Zitrusplantagen.** Dazwischen befinden sich Tausende von Bienenstöcken, die Honig liefern. In der Vulkanerde von Methana gedeihen viele seltene **Orchideenarten.**

Umwelt- und Naturschutz

Schutzgebiete

Die zwei ausgewiesenen Nationalparks der Peloponnes sind der **Kotychi-Strofilia-Nationalpark** in Elis sowie der **Chelmos-Vouraikos-Nationalpark** in Achaia, der gleichzeitig ein UNESCO Global Geopark ist. Daneben besitzt die Peloponnes zahlreiche Naturschutzzonen, die zu den **Natura-2000-Gebieten** der Europäischen Union gehören. Innerhalb dieser Zonen gibt es den Schutzmechanismus der Vorprüfung eines Fauna-Flora-Habitats (FFH), das Biodiversität und Artenschutz bzw. Artenvielfalt garantieren soll. Werden während der FFH-Prüfung besonders seltene Arten festgestellt, dürfen dort keine Bauvorhaben geplant werden, die den Bestand gefährden. Zu diesen Schutzgebieten gehören auf der Peloponnes zahlreiche Berglandschaften, z.B. im Taygetos-Gebirge, und Lebensräume wie Dünen oder Lagunen.

Umweltschutzmaßnahmen

Griechenland hat die **Klimaziele der EU** ratifiziert und möchte bis zum Jahr 2050 CO_2-neutral werden. Kohleverbrennung soll bis 2028 beendet werden, ab 2025 sollen Gasheizungen durch Wärmepum-

⊡ Die Hochebenen der Peloponnes sind fruchtbar – es wird viel Obst und Gemüse angebaut

pen ersetzt werden. Zwischen dem Anspruch der Politik und der Lebensrealität der Menschen klafft jedoch bisher noch eine große Lücke.

Viele Bewohner haben große **Wassertanks** auf dem Dach, in denen das Wasser durch die Sonne aufgeheizt wird. Auch **Balkonkraftwerke** sind auf der Peloponnes immer mehr zu finden. Im Gegensatz dazu findet man aber noch Tankstellen mit verbleitem Benzin, da der Bestand der Fahrzeuge überaltert ist.

Ein großes Umweltproblem sind **Waldbrände,** die meistens durch Achtlosigkeit oder Brandstiftung verursacht werden. Sie verwüsten fast jedes Jahr viele Hektar Wald.

Tourismus und Nachhaltigkeit

Vielfach ist das Bewusstsein um die Bedeutung des Umweltschutzes auch für den Tourismus noch kein Thema. Man ist mehr auf Wachstum fokussiert, d.h. auf die quantitative Entwicklung der Besucherzahlen als auf einen ökologisch verantwortungsvollen Umgang damit.

Dennoch gibt es bisher auf der Peloponnes keinen Massentourismus. Einige Bergregionen sind sogar so einsam und unberührt, dass ihr Status als Naturschutzgebiet kaum bedroht ist. Gerade in den abgeschiedeneren Regionen scheint der Umweltschutz jedoch vielfach kein Thema zu sein: Mitten in der schönsten Landschaft trifft man auf **Müllberge,** in abgelegenen Bergdörfern wird der Müll einfach in den Bach gekippt. **Mülltrennung** existiert nur auf wenigen Campingplätzen und in besonders ambitionierten Hotels. Während der Frühjahrsstürme wird herrenloser Müll ausgiebig herumgewirbelt, endet im Buschwerk, am Strand und schließlich im Meer. Auch an sauberen und einsamen Stränden können daher plötzlich Plastiktüten oder andere unschöne Dinge im Wasser herumtreiben. Wo genau der Müll herkommt, ist nicht immer klar. Besonders rund um die größeren Städte wie Patras oder Nafplio bewegt

153pe ln

sich viel Plastik und Treibgut im Meer, das immer wieder an Land und wieder weggespült wird.

Die **Coronakrise** und der damit zusammenhängende Einbruch bei den Touristenzahlen hat die Situation verschärft, denn mehr als zwei Jahre lagen viele Einrichtungen brach oder mussten ganz aufgeben. Nicht selten sieht man verfallene Hotels oder Campingplätze, wo die immer noch aufgeklappten Liegestühle langsam unter dem nachwachsenden Efeu auseinanderfallen.

Wer in der Vor- oder Nachsaison reist, muss sich darauf einstellen, dass Müll oft nicht vom **Strand** beseitigt wird. Meist wird nur in der Hochsaison und an sehr belebten Stränden von den **Betreibern der Beachbars und Campingplätze** der entsprechende Strandabschnitt vom Müll befreit. Außerhalb dieses Bereichs fühlt sich oft niemand verantwortlich. Müll, der im Meer treibt, kann Meeresschildkröten zum Verhängnis werden.

Leider könnte sich der ungeregelte Umgang mit der Müllentsorgung in der Zukunft auch für den Tourismus zu einem Problem entwickeln. Auf der positiven Seite kommen durch die Eigeninitiative von Betreibern touristischer Einrichtungen jedes Jahr mehr **nachhaltige Angebote für Touristen** hinzu. Immer öfter kann man auch beobachten, dass Urlauber selbst mit dem Müllsack am Strand entlanglaufen und **Treibgut einsammeln,** womit sie letztlich auch ein symbolisches Zeichen setzen.

Tierschutz

Obwohl Griechenland ein modernes Tierschutzgesetz hat, wird dies in der Praxis kaum umgesetzt. Um den dringend notwendigen Schutz von **Meeressäugern** und **Meeresschildkröten** kümmert sich die Organisation Archelon (archelon.gr/en). Besonders auf den Nationalstraßen im Norden der Peloponnes fällt eine große Anzahl an Tierkadavern von **Streunerhunden** und **Streunerkatzen** auf. Weder im Leben noch im Tod fühlt sich jemand für sie verantwortlich. Viele Tiere werden ausgesetzt und vermehren sich ungehindert. Dann versuchen sie, sich auf den Straßen durch betteln oder das Durchwühlen von Mülltonnen am Leben zu halten. Man sieht immer wieder Hunde, die vor Restaurants auf der Lauer liegen, um von Gästen einen Bissen zu erhaschen. Dabei werden sie oft mit Fußtritten verscheucht. Inzwischen haben sich unzäh-

Um Streunerhunde und -katzen kümmern sich vor allem private Organisationen lige Privatinitiativen gebildet, die sich um die vernachlässigten Tiere kümmern, sie kastrieren lassen und an Besitzer vermitteln. An sie kann man sich wenden, wenn man ein solches Tier entdeckt. Ob es sich um einen Streunerhund oder eine Streunerkatze handelt, sieht man meist am Zustand des Fells und den Zeichen der Unterernährung.

Informationen

- pfpo.gr/about-us
- dash-tierschutz.de

Bevölkerung

Die Halbinsel Peloponnes hat ungefähr **1,15 Mio. Einwohner.** Das Durchschnittsalter liegt bei 44,2 Jahren, wobei der Anteil an älteren Menschen wächst, während die Zahl der jüngeren zurückgeht. Zum einen schrumpft die Bevölkerung durch **Abwanderung,** zum anderen gibt es in Griechenland bereits einen **Geburtenrückgang.**

Die meisten Menschen leben in den Städten und urbanen Regionen der Peloponnes. Die **Hauptstadt Patras** hat mit 212.000 bei Weitem die meisten Einwohner, danach folgen **Kalamata** mit ca. 70.000 und **Korinth** mit 40.000 Einwohnern. Es gibt noch einige Kleinstädte mit 19.000–35.0000 Einwohnern.

Die Gesellschaft befindet sich in einem Umbruch. Die wirtschaftlichen Krisen der letzten Dekaden haben dazu geführt, dass die junge Bevölkerung vor allem die Bergregionen verlässt, da es dort **keine Arbeit oder Perspektive** für sie gibt. Viele entscheiden sich für ein Studium, finden jedoch danach keine entsprechende Arbeit oder müssen einen wesentlich niedrigeren Verdienst hinnehmen als anderswo in Europa. Industrie gibt es auf der Peloponnes so gut wie gar nicht. Dass vor allem ältere Menschen in den **strukturschwachen ländlichen Regionen** zurückbleiben, führt dazu, dass es dort keine Infrastruktur wie Schulen oder Geschäfte mehr gibt.

Nicht alle Jungen verlassen das Land, manche haben **Kooperativen** gegründet und bauen sehr erfolgreich Oliven und andere Produkte an. Viele richten ihr Augenmerk auf den Tourismus und öffnen trotz eines Universitätsabschlusses mangels anderer Möglichkeiten ein Restaurant, ein Geschäft oder ein Start-Up, anstatt ihre Heimat ganz zu verlassen.

Während **Frauen** per Gesetz offiziell gleichgestellt sind, ist die **Gleichberechtigung** noch lange nicht erreicht. So bekommen sie im Schnitt 15 % weniger Vergütung für dieselben Tätigkeiten. Vor allem in der Politik sind Frauen extrem unterrepräsentiert. Von 300 Sitzen im Parlament sind nur 60 von Frauen besetzt. In der Lokalpolitik und in den Chefetagen sieht die Lage noch schlechter aus.

Nachdem der Europäische Gerichtshof Griechenland 2022 anmahnte, sich gegen **Diskriminierung und Intoleranz** gegenüber der **LGBT+-Gemeinschaft** einzusetzen, hat die amtierende Regierung der Mitte-Rechts-Partei Nea Dimokratia von *Kyriakos Mitsotakis* im Februar 2024 die **Zivilehe für gleichgeschlechtliche Paare** eingeführt. Gegen den Widerstand der rechten und religiösen Opposition wurde das Gesetz mit den Stimmen der linksgerichteten Oppositionspartei Syriza verabschiedet.

Multikulturalismus und Flüchtlinge

Zu den größten Gruppen an Zuwanderern auf der Peloponnes gehören Menschen aus **Albanien, Bulgarien, Rumänien** und **Pakistan.** Patras ist eine der multikulturellsten Städte der Peloponnes. Man bemüht sich aktiv um die Integration von Zuwanderern.

Dagegen sieht man auf den Einfallsstraßen nach Pyrgos Wellblechhütten, in denen Einwanderer und Saisonarbeiter aus Albanien und Afrika in slumähnlichen Verhältnissen leben. Sie werden vor allem in der Landwirtschaft als **Erntehelfer** beschäftigt, betteln aber auch hin und wieder vor Supermärkten.

Als wichtigste Verbindungsachse nach Italien durch den Schiffsverskehr ist **Patras** auch zu einer **Durchgangsstation** für Flüchtlinge aus Asien und Nordafrika geworden. Sie gelangen über die Türkei zunächst nach Griechenland und versuchen dann, nach West- und Nordeuropa weiterzureisen. Am **North Port** versammeln sich regelmäßig Gruppen junger Männer, die nur in Jeans und T-Shirt bekleidet auf den Absperrzaun zurennen, ihn erklimmen und dann versuchen, an den Kontrollhäuschen vorbei auf den Pier zu gelangen. Nur sehr wenige schaffen es, an Bord von LKWs oder sogar Wohnmobile zu klettern und auf die Fähren zu kommen.

Am 14. Juni 2023 kam es zum bisher schlimmsten **Bootsunglück** in Griechenland: Ein überladenes Boot mit 750 Flüchtlingen aus Pakistan, Syrien und Afghanistan sank vor der Südküste der Peloponnes. Nur 150 der Insassen konnten gerettet werden, von vielen anderen fand man nicht einmal die Leichen, darunter zahlreiche Frauen und Kinder.

Religion

In Korinth soll der **Apostel Paulus** bereits 50–52 n.Chr. zur Zeit der Römer die erste christliche Gemeinde gegründet haben. Bis ins 4. Jh. war Griechenland weitgehend christianisiert. *Paulus* gilt als Begründer der **griechisch-orthodoxen Kirche,** die sich 1054 von der römisch-katholischen abspaltete. Heute untersteht sie dem **Ökumenischen Patriarchat von Konstantinopel.**

Unter der osmanischen Herrschaft, als Kirche und Staat nicht getrennt waren, hatte die Kirche viele politische Aufgaben übernommen. Die Unabhängigkeitsbewegung war eng mit der orthodoxen Kirche verwoben, der Glaube gehörte zur griechischen Identität.

Die Kirche spielt im Leben vieler Menschen immer noch eine große Rolle. Über 80 % der Bevölkerung geben ihren Glauben als griechisch-orthodox an. Allerdings praktizieren nur noch weniger als 45 % diesen Glauben.

Inzwischen ist für viele **Jüngere** die Kirche mit ihren Traditionen wie dem Karneval und der Fastenzeit oder den Osterprozessionen zwar ein **Teil ihrer Kultur** und des gesellschaftlichen Lebens, tiefgläubig sind sie deswegen jedoch nicht. Der Spalt zwischen der älteren Generation, die noch überzeugt religiös ist, und der jüngeren wird immer breiter. Ähnlich wie in anderen europäischen Ländern, wo die christlichen **Kirchen unter Druck** geraten, ihre Strukturen zu demokratisieren, gibt es unter jungen Griechen den Vorwurf, dass die Kirche sich nicht modernisiere und mit der Zeit gehe. Sie finden ihre Lebensrealität darin nicht mehr wieder. Als die Nea Dimokratia vor den Wahlen im Jahr 2019 auf Druck der Kirchenvertreter ein Blasphemie-Gesetz einführen wollte, mit dem gotteslästerliche Äußerungen und Handlungen mit bis zu zwei Jahren Gefängnis bestraft werden sollten, kam es zu großen Protesten und man ruderte schnell wieder zurück.

Durch die **Flüchtlingszuwanderung aus den muslimischen Ländern** sehen sich Staat und Kirche vor ganz neue Anforderungen gestellt. So musste der Religionsunterricht an die neuen Mitbürger angepasst werden. Die erste neue Moschee seit dem Jahr 1933 wurde im Jahr 2020 in Athen eröffnet.

Kirche und Staat allgegenwärtig – die griechische Flagge wird gern zur Schau gestellt, hier vor der Kirche Mariä Himmelfahrt in Archaia Korinthos

Staat und Verwaltung

Seit 1974 ist Griechenland eine **parlamentarische Demokratie,** in der alle vier Jahre ein neues Parlament gewählt wird. Der Staatspräsident, der vor allem repräsentative Aufgaben erfüllt, wird alle fünf Jahre vom Parlament gewählt. 1981 wurde das Land Teil der **Europäischen Union** und führte im Jahr 2001 den **Euro** ein.

Die Peloponnes ist eine der 13 **Regionen** Griechenlands. Sie umfasst die **Regionalbezirke** Korinth, Arkadien, Argolis, Lakonien und Messenien und ist damit **nicht deckungsgleich mit der Halbinsel Peloponnes.** Die Regionalbezirke Achaia und Elis im Norden gehören zur Region Westgriechenland, zusammen mit einem Teil des griechischen Festlands. Ein kleiner Teil im Südosten der Halbinsel wird der Region Attika zugerechnet.

Die **griechische Flagge** wird seit der Unabhängigkeit 1822 verwendet und zeigt neun horizontale Streifen in blauer und weißer Farbe sowie ein weißes Kreuz im oberen linken Eck. Die neun Streifen erinnern an den Wahlspruch des Unabhängigkeitskrieges bzw. dessen neun Silben „Eleftheria i Thanatos" (Ε-λευ-θε-ρί-α ή Θά-να-τος – „Freiheit oder Tod"). Die Farben Weiß und Blau haben als Nationalfarben Griechenlands eine lange Tradition und lassen sich bis in die byzantinische Zeit zurückverfolgen. Das Kreuz symbolisiert die Verbundenheit zum Christentum.

Wirtschaft

Griechenland ist die sechstgrößte Wirtschaftsmacht in der Europäischen Union. Tourismus, Container-Schifffahrt und Landwirtschaft gehören zu den größten Einnahmequellen. Dabei halten sich die **Exporte** von Waren wie **Metallen, Rohstoffen und Nahrungsmitteln** mit Importen in Form von Maschinen, Kraftfahrzeugen und Elektronik etwa die Waage. Der wichtigste Abnehmer griechischer Produkte ist Italien, gefolgt von Deutschland, Zypern, der Türkei und Bulgarien. Der wichtigste Importpartner ist Deutschland, gefolgt von Italien und China.

Im Jahr 2010 verursachte die **Zahlungsunfähigkeit** Griechenlands eine Krise in der Eurozone. Nur mit milliardenschweren **Krediten** konnte das Land über Wasser und in der EU gehalten werden. Griechenland musste strenge Sparmaßnahmen einführen und sich verpflichten, Korruption und Steuerhinterziehung zu bekämpfen, die die Krise mit begünstigt hatten. Bis heute gehen dem Staat immer noch angeblich 60 Milliarden Euro jährlich durch nicht gezahlte Steuern verloren.

In der Krise entschieden sich die Griechen für die Partei Nea Dimokratia, die eng mit der EU zusammenarbeitet, um die Probleme langfristig zu lösen. Inzwischen hat das Land sich wieder erholt und gilt als kreditwürdig. Mithilfe des **EU-Aufbaufonds** werden Investitionen in grüne Projekte getätigt, wie die nachhaltige Energieversorgung von öffentlichen und betrieblichen Gebäuden sowie die Digitalisierung.

Handelsschifffahrt

Griechenland liegt bei der Handelsschifffahrt mit einer Tonnage von 425 Millionen weltweit an erster Stelle. Unter **griechischer Eignerschaft** fahren Tausende von Schiffen in internationalen Gewässern, wenn auch aus steuerlichen Gründen meist nicht unter griechischer Flagge.

Auf der Peloponnes besitzt **Patras** den größten **Handels- und Passagierhafen.** Von hier aus werden **Zitrusfrüchte, Trauben, Wein und Rosinen** verschifft, 4 Mio. Tonnen Cargo jährlich. Auch von Katakolo werden Waren wie Dünger,

Die Landwirtschaft ist nach wie vor ein wichtiges ökonomisches Standbein auf der Peloponnes

157pe In

Dosentomaten und Kartoffeln verschifft, wenn auch nur 44.300 Tonnen Cargo jährlich. Zudem ist der Hafen ein Kreuzfahrtanleger. Im Hafen von Agii Theodori im Saronischen Golf bei Korinth befindet sich das größte privat geführte **Ölterminal** in Griechenland. Von dort werden jährlich 15 Mio. Tonnen Rohöl und raffinierte Produkte verschifft.

Landwirtschaft

Die Peloponnes besitzt viele landschaftlich ertragreiche Flächen, auf denen **Getreide, Gemüse, Oliven, Reis, Feigen, Zitrusfrüchte** und auch **Baumwolle** angebaut werden. Daneben gibt es **Rinder- und Schafhaltung** sowie **Imkerei.** In den Bergregionen arbeitet man mit lokalen Anbauprodukten, z.B. **Kastanien,** die u.a. zu Mehl verarbeitet werden. Solche Produkte rücken mehr und mehr in den Vordergrund: Man vermarktet sie mit regionalem Bezug, wie **Weine aus Nemea** oder **Oliven aus Kalamata.**

Obwohl man auf der Peloponnes ganze Landstriche voller **Olivenplantagen** sieht, wie z.B. in Messenien, sind die meisten Haine überaltert und nur schwer modernisierungsfähig. Zwischen den Bäumen gibt es nicht ausreichend Platz für Maschinen, sodass alles per Hand erfolgen muss. Hierzu beschäftigt man Lohnarbeiter aus Albanien, Rumänien und Afrika. Zudem ist man vom Wetter abhängig, das die Erträge stark beeinflussen kann. Unter dem Schnitt bleibt für den einzelnen Bauern kaum etwas übrig, weswegen insbesondere die Olivenbauern vom Staat größere Subventionen fordern. Aufgrund der fehlenden Mittel ist ein Umstieg auf biologischen Anbau, der den Kaufanreiz für die Produkte in Europa vergrößern könnte, vielfach nicht möglich. Um die eigene Kasse aufzubessern, verkaufen viele Bauern ihre Waren direkt am Straßenrand.

Kunst und Kultur

Zu den frühesten Zeugnissen **helladischer Kunst** zählen **Wandmalereien** in den mykenischen Palästen mit Darstellungen von Frauen, Göttinen und Jagdszenen. Hinzu kam die **Goldschmiedekunst,** was Funde aus den mykenischen Gräbern wie die Goldmaske des Agamemnon belegen.

In der **Archaik** enstanden die ersten voll ausgeformten **Skulpturen** menschlicher Körper, wie die Statuen von Kleobis und Biton oder die Koren des Athener Parthenons. Mit der **Vasenmalerei** entstand eine neue Form des Geschichtenerzählens: Es wurden Ereignisse aus der Mythologie und dem Alltagsleben bildlich dargestellt.

Während der **Klassik** im 5. Jh. v.Chr. machte die Kunst nicht nur in der Bildhauerei und Malerei einen Sprung. Es entstand auch eine neue Form der **Theaterkunst** mit Tragödien und Komödien, geschrieben von *Aeschylus* oder *Sophokles.* Die **Philosophen** und **Wissenschaftler** ihrer Zeit, wie *Plato* oder *Pythagoras,* erweiterten das Welt- und Menschenbild. Zuvor hatten bereits *Aristoteles* und *Archimedes* den Grundstein gelegt.

Architektur

Auch in der Architektur ging man in der Klassik neue Wege – das **Parthenon** des Baumeisters *Phidias* und die klassische Säulenordnung in **dorisch, ionisch** und **korinthisch** wurden später im Klassizismus in Europa immer wieder als Vorlage genommen. Auch ideologische Überlegungen flossen mit ein. So entwickelte der Städteplaner und Staatstheoretiker *Hippodamus von Milet* (5. Jh. v.Chr.) das **Hippodamische System,** bei dem die Bauflächen nach exakten Maßen in Quadern angelegt werden, um eine Verteilung nach gleichen demokratischen Anteilen zu gewähren. Während der Herrschaft der Makedonier entstand im Hellenismus die finanzielle Förderung höfischer Kunst. Auch Privathäuser wurden aufwendig verziert.

Im Mittelalter dominierte die **byzantinische Kunst,** vornehmlich mit Fresken und **Ikonenmalerei** in kirchlichen Gebäuden. Auf der Peloponnes verdient die Zeit der **Palailogischen Renaissance**

158pe In

⌃ Fresken aus der Palailogischen Renaissance schmücken die Kirchen in Mystras

während der Regentschaft der Palailogen-Dynastie 1261–1453 mit ihrer Kirchenarchitektur Erwähnung.

Architektonisch einzigartig sind jedoch auch die **mittelalterlichen Turmbauten aus Stein in der Mani.** Während der osmanischen Periode gedeihte Kunst vornehmlich auf den nicht osmanisch beherrschten Gebieten wie der Insel Kreta, wo der Maler *El Greco* byzantinische Einflüsse mit denen der italienischen Renaissance vermischte.

Nach der Unabhängigkeit wollte König *Otto I.* die griechischen Städte nach den Prinzipien der **bürgerlichen Ästhetik des späten 19. und frühen 20. Jh.** umgestalten. Auch deutsche Architekten wie der in Sachsen gebürtige **Ernst Ziller** (1837–1923) wurden für Projekte verpflichtet. Auf der Peloponnes stößt man immer wieder auf Gebäude von *Ziller.* Er arbeitete ab 1861 in Griechenland und nahm 1876 die griechische Staatsbürgerschaft an. *Zillers* **klassizistische Bauten,** die Merkmale der norditalienischen Neorenaissance und des Byzantinismus enthalten, werden bis heute gut gepflegt und wirken daher immer noch stattlich. Gute Beispiele dafür sind das Theater Apollon in Patras, das Archäologische Museum in Tripoli und das Kulturzentrum der Östlichen Mani in Gythio.

Volkskultur, Musik und Tanz

Aus der Volkskultur der Peloponnes gehen unterschiedliche **Trachten** hervor, die man heute vornehmlich bei folkloristischen Veranstaltungen oder in Museen bewundern kann, z.B. im Trachtenmuseum Victoria Karelias in Kalamata.

Musik und Tanz waren oft die einzige kulturelle Ausdrucksmöglichkeit der ländlichen Bevölkerung. Musikalisch sind die **Klagelieder der Mirologia** aus der Mani bekannt, Volkstänze gab es in vielen Regionen seit Jahrhunderten. Anfang des 20. Jh. entstand in den Armenvierteln Athens der **Rembetiko,** der „griechische Blues". Einer der ersten, die

In der von Ernst Ziller gestalteten Schule aus dem Jahr 1886 in Gythio sitzt heute das Kulturzentrum der Östlichen Mani

den Rembetiko mit populärer Musik vermischten, war **Mikis Theodorakis** (1925–2021). Die Studentenbewegung von 1973 favorisierte sein politisches Liedgut (→ Exkurs S. 236). International bekannt wurde auch **Demis Roussos** (1946–2015), zunächst als Sänger der Band Aphrodite's Child mit dem Hit „Rain and Tears" 1968, dann vor allem als Solokünstler mit Balladen wie „Goodbye my Love, goodbye" 1973.

Eine der erfolgreichsten Sängerinnen ist die gebürtige Kreterin *Nana Mouskouri* (geb. 1934), die auch im Europäischen Parlament tätig war. Als größte griechische Opernsängerin ist **Maria Callas** in die Musikgeschichte eingegangen (→ Exkurs S. 112).

Griechenland gewann 2005 zum ersten Mal den **Eurovision Song Contest,** mit dem Lied „My number One" von *Helena Paparizou.* In neuerer Zeit erlebt der **zeitgenössische Tanz** mit Festivals in Patras und Kalamata einen Aufschwung.

Archäologie

Unzählige archäologische Stätten, wie die Paläste aus der mykenischen Zeit, die Heiligtümer für die ehemals verehrten Götter und die Austragungsorte der Panhellenischen Spiele in Olympia, belegen die Bedeutung der Peloponnes für die Geschichte und Kultur Griechenlands. Die Halbinsel ist mit historischen Stätten förmlich gepflastert und auch als Reisender begegnet man den Spuren auf Schritt und Tritt. Vor allem den **UNESCO-Welterbestätten Olympia, Mykene und Epidauros** sollte man einen Besuch abstatten.

Aufgrund der spärlichen schriftlichen Überlieferungen ist die Archäologie die einzig brauchbare Quelle für eine Beschreibung der Frühzeit. Seit dem 19. Jh. haben Ausgrabungen und historische Forschungen zu vielen Erkenntnissen geführt, die jedoch immer Raum für In-

170pe ln

terpretationen lassen. Bei der Erforschung der Frühzeit eröffnen DNA-Analysen aus Grabfunden neue Möglichkeiten der Deutung, die oft frühere Sichtweisen und Theorien wiederlegen.

Die Franzosen der **Morea-Expedition** gehörten zu den ersten, die im 18. Jh. archäologische **Ausgrabungen auf der Peloponnes** machten. Nach dem Unabhängigkeitskrieg öffnete die bayrische Monarchie in Griechenland Archäologen, Architekten und Wissenschaftlern aus Nordeuropa Tür und Tor.

Die **Kunstschätze,** die bei Ausgrabungen zutage gefördert wurden, dienten jedoch nicht selten dazu, die Museen zuhause auszustatten. Während der Kolonialzeit war die Situation in vielen anderen Ländern ähnlich: Reiche Adelige und Bürgerliche waren als „Hobbyarchäologen" unterwegs und brachten im Zuge der von ihnen finanzierten Grabungen unzählige Kunstschätze außer Landes – oft von den damaligen Behörden in Unkenntnis oder wider besseren Wissens gebilligt. In Privathäusern von vermögenden Franzosen, Briten und Deutschen entstanden teils museale Sammlungen an Artefakten aus der ganzen Welt. Später wurden zahlreiche dieser Sammlungen als Schenkungen an nationale Museen weitergebenen, wo sie sich vielfach heute noch befinden, so geschehen im Fall von *Lord Elgin,* der Originalpodeste und Skulpturen aus dem Parthenon in Athen entwendete. Sie befinden sich noch heute im British Museum in London und es gibt einen andauernden Streit mit der griechischen Regierung um deren Rückführung. Nicht nur die Herkunftsländer, aus denen die Artefakte stammen, betrachten diese Gegenstände inzwischen als **Raubkunst.** Bei dem teils unkundigen Vorgehen von Laien wurde zudem vieles zerstört, da man hauptsächlich auf der Suche nach Schätzen war. Auch **Heinrich Schliemann** (→ Exkurs S. 272) zerstörte bei seinen Grabungen in Mykene mehrere historische Schichten, die für ihn nicht von Interesse waren.

Den Anstoß, sich näher mit **Olympia** zu beschäftigen, erhielten französische Antike-Forscher schon im 18. Jh. durch die Reiseberichte des *Pausanias* aus dem 2. Jh. (→ Exkurs S. 412). Dem deutschen Archäologen *Ernst Curtius* (1814–96) gelang es, Kronprinz *Friedrich Wilhelm* für die Finanzierung einer großflächig angelegten Grabung – ein Prestigeprojekt – zu gewinnen. Man ging für damalige Zeiten außergewöhnlich fair vor: 1874 schloss man mit der griechischen Regierung einen Vertrag, dass alle Funde im Herkunftsland verbleiben sollten. Von 1875 bis 1881 fanden die ersten großen Grabungen statt, vor allem in der Altis von Olympia. Daran war auch *Wilhelm Dörpfeld* (1853–1940) beteiligt, der seine Kenntnisse als Architekt mit einbrachte. Bis heute leitet das Deutsche Archäologische Institut in Athen die Grabungen in Olympia. An vielen anderen Stellen werden Grabungen durch internationale Universitäten aus den USA, Großbritannien, Frankreich oder Schweden finanziert.

[<] Zu den Ausgrabungsobjekten in Olympia gehört auch die vom römischen Kaiser Nero gebaute Villa

Von Göttern und Helden – schriftliche Überlieferungen und Legenden

Aus der Frühgeschichte der Peloponnes liegen kaum schriftliche Überlieferungen im Original vor. Die wenigen brauchbaren Funde sind Täfelchen mit der Schrift Linear B (→ Exkurs S. 416), die man entschlüsseln konnte. Umso wichtiger für das Verständnis der Frühgeschichte erscheinen in späterer Zeit verfasste Werke der Geschichtsschreibung, literarische Erzählungen und Überlieferungen in Legendenform.

Literatur

Um 800 v.Chr. verfasste **Homer** angeblich seine **Epen „Ilias" und „Odyssee",** die lange als Referenzwerke dienten. Keine anderen Geschichten aus der Frühzeit sind so oft kopiert und kommentiert worden wie sie. Es ist möglich, dass die *Homer* zugeschriebenen Werke von verschiedenen Autoren über einen längeren Zeitraum hinweg verfasst oder gar erst um 500 v.Chr. niedergeschrieben wurden, als der Name *Homer* zum ersten Mal auftauchte. Die Erzählungen beruhen auf **mündlich überlieferten Sagen und Legenden,** wie die um die Schöne Helena und den Trojanischen Krieg. Als historische Vorlage kaum geeignet, enthalten sie dennoch einige belegbare **geografische und historische Verortungen.**

Weitere Dokumente stammen von **Herodot** aus Halicarnassus (ca. 484–425 v.Chr.), der in seinen Werken die griechisch-persischen **Kriege und Schlachten** wie die in Marathon oder die Schlacht bei den Thermopylen beschreibt und mit Ausschmückungen verziert.

Wesentlich brauchbarer waren und sind die Dokumente des **römischen Reisenden und Geografen Pausanias** (110–180) der im 2. Jh. Griechenland besuchte. *Pausanias* sah viele der heute zerstörten antiken Stätten noch in gut erhaltenem Zustand. Seine „Beschreibung Griechenlands" umfasst zehn Bände, sieben davon sind den Regionen der Peloponnes Achaia, Elis, Messenien, Lakonien, Arkadien, Argolis und Korinth gewidmet.

Mythologie

Im griechischen Kulturgut ist die Frühgeschichte der Peloponnes untrennbar verwoben mit **Heldenmythen und Legenden** über Götter und Sagengestalten, die zur weit verzweigten Verwandschaft und Nachkommenschaft von **Zeus und Hera** gehören. Als die **zwölf Götter des Olymps** bezeichnet man Zeus, Poseidon, Hera, Demeter, Apollon, Artemis, Athene, Ares, Aphrodite, Hermes, Hephaistos und Hestia. Mit Erzählungen über diese Götter und die von ihnen abstammenden Halbgötter wie z.B. Herakles erklärten die Menschen der Antike sich ihre Welt und die darin vorkommenden Phänomene. Die Motive und Figuren finden sich bei griechischen Dramatikern der Antike und in der westlichen Populärkultur bis heute wieder.

Besondere Bedeutung kommt auf der Peloponnes dem Halbgott **Herakles** zu. Herakles, römisch **Herkules** genannt, war Sohn des Gottes Zeus und der Sterblichen Alkmene. Der Halbgott galt den Mykenern als Begründer ihrer Zivilisation.

Da Herakles das Ergebnis eines Seitensprungs war, wurde er von der Zeus-Gattin Hera abgrundtief gehasst. Obwohl eigentlich Herakles den mykenischen Thron besteigen sollte, sorgte Hera dafür, dass statt seiner Eurystheus zum

Herrscher gekrönt wurde. Hierzu verwirrte sie den Geist von Herakles, der daraufhin aus unbegründeter Eifersucht seine Frau Megara und seine eigenen Kinder umbrachte.

Als Sühne für die Gräueltat verlangte Eurystheus von Herakles die Verrichtung von zwölf Arbeiten, sechs davon musste er auf der Peloponnes ausführen. Zuerst erlegte Herakles den **Nemeischen Löwen,** der die argolischen Wälder unsicher machte. Der neunköpfigen **Hydra von Lerna** (Lernäische Schlange), die in den Sümpfen von Lerna hauste, hackte er die ständig nachwachsenden Köpfe ab. Die heilige **Kerynithische Hirschkuh,** die in Arkadien weidete, musste er lebend einfangen, denn sie war in Wiklichkeit die Göttin Taygete. Auch den **Erymanthischen Eber,** der im Erymanthos-Gebirge sein Unwesen trieb, musste Herakles lebendig einfangen. Um die **Rinderställe des Augias** auszumisten, leitete der Held kurzerhand die Flüsse Alpheios und Peneios um, damit sie den Mist aus den riesigen Ställen ins Meer spülten. Als letzte Aufgabe auf der Peloponnes musste Herakles die **Stymfalischen Vögel** vom Stymfalischen See in Korinth vertreiben, welche eiserne Schnäbel und Klauen hatten und Pfeile aus ihrem Gefieder schießen konnten.

Die legendären **Zwölf Taten des Herakles** sind auf der Peloponnes bis heute omnipräsent. Unter dem Begriff **„Herkulesaufgabe"** hielten sie Einzug auch in unseren heutigen Sprachgebrauch.

160pe ln

[>] Der Halbgott Herakles ist auf der Peloponnes allgegenwärtig – hier meisterte er sechs seiner zwölf Aufgaben

Geschichte

Jüngere Altsteinzeit bis Jungsteinzeit (ca. 38.000–3300 v.Chr.)

Die ältesten Siedlungsspuren auf der Peloponnes finden sich in der **Franchthi-Höhle** am Argolischen Golf bei Kilada. Dort lebten wahrscheinlich schon in der jüngeren Altsteinzeit (Jungpaläolithikum) um 38.000 Jahre v.Chr. oder früher Menschen. Ab 8000 v.Chr. gibt es Hinweise auf **Steinwerkzeuge** aus Feuerstein und Obsidian sowie **Tiefseefischfang,** was auf hochseetüchtige Schiffe hindeutet.

Wichtige Hinweise auf das Leben der Jungsteinzeit (Neolithikum) ab ca. 7000 v.Chr. gibt die Ausgrabungsstätte **Lerna** in der Argolis, die ab 6500 v.Chr. dauerhaft bis in die römische Zeit bewohnt war. Ab 6000 v.Chr. wurden **Nutztiere** gehalten und kultivierte **Pflanzen angebaut,** es gab Töpferwaren, Schmuck und Bestattungsriten. Aus dieser Zeit fand man Menschendarstellungen in Form von kleinen **Tonfigürchen,** die vornehmlich Frauenkörper zeigen. Auch in anderen **Höhlen wie Pyrgos Dirou** in der Mani hat man Siedlungsreste aus der Jungsteinzeit gefunden.

Bronzezeit – Helladikum (ca. 3000–1050 v.Chr.)

Die Bronzezeit wird in Griechenland auch als Helladikum bezeichnet. Sie beginnt mit der **Hochkultur der Minoer** auf Kreta. Schon die Minoer betrieben Handel mit anderen Mittelmeervölkern, ein Beleg dafür ist z.B. das Schiffswrack Dokos, das um 2200 v.Chr. nahe der Insel Hydra versank. Beim Wrack wurden Stücke frühhelladischer Keramik entdeckt.

Mykenische Hochkultur (ca. 1600–1050 v.Chr.)

In der **späthelladischen Zeit** entwickelte sich die mykenische Hochkultur, die erste Hochkultur auf dem europäischen Festland, die nach dem Palast in Mykene benannt ist. Die Argolis war das Machtzentrum, wo in **Mykene, Tiryns und Midea** der Grundstein für diese Kultur gelegt wurde, die sich in Zentralgriechenland (Theben und Athen) und bis weit über das Mittelmeer ausbreitete. Ihre Blütezeit lag in der **mykenischen Palastzeit** (1420–1190 v.Chr.). Große Paläste, die sehr gut strukturiert waren, entstanden zu dieser Zeit vornehmlich in der Argolis, aber auch in Messenien und Attika. Man nimmt an, dass von diesen großen Festungen wie Mykene, Tiryns oder Pylos größere Landstriche verwaltet wurden.

Im Allgemeinen wird **Mykene** die größte Bedeutung zugesprochen. Schon in den von Homer verfassten Epen wurden die Mykener als übermächtige Krieger dargestellt, deren Könige (Anax) schillernde Gestalten wie Agamemnon waren. Der Aufstieg der mykenischen Kultur ging mit dem Niedergang der minoischen Hochkultur Kretas einher. Es wird angenommen, dass der Vulkanausbruch der Insel Thira (Santorini) um 1600 v.Chr. dem Untergang der minoischen Kultur voranging. Danach wurden die Mykener zur vorherrschen-

161pe ln

den Kultur auch auf Kreta. Sie übernahmen die Handelsrouten der Minoer und entwickelten einen eigenen **Keramikstil** (Palaststil) und ihre eigene **Schrift Linear B** (→ Exkurs S. 416). Die Bestattungen erfolgten zunächst in Schachtgräbern und dann in Kuppelgräbern, **Tholos** genannt. Bedeutende Personen wurden mit reichen Schätzen aus Gold und anderen Edelmetallen bestattet.

Ab 1450 v.Chr. finden sich an verschiedenen Orten der Ägais wie auch auf Kreta Darstellungen **mykenischer Krieger.** Hervorstechend sind die Bilder auf Vasen und Fresken mit Ausrüstungen wie dem typischen **Eberzahnhelm** und langen Speeren. In ägyptischen Schriftquellen von 1500 bis 1300 v.Chr. taucht die Bezeichnung Achijawa auf, die sich sehr wahrscheinlich auf die mykenischen Griechen bzw. das mykenische Reich bezog. Daraus leitete man später den Namen **Achaia** ab.

Ab 1200 v.Chr. wurden die großen mykenischen Paläste zunächst noch einmal stärker befestigt, dann jedoch **dauerhaft zerstört.** In allen großen Palästen hat man **Brandspuren** gefunden, was unter Umständen auf Brandlegung und kriegerische Auseinandersetzungen hinweist. Gleichzeitig kam es zu einem starken Bevölkerungsrückgang. Zu alternativen Erklärungsversuchen gehören ein plötzlicher Klimawandel oder Erdbeben und daraus folgende Tsunamis. Auch Seuchen könnten eine Rolle gespielt haben, ebenso wie die sogenannten Seevölker, die den Niedergang der ägyptischen Hochkultur beschleunigten.

Während der mykenischen Palastzeit bevorzugte man die „Zyklopenbauweise“ mit großen Steinquadern

Eisenzeit – Protogeometrische Periode (ca. 1050–800 v.Chr.)

Auf der Peloponnes finden sich auch nach dem Niedergang der Palastkultur Spuren mykenischer Kultur. Zwar wurden die Festungen nicht in ihrer ursprünglichen Form wieder aufgebaut, jedoch kam es in der sogenannten **submykenischen Zeit** von 1050 bis 1000 v.Chr. zur Neubesiedelung der Anlagen auf wesentlich bescheidenerem Niveau, wie z.B. in Asine in der Argolis. Da diese Periode sehr spärlich dokumentiert ist,

Spannende Entschlüsselung: Linearschrift B

Auf Kreta fand man Bruchstücke mit Schriftzeichen, die ab etwa 1800 v.Chr. von den **Minoern** verwendet wurden. Bis heute konnte man diese **Linear A** genannte Schrift nur ansatzweise entziffern. Nach dem Aufstieg der mykenischen Kultur benutzten die **Mykener** ab etwa 1600 v.Chr. ihre eigene Schrift, genannt **Linear B,** die sich wahrscheinlich aus der Linear A ableitete. Nachdem man Tausende von beschriebenen Täfelchen in mykenischen Palästen gefunden hatte, wurden diese Schriftzeichen 1952 von den Briten *Michael Ventris* und *John Chadwick* entschlüsselt. Linear B ist eine **Silbenschrift,** bei der jedes Schriftzeichen für eine Silbe steht. Da die Texte auf den Täfelchen in einer **frühen Form der griechischen Sprache** geschrieben sind, gelten sie als Beweis, dass die Bewohner der Peloponnes schon zu dieser Zeit eine indogermanische Sprache sprachen.

Beispiele der Schrift entdeckte man auf **Tontäfelchen** in den großen **Palästen** wie Pylos, Mykene und Tiryns. Sie enthalten vor allem **verwaltungstechnische Angaben,** aus denen man Erkenntnisse über die akribische Verwaltung der Festungsstädte, z.B. bei der Lebensmittelaufbewahrung, gewonnen hat. Man nimmt an, dass die Mykener auch Papyrusrollen und anderes papierähnliches Material beschrifteten, das allerdings die Jahrtausende nicht überdauert hat. Nach der Zerstörung der Paläste durch Brände war die Schrift auf den Tontafeln jedoch dauerhaft eingebrannt. Weitere Tafeln wurden in den anderen argolischen Palästen, aber auch in Knossos auf Kreta gefunden. Beispiele der Schrift finden sich zudem auf **Keramikvasen** und **Tonbehältnissen.** Nach dem Zerfall der Palastkultur überlebte eine Form dieser Schrift nur noch auf Zypern.

Im 9. Jh. v.Chr. entwickelten die Griechen aus dem semitischen, phönizischen Alphabet das heutige **griechische Alphabet,** dem sie fünf Vokale hinzufügten. Ein frühes Fundstück mit einer Inschrift in diesem neuen Schriftsystem ist der auf der italienischen Insel Ischia gefundene Nestorbecher aus dem 8. Jh. v.Chr. Die aus 24 Buchstaben bestehende griechische Schrift gilt als erste Alphabetschrift. Sie bildete die Grundlage für das lateinische und das kyrillische Alphabet.

spricht man auch von den „dunklen Jahrhunderten“. Man nennt sie auch Protogeometrische Periode, da die **Keramikfunde** aus dieser Zeit mit **geometrischen Symbolen** ausgestattet sind. Diese Zeitspanne markiert den Beginn der Eisenzeit. Zu den wenigen bisher erforschten Stätten gehört die Siedlung Nichoria in Messenien.

162pe ln

Archaik (800 bis ca. 500 v.Chr.)

Um 800 v.Chr. kam es auf der Peloponnes wieder zu einem Bevölkerungsanstieg. Gleichzeitig gibt es Belege für ein Wiederaufleben des **Seehandels** unter anderem mit den Phöniziern aus der Levante (dem heutigen Libanon) sowie den Etruskern in Italien. Die Griechen gründeten **Kolonien:** Im östlichen Mittelmeerraum entstanden Ansiedlungen in der Ägais und in Anatolien bis hin zum Bosporus und zum Schwarzen Meer. Im Westen erstreckte sich ihr Einfluss entlang der Adriaküsten und bis nach Italien, Frankreich und Nordafrika.

Autarke **Stadtstaaten,** genannt **Poleis** (singular *Polis*), entstanden, die nach ähnlichen Mustern angelegt wurden: Es gab eine **Akropolis** (Zitadelle) auf einem erhöhten Punkt, einen zentralen Platz, die **Agora,** auf der das öffentliche Leben stattfand, und heilige Stätten, die bestimmten Göttern gewidmet waren. Die Straßen waren in einem Raster angeordnet. Nur die dort geborenen **Männer** (Polit) hatten ein Bürgerrecht, sie durften Grundbesitz erwerben und an der Verwaltung teilnehmen. **Frauen** besaßen eingeschränkte Rechte. **Fremde** (Metöken) oder **Sklaven** (Periöken) hatten keine Rechte.

Dass es zwischen den Stadtstaaten enge Beziehungen gegeben haben muss, belegen u.a. die **panhellenischen Spiele,** deren Ursprung bereits vor dem 8. Jh. v.Chr. liegen soll. In der Region Elis fanden um 776 v.Chr. die ersten dokumentierten **Olympischen Spiele** statt. Auch an anderen Orten gab es diese panhellenischen (gesamtgriechischen) Spiele, wie in **Nemea** oder **Isthmia.**

Klassik (ca. 500–336 v.Chr.)

Beginnend mit den Invasionen der Perser und endend mit dem Aufstieg *Alexanders des Großen,* war die klassische Periode durch Auseinandersetzungen der Stadtstaaten und ihrer ständig wechselnden Allianzen gekennzeichnet. Hinter allem stand die andauernde **Rivalität von Athen, Sparta und Theben,** die eine Ausdehnung ihrer Macht anstrebten.

Das gemeinschaftliche Leben in den Poleis war durch Gesetze geregelt, die sich von Staat zu Staat unterschieden.

Badanlage mit Waschbecken für die Athleten der panhellenischen Spiele in Nemea

Keine Polis durfte sich in die Politik einer anderen einmischen, dennoch kam es zu Rivalitäten. Während der panhellenischen Spiele war man jedoch angehalten, die Differenzen beizulegen.

Ab dem 6. Jh. entwickelte sich in den Poleis ein neues Staatssystem: die **Demokratie.** Am besten dokumentiert ist der Prozess für den Stadtstaat Athen. Nach dem Fall des letzten tyrannischen Athener Herrschers entwarf dort *Cleisthenes* demokratische Reformen. Bis ins 4. Jh. hinein griff das System um sich und Hunderte von Poleis wurden demokratisch regiert.

Wählen und regieren durften allerdings nur die **frei geborenen Männer,** d.h. nur etwa 10–20 % aller Einwohner profitierten vom Mitspracherecht. Aus den Berechtigten wurden jedes Jahr 500 Personen ausgewählt, die verpflichtend Verwaltungsämter übernehmen mussten. Neue Gesetze wurden von den Wahlberechtigten in der **Volksversammlung** verabschiedet.

Das spartanische System

Während in der Athener Polis Demokratie gelebt wurde und Kunst, Kultur und Bildung florierten, war das spartanische System ausschließlich auf **kriegerische Ausbildung** fokussiert.

Der Vater des spartanischen Staatssystems soll *Lykourgos* gewesen sein, ein mythischer Gelehrter aus dem 9. Jh., der sich seine Idee für einen oligarchischen Militärstaat vom Orakel von Delphi absegnen ließ. Seine Blütezeit erlebte Sparta vom 6. bis 4. Jh. v.Chr.

Im spartanischen Staat war nur die Kaste der Krieger mit den Rechten eines Vollbürgers, d.h. **Spartiaten,** ausgestattet. Diese sogenannten „Gleichen“ (etwa 5000 an der Zahl), setzten sich aus Erben von Landbesitzern zusammen. Allen wurde ein gleich großer Anteil an Land zugeschrieben, der immer an den ältesten Sohn vererbt wurde. Die Spartiaten widmeten ihr Leben der körperlichen und kriegerischen Ertüchtigung, dem Gehorsam und dem bedingungslosen Willen, sich für den Staat im Kampf zu opfern. Schon kurz nach der Geburt wurde entschieden, wer sich zum Krieger eignete, schwächliche Kinder wurden angeblich im Taygetos-Gebirge in eine Schlucht geworfen oder ausgesetzt. Bereits im Alter von acht Jahren wurden geeignete Knaben eingezogen und begannen ihre militärische „Erziehung“ in der Agoge in ausschließlich männlicher Umgebung.

Frauen durften Eigentum besitzen, dienten aber im Staatsgefüge hauptsächlich als Gebährerinnen. Eheliche Partnerschaften gab es nicht, denn Männer unter 30 Jahren durften nicht mit ihren Ehefrauen zusammenleben. Ihren Sexualtrieb lebten Männer in ihrer militärischen Gemeinschaft aus.

Der Rest der Bevölkerung war unterteilt in Perioken und Heloten. **Perioken** hatten beschränkte Rechte, sie lebten in ihren eigenen Ansiedlungen und betrieben Gewerbe wie Handel oder Handwerk. Die **Heloten** hatten den Status von Sklaven bzw. Leibeigenen. Sie übernahmen alle Tätigkeiten, die den Spartiaten untersagt waren wie Landwirtschaft und Haushaltsführung. Sowohl Perioken als

[>] König Leonidas I. von Sparta

auch Heloten wurden in größeren Schlachten gern als „Kanonenfutter" genutzt. Nachdem die Spartaner Messenien unterworfen hatten, erhielten praktisch alle Messenier Helotenstatus, wodurch in der Region ein ständiger Konflikt brodelte.

Die Perserkriege (ca. 490 und 480 v.Chr.)

In der **Schlacht bei Marathon** 490 v. Chr., als der persische Großkönig *Dareios I.* über Athen herfiel, entsandten die Athener *Pheidippides* nach Sparta. Er lief 250 km, um Spartas Hilfe zu erbitten, und wurde damit zum **ersten Marathonläufer.** Die Spartaner reagierten jedoch mit Verzögerung, wodurch Athen auf sich allein gestellt war, aber dennoch siegte.

163pe ln

Während der **Schlacht bei den Thermopylen** um 480 v.Chr kämpften Athen und Sparta dann Seite an Seite gegen die Perser. König *Leonidas I.* führte die Spartaner in der legendären **Schlacht der 300** an. 300 spartanische Kämpfer „opferten" sich damals gemäß der lykourgischen Staatsideologie im Kampf gegen die Perser, wobei auch *Leonidas* umkam. Die Schlacht wurde im Laufe der Jahrhunderte mythologisiert und nicht zuletzt auch durch die Nationalsozialisten zum Synonym für **Tapferkeit und Aufopferungswillen** stilisiert. Das Thema wird bis heute literarisch und filmisch verarbeitet, aber auch immer wieder neu und kritisch diskutiert.

Nach den siegreichen Schlachten erlebte Athen ein goldenes Zeitalter. Athens Staatsmann *Perikles* (490–429 v.Chr.) baute die attische Demokratie aus. 480 v.Chr. wurde der **Attische Seebund** zur Verteidigung auf See gegründet. Die Spartaner versammelten dagegen ihre Verbündeten im **Peloponnesischen Bund.**

Peloponnesischer Krieg (ca. 431–404 v.Chr.)

Ab 431 v.Chr. fochten Athen und Sparta gegeneinander im Peloponnesischen Krieg, der mit einem **Sieg Spartas** endete. Athen war dabei mit einer Flotte von fast 200 Schiffen die bestimmende Seemacht, während die Spartaner an Land die stärkere Kraft waren.

Fast alle Stadtstaaten waren entweder auf der Seite Spartas oder Athens an dem Krieg beteiligt. Sparta hatte nur gewinnen können, indem es sich mit den Persern verbündete, die ihre Flotte gegen

Athen schickten. Dafür trat Sparta später die kleinasiatischen griechischen Gebiete an die Perser ab.

Der Einfluss Spartas, das anfangs wenig mehr als ein Zusammenschluss aus mehreren Siedlungen gewesen war, erstreckte sich danach bis fast über die gesamte südliche Peloponnes. Zum Wirkungkreis gehörten das heutige **Lakonien, die Mani und Messenien.** Im Gegenzug verlor Athen seine Flotte und alle Kolonien im Mittelmeerraum.

Schlacht von Leuktra (371 v.Chr.)

Der Triumph Spartas dauerte jedoch nicht lange an. In der Schlacht von Leuktra 371 v.Chr. wurden die Spartaner von **Theben** unter König *Epaminondas* besiegt und ihre Gesellschaftsform zerfiel. Ein Grund dafür war nicht zuletzt, dass die messenischen Periöken und Heloten zahlenmäßig weit überlegen waren, eigenen Wohlstand erarbeitet hatten und sich gegen die Unterdrückung auflehnten. Die Spartiaten waren hingegen durch die andauernden Kriege stark dezimiert worden und die Anzahl der „Gleichen" war auf etwa 1000 geschrumpft. Auch aus Gründen der ungleichmäßigen Landbesitznahme, die sich inzwischen vollzogen hatte, starb die herrschende Klasse langsam aus.

Makedonische Herrschaft und Hellenismus (336–146 v.Chr.)

Anders als im Rest von Griechenland hatte es in **Makedonien** das System der Poleis nicht gegeben. Dort bestand eine **Monarchie** unter der Herrschaft von *Philipp II.* (382–336 v.Chr.). Makedonien unterwarf die Alliierten Athen und Theben, deren Gebiet einen großen Teil von Festlandgriechenland und auch der Peloponnes umschloss. *Philipp II.* vereinte fast alle Poleis im **Korinthischen Bund** und erreichte so einen Frieden zwischen den zerstrittenen Stadtstaaten. Das demokratische System Athens wurde bis 322 v.Chr. abgeschafft.

Ab 336 v.Chr. herrschte *Philipps* Sohn **Alexander der Große** (356–323 v.Chr.) als **König von Makedonien** und Hegemon des Korinthischen Bundes. *Alexander* setzte seinen Eroberungszug durch das Persische Reich fort, bevor er 323 v.Chr. relativ jung in Babylon verstarb. Als sein Vermächtnis gilt die **Hellenisierung des Großreichs,** die sein Vater durch die Vereinigung der einzelnen Poleis begonnen hatte. Zum ersten Mal betrachtete man **Griechenland** als ein zusammenhängendes Land mit einheitlicher Sprache und Kultur. Auf ihren Eroberungsreisen trugen die Griechen ihr Kulturgut von Nordafrika im Westen bis nach Afghanistan im Osten.

Der Achaische Bund

Gegen die Machtübernahme durch die Makedonier gab es durchaus Widerstände. Im Achaischen Bund schlossen sich zunächst zwölf **nordpeloponnesische Poleis** zusammen, die eine gemeinsame Volksversammlung besaßen und ein Heer verwalteten sowie eigene Münzen prägten. Gründungsmitglied waren unter anderem **Patras, Egio,** aber auch die später durch ein Erdbeben zerstörte Stadt **Helike.** Ab dem 3. Jh. v.Chr. versuchte der Bund sich zu vergrößern, um den Einfluss Makedoniens abzuwehren. Zwischenzeitlich kooperierte man mit Korinth, Epidaurus und Sparta. Um 225 v.Chr. schlug man sich gegen Sparta auf die Seite der Makedonier und erweiterte den Machtbereich im Süden und Osten der Peloponnes. Man paktierte mit den Römern gegen Makedonien, aber die wachsende Übermacht Roms führte schließlich zur Auflösung des Bundes.

Römische Zeit (146 v.Chr. – 395 n.Chr.)

Mitte des 2. Jh. v.Chr. begann die römische Republik ihre Ausdehnung in den Mittelmeerraum. In der **Schlacht von Korinth** besiegten die Römer 146 v.Chr. am Ende einer Reihe von Kriegen die Makedonier und beendeten deren Herrschaft. Ab 27 v.Chr. sprach man von der **römischen Provinz Achaia** mit der **Hauptstadt Korinth.** Die Provinz erstreckte sich fast über das gesamte griechische Kernland, die Ionischen Inseln und die Peloponnes. Ab diesem Zeitpunkt **verlor Griechenland seine Eigenständigkeit** und blieb bis ins 19. Jh. Spielball unterschiedlicher Eroberer: Römer, Byzantiner, Venezianer und schließlich Osmanen.

Im Jahr 66 n.Chr. nahm der römische Kaiser *Nero* an den Olympischen Spielen der Antike teil, obwohl er als Nicht-Grieche eigentlich davon ausgeschlossen war. 67 n.Chr. proklamierte *Nero* sogar die Freiheit der Hellenen. Kaiser *Vespasian* (reg. 69–79 n.Chr.) nahm den Freiheitserlass jedoch wieder zurück.

Anfangs hatten die Römer viele der griechischen Traditionen, die Kultur und Architektur sowie die griechische Sprache übernommen und das Land flo-

Die römische Therme aus dem 2. Jh. in Argos entstand über einem griechischen Heiligtum für den Gott Asklepios

164pe In

rierte. Griechenland profitierte vom **Pax Romana,** einem fast 200 Jahre andauernden Frieden. Im 2. Jh. wurde Griechenland in die Provinzen Achaia, Makedonien, Epirus und Thrakien aufgeteilt.

Byzantinische Zeit (395–1460)

Der letzte Herrscher über das gesamtrömische Reich war *Theodosius I.* (reg. 379–395). Nach seinem Tod wurde das Römische Reich in eine westliche Hälfte mit Verwaltungssitz in Ravenna sowie eine östliche Hälfte mit der Hauptstadt **Konstantinopel,** dem heutigen Istanbul, aufgeteilt. Gegründet von Kaiser *Konstantin* im Jahr 330, trug die Stadt Konstantinopel damals noch den Namen **Byzanz,** aus dem sich der Name des Byzantinischen Reichs ableitete. Griechenland war fortan dem **Oströmischen Reich,** also Byzanz, zugeordnet.

Das Weströmische Reich verlor mehr und mehr an Bedeutung und unter dem oströmischen Kaiser *Justinian I.* (reg. 527–565) wurde 554 der weströmische Hof abgeschafft. Unter *Justinian I.* umfasste das Byzantinische Reich Gebiete in Süditalien, Nordafrika und Griechenland. Waren zuvor noch Lateinisch und Griechisch Amtssprachen gewesen, galt ab 630 nur noch die **griechische Sprache als Amtssprache.** Die zweitwichtigste Stadt im Oströmischen Reich war Thessaloniki.

Vom späten 7. bis ins 10. Jh. kam es zu einem Einfall der Slawen in Griechenland, die auch Teile der Peloponnes überfielen, sich allerdings nicht dauerhaft etablieren konnten. Von Osten wuchs ab dem 7. Jh. die militärische Bedrohung durch die Perser. Der Glaubenskonflikt zwischen den Religionen Christentum und Islam fachte die Auseinandersetzungen zusätzlich an.

Fränkische Zeit (1204–59)

Vom Mittelalter bis in die osmanische Zeit und während der kurzen venezianischen Herrschaft im 17./18. Jh. war die Peloponnes als **Morea** bekannt. Zuerst tauchte der Name im 10. Jh. auf. Er ging wahrscheinlich auf Maulbeerbäume zurück, die auf der Peloponnes weit verbreitet waren und an denen damals Seidenraupen gezüchtet wurden.

Bereits im 11. Jh. drangen die **fränkischen Normannen** in den Mittelmeerraum vor und eroberten Sizilien. Von dort aus unternahmen sie auch Vorstöße auf die Ionischen Inseln und die Peloponnes. 1147 wurde Korfu besetzt, Theben und Korinth wurden geplündert.

Nachdem die Franken 1204 im **Vierten Kreuzzug** Konstantinopel erobert hatten, gründete *Gillaume de Champlitte* das **Fürstentum Achaia.** Gemeinsam mit *Geoffroy de Villehardouin* regierte er 1205–09 das Fürstentum, das sich fast über die gesamte Peloponnes erstreckte. Dessen Hauptstadt war im 13. Jh. Andravida in Elis. Viele Ereignisse aus der fränkischen Zeit wurden im 14. Jh. von Geschichtsschreibern in der „Chronik von Morea“ dargestellt. Sie dient daher als Anhaltspunkt für die Interpretation der Zeit.

Während der fränkischen Zeit entstanden zahlreiche **Festungen,** wie z.B. in Kastro. *Villehardouin* befestigte 1249 die byzantinische Stadt **Mystras.** Nachdem der Herrscher des Kaiserreichs von

165pe In

Nicäa, *Michael VIII. Palailogos,* Konstantinopel um 1259 zurückerobern konnte, musste *Villehardouin* den östlichen Teil Moreas, darunter auch die Festungen Monemvasia und Mystras, an ihn abtreten.

Despotat von Morea (1259–1540)

Unter *Michael VIII. Palailogos* (1224–82) gewannen die **Byzantiner** große Teile Griechenlands von den Franken zurück, die sie während des Vierten Kreuzzugs verloren hatten. *Michael VIII.* war Begründer der **Palailogos-Dynastie,** die das Byzantinische Reich bis zum endgültigen Fall Konstantinopels 1453 regierte. Er begründete die Universität von Konstantinopel, von der die **Palailogische Renaissance** ausging, der man die farbenfrohe Kirchenkunst der byzantinischen **Kirchen in Mystras** zu verdanken hat.

Zunächst wurden die Besitzungen auf der Peloponnes von einem Gouverneur aus Konstantinopel regiert. Ab 1348 wurde die Verwaltungseinheit Despotat von Morea ins Leben gerufen. Der erste regierende Despot war *Manuel Cantacuzenus* (1349–80) mit Sitz in Mystras, das dadurch zum zentralen Machtzentrum der Peloponnes wurde.

Nach der endgültigen Einnahme Konstantinopels durch die Osmanen im Jahr 1453 fiel auch Mystras. Einzig **Monemvasia** blieb als letzter Rest des einstigen großen Reiches. Obwohl sie tapfer gegen

Der Palast der Despoten von Morea in Mystras entstand im 14. und 15. Jh.

die Belagerungen aushielten, erbaten die Monemvasier schließlich 1460 die Hilfe der Venezianer. Diese waren in einen Krieg mit den Osmanen verwickelt, in dem sie unterlagen, daher fiel Monemvasia 1540 endgültig.

Osmanische Herrschaft (1453–1821)

Die Osmanen übernahmen nach der Eroberung Konstantinopels 1453 und dem Fall des Byzantinischen Reichs für **400 Jahre die Herrschaft über Griechenland.** Die Übernahme durch die Osmanen vollzog sich jedoch nicht an allen Orten gleichzeitig und über einen langen Zeitraum hinweg. Einzelne Außenposten wurden erst sehr spät oder auch gar nicht eingenommen, wie Monemvasia, die Mani oder Nafplio. Die Insel Korfu wurde nie von den Osmanen okkupiert. Es gab keine massenhafte osmanische Einwanderung, vielmehr wurde das Land weitgehend von Griechen verwaltet, die mit den Sultanen kooperierten.

Das Osmanische Reich, das unter *Süleyman I.* (1520–66) weiter expandierte, führte die **Millet-Reform** ein. Damit wurden Angehörige anderer Glaubensrichtungen als dem Islam zwar nicht gleichgestellt, aber sie wurden **toleriert.** Die Hierarchie der **orthodoxen Kirche** blieb bestehen und die Kirchenoberhäupter wurden mit wichtigen Funktionen bertraut. Da Kirche und Staat im Islam nicht getrennt sind, fungierten die **orthodoxen Patriarchen** *(Rum Mileti)* auch als Oberhaupt der Zivilgerichtsbarkeit für die griechische Bevölkerung und trieben z.B. auch die Steuern ein, die für Nicht-Muslime erhoben wurden. Auch die griechischsprachigen Schulen wurden vom Klerus geführt. So blieb die orthodoxe Religion ein einigender Faktor für die griechische Bevölkerung, die sich während der osmanischen Zeit weitgehend eine eigene Identität, Sprache und Kultur bewahrte.

Osmanisch-venezianische Kriege (1416–1718)

Die **Seemacht Venedig** übernahm immer wieder Vorstöße in osmanische Hoheitsgebiete und errang zumindest diplomatische Siege. Schon in der Zeit vor der Eroberung Konstantinopels setzte zudem eine griechische Flüchtlingswelle nach Westen ein, sodass die Griechen zur größten ausländischen Gemeinde in Venedig wurden.

Von 1416 bis 1718 waren Venezianer und Osmanen in mehr als zehn Schlachten verwickelt. Aus fast allen gingen die Osmanen als Sieger hervor und eroberten nacheinander die **venezianischen Festungen auf der Peloponnes** (1499–1503, 1537–40), Zypern (1573) und Kreta (1669).

Die *Villehardouins* des Fürstentums Achaia traten Methoni und die Nachbarfestung Koroni im **Vertrag von Sapientza** 1209 an die Venezianer ab. Danach beherrschten diese für drei Jahrhunderte unbehelligt das wichtige Gebiet am Kap der Peloponnes und bauten die massive Burganlage aus. Für sie war es ein strategisch bedeutsamer Hafen auf den Handelsrouten von der Adria in den Mittleren Osten.

Erst im Krieg von 1684 bis 1699 gelang es des Venezianern, die Peloponnes zurückzugewinnen, die sie dann jedoch im Krieg von 1714 bis 1718 wieder an die Osmanen verloren.

Die **Seeschlacht von Lepanto** am 7. Oktober 1571 fand im Ionischen Meer bei der dem Festland vorgelagerten Insel Oxia statt. Zuvor hatten sich die Schiffe im Golf von Patras versammelt. Organisiert von Papst *Pius V.*, zogen in der Heiligen Liga von 1571 Spanien, Venedig und Genua, zusammen mit dem Malteserorden und den Herzogtümern Savoyen, Florenz, Parma und Urbino, gegen *Ali Pasha,* den Befehlshaber der osmanischen Flotte, in den Kampf. Der Sieg der Heiligen Liga riss eine große Lücke in die Seestreitkräfte der Osmanen. Danach bauten die Osmanen ihr Reich im östlichen Mittelmeer weiter aus, während die westlichen Mächte Spanien, Malta und Italien im westlichen Mittelmeer die Vorherrschaft behielten. Die Schlacht löste auch auf dem Festland einige Aufstände aus.

Orlov-Revolte (1770)

Nach dem **Russisch-Osmanischen Krieg** (1768–1774) beorderte **Katharina die Große** von Russland Kriegsschiffe in die Mani. Die Zarin wollte die Vorherrschaft der Osmanen im östlichen Mittelmeer brechen. Die Russen hatten bereits 1760 Kontakt mit den führenden Familien der Mani aufgenommen, um die **Manioten** für die Pläne zu mobilisieren und einen Aufstand auf der Peloponnes anzufachen.

Unter der Führung der beiden Brüder *Grigory* und *Alexei Orlov* machte man mit Kriegsschiffen einige Vorstöße nach Lakonien und Messenien sowie Nafplio, auch belagerte man die Festungen in Koroni und Patras. Es gab jedoch zu wenige Truppen und nicht genug Schiffe, sodass der Aufstand scheiterte. Mit dem Friedensvertrag von 1774 wurde **Russland** von den Osmanen jedoch das **Recht als Schutzmacht** für die Griechen zugesprochen, was zu einer Annäherung der beiden Kulturen und ihrer orthodoxen Kirchen führte. Der Friedensvertrag begünstigte die Handelsflotte der Inseln **Spetses und Hydra,** die danach unter russischer Flagge segelte und ihr Handelsgebiet bis ins Schwarze Meer ausdehnte.

Kampf um die Unabhängigkeit (1821–28)

Schon ab dem 17. Jh. agierte in den **Bergklöstern** des peloponnesischen Hinterlands die geistliche Elite im Verborgenen. So gründeten im **Kloster Filosofou** in Dimitsana Kirchenmänner und Gelehrte eine **Philosophenschule,** eine der Keimzellen der späteren Unabhängigkeitsbewegung.

Im 18. und 19. Jh. kam eine aufstrebende Schicht von Bürgern und Kaufleuten im europäischen Westen in Kontakt mit dem Gedankengut der Französischen Revolution und der aufkeimenden Idee von Nationalstaaten. Nach 400 Jahren unter osmanischer Herrschaft gab es auch in Griechenland Bestrebungen, eine eigenständige Nation zu werden. Bereits 1814 war in Odessa in der Ukraine der **Geheimbund Filiki Eteria** (Friendly Society), gegründet worden, dem auch Bischof *Germanos III. von Patras* (1771–1826) angehörte. Es war ein Zusammenschluss von griechischen Adeligen und orthodoxen Kirchenmännern aus verschiedenen Ländern des von den Osmanen regierten Balkans, die einen unabhängigen griechischen Staat anstrebten. Offiziell im Dienst des ottomanischen Regimes stehend, nutzten sie ihre Positionen, um ein Komplott gegen die Osmanen zu schmieden.

1817 bat ein Abgesandter des **Manioten** *Petrobey Mavromichalis* um die Unterstützung Russlands beim Aufstand gegen die Osmanen. 1821 marschierte *Alexander Ypsilanti* in Moldawien ein, um den Nordbalkan zur Rebellion anzustacheln. 1819 bat man den russischen Zaren erneut um Unterstützung. Während die führenden Mächte Europas zunächst keine Rebellion gegen die bestehende Ordnung unterstützten, wendete sich 1821 das Blatt. Russland brach seine diplomatischen Beziehungen mit dem Osmanischen Reich ab. Auf der Insel Spetses soll die **Kapitänin Laskarina Bouboulina** (→ S. 314) schon am 13. März 1821 die Revolutionsflagge gehisst haben. Die Manioten erstürmten Kalamata am 17. März.

Am 25. März kamen die Aufständischen im **Kloster Agia Lavra in Kalavryta** zusammen und schworen ihren Eid auf die Revolutionsflagge, die von Bischof *Germanos III.* gesegnet wurde. Dies markierte den offziellen Beginn der **Revolte** auf dem peloponnesischen Festland. Bischof *Germanos* gilt seitdem als einer der wichtigsten Nationalhelden Griechenlands. **Der 25. März ist ein Nationalfeiertag.**

Heute ist man sehr stolz darauf, dass die Peloponnes eine so wichtige Rolle bei der Befreiung Griechenlands von den Osmanen spielte. In fast jedem noch so kleinen Ort gibt es ein Denkmal, das an die **Widerstandskämpfer** erinnert, die Griechenland ermöglichten, eine eigenständige Nation zu werden.

⊻ Blick auf die Bucht von Navarino, wo sich 1827 die denkwürdige Seeschlacht ereignete

▷ Im Neokastro in Pylos sieht man historische Kanonen und Kugeln, die an das Ereignis erinnern

166pe ln

Seeschlacht von Navarino (20. Oktober 1827)

Nach dem 25. März 1821 kam es in verschiedenen Regionen zu **Aufständen,** die von den Osmanen extrem blutig niedergeschlagen wurden, wie beim Massaker auf der Insel Chios 1822 und 1826 in Mesolongi. Dies führte zu einem Umdenken bei den europäischen Mächten, die bis dahin nicht in den Konflikt eingegriffen hatten.

Im Juli 1827 unterzeichneten **Frankreich, Russland und Großbritannien** den **Treaty of London,** mit dem man sich verpflichtete, einen Waffenstillstand zwischen Griechen und Osmanen zu erzielen. Nachdem diplomatische Bemühungen gescheitert waren, entsandten die drei verbündeten Länder **27 Kriegsschiffe** nach Griechenland. Daraufhin erklärte sich Sultan *Ibrahim Pasha* mit einer Waffenruhe einverstanden.

In der Zwischenzeit hatten die Osmanen sich jedoch **Verstärkung aus Ägypten** geholt und eine 78 Schiffe starke Flotte hatte sich in der Bucht von Navarino versammelt. Die bereits abgezogenen Alliierten-Schiffe kehrten daraufhin zurück und blockierten die Ausfahrt aus der Bucht. Wie Admiral *Codrington* später angab, wurde von der feindlichen Seite der erste Schuss abgegeben – eventuell versehentlich. Dennoch erwiderten die Alliierten das Feuer.

167pe ln

Trotz zahlenmäßiger Überlegenheit konnten die Ägypter den moderneren Kanonen der Alliierten nicht standhalten – die gesamte Flotte wurde zerstört und über 3000 arabische Soldaten starben. Auf Seiten der Alliierten gab es 181 Tote und 480 Verletzte.

An Land gingen die Kämpfe danach noch viele Jahre weiter. Erst 1828 waren die osmanischen und ägyptischen Truppen vollständig aus der Peloponnes abgezogen. In diesem Jahr landete der französische General *Maison* mit einem Expeditionsteam in Koroni. Die sogenannte **Morea-Expedition** sollte sicherstellen, dass die Peloponnes restlos befreit war. Gleichzeitig nahmen Wissenschaftler der Académie française eine Bestandsaufnahme der Situation in den Städten, Befestigungen und archäologischen Stätten vor.

Die erste Hauptstadt und der Erste Präsident (1821–31)

Die Rebellen richteten ihre **Nationalversammlung** 1821–34 im argolischen **Nafplio** ein. Der erste Präsident des befreiten Landes wurde 1827 *Ioannis Kapodistrias* (→ Exkurs S. 284).

Der junge Staat musste sich nicht zuletzt mit den westeuropäischen Alliierten darüber auseinandersetzen, wie die

169pe ln

Grenzen gezogen werden sollten. Da insbesondere die Briten ihre eigenen Interessen in Zentralgriechenland und auf den Ionischen Inseln zunächst nicht aufgeben wollten, sah sich *Kapodistrias* mit militärischen Auseinandersetzungen konfrontiert – auf der einen Seite gegen die sich zurückziehenden Osmanen und auf der anderen Seite gegen die europäischen Mächte.

Kapodistrias musste zudem ein de facto mittelalterliches Land ohne Infrastruktur modernisieren. Mit dem Phoenix führte er die erste griechische Währung ein, die 1832 in **Drachme** umbenannt wurde. Er schuf eine neue **Armee,** führte Quarantänegesetze ein und trieb eine Politik des **städtischen Neubaus im klassizistischen Stil** unter *Stamatis Voulgaris* voran. Um schneller agieren zu können, berief er erst nach 18 Monaten eine Nationalversammlung ein. Die mächtigen Familienclans der Mani und der Inseln Spetses und Hydra, die am Unabhängigkeitskampf beteiligt waren und ein Mitspracherecht bei der Neuordnung des Staates einforderten, bezog er nicht mit ein. 1831 wurde *Kapodistrias* von Manioten der Familie *Mavromichalis* ermordet, die mit seiner „ungriechischen" Politik nicht einverstanden waren.

Der bayrische Monarch Otto I. (1832–62)

1830 wurde Griechenland im **Londoner Protokoll** von Großbritannien, Frankreich und Russland als **unabhängiger Staat anerkannt.** Darin legten die Großmächte auch fest, dass der neue Staat eine **Monarchie** sein sollte. Nachdem *Prinz Leopold von Sachsen-Coburg und Gotha* das Amt ablehnte, fiel die Wahl auf *Otto* (1815–67), den 17-jährigen Sohn von *Ludwig I. von Bayern,* da *Lud-*

⌃ Auf der Peloponnes sieht man viele Denkmäler, wie hier in Kalamata, die an den Unabhängigkeitskampf erinnern

⌄ Ein unermüdlicher Streiter für die Unabhängigkeit war General Kolokotronis (1770–1843)

wig als Philhellene den griechischen Freiheitskampf finanziell unterstützt hatte.

1833 betrat der **Wittelsbacher** zum ersten Mal griechischen Boden. Als *Otto I.* (gr. *Othon*) regierte er zunächst als absolutistischer Monarch, man sprach auch von „Bavarokratie". Er initiierte viele Prestigeprojekte, wie die **Nationale Universität in Athen,** die durch Mäzene im Ausland oder durch Kredite von *Ludwig I.* finanziert wurden. Dadurch und durch die von Briten, Franzosen und Russen geforderten Reparationszahlungen entstanden immense Schulden für die junge Nation, die sie durch ihre ganze Geschichte hindurch begleiten sollten. 1.933.333 Gulden (über 46 Mio. Euro) schuldete Griechenland allein *Ludwig I.* Überdies wollte der katholische *Otto* nicht zum orthodoxen Glauben konvertieren und ließ viele **Klöster schließen.**

112pe ln

Nach gewalttätigen Protesten musste *Otto* 1844 dem Land schließlich eine Verfassung unter **konstitutioneller Monarchie** gewähren. *Andreas Metaxas* (1790–1860) wurde zum ersten **Ministerpräsidenten** ernannt. 1862 wurde *Otto* endgültig abgesetzt, jedoch kehrte keine dauerhafte Ruhe ein. Auf *Otto I.* folgten eine Reihe von Monarchen aus dem dänischen Haus Schleswig-Holstein-Sonderburg-Glücksburg, angefangen mit *Georg I.* (1863–1913). Erst 1973 wurde die Monarchie abgeschafft.

Neue Verfassung und Meilensteine (1864–1908)

1864 vollzog man einen Wechsel von der konstitutionellen Monarchie zur „gekrönten Republik", mit einer Verlagerung der Macht auf das **Parlament.** *Charilaos Trikoupis* (1832–96) fungierte mit seiner Reformpartei im Zeitraum von 1875 bis 1895 siebenmal kurzzeitig als Premierminister und versuchte, ehrgeizige nationale Projekte voranzutreiben. Einer seiner größten Erfolge vor dem Antritt in das Amt war die erfolgreiche Verhandlung über die **Rückgabe der Ionischen Inseln** von Großbritannien an den griechischen Staat. Er begann umfassende Projekte im Straßenbau und den Bau einer Bundesbahn sowie großer Häfen. Leider fehlten ihm die Zeit und das Geld, alle seine Vorhaben zu realisieren. Unter anderem förderte er den Bau des **Kanals von Korinth,** der 1890 fertiggestellt wurde. Auf ihn geht die Idee für die **Trikoupis-Brücke** in Rio zurück, die jedoch erst 2004 fertiggestellt wurde. Obwohl Griechenland 1893 den Bankrott anmeldete, fanden 1896 die ersten

Olympischen Spiele der Neuzeit im Stadion von Athen statt, im selben Jahr starb *Trikoupis*.

Unter Premier *Theodoros Deligiannis* von der Nationalpartei führte Griechenland 1897 einen Krieg gegen die Osmanen zur **Befreiung der Insel Kreta,** die weiterhin unter deren Herrschaft stand. Erst mithilfe der westlichen Mächte wurde Kreta 1898 befreit. In vielen griechischen Gebieten herrschte Armut und es kam zu einer Auswanderungswelle, vornehmlich in die USA. Die Finanzen des immens verschuldeten Landes wurden nun von einer internationalen Kommission verwaltet.

„Megali Idea" und Balkankriege (1909–13)

Unter Premierminister *Eleftherios Venizelos* (1864–1936) und seiner Liberalen Partei gewann Griechenland in den Balkankriegen Territorien zurück. *Venizelos* führt zahlreiche Reformen ein und wurde zum Verfechter der „Megali Idea", die die Ausdehnung Griechenlands in ein **Großreich** anstrebte. Sogar Konstantinopel wollte man zurückgewinnen.

Im **Ersten Weltkrieg** sollte Griechenland auf Wunsch von König *Konstantin I.*, gegen den Willen von *Venizelos,* auf der Seite Deutschlands gegen die Entente kämpfen. Aus dem Konflikt ging 1916 eine neue Regierung hervor und *Konstantin I.* wurde 1918 ins Exil verbannt. Im Friedensvertrag von Sèvres wurden Griechenland Gebiete in Nordepirus, Kleinasien und Ostthrakien zugesprochen.

Kleinasiatische Katastrophe (1922)

Unterstützt von den Alliierten Großbritannien und Frankreich versuchten die Griechen im Griechisch-Türkischen Krieg (1919–22), weitere Siedlungsgebiete in Anatolien und Ostthrakien zurückzugewinnen. Im weitgehend griechisch besiedelten **Smyrna** erlitten sie eine vernichtende Niederlage, die Stadt wurde niedergebrannt, viele Menschen fanden den Tod. Danach wurde im Vertrag von Lausanne von den Regierungen ein **Bevölkerungsaustausch** beschlossen, der heute als Kleinasiatische Katastrophe bekannt ist. Aus den türkischen Gebieten begann ein **Massenexodus,** 1,25 Millionen Griechen wurden umgesiedelt und Griechenland erlebte eine Flüchtlingswelle. Im Gegenzug mussten 500.000 Türken Griechenland verlassen.

Regime von Ioannis Metaxas und Zweiter Weltkrieg (1936–1945)

Nachdem die griechische Monarchie nach einem militärischen Coup 1935 wiederhergestellt worden war, regierte *Ioannis Metaxas* (1871–1941) mit der Billigung von König *Georg II.* in einem **diktatorischen Regime.** *Metaxas* orientierte sich an den faschistischen Bewegungen Italiens und Deutschlands, verfolgte Kommunisten und Liberale. Die Parteienlandschaft wurde stark eingeschränkt, die Medien unterlagen der Zensur. Dennoch bemühte sich *Metaxas* darum, mit den westlichen Mächten, insbesondere den Briten, weiterhin freundschaftliche Beziehungen zu unterhalten.

Am 28. Oktober 1940 forderte *Mussolini* nach der Eroberung Albaniens Griechenlands Kapitulation. Dies verweigerte *Metaxa* mit dem Wort *ochi* („nein"). Dieser Tag wird bis heute unter dem Namen **Ochi-Tag** als **Nationalfeiertag** zelebriert. Mithilfe der Allierten wurde eine Invasion zunächst abgewehrt.

Im April 1941 fielen **Hitlers Truppen** in Nordgriechenland ein. Sie besetzten schnell große Teile des Landes, wobei sie sehr brutal vorgingen. Viele Partisanen waren in die Bergregionen geflohen. Die Deutschen unternahmen dort **systematische Säuberungen,** ermordeten Widerstandskämpfer und Zivilisten wie im **Massaker von Kalavryta** und vernichteten ganze Dörfer. Die Infrastruktur des Landes wurde massiv zerstört, es kam zu Hungersnöten. Die **jüdische Bevölkerung** wurde so gut wie **ausgelöscht.**

Bürgerkrieg (1946–49)

Mit der Regierung im Exil in London und später Kairo hatten sich ab 1942 **Partisanengruppen** des linken und rechten Spektrums auf der Peloponnes gebildet. Die größte Organisation war die **Nationale Befreiungsfront** (EAM), die sich aus der Kommunistischen Partei (KKE) und anderen linken Splittergruppen zusammensetzte. Deren militärischer Arm war die **Griechische Volksbefreiungsarmee (ELAS),** die in den Bergregionen Messeniens agierte.

Im rechten Spektrum bewegte sich die konservative monarchistische **Nationale Demokratische Griechische Liga (EDES).** Die ELAS sah die EDES als Nazi-Kollaborateure an und beide Widerstandsfraktionen begannen sich zu bekämpfen.

Die ELAS griff systematisch die von den Deutschen eingesetzten Sicherheitsbataillone an, die aus griechischen Zivilisten bestanden. Bei der **Schlacht von Meligalas** im September 1944, als die Deutschen sich bereits auf dem Rückzug befanden, ermordete die ELAS ein Sicherheitsbataillon von mehr als 800 Menschen, darunter viele Zivilisten. Das Massaker ist bis heute ein Streitpunkt zwischen den linken und rechten Bewegungen Griechenlands. Für die Linken war es ein heroischer antifaschistischer Akt, für die rechten ein terroristischer Akt der Kommunisten.

Die Alliierten hatten vereinbart, dass Griechenland unter die westliche Einflusssphäre fallen sollte. Um eine Machtübernahme der Kommunisten zu verhindern, arbeiteten Großbritannien und die USA daher mit den ehemaligen Sicherheitsbataillonen zusammen, die zuvor mit den Nazis kollaboriert hatten. 1946–49 regierte ein rechtskonservatives und monarchistisches Parlament, während die KKE sich in den offenen Widerstandskampf begab. Viele Kommunisten flohen nach der Niederlage des Widerstands hinter den Eisernen Vorhang.

Wirtschaftliche Erholung (1952–67)

Mit der neuen Verfassung von 1952 wurde Griechenland wiederum eine **konstitutionelle Monarchie.** Mit Milliardenhilfe aus dem Marshall-Plan versuchte man die Wirtschaft wieder aufzubauen. Griechenland trat der **NATO** bei. In den 1950er-Jahren begann auch der Wiederaufbau der **Handelsmarine,** mit späteren Reederei-Milliardären wie *Aristoteles Onassis* (1906–75) oder *Vassilis Constantakopoulos* (1935–2011, → Exkurs „Costa Navarino“ S. 134). Die Filmindustrie florierte, Klassiker wie „Alexis Sorbas“ wurden zu internationalen Kassenschlagern.

1962 unterzeichnete Griechenland ein Assoziierungsabkommen mit der **Europäischen Wirtschaftsgemeinschaft.** Ministerpräsident *Georgios Papandreou* verfolgte ab 1963 mit seiner Zentrumsunion eine Reformpolitik, die im Ausland und bei konservativen Kräften im Inland nicht gern gesehen war. Aufgrund eines initiierten Skandals wurde er von König *Konstantin* abgesetzt und das Land blieb bis 1965 ohne vom Parlament bestätigte Regierung.

Militärdiktatur (1967–74)

Am 21. April 1967 kam es überraschenderweise zu einem **Militärputsch der Obristen-Junta** unter *Georgios Papadopoulos.* Dieser ließ den König absetzen und deklarierte mit Billigung der USA Griechenland zur präsidialen Republik, mit sich selbst als Ministerpräsidenten. Noch am selben Tag begann eine Verhaftungswelle. Viele Politiker von *Papandreous* Kabinett, ebenso wie er selbst, wurden verhaftet. Es traf auch weitere politisch Andersdenkende wie Gewerkschaftler, Journalisten und Künstler, die zum Teil in Lagern interniert wurden. International erfolgreichen Künstlern wie der Schauspielerin und späteren Kultusministerin *Melina Mercouri* (1920–94) wurde die Staatsbürgerschaft entzogen. Der Musiker *Mikis Theodorakis* wurde ins Ausland verbannt.

Es kam zu verschiedenen Protesten im In- und Ausland sowie Studentenprotesten im Jahr 1973, die blutig niedergeschlagen wurden. Nach einem Putschversuch im Juli 1974 gegen den zypriotischen Präsidenten *Makarios,* um Zypern an Griechenland anzuschließen, initiierten die Türken eine Invasion Zyperns und riefen die Türkische Republik Nordzypern aus. Unter internationalem Druck zerbrach danach die Militärjunta.

Demokratie (1974 bis heute)

Unter dem aus dem Exil zurückgekehrten *Konstatin Karamanlis* und der Partei **Nea Dimokratia (ND)** wurde die demokratische Verfassung von 1952 zunächst wieder eingesetzt. Die konstitutionelle Monarchie wurde nach einem Volksentscheid 1975 abgeschafft und eine neue Verfassung entworfen. Die Regierung *Karamanlis* blieb bis 1981 im Amt.

1981 wurde Griechenland das zehnte Mitglied der **Europäischen Gemeinschaft.** In den Wahlen im selben Jahr gewann die **Panhellenische Sozialistische Bewegung (PASOK)** unter *Andreas Papandreou* die Wahlen. Sie blieb mit einer Unterbrechung bis 1996 an der Macht. 2001 gab Griechenland seine Währung Drachme auf und trat der **Eurozone** bei. 2004 fanden die Olympischen Spiele in Athen statt.

Schuldenkrise (ab 2010)

Nach der **weltweiten Finanzkrise 2007** ging es mit Griechenland wirtschaftlich bergab. Ab 2011 erlebte das Land eine Schulden-, Finanz- und Wirtschaftskrise. Ein millionenschwerer IWF-Kredit sollte das Land retten. Dieses sah sich jedoch außerstande, die Raten abzubezahlen. Insgesamt wurden Griechenland Ratenkredite in Höhe von 322 Milliarden Euro aus dem sogenannten Euro-Rettungsschirm zugestanden.

2015 begünstigten die drastischen Sparprogramme den Aufstieg der linksgerichteten Partei **Syriza** unter *Alexis Tsipras.* Die Partei veranlasste ein Referendum, in dem die von der EU vorgeschlagenen Reformen und Sparmaßnahmen abgelehnt wurden. Dies führte zu einer europaweiten Krise, man befürchtete das Ausscheiden Griechenlands aus der EU. *Tsipras* entschied sich für einen Kompromiss, Finanzminister *Yanis Varoufakis* trat zurück. Nach weiteren Krediten und drastischen Sparmaßnahmen sowie Steuererhöhungen erholte sich die griechische Wirtschaft ab 2017 langsam.

Aktuelle Regierung

Seit 2019 wird das Land wieder von der **Nea Dimokratia** unter Premierminister **Kyriakos Mitsotakis** regiert, der mit seiner Mitte-Rechts-Partei 2023 mit 39,8 % zum zweiten Mal ins Amt gewählt wurde. Staatspräsidentin ist *Katarina Sakellaropoulou,* die 2020 als erste Frau diesen Posten übernahm. Die Opposition wird gebildet von dem Mitte-Links-Bündnis Syriza unter *Stefanos Kasselakis.*

Antidemokratische Bestrebungen

Die **rechtsextreme Partei** Laikos Syndesmos – Chrysi Avgi (CA), auch als **„Goldene Morgenröte“** bekannt, wurde in einem Prozess 2020 von der Strafkammer des Oberlandesgerichts in Athen als kriminelle Organisation eingestuft. Gegen den Vorsitzenden und andere prominente Mitglieder wurden Strafbefehle erlassen. Insbesondere gegen Mitglieder der kommunistischen Partei war Chrysi Avgi brutal vorgegangen. Ein Mitglied der Partei ermordete den Sänger und Antifaschisten *Pavlos Fyssas.* Das damals begonnene Strafverfahren belegte viele andere kriminelle Aktivitäten der Parteivertreter. Während der Wirtschaftskrise war die Partei 2012 ins Parlament gelangt, ist aber seit 2019 nicht mehr darin vertreten. Andere rechte Gruppierungen stehen jedoch schon in den Startlöchern.

Immer wieder sieht man am Straßenrand zerstörte Straßenschilder, auf denen die lateinisch geschriebenen Ortsnamen nicht mehr zu erkennen sind, da sie übersprüht wurden – mutmaßlich als **nationalistisches** oder auch **antikapitalistisches Statement.**

173pe ln

Straßenschilder sind oft Ziel von Vandalismus

Autoren | 455
Literatur- und Filmtipps | 436
Register | 444
Sprachhilfe Griechisch | 438

109pe ln

10 Anhang

Auf der grünen Peloponnes findet man sogar am Strand üppige Vegetation

Literatur- und Filmtipps

Belletristik

- *Judy Scott:* **Leonard, Marianne, and Me: Magical Summers on Hydra,** Backbeat Books 2021 (in englischer Sprache). Die Autorin beschreibt das Lebensgefühl in der Kulturszene der 1960er-Jahre auf der Insel Hydra, wo sie mit *Leonhard Cohen* und seiner Muse *Marianne Ihlen* Bekanntschaft machte.
- *Maria Stefanopoulou:* **Athos der Förster,** Elfenbein Verlag, Berlin 2019. Mittels einer fiktiven Familiengeschichte arbeitet die griechische Autorin das Erlebnis des Massakers von Kalavryta am 13.12.1943 auf, bei dem die deutsche Wehrmacht Massenmorde an griechischen Partisanen und Zivilisten verübte. Daran erinnert heute das Holocaust-Museum in Kalavryta.

Historische Reisebeschreibungen

- **Pausanias – Beschreibung Griechenlands,** Manesse Verlag, Zürich 1998. Die Reisebeschreibungen des *Pausanias* aus dem 2. Jh. über die Regionen der Peloponnes vermitteln bis heute ein faszinierendes Bild. Wo *Pausanius* Ruinen vorfindet, schmückt er die Informationen über das Verschwundene mit Erzählungen aus der bis dahin dokumentierten Geschichte und mit Mythen aus.
- **Mani, Reisen auf der südlichen Peloponnes,** *Patrick Leigh Fermor*, Dörlemann, Zürich 2011. Der Klassiker von *Patrick Leigh Fermor,* der als Erster die Mani entdeckte und lieben lernte. Seine Reisebeschreibungen über die südliche Peloponnes sind noch heute inspirierend.

Geschichte und Archäologie

- *Maximilian Rönneberg:* **Die Peloponnes: Ein archäologischer Reiseführer,** Schnell & Steiner 2023. Ein guter Reisebegleiter für archäologisch Interessierte, die hier Beschreibungen der wichtigsten Ausgrabungsstätten in kompakter Form finden.
- *Roderick Beaton:* **The Greeks, a global history,** Faber & Faber Limited, London 2022 (in englischer Sprache). Der Professor für Byzantinistik und Neogräzistik am King's College London gibt einen Überblick über die Ausbreitung der griechischen Zivilisation und Kultur im Mittelmeerraum.
- *Myrtali Acheimastou-Potamianou:* **Mystras, Historical and archaeological guide,** Hesperos Editions 2003 (in englischer Sprache). Die Archäologin und Kunsthistorikerin gibt einen detaillierten Einblick in die Baustile der Ruinenstadt Mystras.
- *Petros Themelis:* **Ancient Messene,** Kapon Editions 2020 (in englischer Sprache). Eine ausführliche Darstellung und Beschreibung aller antiken Bauwerke auf dem Ausgrabungsgelände des antiken Messene.
- *Sigrid Deker-Jalkotzky, Dieter Hertel:* **Das mykenische Griechenland: Geschichte, Kultur, Stätten,** C.H. Beck Wissen 2018. Die Wissenschaftler für Alte Geschichte und Klassische Archäologie geben Einblick in die erste Hochkultur auf dem europäischen Festland, die mit den Ägyptern diplomatische Kontakte pflegte.

Sprache

- *Karin Spitzing,* **Griechisch – Wort für Wort plus Wörterbuch.** Der Sprachführer aus der Kauderwelsch-Reihe des Reise Know-How Verlags ermöglicht einen unkomplizierten Einstieg in die griechische Sprache. Er enthält zudem ein umfangreiches Wörterbuch und Aussprachebeispiele zum Anhören auf dem Smartphone.

Filme

- **Maria,** 2024/2025, *Pablo Larrain.* Der chilenische Regisseur beschreibt die letzten tragischen Jahre der Operndiva *Maria Callas* in Paris. *Callas'* Familie stammte aus Messenien. Zahlreiche Schlüsselszenen des Films wurden mit der Schauspielerin *Angelina Jolie* auf der Peloponnes verfilmt, u.a. in Katakolo und Pyrgos.
- **Glass Onion,** 2022, *Rian Johnson.* Die Murder-Mystery mit *Daniel Craig* als Detektiv Benoit Blanc wurde im Fünfsterne-Hotel Amanzoe in Kilada verfilmt. Auch der Stadtstrand Paralia Koraki sowie der Bootsanleger auf der Insel Spetses dienten als Filmkulisse.
- **Before Midnight,** 2013, *Richard Linklater.* Der dritte Film aus der Trilogie von *Linklater* wurde in und um Kardamili in der Äußeren Mani verfilmt. Viele Szenen entstanden im Anwesen von *Patrick Leigh Fermor* bei Kardamili.
- **300,** 2006, *Zack Snyder.* Historisch nicht akkurate Darstellung der Schlacht der 300 Spartaner gegen die Perser bei den Thermopylen. Unter der Führung ihres heldenhaft idealisierten Königs *Leonidias I.* opfern sich alle spartanischen Krieger im Kampf für den Sieg.
- **Der Knabe auf dem Delphin,** 1957, *Jean Negulesco. Sophia Loren* spielt eine Schwammtaucherin auf der Insel Hydra, die auf dem Meeresgrund die wertvolle antike Skulptur eines Knabens auf einem Delfin entdeckt. Der Film erhielt Auszeichnungen für die Naturdarstellungen rund um die Insel Hydra.

Kleine Sprachhilfe Griechisch

Griechisches Alphabet

Gr. Buchstabe groß/klein	Name	Umschrift*
Α α	alpha	a
Β β	wita	v
Γ γ	gamma	g, vor i und e: j
Δ δ	delta	d
Ε ε	epsilon	e
Ζ ζ	zita	s
Η η	ita	i
Θ θ	thita	th
Ι ι	jota	i
Κ κ	kapa	k
Λ λ	lambda	l
Μ μ	mi	m
Ν ν	ni	n
Ξ ξ	xi	ks
Ο ο	omikron	o
Π π	pi	p
Ρ ρ	ro	r
Σ σ, ς	sigma	s (ss)
Τ τ	taf	t
Υ υ	ipsilon	i
Φ φ	fi	f
Χ χ	chi	ch
Ψ ψ	psi	ps
Ω ω	omega	o

*Es gibt keine einheitliche und verbindliche Regelung bezüglich der Umschrift, sodass wir uns für die angegebenen Versionen entschieden haben. Die Umschrift folgt weitgehend der Aussprache im Deutschen.

Aussprache von Doppellauten

ΑΙ αι	e
Αυ αυ	av vor Selbstlauten und stimmhaften Mitlauten, af vor stimmlosen Mitlauten
ΕΙ ει	i
Ευ ευ	ev vor Selbstlauten und stimmhaften Mitlauten, ef vor stimmlosen Mitlauten
ΟΙ οι	i
Ου ου	ou u
ΓΓ γγ	ng kommt nur im Wortinneren vor
ΓΚ γκ	g am Wortanfang, ng im Wortinneren
ΓΧ γχ	ngch kommt nur im Wortinneren vor
ΜΠ μπ	b am Wortanfang, mb im Wortinneren
ΝΤ ντ	d am Wortanfang, nd im Wortinneren

Lautschrift

Lautschriftzeichen, deren Aussprache vom Deutschen abweicht:

ch vor a, o, u ch wie in Bach,
vor e, i ch wie in ich
d stimmhaftes th wie in engl. these
e kurzes, offenes e wie in Ecke
g vor a, o, u fast wie ein deutsches Zäpfchen-r
j wie j in Jäger
o kurzes, offenes o wie in oft
r Zungen-r (gerollt)
s stimmhaftes s wie in reisen
ss stimmloses s wie ß in reißen
th stimmloses th wie in engl. thing
v w wie in Witwe

Kleiner Reisewortschatz

Die folgende Auswahl an Begriffen und Redewendungen entstammt dem **Kauderwelsch-Sprachführer Griechisch – Wort für Wort** aus dem Reise Know-How Verlag.

Eine **Besonderheit** im Griechischen: Fragen enden nicht mit **?** (Fragezeichen), sondern mit **;** (Semikolon).

Die wichtigsten Floskeln und Redewendungen

Ναι	Ne	Ja
Οχι	Óchi	Nein
Ευχαριστώ	Efcharistó	Danke
Παρακαλώ	Parakaló	Bitte (Antwort)
Ευχαριστώ επίσης. Efcharistó epíssis.		Danke, gleichfalls.
Αντίο!	Adío!	Auf Wiedersehen!
Γεια σου!	Jássu!	Hallo, Guten Tag, (Du) Tschüss!
Γεια σας!	Jássass!	Hallo, Guten Tag, (Sie) Tschüss!
Καλημέρα	Kaliméra	Guten Tag
Χαίρετε!	Chérete!	Auf Wiedersehen!
Καλώς ορίσατε! Kalós oríssate!		Herzlich willkommen!
Τι κάνεις;	Ti kánis;	Wie geht es dir?
Τι κάνετε;	Ti kánete;	Wie geht es Ihnen?
Καλά ευχαριστώ. Kalá efcharistó.		Danke, gut.
Εντάξει.	Endáksi.	In Ordnung, o.k.
Δεν ξέρω.	Then ksséro.	Ich weiß nicht.
Καλή όρεξη!	Kalí óreksi!	Guten Appetit!
Γεια μας!	Jámass!	Zum Wohl! / Prost!
Συγγνώμη!	Ssignómi!	Entschuldigung!
Λυπάμαι πολύ.	Lipáme polí.	Es tut mir sehr leid.

Die wichtigsten Fragewörter

τι;	ti;	was?, wie?
ποιος/ ποια/πιο;	pios/ pia/pio;	welche(s, -r)?
Ποιος είναι αυτός;	Pios íne aftós;	Wer ist das?
ποιανού;	pianoú;	wessen?
πού;	poú;	wo?/wohin?
απο πού;	apó poú;	woher?
γιατί;	jatí;	warum?
πόσο;	pósso;	wie viel?
μακρά;	makriá;	wie weit?
πότε;	póte;	wann?

Die wichtigsten Richtungsangaben

αριστερά	aristerá	(nach) links
δεξιά	deksiá	(nach) rechts
κατ'ευθείαν	katefthían	geradeaus
πίσω	písso	zurück
απέναντι	apénandi	gegenüber
δίπλα	dípla	nebenan
μακριά	makriá	weit
κοντά	kondá	nah
εδώ	edó	hier
εκεί	ekí	dort
διασταύρωση	diastávrossi	Kreuzung
έξω από την πόλη	ékso apó tin póli	außerhalb der Stadt
στο κέντρο	sto kéndro	im Zentrum

Die wichtigsten Zeitangaben

προχθές	prochthés	vorgestern
χθες	chthes	gestern
σήμερα	ssímera	heute
αύριο	ávrio	morgen
μεθαύριο	methávrio	übermorgen
το πρωί	to proí	morgens
το μεσημέρι	to messiméri	mittags

το βράδυ	to vrádi	abends
απόψε	apópse	heute Abend
καθημερινά	kathimeriná	täglich

Wochentage

Montag	Δευτέρα	Deftéra
Dienstag	Τρίτη	Tríti
Mittwoch	Τετάρτη	Tetárti
Donnerstag	Πέμπτη	Pémpti
Freitag	Παρασκευή	Paraskeví
Samstag	Σάββατο	Sávvato
Sonntag	Κυριακή	Kiriakí

Die wichtigsten Fragen und Bitten

Έχει ...;	Échi ...;	Gibt es ... ?
Έχετε ...;	Échete ...;	Haben Sie ... ?
Ψάχνω ...	Psáchno ...	Ich suche ...
Χρειάζομαι ...	Chriásome ...	Ich brauche ...

Δώστε μου, παρακαλώ ...
Dóste mou, parakaló ...
Geben Sie mir bitte ...

Θα ήθελα ...
Tha íthela ...
Ich hätte gerne ...

Πόσο κάνει ...;
Pósso káni ...;
Wie viel kostet ... ?

Θέλω να πάω ...
Thélo na páo ...
Ich möchte nach ... gehen.

Πηγαίνετε με ... παρακαλώ ...
Pijénete me ... parakaló
Bringen Sie mich/mir bitte ... (zu.../nach ...)

Θέλω να τηλεφωνήσω.
Thélo na tilefonó
Ich möchte telefonieren.

Βοηθήστε με παρακαλώ!
Voïthíste me parakaló!
Helfen Sie mir bitte!

Im Restaurant

Wasser	νερό	neró
Wein	κρασί	krasí
Bier	μπύρα	bíra
Limonade	λεμονάδα	lemonáda
Flasche	μπουκάλι	boukáli
Glas	ποτήρι	potíri
Brot	ψωμί	psomí
Salat	σαλάτα	saláta
Suppe	σούπα	soúpa
Fleisch	κρέας	kréas
Fisch	ψάρι	psári
Kartoffeln	πατάτες	patátes
Gemüse	λαχανικά	lachaniká
Käse	τυρί	tirí
Oliven	ελιές	eliés
Tomaten	ντομάτες	domátes
Auberginen	μελιτζάνες	melitzánes
Zucchini	κολοκυθάκια	kolokithákia

Ich möchte bitte zahlen.
Θέλω να πληρώσω παρακαλώ.
Thélo na pliróso parakaló.

Nicht verstanden? – Weiterlernen!

Μιλάω μόνο λίγο ελληνικά.
Miláo móno lígo Elliniká.
Ich spreche nur ein bisschen Griechisch.

Μιλάει κανείς αγγλικά;
Miláe kanís angliká;
Spricht hier jemand Englisch?

Πώς λέγεται στα Γερμανικά;
Pos léjete sta Jermaniká;
Wie heißt das auf Deutsch?

Δεν κατάλαβα τίποτα.
Den katálava típota.
Ich habe nichts verstanden.

Ορίστε;	Oríste;	Wie bitte?

Να μιλάτε αργά!
Na miláte argá!
Sprechen Sie langsam!

Zugspitze, Foto: Aneta Niemitz

Register

A

Achaia 27
Achaischer Bund 420
Achilles-Wanderung 60
ADAC 362
Adapter 367
Agia Lavra 57
Agia Marina 146
Agiannakis 126
Agios Dimitrios 173
Agios Nikolaos 173
Agios Petros 251
Agora 417
Agrilos 129
Akrata 61
Akritas-Kap 153
Akrokorinth 338
Akropolis 417
Aktivitäten 385
Alexander der Große 420
Alexis Sorbas 172, 236
Alfios 242, 398
Alissos 64
Alphabet 438
Amaliada 80
Anavryti 216
Andritsena 99
Ano Mesorrougi 60
Anreise 356
Antiker Hafen Kechries 343
Antiker Hafen Lechaion 339
Antikes Asine 299
Antikes Elis 79
Antikes Gortys 241
Antikes Korinth 334
Antikes Lepreum 97
Antikes Mantineia 229
Antikes Megalopoli 243
Antikes Messene 118
Antikes Midea 279
Antikes Nemea 349
Antikes Olympia 87
Antikes Peristeria 127
Antikes Phigalia 101
Antikes Sykion 353
Antikes Tegea 244
Apollo-Tempel Bassae 100
Apostel Paulus 335, 404
Apps 378
Araxos 65
Archaia Korinthos 334
Archaia Messini 118
Archäologie 410
Archäologische Stätte Asine 299
Archäologische Stätte Lerna 269
Archea Olympia 87
Architektur 408
Areopoli 177
Argolis 257
Argos 262
Arkadien 221
Arkoudi 77
Artcenter Fougaro 288
Asine-Strand 298
Asklepios-Heiligtum Epidauros 294
Astros 246
Athen 359
Athens Epidaurus Festival 295
Attika 312
Ausgrabungen 411
Ausgrabungsstätte Antikes Elis 79
Ausgrabungsstätte Antikes Olympia 87
Ausgrabungsstätte Nichoria 156
Ausgrabungsstelle Orchomenos 231
Auslandskrankenversicherung 376
Ausrüstung 383
Äußere Mani 163
Aussteigerinsel 315
Auswärtiges Amt 364
Ausweisverlust 381
Autobahnen 361
Autofahren 361

B
Baden 385
Bahn 392
Bahn, Anreise 360
Balkanroute 356
Banken 375
Barrierefreies Reisen 363
Bassae 100
Benutzungshinweise 11
Berg Ithomi 123
Berg Lycaion 98
Bergsee Limni Tsivlou 62
Bevölkerung 403
Bier 373
Blue-Flag-Status 386
Blutrache 185
Botschaften 364, 381
Bouboulina, Laskarina 314
Briefmarken 383
Brücke Rio-Andirrio 47
Bucht von Navarino 132
Buchungsportale 390
Bungee-Jumping 340
Burgruinen Paleokastro 137
Burgtürme 185
Bus 392
Byzantinische Kunst 408
Byzantinische Zeit 422
Byzanz 422

C
Callas, Maria 112
Calypsotief 146
Camper Stop 363
Camping 363
Camping on Board 359
Canyoning 101, 239
Caretta caretta 126
Chalandritsa 63
Charavgi 157
Charia 179
Chelmos-Gebirge 55, 60
Chelmos-Vouraikos-Nationalpark 55
Chinitsa 311
Chlemoutsi-Festung 75
Chrisopigi 63
Cohen, Leonard 318
Costa Navarino 134

D
Daskalio 299
Deirada 266
Delfintouren 346
Dendra 279
Despotat von Morea 423
Deutsch 389
Diakopto 52
Didima 305
Dimitsana 234
Diplomatische Vertretungen 381
Diskriminierung 403
Disneyschloss 129
Dokumente 360, 364
Dolinen von Didima 305
Doroufi Kranidiou 306
Doxa-Stausee 352
Drepano 301
Drepano-Kap 48

E
Egio 49
Eichenwald von Foloi 95
Eiffelturm-Nachbau 129
Einkaufen 365
Einreisebestimmungen 364
Einwohner 403
Elafonisos 195
Elektrizität 367
Elis 69
Elliniko 63, 241, 268
Elonas 255
Englisch 389
Epidauros 294
Ermioni 307
Ermionida 306
Erymanthos-Gebirge 63

Esel 316
Essen 367
Estiatorio 368
Euro 375
Europäischer Fernwanderweg E4 387
Events 374
Evrotas 207, 398

F
Fähre von Italien 359
Fahrradfahren 387
Fairytale Castle 129
Familienclans 185
Fauna 399
Feiertage 374
Felsenkloster Mega Spileo 55
Ferienwohnungen 389
Fermor, Patrick Leigh 165
Feste 374
Festung Akrokorinth 338
Festung Chlemoutsi 75
Festung Neokastro 139
Festung Rio 47
Festungsstadt 202
Figaleia 101
Filiatra 129
Filiki Eteria 425
Filmtipps 436
Finikounda 148
Fisch 370
Flagge 405
Flomochori 184
Flora 399
Flüchtlinge 404
Flug 356
Flug-Know-how 357
Flughafen Araxos 65, 357
Flughafen Athen 356
Flughafen Kalamata 117, 358
Flüsse 398
Foloi 96
Foloi-Eichenwald 95
Fossilien 199
Fougaro Artcenter 288
Franchthi-Höhle 304
Fränkische Zeit 422
Frauen 403, 418
Freeclimber 252

G
Galatas 320
Gargaliani 130
Gastronomie 367
Gebirge 397
Geduld 391
Gefira 201
Geheimbund Filiki Eteria 425
Geld 375
Geldkarten 375
Geldnot 382
Geografie 396
Geopark Agios Nikolaos 199
Gepäck 357, 383
Geraki 206
Gerolimenas 181
Geschichte 414
Gesundheit 376
Getränke 372
Gewässer 398
Gialova 132
Gialova-Lagune 133
Gianiskari-Strand 66
Giannitsochori 99
Gibraltar des Ostens 202
Giftige Tiere 384
Glamping 389
Gleichberechtigung 403
Global Geopark 55
Glyfa 77
Golf von Korinth 339, 352
Golf von Kyparissia 124
Golf von Patras 31
Golfplätze 134
Gortynia 234
Gortys 241
Götter 412

GPS 380
GPS-Koordinaten 11
Griechenland 420
Griechisch 388, 438
Griechisch-orthodoxe Kirche 404
Griechisches Alphabet 438
Gythio 186

H
Handicap 363
Hängebrücke 47
Haustier 377
Heilungspfad 296
Helden 412
Helena 188
Helike 52
Helladikum 414
Hellenismus 420
Heloten 418
Heraion Perachora 346
Heraion von Argos 276
Herakles 412
Herodes Atticus 249
Hippodamisches System 408
Höchstgeschwindigkeit 362
Höhle Franchthi 304
Höhle Kapsia 229
Höhle Kastania 200
Höhle Kastria 59
Höhle Pyrgos Dirou 178
Höhle Vlychada 178
Höhlenkapelle Panagia Lagadiotissa 216
Höhlenkirche von Kefalari 268
Holocaust-Museum 57
Homer 272, 412
Hostels 390
Hotels 389
Hunde 377
Hydra 315
Hygiene 377

I
Idra 315
Ikonenmalerei 408
Ilias 272, 412
Information 377
Innere Mani 163, 180
Inousses-Inseln 146
Insel Elafonisos 195
Insel Hydra 315
Insel Methana 323
Insel Poros 320
Insel Proti 128
Insel Romvi 299
Insel Sfaktiria 141
Insel Spetses 313
Inseln 398
Internet 377, 380
Isthmia 341
Isthmus 340, 396
Ithomi-Berg 123
Itylo 174

J
Jazz Festival 169
Jugendherbergen 390

K
Kafenion 367
Kaffee 372
Kaiafas-See 96
Kakovatos 96
Kalamata 106
Kalamata-Olive 154
Kalavryta 57
Kalogria 66
Kamaria 150
Kanal von Korinth 340
Kanutouren 63
Kap Akritas 153
Kap Araxos 65
Kap Drepano 48
Kap Malea 199
Kap Melagkavi 346

Kap Tenaro 183
Kap Tigani 181
Kapodistrias, Ioannis 284, 427
Kapsia-Höhle 229
Karavostasi 174
Kardamili 164
Kardamili International Jazz Festival 169
Karitena 242
Karneval 44
Kartensperrung 381
Kastania 172
Kastania-Höhle 200
Kastanienfestival 251
Kastanitsa 251
Kastria-Höhle 59
Kastro 75
Kastro Chlemoutsi 75
Kastro Geriakou 206
Katakolo 84
Katakolon Express 85
Katharina die Große 425
Kato Achaia 64
Kato Diminio 353
Kato Verga 118
Kayaking 117
Kazantzakis, Nikos 172
Kazarma 157
Kechries 343
Kefalari 268
Kefalonia 73
Kiato 352
Kiefern 65
Kilada 303
Kinder 378
Kiparissos 181
Kirche 404
Kitries 118
Kiveri 269
Kleidung 383, 391
Klettern 252
Klima 379
Klimaziele 400
Kloster Agia Lavra 57
Kloster Elonas 255
Kloster Filosofou 240
Kloster Loukous 249
Kloster Mega Spileo 55
Kloster Moni Voulcano 123
Kloster Prodromou 240
Kokkala 184
Kokkinogia 183
Kolokotronis, Theodoros 285
Kombiticket Argolis 273
Kombiticket Messenien 108
Kommunikation unterwegs 380
Konstantinopel 422
Konsulate 381
Korfos 343
Korinth 332
Korinthen 51
Korinthia 329
Koroneiki-Olive 154
Koroni 152
Kosmas 255
Kotronas 184
Kotychi-Strofilia-Nationalpark 65
Kourouta 81
Kranai 187
Kranidi 306
Krankenhaus Patras 40
Krankenversicherung 376
Kreditkarten 375
Kreuzzug 422
Kryoneri 248
KTEL 392
Kultur 408
Kulturzentrum
Östliche Mani 187
Kunst 408
Kunstgalerie Silo Art Factory 276
Kunsthandwerk 366
Kunstschätze 411
Kyllini 73
Kyllini-Massiv 351
Kynouria 246
Kyparissia 124

Kyrillisches Alphabet 388
Kythira 186

L

Lagune Moustou 248
Lagune Vivari 302
Lagune Vouliagmeni 346
Lagunen 65
Lakkopetra 64
Lakonien 159, 207
Lalas 94
Lambes Beach 149
Lampiri 49
Landwirtschaft 407
Langada-Pass 211
Lapas 67
Lechaion 339
Legenden 412
Leonidas I. 208
Leonidi 252
Lepreo 97
Lerna 269
Levidi 231
LGBT+ 380, 403
Likör 44
Limeni 175
Limni Tsivlou 62
Linearschrift B 416
Literatur 412
Literaturtipps 436
Longos 50
Loukous-Kloster 249
Lousios-Schlucht 240
Loutra Elenis 343
Loutra Kyllinis 77
Loutraki 344
Luxusresorts 134
Lycaion-Berg 98
Lygourio 296

M

Mainalo-Gebirge 231
Makedonien 420
Malea-Halbinsel 199
Malea-Kap 199
Malvasia-Wein 206
Mani 163, 180, 185
Manioten 185, 426
Mantineia 229
Marathon 212, 419
Marathopoli 128
Märkte 365
Marmari 181
Mastix 373
Maut 361
Mavromichalis, Petrobey 176, 426
Mavrommati 118
Medien 378
Medizinische Versorgung 376
Meeresfrüchte 370
Meeresschildkröten 126
Mega Spileo 55
Megali Tourla 251
Megalopoli 243
Melagkavi-Kap 346
Melissi 352
Meltemi-Wind 196
Menalon Trail 231, 242
Messene 118
Messenien 103
Methana 323
Methoni 144
Metochi 309
Mezapos 181
Michas 63
Midea 279, 414
Mietfahrzeuge 362
Mikri Mantineia 118
Miniatur-Eiffelturm 129
Mitbringsel 366
Mitsotakis, Kyriakos 433
Molai 192
Monarchie 428
Monastiri Elonas 255
Monemvasia 202
Moni Filosofou 240

Moni Timiou Prodromou 240
Moni Voulcano 123
Morea 422
Morea-Expedition 411, 427
Moschofilero 230
Moustou-Lagune 248
Müll 386, 401
Multikulturalismus 404
Musik 409
Mykene 271, 414
Mykenische Hochkultur 414
Mystras 214
Mythologie 412

N
Nachhaltigkeit 401
Nafplio 280
Namen 388
Nationalfeiertag 426
Nationalpark Chelmos-Vouraikos 55
Nationalpark Kotychi-Strofilia 65
Nationalparks 400
Nationalstraßen 361
Natura-2000-Gebiete 400
Naturschutz 400
Navarino-Bucht 132
Nea Dimokratia 432
Nea Figaleia 99
Neapoli Voion 198
Neda-Schlucht 101
Nekropole Dendra 279
Nemea 347
Nemeische Spiele 347
Nemouta-Wasserfälle 94
Neo Itylo 174
Neochori 112
Neokastro 139
Nestor-Palast 131
Nichoria 156
Nikolaiika 51
Notfälle 381
Notrufnummern 381

O
ÖAMTC 362
Ochsenbauchbucht 135
Odontotos-Zahnradbahn 53
Odyssee 412
Öffnungszeiten 382
Olenos 63
Olivenanbau 154
Olivenöl-Museum 209
Olympia 86, 411
Olympische Spiele 417
Olympische Spiele der Neuzeit 430
Orchomenos 231
Orlov-Revolte 425
Osmanische Herrschaft 424
Östliche Mani 163
Ostrakina-Berg 231
Otto I. 428
Ouzo 373

P
Palailogos-Dynastie 423
Palast des Nestor 131
Palastzeit 414
Palea Epidavros 292
Paleokastro Navarinou 137
Panachaiko-Gebirge 31
Panagia Lagadiotissa 216
Panhellenische Spiele 417
Panne 362
Paralia Agias 41
Paralia Ampelo 184
Paralia Anemomilos 149
Paralia Divari 133
Paralia Gianiskari 66
Paralia Glyfada 191
Paralia Kalogria 169
Paralia Kamares 191
Paralia Kantouni 149
Paralia Loutsa 149
Paralia Mavrovouni 149, 190
Paralia Mylokopi 346
Paralia Paliochano 248

Paralia Plakas 254
Paralia Portes 248
Paralia Romanos 136
Paralia Sterna 346
Paralia Vathi 191
Paralia Viles 248
Paralia Yialasi 293
Paralia Zaritsi 252
Paralio Astros 246
Parken 361
Parlament 429
Parnon Trail 251
Parnon-Gebirge 251
Parorio 216
Parteien 433
Patimas Trail 303
Patras 31
Patras General University Hospital 40
Patras Pride 380
Pausanias 412
Pavlopetri 194
Pefkali 343
Peloponnesischer Krieg 419
Pelops-Legende 90
Periöken 418
Peristera 60
Peristeria 127
Peristeriona-Schlucht 61
Personalausweis 364
Petalidi 156
Pferde 316
Pflanzen 399
Phigalia 101
Pikoulianika 214
Piraterie 185
Pirgos 170
Planitero 61
Platanen 50
Platania 101
Plitra 192
Poleis 417
Polizei 381
Polylimnio-Wasserfälle 157
Poros 320
Porto 383
Porto Kagio 182
Portocheli 310
Post 383
Poulithra 254
Pounta 193
Präsident 427
Preiskategorien Unterkunft 391
Preisniveau 375
Proti 128
Psarotaverna 368
Pylos 139
Pyramide von Elliniko 268
Pyrgos 81
Pyrgos-Dirou-Höhle 178

Q

Quallen 384
Quinn, Anthony 172

R

Radfahren 387
Radrennen Spartakiada 213
Rauchen 383
Regierung 433
Regionen 405
Regionenüberblick 12
Reiseapotheke 376
Reisegepäck 383
Reisekrankenversicherung 376
Reisepass 364
Reiserouten 16
Reisezeit 379
Religion 404
Rembetiko 236, 409
Restaurants 367
Rintomo-Schlucht 167
Rio 47
Rio-Andirrio-Brücke 47
Ritsos, Yannis 204
River Rafting 239
River Trekking 62, 101

Romvi 299
Rosinen 51
Routenvorschläge 16
Ruinenstadt Mystras 215
Rundfahrt Innere Mani 180

S

S-Bahn Proastiko 47
Saison 379, 391
Sapientza 146
Saronische Inseln 312
Saronischer Golf 343
Schiffswrack Dimitrios 191
Schildkröten 126
Schirm-Kiefern 65
Schlacht bei den Thermopylen 419
Schlacht der 300 419
Schlacht von Leuktra 420
Schlangen 384
Schliemann, Heinrich 272, 411
Schmalspurbahn 53
Schrift 388, 416, 438
Schutzgebiete 400
Schwarze Witwe 384
Seefahrerin Bouboulina 314
Seeflotte Hydras 318
Seeigel 384
Seeschlacht von Lepanto 425
Seeschlacht von Navarino 141, 143, 427
Serpentinen 361
Sfaktiria 141
Sicherheit 384
Silo Art Factory 276
Simos Beach 196
Sirtaki 172
Skafidia 82
Skala 192
Skigebiet Kalavryta 58
Skigebiet Mainalo 232
Skigebiet Ziria 351
Skioessa 39
Sklaven 418
Skorpione 384
Sonnenschutz 376
Sorbas der Grieche 172
Souvenirs 366
Spa 346
Sparta 207
Spartakiada 213
Spartanisches System 418
Spartathlon 212
Spartiaten 418
Speisekarten 368
Speisen 367
Sperrnotruf 382
Spetses 313
Spezialitäten 367
Spinnen 384
Spirituosen 373
Sport 385
Sprache 388
Sprachhilfe 438
Staat 405
Staatsoberhaupt 284
Stadtstaaten 417
Stausee Doxa 352
Steckbrief Peloponnes/Griechenland 11
Stemnitsa 238
Stenosia-Wasserfall 137
Stoupa 169
Strände 385
Straßennetz 361
Straßenverbindungen 359
Street Food Festival 45
Street-Art 36
Stymfalischer See 351
Styx-Wasserfälle 60
Superfood 51
Supermärkte 366
Surfen 148
Sykia 352
Sykion 353

T

Tabakwaren 383
Tanken 362

Tanz 409
Tauchen 117, 130, 171, 301
Taverne 368
Taxi 393
Taygetos-Gebirge 166, 211
TCS 362
Tegea 244
Teichos Dymaion 66
Telefonieren 380
Tempel des Apollo Epikourios 100
Temperaturen 379
Tenaro-Kap 183
Tentoura 44, 373
Theodorakis, Mikis 236
Thermalbadort Loutraki 344
Thermisia 309
Tholo 96
Tiere 399
Tiere, giftige 384
Tiermitnahme 377
Tierschutz 402
Tigani-Kap 181
Tiryns 277, 414
Tolo 297
Top Camping Club 363
Touren 16
Tourismus 401
Tourismussteuer 391
Touristenpolizei 381
Touristinformationen 377
Trachten 409
Trahila 170
Trail of Pan 98
Trail of Zeus 98
Trikala 351
Trinkgeld 369
Tripoli 225
Trojanischer Krieg 188
Tropfsteinhöhle Kapsia 229
Tropfsteinhöhle Kastania 200
Tropfsteinhöhle Kastria 59
Tropfsteinhöhle Pyrgos Dirou 178
Tsakonisch 252
Tsapournia 63
Tsipras, Alexis 433
Turmstadt 181
Tyros 252
Tzanes 157

U

Übernachtungssteuer 391
Umweltschutz 400
Unabhängigkeit 425
Unabhängigkeitskämpferin Bouboulina 314
Unabhängigkeitskrieg 185
UNESCO-Welterbestätten 410
Unfall 362
Unterirdische Seen 59
Unterkunft 389

V

Valtaki Beach 191
Varoufakis, Yanis 433
Vasenmalerei 334
Vasilada 124
Vathia 181
Vatika 193
Veganes Essen 371
Vegetarisches Essen 371
Vegetation 399
Verfassung 429
Verhaltenstipps 391
Verkehrsbestimmungen 362
Verkehrsmittel 392
Versteinerter Wald 199
Versunkene Stadt Asine 298
Versunkene Stadt Epidavros 293
Versunkene Stadt Helike 52
Versunkene Stadt Pavlopetri 194
Ververouda 310
Verwaltung 405
Vigklafia 193
Villa des Herodes Atticus 249
Villehardouin, Geoffroy de 422
Viros-Schlucht 166
Visum 364

Vivari 302
Vivari-Lagune 302
Vlychada-Höhle 178
Voidokilia-Strand 135
Volkskultur 409
Voreio 167
Vorwahlnummern 380
Vouliagmeni-Lagune 346
Vouraikos-Schlucht 53, 55
Vouteni 39
Vrachnaiika 39
Vulkanbesteigung 326
Vulkanische Aktivität 325, 397
Vulkanstrand Agios Andreas 84
Vytina 233

W
Waldbrände 401
Wandern 387
Wasser 372
Wasserfall Stenosia 137
Wasserfälle Styx 60
Wasserfälle Neda-Schlucht 101
Wasserfälle Nemouta 94
Wasserfälle Polylimnio 157
Wasserki 301
Wasserpark 49
Wasserski 97, 151, 311
Wassersport 386
Wassertemperatur 385
Wein 372
Weinanbaugebiet Mantineia 230
Weinanbaugebiet Nemea 348
Wellness 346
Welterbestätten 410
Western Union 382
Widerstandskämpfer 426
Wind Meltemi 196
Wirtschaft 406
WLAN 380
Wohnmobilstellplätze 363
Wohntürme 185

X
Xilokastro 352

Y
Ydra 315

Z
Zacharo 96
Zahnradbahn Odontotos 53
Zakynthos 73
Zeit 393
Zeitungen 378
Zeus-Heiligtum Berg Lycaion 98
Ziller, Ernst 409
Ziria 351
Zollbestimmungen 365
Zu jeder Zeit 20
Zuwanderung 404
Zyklopenmauer 271

Die Autoren

Lilly Nielitz-Hart schreibt und fotografiert als freie Journalistin und Reisebuchautorin für Verlage und Tageszeitungen. Ursprünglich aus dem Rhein-Main-Gebiet, war die Amerikanistin und Kulturwissenschaftlerin zunächst im Kultur- und Medienbereich tätig. Sie hat unter anderem Europa und die USA extensiv bereist und viele Jahre in Südengland gelebt.

Simon Hart, geboren im nordenglischen Leeds, ist Historiker und Archäologe. In seiner langjährigen Lehrtätigkeit hat er an zahlreichen Ausgrabungen antiker Stätten in Großbritannien teilgenommen und war u.a. für die University of British Columbia (Kanada) als Lehrkraft für Archäologie tätig.

Orte mit einer langen Historie und archäologische Stätten üben auf beide Autoren eine besondere Faszination aus. Mit Griechenland sind sie gut vertraut – die Peloponnes haben beide schon als Studenten bereist. Für den Reise Know-How Verlag haben sie u.a. die CityTrips London, Edinburgh und Bologna sowie den InselTrip Orkney und den Reiseführer Rhein-Main-Region geschrieben. In ihrem Blog (www.lemonguides.com) finden außergewöhnliche Reiseerlebnisse, Aktuelles und Tipps einen Platz.

Das Autoren-Duo während einer Rechercheireise auf der Peloponnes

172pe ln

171pe sh

Schreiben Sie uns!

Wir hoffen, dass Ihnen dieser Reiseführer gefällt und er Ihnen ein guter Begleiter auf einer außergewöhnlichen und spannenden Reise ist.

Weil ein Reiseführer von Erfahrungen lebt, sind wir an Ihren Erlebnissen interessiert: Haben Sie in unserem Buch ein Restaurant entdeckt, das es nicht mehr gibt, eine Sehenswürdigkeit, die wir noch nicht aufgeführt haben, oder eine falsche Adresse? Dann schreiben Sie uns! **Wir nehmen jeden Hinweis und jede Kritik ernst und arbeiten kontinuierlich daran, die Bücher aktuell zu halten und immer weiter zu verbessern.** Jede Mail wird gelesen und beantwortet. Auch wenn wir nicht jeden Wunsch erfüllen können, machen wir uns immer Gedanken über Ihre Anmerkungen.

Schreiben Sie uns:
per Mail an info@reise-know-how.de oder an
Reise Know-How Verlag Peter Rump GmbH, Postfach 140666, 33626 Bielefeld

Wenn sich Ihre Infos direkt auf das Buch beziehen, würde uns die Angabe der Seitenzahl und der Auflagenzahl bzw. des Erscheinungsjahres Ihrer Ausgabe die Arbeit sehr erleichtern. Besonders hilfreiche Beiträge und Ergänzungen zu den Büchern belohnen wir mit einem Sprachführer Ihrer Wahl aus der über 240 Bände umfassenden „Kauderwelsch"-Reihe.

Herzlichen Dank und gute Reisen
Ihr Reise Know-How Verlag